商管叢書 全華圖書 BUSINESS MANAGEMENT

投資學
Investments

邱文昌、賴冠吉、李美杏
余曉靜、陳育欣　編著

林蒼祥　審閱
(台灣財務工程學會榮譽理事長、
淡江大學財金系教授)

序言

一個人走的快，一群人走的遠

編寫本書之原始初衷是與幾位志同道合的老師，不揣淺陋思考如何將大家數十年授課、演講及在金融主管機關中央銀行、金管會、銀行、投信與期貨交易所之實務經驗，以一愚所得，結合理論實務與運用網站資源，嘗試開創理想投資學教材內容與形式，作爲推廣普及投資知識之用，本書定位在：傳輸正確之投資觀念、有效率之資訊運用與具體之實務操作三個層面！

此三個層面係緣於投資形同作戰制敵，需知用兵制勝之道，古書孫子兵法有云：

1. 戰勢不過奇正，奇正之變，不可勝窮也。
2. 知己知彼，百戰不殆；不知彼而知己，一勝一負；不知彼不知己，每戰必殆。
3. 夫兵形像水，水之形，避高而趨下，兵之形，避實而擊虛。水因地而製流，兵因敵而製勝。故兵無常勢，水無常形。能因敵變化而取勝者，謂之神！

第一點，因爲「奇正之變，不可勝窮」，故投資需有正確之投資觀念；

第二點，因爲「知己知彼，百戰不殆」，故投資需有效率之資訊運用；

第三點，因爲「兵無常勢，水無常形」，故投資需有具體之實務操作。

基於前揭三個層面，本書之編寫設計有別於其他書籍之五大特色如下：

1. 本書具有提供投資學內容完整架構圖之特色：本書篇首列有全書關於投資內容的完整架構圖，分爲：投資觀念、投資理論、投資分析、投資策略、投資管理等，並在各主題下架構出達六個層次的細項分類，使讀者有一全方位具邏輯性的完整架構概念，有助於研讀時之導引，提升學習效果。
2. 本書作者建置專屬投資網站，故具有「網站平台+實體教材」之特色：本書作者建置一個投資資訊與分析網站：「股狗網」，是這本書結合理論及實務的重點及特色。本書內容說明、分析與個案實務操作，是與此網站密切結合，故編寫有「股狗網查詢指引」教導讀者如何利用這個網站的資訊，作爲投資決策的參考。股狗網網站資料內容完整、功能齊全，資訊包括基本面、技術面、籌碼面之分析。（請參考目錄「全書架構、章節及專屬網對照導引圖」）

   網站另有投資選股、投資回測與風險控管等功能，故此網站可提供讀者自資訊蒐集、投資分析、擬定策略、投資選股、投資回測、績效評估等投資完整流程所需之完整資訊與運用工具，有效提升投資決策之效率與投資績效。

3. 本書具有深入分析公司價值評估之邏輯架構與方法之特色：公司價值評估爲價值投資之關鍵，亦爲投資分析關鍵與困難之所在，故本書以大量作者精心繪製之圖表說明財務報表與企業經營企業管理關聯性、企業營運活動與財務報表分析、企業價值分析、證券投資決策關係、企業經營競爭面向與財務分析關聯性、影響股東權益報酬率三大因子與財務報表之關聯、衡量企業競爭力、資產效率性及財務安全性三大面向之財報比率指標、企業經營安定性與財務結構安全性關聯、現金流量表資訊意涵與其他報表關聯、現金流量表內容、意義及項目、現金流量表情境分析等等公司價值評估重要關鍵課題，能有效強化讀者解構分析財務報表，研判公司核心競爭力及企業價值之能力，進而提升投資決策與投資績效。

4. 本書編排方式具有開創新世代教科書體例之特色：本書編排之次序有別於坊間傳統書籍，每章在主文說明前，先以學習目標、本章架構圖讓讀者瞭解本章重點，再列舉與本章有關之名人金句、金融速報、新聞評論等實際新聞，以引發讀者研讀探索本章內容之興趣，本文內容則佐以大量圖表，及以歷史現場、投資辭典、時事案例、延伸閱讀等專欄增加研讀之多樣化與趣味性；並且納入FINTECH金融科技、公司治理ESG、綠色債券、機器人理財等金融發展趨勢及時事議題，以有效貼近投資及金融實務。

5. 本書具有運用新科技與讀者進行資料即時更新之特色：由於投資資訊繁多且具時效性，故本書另一特色爲在每一圖表資料來源處建立QR code俾利讀者掃描搜尋最新資料數據，另編寫相關章節資訊相關網站導引，供讀者實際操作參考，並於「股狗網」網站資料庫與專區隨時更新串聯最即時資訊與數據，有助於提升讀者蒐集資料，分析整理等實務操作之效能。

本書之從構思至完成，歷經新冠病毒的反覆肆虐，然爲求其完善，故編寫過程異常艱辛，其間在團隊分工合作、戮力以赴，進行原稿編寫、增刪校對、訂正錯誤、製作簡報及同事乃睿編寫習題作業；台師大、台北大學、東吳及淡江EMBA班同學的教學切磋、啓發思考；全華出版社芸珊、軒竺鍥而不捨、精益求精、追求完美的精神令人感佩，其毅力堅持對本書之完成厥功甚偉、美編同仁的精心編排設計等等，皆成就本書得以順利問世。

「一個人走的快，一群人走的遠」，感謝上蒼讓我們因緣際會得以在生命旅程中遇見彼此，並藉由本書在人生中留下一些雪泥鴻爪。而懷抱推廣正確投資知識的初衷，是我們團隊永遠不斷精進的動力來源。作者才識淺陋，本書僅是作者在投資領域一隅管見，且礙於篇幅、鋪陳之間，實有未盡理想之處，野人獻曝，謬誤難免，敬祈先進不吝指正，讓我們彼此扶攜一起走向投資領域更遼闊的遠方……。

邱文昌、賴冠吉、李美杏、余曉靜、陳育欣 謹誌

2022年6月

本書導讀

第一部分

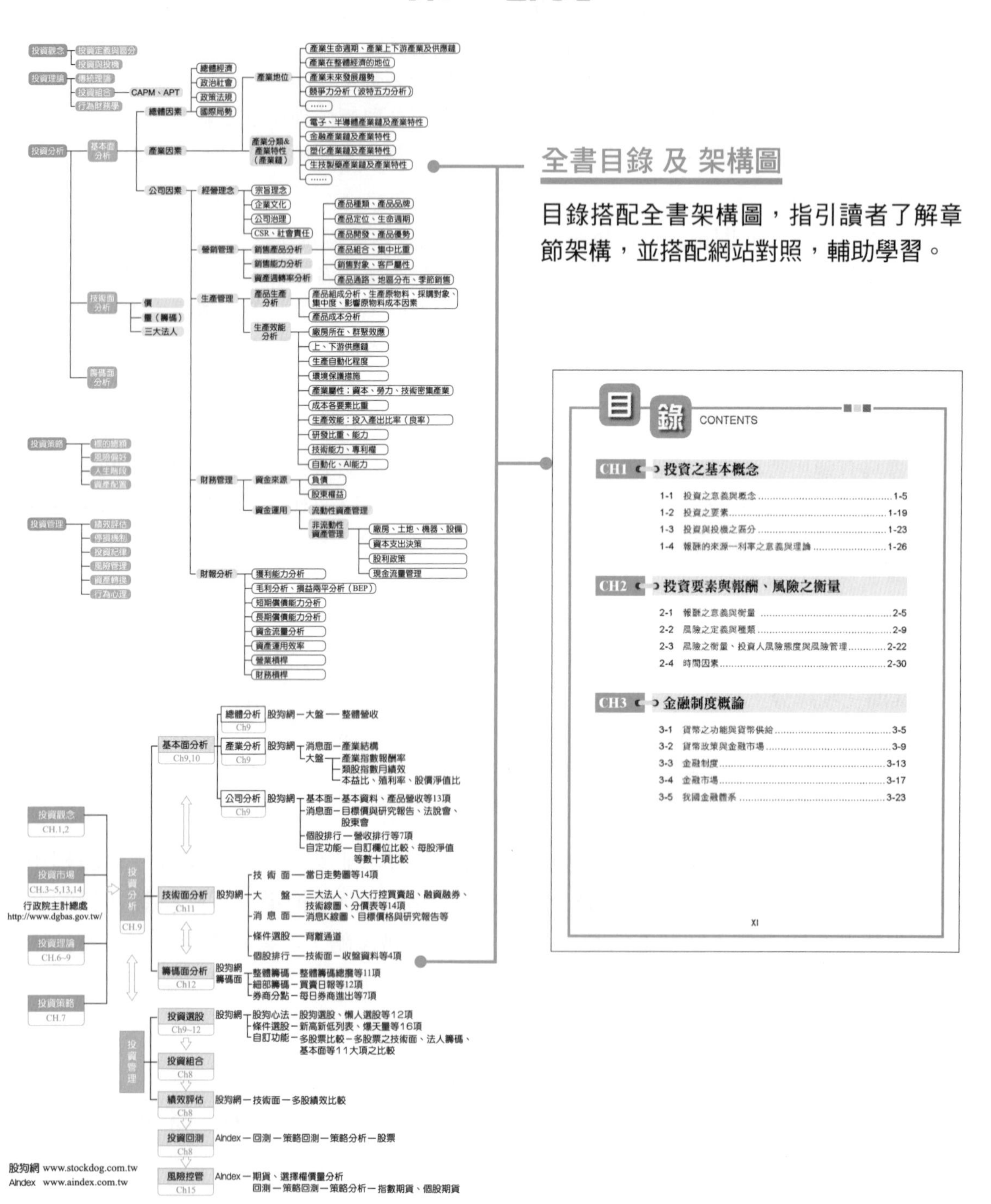

全書目錄 及 架構圖
目錄搭配全書架構圖，指引讀者了解章節架構，並搭配網站對照，輔助學習。
目錄 CONTENTS
CH1 投資之基本概念
1-1 投資之意義與概念 1-5
1-2 投資之要素 1-19
1-3 投資與投機之區分 1-23
1-4 報酬的來源─利率之意義與理論 1-26
CH2 投資要素與報酬、風險之衡量
2-1 報酬之意義與衡量 2-5
2-2 風險之定義與種類 2-9
2-3 風險之衡量、投資人風險態度與風險管理 2-22
2-4 時間因素 2-30
CH3 金融制度概論
3-1 貨幣之功能與貨幣供給 3-5
3-2 貨幣政策與金融市場 3-9
3-3 金融制度 3-13
3-4 金融市場 3-17
3-5 我國金融體系 3-23
XI
投資觀念
投資理論
投資分析
投資策略
投資管理
CAPM、APT
總體因素
產業因素
公司因素
基本面分析
技術面分析
籌碼面分析
投資觀念 CH.1,2
投資市場 CH.3~5,13,14
行政院主計總處
http://www.dgbas.gov.tw/
投資理論 CH.6~9
投資策略 CH.7
投資分析 CH.9
投資管理
總體分析 Ch9 股狗網－大盤－整體營收
產業分析 Ch9 股狗網
公司分析 Ch9 股狗網
技術面分析 Ch11 股狗網
籌碼面分析 Ch12 股狗網 籌碼面
投資選股 Ch9~12 股狗網
投資組合 Ch8
績效評估 Ch8 股狗網－技術面－多股績效比較
投資回測 Ch8 Aindex－回測－策略回測－策略分析－股票
風險控管 Ch15 Aindex－期貨、選擇權價量分析
回測－策略回測－策略分析－指數期貨、個股期貨
股狗網 www.stockdog.com.tw
Aindex www.aindex.com.tw

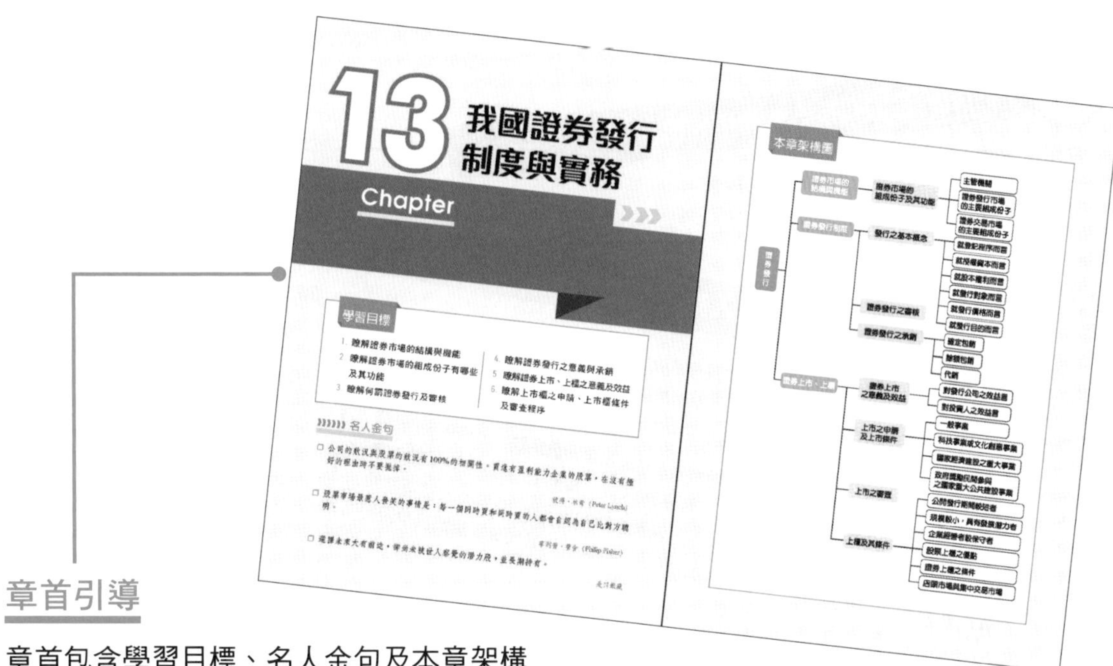

13 我國證券發行制度與實務

Chapter

學習目標

1. 瞭解證券市場的結構與機能
2. 瞭解證券市場的組成份子有哪些及其功能
3. 瞭解何謂證券發行及審核
4. 瞭解證券發行之意義與承銷
5. 瞭解證券上市、上櫃之意義及效益
6. 瞭解上市櫃之申請、上市櫃條件及審查程序

名人金句

□ 公司的狀況與股票的狀況有100%的相關性。買進有盈利能力企業的股票，在沒有極好的理由時不要拋掉。

彼得・林區（Peter Lynch）

□ 股票市場最惹人發笑的事情是：每一個同時買和同時賣的人都會自認為自己比對方聰明。

菲利普・費舍（Philip Fisher）

□ 選擇未來大有前途，還尚未被世人察覺的潛力股，並長期持有。

章首引導

章首包含學習目標、名人金句及本章架構圖，引導讀者在學前認識該章重點，有助於進入章節內容。

第二部分

NEWS 金融速報

電腦程式分析交易的新世代

Business Insider、路透社、英國金融時報2016年5月10日報導，機構投資人（Institutional Investor）Alpha雜誌彙編資料，公布2015年避險基金經理人風雲榜，收入排名前8名中，有6人是寬客，比例遠高於2002年的2人。

寬客用電腦程式分析市場、指引投資方向，他們的績效優於知名的人類操盤手，因此坐享優渥薪酬。

Citadel的Ken Griffin和Renaissance Technologies的James Simons收入並列第一，2015年大賺17億美元。他們都是寬客，Simons更是程式解碼員出身。

DE Shaw的David Shaw排名第五，他是前哥倫比亞大學的電腦科學教⋯⋯Two Sigma兩名操盤手John Overdeck、David Siegel同為寬客、並列第六。

以往不可一世的大師，績效敗給寬客，顯示華爾街的投資策略出現巨⋯⋯技對基金決策日趨重要，許多人利用電腦篩選資料，預測市場走勢、數⋯⋯金融業也大舉招募電腦工程師，沒有財經背景也沒關係，尋求機器學習⋯⋯算、數據科學的人才加入。

全球最大避險基金橋水投資公司（Bridgewater Associates）也⋯⋯前手下擔任共同執行長，更點出此一趨勢。

英國金融時報4月25日報導，普信集團（T. Rowe Price）以數⋯⋯長的基金經理人Sudhir Nanda，過去十年來以電腦演算法所管理⋯⋯國小型股基金「Diversified Small-Cap Growth Fund」績效卓越⋯⋯的報酬率平均可超過10%，擊敗93%的同類型基金。

【新聞評論】

寬客是Quant的音譯，數量金融師。2007年（美）⋯⋯Derman）出版了《寬客人生》一個計量金融大師在華爾⋯⋯盛衰事的波瀾人生（My Life as a Quant: Reflections⋯⋯

NEWS 金融速報

Bank 4.0－銀行是什麼？

400年、40年、5年，這是金融業從Bank 1.0走到4.0每個階段所用的時間。科技帶動金融業變革的速度超乎想像，Bank 3.0方興未艾，Bank 4.0已經華麗登場。銀行創新教父Brett King最新力作《Bank 4.0－銀行，無所不在》近日出版，揭示金融業未來的發展方向：重新定義金融，並運用科技將金融服務無所不在的嵌入到生活中。

在數位科技推波助瀾之下，金融產業典範轉移大幅加速。Bank 1.0的近代銀行於1580年誕生於義大利，延續將近400年榮景。1967年第一臺ATM於倫敦問世，開啟Bank 2.0的年代，ATM與網銀開始將分行「複製」到生活的每個角落。iPhone開啟智慧手機的行動盛世，加上雲端、大數據等科技成熟，Brett King於2013年宣告Bank 3.0到來，全球銀行界都積極搶進全通路新趨勢。來到2018年，當多數銀行都還在摸索Bank 3.0的奧秘，Bank 4.0已然降臨。

Brett King於演講中以一個生活情境為例：到超市購物，結帳刷卡才發現簽帳卡餘額不足，手忙腳亂找第二張卡時，後面大排長龍的消費者已經大表不滿。「有沒有可能在他把購物車塞滿的同時，我們就告知他餘額不足，建議他另尋促銷產品，或者立即用小額信貸來補足餘額？」

絕大多數生活場景中，客戶需要金融服務（Banking），卻不需要銀行（Banks），這也是多數新創業者積極進攻的領域。例如阿里巴巴的餘額寶，在支付的場景中置入了基金投資服務；美國Uber，在駕駛開通服務中置入線上開戶，短短3個月成為美國最大的小額開戶業者。

以巴西Bradesco Bank為例，這家銀行擁有5,200間分行、6,500萬個客戶，有一間分行甚至是在亞馬遜河的駁船上營運。當客戶對產品有疑問時，分行人員必須打電話到總行詢問，其冗長過程往往令客戶不耐。

章前個案

章前的「金融速報」，以新聞案例吸引讀者興趣，並附新聞評論帶入學習內容。

本書導讀

支付、保險、機器人理財、群募、借放款

FinTech 稱為「金融科技」，即 Finance（
的直接翻譯，用白話文來說，就
說，早期要帶著
慧型手
來的創

根
總數三分

時事案例

NEWS 長榮閃電減資　法人曝三大關鍵主因

史上第一次！長榮海運宣布將減資每股 6 元，並配發每股 18 元股利，減資加股利合計配發高達 24 元，法人點出長榮本次減資「三大主因」，看好後市營運面、公司評價及展望有望全面提升，可謂一舉數得。

貨櫃航運業去年獲利大好，股利發放也成市場熱議話題，繼陽明 14 日公布將配發 20 元現金股利、殖利率衝破 15% 後，長榮 15 日宣布將啟動上市以來首次現金減資，減資幅度 60%，減資金額約達 317.46 億元，將消除股數約 31.75 億股，每股退還股東現金 6 元，而減資後實收資本額將調整至約 211.64 億元。

長榮減資「三大主因」

統一投顧董事長黎方國、國泰證期經理蔡明翰點出長榮減資「三大主因」，首先，長榮大股東已信託持股，現金減資屬於股本退回，對大股東而言

內文個案

文中穿插「時事案例」，補充相關新聞時事，貼近生活應用。

歷史現場

偉大物理學家牛頓的投資經驗

牛頓（Sir Isacc Newton，1643-1727）是英格蘭物理學家、數學家、天文學家，發明微積分、光學、三大運動定律、萬有引力及天體的運動，曾經說過：「如果我比別人看得更遠，那是因為我站在巨人的肩膀上。」他也曾經投資股票，1720 年一月南海公司股票自每股 128 英鎊開始飆漲，77 歲時，牛頓在四月投入約 7,000 英鎊，以每股約 300 英鎊買進，兩個月後謹慎的牛頓將股票以每股約 600 英鎊賣掉，賺了 7,000 英鎊，獲利一倍！然而，南海公司股價繼續飆漲，牛頓很後悔，經過認真的考慮，他決定加碼投資，在七月股價達 1,000 英鎊幾乎增值八倍之後反轉直下、一落千丈，十二月跌至 124 英鎊，投資人血本無歸，牛頓也未及脫身慘賠 20,000 英鎊，相當他十年薪資。事後牛頓感慨地說：「我可以計算出天體運行的軌跡，卻計算不出人心的瘋狂。」

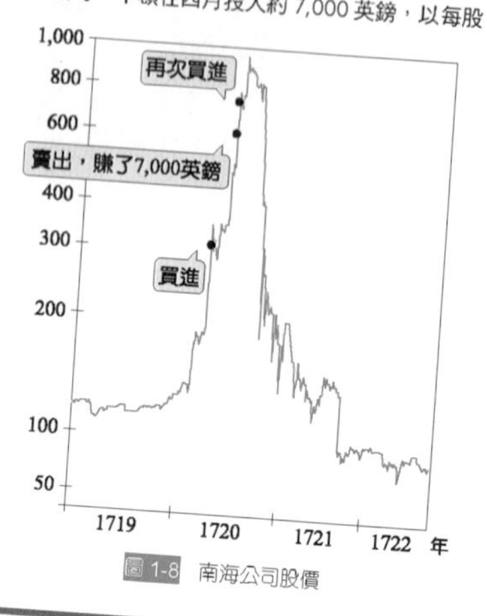

圖 1-8 南海公司股價

經典大事件

在「歷史現場」帶讀者認識投資史上的經典名人名事，了解古今中外的重要事件。

投資辭典 貝他風險與阿爾法風險

1. 貝他風險（Beta Risk）

貝他風險就是市場風險，可區分為股票貝他風險、信用貝他風險等等，如果要計算貝他風險，貝他風險的報酬率取決於如何將資金配置在不同的資產類別與地區國家，另外成本因素也很重要，特別是在低報酬率的環境如果將成本因素納入考量，許多積極型選股投資人的績效其實不如被動型投資人。面對貝他風險最具成本效益的方法，就是採取被動型投資管道，例如指數股票型基金。

2. 阿爾法風險（Alpha Risk）

阿爾法風險是非市場風險，或者通常被稱為非系統性的特定風險（Idiosyncratic Risk）。在不計算成本的情況下，阿爾法風險是零和遊戲。每當有投資人績效不如大盤指標，就代表有投資人績效優於大盤指標。當有投資人表現不如大盤，就代表有另一個人優於大盤（不計入成本）。

知識補充

「投資辭典」解說投資重要觀念與重點名詞，有助觀念釐清。

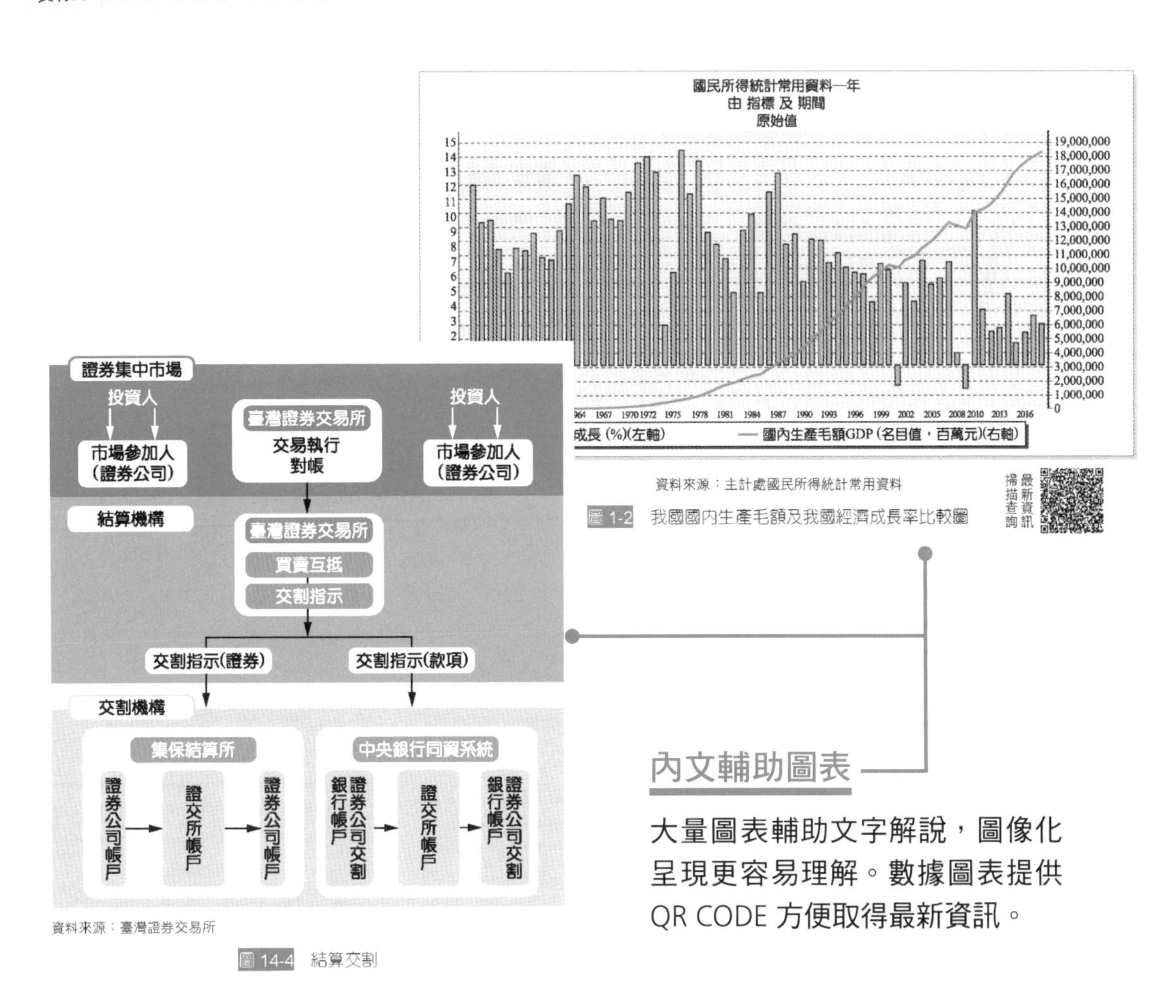

圖 1-2 我國國內生產毛額及我國經濟成長率比較圖

圖 14-4 結算交割

內文輔助圖表

大量圖表輔助文字解說，圖像化呈現更容易理解。數據圖表提供 QR CODE 方便取得最新資訊。

第三部分

範例題型

實際示範計算題型，使觀念融會貫通。

範例01

假設現有10年期公債，面額為100元，票面利率為6%，且半年付息一次，若在殖利率為5%下，依據債券評價公式，債券價格為何？

債券評價模式如下：

$$P_0 = V_0 = \sum_{t=1}^{n} I \times (\frac{1}{1+k})^t + M(\frac{1}{1+k})^n$$

$$P = \sum_{t=1}^{20} 6 \times (\frac{1}{1+5\%})^t + 100(\frac{1}{1+5\%})^{20} = 107.795$$

實務操作

以步驟帶領讀者使用網站資訊，進行投資決策與分析。

長期持有投資人有「董監事、經理人、前十大股東」，可以依下列步驟來進行分析，以下以「鴻海」爲例：

step 01 連至股狗網（https：//www.stockdog.com.tw）

step 02 選取「籌碼面」→「整體籌碼」→「董監經理人持股明細表」

延伸閱讀

各章補充延伸學習的推薦書籍及網站，鼓勵讀者自發研讀相關資料。

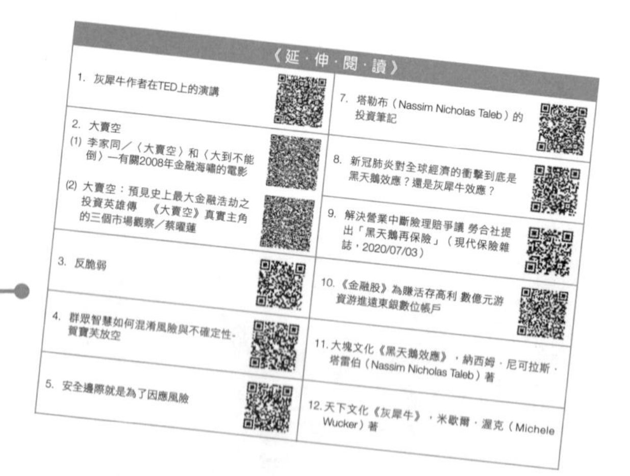

《延．伸．閱．讀》

1. 灰犀牛作者在TED上的演講	7. 塔勒布（Nassim Nicholas Taleb）的投資筆記
2. 大賣空 (1) 李家同／《大賣空》和《大到不能倒》一有關2008年金融海嘯的電影 (2) 大賣空：預見史上最大金融浩劫之投資英雄傳 《大賣空》真實主角的三個市場觀察／蔡曜蓮	8. 新冠肺炎對全球經濟的衝擊到底是黑天鵝效應？還是灰犀牛效應？
	9. 解決營業中斷險理賠爭議 勞合社提出「黑天鵝再保險」（現代保險雜誌，2020/07/03）
3. 反脆弱	10.《金融股》為賺活存高利 數億元游資游進遠東銀數位帳戶
4. 群眾智慧如何混淆風險與不確定性-賀寶芙放空	11. 大塊文化《黑天鵝效應》，納西姆．尼可拉斯．塔雷伯（Nassim Nicholas Taleb）著
5. 安全邊際就是為了因應風險	12. 天下文化《灰犀牛》，米歇爾．渥克（Michele Wucker）著

學後習題

章末附有課後評量問答題，書末提供基礎及證照選擇題，方便讀者對應章節練習相關試題。

本章習題

1. 請說明附買回交易及附賣回
2. 何謂普通股、特別股及存託
3. 何謂可轉讓定期存單？中
4. 請定義附認股權證公司債
5. 試說明可轉換公司債的特徵

學後評量 B

得分　全華圖書（版權所有，翻印必究）

投資學　班級：

CH01 投資之基本概念　學號：

姓名：

(　)1. 設無風險利率為4%，而某一檔股票的期望報酬率卻僅為3%，下列何者為可能原因？ (A)該檔股票之公司營運表現不好 (B)該檔股票被市場錯誤定價 (C)該檔股票報酬率和大盤報酬呈反向關係 (D)該檔股票的標準差風險太低。【110Q證券分析人員】

(　)2. 某投資人財富遞增時，他的每單位財富效用（Utility）就遞增，這樣的投資人是： (A)風險偏好者 (B)風險中立者 (C)厭惡風險者 (D)選項(A)(B)(C)皆非。【110Q證券分析人員】

(　)3. 當國外大型證券商發生火災時，對國內生產同產品之證券相關股價的影響為何？ (A)上漲 (B)下跌 (C)不受影響 (D)不一定。【110Q證券商高級業務員】

(　)4. 一般而言，發布未預期的物價大幅上漲，股價將： (A)上漲 (B)下跌 (C)不一定上漲或下跌 (D)先漲後跌。【110Q證券商高級業務員】

(　)5. 當投資者判斷市場處於空頭行情時，以下哪項策略「不」適合？ (A)增加固定收益證券之比重 (B)增加現金比重 (C)提高投資組合之貝它係數 (D)出

全書架構圖

- 投資觀念
  - 投資定義與區分
  - 投資與投機
- 投資理論
  - 傳統理論
  - 投資組合
    - CAPM、APT
  - 行為財務學
- 投資分析
  - 基本面分析
    - 總體因素
      - 總體經濟
      - 政治社會
      - 政策法規
      - 國際局勢
    - 產業因素
      - 產業地位
        - 產業生命週期、產業上下游產業及供應鏈
        - 產業在整體經濟的地位
        - 產業未來發展趨勢
        - 競爭力分析（波特五力分析）
        - ……
      - 產業分類&產業特性（產業鏈）
        - 電子、半導體產業鏈及產業特性
        - 金融產業鏈及產業特性
        - 塑化產業鏈及產業特性
        - 生技製藥產業鏈及產業特性
        - ……
    - 公司因素
      - 經營理念
        - 宗旨理念
        - 企業文化
        - 公司治理
        - CSR、社會責任
      - 營銷管理
        - 銷售產品分析
          - 產品種類、產品品牌
          - 產品定位、生命週期
          - 產品開發、產品優勢
          - 產品組合、集中比重
          - 銷售對象、客戶屬性
          - 產品通路、地區分布、季節銷售
        - 銷售能力分析
        - 資產週轉率分析
      - 生產管理
        - 產品生產分析
          - 產品組成分析、生產原物料、採購對象、集中度、影響原物料成本因素
          - 產品成本分析
        - 生產效能分析
          - 廠房所在、群聚效應
          - 上、下游供應鏈
          - 生產自動化程度
          - 環境保護措施
          - 產業屬性；資本、勞力、技術密集產業
          - 成本各要素比重
          - 生產效能：投入產出比率（良率）
          - 研發比重、能力
          - 技術能力、專利權
          - 自動化、AI能力
      - 財務管理
        - 資金來源
          - 負債
          - 股東權益
        - 資金運用
          - 流動性資產管理
          - 非流動性資產管理
            - 廠房、土地、機器、設備
            - 資本支出決策
            - 股利政策
            - 現金流量管理
      - 財報分析
        - 獲利能力分析
        - 毛利分析、損益兩平分析（BEP）
        - 短期償債能力分析
        - 長期償債能力分析
        - 資金流量分析
        - 資產運用效率
        - 營業槓桿
        - 財務槓桿
  - 技術面分析
    - 價
    - 量（籌碼）
    - 三大法人
  - 籌碼面分析
- 投資策略
  - 標的總額
  - 風險偏好
  - 人生階段
  - 資產配置
- 投資管理
  - 績效評估
  - 停損機制
  - 投資紀律
  - 風險管理
  - 資產轉換
  - 行為心理

全書章節及專屬網對照導引圖

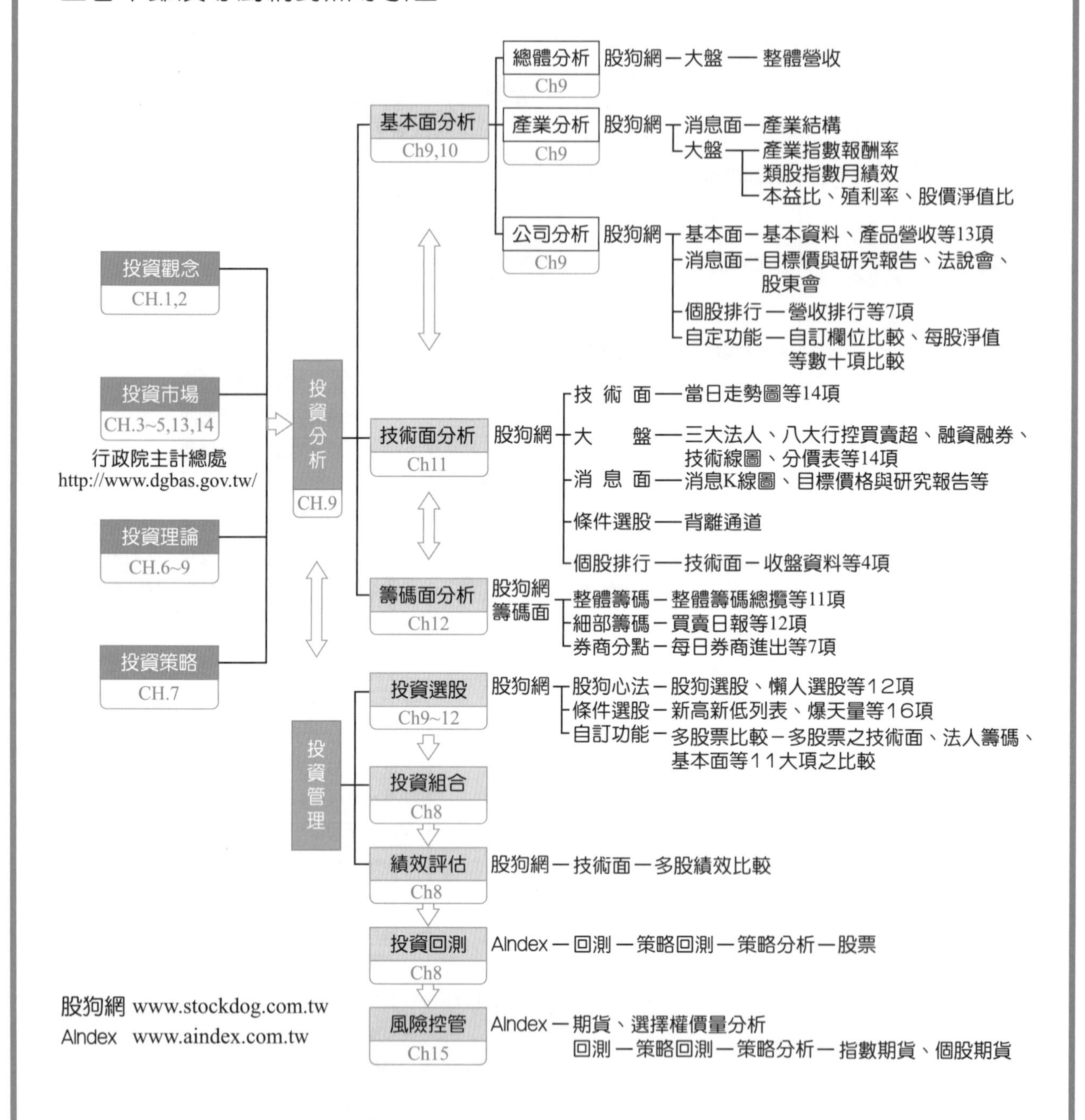

本書內容說明、分析與個案實務操作，與作者建置之投資資訊與分析網站：「股狗網」密切結合。讀者可參閱補充資料 QR code 中的「股狗網查詢指引」，了解如何利用這個網站的資訊搭配學習，並作為投資決策的參考。

補充資料

目錄 CONTENTS

CH1 投資之基本概念

CH2 投資要素與報酬、風險之衡量

CH3 金融制度概論

目錄 CONTENTS

CH4 金融市場概況與發展趨勢

CH5 金融市場之商品

CH6 證券之評價

CH7 投資市場、投資理論、投資策略與實務

CH8 投資組合、資本資產訂價與投資績效分析

CH9 股價理論與效率市場

CONTENTS

CH10 公司之財務分析與公司治理

CH11 股價之技術分析

CH12 股價之籌碼分析

CH13 我國證券發行制度與實務

CH14 我國證券交易制度與實務

CH15 金融創新與衍生性商品

Appendix 附錄

投資之基本概念

Chapter

學習目標

1. 認識投資之意義與概念
2. 瞭解投資之要素
3. 區分投資與投機之差異
4. 從利率認識報酬的來源—利率之意義與理論
5. 從風險認識報酬的來源—風險之意義與種類

名人金句

❒ 投資人所獲取的投資報酬是因為承受市場風險所獲得的補償，最有效率的投資組合是市場組合，要想獲得較高報酬就得承受較高風險。

夏普（William Sharpe）

❒ 投資是預測資產未來收益的活動，而投機是預測市場心理的活動。

約翰．梅納德．凱恩斯（John Maynard Keynes）

本章架構圖

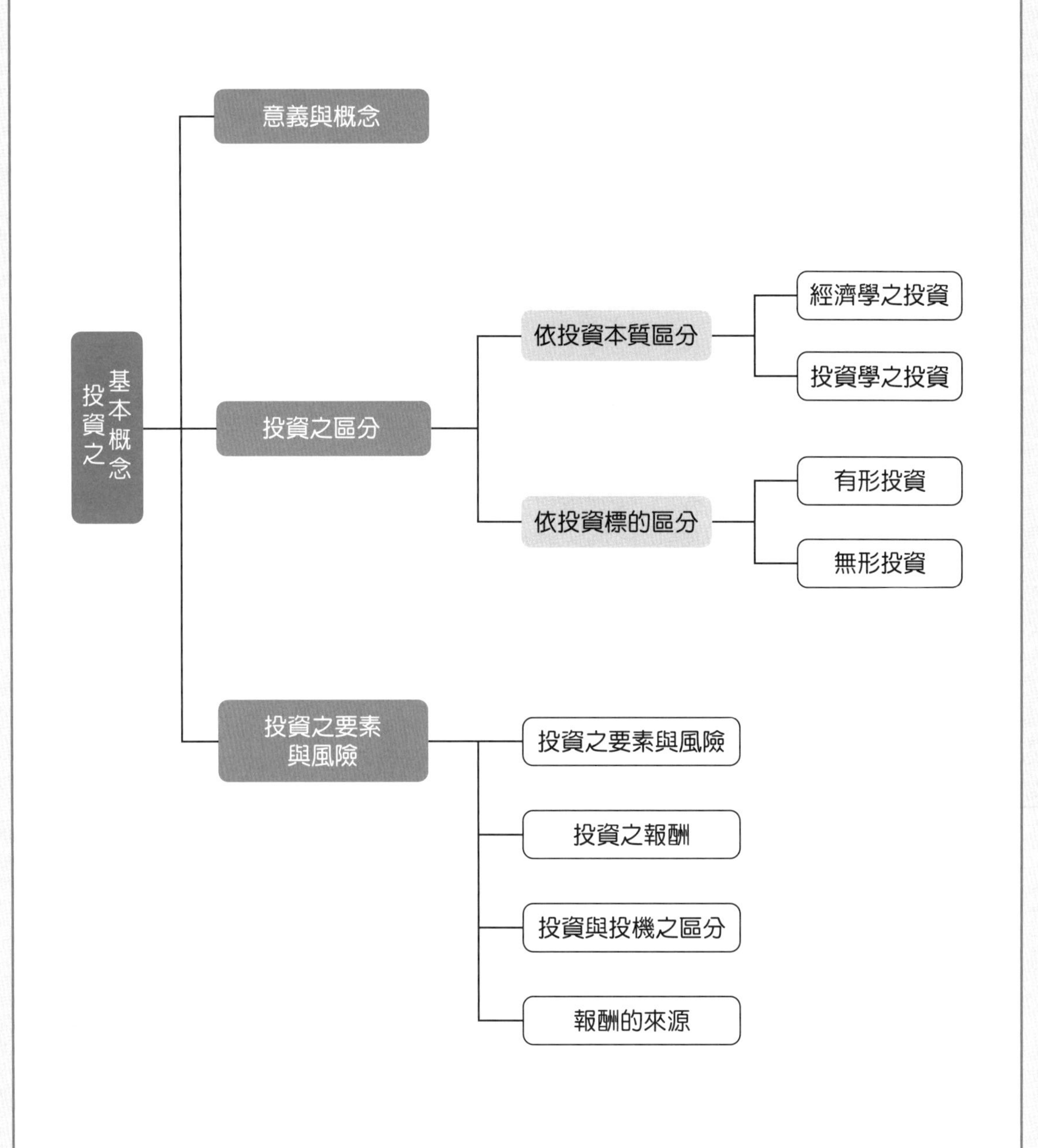

投資之基本概念
意義與概念
投資之區分
依投資本質區分
經濟學之投資
投資學之投資
依投資標的區分
有形投資
無形投資
投資之要素與風險
投資之要素與風險
投資之報酬
投資與投機之區分
報酬的來源

震撼！台積電赴美投資設廠　資本支出 2022 年大暴衝

台積電宣布在與美國聯邦政府及亞利桑那州的共同理解和其支持下，有意於美國興建且營運一座先進晶圓廠。

這座將設立於亞利桑那州的廠房將採用台積電的5奈米製程技術生產半導體晶片，規劃月產能為20,000片晶圓，將直接創造超過1,600個高科技專業工作機會，並間接創造半導體產業生態系統中上千個工作機會。該晶圓廠將於2021年動工，於2024年開始量產。2021年至2029年，台積電於此專案上的支出（包括資本支出）約120億美元。

這座先進晶圓廠不僅能使台積電為客戶和夥伴提供更好的服務，也為台積電提供了更多吸引全球人才的機會。

這項專案對於充滿活力及具有競爭力的美國半導體生態系統來說具有重要的策略性意義，它使具業界領先地位的美國公司能於美國境內生產其最先進的半導體產品，同時又能受惠於世界級的半導體晶圓製造服務公司及其生態系統的地理鄰近性。

台積電表示，期待與美國當局及亞利桑那州於此專案上繼續維持鞏固的夥伴關係，這項專案需要台積電大量的資本和技術投資，而美國強健的投資環境及其優秀的人才使得此專案及未來於美國的投資對台積電來說極具吸引力。美國採行具前瞻性的投資政策，為其業界領先的半導體技術營運創造出具全球競爭力的環境，此環境對於這專案的成功至關重要。這也使台積電對此項投資及未來與其供應鏈夥伴的投資皆充滿信心。

台積電目前在美國華盛頓州卡馬斯市設有一座晶圓廠，並在德州奧斯汀市、加州聖何西市皆設有設計中心。此座位於亞利桑那州的廠房將成為台積電在美國的第二個生產基地。

展望2022年，台積電除了持續擴建臺南Fab 18廠3奈米生產線，同時加快美國亞利桑那州12吋廠5奈米、大陸南京12吋廠28奈米等產能建置，包括日本熊本12吋廠、高雄12吋廠、竹科Fab 20廠2奈米生產線等三項新投資亦會同時動工。由於基礎建設及廠務工程費用大幅增加，設備業者指出，台積電2022年資本支出將上看380～420億美元規模。

資料來源：經濟日報 2020/05/15；工商時報 2022/01/05

【新聞評論】

我們常於報章雜誌新聞媒體見到投資相關報導，其中都提及**投資**此一名詞，則其間之分野爲何，我們需分辨清楚。

台積電宣布有意於美國興建且營運一座先進晶圓廠。基於中美貿易戰延伸爲科技戰。台積電此舉投資金額龐大，半導體產業聚落生態，及上下游供應鏈完整性等等，皆是影響成敗關鍵因素。讀者可思考此投資案背後因素，如中美貿易爭議下台積電在戰局中的角色？台積電的戰略應如何因應？以企業管理 SWOT 競爭力分析，評估此投資案之利弊成敗可能性？此投資案對投資人評價台積電股價有何影響？

1-1 投資之意義與概念

一、投資概念

所謂「**投資**」，係指投資者（如：個人、企業或政府機構等）提供現時所擁有之資產（如：資金、時間）或其他具有價值之財物，以換取未來更多之資產。未來資產與現時資產價值之間的增額部分，即爲投資之「**報酬**」，包括有形及無形之報酬。此包括經濟學上從事生產活動之投資及金融活動投資學所稱之理財投資。

二、投資之區分

（一）依投資本質區分

《新聞報導 1》

台積電今年持續積極投資，資本支出掛保證，設備廠露笑顏

台積電（2330）今年持續積極投資，預計全年資本支出再創新高，台積電的半導體設備之相關供應鏈均可望受惠，產業能見度相對明朗，台積電於年前法說會中，宣布上調今年資本支出金額到150至160億美元之間，高於去年的150億美元，連續第二年改寫新高紀錄。

去年下半年在台積電調升資本支出的帶動下，多數設備及工程廠商營運逐步增溫，今年上半年可望延續熱度。

台積電先前指出，今年資本支出上看160億美元，其中80%用於3奈米、5奈米、7奈米等先進製程技術，10%用在後段先進封裝、光罩，10%用在電源管理IC等特殊製程。受惠於5G及晶圓代工需求直線上升，7奈米以下先進製程續旺。

資料來源：工商時報 2020/02/20

《新聞報導 2》

張忠謀點醒！他這樣投資台積電穩定獲利

台積電2019年12月19日將除息2.5元，外資在上周就積極卡位準備參加除息，也有不少投資人後再買進，等待填息走勢，但對於散户來說，能布局的資金有限，想要從茫茫股海分得一些獲利，除了要能抓準市場走向，更多的是持之以恆。

有一名投資人指出他透過定期定額投資台積電零股，如今也幫助自己穩定獲利，提到除非創業當老闆，否則臺灣受薪階級民眾很難發大財，只能藉由定期定額投資穩健成長的公司，有機會於年老時過穩定不錯的生活。

該名投資人指出，5、6年前朋友推薦他買台積電（當時股價約130元），直到2年前張忠謀提到有台積電有7成多都是外資，國人應該多買台積電，此時股價已經漲到200元出頭，就開始定期定額買零股，每個月花數千元就能買，日積月累下來就會出現成效。

從2017年6月20日至2019年12月6日來看，該投資人每次大概花費5千~1萬的金額定期買進台積電零股，並持續至今不間斷。

資料來源：中時電子報、工商時報 2019/12/19

從前面兩則新聞報導，我們看到「台積電積極投資」及「投資台積電」，出現相同的投資用語。其間的差異爲何？茲說明如下：

投資的分類，就報導一「市場需求強勁，提升台積電投資意願，促使廠商增加生產投資，其資本支出投資金額較去年成長」這段話，是指經濟活動意義上之投資，就經濟學範圍而言，所謂「投資」者，是以資金或財物，企圖獲得預期的報償或利益。由此定義，投資目的在取得經營活動預期之報酬。

而報導二「投資人藉由定期定額投資穩健成長的公司」是投資學所稱的投資，指證券投資活動上之投資。現代經濟社會中，由於金融市場之急速發展，且規模日益擴大，其匯集儲蓄累積資本及融通資金供需之功能愈益彰顯，企業、家計單位及個人消費單位往往藉由金融市場之運作，將資金直接、間接透過金融市場從投資行爲藉以獲取收益。

本書之重點乃在投資學觀點之投資，尤其是有價證券之投資方面。內容包括投資基本概念介紹、金融市場制度與金融商品、證券制度與證券交易實務、投資理論與投資分析及衍生性商品之介紹等。

1. **經濟學之投資**：就經濟活動觀點言之，投資係指資本形成，即指對新資本財的購買，而資本財包括機器設備（含運輸工具）、各種建築物及存貨等生產必備要素。故投資是新機器設備與新建築物的購置，以及存貨的增加。以圖1-1說明之：

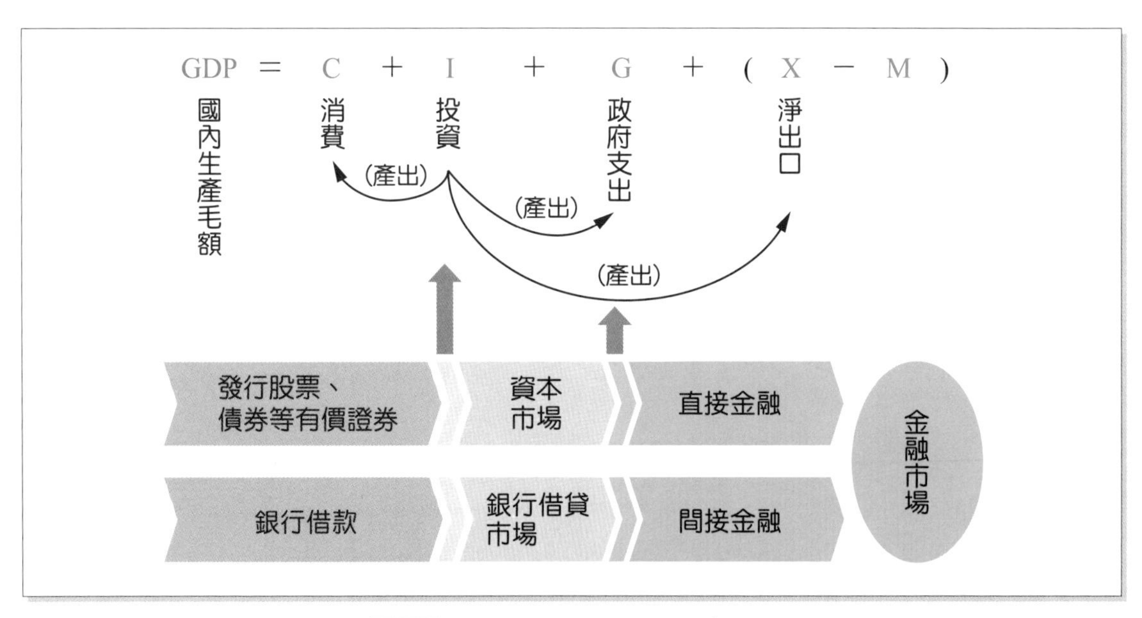

圖 1-1　金融市場與經濟發展關聯圖

經濟學在衡量一國之國內生產毛額（Gross Domestic Product，簡稱GDP，用以衡量一個經濟社會在一定期間內的經濟活動成果或總產出之指標）時，就支出面觀點言之：

$$GDP = C + I + G + X - M$$

式中，

GDP = 國內生產毛額；

C = 民間消費支出；

I = 國內投資毛額，即國內資本形成毛額；

G = 政府消費支出；

X = 出口；

M = 進口；

故其所謂投資，即I（國內投資毛額），即國內資本形成毛額，此為促進經濟發展重要因素之一。由於此項經濟支出係對財貨勞務的需求，從而在供給面會刺激生產，促進經濟成長。而C（民間消費支出）、G（政府消費支出）、X（出口）減M（進口）後的淨出口皆屬於需求，直接間接對投資有促進效果而帶動投資增加及經濟成長。

圖1-2為我國國內生產毛額及經濟成長率之狀況，圖中顯示我國國內生產毛額及經濟成長率呈現逐年成長之情形，而國內生產毛額依支出對經濟成長之貢獻（詳見表1-1），顯示我國國內生產毛額主要之貢獻來自於固定資本形成及民間消費，固定資本形成即我們所稱經濟學上之投資。

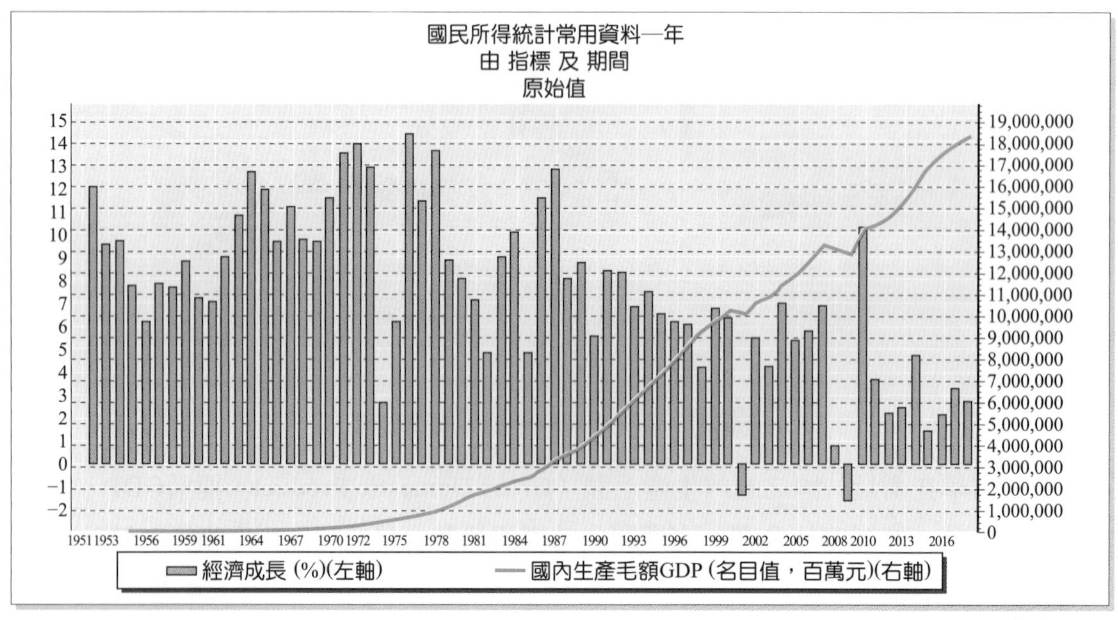

資料來源：主計處國民所得統計常用資料

圖 1-2 我國國內生產毛額及經濟成長率比較圖

最新資訊 掃描查詢

表 1-1 我國國內生產毛額依支出區分對經濟成長之貢獻

單位：百分點

年份（民國）	經濟成長率	民間消費	政府消費	固定資本形成	存貨變動	輸出	輸入
98 年	-1.61	-0.02	0.50	-2.07	-2.73	-6.62	-9.33
99 年	10.25	2.06	0.19	4.07	3.03	18.68	17.79
100 年	3.67	1.61	0.33	-0.33	-1.18	3.10	-0.14
101 年	2.22	1.05	0.36	-0.30	-0.11	1.53	0.31
102 年	2.48	1.40	-0.21	1.59	-0.48	2.55	2.35
103 年	4.72	2.00	0.56	0.79	0.60	4.65	3.88
104 年	1.47	1.51	-0.02	0.60	-0.02	-0.02	0.89
105 年	2.17	1.36	0.51	0.74	-0.36	-0.36	-0.58
106 年	3.31	1.40	-0.06	-0.06	-0.11	3.03	0.89
107 年	2.75	1.06	0.56	0.62	0.78	0.46	0.74
108 年	2.71	1.12	0.02	1.99	-0.80	0.83	0.44

資料來源：中華民國統計資訊網

掃描查詢最新資訊

以108年我國經濟成長率2.71%，其中1.99%來自於固定資本形成，比重甚大，此關係更可由圖1-3我國經濟成長率與固定資本形成趨勢圖看出二者之間呈現同步變動的高度相關性。

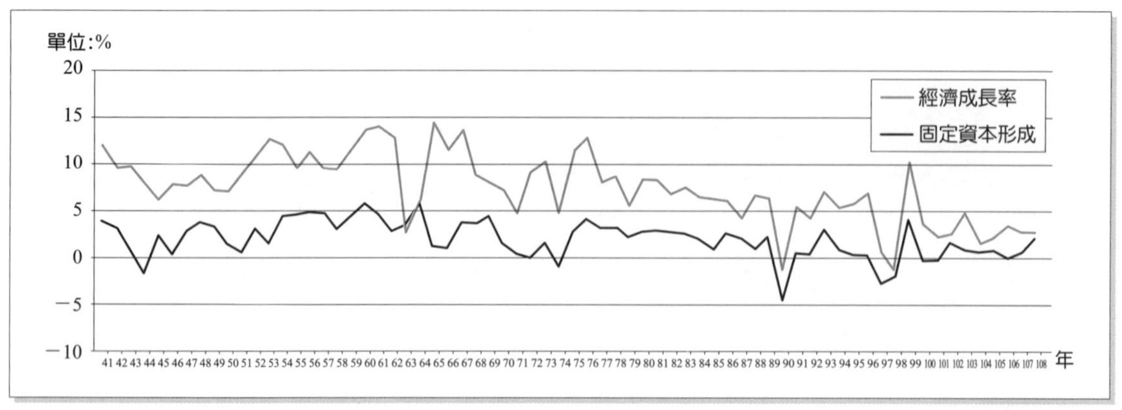

資料來源：中華民國統計資訊網

圖 1-3 我國經濟成長率與固定資本形成趨勢圖

掃描查詢最新資訊

從圖1-4中顯示我國每人GDP已逾越三萬美元，故經濟學上之投資對國內生產毛額及經濟成長率有很大貢獻，我國主計處國民所得統計常用資料中有多項統計資料亦可進一步深入探討分析相關產業投資各對經濟之貢獻程度大小。

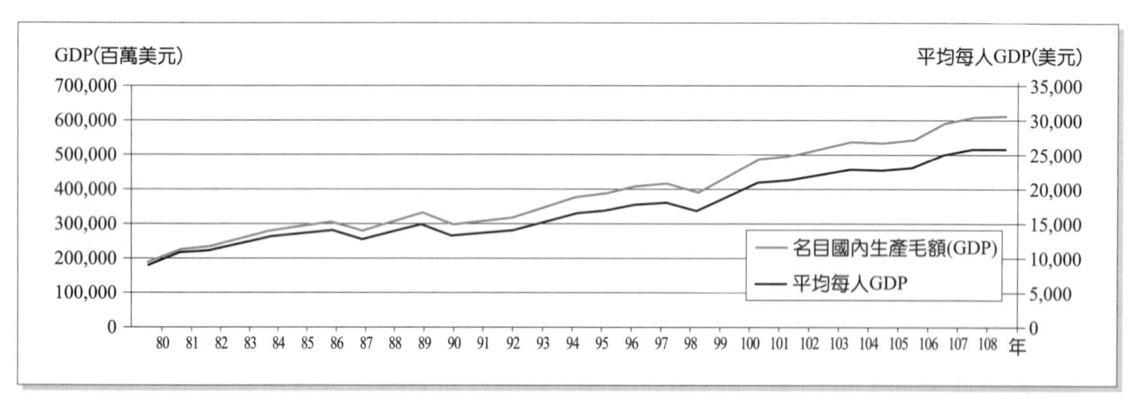

資料來源：中華民國統計資訊網

圖 1-4 我國平均每人 GDP 成長趨勢

掃描查詢最新資訊

從表1-2、圖1-5、1-6的資料分析，我國的GDP為586,104百萬美元，全球排行為22名，已進入「已開發國家」之列。以GDP的角度看，我國的經濟體在全球的重要性具有一定的影響力，近年來我國在半導體產業的高速成長帶動下，GDP的成長持續上漲，逐漸進入排名更往前的經濟體。

表 1-2　108 年我國國內生產毛額與其他國家比較

經濟體（依 GDP 排名）		GDP（百萬美元）	GDP 佔全球 %
1	美國	21,439,453	20.35%
2	歐盟	18,705,132	17.75%
3	中國	14,140,163	13.42%
4	日本	5,154,475	4.89%
5	德國	3,863,344	3.67%
6	印度	2,935,570	2.79%
7	英國	2,743,586	2.60%
8	法國	2,707,074	2.57%
9	義大利	1,988,636	1.89%
10	巴西	1,847,020	1.75%
11	加拿大	1,730,914	1.64%
12	俄羅斯	1,637,892	1.55%
13	韓國	1,629,532	1.55%
14	西班牙	1,397,870	1.33%
15	澳大利亞	1,376,255	1.31%
16	墨西哥	1,274,175	1.21%
17	印尼	1,111,713	1.06%
18	荷蘭	902,355	0.86%
19	沙烏地阿拉伯	779,289	0.74%
20	土耳其	743,708	0.71%
21	瑞士	715,360	0.68%
22	臺灣	586,104	0.56%
其他（171 國）		15,950,970	15.14%

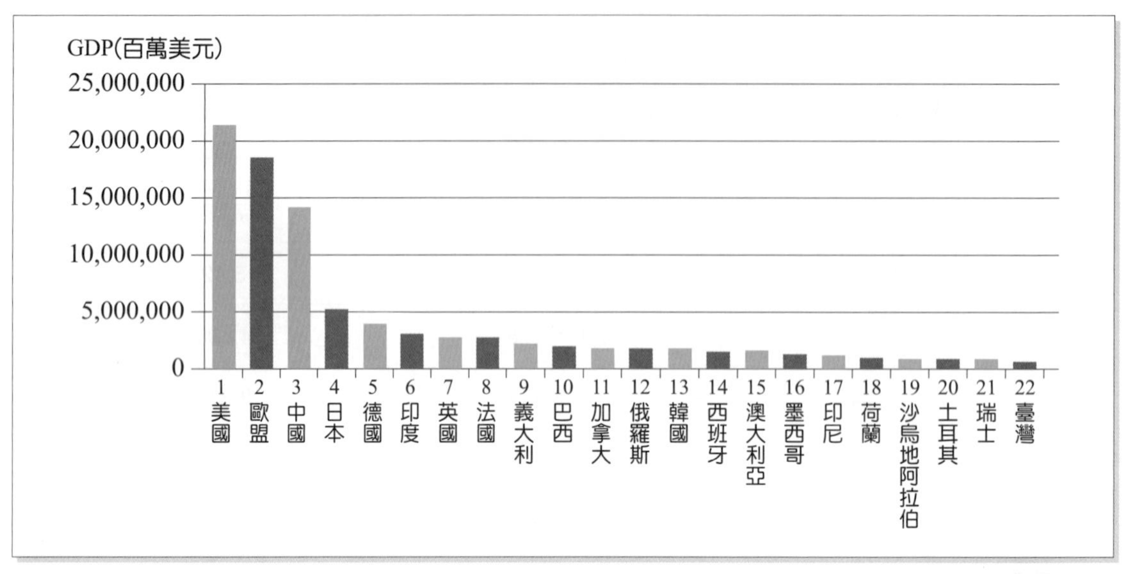

資料來源：維基百科

圖 1-5　其他國家生產毛額比較直條圖

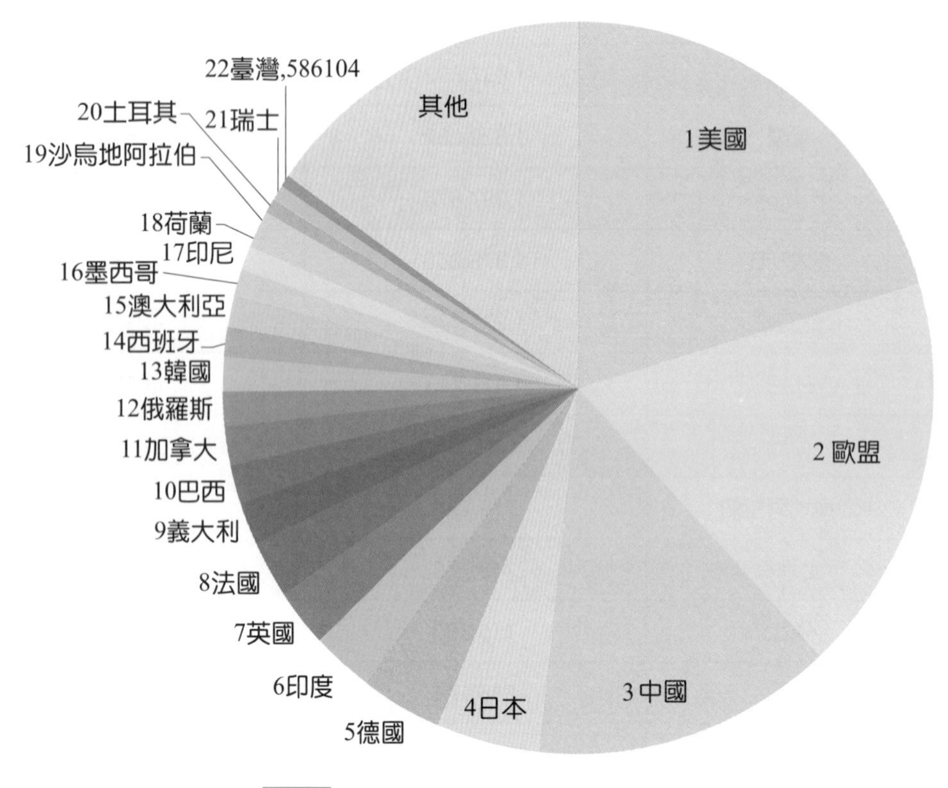

圖 1-6　其他國家生產毛額比較圓餅圖

2. **投資學之投資**：投資學上所稱投資，係指以目前所持有之資金、財物或信用透過交易，期望在未來獲取更高之收益或報酬；意即以目前可供消費財富之價值，換取未來可能更多之財富；包括對黃金、不動產等實體資產及股票等金融資產之交易活動，投資種類詳見表1-3。

表1-3 投資種類表

實體資產	貴金屬	黃金、白銀、鈀等。
	其它礦產	石油、煤、天然氣、銅、鐵、鉛等普通金屬。
	珠寶	鑽石、瑪瑙、珍珠、玉石、翡翠等。
	不動產	土地、住宅、廠房、商業辦公大樓、旅館飯店、農場樂園等。
	外幣	美金、歐元、日元等。
	收藏品	古董、書畫、藝術品、錢幣、郵票、珍本書籍、棒球卡等。
	其他有價證券	球證、會員卡等。
金融資產	原始有價證券	1. 直接權益請求權有價證券：普通股股票。 2. 債權求償權有價證券：銀行存款、商業本票、國庫券、公債、公司債、私人間借貸等。 3. 介於前述兩者性質者：如特別股股票。
	基金等受益憑證	1. 共同基金（Mutual Fund）。 2. ETF（Exchange Trading Fund）。
	衍生性商品	1. 店頭市場商品：遠期契約（Forward）、交換（SWAP）、槓桿保證金契約、結構型商品、投資型保單等。 2. 集中市場商品：認購（售）權證、ETN（Exchange Trading Note）、期貨、選擇權等。

投資學的投資，包括各種實體資產與金融性資產的購買，如房地產、古董、黃金、股票、債券、定期存款等。這些資產的購買，在多數情況下都僅是財產權的移轉，而無經濟學上所稱資本財的產生。例如某甲利用多年儲蓄資金向某乙購入一筆房地產，此係某甲的一項投資行爲，但社會上之房地產並未增加，僅係財產所有權之移轉，此固非經濟學上之投資，但自投資學立場言，投資者透過間接投資，將能有效促成直接投資而達到資本形成之目標。

經濟活動與金融活動之關聯圖（請參考第3章圖3-1）中可看出經濟學投資與投資學投資之差異及彼此間之關係。經濟學之投資與投資學之投資比較，詳見表1-4。

表 1-4　經濟學之投資與投資學之投資比較表

分類		經濟學的投資	投資學的投資
基本本質	性質	通過經濟活動所創造的投資	透過金融資產所創造的投資
	目的	利潤最大化或股東權益極大化	金融資產報酬極大化
	標的	實體資產與無形資產（土地廠房、機器設備、原物料、存貨、專利權、商譽等）	金融資產（有價證券、衍生性金融商品、土地）
	期間	中長期（生產週期的循環）	中短期（資金、利息、股利的回收）
	投資者	廠商（生產供給者）	社會大衆、機構法人（資金供給者）
	資金來源	自有資金（股東投資）、盈餘轉投資、企業負債（銀行貸款或公司債券）	自有資金、融資（銀行或證券商等）
收益面向	利潤內容	企業經營結果所獲致的利潤	股息、股利、資本利得
	利潤來源	企業生產、銷售、管理經營活動	股利來自盈餘分配，資本利得係企業經營成長，市場供需等因素所產生的價差
	與經濟社會關係	直接透過經濟活動所創造的經濟成長	透過金融活動增加經濟學的投資，間接促進經濟成長
	二者間之關聯性	企業係資金求者藉由金融市場活動取得經營所需資金（發行有價證券）	投資者為資金供給者透過金融活動的投資移轉資金予企業進行經濟活動（股市資金為經濟挹注動，股市之表現為經濟的櫥窗）

註：投資人是否進行投資是此二者對投資人效用之比較，此財富在其他可利用標的產生之機會效用或報酬。

證券投資市場發展起於歐洲航海貿易時代，以表1-5說明：

表 1-5　證券投資市場發展與重要金融事件

1602 年	第一家股份有限公司荷蘭東印度股份有限公司成立
1609 年	荷蘭阿姆斯特證券交易所成立為世界第一家證券交易所，荷蘭東印度公司為第一家在證券交易所上市之公司
1637 年	荷蘭鬱金香泡沫——人類歷史上第一次金融泡沫
1693 年	英國發行世界第一個國債
1694 年	英國中央銀行英格蘭銀行成立
1719 年	法國密西西比公司股價泡沫事件
1720 年	英國南海公司股價泡沫等事件
1760 年	英國工業革命後資本主義興起大量公司企業成立
1792 年	紐約證券交易所成立
1801 年	倫敦證券交易所成立
1896 年	編製道瓊工業指數
1913 年	美國中央銀行聯準會成立
1929 年	美國股市大崩盤，經濟大蕭條
1962 年	臺灣證券交易所成立
1966 年	編製臺灣發行量加權股價指數
1997-98 年	亞洲金融風暴
1998 年	俄羅斯主權債務危機
1998 年	LTCM 倒閉案
1998 年	臺灣股市崩盤事件
2000 年	美國網路公司泡沫事件
2008 年	美國次貸危機全球金融海嘯
2010 年	歐洲主權債務危機

證券投資在現代金融與經濟活動中扮演非常重要的角色，證券市場市值總額占各國GDP比率，詳見表1-6及圖1-7。

證券市場市值係涵括證券市場發行與交易活動，代表企業籌措資金運用，經營績效所呈現對企業的評價，其對GDP有相關性與影響力，由證券市場市值總額占各國GDP比率，可觀察證券市場對一國經濟活動的影響程度。2018年臺灣該比率159%高於美國紐約的100%、英國倫敦的128%、日本的106%和韓國的87%，顯示臺灣證券市場在臺灣經濟活動扮演重要的地位。

表 1-6　世界主要證券市場市值總額占 GDP 比率表（%）

年	臺灣	紐約	那斯達克	日本	倫敦	香港	韓國	新加坡	上海
2009	162.81	82.11	22.47	65.66	126.09	1,076.85	100.11	252.94	54.20
2010	169.36	89.54	26.00	69.66	157.30	1,185.71	107.60	277.34	45.80
2011	134.74	75.89	24.74	54.01	123.93	908.72	82.84	214.16	31.34
2012	145.47	86.97	28.29	56.08	126.87	1,078.42	96.45	259.27	29.72
2013	160.57	106.94	36.25	88.12	160.74	1,124.80	94.56	242.03	25.92
2014	165.40	110.41	39.82	90.26	132.16	1,109.34	85.93	239.10	37.33
2015	143.67	97.60	39.95	111.51	133.89	1,029.51	89.04	207.78	40.52
2016	155.21	104.58	41.57	102.74	130.99	995.16	90.63	204.19	36.57
2017	177.01	113.13	51.43	128.05	168.76	1,273.13	115.75	232.64	42.19
2018	159.84	100.48	47.41	106.54	128.60	1,052.93	87.30	188.73	29.23

註：臺灣不含TDR及櫃買市場。除臺灣外，2011年起各國GDP採自IMF資料及其調整數值。
資料來源：證期局重要指標

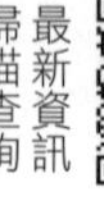

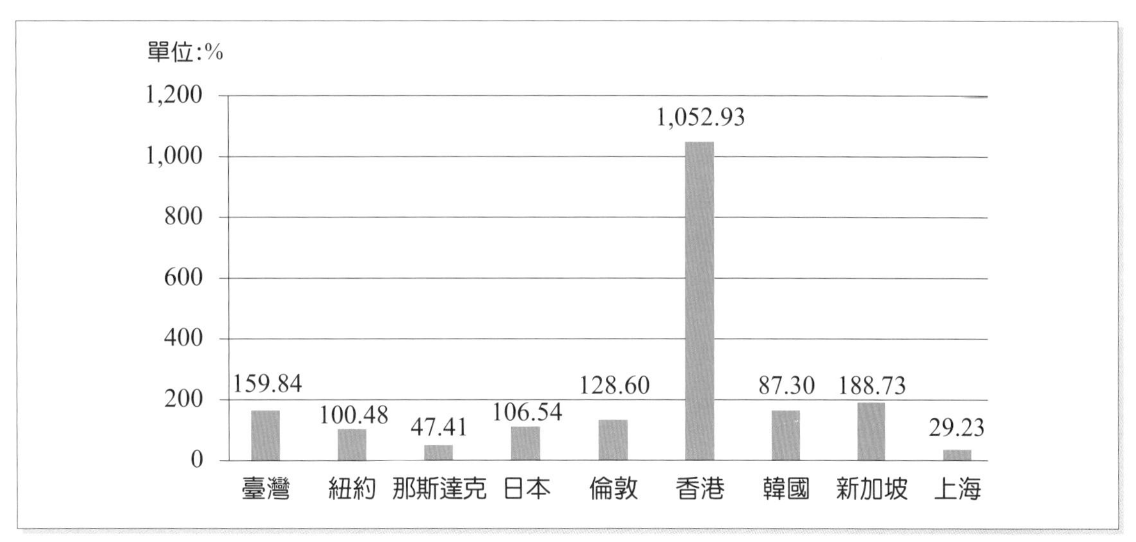

資料來源：證期局重要指標

圖 1-7　2018 年世界主要證券市場市值總額占 GDP 比率比較圖

資金需求者在金融市場籌措資金方式之可分爲「直接金融」與「間接金融」，直接金融係企業直接向銀行等金融機構舉借資金，間接金融係企業發行證券向投資人募集資金。我國108年間接金融與直接金融比重約爲83%比17%，間接金融比重83%係表1-7中第一項金融機構授信金額除以第三項（金融機構授信金額＋證券發行餘額－金融機構投資），直接金融比重17%則爲表中第二項證券發行餘額減金融機構投資除以第三項（金融機構授信金額＋證券發行餘額－金融機構投資），參見表1-7資料，之所以有如此大的差異，在於我國企業規模大小產業結構因素使然（我國2018年企業家數計有150餘萬家而中小企業計有146餘萬家，其中5~6成依賴向銀行借款），後續章節有詳細內容。

（二）依投資標的型態區分

1. 有形的投資：投資種類詳見表1-3。

(1) 實體資產形式：經濟活動之投資（如：土地、廠房設備、存貨）、投資學上爲獲取更高報酬而對實體資產之投資（如：不動產、黃金、珠寶等）及政府之各項公共建設投資（如：機場、捷運、高速公路、國防、橋樑交通等）。

表 1-7 金融機構授信與金融市場股票債券發行餘額表

年月底	金融機構授信（間接金融）				證券發行餘額							證券發行減金融機構投資（直接金融）(2)		合計	全體非金融部門取得資金總額年增率
	小計	(1)/(3)	放款含催收及轉銷呆帳	投資	小計	上市（櫃）股票	短期票券	公司債	海外債	政府債券	資產證券化受益證券		(2)/(3)	(3)=(1)+(2)	
94 年	252,638	74.35	208,038										25.65	339,794	6.96
95 年	266,215	75.40	216,244	49,971	137,861	67,502	7,256	11,514	14,068	34,097	3,424	86,878	24.60	353,093	4.00
96 年	275,871	75.75	223,614	52,257	141,085	68,537	6,732	11,049	15,207	35,478	4,262	88,334	24.25	364,205	3.34
97 年	287,993	77.00	230,106	57,887	144,359	69,321	6,952	11,390	14,936	38,430	3,330	86,031	23.00	374,024	2.76
98 年	291,916	76.87	231,436	60,480	148,565	90,803	6,562	11,369	15,328	41,859	2,644	87,845	23.13	379,761	1.61
99 年	308,680	77.66	243,862	64,818	154,174	71,224	6,923	12,141	15,975	45,743	2,168	88,781	22.34	397,461	5.48
100 年	326,519	78.30	255,276	71,243	162,215	74,300	7,409	13,529	16,948	48,246	1,783	90,501	21.70	417,020	5.03
101 年	343,420	78.99	263,370	80,050	172,531	76,476	10,279	15,737	17,261	51,295	1,483	91,370	21.01	434,790	4.42
102 年	361,525	79.49	273,442	88,083	182,758	79,637	12,034	17,814	17,681	54,241	1,351	93,272	20.51	454,797	4.69
103 年	376,188	79.52	285,927	90,261	188,989	82,100	13,111	19,252	17,637	55,702	1,187	96,914	20.48	473,102	4.14
104 年	386,284	79.61	294,578	91,706	193,021	85,076	13,501	19,228	17,677	56,594	945	98,966	20.39	485,250	2.56
105 年	395,310	79.38	303,666	91,644	196,258	87,128	14,842	18,978	17,379	56,953	978	102,701	20.62	498,011	2.75
106 年	413,082	80.19	316,340	96,742	201,648	89,789	17,132	19,378	17,780	56,613	956	102,057	19.81	515,139	3.68
107 年	431,829	81.07	330,891	100,938	204,649	91,401	17,646	20,228	18,007	56,325	1,042	100,826	18.93	532,655	3.85
108 年	455,825	82.61	344,971	110,854	209,668	92,882	20,367	21,134	18,038	56,160	1,087	95,985	17.39	551,810	4.03

(2) 金融資產形式：其中所稱直接權益請求權（Direct Equity Claims）即表示對資產所有權具有之請求權，其投資標的包括普通股股票及其他凡是可以取得普通股股票之衍生性金融商品，如認購權證（Warrant）、股票選擇權（Stock Option）、存託憑證（Deposit Receipt）等。間接權益（Indirect Equity）如公司型之共同基金，即爲從事證券投資而成立公司，將公司股票出售予投資大眾，投資者即成爲股東，公司將投資收益分配予股東（投資者），美國基金屬於此類型。

2. **無形的投資**：泛指有形投資以外之投資，其投資之回收無法確切以貨幣加以衡量者，諸如政府的公共投資、社會福利支出、教育支出、企業的研發技術支出、專利發明支出、商譽品牌支出、個人的專業教育支出、技術學習支出、興趣專長培養等。

1-2 投資之要素

一、投資要素

影響投資之要素有三：

(一) 報酬

此係投資之目的，故未來預期報酬所產生之效用須大於投資者犧牲目前可消費財富價值的效用，投資者方願意投資。一般而言，報酬包括投資收益（Investment Income）及資本利得（Capital Gain），前者係指債券之利息、股票之股利等，後者係投資買進與賣出之價差，如賣價高於買價則有資本利得，反之，則爲資本虧損（Capital Loss），目前可消費財富價值的效用即所謂的機會成本，指此財富在其他可利用標的產生之效用報酬。報酬可依實現與否之時點區分爲預期報酬與實際報酬，比較二者可作爲檢視投資決策正確與否之判斷標準，此一回饋可作爲未來投資決策之參考。

(二) 風險

係指投資報酬未來的不確定性，即預期報酬和實際報酬發生差異之可能性。一般而言，在其他情況不變下，報酬與風險呈正向關係，即投資報酬愈大，其風險也愈大。故投資者必須在報酬和風險間取得一均衡點，即考量投資者在某一可容忍之風險程度下，選擇報酬最高之投資機會，此報酬和風險的均衡點，即投資者之最佳投資決策。

（三）時間

投資係以犧牲當前消費以獲取未來可能之更大收益，則當前與未來這段期間所產生之時間因素爲投資者重要考量因素。評估投資期間之長短需衡量者包括投資目的、投資標的種類、商品本質特性、風險程度、投入資金來源與金額、對投資報酬之期望、外在環境的變動等。

偉大物理學家牛頓的投資經驗

牛頓（Sir Isacc Newton，1643-1727）是英格蘭物理學家、數學家、天文學家，發明微積分、光學、三大運動定律、萬有引力及天體的運動，曾經說過：「如果我比別人看得更遠，那是因為我站在巨人的肩膀上。」他也曾經投資股票，1720 年一月南海公司股票自每股 128 英鎊開始飆漲，77 歲時，牛頓在四月投入約 7,000 英鎊，以每股約 300 英鎊買進，兩個月後謹慎的牛頓將股票以每股約 600 英鎊賣掉，賺了 7,000 英鎊，獲利一倍！

然而，南海公司股價繼續飆漲，牛頓很後悔，經過認真的考慮，他決定加碼投資，在七月股價達 1,000 英鎊幾乎增值八倍之後反轉直下、一落千丈，十二月跌至 124 英鎊，投資人血本無歸，牛頓也未及脫身慘賠 20,000 英鎊，相當他十年薪資。事後牛頓感慨地說：「我可以計算出天體運行的軌跡，卻計算不出人心的瘋狂。」

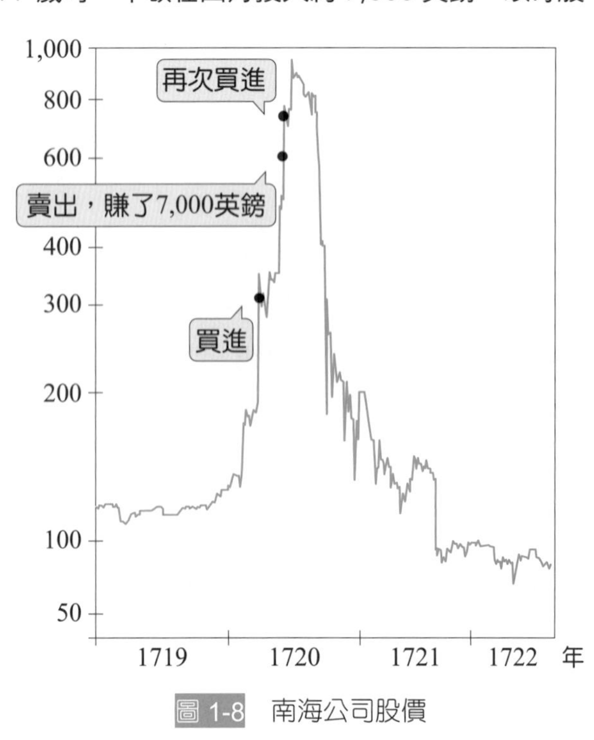

圖 1-8 南海公司股價

二、投資之報酬

投資之報酬係投資之最主要之目的，故對報酬之衡量爲投資學的重要課題，僅就報酬的意義及其構成因素分述之：

報酬係因持有某項資產一段期間所獲得之收益，此收益包括投資收益與資本利得（或損失），稱之爲總報酬或期間報酬。將之除以期初投資金額（成本）可得到總報酬率或期間報酬率，即

$$\text{總報酬率（期間報酬率）} = \frac{(\text{期末資產價格} - \text{期初資產價格}) + \text{其他投資收益}}{\text{期初資產價格}}$$

考慮交易成本，如手續費、佣金及交易稅、所得稅等稅賦成本與費用，則

$$\text{總報酬率} = \frac{(\text{期末資產價格} - \text{期初資產價格}) + \text{其他投資收益} - \text{相關費用}}{\text{期初資產價格}}$$

在一些長期持有的資產或有保值效果之金融商品，如股票、債券等固定收益到期可收回本金之投資，我們有時會僅計算投資收益，如：存款利息、債券利息、房租收入之報酬率，即$\frac{\text{投資收益}}{\text{投資成本}}$，銀行存款稱之爲存款利率（報酬率），在債券稱之爲債券票面利率、殖利率（Yield），在股票稱之爲股利收益率（Dividend Yield）。

基本上報酬由三個因素組成：

1. 實質報酬率（The Real Rate of Return）。
2. 預期通貨膨脹率（The Anticipate Rate of Inflation）。
3. 風險貼水（Risk Premium）。

何謂通貨膨脹？肇因為何？通貨膨脹率資料如何取得？

通貨膨脹係指一般（非個別）物價的持續（非偶爾）上漲。通貨膨脹的肇因，理論上可分為：

1. 成本推動：主要係工資、原料等投入成本變動透過生產反映於售價上，再影響到一般物價。
   (1) 工資推升：工資為構成生產成本主要部分。工資漲幅大於生產力提升的幅度，導致生產成本增加，物價上揚。
   (2) 輸入導致：貿易依存度高的國家，進口物品價格的上揚會對國內一般物價產生壓力，其影響途徑不外乎直接衝擊消費品價格，或透過中間投入影響生產成本。
2. 需求拉動：總需求大於充分就業時的總供給，導致物價上漲。

資料來源：行政院主計處

我國通貨膨脹率近年皆低於2%（如圖1-9）。

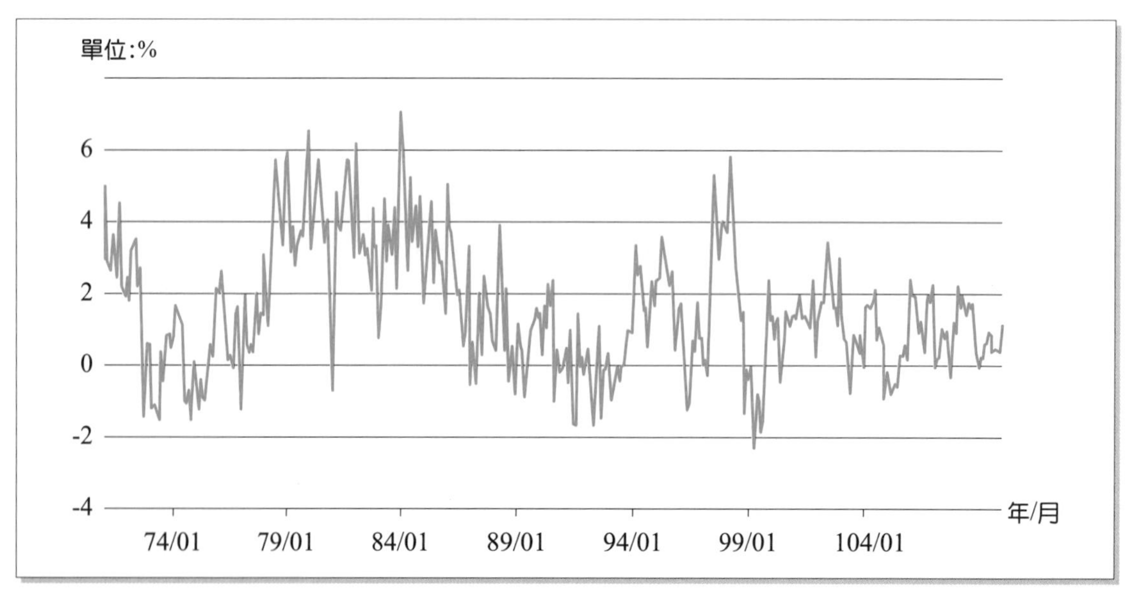

資料來源：行政院主計處

圖 1-9　我國通貨膨脹率

掃描查詢最新資訊

考慮通貨膨脹率後的實質存款利率如下表：

表 1-8　一年期實質存款利率表

經濟體	(1) 一年期定存利率 * （2018 年 9 月 27 日）	(2) CPI 年增率 ** （2018 年預測值）	(3) = (1) + (2) 實質利率
馬來西亞	2.950	1.04	1.910
印尼	4.750	3.21	1.540
美國	3.000	2.53	0.470
泰國	1.500	1.30	0.200
南韓	1.300	1.49	-0.190
新加坡	0.400	0.77	-0.370
臺灣	1.065	1.50	-0.435
中國大陸	1.500	2.21	-0.710
瑞士	0.160	1.01	-0.850
日本	0.011	0.93	-0.919
英國	1.080	2.55	-1.470
歐元區	-0.210	1.75	-1.960
香港	0.050	2.33	-2.280
菲律賓	0.500	5.17	-4.760

*臺灣為本國五大銀行之一年期定期存款機動利率。
**為HIS Markit 2018年9月18日之預測值：臺灣CPI年增率基本預測值。
資料來源：中央銀行

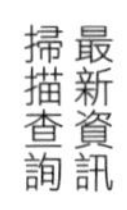

1-3　投資與投機之區分

投資和投機其主要差別在於行爲者之動機與心態，一般而言，投資者通常均經過理性分析後作投資決策，其著眼於投資之長期收益；而投機者，往往不重分析而聽信明牌傳聞、小道消息，抱持短期間獲利之心態。惟就證券市場流通性而言，投機者與投資者的互存互動，有助於證券價格機能之順暢運作，投資者能將部分風險轉移給投機者，而促使市場交易活絡、價格形成，發揮交易市場應有之流動性功能，因此適度之投機對市場是有其助益的。

投資、投機與賭博，可就風險來源、風險相對大小、報酬內涵、持有期間、分析方法、資訊多寡、參與者個性及獲利時間等層面區分（如表1-9）：

表 1-9 投資、投機與賭博之差異比較

種類／因素	投資	投機	賭博
一、風險來源	主要來自商品本身及市場變動（總體市場或產業或公司）	主要來自市場變動	來自機率、運氣
二、風險相對大小	小	大	最大
三、報酬的內涵	著重長期的股利收入或利息收入及長期資本利得	著重短期的資本利得	運氣機率收入
四、持有期間	長	短	最短
五、分析方法	側重基本分析	側重技術分析、聽信傳聞	直覺迷信、不重理性分析
六、資訊多寡	理性資訊多且詳盡	理性資訊少且不完整	極少理性資訊、謠言
七、參與者的個性	穩健型、積極型	積極型	高度積極冒險型
八、獲利或虧損實現之時間	期間較長	期間較短	期間極短
九、相互關聯性	投資活動需要投機交易提供必要流動性	提供市場流動性，但與發行市場無關，過度投機會影響市場正常活動	與投資活動無涉

偉大經濟學家凱因斯投資經驗

凱因斯的許多非凡成就之一，是投資方面的成功。從第一次世界大戰結束到第二次世界大戰結束，凱因斯掌管他自己和親友的錢財、兩家英國保險公司、許多不同的投資基金，以及劍橋大學國王學院。當他在 1946 年去世時，是位超級富豪，而那些他代管財富的人，獲利都超出合理的預期。

英國的經濟在 1920 年代陷入停滯。1930 年全世界皆因經濟大蕭條而停滯。「考量到凱因斯是在某些歷史上最糟的年代進行投資，他的獲利真是令人震驚。」著有《在股市遇見凱因斯》的作家韋希克（John F．Wasik）寫道。凱因斯的聰明與精力促成他的成功；但除此之外，他還是個好奇心永遠得不到滿足的人，喜歡蒐集新點子。

他以願意直截了當承認錯誤，並採行新想法而自豪，並鼓勵其他人效法。「偶爾出錯沒有壞處，尤其是立刻發現的話。」他在 1933 年寫道。「凱因斯永遠準備好，在情況似乎合宜時，不但要反駁他的同事，也要反駁他自己。」一份經濟學家的報告中寫道。

凱因斯的投資紀錄並非毫無瑕疵。1920 年，他的外幣預測結果錯得離譜，他幾乎被徹底摧毀。之後他站穩腳步，並為自己和其他人賺了一大筆錢。但凱因斯並未看出 1929 年即將來臨的災難，再次損失慘重；導致他在股市上損失慘重，他之前在股市的投資收益在大蕭條年代全部喪失，他失去了差不多四分之三的財產。但後來，他仍然通過投資股票和藝術品賺了不少錢，在他 1946 年去世的時候，他仍然擁有 40 多萬英鎊的遺產。

對凱因斯來說，失敗是學習的機會——確認錯誤，找出新選項，再試一次。他擁抱 1920 年代初期的新觀念，像是讓老派的國王學院進入股市，而當時的公共機構，通常只堅持在不動產之類上投資。

當他在 1929 年遭到大蕭條的打擊後，就嚴格檢視自己的看法。股價並不一定都反映出公司的真正價值，因此投資人在判斷一家公司是否有足夠的潛在價值、值得進行長期投資時，應該徹底研究它，並真正了解它的業務、資金和管理。

大約在同一時期的美國，這套方法由美國投資家葛拉翰發展出來，稱之為「價值投資法」，它變成股神巴菲特財富的基石。

資料來源：今周刊 2016/9/15

1-4 報酬的來源—利率之意義與理論

報酬來源來自於「時間」與「風險」兩個因素。

一、時間因素

貨幣具有交易媒介、計價單位、價值儲藏、延期支付等功能。其中價值儲藏及延期支付使得實體資產得以轉爲貨幣形態持有，進而作爲債權債務衡量的標準。

在一般商品市場中，商品以貨幣爲交易媒介，商品價值以貨幣爲計量單位成爲商品價格，而貨幣在經濟金融社會中發展轉而成爲一個可交易之標的。借用或租用貨幣商品相對給付的代價，即爲貨幣商品的價格，此一價格即爲利息，以所借貸資金之百分比表示，即爲利率（Interest Rate）。借入使用貨幣資產所需支付的成本，相對之出借者，爲貸出此一貨幣資產取得之報酬。由於貨幣的租用包括信用的創造，因此利率也可以稱爲信用的價格。在未考量物價變動、借款人違約等風險的情況下，我們可稱此一報酬率爲無風險實質利率（Real Interest Rate），指投資人於一特定期間提供他人使用其資金所要求的報酬率，可稱之爲貨幣的時間價值之報酬。

有關市場利率構成因素，由於利率會隨市場資金供給與需求而變動，因此投資者就手中持有之證券之票面利率與市場利率常有差異，有必要分析隱含於市場利率中之因素，有助於資金借貸雙方合理估量應有之利率水準。一般我們所見之銀行存款利率、債券票面利率，我們稱之爲名目利率（Nominal Interest Rate），代表貨幣隨時間的成長價值，代表貨幣的成長率。實質利率代表貨幣購買力的成長率，有價證券其名目利率（票面利率）K，乃由實質利率K*加通貨膨脹溢酬、倒帳風險溢酬、流動性溢酬及期限風險溢酬而構成的，其關係式如下：

$$K = K^* + IP + DP + LP + MP$$

其中，K^* = 實質利率；

IP = 通貨膨脹溢酬（貼水）；

DP = 違約風險溢酬（貼水）；

LP = 流動性溢酬（貼水）；

MP = 到期風險溢酬（貼水）。

（一）實質利率

係指無預期通貨膨脹下無風險證券的利率，故可稱爲「實質的、無風險利率」。

（二）通貨膨脹溢酬（Inflation Premium）

通貨膨脹會侵蝕貨幣的實質購買力，並使投資的實質報酬率降低，故需對此一損失加以補償。此所謂通貨膨脹係指預期之通貨膨脹率。早在十九世紀末年，美國經濟學家費雪（Irving Fisher，1867~1947）即注意到此一問題，並提出名目利率包括實質利率、預期通貨膨脹率及二者之乘積，即

$$1+r_m=(1+r_n)\times(1+P^e)$$

r_m =名目利率；

r_n = 實質利率；

P^e = 預期通貨膨脹率；

故$r_m = r_n + P^e + r_n \cdot P^e$。

一般將 $r_n \cdot P^e$ 略而不計，則名目利率等於實質利率加預期通貨膨脹率，稱爲費雪方程式（Fisher Equation），由於實質利率極少變動，故預期通貨膨脹的上升，會導致名目利率相同幅度的上升，此種預期通貨膨脹率對名目利率的影響，即爲費雪效果（Fisher Effect）。由於通貨膨脹影響到整體市場所有商品，故一般名目利率均已加計之無風險名目利率可視爲投資至少必須獲得的最低報酬率，一般所稱之無風險利率（Risk-Free Rate of Interest）即指無風險名目利率。由於政府發行之國庫券，其信用評等極高，幾乎無違約倒帳風險，流動性亦佳，故爲無風險資產之代表，其利率在實際上可作爲無風險利率之代表。

（三）違約風險溢酬（Default Risk Premium）

證券發行人無法支付利息或無法依期限償還本金之風險。一般而言，國庫券、公債可認定爲無違約風險，故某一證券之違約風險溢酬等於相同到期日、流動性等性質之公債與該證券間，二者利率的差額。倒帳風險愈大，投資人所要求的溢酬愈高。

（四）流動性溢酬（Liquidity Premium）

流動性係指某項資產轉變爲現金（最具流動性資產）所需時間多寡及轉換後價值折損程度大小。流動性愈高者其轉換成現金之時間愈短且價值折損愈小，則其流動性溢酬愈低。如證券缺乏流動性，則投資者要求於實質利率外須加上流動性溢酬以爲補償。

（五）到期風險溢酬（Maturity Risk Premium）

一般正常情形，期限愈長，所隱含之未來不確性因素愈多，證券所承擔的風險愈高，因此利率愈高。故長期債券利率較短期債券利率爲高，長短期利率之差即爲期限風險溢酬。

期限風險溢酬可分爲：

1. **利率風險（Interest Risk）**：指由於利率上升，致購買長期債券投資者，因而蒙受損失之風險。
2. **再投資風險（Reinvestment Risk）**：指由於利率下降，使購買短期債券投資者到期後再投資時，發生損失之風險。

而此二種風險，一般而言，呈反向變動。其他影響名目利率的因素尚有：

1. **中央銀行的貨幣政策**：寬鬆貨幣政策，使貨幣供給量增加，造成利率下降。
2. **經濟景氣**：經濟景氣繁榮時，資金需求增加，利率會上升。

在日常生活經驗中，發現某一時點會有多種利率存在，此種利率差異之原因可分爲二類，一類因金融工具品質差異而產生，在上一節所探討的即屬之。另一類是因同一金融工具的期限不同而產生的，此即「利率期限結構」所探討者。

利率期限結構

所謂「利率期限結構」（Term Structure of Interest Rate）即指，在某一時點，到期期限不同之同種金融工具的利率與期限之間的關係。一般而言，利率與到期期限的關係，以圖形表示者，稱為收益曲線（Yield Curve），計有四種型態。（如圖 1-10）

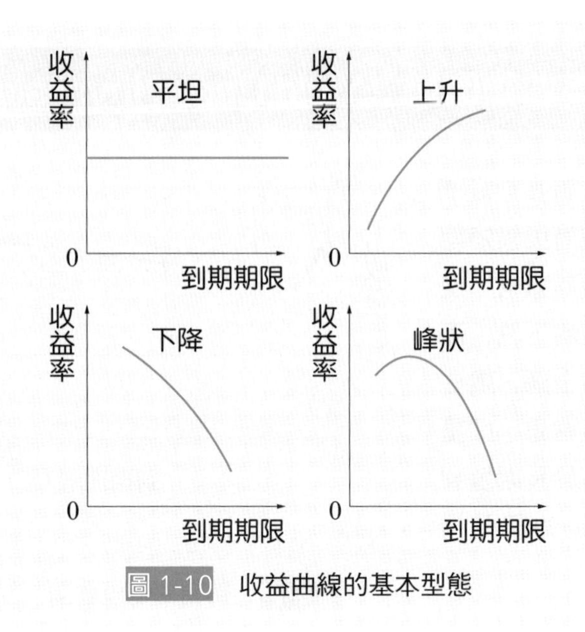

圖 1-10 收益曲線的基本型態

關於利率的期限結構說明如下：

1. 一般而言，短期利率較常波動且波動幅度大，長期利率較少波動，且波動幅度小。
2. 當目前的長期及短期利率相對高於歷史之趨勢時，經常會出現向右下方傾斜的收益曲線（即下降型）；但當目前長、短期利率相對低於歷史趨勢時，往往會出現向右上方傾斜之收益曲線。
3. 在正常情況下，短期利率通常低於長期利率。形成不同類型收動，且波動幅度小。

資料來源：US Treasury

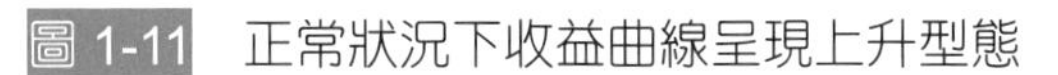
圖 1-11 正常狀況下收益曲線呈現上升型態

NEWS 殖利率曲線倒掛（Yield Curve Inversion）

如果投資人對長期經濟發展預期不樂觀而拋售短期債券改買長期債券避險，使得長期債券殖利率下跌，而短期債券殖利率上漲，這些情況如果變得很嚴重，即呈現短期殖利率高於長期殖利率之殖利率倒掛的罕見情形。

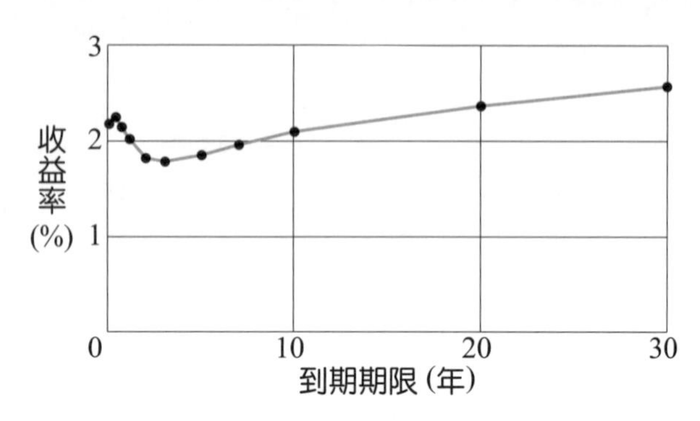

資料來源：US Treasury

圖 1-12 殖利率倒掛實例

掃描查詢最新資訊

美國在 2019 年六月出現三個月及二年期殖利率高於十年期公債殖利率。

圖 1-13 殖利率倒掛說明

掃描查詢最新資訊

資料來源：鉅亨網

二、風險因素

就「風險因素」而言，任何風險性資產皆有不同之風險，故一項資產之預期報酬率除了上述時間因素所產生之無風險名目利率外，需考慮對各項風險性資產之各種風險給予不同風險補償，此補償稱爲風險溢酬（Risk Premium）或稱風險貼水，係指風險性資產要求之報酬率與無風險利率之差額，即對於因購買風險性資產所承擔風險所給予之補償。風險溢酬隨投資標的風險不同而有所差異，如政府公債、國庫券其風險貼水趨近於零，表示其風險極低或近乎無風險，投資人投資此種證券所獲得之報酬爲無風險報酬率。至於對股票、債券等風險性資產而言，其要求之報酬率則等於無風險報酬率加上個別證券所要求之風險溢酬。

如何提高報酬及清除、降低風險乃是投資最重要的課題，由於效率市場只會對市場風險予以補償，故投資人需自行消除非系統性風險，此需靠投資組合所含不同種類股票予以消除。至於某單一市場系統性風險可藉由跨市場、跨國投資組合予以分散（如圖1-14）。另外亦可利用期貨、選擇權消除或降低系統及非系統風險，詳見本書衍生性商品章節。

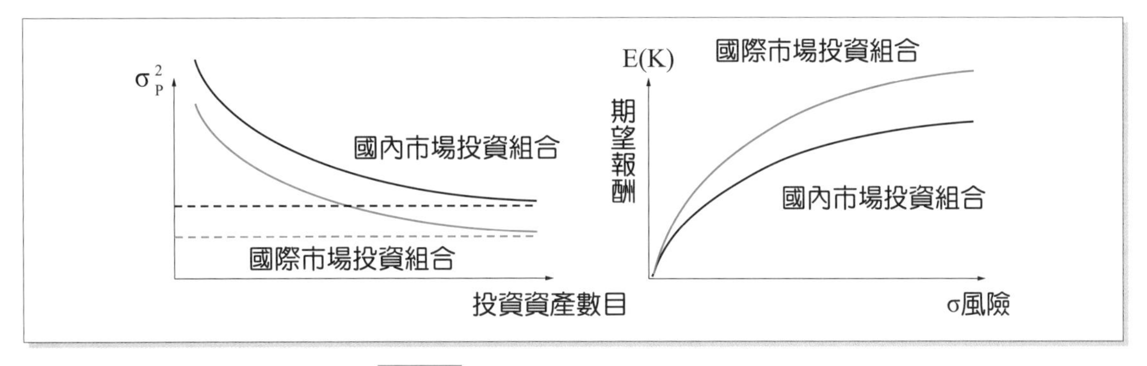

圖 1-14　跨國投資組合之風險分散

風險爲投資結果的不確定性，財務理論上常將風險分爲系統性風險（Systematic Risk）與非系統性風險（Nonsystematic Risk）。系統性風險指整個市場對個別證券之影響，因此無法藉購買多種證券之投資組合加以分散消除之風險，又稱市場風險、不可分散風險。此種風險之來源，是影響整個市場之經濟、政治、社會、心理等因素發生變動所致。非系統性風險則指個別證券本身特性所具有之風險，如對煉鋼業之投資會因鋼鐵價格下跌而具風險，惟如果我們加入對鋼鐵工業之投資，則整體風險會因而降低，故非系統性風險是得透過適當的投資組合分散而加以消除之風險，又稱非市場風險、可分散風險。在市場上不會以較高之報酬來補償此部分之風險。（如圖1-15）

尤金法瑪（Eugene Francis Fama），美國經濟學家，在美國紐約證交所的上市公司中，隨機抽取股票計算其投資組合的報酬標準差，隨機抽取一檔，標準差約11%，加入第二檔時，平均標準差已經降至7.2%。發現當持有股票到達10~15檔時，大部分的風險都已經分散得差不多了。

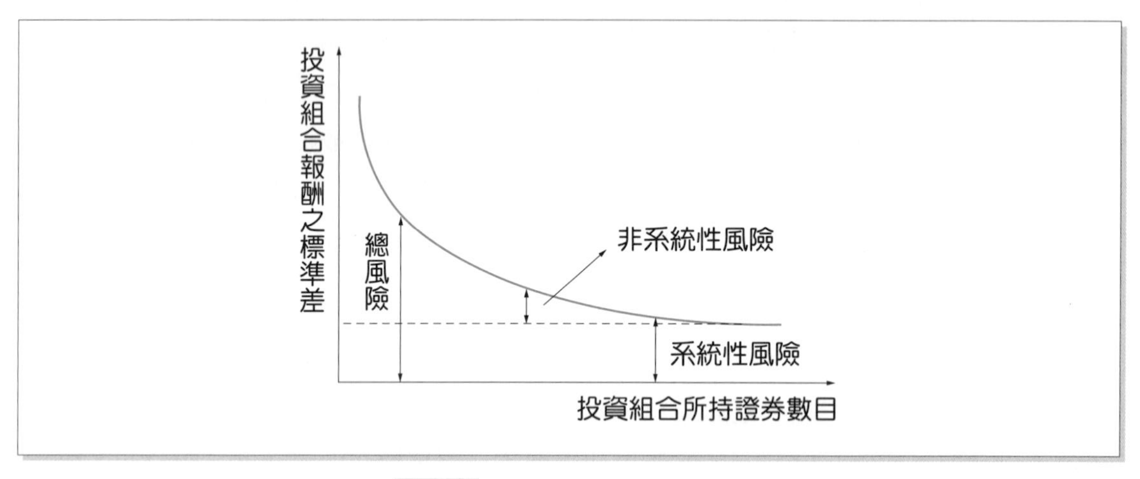

圖 1-15　投資組合之風險分散

就股票投資而言，系統性風險由個別股票與市場間相關的變動程度加以衡量，在多角化投資組合中，每一個股票仍會因市場全面性變動而變動。此種個股與股市之互動變化程度，資本市場理論之學者以Beta係數（β）來衡量，如果整個股市上漲或下跌5%，而個別股票亦隨之上漲或下跌5%，則該股票之Beta係數爲1，如個股變動幅度較整個市場震幅大50%，則β值爲1.5。以β係數衡量之系統風險有較高之報酬加以補償，即有較高系統性風險（或較大β係數）的股票會獲得較高報酬來彌補其所無法分散掉之風險。有關資本市場理論及β係數將在後面章節詳述。

投資人如要達成一充分分散風險之投資組合，則必需了解各投資標的間之相關性，一般而言，具高度相關之投資標的無法達成分散風險之目的，而低相關或負相關的投資標的會產生極大分散風險效果。

任何風險性資產皆有不同之風險，故一項資產之預期報酬率除了無風險名目利率外，需考慮前述之風險溢酬或風險貼水。圖1-16指出不同投資標的種類與其風險貼水（報酬）大小之相關性：現金、銀行存款、債券屬於低風險，故只有相對低報酬，共同基金與股票爲中度風險而獲得中度報酬，期貨與選擇權爲高風險，相對可能獲致高報酬。

投資標的的種類與風險

低風險 低報酬 ⟷ 高風險 高報酬

現金、銀行存款	債券	共同基金	股票	期貨、選擇權
流動性高與安全性高的資產	有預期收入	追求長期成長的資產	投機性投資	高風險投資

圖 1-16 投資標的種類與風險

美國經濟學家歐文．費雪投資經驗

歐文．費雪：美國經濟學家、數學家，經濟計量學的先驅者之一，美國第一位數理經濟學家，耶魯大學教授，主要貢獻：貨幣理論原則。

費雪發明可顯示卡片指數系統，並取得專利，辦了一個獲利頗豐的可顯示指數公司，後來該公司與競爭對手合併為斯佩里．蘭德（Sperry Rand）公司。這項事業使他致富，但 20 世紀 30 年代大危機之前他借款以優惠權購買蘭德公司股份，大危機爆發後，他的股票成為廢紙，並在大崩盤前幾個月說，股價來到永恆的高原期。據他兒子估計，損失為 800～1,000 萬美元，連妻子、妹妹和其他親屬的儲蓄都賠進去了。他一文不名，耶魯大學只好把他的房子買下，再租給他住，以免被債主趕出去。他的名聲亦受到打擊。1929 年他在大危機中受到沉重打擊，但仍在 1930 年出版了代表作《利息理論》，在 1932 年出版了《繁榮與蕭條》，在 1933 年出版了《大蕭條的債務通貨緊縮理論》，在 1935 年出版了《百分之百的貨幣》。

費雪的投資經歷說明了投資獲利並沒有永遠的賺錢報酬，在高獲利的階段應該要有風險意識與管理；在投資的紀律中，應該記住沒有永遠的高獲利，只有嚴謹的風險控管才能穩健獲利。

資料來源：MBA智庫百科

《延·伸·閱·讀》	
1. 全球第一！台積電3奈米新廠落腳台南，提早一年量產嚇歪英特爾、三星	11. 國民所得及經濟成長新聞稿
2. 臺灣積體電路製造股份有限公司	12. 105年民間消費規模細項比重
3. 用零股長期投資台積電，這樣買賺更多	13. 經濟金融動態
4. 國內生產總值	14. 國內經濟金融情勢、國際經濟金融情勢
5. 經濟成長率	15. 金融健全指標
6. 國民所得統計摘要	16. 金融穩定報告
7. 經濟機器是怎樣運行的（影片）	17. 金融機構總分支單位統計表
8. 一個小時搞懂金融投資（影片）	18. 物價指數
9. 國民所得及經濟成長（電子書）	19. 銀行衍生性金融商品交易量統計
10. GDP個人平均所得等	20. 低風險獲利

1. 試述投資、投機與賭博的區別。 【82Q4 證券分析人員】
2. 實質投資與金融投資有何不同？
3. 何謂財務槓桿？運用財務槓桿的優缺點爲何？
4. 正值壯年的小溫與年近退休的老吳，您認爲他們的投資目標與規劃是否應有差異？若有，您認爲他們的投資組合應如何配置？
5. 請分別說明「不要將所有雞蛋放在同一個籃子裡」及「財務槓桿、以小博大」的觀念。

投資要素與報酬風險之衡量

Chapter

學習目標

1. 認識報酬之意義、衡量、來源與分類
2. 瞭解風險之定義、種類
3. 投資時如何衡量風險？
4. 時間因素對投資之影響為何？

名人金句

❒ 市場並不是一部樂於助人的機器，不會只因為你需要高報酬就提供給你。

彼得・伯恩斯坦（Peter Bernstein）

❒ 風險意味著可能發生的事，比即將發生的事還多。

艾爾洛伊・丁姆森（Elory Dimson）

❒ 複利是世界上最強大的力量。

愛因斯坦（Albert Einstein）

本章架構圖

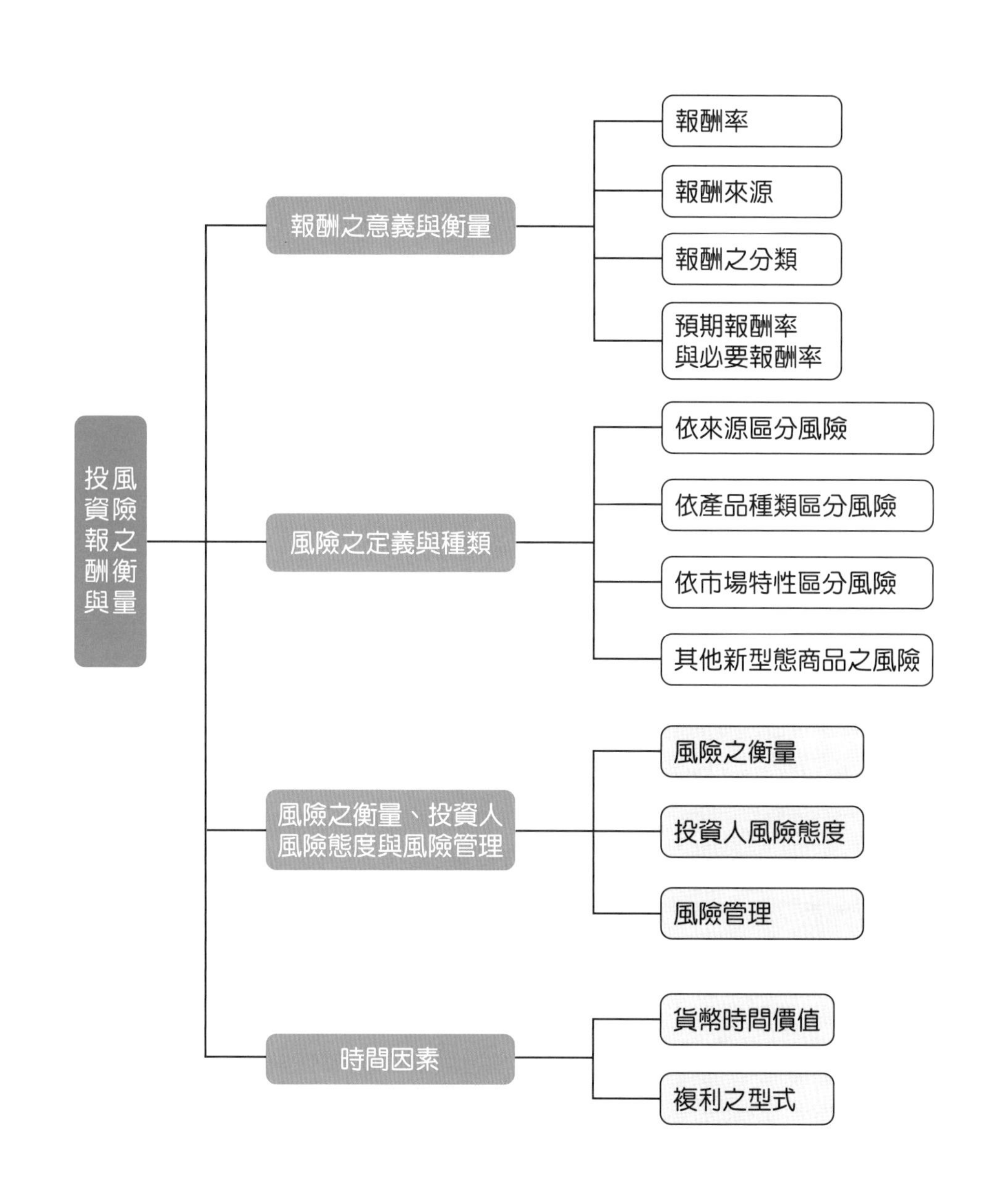

投資報酬與風險之衡量
報酬之意義與衡量
報酬率
報酬來源
報酬之分類
預期報酬率
與必要報酬率
風險之定義與種類
依來源區分風險
依產品種類區分風險
依市場特性區分風險
其他新型態商品之風險
風險之衡量、投資人
風險態度與風險管理
風險之衡量
投資人風險態度
風險管理
時間因素
貨幣時間價值
複利之型式

全世界防疫模範　臺灣將黑天鵝變成灰天鵝

《黑天鵝效應》作者塔雷伯早在2020年1月26號就在新英格蘭複雜系統研究所發表學術報告，強調這次武漢肺炎是標準的肥尾事件（距離平均值遙遠的極端情況，發生機率變得非常大），提前部署和斷絕人員的接觸和移動，是防止這次疫情造成全球系統性災難的最重要工作。可惜當時大多數國家沒有根據他的警告採取各種預防措施，最後還是造成全球嚴重的疫情。

日前塔雷伯接受印度視訊訪問時，特別多次稱讚臺灣為全世界防疫的模範，因為：

1. 臺灣最有警覺性，超前部署，不用像其他歐美國家事後花了巨大的GDP控制疫情。
2. 疫情剛開始的時候，認為只有老年人感染率及死亡率較高。臺灣社會尊重年長者，堅持全面防疫，結果感染、死亡人數最少，經濟受影響程度最輕。瑞典、英國認為老人家對經濟貢獻不大，採用佛系防疫，結果造成老年人及年輕人都感染及死亡，經濟反而被影響最大。
3. 當世界許多國家及民眾為了要不要提前解封爭吵不休時，臺灣雖然防疫成果最佳，但沒有為了經濟提前解封，因為臺灣知道唯有完全控制疫情，經濟才可能完全復甦。

塔雷伯是二十一世紀最重要的思想家。他一生從選擇權交易員、自行創業、到紐約大學當教授、出書，全部專注於不確定性的研究。他強調人類為了消弭不確定性，把未知的事物用自己已知的知識來做敘事性解釋、預測。這種強加因果關係的敘事、預測方式完全沒有辦法處理極端世界非線性的黑天鵝事件，經常造成嚴重災難。

最重要的知識是你不知道的知識，書房裏應該放你沒有讀過的書。不像平庸世界裡的事件一例如人的身高體重，極端值對平均數沒有太大影響；極端世界的黑天鵝事件，可以將平均值整個破壞一例如一次金融海嘯可以將銀行百年的所有利潤一次一筆勾銷。

雖然塔雷伯強調在現今極端複雜的系統，包括政治、經濟、股市都是不可預測的，但他還是在2007年就預告了金融海嘯和世界極可能發生大瘟疫。塔雷伯學生根據他理論成立的避險基金，由他擔任顧問，這次疫情獲利高達四十倍！

臺灣這次防疫的表現真的是全球之光，連塔雷伯這麼高標準的思想家都對臺灣讚譽有加。臺灣政府應該從這次的經驗學習，以便日後面對全球地緣政治、經濟、科技、社會越來越多的黑天鵝事件，都能將黑天鵝變成灰天鵝，大量減少傷害，甚至從中獲利。

資料來源：新頭殼 2020/06/24

【新聞評論】

塔雷伯事後指出武漢肺炎本來不是一件黑天鵝事件，是可以提前預防的灰天鵝事件。但由於世界各國政府的輕忽，才造成如此嚴重的災情。他接受印度視訊訪問時，特別多次稱讚臺灣爲全世界防疫的模範，故很多事件其實是前皆有蛛絲馬跡可循，但由於人們的輕忽與僥倖心理，提高極端事件發生的可能及其害與衝擊。我們應該提高對黑天鵝與灰犀牛事件的警覺，超前佈署，防範未然，方可確保平安，在投資理財時更是面臨各種錯綜複雜之風險事件，提高風險意識，才能達到投資目的。

2-1 報酬之意義與衡量

證券投資報酬，係指投入資金於標的資產後一段期間自投資標的所獲致之收益，即投資利潤，可分爲投資收益與資本利得。投資收益依投資商品種類不同可分爲利息收入或股利收入；資本利得是指買進與賣出證券之價差。

一、報酬率

報酬率之計算可區分爲：

1. **總報酬率**：[投資收益 + 資本利得（損失）] ÷ 期初投資成本
2. **投資收益率（債券殖利率、股利收益率）**：投資收益 ÷ 期初投資成本

二、報酬來源

報酬來源係分析自投資標的所獲致之收益其性質與代表意義，如依投資資產標的種類不同，資產標的可區分爲無風險資產與風險性資產，其收益其性質與代表意義即有所不同，說明如下：

1. **無風險資產**：無風險資產名目利率或報酬率 = 無風險資產實質利率或報酬率 + 通貨膨脹率
2. **風險性資產**
   (1) 效率市場：在高度效率市場，價格已經反映所有資訊，投資者無法找到被低估或高估之標的而獲取超額報酬，市場對風險性資產之非系統性風險互爲補償，故在效率市場，風險性資產之風險僅存有市場風險即系統性風險。故效率市場下風險性資產預期報酬率 = 無風險資產預期報酬率 + 系統性風險貼水即僅能賺取 β 報酬，宜採被動式（Passive）投資策略。

   (2) 非效率市場：藉由精明選股能獲取超越指標之額外報酬，即賺取超額 α 報酬，是主動式投資策略，以傑森指標（Jesen's Index）或 α 指標 $\alpha_p = (R_p - R_f) - \beta_p (R_m - R_f)$ 衡量某一投資組合與市場投資組合在風險貼水的差異。市場效率性不高時，可採積極性（Active）投資策略找尋因市場無效率而被低估或高估標的進行買賣賺取超額 α 報酬。

貝他風險與阿爾法風險

1. 貝他風險（Beta Risk）

貝他風險就是市場風險，可區分為股票貝他風險、信用貝他風險等等，如果要計算貝他風險，貝他風險的報酬率取決於如何將資金配置在不同的資產類別與地區國家，另外成本因素也很重要，特別是在低報酬率的環境如果將成本因素納入考量，許多積極型選股投資人的績效其實不如被動型投資人。面對貝他風險最具成本效益的方法，就是採取被動型投資管道，例如指數股票型基金。

2. 阿爾法風險（Alpha Risk）

阿爾法風險是非市場風險，或者通常被稱為非系統性的特定風險（Idiosyncratic Risk）。在不計算成本的情況下，阿爾法風險是零和遊戲。每當有投資人績效不如大盤指標，就代表有投資人績效優於大盤指標。當有投資人表現不如大盤，就代表有另一個人優於大盤（不計入成本）。

阿爾法風險來自於市場的錯誤定價而產生的風險溢酬。在高度效率的市場，很難單靠阿爾法風險溢價獲利，只有少數被公認最頂尖的經理人，例如避險基金經理人，才有能力創造（正向）阿爾法報酬。原因在於有愈來愈多資金追逐市場錯誤定價，因此創造獲利的難度愈來愈高；另外，科技進步改變市場運作，例如演算法交易占了各主要交易市場的比例變高，你必須在極短時間內抓住市場的無效率，而非像過去可以有幾小時、幾天、甚至幾星期的時間。不過，只要市場不是直線型上下波動，阿爾法報酬就不會完全消失。

三、報酬之分類

報酬之類可依「投資實現前後時點」及依「投資期間」二種方式區分，茲說明如下：

(一) 依投資實現前後時點區分

依投資實現前後時點，可區分爲投資前之預期與投資實現後之報酬率：

1. **預期報酬率（Expected Rate of Return）**：指進行投資前所預期能獲得的報酬率，可分爲：

   (1) 依未來不同情境可能發生機率估算：即依各種不同好壞情境估算個別可能發生機率計算所能獲得的報酬率，可分個別投資項目（或證券）及投資組合之期望報酬率：

   ① 個別投資項目（或證券）之期望報酬率

$$E(R) = \sum_{i=1}^{s} R_i \times P_i$$

R_i 表各種可能之報酬率；

P_i 表各種可能報酬率之機率。

   ② 投資組合之期望報酬率

$$E(R_p) = \sum_{i=1}^{n} W_i \times E(R_i)$$

W_i 表各投資項目在投資組合中所占投資比重；

$E(R_i)$ 表各投資項目之期望報酬率。

(2) 依CAPM理論估算所能獲得的報酬率：個別資產及投資組合不同計算方式如下：

個別資產預期報酬（SML）：$E(R_i) = R_f + [E(R_m) - R_f] \times \frac{\sigma_{im}}{\sigma_m^2}$

投資組合預期報酬率（CML）：$E(R_p) = R_f + \frac{[E(R_m) - R_f]}{\sigma_m} \times \rho_p$

2. 實際報酬率：指投資實現後所實際獲得的報酬率。

(二) 依投資期間區分

依投資期間區分不同投資方案不同期間總報酬率與計算年化報酬率或該期間平均報酬率，以進行比較：

1. 不同投資方案不同期間總報酬率：爲比較不同投資方案因投資期間不同其總報酬率之差異，必須計算每年年化報酬率以進行比較，計算年化報酬率有兩種方式：

平均年報酬率 = 總報酬率 ÷ 投資年數

內部報酬率（複利報酬率）$= (\text{總報酬率} + 1)^{\frac{1}{\text{年數}}} - 1$

2. 對多個期間各個報酬率估算該期間平均報酬率

$$\text{算術平均數} = \frac{(R_1 + R_2 + ... + R_t)}{t}$$

$$\text{幾何平均數} = \sqrt[t]{(1 + R_1)(1 + R_2)...(1 + R_t)} - 1$$

當多個期間各個報酬率變動較大時，算術平均數計算所得數字會有偏誤，幾何平均數方式較能反映實際狀況。

四、預期報酬率與必要報酬率

從統計學觀點，投資報酬基於未來不確定性，是一期望值（Expected Value）。

(一) 預期報酬率（Expected Rate of Return）

如前所述係投資者預期在未來一段期間賺得之報酬率，由於報酬率涵括許多不確定性因素，故此一報酬率亦是不確定的，實際所獲得之報酬率或高於或低於此預期。預期報酬率係未來報酬機率分配之期望值。

(二) 必要報酬率（Required Rate of Return）

係投資者購買證券之最低預期報酬。投資者對某一證券預期賺取之報酬率如低於必要報酬率，則將售出該證券；反之，如預期報酬率高於必要報酬率，則將買進該證券。市場均衡時，預期報酬率等於必要報酬率。必要報酬率即投資者所要求的報酬率，等於投資成本（報酬率）加上資產風險貼水，資產風險貼水視資產風險性大小而有別。

2-2　風險之定義與種類

風險指不確定或無法保證的狀態，就投資之觀點，風險爲：

1. 損失或不利之可能性。
2. 投資報酬之不確定性。

對於未來的情況如能準確的預估，則無風險；對未來情況推估愈爲精準，則風險亦愈低，否則風險將增加。

一、依來源區分風險

風險依來源區分可分爲系統性風險與非系統性風險。此一風險分類主要是針對股票投資而言，股票投資之風險可分爲兩部份，一部份爲非系統性風險或稱可分散之風險（Diversifiable Risk）或個別公司風險（Company-specific Risk）。另一部分爲系統性風險，或稱不可分散的風險（Nondiversifiable Risk）或市場風險（Market Risk）。

1. **系統性風險（Systematic Risk）**：系統性風險是屬於一種無法規避的風險，主要來自經濟、政治、社會環境的變動等與市場有關連的因素。
2. **非系統性風險（Unsystematic Risk）**：非系統性風險是個別證券所獨有而隨機變動的風險，屬於公司或產業獨有的部分，主要包括勞工罷工、管理不善、新發明產品出現、廣告競爭、消費者嗜好變動因素。

黑天鵝典故與黑天鵝效應

1. 黑天鵝典故

在 18 世紀歐洲人發現澳洲之前，由於他們所見過的天鵝都是白色的，所以在當時歐洲人眼中，天鵝只有白色的品種。直到歐洲人發現了澳洲，看到當地的黑天鵝後，人們認識天鵝的視野才打開，只需一個黑天鵝的觀察結果就能使從無數次對白天鵝的觀察中歸納推理出的一般結論失效，引起了人們對認知的反思－以往認為對的不等於以後總是對的。「黑天鵝」隱喻那些意外事件：它們極為罕見，在通常的預期之外，在發生前，沒有任何前例可以證明，但一旦發生，就會產生極端的影響。

2. 黑天鵝效應

黑天鵝效應（Black Swan Theory）是納西姆・尼可拉斯・塔雷伯在他的 2001 年書籍《Fooled by Randomness》中討論了黑天鵝事件，而該書涉及金融事件。他在 2007 年出版的書籍《黑天鵝效應》中將這個隱喻擴展到金融市場以外的事件。指極不可能發生，實際上卻又發生的事件。主要具有三大特性：

(1) 這個事件是個離群值，因為它出現在一般的期望範圍之外，過去的經驗讓人不相信其出現的可能。但實際上其比一般人預期有較高發生頻率，罕見和不可能的事件出現的次數比人想得還要多。人的想法通常受限於其所見、所知和設想來假設。但是，實際的情況比人認知的更複雜、更不可預知。這是一種肥尾現象，也就是統計學的常態分配圖形中兩端出現機率較低的扁平尾部，在現實社會中出現的機率其實比較高，實際圖形的兩端尾部比標準常態分配圖形中來得厚。在金融市場此種現象更明顯。

(2) 它會帶來極大的衝擊。極端事件發生時影響很大，例如 911 事件。網際網路攻擊及其各種影響，因為它們是人們所稱的意外，故一般而言會疏於防範以致影響超乎預期。

(3) 儘管事件處於離群值，一旦發生，人會因為種種原因而企圖作出某種解釋，讓這事件成為可解釋或可預測。（此非要件，只是解釋人類面對黑天鵝的反應現象，僅滿足前兩者即可稱之黑天鵝事件）

資料來源：維基百科

綠天鵝？灰天鵝？

除了黑天鵝，中央銀行表示：還有「綠天鵝」及「灰天鵝」

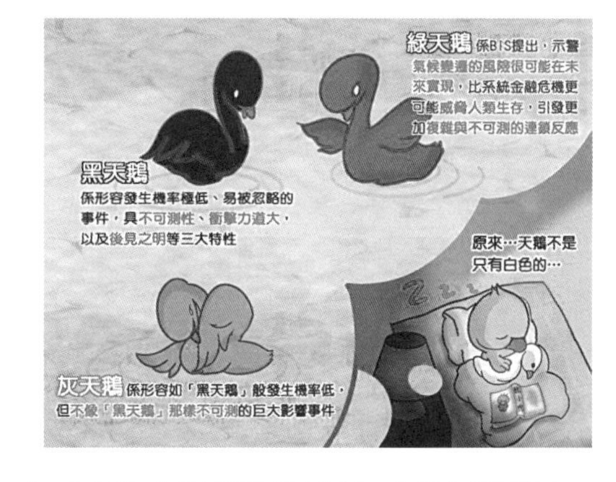

媒體常以「黑天鵝」來形容影響全球經濟前景的重大不確定性，中央銀行「報你知」單元 4 日再開課，告訴大眾除了黑天鵝，隨著世界局勢變遷，慢慢出現綠天鵝、灰天鵝等新詞彙。

中央銀行 4 日於 Facebook 發文表示，中國爆發的新型冠狀病毒（2019-nCoV）疫情持續延燒，全球金融市場都遭受重創，主流媒體指出，新型冠狀病毒是引發市場恐慌的「黑天鵝」（Black Swan）。

Moody's 信評公司 2020 年 1 月 30 日發布報告指出，新型冠狀病毒是史無前例的黑天鵝，而且比 2008 年至 2009 年的全球金融危機更像黑天鵝。全球金融危機爆發前，外界皆已知道美國房市正在逐漸惡化；然而，新型冠狀病毒的疫情卻是大家完全料想不到的局面。

央行說明，黑天鵝事件是形容發生機率極低、易被忽略的事件，具有不可測性、衝擊力道大，以及後見之明等 3 大特性；除了較廣為人知的黑天鵝，最近國際間也出現「綠天鵝」（Green Swan）一詞。

國際清算銀行（BIS）2020 年 1 月 20 日發布報告，示警氣候變遷可能帶來「綠天鵝」事件，並引發全球金融危機。

BIS 報告所提出的「綠天鵝」(或氣候黑天鵝—Climate Black Swan)概念，正是援引美國紐約大學教授 Nassim Nicholas Taleb 於 2007 年所提出的「黑天鵝」概念。

根據 BIS 報告，「綠天鵝」類似「黑天鵝」，但有三大不同之處，一是儘管氣候變遷的影響具有高度不確定性，氣候變遷的風險很有可能在未來的某一天實現;二是氣候災難比大多數系統金融危機更嚴重，氣候科學家們日益強調，這可能對人類構成生存威脅；三是氣候變遷風險將引發更加複雜與不可測的連鎖反應。

央行也說，其實除了黑天鵝、綠天鵝，還有另一個由「黑天鵝」衍生而來的「灰天鵝」（Grey Swan）；灰天鵝事件是形容如黑天鵝般發生機率低，但不像黑天鵝那樣不可測的巨大影響事件，例如美中貿易衝突就被視為是灰天鵝事件。

資料來源：中央社 2020/02/05

二、依投資產品種類區分風險

就投資商品種類不同，其風險種類與性質亦有差異，依投資產品種類區分風險可細分為：

(一) 非固定收益證券的風險

非固定收益證券一般指普通股而言，其風險種類與影響之內涵說明如下：

1. **利率風險**：指當市場利率上漲時，由於上市公司其營運成本增加，而使盈利減少，從而影響股價波動。另由於股票與債券有替代關係，當市場利率下跌時，一則成本降低，另一則是有替代關係，而使股價上漲與債券價格下跌。
2. **購買力風險**：所謂購買力風險係指由於通貨膨脹的因素，使得保有財貨或投資財富所產生購買力減少的機會。

3. **經濟景氣風險**：指由經濟景氣的影響所造成之風險。一般而言，當經濟景氣低迷時，其股價會趨弱，而在經濟景氣繁榮時，則股價會上漲。且股價會先期反映景氣循環，即所謂「股價是景氣循環的領先指標」。但股價除了受基本經濟因素影響外，還受群眾心理人氣影響。

4. **政治及社會風險**：指政治及社會的心理因素對於股價的影響，如國際政治情勢、兩岸關係、政黨競爭、社會治安、新冠病毒等影響市場之政治社會事件的風險。

5. **商業風險**：指企業的盈餘或股利達不到原來的期望水準。此風險與企業的營運及獲利能力有密切的關連，是屬於一種企業風險。一般商業風險可分爲財務槓桿風險、營運槓桿及產業風險。

   (1) 營運槓桿風險：企業風險係企業因內外在因素之影響致使其未達到預期之獲利情況之風險。由於非固定收益證券的股利受到公司盈餘影響，故企業獲利下降而影響到證券之收益，是證券之企業風險。

   企業風險之主要影響因素包括銷貨收入之變動、經濟景氣之波動、市場之競爭、產品生命週期、生產技術之創新、固定成本費用之高低等。其中固定成本之高低所產生的營運風險，可以營業槓桿度加以衡量。

   其指企業固定投資太大而銷售卻無法配合，以致發生損失的風險。測量營運槓桿的程度爲DOL（Degree of Operating Leverage）。

$$DOL=\frac{\Delta EPS/EPS}{\Delta S/S}=\frac{CM}{EBIT}$$

   其中，

   EPS爲每股盈餘；

   S爲銷售數額；

   ΔEPS爲EPS之變動量；

   ΔS爲S之變動量；

   CM爲邊際貢獻，等於銷貨收入減去變動成本之淨額，因此DOL愈大，則營運槓桿風險愈大；

   EBIT爲息前及稅前純益。

(2) 財務槓桿風險：財務風險是企業財務營運結果得不到應有補償之風險。

若由投資人立場分析，財務風險乃是因公司融資方式而導致投資人之投資報酬產生不利影響或不確定程度。

財務風險之主要影響因素包括市場利率、金融市場狀況、公司信用政策、公司舉債之多寡、投資方案之風險程度等。其中舉債經營之財務風險，可以財務槓桿度加以衡量。

財務槓桿風險是指企業的舉債過多而無法支應固定支出，因而發生經營困難的風險。測量財務槓桿風險的程度係以財務槓桿度DFL（Degree of Financial Leverage）爲之，其定義如下：

$$DFL = \frac{EBIT}{EBIT - I}$$

其中，I爲固定財務支出（包括利息費用、特別股股利等）。

如果一個公司舉債愈多，其支付的利息費用I愈大，則分母愈小，財務槓桿程度DFL愈大，表示風險愈大。

另營運槓桿風險與財務槓桿風險之綜合風險以綜合槓桿度表示，其等於DOL × DFL。即以DCL（Degree of Combination Leverage）衡量之：

$$DCL = DOL \times DFL = \frac{CM}{EBIT} \times \frac{EBIT}{EBIT - I} = \frac{CM}{EBIT - I}$$

(3) 產業風險：指由於國家基本政策的改變或科技的發展而造成產業的興衰風險。如我國六輕設置影響石化業之未來發展及高科技事業之產業政策影響晶圓產業之發展。

(二) 固定收益證券的風險

一般固定收益證券有債券和特別股，其風險有(1)利率風險、(2)購買力風險、(3)存續期間風險、(4)違約風險、(5)贖回風險、(6)變現風險。部分風險已如前述，惟就其影響層面析述之：

1. **利率風險**：市場利率發生波動，所導致的報酬變動風險。一般市場利率是影響債券價格的主因。假定投資人係於市場利率偏低而債券市場漲過面值時買進某種債券，但不久市場利率回升，因持有貨幣機會成本增加，所以大家拋售債券，甚至使債券市值跌至面值以下時，因急於求現售出，必會遭受到損失，此種風險即為利率風險。

2. **購買力風險**：又稱為通貨膨脹風險，乃指物價水準發生變化，所導致的實質投資報酬變動。於通貨膨脹期間內，債券僅能代表固定本金利息的債權債務關係，不論物價水準如何上漲，發行者只有到期償還固定本金，以及按照債券利率支付利息的義務，則債權人收回之本息，按物價水準上漲幅度衡量出的購買力，必已貶低不少。故有實質購買力減損之風險，因而使債券價格降低。

3. **存續期間風險**：指債券存續期間長短而言。在證券市場上，對於債券到期期限愈長，其市場價格必愈受市場利率波動之影響，則投資報酬的變異較大，因此投資風險較大。

4. **違約風險**：指債券到期時，發行公司由於經營發生困難，而無法履行其義務，無法支付利息或償還本金。因債券有固定的到期日，所在債券到期時，才能要求償還本金，然而屆時可能發生對方無法償還的違約風險。

5. **贖回風險**：指債券到期前，被以低於市場價格的情況下贖回之風險。一旦市場利率下跌，站在發行公司的立場上為了減低利息負擔，必然會在既定的贖回價格與當時的市場價格之間做一權衡，而可贖回債券的贖回權在於發行公司。如此對於投資者必然發生投資損失而影響投資報酬。

6. **流動能力風險**：指將持有債券變賣為現金的速度；因此愈易變現，亦即表示流動能力愈高，風險愈小。易言之，為了獲取現金，能滿足投資者在其能忍受成本及價格折減而得以出售債券的情況稱為變現力。因此變現力愈差的債券，其風險較大，反之，則風險較小。

7. **再投資風險（Reinvestment Risk）**：由於債券有定期付息或定期還本之特性，在持有債券期間，領取的債息或是部份還本，再用來投資時所能得到的報酬率，可能會低於所持有債券殖利率的風險。

(三) 基金商品之風險

股票型基金以分散風險、確保基金之安全，並積極追求長期之投資利得及維持收益之安定為目標。惟風險無法因分散投資或產業、經濟景氣循環及上櫃股票流動性不足而完全消除，所投資有價證券價格之波動，將影響基金淨資產價值之增減。下列仍為可能影響基金之潛在投資風險：

1. **類股過度集中之風險**：由於國內股市表現常受到各種不同類型主流類股牽動，當特定主流類股形成，在大幅吸引投資人目光的情況下，將造成市場資金集中化的效應，臺股往往因此和該主流類股呈現亦步亦趨的連動性，而經理公司基於長期穩健的操作原則，將適度分散投資比重於有價證券的各類股，因而當台股短期出現上述走勢時，將影響基金淨資產表現。
2. **產業景氣循環之風險**：受到產業景氣循環波動特性的影響，當整體產業景氣趨向保守時，國內相關企業盈餘及成長性將因此受到抑制，連帶國內股市的表現將隨產業景氣收縮而向下修正。
3. **流動性風險**：如股票型基金得投資於上櫃股票，投資人需了解上櫃股票多屬於中小型企業，具有資本額小、股價變動幅度較大、成交量較上市股票低的特性，且面臨產業景氣循環之營運風險較高，因此可能會有市場流動性不足的風險。
4. **外匯管制及匯率變動之風險**：如投資於國外股票則涉及外匯管制及匯率變動之風險。
5. **投資地區政治、經濟變動之風險**：我國股票市場受政治因素影響頗大，因此，兩岸關係之互動及未來發展狀況可能使股價產生波動。此外，國內外政經情勢及利率調整等因素亦可能影響基金所投資證券之價格，將基金雖盡量分散投資風險，惟風險亦無法因此完全消除。
6. **其他投資標的或特定投資策略之風險**

   (1) 投資「可轉換公司債」之風險：由於「可轉換公司債」同時兼具債券與股票之特性，因此除上述利率風險、流動性風險與信用風險外，還可能因標的股票價格波動而造成該轉換公司債之價格波動。

   (2) 投資「證券投資信託基金受益憑證」之風險

   ① 投資「股票型基金」之風險：如上所述之市場性風險、政治環境變動風險、類股集中風險、利率風險等。

   ② 投資「平衡型基金」之風險：平衡型基金兼具股、債基金的投資風險，故有市場性風險、政治環境變動風險、類股集中風險、利率風險及債信風險等。

   ③ 投資「債券型基金」之風險：利率風險、債信風險。

   ④ 投資「指數股票型基金（ETF）」及「指數型基金」之風險：雖然非系統風險已經有相當程度的分散，但是仍有系統風險。

⑤ 投資「反向型ETF」、「商品ETF」及「槓桿型ETF」之風險：反向型ETF是看空指數的一種金融商品，而商品ETF則直接和稀有金屬、能源、牲畜、農產品等實體商品的價格走勢連結，槓桿型ETF則爲運用不同的交易策略來達到財務槓桿倍數的效益，除了所連結指數的成分股票外，也能投資其他的衍生性金融商品以達到財務槓桿的效果。前述類型皆不若傳統型ETF單純，故會有追蹤誤差、交易活絡度較低、資訊不透明等風險。

(3) 投資「期貨信託基金受益憑證」之風險：期貨信託基金受益憑證所從事之期貨與選擇權交易具有財務槓桿特性，可能於極短時間內產生利益或發生損失，故存在基金淨資產價值大幅波動的風險。

(四)衍生性商品之風險

1. 從事期貨交易之風險

(1) 流動性風險：期貨市場在系統性風險發生時，可能產生欠缺交易對手而無法交易之流動性風險；或是該種商品交易參與者少，而產生買賣價差過大之流動性風險。

(2) 基差風險：期貨商品雖衍生自現貨市場，但是在市場預期與交易氣氛影響下，可能產生極度偏離現貨價格之基差風險。

(3) 轉倉風險：不同到期日之期貨契約即使源自相同標的物之現貨，仍視爲相關程度極高的不同商品，因此在期貨契約轉倉時可能產生價格不同之轉倉風險。

(4) 實物交割風險：如期貨採用實物交割的方式，期貨賣方也須取得符合條件之商品作爲交割標的，較現金結算多出了交割風險。

(5) 追蹤誤差風險：如基金爲管理資產價格變動之風險，得利用指數期貨從事避險交易，惟若經理公司判斷市場行情錯誤，或期貨商品與本基金現貨部位相關程度不高時，縱爲避險操作，亦可能造成基金資產價值損失。

2. 從事選擇權交易之風險

(1) 流動性風險：選擇權市場在系統性風險發生時，可能產生欠缺交易對手而無法交易之流動性風險；或是該種商品交易參與者少，而產生買賣價差過大之流動性風險。

(2) 市場風險：在市場預期與交易氣氛影響下，選擇權價格可能產生低於實際履約價值之市場風險。

(3) 標的價格變動風險（Delta、Gamma）：選擇權價格主要與標的價格正（反）向連動，標的價格的變動使選擇權價格易遭受標的價格變動風險。

(4) 標的價格波動度變動風險（Vega）：選擇權價格與標的物價格波動度呈同向變動，標的價格波動度的變動使選擇權價格遭受標的價格波動度變動風險。

(5) 到期日風險（Theta）：選擇權價格會因距到期日所剩時間的縮短而下降，因而產生時間消逝所帶來的到期日風險。

(6) 無風險利率變動風險（Rho）：選擇權價格會受到無風險利率變動而變化，惟在一般情況時，市場利率變動不大，該風險相對較小。

(7) 實物交割風險：對採用實物交割的方式較現金結算多出了交割風險。

三、依市場特性區分風險

1. **商品本質**：現貨或期貨，金融商品或非金融商品等商品本質不同，會影響其風險之因素自有很大差異。
2. **交易制度**：各個商品市場交易撮合方式與速度、委託單種類，是否預繳保證金、漲跌停限制、資訊揭露內容與速度、融資券信用交易制度、警示監視制度、全額交割等等會影響交易時的風險。
3. **結算制度**：結算方式採實物交割或現金結算、結算週期、結算計算方式、保證金成數、追繳、強制平倉、違約之處理及市場防衛機制等等，會影響交割結算時的風險。
4. **市場特性**：新興或成熟市場，投資理念及投機風氣程度，主管機關法規嚴謹程度，對市場開放程度與對不法監理處置，企業對公司治理及企業社會責任（CSR）、永續價值（ESG）之態度與作為等市場特性會影響個別市場投資或投機風氣而產生不同風險。
5. **市場結構**：法人與散戶、主力作手比重、外資與本國投資人比重等市場參與者結構不同，影響市場效率性而產生不同風險。

2 小時賠 550 萬！讓投資人血本無歸的負油價，是怎麼發生的？

2020 年 4 月 20 日，石油期貨出現 -37.63 美元的低價。一周以來，全球各地紛紛傳出災情，讓投資人血本無歸的負油價真相陸續曝光。為什麼會出現負油價？你知道，臺灣當紅的石油正 2ETF，也因為負油價而導致風險爆增嗎？

「小弟晚上撿了 0.025 美元 5 月 WTI（西德州中質原油）原油期貨 10 口，不料跌到負數，結算價是 -37.63 美元，目前已結算了，全數本金賠掉還不夠，有大大知道後續該怎麼處理嗎？」4 月 20 日 PTT 上出現了一則貼文，引發熱烈的討論。

這位臺灣網友買進的海外期貨，一夕間不僅賠光 3,800 元本金，以結算價他還要倒賠新台幣 550 萬元。

「期貨可以負的嗎？這要怎麼交割？」他不解的問，從來沒有看過這種情況。他貼出對帳單，上面的即時價是 0.01 美元，「是系統錯誤嗎？券商系統沒有負值這要怎麼算？」網友建議他打電話給券商問清楚，到底是誰的錯。

資料來源：天下雜誌 2020/04/27

WTI 期貨如何運作？

WTI（West Texas Intermediate, 西德克薩斯中間基原油）與布蘭特原油（Brent Crude）是當前兩大油價。北美的標準油價以 WTI 現貨價格為準，布蘭特又稱北海石油，交易者主要是歐洲國家。WTI 原油期貨主要在紐約期貨商品交易所（NYMEX）交易，布蘭特原油期貨則在倫敦洲際交易所。

期貨市場如何運作？石油期貨契約是以月約定，芝加哥商品交易所可接受原油零或負值交易，也就是，未來買進期貨投資者，一旦出現負油價結算時，他的損失不再只是保證金，而是保證金加上買進到跌價差。2020 年 4 月 15 日，芝商所決定修改交易方式，宣布「旗下紐約商品交易所（NYMEX），特定產品期貨、選擇權的價格可以接受零值或負值委託」。420 當天，紐約時間過了中午 12 點，距離收盤還有 2.5 小時。5 月 WTI 原油期貨合約價竟然由正轉負，原油 ETF 從助漲變助跌，全球各家 ETF 基金爭先恐後賣出，卻沒有人願意接手。

「報價系統上竟出現買進價為 -100 美元、賣出價為 -13 美元的奇異現象」，更糟糕的是，芝商所 WTI 原油期貨過去從沒有負值交易，許多期貨商交易系統根本沒有負值的報價系統，自然無從提供客戶平倉。這就是臺灣網友為什麼在他的對帳單看到的是 0.01 美元，而不是 -37.63 美元的原因。黑暗 5 分鐘，WTI 原油期貨價格暴跌 309.63% 以每桶 -37.63 美元結算，震驚全球金融市場。

原本油價底價是 0，最多賠光本金。如今價格卻可以負無限大，芝商所原油期貨等於開了一個沒有底線的賭場。不禁令人懷疑，全球最大的芝商所為何要修改遊戲規則，而且還是在最後 5 天？芝商所實際上是擔心「期貨負油價，而原油現貨無法履約」的情形，原油沒有保存期限，也不是農產品，原本不可能是負數。芝商所可能預見，2020 年 5 月份 WTI 原油期貨合約將會有現貨提油交割的需求。「負油價就是買油還送你運費」投資人等於幫你付裝桶、倉儲、運輸、保險費，請你快把原油運走，因為已經沒有倉儲空間。負油價從 WTI 西德州原油開始，因為 WTI 合約的交割地是美國奧克拉荷馬州的庫欣，這裡的儲油量自 2 月以來已大升 48%，接近滿載，儲油槽更是萬斤難買。陸上滿載，存在海上呢？布侖特原油（Brent）就是以海上油輪為儲油地。「儲油輪從月初的一天 3 萬美元飆漲到今天的 21 萬美元，而且是一日一價」到中東運油的運價暴漲 600%。因此原油交割的倉儲、運輸費近來每日以等比級數跳升，不想實物交割，最好的方法就是在最後交易日前不計價快快平倉，結果大家爭相平倉，造成 5 月原油期貨雪崩。

四、其他新型態投資商品之風險

在傳統的金融投資商品的之外，另外在投資領域還有一些其他新型態的投資商品，例如：另類資產、數位貨幣、P2P借貸、P2B融資媒合平臺等非傳統的投資商品，下列將一一說明商品特性與風險。

(一) 另類資產（Alternative Asset）

另類資產指的是有別於傳統的股票、債券和現金的另種金融與實體資產，範圍除了房地產、大宗商品、藝術品等，也包括避險基金（對沖基金）、私募股權基金、基礎建設投資及其相關衍生商品等，其有與傳統資產較低的相關性，機構投資人因不同的投資目的從事此類資產的投資。另類資產大多沒有在公開交易市場上交易，資訊不透明，流動性相對較低，風險亦較大。

(二) 數位貨幣（Digital Currency）

人類使用貨幣的歷史，從貝殼、金、銀等貴金屬到紙鈔、硬幣已歷經數千年。近代貨幣的種類則隨金融科技（Financial Technology, FinTech）進步演進至數位貨幣，數位貨幣包括電子貨幣及虛擬通貨（Virtual Currency）二類，前者係經貨幣發行管理之主管機關許可，以電子行動支付載具（如晶片卡、電腦及手機等）儲存法償貨幣價值，透過電子行動支付方式發動或傳輸交易資料，用以替代實體現金完成款項支付，目前已被廣泛使用如電子錢包、電子轉帳、電子支票、電子信用卡等；而虛擬通貨多由私人發行如比特幣（BitCoin）、萊特幣（Litecoin）和瑞波幣（Ripple Coin）等非由央行發行，不具法償地位的虛擬通貨部分已用於商品交易。

(三) P2P 借貸（Peer to Peer）

P2P借貸又稱市場平臺借貸（Marketplace Lending），係指藉由群眾籌資方式，透過網路將資金提供者的資金聚集起來，貸放給資金需求者的一種小額借貸模式。由於金融科技快速發展所帶來的契機，這種透過線上平臺媒合或競價、兼具貸放與投資之模式，相較於傳統銀行，可使借款人較易取得貸款，投資人獲得更高利率的報酬，從而使兩者皆能從中受益。

1. 經濟意涵

(1) 補強傳統金融不足：P2P借貸理念緣起於爲協助經濟弱勢或急需資金週轉民眾向銀行借貸較難的問題，而提供方便快速且進入門檻較低的借貸管道，形成與傳統銀行互補之經濟部門。

(2) 解決經濟摩擦（Economic Friction）：經營P2P借貸平臺之金融科技業，直接媒合借款者與貸款者（投資人），藉以降低金融中介機構進行資產轉換的固定成本，亦即金融去中介化（Financial Disintermediation），降低供需雙方交易成本。

2. P2P借貸之效益：對社會創造之價值主要表現於促進普惠金融、增進資金使用效率及發展新的商業信用模式三方面。

(1) 促進普惠金融：部分國家或地區（例如中國大陸及印度）地域幅員遼闊，區域金融服務便利性及普及度仍有不足，企業及個人資金借貸需求仰賴線上借貸方能得到滿足。以中國大陸爲例，國有銀行一般只會對國有企業提供貸款，中小型或微型企業借款不易；因此，P2P借貸平臺在民間經濟領域中，扮演重要角色。在拉脫維亞、巴西等金融設施不足的國家，P2P借貸開啓了小型企業融資的新來源。換言之，P2P借貸有助於使金融服務嘉惠於所有民眾。

(2) 增進資金使用效率：網路交易無地域性，借款人及投資人不受空間（國家或地區）限制；另因無實體通路，人事及設備成本降低，營運資金成本相對較低且潛在投資收益較高，較易吸引投資人，提高借貸資金媒合效率與社會資金利用率，除有助地下金融檯面化外，亦具備聚集小額資金作規模經濟使用之功能。

(3) 發展新的商業信用模式：數位經濟崛起導致商業模式與金融服務態樣發生變化，P2P借貸之新型金融服務模式有助平臺業者運用先進科技蒐集與分析借款人信用資訊，開發有別於傳統銀行的信用評分系統，可補充現行正規徵信機制或信評公司所建立之商業信用體系，特別是對信用邊際客戶或未接受銀行的服務者。

2-3 風險之衡量、投資人風險態度與風險管理

一般而言，風險是表示未來事件發生可能性的離散程度，又稱離差，而衡量的方法很多，包括報酬的變異數、標準差、全距、偏度、峰度、變異係數、半變異數、半標準差、判定係數及β係數。

一、報酬率之變異數（Variance）

衡量風險之各種方法中，報酬率之變異數或標準差是使用最爲廣泛者。

變異數及標準差的計算步驟如下：

1. 計算預期報酬率或期望值。

$$預期報酬率 = E(R) = \sum_{i=1}^{s} R_i \times P_i$$

2. 計算每一個可能結果與預期報酬率之差。

$$差異 = R_i - E(R)$$

3. 計算每一組差異之平方，再將平方乘以其對應之機率，將這些乘積加總可得機率分配之變異數。

$$變異數 = \sigma^2 = \sum_{i=1}^{s} [R_i - E(R)]^2 \times P_i$$

4. 求變異數之平方根即爲標準差。

$$標準差 = \sigma = \sqrt{\sum_{i=1}^{s} [R_i - E(R)]^2 \times P_i}$$

(一) 個別投資項目（或證券）之報酬變異數

$$\text{Var}(R_A) = \sigma_{R_A}^2 = \sum_{i=1}^{s} [R_{A,i} - E(R_A)]^2 \times P_i$$

個別證券報酬變異數即將個別證券未來各種可能狀況下的報酬減去預期報酬率或期望值之平方，再將平方乘以其對應之機率，將這些乘積加總可得機率分配之變異數。

另外，亦可使用過去歷史資料計算變異數。

$$S_{R_A}{}^2 = \frac{\sum_{i=1}^{t} (R_{A,i} - \bar{R}_A)^2}{t-1}$$

其中，

R_{A_i}：A股票（過去t期）第i期的報酬率；

$\overline{R}_A$：A股票（過去t期）的平均報酬率。

(二)投資組合之報酬變異數

1. **投資組合內投資項目間之報酬互變數(Covariance)**:在投資組合的情況下,變異數及標準差之計算較為複雜。由於計算投資組合之變異數及標準差時,涉及共變數之計算,因此,以下先就互變數之意義及算法,做一說明。

   共變數係用以說明兩個隨機變數共同變動之情況,如果一個隨機變數之變量大時,另一隨機變數相對應之變量也大,而前一隨機變數之變量小時,後一個隨機變數相對應之變量也小,則共變數為正;如果前一隨機變數之變量大時,後一隨機變數相對應之變量反而變小,而前一隨機變數之變量小時,後一隨機變數相對應之變量反而趨大,則共變數為負。若有A,B二種證券構成一投資組合時,其共變數之計算公式如下:

$$\mathrm{Cov}(R_A, R_B) = \sum_{i=1}^{t}\left[\left(R_{A,i} - \bar{R}_A\right)\left(R_{B,i} - \bar{R}_B\right)\right] \times P_i$$

2. **投資組合報酬變異數**:與上述相同,若有A、B二種證券構成一投資組合時,此一投資的組合報酬變異數之計算公式如下:

$$\mathrm{Var}(R_P) = \sigma_{R_P}^2 = W_A^2 \cdot \sigma_{R_A}^2 + W_B^2 \cdot \sigma_{R_B}^2 + 2W_A W_B \mathrm{Cov}(R_A, R_B)$$

二、報酬標準差(Standard Deviation)

1. **個別投資項目之報酬標準差**:在統計計算上,只要將個別投資項目之報酬變異數開根號即可得,公式如下:

$$\sigma_{R_A} = \sqrt{\sigma_{R_A}^2} = \sqrt{\sum_{i=1}^{s}[R_{A,i} - E(R_A)]^2 \times P_i}$$

   或者以歷史資料計算:

$$S_{R_A} = \sqrt{\frac{\sum_{i=1}^{t}(R_{A,i} - \bar{R}_A)^2}{n-1}}$$

2. **投資組合之報酬標準差**：若投資組合含有A、B二種證券，則其報酬標準差計算公式如下：

$$\sigma_{R_P} = \sqrt{\sigma_{R_P}^2} = \sqrt{W_A^2 \cdot \sigma_{R_A}^2 + W_B^2 \cdot \sigma_{R_B}^2 + 2W_A W_B Cov(R_A, R_B)}$$

三、報酬變異係數（Coefficient of Variation）

一般而言，當一組統計資料各數值都相當大，其期望值及標準差也會較大，但另一組統計資料各數值都相當小，其期望值及標準差也會較小，因此如果要比較這兩組資料之標準差的大小，通常並無多大意義。在這種情況之下，通常乃將標準差除以期望值而得變異係數，用以表示相對之風險則較正確。在投資學上，變異係數之使用場合較不普遍，但在財務管理上，變異係數之使用則相當廣泛，也較合理。

變異係數是指標準差除以期望值之商，通常以CV表示，如以數學式表示則爲

$$CV = \frac{\sigma_{R_A}}{E(R_A)} \quad 或 \quad CV = \frac{S_{R_A}}{\overline{R}_A} \quad 或 \quad 變異係數 = \frac{報酬標準差}{期望報酬值（率）}$$

四、貝他（β）係數（Beta Coefficients）

貝他係數是來自夏普（W. F. Sharpe）的對角線模式（Diagonal Model），一般稱單純化模式（Simplified Model）或稱單一指標模式（Single Index Model）。所謂單一指標模式乃是假定各證券之報酬率只與某一因素有關，此一因素可能是股價指數、國民總生產（Gross National Product）、某一物價指數或對證券價格最具影響力之某種因素等等。不過，實務上此種因素常以股價指數代表。在國內，此種因素則可以臺灣證券交易所發行量加權股價指數代替。

貝他係數之概念是由夏普教授研究發展出來，他將個別股票報酬率的標準差，分成市場風險與公司本身特定之風險兩部份，即：

證券總風險 = 市場風險 + 公司本身特定之風險
= 系統性風險 + 非系統性風險

而上式中的市場風險可用統計式之貝他係數來測度。貝他係數（β）係測度一特定股票對全體股票平均值之相對變動性（Volatility），全體股票就以股票市場指數測定。

貝他係數，乃股價指數之報酬率上升一個單位時，某一證券之報酬率平均上升或下降之單位數。貝他越小，表示此一證券之風險越小。貝他越大，則在證券市場上升時，此一證券之價格，上升更大；但在證券市場下挫時，其價格也下跌更多。貝他越大之證券，通常是投機性較強之證券。

例如，市場指數上升或下跌5%，甲股票價格預期上升或下跌10%，那麼甲股票之變動爲市場之兩倍，其貝他係數可定爲2，亦即甲股票之風險爲市場整體股票風險的兩倍。反之，如果乙股票價格之變動幅度爲市場的一半，即股票市場上升或下跌10%，乙股票之價格預期僅變動5%，則股票的貝他値爲1/2，僅爲平均股票風險的一半。

$\beta = 0.5$ 此股票其變動性或風險只有市場整體股票的一半。

$\beta = 1$ 此表示市場整體股票的β値。

$\beta = 2$ 此種股票的風險爲市場整體股票的兩倍。

貝他係數係用以測度系統（或市場）風險，測定一特定股票之股價對整體股價平均值之相對變動程度的風險指標。貝他（β）係數之計算必須求出投資項目與市場間的報酬相關係數。

衡量證券報酬間相關性的指標稱爲相關係數（Correlation Coefficient），相關係數爲介於1與-1間的數，假若以$\rho_{A,B}$表A、B兩證券報酬間之相關係數，則：

當 $0 < \rho_{A,B} < 1$ 時，表A、B間有正相關，且$\rho_{A,B}$愈接近1時，表正相關性愈強。

當 $-1 < \rho_{A,B} < 0$ 時，表A、B間有負相關，且$\rho_{A,B}$愈接近-1時，表負相關性愈強。

而$\rho_{A,B} = 0$ 則表A、B兩證券報酬的波動間，完全不相關。

所謂相關性，乃是二項目之報酬呈一致性波動的程度，若成同向變動稱正相關，若成反向變動稱負相關。

1. A證券報酬與市場報酬之相關係數，可用下列公式計算之。

$$\mathrm{Cor}(\mathrm{R_A},\mathrm{R_M}) = \rho_{\mathrm{R_A},\mathrm{R_M}} = \frac{\mathrm{Cov}(\mathrm{R_A},\mathrm{R_M})}{\sigma_{\mathrm{R_A}} \times \sigma_{\mathrm{R_M}}}$$

即A證券報酬與市場報酬之相關係數，爲A證券報酬與市場報酬之共變異數除以A證券報酬與市場報酬標準差之乘積。

2. 設有一投資組合（A，B二證券），其報酬之相關係數，可表示如下：

$$\mathrm{Cor}(\mathrm{R_A},\mathrm{R_B}) = \rho_{\mathrm{R_A},\mathrm{R_B}} = \frac{\mathrm{Cov}(\mathrm{R_A},\mathrm{R_B})}{\sigma_{\mathrm{R_A}} \times \sigma_{\mathrm{R_B}}}$$

投資組合（A，B二證券），其報酬之相關係數爲A證券報酬與B證券報酬之共變異數除以A證券報酬與B證券報酬標準差之乘積。

3. 若爲單一證券（證券A）可用下列公式計算之：

$$\beta_{\mathrm{A}} = \frac{\rho_{\mathrm{R_A} \cdot \mathrm{R_M}} \times \sigma_{\mathrm{R_A}}}{\sigma_{\mathrm{R_M}}}$$

單一證券（證券A）之β_{A}爲A證券與市場報酬相關係數乘以A證券標準差再除以市場報酬標準差。

4. 投資組合之貝他係數則可用下列公式計算之：

$$\beta_{\mathrm{p}} = \sum_{i=1}^{n} \beta_i \times \mathrm{W}_i$$

即個別證券貝他係數β_i乘以個別證券其在投資組合所占投資比重W_i。

五、半變異數（Semivariance）與半標準差（Semistandard Deviation）

投資風險乃是發生虧損之可能機會或損失，不利部分之分散程度，唯變異數及標準差之計算，顯然將投資報酬率不論大於或小於期望値之區域均稱之爲風險，由於報酬率之分配係對稱或近似對稱分配，有利及不利部份相對稱或近似對稱，因此變異數或標準差是不利部分之分散程度的兩倍。一項報酬率大於期望值的證券投資，不應認爲是一項投資風險，因此理論上衡量投資風險之方式當用半變異數與半標準差來衡量。

1. **半變異數**：是衡量發生虧損的機會，其公式爲：

$$SV = \sum_{i=1}^{k}(R'_i - b)^2 \times P_i$$

R'_i：報酬率比 b 小的各種情境，例如有 k 種情境報酬率；b：投資者願接受之最小報酬率；k：比 b 小的報酬率的情境個數；P_i：第 i 種情境的機率。

2. **半標準差**：是半變異數的平方根，也是用來衡量發生虧損的機會，其值愈大代表風險愈大。

六、四分位差（Quartile Variation）

是將最低報酬率與最高報酬率間取四等分，然後以第三分位差減第一分位差所得出的數值，目的也是在看報酬率離散情形是否過大。和四分位差有關的包括半四分位差及四分位差變異係數，所謂半四分位差是四分位差數值的一半，而四分位差變異係數則是四分位差除以平均數再取絕對值。

七、全距、偏態、峰度

1. **全距**：指證券投資組合的最大報酬率和最小報酬率之相距程度，距離愈大代表波動幅度愈大，風險亦大。
2. **偏態（skew）**：可看出投資組合報酬率是集中在高風險區或低風險區，以協助投資者作決策。
3. **峰度**：可看出投資組合報酬是集中還是分散，如果峰度高、報酬率集中，則代表風險較小；反之，峰度較緩、報酬率分散，有肥尾現象（Fat Tail），則風險較大。

八、投資人風險態度

投資人風險態度指投資人個人本性對風險的的態度或偏好，是投資人對影響投資之正面或負面的不確定性狀況所選擇的面對風險的態度。

(一) 風險厭惡（Risk Averse）

風險厭惡或稱風險趨避、風險規避。對於一般的投資人而言，當風險水準較低時，增加投資風險所要求的額外報酬較小，而隨著風險水準的逐漸升高，其所要求的額外報酬愈來愈高；面對具有相同預期報酬率的不同投資方案，會選擇風險較小者。此種投資人係屬較不喜歡接受風險者，稱之爲風險規避者。即指一個人面對不確定的狀況時，傾向於選擇風險較低但是期望收報酬也較低的選項。例如一個風險厭惡的投資者，會選擇將資金存在銀行以獲得較低但確定的利息，而不願意用於購買風險性資產如股票等，乃不願承擔購買股票因價格波動損失的風險。

(二) 風險中立（Risk Neutral）

投資人投資時，面對未來收益的不確定性（即風險），會要求相對的報酬以爲代價，不同程度的風險所要求的報酬可能有所不同。但若無論風險水準爲何，每增加一單位的風險所要求的報酬皆呈固定不變，此種每增加一單位風險而要求的報酬不會隨風險水準之不同而改變的投資人，係屬不被風險水準影響、不在意不確定性的投資人，稱之爲風險中立者。

(三) 風險偏好（Risk Seeking, Risk Lover）

當風險水準較低時，每增加一單位的風險所要求的額外報酬較高，而風險水準較高時每增加一單位風險所要求的額外報酬較低，此種每增加一單位風險所要求的報酬隨風險水準愈高而遞減的投資人，係屬寧追求較高報酬而願冒風險、追求不確定性，稱之爲風險愛好者。

(四) 人生不同階段風險態度

投資人風險態度依個人本性對風險的的態度或偏好而有不同，如上所述，但人生不同階段，投資人風險態度風亦可能因此而轉變，如青年時期的風險偏好者，至老年退休時期風險態度可能轉爲風險趨避者。

2-4 時間因素

一、貨幣時間價值之意義

每一元的貨幣在不同的時點，其價值不同。即使假設無通貨膨脹，對持有一元貨幣者而言，今天的一元要比未來一年的一元較具價值。因其可將今天的一元投資於各種投資工具之上，而獲取較一元爲多之收入（假設在正常情況，至少其可以投資於無風險之公債、或風險較低之銀行定期存款）；或他亦可選擇將今天的一元消費，其所獲的滿足會大於未來消費所獲得的滿足。其間的價值差異，即爲「利息」亦即是貨幣的時間價值（Time Value of Money）。以下說明幾個基本名詞：

(一) 利息 (Interest)

現在的一元與未來的一元，其間價值的差異數，即在一定期間內使用貨幣的代價、出借貨幣的報償。以其所使用（或所出借）數量之百分率表示者，即爲利率（Interest Rate）。

(二) 終值 (Future Value)

將一定數額現金流量加計其貨幣時間價值之合計金額，一般所稱之「本利和」即是終值。

(三) 現值 (Present Value) 與折現 (Discount)

將加計貨幣時間價值在內之現金流量金額，以某一利率（折現率）轉換成目前現金流量價值之程序，即爲折現，而轉換後之現金流量價值即爲現值。

(四) 計算利息的三要素：本金、利率 (折現率) 及期數

計算利息計算利息涉及本金金額大小、利率高低及時間期數長短，此爲計算利息三要素。

1. **本金（Principal）**：爲本金的總金額。
2. **利率（Rate）**：支付利息所需計算的利率。
3. **期數**：爲計算本金利息的時間，經常以月、年爲期數時間爲計算基礎。

(五)單利(Simple Interest)與複利(Compound Interest)

單利係指以原始本金爲基礎所計算的利息，而未將所經過期間獲得之利息再計算生息之計算方式。利率一般以年利率表示(如個別情況應用之期間不同，應作適當調整)。單利之計算公式：

$$利息 = 本金 \times 利率 \times 期間$$

複利即就每一計息期間所生之利息，於該期期末轉入本金，就此本利和，於下一計息期間計算下期利息，而依此計得之第二計息期間之利息再計入計息，依此類推。

二、複利之型式

複利係將單利所計算之利息加入本金繼續計算利息，而隨著期間越長，複利效果會愈明顯。複利型式很多，在此介紹幾種基本型式：

(一)單筆金額之複利終值

本利和(即終值，以FV表示)與本金(即現值，以PV表示)、利率(i)、期數(n)之關係如下：

$$FV = PV \times (1+i)^n$$

其中，$(1+i)^n$ 稱複利終值因子(Future Value Interest Factor，$FVIF_{i,n}$)，故

$$FV = PV \times FVIF_{i,n}$$

在已知利率 i 與期數 n 時，每一元複利終值因子可運用複利終值表查出複利終值因子。

(二)單筆金額之複利現值

由單筆金額複利現值公式移項後，可得下列現值公式：

$$PV = FV \times \frac{1}{(1+i)^n}$$

此 $\frac{1}{(1+i)^n}$ 稱爲複利現值因子（Present Value Interest Factor，$PVIF_{i,n}$），此因子可利用複利現值表直接查出。

上列公式可表示如下：

$$PV = FV \times PVIF_{i,n}$$

由公式中，可知當利率愈高，期數愈長，則現值因子愈小。

另複利終值與複利現值之關係，說明如下：

由於 $FV = PV \times (1+i)^n = PV \times FVIF_{i,n}$

$PV = FV / (1+i)^n$

$= FV(\frac{1}{1+i})^n = FV \times PVIF_{i,n}$

故 $PVIF_{i,n} = \frac{1}{FVIF_{i,n}}$

(三) 年金複利終值

年金複利終值是從第一期起一定時期內每期期末等額收付款項的複利終值之和。首先介紹幾個名詞：

1. **年金（Annuity）**：特定期間之一系列定期、等額之收取或支付（Payment, PMT）。
2. **普通年金（Ordinary Annuity）**：收支發生於每期期末者，又稱期末年金、正常年金。
3. **期初年金（Annuity Due）**：收支發生於每期期初者，又稱到期年金或即付年金。
4. **遲延年金（Deferred Annuity）**：於若干期之後方開始發生收支者。普通年金即爲遲延年金。

設A表年期年金，則年金複利終值（即一般所謂之複利之本利和），如下圖：

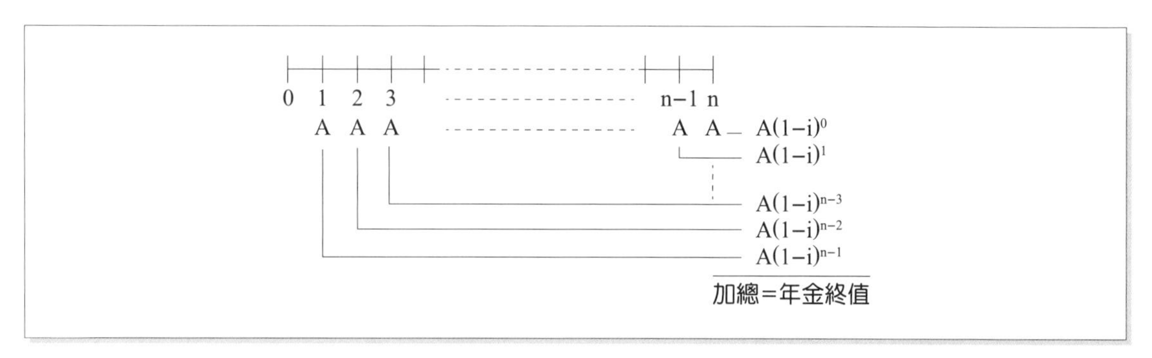

圖 2-1 年金複利終值計算

$$年金終值（FVA）=A(1+i)^{n-1}+A(1+i)^{n-2}+\cdots\cdots+A(1+i)^{0}$$

$$=A\times\sum_{t=1}^{n}(1+i)^{n-t}$$

$\sum_{t=1}^{n}(1+i)^{n-t}$ 稱爲年金終值利率因子（Future Value Interest Factor for an Annuity，$FVIFA_{i,n}$），故改寫上式爲：

$$FVA=A\times FVIFA_{i,n}$$

$FVIFA_{i,n}$ 可查表而得。

另因期末年金之複利期數較期初年金少一期，故期初年金之終值因子可將期末年金之終值因子乘以（1＋利率）而得。

(四) 年金複利現值

年金複利現值係指是指未來一系列期間年金，按複利計算的現在的價值。年金複利現值之計算如圖2-2。

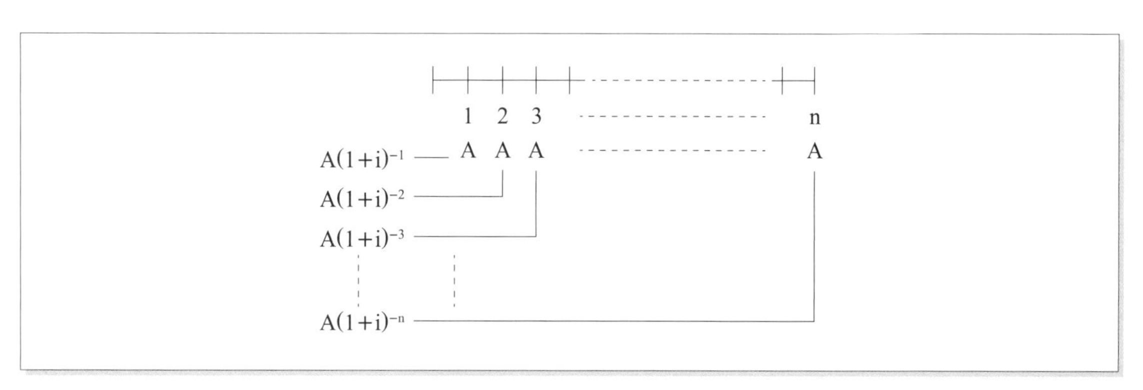

圖 2-2 年金複利現值計算

$$年金現值(PVA) = A(1+i)^{-1} + A(1+i)^{-2} + A(1+i)^{-3} + \cdots\cdots + A(1+i)^{-n}$$

$$= A \times \sum_{t=1}^{n}(1+i)^{-n}$$

$\sum_{t=1}^{n}(1+i)^{-n}$ 稱爲年金現值利率因子（Present Value Interest Factor for an Annuity，$PVIFA_{i,n}$）可查表而得。

故上式可改寫爲：

$$PVA = A \times PVIFA_{i,n}$$

（五）永續年金與連續複利

1. 永續年金（Perpetuity）

如果年金所提供的定期給付一直持續到永遠，此種年金即爲永續年金，其現值之公式爲：

$$永續年金之現值 = \frac{每期等額支付}{折現率} = \frac{PMT}{i}$$

2. 名目利率（Nominal Interest Rate）與有效利率（Effective Annual Rate）

名目利率指借貸契約中所明訂之利率；而有效利率又稱爲年百分率（Annual Percentage Rate, APR）指無論複利期間長短，一年中實際可獲得之利率。如果已知名目利率，就可利用下式求出有效利率：

$$APR = \left(1+\frac{i}{m}\right)^{m} - 1$$

i 表名目利率；m 表每年複利次數。

每年複利一次的終值：$FV = PV(1+i)^{n}$ ；

每年複利 m 次的終值：$FV = PV(1+\frac{i}{m})^{mn}$ 。

式中，m 代表每年複利次數，n 代表複利年數。

3. 連續複利（Continuous Compounding）

當每年複利次數 m 趨近於無限大時，即爲連續複利。假設 n 表年數，i 表年利率，FV表連續複利終值，PV表連續複利現值。

則連續複利終值與現值如下：

$$FV = PV \times e^{in}$$

$$PV = FV \times e^{-in} = FV \times \frac{1}{e^{in}}$$

複利的 72 法則

關於複利的計算有所謂 72 法則、71 法則、70 法則和 69.3 法則，用作估計將投資倍增或減半所需的時間，反映出的是複利的結果。

計算所需時間時，將所應用的法則相應的數字，除以預期報酬率即可。例如：假設最初投資金額為 100 元，複息年利率 9%，利用「72 法則」，將 72 除以 9（預期報酬率），得 8，即需約 8 年時間，投資金額將滾存至 200 元（兩倍於 100 元），而準確需時為 8.0432 年。

欲估計貨幣的購買力減半所需時間，可將與所應用的法則相應的數字，除以通脹率。若通脹率為 3.5%，應用「70 法則」，每單位之貨幣的購買力減半的時間約為 70/3.5=20 年。

年息	實際年息	72 法則	年息	實際年息	72 法則	年息	實際年息	72 法則
0.25%	277.61	288.00	2.75%	25.55	26.18	9.00%	8.04	8.00
0.50%	138.98	144.00	3.00%	23.45	24.00	10.00%	7.27	7.20
0.75%	92.77	96.00	3.25%	21.67	22.15	15.00%	4.96	4.80
1.00%	69.66	72.00	3.50%	20.15	20.57	20.00%	3.80	3.60
1.25%	55.80	57.60	3.75%	18.83	19.20	25.00%	3.11	2.88
1.50%	46.56	48.00	4.00%	17.67	18.00	30.00%	2.64	2.40
1.75%	39.95	41.14	5.00%	14.21	14.40	35.00%	2.31	2.06
2.00%	35.00	36.00	6.00%	11.90	12.00	40.00%	2.06	1.80
2.25%	31.15	32.00	7.00%	10.24	10.29	45.00%	1.87	1.60
2.50%	28.07	28.80	8.00%	9.01	9.00	50.00%	1.71	1.44

資料來源：Data Genetics

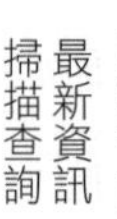

《延·伸·閱·讀》	
1. 灰犀牛作者在TED上的演講	7. 塔勒布（Nassim Nicholas Taleb）的投資筆記
2. 大賣空 (1) 李家同／〈大賣空〉和〈大到不能倒〉一有關2008年金融海嘯的電影 (2) 大賣空：預見史上最大金融浩劫之投資英雄傳　《大賣空》真實主角的三個市場觀察／蔡曜蓮	8. 新冠肺炎對全球經濟的衝擊到底是黑天鵝效應？還是灰犀牛效應？ 9. 解決營業中斷險理賠爭議 勞合社提出「黑天鵝再保險」（現代保險雜誌，2020/07/03）
3. 反脆弱	10.《金融股》為賺活存高利 數億元游資游進遠東銀數位帳戶
4. 群眾智慧如何混淆風險與不確定性-賀寶芙放空	11. 大塊文化《黑天鵝效應》，納西姆·尼可拉斯·塔雷伯（Nassim Nicholas Taleb）著
5. 安全邊際就是為了因應風險	12. 天下文化《灰犀牛》，米歇爾·渥克（Michele Wucker）著
6. JOHN BOGLE簡介	

1. 何謂「Equity Premium Puzzle」？如何解釋此股票風險貼水迷惑？

【99Q3 證券分析人員】

2. (1) 系統性風險另有哪兩種名字？

   (2) 非系統性風險另有哪兩種名字？ 【96Q1 證券分析人員】

3. 針對「飽學之士的投資學教授在股市操作的實際獲利，可能遜於菜籃族的操作績效。」的說法，你有何理論上的看法支持該項說法？ 【94Q3 證券分析人員】

4. 請以適當的投資學理論評論並解釋某投機股之股性活潑，經常大漲大落，投資風險頗高。但其長期平均報酬率卻異常低，此種現象明顯違反「高風險、高報酬」之投資原理。 【90Q4 證券分析人員】

5. 試述證券投資所面臨的四種風險，指出其趨避之道。

【76Q4 證券分析人員】

金融制度概論

Chapter

學習目標

1. 甚麼是貨幣之功能與貨幣供給？
2. 何謂貨幣政策，工具及其與金融市場之關聯性為何？
3. 金融制度分類及何謂直接金融與間接金融？
4. 金融市場之區分哪些種類？各市場交易之金融工具為何？
5. 我國金融體系之現況為何？

名人金句

❐ 當利率降到一定低點之後，由於利息率太低，人們不再願意持有沒有什麼收益的生息資產，而寧願以持有貨幣的形式來持有其全部財富。如果利率稍微下降，不論中央銀行增加多少貨幣供應量，都將被貨幣需求所吸收。

約翰．梅納德．凱恩斯（John Maynard Keynes）

本章架構圖

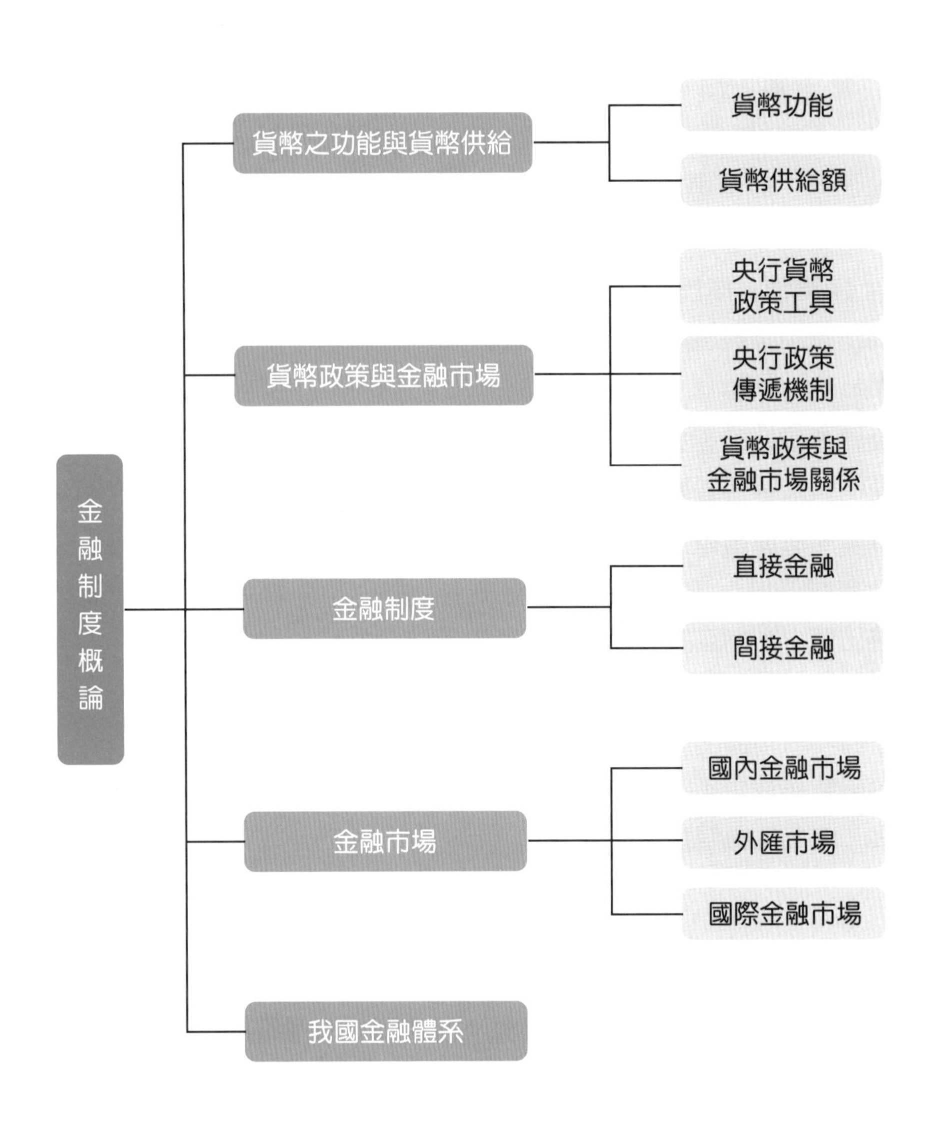

金融制度概論
貨幣之功能與貨幣供給
貨幣功能
貨幣供給額
貨幣政策與金融市場
央行貨幣政策工具
央行政策傳遞機制
貨幣政策與金融市場關係
金融制度
直接金融
間接金融
金融市場
國內金融市場
外匯市場
國際金融市場
我國金融體系

比特幣詐騙頻傳　金管會提三點示警投資風險高

比特幣詐騙案頻傳，近期連美國律師事務所對多家虛擬資產業者提出集體訴訟，金管會今（2020/07/06）日提出三點示警提醒，虛擬資產價格波動大，且非屬貨幣，投資風險高，呼籲民眾務必審慎評估，若違反有價證券相關規定，應負刑事責任。

金管會表示，鑑於近期美國律師事務所對多家虛擬資產業者提出集體訴訟，而經由運用區塊鏈、虛擬資產吸金詐騙案件的報導亦多有所聞，因此金管會再度提出三大呼籲如下：

一、虛擬資產價格波動大，投資風險高，社會大眾從事相關交易前，應充分瞭解其運作模式，務必審慎評估可能產生的風險。

二、虛擬資產非屬貨幣，對於藉虛擬資產從事的相關行為，如有涉及刑法、銀行法等有關詐欺、違法吸金等相關法令，屬刑事犯罪。另虛擬資產如為證券交易法第6條規定之有價證券，未依證券交易法相關規定在國內對非特定人從事募集、發行或提供買賣、交易等服務，則可能涉有違反證券交易法規定，而應負相關刑事責任。

三、至於個案情況是否涉及刑法、銀行法及證券交易法等刑事責任，其具體行為事實，由司法機關認定處理。

資料來源：鉅亨網 2020/07/06

【新聞評論】

比特幣等虛擬資產非屬貨幣且未經主管機關核准進行嚴格監理，經營虛擬資產的業者游走法律邊緣，可能涉及有關詐欺、違法吸金等違法情事，投資風險高，社會大眾從事相關交易前，應充分瞭解其運作模式，評估投資風險，其他假藉以太幣及區塊鍊等技術從事交易買賣者是揭如此，新科技與技術的創新在初期可能爲居心不良者所利用，誆騙不知情而圖其高報酬之一般民眾，不可不察。

3-1 貨幣之功能與貨幣供給

在金融制度中，貨幣扮演極爲重要的角色，本節謹說明貨幣之功能與貨幣供給之衡量。

人類社會經濟活動之進展因分工效率之需求由物物直接交換演變爲以貨幣爲媒介之間接交換，貨幣演進之形式包括最早的商品貨幣時期如貝殼、穀物、牲畜、皮革等，演進至金、銀等之金屬貨幣時期，由於金屬攜帶不便及產量有限，遂有信用貨幣實其如紙幣，及以支票代替貨幣的存款貨幣形式，晚近則隨著科技創新而進入電子貨幣時期如以金融卡，信用卡，儲值卡等塑膠貨幣或電子貨幣之形式進行經濟與金融活動。而金融科技如區塊鍊之發展又創造出比特幣等虛擬通貨的新型態貨幣。

一、貨幣功能

貨幣之定義，經濟學上係以其在金融體系中所具有之功能來說明。一般而言，貨幣之功能如下：

(一) 交易的媒介（Medium of Exchange）

由於貨幣具發行當局賦予無限法償（legal tender，即法律上強制規定之流通受償能力）及大眾對貨幣有信心等要件，因而使貨幣普遍的接受性，故得以成爲交易的媒介。

(二) 價值的標準（Standard of Value）

又稱爲計算單位（Unit of Account），此功能係引伸自交易媒介功能，由於以貨幣作爲交易媒介後，一切商品與勞務之價格皆以貨幣單位表示，使商品交換比率之計算得以大量簡化，減少交易之不便而降低交易成本，並引爲交易之記帳單位，作爲彙整交易資訊，提供交易與商業決策之參考。

此外，以共同計算單位表示的交換比率稱爲「價格」（Price），有價格才能作合理有效的經濟計算與選擇，並傳達經濟訊息，以促進消費與生產之效率並使資源作合理之配置。

以上二種功能爲基本功能，其另有之三項引申功能說明如下：

(三)延期支付的標準(Standard of Deferred Payment)

又稱債務的標準，貨幣因具爲大眾共同接受之計算單位，使抽象法律上債權與債務有一具體之測度標準，而促成信用交易之發展，此有助於交易規模之擴大。

(四)價值的儲藏(Store of Value)

經濟活動之結果，就所得大於消費之部分，必需藉由某種工具加以儲存，而由於貨幣具便於攜帶、儲藏、不易毀損及高度流動性等特性，故得以作爲儲藏之工具，以俟未來消費之需。前面所稱貨幣具充分的流動性，此流動性(Liquidity)係指資產轉換成貨幣的相對速度及所付代價的大小，所謂代價包括無交易市場，交易不方便、轉換時間過長、手續費支出及轉換折價的風險等。貨幣無此風險，故得以成爲良好的儲藏工具。惟貨幣之貯存受物價波動、其他儲藏工具收益高低之影響，故此一功能亦有其侷限性。

貨幣要發揮以上功能，其本身必須具備若干特質，這些特質可能因貨幣的形態不同而有所差別，但一般都必須具有(1)普遍的接受性(General Acceptability)、(2)價值穩定性(Stability of Value)、(3)易於分割(Divisibility)、(4)易於辨認(Recognizability)、(5)同質性(Homogeneity)、(6)便於攜帶(Portability)、(7)耐久性(Durability)以及(8)供給富有彈性(Elasticity of Supply)等，才能發揮貨幣之主要功能。惟擁有上述特質者，亦非僅有貨幣一項，支票存款、旅行支票、信用卡等其他金融工具，多少亦擁有部分貨幣之特質，而可視爲貨幣(但不等於貨幣)。

(五)基本工具

在現代工業社會資本密集的發展趨勢下，貨幣也具有「資本工具」功能，經由此功能，在利潤資本化之下，透過直接金融與間接金融制度之運作，促或一國資本不斷形成。其次，由於國際經濟關係日趨密切，各國貨幣之交流、匯兌關係日漸增加，主要貿易國家之貨幣也具有「國際通貨」，甚至「關鍵通貨」之功能。此處所稱「關鍵通貨」(Key Currency)，係指除黃金以外，可作爲中央銀行對外支付、充作國際準備之貨幣，如美元、馬克、英磅、日圓等現今國際上主要貨幣屬之。此亦貨幣之衍生性功能。

比特幣等虛擬通貨與其風險

比特幣之緣起

比特幣（Bitcoin）是 2009 年出現的一種虛擬「商品」，由於不是以實體形式存在（如黃金），而是在電腦世界中以虛擬方式呈現（如遊戲點數），且其最初的設計理想，係試圖建構出一種新型態的電子現金，因此，一般稱其為「虛擬通貨」（Virtual Currency）。虛擬通貨存在於電腦世界，很容易透過網路跨境流通；以去中心化方式運作，使用者可私下直接完成交易，無需傳統金融機構的介入；利用匿名的帳戶，保護交易隱私。然而，這些特性也衍生出許多風險。

比特幣與貨幣之差異

虛擬通貨不是貨幣。貨幣須具備的三大功能，包括：可作為價值儲藏的工具、可普遍被接受作為交易媒介、可普遍作為計價或記帳單位。然而，虛擬通貨價格波動性劇烈，難以作為價值儲藏的工具；其價格漲跌快速，易受投機人士炒作，僅極少數用作交易媒介；虛擬通貨購買力無法常年維持在一致的水準，不適合充當計價單位。此外，虛擬通貨非由任何國家貨幣當局所發行，不具法償效力，亦無發行準備及兌償保證，民眾如接受、交易或持有虛擬通貨，務請特別注意相關風險。

虛擬通貨之風險

虛擬通貨之風險包括：

1. 價格易受人為操控，波動大。由於虛擬通貨多缺乏內含價值、無法合理評價，且易受人為操縱、炒作，導致價格波動劇烈，投資風險大，例如 2018 年主要虛擬通貨價格的跌幅分別在 6 至 9 成以上。
2. 去中心化機制，缺乏保障，損失不易求償，提供虛擬通貨交易之平台，同時亦保管投資人的虛擬通貨，一旦遭駭客入侵、資料毀損，或平台惡意倒閉，將損及投資人權益。此外，由於虛擬通貨多採去中心化發行，並非任何發行人機構之負債，亦沒有任何主管單位支持，如系統運作失常，損失不易求償。
3. 匿名交易不易查證，易遭不法使用。由於虛擬通貨多為匿名交易，查證不易，已有不法人士假借投資虛擬通貨名義，將傳統金融詐騙、傳銷吸金等犯罪手法重新包裝，騙取民眾財產。此外，虛擬通貨也易被用於洗錢、資恐、逃稅、規避管制等不法用途。

比特幣不是貨幣

各國央行均認為虛擬通貨不是貨幣，而較類似投機商品或投機資產之概念。央行與金管會亦於 2013 年底聯合發布新聞稿，認為比特幣不是貨幣，是高度投機之虛擬商品，並籲請投資民眾注意風險。

資料來源：中央銀行

二、貨幣供給額（Money Supply）

在現實經濟社會中，貨幣有狹義與廣義之分，狹義的貨幣是以經濟理論決定何種資產可定義爲貨幣，如通貨、旅行支票等具有交易媒介等貨幣特性者即屬貨幣。然而，在各種金融資產中，仍有許多具有交易功能，但流動性不如通貨的貨幣，如活期儲蓄存款變現容易而具有交易功能，但定義上不屬狹義之貨幣。故有依實證方法來認定貨幣，即將流動性較高，且變現能力較強的資產視同貨幣，此即爲廣義之貨幣。如儲蓄存款、定期存款等，因其變現性高，自狹義貨幣言，其非屬貨幣，但從廣義貨幣來看，它們都是「近似貨幣」（Near-money）又稱爲「準貨幣」（Quasi-money），可視爲貨幣。

貨幣供給額是某一時點通貨及準貨幣各項目組成之合計數，故爲一「存量」觀念。

由於各國對貨幣之認定方法不一，故各國貨幣供給所涵蓋的項目也不相同。一般而言，將「通貨淨額」加計「存款貨幣淨額」稱爲「貨幣供給額」。「通貨淨額」（Net Currency）指流通於金融機構體系以外之紙幣及鑄幣，「存款貨幣淨額」（Net Deposit Money）則指支票存款及類似支票存款的銀行負債扣除待交換票據之數額。一般而言，具備無條件立即按等價兌換成通貨的存款，才能稱爲存款貨幣。我國現行貨幣供給之定義有 M_{1A}、M_{1B} 及 M_2 等，其組成項目說明如下：

M_{1A}：貨幣機構以外各部門所持有之通貨淨額＋支票存款＋活期存款

M_{1B}：M_{1A}＋活期儲蓄存款

M_2 ：M_{1B}＋準貨幣

其中 M_{1A}、M_{1B} 爲狹義的貨幣，M_2 爲廣義的貨幣定義。由定義可知，就流動性而言，$M_{1A} > M_{1B} > M_2$；就包括項目而言，$M_2 > M_{1B} > M_{1A}$。

其中「準貨幣」包括：定期存款、可轉讓定期存單淨額、定期儲蓄存款（包括郵政儲匯局轉存部分）、外幣存款、外匯存款、外匯信託資金、外幣定期存單、金融債券淨額、中央銀行發行之儲蓄券淨額及乙種國庫券淨額等。這些金融資產因變現性高，且可做爲交易的媒介，故稱爲準貨幣或近似貨幣。另有學者主張一種更廣義的貨幣 M_3，其定義爲 $M_3 = M_2 +$ 信託資金。信託資金是信託投資公司所吸收之存款，實質與定期儲蓄存款相似。一般而言，M_{1A}、M_{1B} 及 M_2，以 M_{1B} 包括的項目較爲適中，因而最受中央銀行重視，並以之作爲貨幣政策重要之觀測指標。但近幾年來，金融管制陸續解除，造成活期性存款與短期定期存款之替代性大爲提高，導致 M_{1B} 呈現不穩定而與經濟活動之相關程度變低，故中央銀行自1990年起，改強調 M_2 的重要性，而淡化 M_{1B} 的決策影響。

3-2 貨幣政策與金融市場

貨幣政策工具係各國央行爲達成貨幣政策目標的手段；央行在設計貨幣政策操作策略時，會優先選擇與目標相關性高且可控的金融變數做爲操作目標，再透過各種貨幣政策傳遞管道，來影響實體經濟活動，以達成貨幣政策最終目標。

本節將分別簡述中央銀行的貨幣政策工具及貨幣政策傳遞管道。

一、央行貨幣政策工具

臺灣金融體系以間接金融爲主，民眾與企業主要透過銀行取得所需資金，因此，臺灣貨幣政策操作係以銀行爲主要操作對象；央行運用貨幣政策工具，透過調控銀行體系準備金之供給，影響準備貨幣與短期市場利率，進而影響銀行信用與貨幣存量；亦可運用貨幣政策工具直接影響短期市場利率水準、銀行信用，進而傳遞至其他經濟金融變數。此外，貨幣政策工具也可以影響民眾及企業的預期心理，使其經濟金融行爲發生變動，進而達成穩定總體經濟金融與協助經濟發展的目標。央行貨幣政策工具主要包括貼現窗口制度、公開市場操作、存款準備金制度、日間透支機制、換匯交易、總體審慎措施（包括選擇性信用管制，以及資本移動管理）；另有金融機構轉存款、選擇性信用融通，近年則較少使用。

表 3-1 貨幣政策工具與貨幣政策目標

1.公開市場運作
2.發行乙種國庫券、定期存單與儲蓄券
3.重貼現與短期融通額及利率
4.法定存款準備率
5.金融機構存款之轉存
6.選擇性信用融通與信用管制
7.外資買賣操作

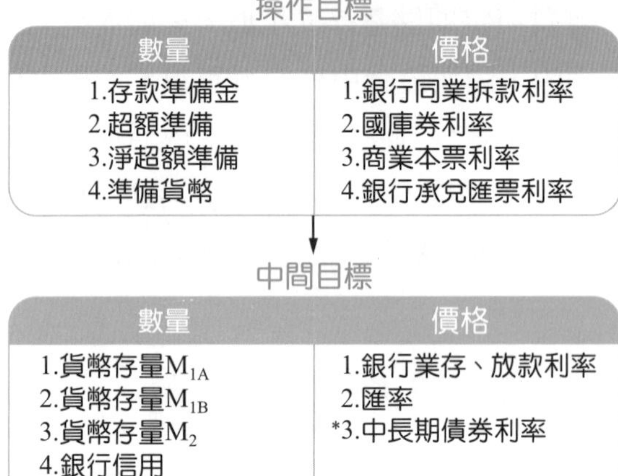

數量	價格
1.存款準備金	1.銀行同業拆款利率
2.超額準備	2.國庫券利率
3.淨超額準備	3.商業本票利率
4.準備貨幣	4.銀行承兌匯票利率

中間目標

數量	價格
1.貨幣存量M_{1A}	1.銀行業存、放款利率
2.貨幣存量M_{1B}	2.匯率
3.貨幣存量M_2	*3.中長期債券利率
4.銀行信用	
5.金融機構流動性負債	

最終總體經濟目標

1.名目國民生產毛額
a.物價穩定
b.經濟成長
2.充分就業
3.國際收支

(資料來源：中央銀行編印「中華民國中央銀行之制度與功能」80/12/31發行)
*中長期債券利率係中央銀行執行貨幣政策之中間目標，投資人不可不注意。

(一) 貼現窗口制度

貼現窗口制度提供金融機構資金最後融通管道；重貼現率扮演政策利率角色：央行是準備貨幣（由通貨及銀行準備金組成）的獨家供應者，係金融機構資金來源的最後貸款者；金融機構若遇流動性不足且無法自市場即時取得所需資金，可持合格擔保品向央行申請貼現窗口融通。根據融通項目而有重貼現率、擔保放款融通利率及短期融通利率等三類融通利率，此類利率也稱爲中央銀行利率或政策利率。其中，重貼現率爲央行主要融通（政策）利率，具有宣示效果；透過調整重貼現率，向市場傳達貨幣政策之基本立場，藉以引導市場利率走向。

（二）公開市場操作

公開市場操作可彈性調節市場資金，快速影響市場利率水準。公開市場操作係指央行在公開的金融市場與金融機構進行買賣有價證券或發行央行存單的交易。相較於貼現窗口制度及存款準備金制度，公開市場操作有較高之市場性及操作彈性，有利央行主動、快速因應市場資金情勢，以及實現寬鬆或緊縮的貨幣政策，係央行最常使用的操作工具（詳細另見央行利率操作架構）。

（三）存款準備金制度

存款準備金制度對銀行可用資金及信用創造的影響最爲直接。存款準備金制度係央行依法要求金融機構依其存款負債提存一定比率的準備金，以因應相關流動性需求，保護存款人資金。央行透過調整法定存款準備率及應提存款負債項目，改變銀行準備金應提的額度，直接影響銀行可用資金數量，並透過信用創造進而影響貨幣數量；因此，調整法定存款準備率，可直接產生信用緊縮或寬鬆效果，宣示效果明確，且政策效果反應迅速。

惟存款準備金提存類似對銀行存款負債課稅，爲避免增加銀行經營成本，近年各國央行（包含臺灣）均調降存款準備率至較低水準，存款準備金功能轉而著重在提供銀行日常週轉及清算所需，同時創造穩定的準備金需求，以協助穩定市場利率。

銀行存放央行的準備金，部分仍得依其業務需要，於營業時間調撥週轉。因此，銀行依其存款準備金可否隨時存取，於本央行分別開立準備金甲戶、乙戶。其中，甲戶（往來戶）之帳戶存款得作爲金融同業資金調撥清算之用，類似活期存款，於營業時間內得隨時存取，不予計息。乙戶（計息戶）之帳戶存款餘額不得低於規定之一定比率（目前爲應提存款準備額之55%），僅能在準備金調整期間存取，並按源自活期性及源自定期性之存款付息。銀行因資金不足向央行申請緊急融通時，可以乙戶存款作爲擔保。

（四）日間透支機制

爲控管銀行大額支付之清算風險，央行於2002年9月全面採行「即時總額清算」（Real Time Gross Settlement System, RTGS）機制。RTGS係指金融機構間的支付交易，逐筆即時透過其在央行開立的準備金帳戶進行清算，清算完成的交易即具確定性及不可撤銷性。對銀行而言，在其營運時間內，必須隨時於央行的準備金帳戶中保有充足的清算餘額，以支應其他銀行對其付款需求，能立即支付該筆款項。爲因應銀行可能發生日間流動性不足，央行於2002年9月配合RTGS實施而設置日間透支機制，使銀行得以合格擔保品（如央行存單、國庫券及公債）十足擔保，向央行申請取得清算用途的日間流動性換匯交易。

換匯交易（FX Swap）係指分別持有不同幣別之交易雙方，因暫時性需求，約定在承作期間之期初與期末互換所持有幣別之資金。貨幣當局透過此種交易於期初拆入本幣、拆出外幣，具有收回本幣流動性、釋放外幣流動性之效果；反之，則是收回外幣流動性、釋放本幣流動性。

目前央行與指定銀行承作新臺幣換匯交易，主要是提供國內銀行體系外幣流動性，藉以融通廠商營運及壽險業海外投資所需之外幣資金，同時也可收回市場上新臺幣游資。

央行參與國內換匯交易，可提供國內市場外幣流動性，並可降低我國外幣拆借成本，有助發展臺灣外匯市場；此一交易亦可協助吸收國內多餘的新臺幣資金。因此，央行從事新臺幣換匯交易亦屬貨幣政策工具操作之一環。

（五）總體審慎措施

總體審慎措施係指使用審慎工具來遏止金融機構發生系統性風險，以增強金融體系韌性，維護金融運作穩定。

1. **選擇性信用管制**：根據「中央銀行法」第28條（擔保放款最高貸放率）、第29條（付現條件及信用期限）、第31條（最高貸放限額）；以及「銀行法」其他相關規定，央行可採行的選擇性信用管制措施包括不動產信用管制、消費者信用管制、直接信用管制與貸放比率的限制等。
2. **資本移動管理**：臺灣是以中小企業爲主的經濟體，匯率易受劇烈的國際資本移動影響。資本移動管理可用來降低國外對本國經濟金融的衝擊，並確保臺灣貨幣政策的自主性。

二、貨幣政策傳遞機制

中央銀行可以運用貨幣政策工具進行貨幣政策操作，也可以透過調整銀行準備金或短期市場利率，進而影響中長期利率、匯率、銀行資金、資產價格；也就是會透過利率、匯率、銀行資金狀況與資產價格來傳遞影響經濟金融活動，並使物價穩定、匯率與金融穩定，而達到貨幣政策目標。

3-3 金融制度

時事案例

NEWS 楊金龍立院備詢

我國採間接金融＋中小企業占比高　專案融通較QE適合

臺灣央行總裁楊金龍今日（2020/03/30）在立院備詢時指出，美國聯準會此次採行與應付 2008 年金融海嘯時期相同的 QE（量化寬鬆），主要是因其以直接金融為主，但臺灣則是以銀行體系出發的間接金融，情況不同，且我國製造業和住宿餐飲業中小企業占比高達 80～100%，因此，央行採行直接提供銀行專案融通予中小企業，而非直接實施 QE。

楊金龍說，美國此次非常大膽將資金送出去，有效挹注市場流動性，不過，美國是直接金融，與臺灣情況不同，臺灣是以銀行體系為主的間接金融，在此次疫情中，由於服務業受到影響，製造業也有斷鏈之餘，透過銀行體系將資金直接貸予中小企業，可直接紓緩其財務困頓。楊金龍認為，受疫情衝擊景氣承壓，銀行可能基於整體授信風險考量，對信用品質薄弱的中小企業放款持較謹慎態度，將使部分中小企業面臨融資問題。然而相較大企業，中小企業相對依賴向銀行借款，若其營運受挫、且融資受限而無法取得週轉資金，恐使營運承壓。

楊金龍進一步指出，電子零組件製造業中的中小企業家數比重達 83.7%，一旦上下游供應鏈出現斷鏈，恐導致產銷受阻、營收頓減，並發生資金週轉不靈等財務困境。另一方面，住宿和餐飲業明顯受疫情衝擊的，中小企業家數比重更高達 99.6%，也容易發生資金週轉不靈，使經營更加困難。

為此，央行日前於理監事會已通過提供 2,000 億元銀行專案融通，協助紓解中小企業經營困境。楊金龍強調，央行立場維持市場資金寬鬆，必要時可進行擴大附買回操作，對象除涵蓋銀行和票券業外，尚包括證券、保險公司等；而目前超額準備維持在 1,000 億以上，銀行資金非常充裕。

資料來源：鉅亨網 2020/03/30

金融制度（Financial System）包括金融市場與金融中介機構，前者是指資金供需雙方直接交易的地方，後者是提供前述交易服務之中介及其相關機構。經濟社會中，爲使資金作有效利用，必須有金融制度之建立，使窖藏的儲蓄性存款能轉化爲有建設性的投資。故金融制度之目標在於便利資金之融通，進而促進經濟之發展。

在資金融通方式中，若資金供需雙方利用股票或其他有價證券等金融工具，將資金由供給者直接移轉予需求者，即資金供給者藉由買入證券而貸出資金，而資金需求者藉由發行證券而借入資金，此種資金融通的過程稱爲「直接金融」（Direct Finance），資本市場與貨幣市場之發行市場屬之。若資金供給者將剩餘資金存入銀行、信託機構或其他契約性儲蓄單位等金融中介機構，再由這些金融中介機構將剩餘資金轉貸給資金需求者，此種由第三者介入於資金供給者與資金需求者間之融通方式，稱爲「間接金融」（Indirect Finance）。

直接金融與間接金融及在整體經濟社會扮演之角色與功能如圖3-1所示。

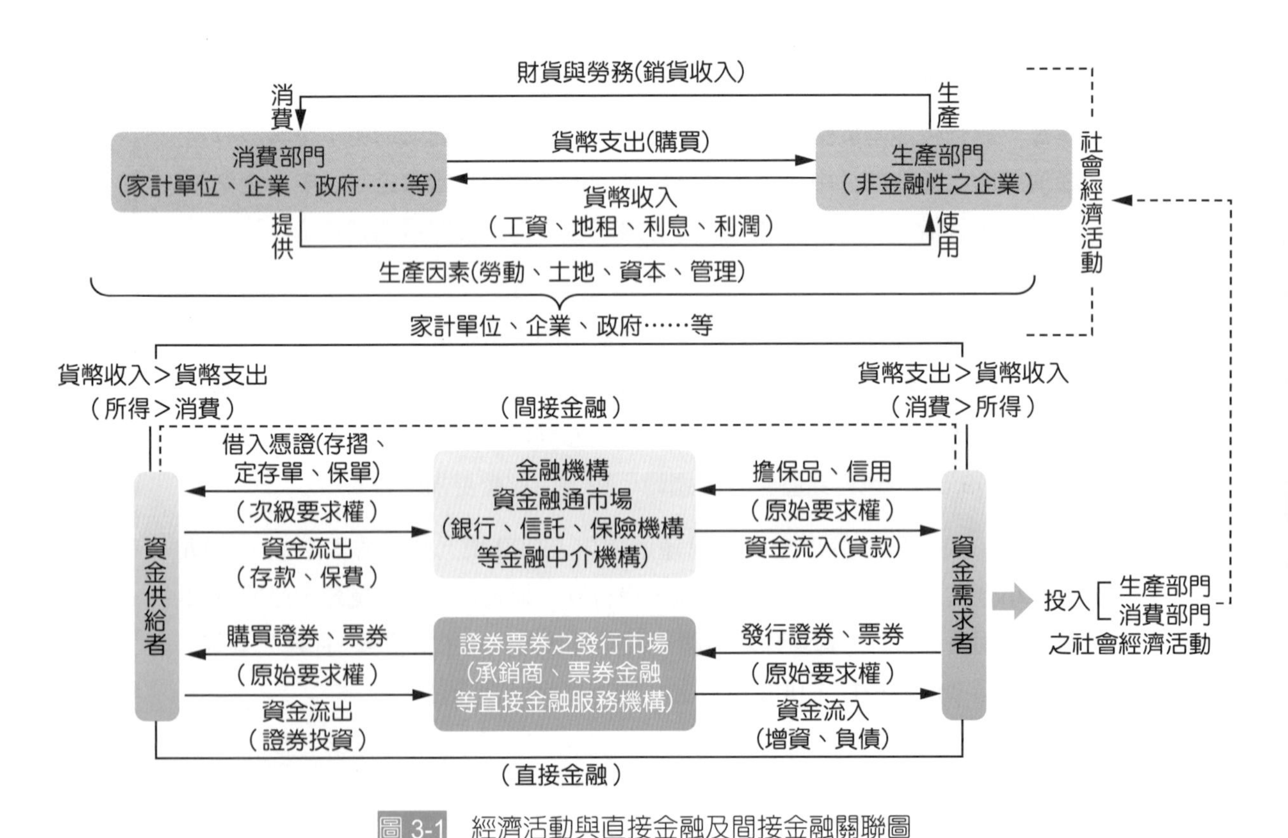

圖 3-1 經濟活動與直接金融及間接金融關聯圖

由圖3-1可知，社會經濟活動的結果造成資金剩餘者（所得大於消費）及資金不足者（消費大於所得），二者乃成爲資金之供給與需求者。直接金融係資金需求者藉由發行股票、票券等各種有價證券等形式之「借據」，向資金供給者融通資金，資金供給者同時直接取得資金需求者之「借據」，作爲日後請求行使股東權、償還債務之憑證，另可將此憑證於交易市場轉讓售出。

若資金之融通非由資金供給者直接移轉至資金需求者，而是由資金供給者將剩餘資金存入金融中介機構，同時由中介機構簽發中介機構的「借據」予資金供給者；金融機構再將資金貸放予資金需求者，資金需求者在取得貸款之同時需同時簽發其「借據」予金融機構，此種情況，剩餘資金的需求者與供給者二者之間已無直接借貸關係，而由金融機構於中間扮演資金融通中介者之角色。

在一般經濟社會中，直接與間接金融均並存相輔，惟近年來，由於證券市場蓬勃發展，國際市場上直接金融已有凌駕間接金融之勢。

直接金融之中間金融服務機構爲證券商（承銷）及票券金融公司。美系金融體系中，採分業經營，證券承銷係由投資銀行（Investment Banking，有別於商業銀行）採控股公司下設銀行或證券子公司從事此業務，歐系金融體系中，直接金融與間接金融採混業經營，由綜合銀行（Universal Banking）從事此業務，我國則採分業經營，間接金融由銀行擔任金融中介機構，直接金融之中間金融服務機構由證券商（承銷）及票券金融公司擔任。

表 3-2　間接金融與直接金融比較表

	直接金融	間接金融
1. 資金融通關係	資金供給者與需求者為直接權利義務關係（資金所有權一次轉移）	資金供給者與需求者為間接關係（資金所有權二次轉移，先自資金供給者移至中介機構，再由中介機構移至資金需求者）
2. 資金融通市場	證券、票券發行之資本市場、票券市場	銀行借貸市場
3. 資金中介服務機構	證券商、票券金融公司	銀行、保險等金融中介機構
4. 投資人之權利性質	資金供給者對需求者有原始要求權	資金供給者僅對中介機構有要求權，對資金需求者無要求權

5. 投資人之權利內容	投資人直接依法持有資金需求者公司股權、債權，得行使法定或約定權利	投資人僅對中介機構持有存摺、存單、保單憑證，依法行使相關權利
6. 投資人對資金需求者資訊內容	法律規定提供充分資訊予投資人	不提供個別貸款資訊予投資人
7. 投資人收益	股利、債息、資本利得	存款利息、保單收益
8. 投資人風險	較高	較低
9. 優點	透過證券市場發行有價證券籌資，可取得長期穩定來源之資金，並有助於提高企業知名度	融資成本低，易於配合不同期限借款需求
10.缺點	受證券主管機關審核監理，並需資訊公開揭露，增加管理成本	銀行授信有一定審查條件與期間，且易有「晴天放款，雨天收傘」而影響資金需求者營運需求之狀況

我國間接金融與直接金融比重約爲83%比17%。參見下列資料，之所以有如此大的差異，在於我國企業規模大小產業結構因素使然，我國2018年企業家數計有150餘萬家，而中小企業計有146餘萬家，其中5~6成依賴向銀行借款。

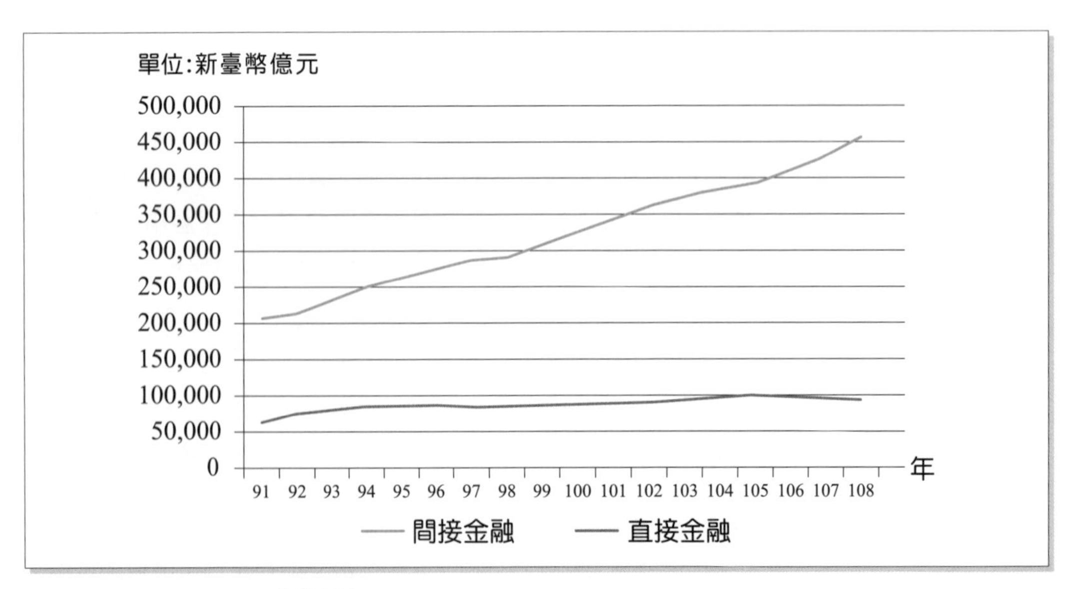

圖 3-2 臺灣直接金融與間接金融比較趨勢圖

隨著金融科技之進展，市場亦發展出有別於傳統的新型態資金融通機制，此等資金融通係透過線上借貸平臺提供金融服務，滿足有關資金供需、補充傳統銀行服務的不足，網路借貸平台正好可以解決個人及中小企業主的短期資金需求之急。網路借貸平台撇除金融機構的中介角色，出借者和借款人透過網路平台直接對口，不但省下銀行借款的繁複手續和申辦時間，出借者也有機會賺取比銀行定存利率高的報酬。目前網路借貸服務主要有個人對個人（Peer-to-Peer）及個人對企業（Person-to-Business）的借貸形式。另外一種方式是群眾募資平台。

群眾募資（Crowd Funding）

群眾募資平台，從 2009 年的 Kickstarter 開始，眾籌平台如雨後春筍冒出，臺灣也有嘖嘖、FlyingV，作法是廠商承諾未來會交付新創商品，希望民眾可以先行投資，讓這件商品有初始資金能夠製作。公司希望民眾先投資他，之後在給予分紅（商品），由於審核容易，且商品給予的方式，讓新創公司趨之若鶩，民眾也很樂於接受此種方式，成為新世代產品公司籌資的一個重要方式。

Kickstarter

Indiegogo

嘖嘖

FlyingV

3-4 金融市場

金融市場係資金交易的場所，藉由借貸雙方對資金的需求與供給之滿足，達到資金供給者獲取收益、資金需求者融資投資之目的。金融市場有集中交易的固定場所，亦有分散交易的不固定場所，前者如證券交易所之集中交易市場，後者如一般商業銀行、私人資金借貸等。市場經濟中的家計單位、企業部門、政府機構、外國法人等都可能是金融市場之參與者，即可能是資金的供給者或（與）需求者。金融市場的主要功能在促進資金供需作有效率之配置，達到經濟發展之目的，藉由市場利率變動（利率是使用資金的成本、貸放資金的報酬）及資本市場、貨幣市場業務活動之觀察，可作爲中央銀行及政府遂行貨幣政策或財政政策之參考。

依據金融監督管理委員會組織法第2條規定之定義（公布日期：92/07/23，修正日期：100/06/29）所稱金融市場包括銀行市場、票券市場、證券市場、期貨及金融衍生商品市場、保險市場及其清算系統等；所稱金融服務業包括金融控股公司、金融重建基金、中央存款保險公司、銀行業、證券業、期貨業、保險業、電子金融交易業及其他金融服務業；但金融支付系統，是由中央銀行主管相關的法規與管理業務。

前項所稱銀行業、證券業、期貨業及保險業範圍如下。

1. **銀行業**：指銀行機構、信用合作社、票券金融公司、信用卡公司、信託業、郵政機構之郵政儲金匯兌業務與其他銀行服務業之業務及機構。
2. **證券業**：指證券交易所、證券櫃檯買賣中心、證券商、證券投資信託事業、證券金融事業、證券投資顧問事業、證券集中保管事業、都市更新投資信託事業與其他證券服務業之業務及機構。
3. **期貨業**：指期貨交易所、期貨商、槓桿交易商、期貨信託事業、期貨顧問事業與其他期貨服務業之業務及機構。
4. **保險業**：指保險公司、保險合作社、保險代理人、保險經紀人、保險公證人、郵政機構之簡易人壽保險業務與其他保險服務業之業務及機構。

時事案例

NEWS 我金融中心排名下滑　金管會提出三點說明

根據2020年3月最新公布的第27次全球金融中心指數報告（GFCI 27），台北在全球排名第75名，下滑41名，金管會昨（19）日特別提出三點說明。

金管會表示，第一，GFCI（全球金融中心指數）是由英國Z／Yen商業型顧問公司與中國大陸官方智庫深圳綜合開發研究院（CDI）聯名發布，其彙整各機構發布共100多個指標歸納為商業環境、基礎建設、人力資源、金融業發展、聲譽等五大類，以及線上意見調查編製而成，用以衡量全球120個城市的整體競爭力。

由其編製方法得知，排名受線上填列問卷者對個別城市的認知差異，在排名有相當的影響。除若干知名的城市變化不大外，排名難免因取樣及調查方式產生認知的差距。

第二，本次 GFCI 評比結果顯示，台北是歸類於「國際型專業金融中心」，全球排名第 75 名（下滑 41 名）。

但是，參照知名的世界經濟論壇（WEF）「全球競爭力報告」，去年我國在「金融體系」項目名列第六名（較 2018 年進步一名），在「創新能力」項目第四名。

此外，美國商業環境風險評估公司（BERI）今年第 1 季，我國的投資環境風險評比全球第三名，我國在十年世界銀行經商環境報告也排名前 15 名等，因此，GFCI 對我國的排名與其他專業機構的評比結果有明顯落差。

第三，金管會盱衡國際情勢發展及國內金融產業現況，近年來已陸續推動相關開放及興利措施，包括2018年建置監理沙盒等以完善金融科技創新環境、2018 年 6 月推出「金融發展行動方案」全面提升我金融業競爭力，去年底也規劃「財富管理新方案」，提供多元金融商品，滿足高資產客戶理財需求等。

今年 5 月金管會也揭示六大興利方案，將從公司治理、綠色金融、金融科技、保險業清償能力、信託業務、金融資安等多面向，深化臺灣金融發展的基礎建設。

金管會將在風險控管原則下，持續法規鬆綁及接軌國際，以建構一韌性、創新、永續及包容的金融體系。

資料來源：經濟日報 2020/07/20

就國際之觀點，金融市場可分爲國內金融市場與國際金融市場，其間則以外匯市場加以連結。國內金融市場依借貸期間長短可分爲長期金融市場與短期金融市場，前者又可分爲資本市場（或稱爲「證券市場」）與金融機構長期資金借貸市場；短期金融市場則可分爲貨幣市場及金融機構短期資金借貸市場。

資本市場包括債券市場（公債、公司債、金融債券等債權憑證之發行與流通市場）及股票市場（普通股、特別股、受益憑證、存託憑證、認購售權證等股權證券及其衍生性證券發行與流通市場）；貨幣市場包括票券市場（發行與交易之金融工具包括商業本票、國庫券、銀行承兌匯票、及可轉讓銀行定期存單等）。

外匯市場係指提供國際間不同通貨的互換與交易的場所，其主要功能包括交換通貨、清算債務、調度信用、降低風險及促進國際間之經濟發展等。其交易之商品包括：即期、遠期外匯、換匯交易（Foreign Exchange Swap，指同時買進與賣出同一貨幣，買賣金額相等，但交割日不同，即兩種貨幣不同交割期限互相交換使用）及外匯期貨與選擇權等。

表 3-3 金融市場之結構與各市場交易之金融工具說明

<table>
<tr><td rowspan="16">金融市場</td><td rowspan="7">國內金融市場</td><td rowspan="3">長期
金融市場</td><td rowspan="2">資本市場
（證券市場）</td><td>股票市場（普通股、特別股、受益憑證、存託憑證、認售權證等）</td></tr>
<tr><td>債券市場（公債、公司債、金融債券等）</td></tr>
<tr><td colspan="2">金融機構長期資金借貸市場（銀行、信託投資公司、保險公司之借貸、信託業務等）</td></tr>
<tr><td rowspan="3">短期
金融市場</td><td rowspan="2">貨幣市場</td><td>票券市場（商業本票、國庫券、銀行承兌匯票、可轉讓銀行定存單等）</td></tr>
<tr><td>同業拆款市場</td></tr>
<tr><td colspan="2">金融機構短期資金借貸市場（銀行等）</td></tr>
<tr><td>其他
金融市場</td><td colspan="2">衍生性商品市場：期貨、選擇權、槓桿保證金契約、交換契約等</td></tr>
<tr><td colspan="4">外匯市場（即期、遠期外匯、外幣期貨、選擇權、換匯交易之市場）</td></tr>
<tr><td rowspan="8">國際金融市場</td><td rowspan="3">國際長期
金融市場</td><td colspan="2">國際債券市場（外國債券、歐洲債券等）</td></tr>
<tr><td colspan="2">歐洲通貨市場、亞洲通貨市場長期資金借貸市場（歐洲美元、亞洲美元等）</td></tr>
<tr><td colspan="2">國際股票市場、存託憑證市場、共同基金市場</td></tr>
<tr><td rowspan="4">國際短期
金融市場</td><td colspan="2">歐洲及亞洲通貨可轉讓定期存單市場</td></tr>
<tr><td colspan="2">歐洲及亞洲通貨同業間拆款市場</td></tr>
<tr><td colspan="2">歐洲及亞洲通貨市場短期資金借貸市場（歐洲美元、亞洲美元等）</td></tr>
<tr><td colspan="2">歐洲商業本票及歐洲本票市場</td></tr>
<tr><td>其他
金融市場</td><td colspan="2">衍生性商品市場：國際期貨、選擇權、槓桿保證金契約、交換契約等</td></tr>
</table>

資料來源：改編自黃天麟《金融市場》，頁10。

國際金融市場的活動主要集中在幾個知名的國際金融中心，倫敦、東京、紐約的是其中最重要的三個金融中心，圖3-3顯示國際金融市場的四種交易型態。

（一）國內市場（Domestic Market）

任何重要的國際金融中心，大部份的資金流通是由國內存款人與國內借款人所建立的國內市場所提供。國內投資人可藉著購買債券、商業本票、股票等金融商品，將資金注入國內市場，而經由金融機構的仲介，將這些資金提供給國內借款人從事投資活動，請見圖3-3中的(A)。

（二）國際市場（International Market）

當國內存款人將資金提供給外國借款人使用；或外國存款人將資金提供給國內借款人使用時，國際市場就此形成，請見圖3-3中的(B)與(C)。

（三）境外市場（Offshore Market）

當資金的供給者與使用者都是外國人，而本國居民僅參與仲介的業務，這個市場就是境外金融市場，請見圖3-3中的(D)。

倫敦、東京及紐約這世界三大主要金融中心都有提供上述四項交易型態。一個區域性的金融中心，如巴黎、蘇黎士，阿姆斯特丹、新加坡及香港，則提供二或三項交易型態。另外有些金融中心，只提供境外市場的功能，通常我們稱為「境外金融中心」，較著名的有盧森堡、蓋門島、巴哈馬、荷屬安地列斯、巴林、科威特等地。

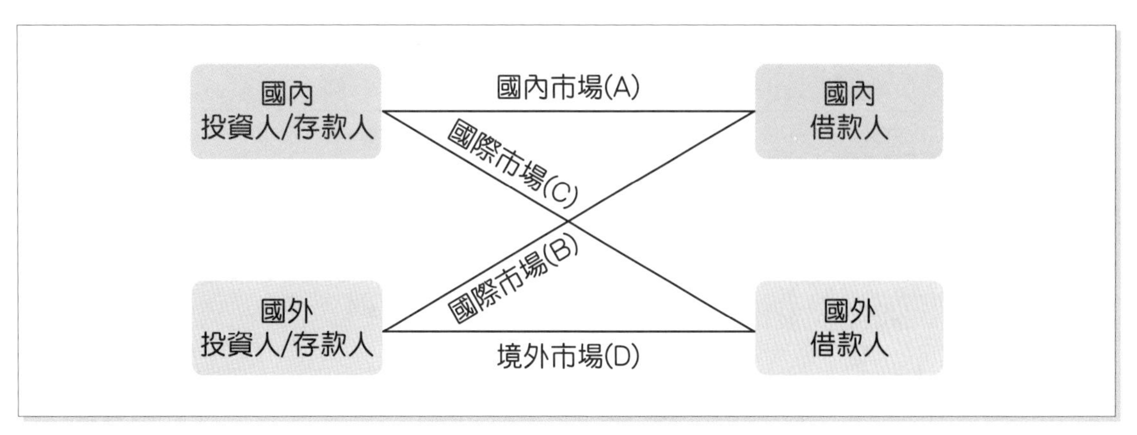

資料來源：何憲章《國際財務管理》，頁207-208。

圖 3-3　國際金融市場交易型態

國際金融市場中歐洲通貨市場與亞洲通貨市場之長期、短期資金借貸市場主要包括「歐洲美元」及「亞洲美元」長短期資金借貸市場。所謂「歐洲美元」（Eurodollar）係指存在美國境外的外國銀行或美國銀行海外分行的美元存款。歐洲通貨除歐洲美元外，還有歐洲馬克、歐洲英鎊、歐洲日圓等。

任何可轉讓之通貨都可以冠以「歐洲」之名而成爲歐洲通貨。至於冠以歐洲字首，是由於其發源於歐洲，且以倫敦爲最大，最重要的交易中心。至於「亞洲美元」是歐洲美元之延伸，指存在於亞洲（特別是新加坡）銀行的外幣存款，因其中美元約佔90%，故一般通稱「亞洲美元」。

中央	GFCI 27排名	GFCI 27評級	排名 (+/–)	評分 (+/–)	地區
紐約	1	769	0	⬇ −21	北美
倫敦	2	742	0	⬇ −31	西歐
東京	3	741	⬆ 3	⬇ −16	亞太
上海	4	740	⬆ 1	⬇ −21	亞太
新加坡	5	738	⬇ −1	⬇ −24	亞太
香港	6	737	⬇ −3	⬇ −34	亞太
北京	7	734	0	⬇ −14	亞太
舊金山	8	732	⬆ 4	⬇ −4	北美
日內瓦	9	729	⬆ 17	⬆ 23	西歐
洛杉磯	10	723	⬆ 3	⬇ −12	北美
深圳	11	722	⬇ −2	⬇ −17	亞太
迪拜	12	721	⬇ −4	⬇ −19	中東與非洲
法蘭克福	13	720	⬆ 2	⬇ −13	西歐
蘇黎世	14	719	0	⬇ −15	西歐
巴黎	15	718	⬆ 2	⬇ −10	西歐
芝加哥	16	717	0	⬇ −15	北美
愛丁堡	17	716	⬆ 12	⬆ 15	西歐
盧森堡	18	715	⬆ 7	⬆ 7	西歐
廣州	19	714	⬆ 4	⬆ 3	亞太
悉尼	20	713	⬇ −10	⬇ −25	亞太
台北	75	640	⬇ −41	⬇ −47	亞太
里斯本	76	639	⬇ −21	0	西歐
馬恩島	77	638	⬆ 12	⬆ 49	西歐
墨西哥城	78	637	⬇ −16	⬆ 7	拉丁美洲與加勒比海
伊斯坦堡	79	636	⬇ −26	⬇ −5	東歐與中亞
開普敦	80	635	⬇ −17	⬆ 6	中東與非洲

資料來源：GFCI 27 Rank

圖 3-4 全球金融中心指數

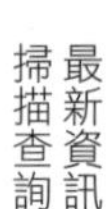

3-5 我國金融體系

我國現行之金融制度與歐美金融體系相類似，即有組織之金融體系與無組織之金融體系並存之「雙元性金融體系」或「金融體系雙元性」（Financial Dualism），如下圖所示。

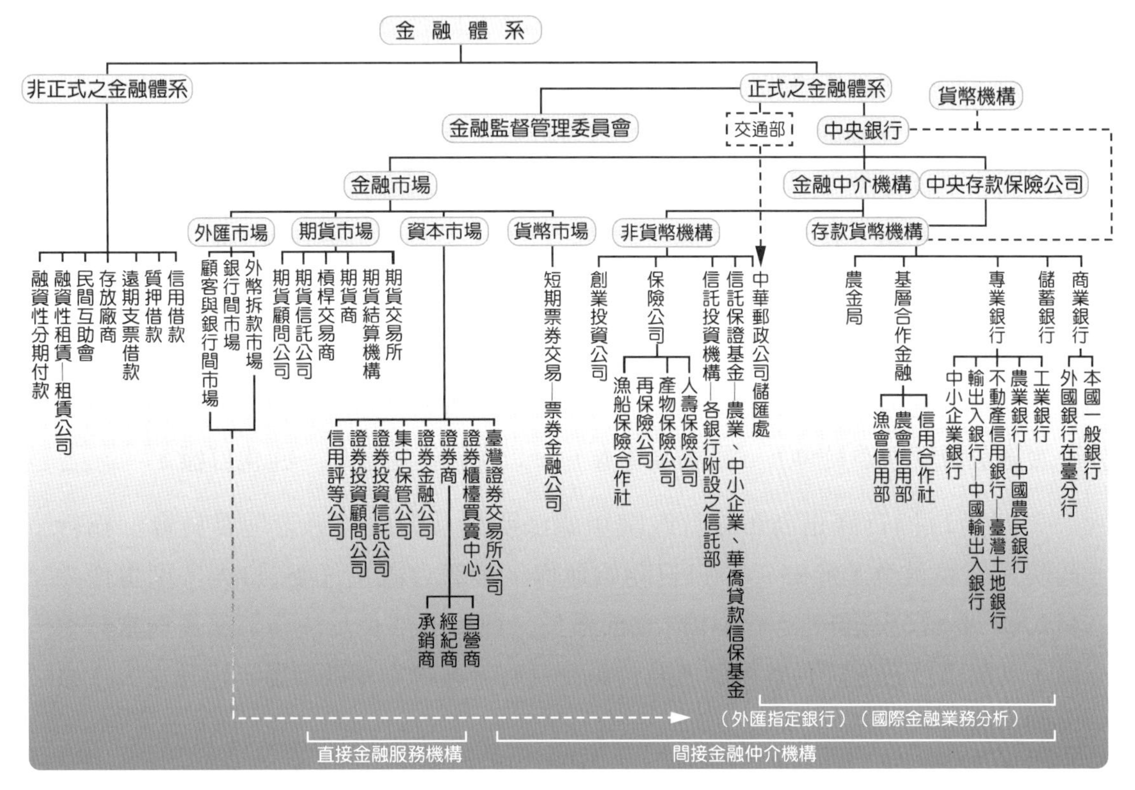

圖 3-5 金融體系發展組織圖

正式之金融體系可分爲金融中介機構及金融市場（指狹義之金融市場，即直接金融）。金融中介機構按能否創造貨幣性之間接證券而區分爲存款貨幣機構與非存款貨幣機構（或其他金融機構）。依法得發行貨幣性間接證券的金融中介機構，稱爲貨幣機構（Monetary Institution），不得發行貨幣性間接證券的金融中介機構，稱爲非貨幣機構。貨幣機構中包括獨占發行紙幣，並規定存款貨幣機構需對所吸收之存款繳存準備金之中央銀行，及經營紙幣替代商品（支票存款、活期存款等）之存款貨幣機構（Deposit Monetary Institution）。

在有組織的金融體系中，最高行政及業務管理機構爲中央銀行、行政院金融監督管理委員會與交通部。其中，中央銀行負責金融業務之督導，金融監督管理委員會則掌理金融行政與業務。另外交通部自1963年郵匯局在台復業後即爲管理之主管機關，郵匯局資產淨額占國內金融體系總資產達百分之十以上，雖其金融業務仍受金融監督管理委員會監督，但交通部的政策對郵匯局業務仍有影響。由於郵匯局依法不得辦理放款，因此其所吸收之郵政儲金，除業務所需外，其餘則需轉存中央銀行或其他指定銀行（包括臺灣土地銀行、臺灣企業銀行及中國農民銀行等）作爲辦理專業信用之財源。

我國正式之金融體系之金融監理機構爲行政院金融監督管理委員會與中央銀行。其中金融監督管理委員會設立之緣由爲：

財政部於民國90年6月通過「金融控股公司法」後，由於國金融集團跨行合併或與異業結盟者日漸增多，爲避免保險、證券、金融等監理制度可能產生疊床架屋的管理問題，故規劃將原其所轄管銀行局，保險局，證管會，與原中央銀行金檢局等單位整併爲單一獨立金融監督管理單位。

「行政院金融監督管理委員會組織法」經92年7月10日立法院第五屆第三會期臨時會三讀通過，並經總統於92年7月23日公布，於93年7月1日起新設「行政院金融監督管理委員會」（簡稱金管會），以實踐金融監理一元化目標。

99年2月3日修正公布之行政院組織法明列「金融監督管理委員會」爲行政院所屬委員會，於93年7月1日開始運作。金管會置主任委員1人，副主任委員2人，委員6人至12人，其中財政部部長、經濟部部長及法務部部長爲當然委員，其餘由行政院院長就相關機關首長及具有金融專業相關學識、經驗之人士派（聘）兼之。

金管會本會設有四業務處，包括綜合規劃處、國際業務處、法律事務處及資訊服務處；設有四輔助單位，包括秘書室、人事室、主計室及政風室；設有二任務編組，包括公共關係室及金融科技發展與創新中心。金管會下設有四業務局，屬於三級機關，分別爲銀行局、證券期貨局、保險局及檢查局。

金融監督管理委員會掌理下列事項：

1. 金融制度及監理政策。
2. 金融法令之擬訂、修正及廢止。
3. 金融機構之設立、撤銷、廢止、變更、合併、停業、解散、業務範圍核定等監督及管理。
4. 金融市場之發展、監督及管理。

5. 金融機構之檢查。
6. 公開發行公司與證券市場相關事項之檢查。
7. 金融涉外事項。
8. 金融消費者保護。
9. 違反金融相關法令之取締、處分及處理。
10. 金融監督、管理及檢查相關統計資料之蒐集、彙整及分析。
11. 其他有關金融之監督、管理及檢查事項。

金融監督管理委員會次級機關及其業務如下：

1. **銀行局**：規劃、執行銀行市場、票券市場、金融控股公司與銀行業之監督及管理。
2. **證券期貨局**：規劃、執行證券、期貨市場與證券、期貨業之監督及管理。
3. **保險局**：規劃、執行保險市場與保險業之監督及管理。
4. **檢查局**：規劃、執行金融機構之監督及檢查。

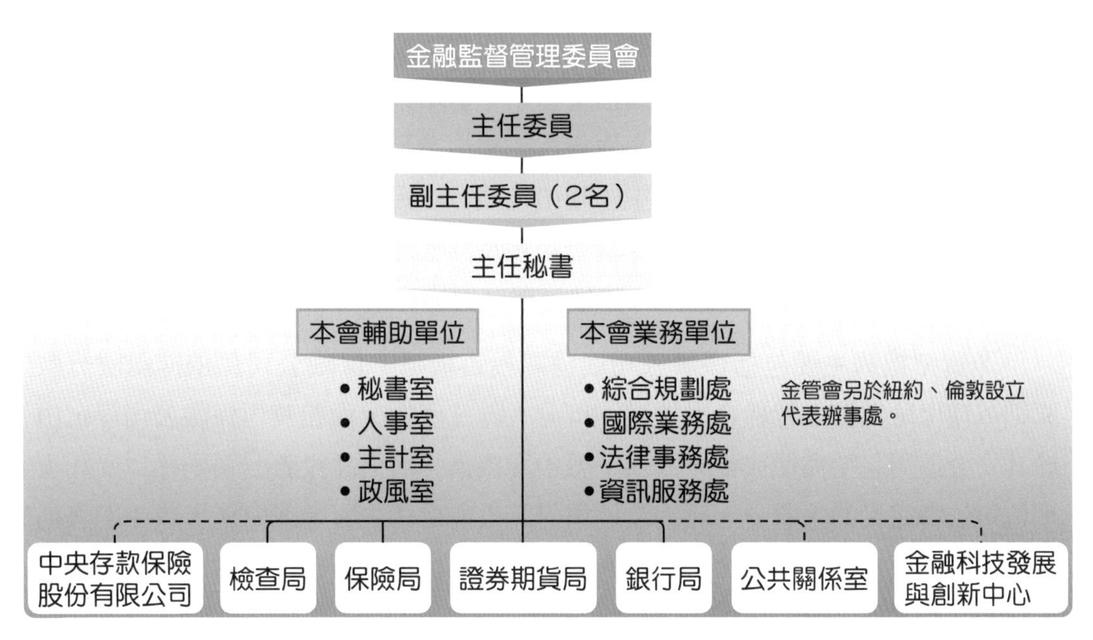

圖 3-6 金管會組織架構圖

正式之金融體系包括金融中介機構與金融市場（狹義），在金融市場中包括貨幣市場、資本市場與外匯市場；其中貨幣市場是以融通短期資金爲主，票券金融公司在貨幣市場中扮演短期票券發行交易商之角色（依短期票券商管理規則規定，票券金融公司得以承銷人、保證人或簽證人地位，在發行市場協助工商企業發行短期票券，亦能以自營商及經紀商身份，在交易市場買賣短期票券）；資本市場則以融通長期性資金爲主，包括股票市場及債券市場等，此種直接金融相關服務機構包括臺灣證券交易所（公司制組織，提供證券集中交易之設備場所）、證券櫃檯買賣中心（財團法人組織，爲店頭市場交易管理之機構）、證券商（包括證券承銷商、經紀商及自營商）、證券集中保管公司、證券金融公司、證券投資信託公司、及證券投資顧問公司等。外匯市場則爲提供外匯交易的場所，作爲國內及國際金融市場之聯繫。

金融中介機構方面之貨幣機構中，中央銀行具發行銀行（獨享通貨發行權）、銀行之銀行（爲銀行體系資金來源的最後貸款者）、調度外匯銀行（持有及調度一國之國際準備、維持匯率穩定）及政府銀行（經理國庫、調節國庫收支）之特質。

存款貨幣機構包括商業銀行、儲蓄銀行、專業銀行、基層合作金融與其他等。其中，商業銀行包括本國一般銀行及外國銀行在台分行；儲蓄銀行係由各銀行附設之儲蓄部爲之；專業銀行涵蓋專辦工業信用銀行、農業信用銀行（中國農民銀行，另臺灣土地銀行與合作金庫銀行兼類似業務）、不動產信用銀行（臺灣土地銀行）、輸出入信用銀行（中國輸出入銀行、另各外匯指定銀行亦承辦此種業務）、以及中小企業信用銀行（臺灣企銀及其他地區性中小企業銀行）。基層合作金融業務由合作金庫、信用合作社、農會與漁會信用部爲之。

非貨幣機構主要包括保險公司與信託投資機構。保險公司係依據風險分散原則辦理保險業務之特種金融機構，可分人壽、產物、漁船及再保險公司等，由於其資金運用包括擔保放款，故爲金融中介機構；而信託投資公司則係以受託人地位，依特定目的，收受、經理及運用信託人所信託之資金或財產，或中間人地位，從事與資本市場有關之特定目的投資之金融機構，原有之中華開發、臺灣土地開發、亞洲、中國、中聯、華僑、國泰、第一信託投資等公司皆陸續改制或併入商業銀行，由商業銀行信託部辦理。其他非貨幣機構有中華郵政公司儲匯處、信用保證基金（包括農業、中小企業及華僑貸款信用保證基金）及創業投資公司。

至於非正式無組織之金融體系，其形成主因係民間借貸供需有時不易經由正式金融體系取得或基於他種特殊情況，乃由民間信用借貸市場、民間互助會融通資金，其中廠商更藉由質押借貸、遠期支票借款、存放廠商、融資性租賃、融資性分期付款等形式融通資金。

我國金融發展歷程詳見下圖3-7。

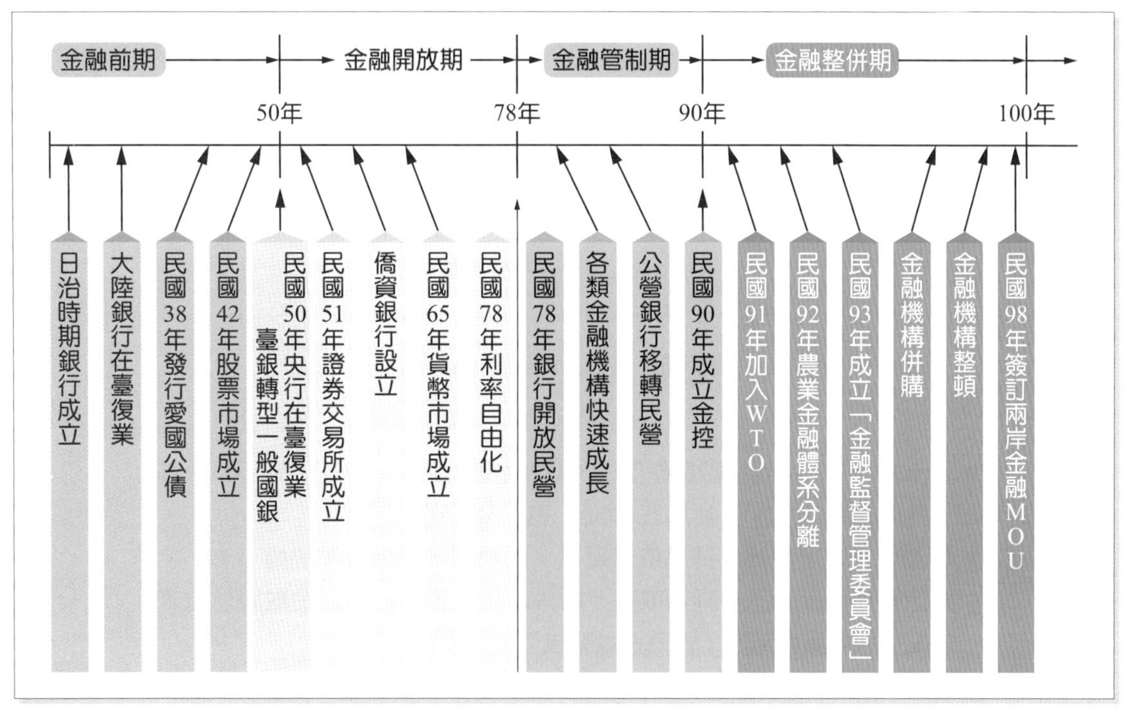

資料來源：中華民國發展史，經濟發展（上冊）

圖 3-7　臺灣金融發展階段

其中銀行業部分主要發展關鍵期係在民國78年銀行法修訂，開放銀行之設立及利率自由化後的金融開放期。從下表與圖可以發現自民國78年開放銀行設立後，銀行家數明顯增長（89年銀行最多達53家），票券金融公司亦於84年後開放新設家數明顯成長，之後99年的公營銀行三商銀民營化，90年金融控股公司法立法後允許設立金融控股公司，至93年有14家金融控股公司成立，93年金融監督管理委員會成立，之後銀行業由於過度競爭而進行金融機構整併，至97年銀行家數縮減至37家等，及政府進行二次金融改革等等皆是重大的金融發展變革。

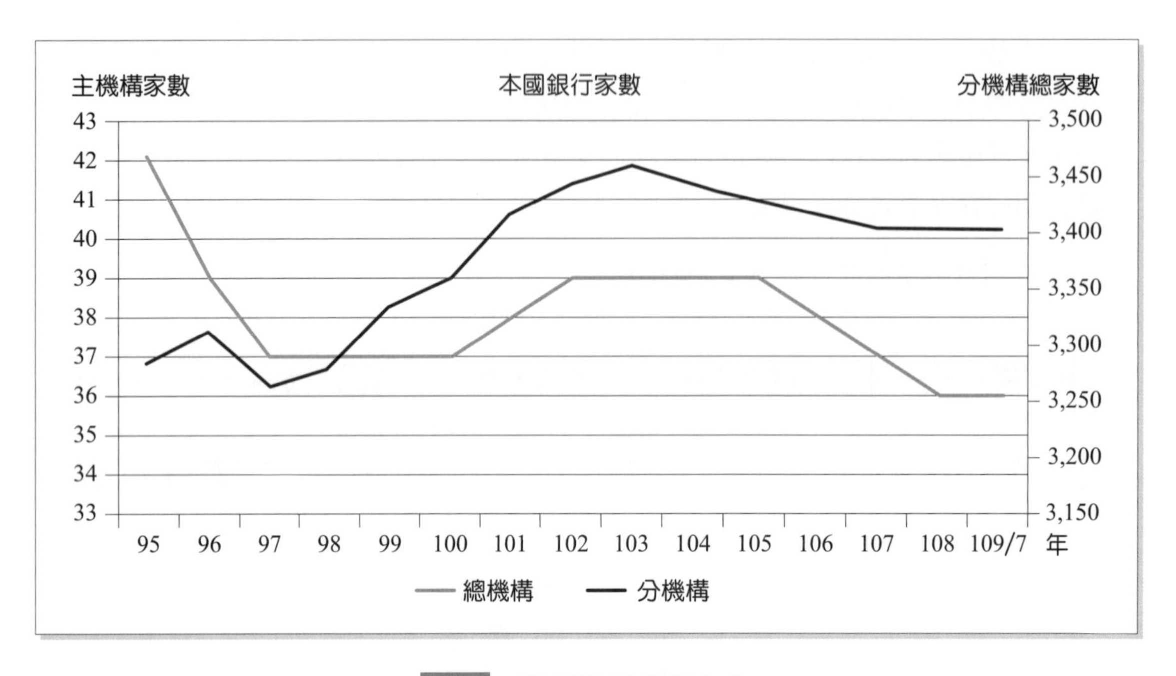

圖 3-8 我國銀行家數變化表

- ►近十多年來，臺灣金融業產值占 GDP 比重下降（−1.8%），遠不及大幅上升中的香港（4%）、新加坡（2%），也不及韓國（1%）。
- ►臺灣經濟高度開放，貿易依存度高，同期間經濟成長率仍達 3.72%。表示該期間臺灣本身經濟成長，對外經貿活動所衍生之金融服務需求未能由國內業者滿足，香港金融業成了最大受惠者。
- ►香港、新加坡及韓國金融保險業占服務業 GDP 比都呈上升趨勢，臺灣及日本則呈下降，臺灣尤其顯著下降。

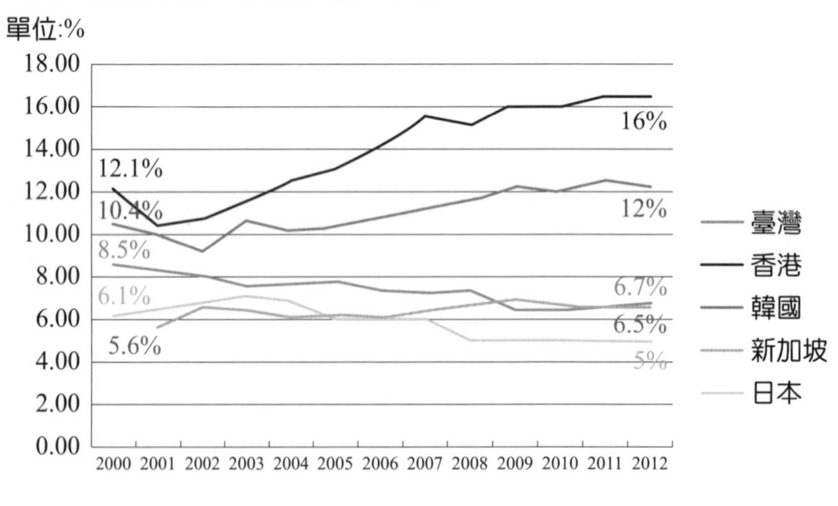

圖 3-9 亞洲各國金融保險業占 GDP 比

證券市場發展部分，主要為證券交易中介機構之設置：51年2月9日正式成立臺灣證券交易所，79年1月1日成立臺灣證券集中保管公司，83年11月1日成立財團法人中華民國證券櫃檯買賣中心，87年7月21日成立臺灣期貨交易所。

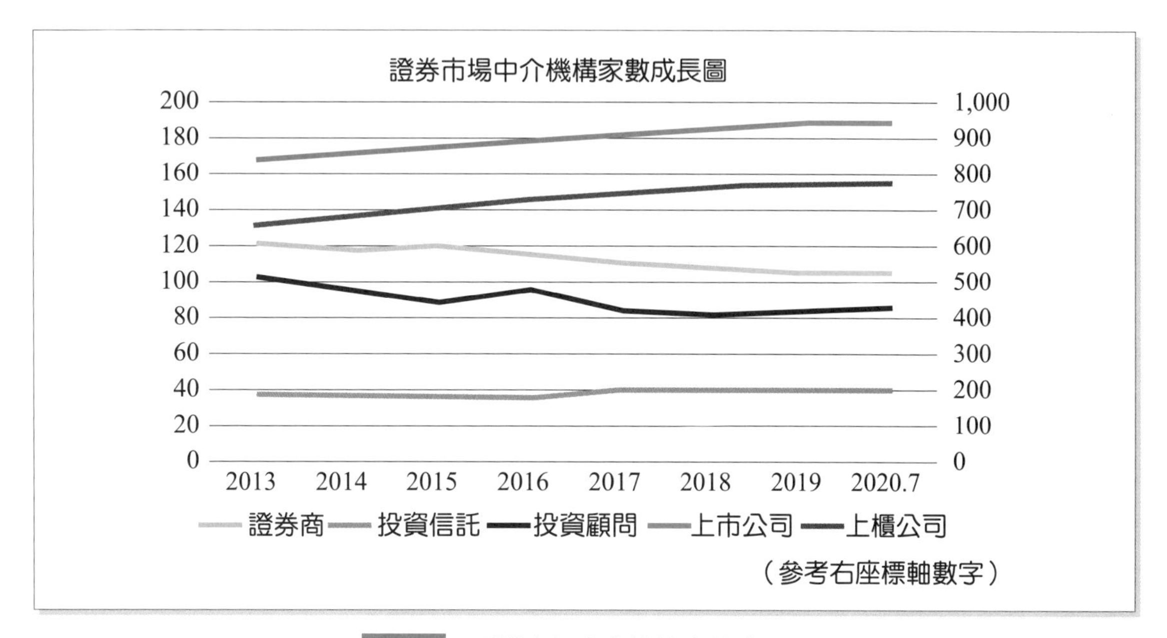

圖 3-10　證券市場中介機構家數成長圖

《延·伸·閱·讀》

1. 一文解讀臺灣P2P網路借貸新商機	6. 107/06/21央行「虛擬通貨與首次代幣發行（ICO）的發展近況、風險及監管重點」
2. 連郭台銘、李嘉誠都插旗　為何這個產業在台發展舉步維艱？	7. 107/08/07「金融科技生態4系」高峰論壇—楊金龍「虛擬貨幣與數位經濟：央行在數位時代的角色」
3. 102/12/30央行與金管會共同新聞稿「比特幣並非貨幣，接受者務請注意風險承擔問題」	8. 107/09/27央行「數位金流與虛擬通貨－央行在數位時代的角色」
4. 105/03/24央行理監事會後記者會參考資料「我國電子支付機制之發展－兼論央行對數位通貨之看法」	9. 國際金融中心
5. 107/03/22央行「比特幣等虛擬通貨相關議題」	

1. 經濟學家通常將金融體系區分爲兩種類型？
2. 金融結構不同會如何影響經濟發展的整體表現？
3. 金融結構不同會如何影響經濟衰退的嚴重程度？
4. 貨幣市場的間接工具主要有哪三項？
5. 試比較各貨幣政策工具。

金融市場概況與發展趨勢

Chapter

學習目標

1. 金融市場之分類
2. 債務市場與股權市場之區分
3. 初級市場與次級市場之區分
4. 集中市場與店頭市場之區分
5. 貨幣市場與資本市場之區分
6. 我國金融市場發展概況
7. 金融科技發展之衝擊與因應

名人金句

❒ 銀行服務不再是一個你去的場所，而是你要做的事情。

❒ 銀行服務無所不在，但不在銀行裡。

布雷特・金（Brett King）

本章架構圖

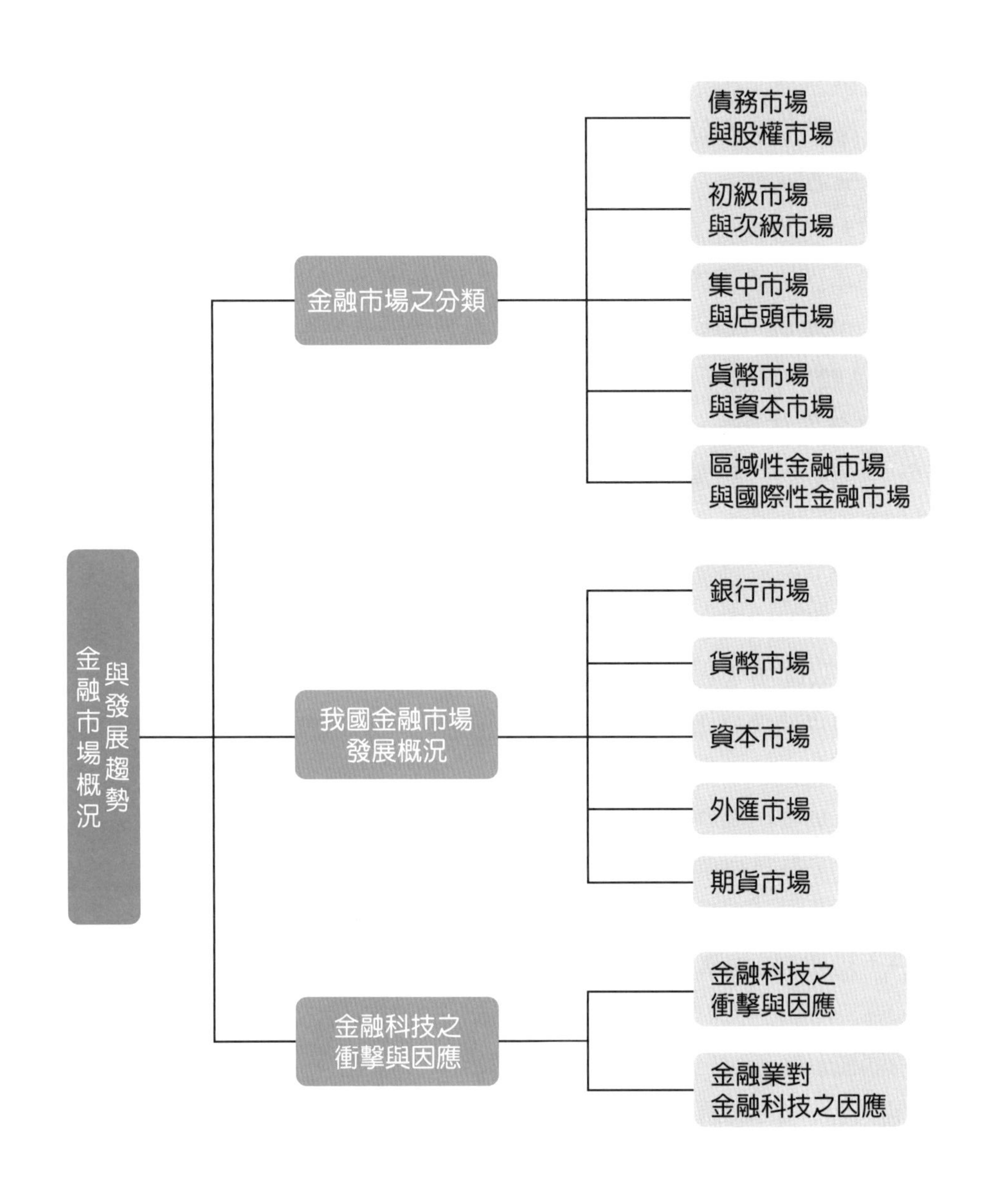

金融市場概況與發展趨勢
金融市場之分類
債務市場與股權市場
初級市場與次級市場
集中市場與店頭市場
貨幣市場與資本市場
區域性金融市場與國際性金融市場
我國金融市場發展概況
銀行市場
貨幣市場
資本市場
外匯市場
期貨市場
金融科技之衝擊與因應
金融科技之衝擊與因應
金融業對金融科技之因應

Bank 4.0－銀行是什麼？

400年、40年、5年，這是金融業從Bank 1.0走到4.0每個階段所用的時間。科技帶動金融業變革的速度超乎想像，Bank 3.0方興未艾，Bank 4.0已經華麗登場。銀行創新教父Brett King最新力作《Bank 4.0－銀行，無所不在》近日出版，揭示金融業未來的發展方向：重新定義金融，並運用科技將金融服務無所不在的嵌入到生活中。

在數位科技推波助瀾之下，金融產業典範轉移大幅加速。Bank 1.0的近代銀行於1580年誕生於義大利，延續將近400年榮景。1967年第一臺ATM於倫敦問世，開啓Bank 2.0的年代，ATM與網銀開始將分行「複製」到生活的每個角落。

iPhone開啓智慧手機的行動盛世，加上雲端、大數據等科技成熟，Brett King於2013年宣告Bank 3.0到來，全球銀行界都積極搶進全通路新趨勢。來到2018年，當多數銀行都還在摸索Bank 3.0的奧秘，Bank 4.0已然降臨。

Brett King於演講中以一個生活情境為例：到超市購物，結帳刷卡才發現簽帳卡餘額不足，手忙腳亂找第二張卡時，後面大排長龍的消費者已經大表不滿。「有沒有可能在他把購物車塞滿的同時，我們就告知他餘額不足，建議他另尋促銷產品，或者立即用小額信貸來補足餘額？」

絕大多數生活場景中，客戶需要金融服務（Banking），卻不需要銀行（Banks），這也是多數新創業者積極進攻的領域。例如阿里巴巴的餘額寶，在支付的場景中置入了基金投資服務；美國Uber，在駕駛開通服務中置入線上開戶，短短3個月成為美國最大的小額開戶業者。

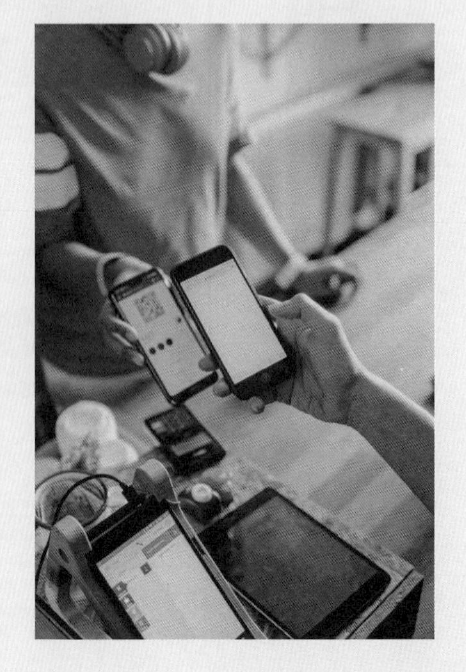

以巴西Bradesco Bank為例，這家銀行擁有5,200間分行、6,500萬個客戶，有一間分行甚至是在亞馬遜河的駁船上營運。當客戶對產品有疑問時，分行人員必須打電話到總行詢問，其冗長過程往往令客戶不耐。

於是Bradesco Bank決定借重人工智慧，導入IBM Watson，經過葡萄牙文、銀行產品與服務訓練後，提供分行使用。其結果是：IBM Watson每個月回答超過28萬個問題，正確率高達95%，且回應時間減至短短數秒。客戶體驗提升了，員工負擔減輕了，總行也不再有無止境的來電。

放下銀行本位思考，往往會有驚人發現。過去金融業界普遍認為數位客戶是消費能力較低的年輕族群，新加坡DBS銀行卻發現：其數位客戶占比僅39%，卻貢獻了60%營收與68%獲利。數位服務的股東權益報酬率（ROE）為27%，遠高於傳統服務的19%。數位客戶不僅帶來傳統客戶兩倍以上的商機，且獲取成本更低、獲利貢獻度更高，含金量驚人！

要滿足來自多元通路的數位客戶，提供與生活無縫接軌的數位金融服務，銀行必須真正以客戶為中心，大幅改善使用者體驗，善用大數據、人工智慧、區塊鏈、雲端運算等科技加速創新，同時在組織中不斷強化數位力、設計力、敏捷力，方能在Bank 3.0邁向4.0的競爭中取得先機，贏得數位消費者的青睞。

仔細比較，Bank 3.0與4.0所運用的科技其實差異不大。但吳建宏坦言，目前能真正達到Bank4.0境界的金融業者是鳳毛麟角。「未來勢必會朝Bank 4.0邁進，這將是從心態思維、公司治理、專業技能、工作方法到科技運用的全方位轉型，金融業者務必及早啓動變革，掌握未來商機。」

資料來源：自由時報 2018/11/06

【新聞評論】

經濟活動之運作過程產生資金需求者與資金剩餘（供給）者，資金需求者藉由銀行機構（間接金融）及證券市場（直接金融）進行籌資，在現代社會中，無法不使用銀行的服務，銀行創新教父 Brett King 卻說：雖然銀行服務無所不在，但不在銀行裡（Banking everywhere, never at a bank.）此乃源於近年來金融科技（Fintech）快速發展對傳統銀行證券等金融業產生極大衝擊。

金融市場在金融與經濟活動中扮演何種功能，其運作方式與交易工具爲何，及面臨之前述金融科技衝擊等課題，在在影響一國金融體系之健全發展與經濟成長，本章即在介紹金融市場之分類，包括：債務市場與股權市場、初級市場與次級市場、集中市場與店頭市場、貨幣市場與資本市場等之區分，及我國金融市場發展概況，與金融科技發展之衝擊與因應，使讀者對這些課題有充分瞭解，進而思考未來發展趨勢與制度興革方向。

4-1 金融市場之分類

金融市場依不同劃分方式，一般而言可分：一、債務市場與股權市場；二、初級市場與次級市場；三、集中市場與店頭市場；四、貨幣市場與資本市場；五、區域性金融市場與國際性金融市場等。

一、債務市場與股權市場

按資金籌措之工具不同而區分為：

1. **債務市場（Debt Market）**：係各種債務工具交易之市場。債務工具為資金需求者承諾在未來特定日期支付約定貨幣數的契約，此種契約通常約定每年支付若干固定的利息，此類債務工具包括政府債券、公司債、商業本票及可轉讓定存單等，政府債券及公司債其到期期間較長，屬資本市場商品，商業本票及可轉讓定存單到期期間較短，屬貨幣市場商品。

2. **股權市場（Equity Market）**：一般而言指股票市場（Stock Market）。股權係指股票持有者對發行公司有股東之權益，股票係股份有限公司依公司法規定，發行表彰其股本之證明書，交由出資人執存，作為出資證明及對發行公司行使股東權之憑證。從投資人立場言，債務工具除可獲致固定利息之收入外對本金有優先受償之權利；而股權證券因股東對公司擁有所有權，故可自企業成長中獲取股利及因企業價值提高後出售股權證券的資本利得。其差異比較如表4-1：

表 4-1　債務證券與股權證券異同比較

分類	債務證券	股權證券
持有人身分	債權人	所有權人
對公司資產的請求權順位	第一優先 (優於特別股及普通股)	於債務證券及特別股之後
資產可否轉換	可	否
到期期間	有到期日	無到期日，由投資人決定
期間收入	固定的利息收入	股利收入，收入不一定， 但有可能沒有
投資風險	小	大
報酬內容	利息收入	股利收入及資本利得

我國債務市場與股權市場發行金額及比重趨勢詳見圖4-1及4-2，股權證券發行金額及比重約達9兆餘元，與債務證券相比占二者市場合計數約51%。債務證券約達8兆餘元，占二者市場合計數之約49%，二者大致相當，占同等重要地位。

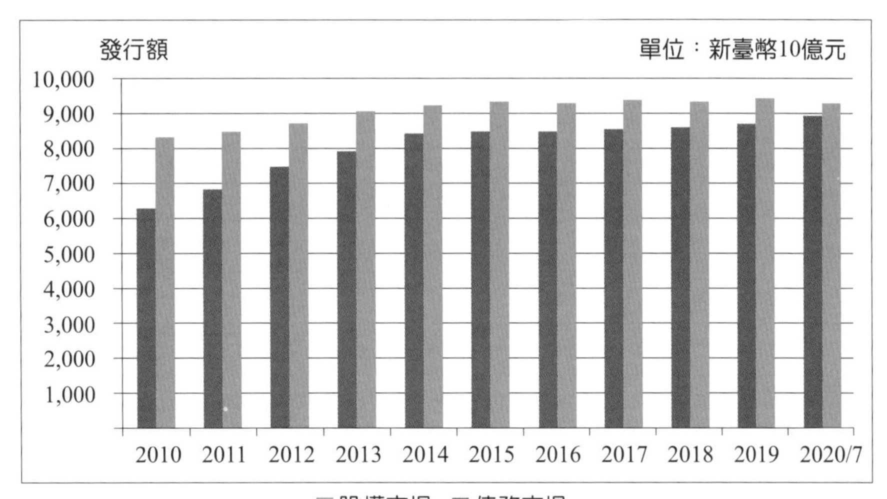

資料來源：金管會證期局，證券期貨市場重要指標

圖 4-1　債務市場與股權市場發行金額比較

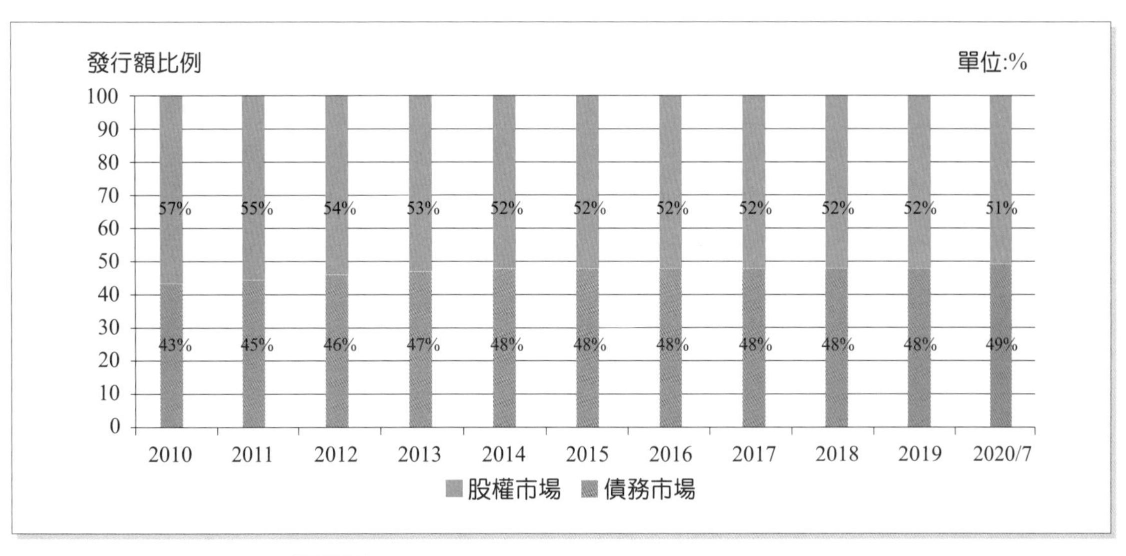

圖 4-2　債務市場與股權市場發行金額比重比較

股票市場的發行者來自上市櫃及未上市櫃公司，其發行股票概況包括發行股票家數、資本額、成長率與市值趨勢比較，詳見表4-2。截至2020年我國上市公司計有944家，上櫃公司計有777家，公開發行但未上市櫃公司有668家，資本額即表彰其發行股票之金額，由表4-2及圖4-3顯示2020年其資本額各爲上市公司

7,187、上櫃公司748、公開發行但未上市櫃公司1,399（十億元臺幣），上市公司爲自股票市場籌措資金的最主要參與者。

表 4-2　公開發行公司股票發行概況表

單位：10 億元

年	上市公司					上櫃公司					未上市未上櫃公司	
	家數	資本額	成長率	上市面值	上市公司面值	家數	資本額	成長率	上櫃面值	上櫃市值	家數	資本額
2010	758	5,927.95	0.99	5,811.28	23,811.42	564	705.99	-8.64	655.09	1,984.64	512	1,676.88
2011	790	6,152.38	3.79	6,026.77	19,216.18	607	731.92	3.67	682.42	1,417.09	516	1,609.62
2012	809	6,384.95	3.78	6,257.98	21,352.16	638	666.90	-8.88	629.36	1,737.98	540	1,685.88
2013	838	6,610.03	3.53	6,488.00	24,519.56	658	661.85	0.37	628.11	2,324.82	584	1,777.18
2014	854	6,783.40	2.62	6,665.33	26,891.50	685	679.56	2.68	650.79	2,680.56	621	1,748.95
2015	874	6,950.90	2.47	6,849.29	24,503.63	712	706.19	3.92	677.68	2,730.83	636	1,681.97
2016	892	7,021.70	1.02	6,936.98	27,247.91	732	715.26	1.28	688.95	2,722.62	639	1,578.62
2017	907	7,136.19	1.63	7,055.76	31,831.94	744	722.36	0.99	694.61	3,317.04	652	1,546.48
2018	928	7,158.89	0.32	7,077.85	29,318.45	766	738.50	2.23	709.82	2,826.57	666	1,450.97
2019	942	7,155.64	-0.05	7,093.41	36,413.52	775	746.66	1.10	720.62	3,433.53	677	1,483.45
2020	944	7,187.02	0.44	7,114.95	38,521.51	777	748.15	0.20	719.39	3,808.70	668	1,339.93

註：1.截至109年7月底分盤交易（全額交割）股票24家，上市面值為503.16億元。
2.「未上市未上櫃公司」包括興櫃公司。
3.「上市公司」包括本國上市公司866家，第一上市之外國企業78家。
資料來源：金管會證期局，證券期貨市場重要指標

掃描查詢最新資訊

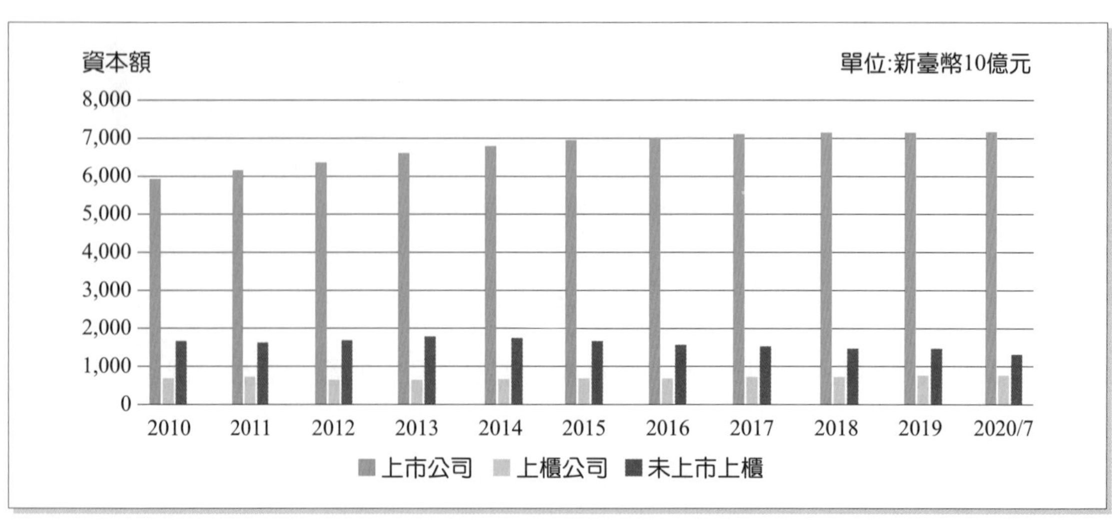

圖 4-3　上市櫃及未上市櫃公司資本額比較

資料來源：金管會證期局，證券期貨市場重要指標

圖 4-4 上市櫃公司市值趨勢比較

掃描查詢最新資訊

另從表4-2、圖4-4上市櫃市值比較可知2020年上市公司市值爲38,521，上櫃公司市值爲3,808（十億元臺幣），上市公司市值約爲上櫃公司市值的十倍，主因爲上市公司爲大型公司。

掃描查詢最新資訊

表 4-3　債券發行概況表

年	政府債券		金融債券		受益證券		公司債					外國債券		國際債券	
							普通公司債		轉（交）換公司債		合計淨值				
	期數	淨額（10億元）	期數	淨額（10億元）	期數	淨額（10億元）	期數	淨額（10億元）	期數	淨額（10億元）		期數	淨額（10臺幣）	期數	淨額（10美元）
2010	94	4,334.15	452	765.94	52	79.61	512	1,000.21	246	137.37	1,137.58	8	14.70	4	1.1
2011	97	4,644.15	417	847.95	33	57.35	425	1,124.26	299	166.03	1,290.29	2	3.00	4	1.1
2012	100	4,934.30	440	990.41	20	40.12	433	1,364.12	314	159.45	1,523.57	2	3.00	3	0.8
2013	103	5,209.46	408	992.36	19	36.04	468	1,577.61	294	154.24	1,731.85	0	0.00	15	2.0
2014	108	5,440.17	403	1.051.35	9	23.45	519	1,719.78	277	150.77	1,870.55	18	9.39	106	25.96
2015	113	5,569.37	355	988.91	5	8.61	500	1,708.15	297	155.41	1,863.56	25	9.69	259	57.82
2016	116	5,605.33	346	977.43	6	12.41	500	1,677.64	270	148.31	1,825.95	24	9.81	379	94.79
2017	119	5,636.33	343	916.43	5	9.44	512	1,743.66	193	117.26	1,860.91	29	11.30	486	129.28
2018	127	5,602.47	349	904.55	3	4.16	535	1,812.00	157	117.35	1,929.34	30	15.28	589	158.49
2019	129	5,550.96	356	949.43	4	6.51	569	1,901.20	166	118.61	2,019.81	35	26.88	641	168.93
2020	132	5,526.96	363	985.64	3	4.51	616	2,123.37	170	127.50	2,250.87	31	25.94	646	177.50

資料來源：金管會證期局，證券期貨市場重要指標

由表4-3債券發行概況表可知我國債券市場發行商品包括政府債券、金融債券、公司債券及國際債券等，2020年其發行金額分別爲5,526、985、2,250及177（十億元臺幣），故我國債券市場以政府債券占最大宗。另由圖4-5上市櫃及未上市櫃資本額與公司債金額比較趨勢觀之，我國上市櫃及未上市櫃自債券市場籌措資金之金額遠低於發行股票之金額，究其原因，自債券市場發行債券係對不特定人籌措資金需經主管機關審核程序，追蹤資金用途、還款來源，因而影響發債意願。

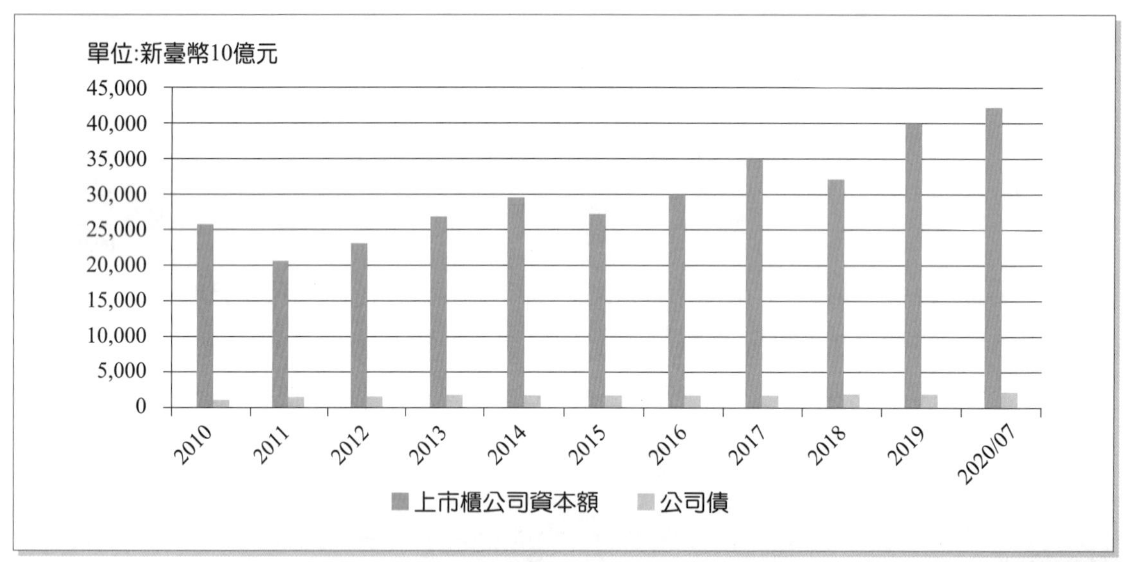

資料來源：金管會證期局，證券期貨市場重要指標

圖 4-5 上市櫃及未上市櫃公司資本額與公司債金額比較趨勢

二、初級市場與次級市場

依市場所交易證券是否爲新發行而區分爲：

1. **初級市場（Primary Market）**：又稱發行市場（Issue Market）或原始市場，係發行公司藉由新發行之證券向投資人籌措資金之市場，即市場流通者爲新發行之證券。
2. **次級市場（Secondary Market）**：若投資人所交易之證券是已發行而轉讓之第二手之證券，即爲次級市場或稱流通市場（Circulation Market）。

因次級市場能有效提高金融工具之流動性，使投資人願意參與發行市場之投資，企業乃易於發行市場籌措所需資金，對於活絡初級市場具重要性，故二者具相輔相成之功效，爲完整有效率之證券市場不可或缺者。

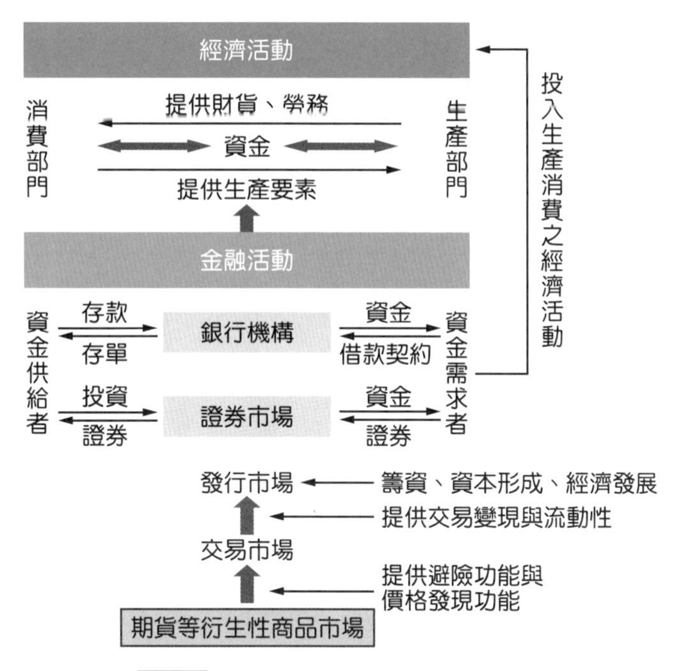

圖 4-6 經濟活動與金融活動關聯圖

如圖4-6所示經濟活動之消費部門（提供生產要素如土地、人力、資本等）與生產部門（取得生產要素生產財貨與勞務），經濟活動之運作過程產生資金需求者與資金剩餘（供給）者，資金需求者藉由銀行機構（間接金融）及證券市場（直接金融）進行籌資，在證券市場發行證券即前述所稱發行市場，而爲提供所發行證券交易變現流動性之場所，即所謂交易市場。

另外，發行市場依其新發行證券銷售對象爲不特定或特定之人可區分爲「公開募集（Public Offering）」及「私下募集（非公開發行，Private Placement）」。前者指以不特定之公眾爲銷售對象而發行證券之方式，以其涉及非特定投資大眾之權益，故需經主管機關審核，並將相關資訊公開揭露，需遵行一定程序進行，以其程序較爲繁複，故均委由承銷商（證券市場）或票券金融公司（票券市場）辦理。

就證券市場而言，公開募集均應經主管機關核准，主管機關則採實質審查制度（或申報生效制），以確保投資者之權益。在我國公開募集的承銷方式有競價拍賣、詢價圈購及公開申購配售等。私下募集亦稱直接銷售，以其係由發行人直接洽商特定的投資者購買證券，而不透過中間人之承銷機構辦理，其程序較簡便，一般而言，頗多公司債係以此種方式辦理發行銷售。

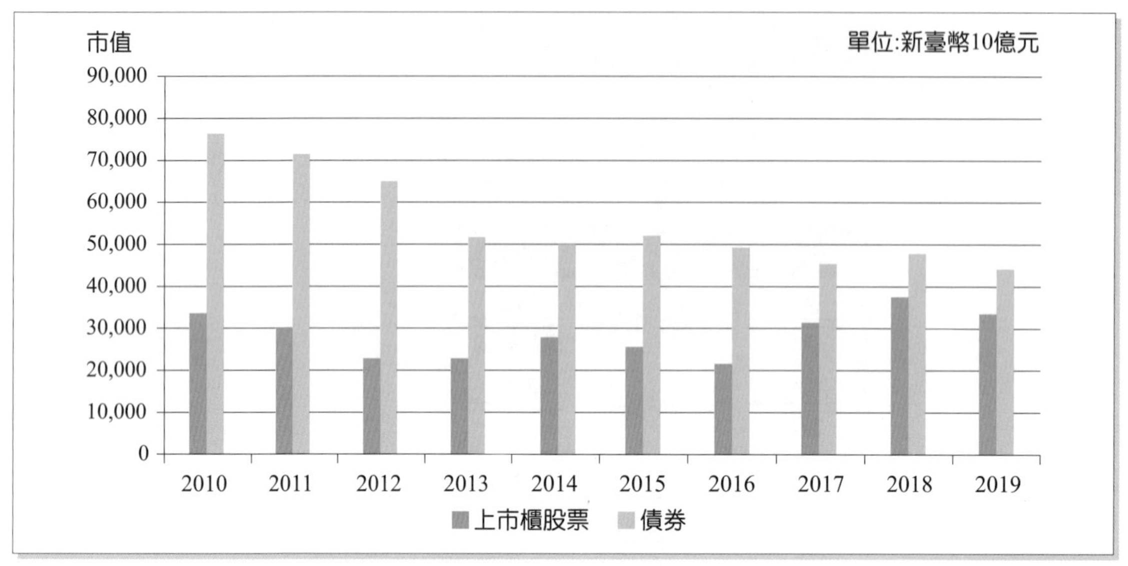

資料來源：金管會證期局，證券期貨市場重要指標

圖 4-7　上市櫃股票成交金額與上市櫃債券交易金額比較

掃描查詢最新資訊

圖4-7爲上市櫃股票成交金額與上市櫃債券交易金額比較，可看出上市櫃債券交易金額有減少趨勢，而上市櫃股票成交金額近幾年有增加現象，次級市場股票活絡程度漸增。

三、集中市場與店頭市場

按交易場所是否集中區分爲：

1. **集中市場（Exchange-traded Market）**：係指透過有組織的公開市場（Open Market）集中於一定場所進行交易的市場，一般設有證券交易所，於其中採集中競價的方式撮合交易。我國證券交易法第九十八條明訂：證券交易所以經營供給有價證券集中交易市場爲其業務。

2. **店頭市場（Over-the-counter Market）**：指在證券交易所（Securities Exchange）以外之場所進行交易的廣泛市場，一般而言，此市場是分散於各經紀商或自營商之營業場所（我國證券交易法第六十二條所稱：證券經紀商或自營商，在其營業處所受託或自行買賣有價證券所形成的交易市場，即爲店頭市場）。店頭市場通常係採議價方式進行交易。

圖4-8爲上市股票與上櫃股票次級市場成交金額比較，可知以2019年來看，上市股票成交金額逾25兆臺幣，遠較上櫃股票約7兆臺幣爲高，上市股票成交金額占二者合計之78%，上櫃股票約占21%。

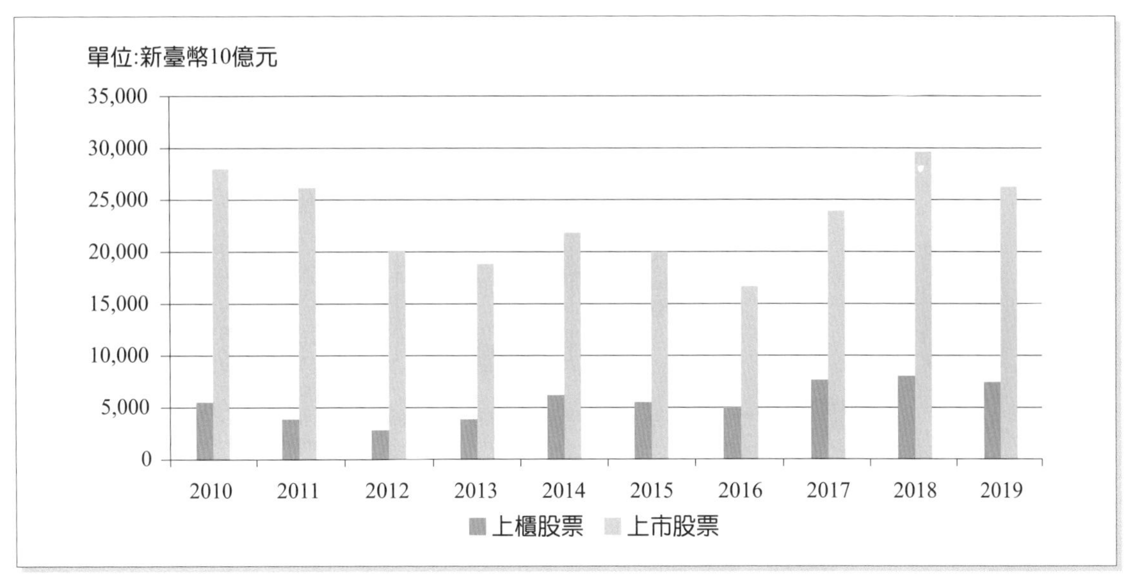

資料來源：金管會證期局，證券期貨市場重要指標

圖 4-8 上市股票及上櫃股票次級市場成交金額比較

掃描查詢最新資訊

四、貨幣市場與資本市場

依金融工具到期期間之長短而區分爲：

1. **貨幣市場（Money Market）**：係短期有價證券（指到期日在一年以內）進行交易的場所。貨幣市場所交易之工具，其發行人包括銀行、企業及政府，主要種類包括國庫券、可轉讓定期存單、銀行承兌匯票、商業本票等，其特色爲流動性高、倒帳風險低。
2. **資本市場（Capital Market）**：係長期有價證券（期限在一年以上），其交易之工具包括債務及股權工具，與貨幣市場相較，資本市場通常有較高之投資報酬率，惟其倒帳及市場風險（市場價格變動之風險）亦較高。貨幣市場主要功能在調節短期資金供需，而資本市場則爲長期儲蓄與投資之重要管道，促進資本形成及經濟發展。

綜上所述，圖4-9總結經濟活動、籌資需求與金融市場關係：經濟活動之運作過程產生資金需求者與資金剩餘（供給）者，資金需求者有籌資需求其藉由金融市場進行籌資活動，以經由仲介者方式不同而區分爲直接金融（資本市場等）與間接金融（銀行機構）。其中直接金融部分依金融工具到期期間之長短可區分爲貨幣市場與資本市場，依資金籌措之工具不同可區分爲股權與債權市場，依初次發行與發行後交易區分爲初級與次級市場，再依交易方式區分爲集中與店頭市場。

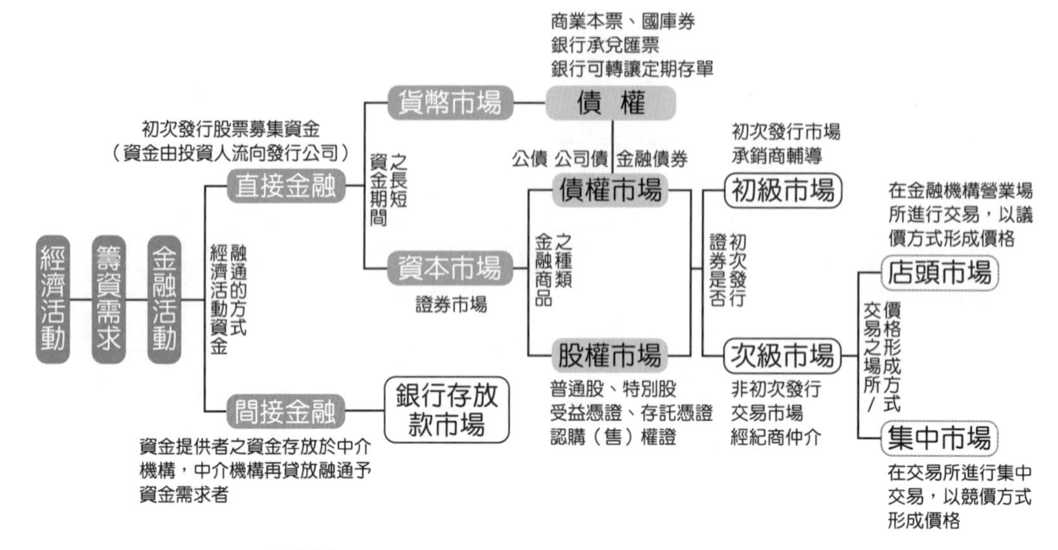

圖 4-9 經濟活動、籌資需求與金融市場關係圖

五、區域性金融市場與國際性金融市場

按資金融通範圍的大小區分為：地方性（Local）、區域性（Regional）、全國性（National）與國際性（International）等四類類型。

在領土遼闊及金融機構採單一金融系統的國家，才有地方性與區域性之金融市場，如美國的芝加哥、舊金山等均為區域性金融市場。另外英國與我國則為全國性金融。若某一國家國際貿易占有較大比重，且幣值穩定，並在世界性貿易中心占有重要地位，才有能力設立國際性金融市場，如美國紐約、英國倫敦、日本的東京等。

國際金融中心（Financial Centre）指以第三級產業經濟為主；以金融業服務業為中心的全球城市，這個全球城市必須擁有跨國公司和國際大銀行的總部設立，要有活躍的銀行市場、外匯市場、證券市場、期貨交易等金融產品市場，並擁有至少一個證券交易所。此外，還需要完善的法律制度和資本主義環境，並有著健全的交通運輸、人才教育等硬體建設與體系制度。

表 4-4 世界金融中心前十名

排名	2020 年	2019 年
1	紐約	紐約
2	倫敦	倫敦
3	東京	香港
4	上海	新加坡
5	新加坡	上海
6	香港	東京
7	北京	多倫多
8	舊金山	蘇黎世
9	日內瓦	北京
10	洛杉磯	法蘭克福

4-2 我國金融市場發展概況

我國整體金融市場發展可區分金融前期、管制期、開放期、整併期，重要發展歷程與項目如圖4-10所示：

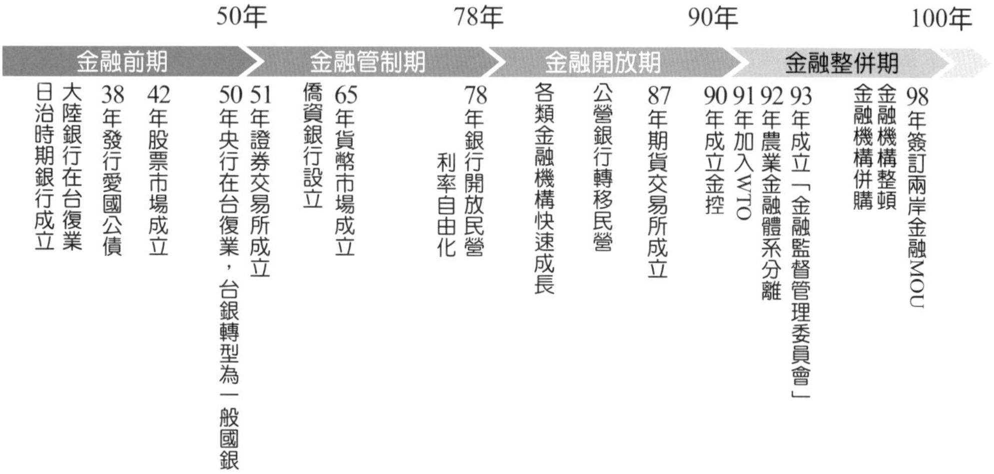

50年　78年　90年　100年

金融前期　金融管制期　金融開放期　金融整併期

日治時期銀行成立
大陸銀行在台復業
38年發行愛國公債
42年股票市場成立
50年央行在台復業，台銀轉型為一般國銀
51年證券交易所成立
僑資銀行設立
65年貨幣市場成立
利率自由化
78年銀行開放民營
各類金融機構快速成長
公營銀行轉移民營
87年期貨交易所成立
90年成立金控
91年加入WTO
92年農業金融體系分離
93年成立「金融監督管理委員會」
金融機構併購
金融機構整頓
98年簽訂兩岸金融MOU

圖 4-10　我國整體金融發展重要歷程

可由表4-5各指標略窺我國金融競爭力（截至111年1月之數據）。

表 4-5　我國金融市場之競爭力重要指標

在國際化程度方面：外資持有股票占市值比重（上市、櫃）達 39.58%	
企業貸款容易度方面	本國銀行對中小企業放款餘額 8,717（單位：10 億元）
	本國銀行放款餘額占 GDP 比率 134.12%
銀行健全度方面	本國銀行平均逾放比率 0.19%
	本國銀行平均備抵呆帳占逾期放款之覆蓋率 729.44%
	本國銀行平均資產報酬率 0.56%
銀行效率方面	本國銀行平均淨值報酬率 7.62%
	銀行資產占 GDP 比重 263.97%
股市效率方面：	
上市部分	股市市值占 GDP 比重 243.73%
	本益比 14.21
	股市週轉率 14.34%
	外資持有股票占市值比重 43.48%
上櫃部分	股市市值占 GDP 比重 25.5%
	股市週轉率 43.59%
	本益比 22.89

其中我國保險滲透度世界排名第1位、保險密度世界排名第20位，亞洲排名第3位，均已達國際水準。

我國金融市場之發展，茲將銀行市場、貨幣市場、資本市場、外匯市場及期貨市場等方面概述如下：

一、銀行市場

我國銀行業部分主要發展關鍵期係在民國78年銀行法修訂，開放銀行之設立及利率自由化後的金融開放期，79年4月發布「商業銀行設立標準」，並於80年核准15家新銀行設立，隔年再核准一家，共16家新設銀行，3家投資信託公司改制爲商業銀行，銀行家數明顯增長。87年後之發展說明見表4-6。

表 4-6　重大金融發展變革

民國	事件
87 年	公營銀行民營化
90 年	通過金融六法：「金融控股公司法」、「營業稅法部分條文修正案」、「存款保險條例修正案」、「金融重建基金設置及管理條例」、「保險法部分條文修正案」、「票券金融管理法」，鬆綁金融業務
90 年	設立重建基金處理問題基層金融機構問題
90 年 ~ 92 年	第一次金融改革方案，又稱「二五八金融改革方案」（在二年內將金融機構壞帳比率降到 5% 以下，銀行資本充足率提高到 8% 以上）
93 年	14 家金融控股公司成立
93 年	金融監督管理委員會成立，銀行業務移至金管會
93 年	銀行業由於過度競爭而進行金融機構整併，至銀行家數縮減至 37 家，政府進行第二次金融改革方案
104 年	修正金融機構合併法，希望有助於金融機構合併以擴大其規模

表 4-7　我國金融機構家數概況－總機構

民國	本國銀行	外國及大陸地區銀行在臺分行	信用合作社	農會信用部	漁會信用部	信託投資公司	票券金融公司	中華郵政儲匯業務
95 年	42	(33)	28	253	25	2	12	1
96 年	39	(32)	27	261	25	1	12	1
97 年	37	(32)	27	264	25	-	10	1

98 年	37	(32)	26	275	25	-	10	1
99 年	37	(28)	26	276	25	-	9	1
100 年	37	(28)	25	277	25	-	8	1
101 年	38	(30)	24	277	25	-	8	1
102 年	39	(31)	24	278	25	-	8	1
103 年	39	(30)	23	281	25	-	8	1
104 年	39	(30)	23	282	27	-	8	1
105 年	39	(29)	23	283	28	-	8	1
106 年	38	(29)	23	283	28	-	8	1
107 年	37	(29)	23	283	28	-	8	1
108 年	36	(29)	23	283	28	-	8	1

表 4-8　我國金融機構家數概況－分機構

民國	本國銀行	外國及大陸地區銀行在臺分行	信用合作社	農會信用部	漁會信用部	信託投資公司	票券金融公司	中華郵政儲匯業務
95 年	3,285	64	289	817	40	20	37	1,320
96 年	3,313	83	267	811	40	6	35	1,321
97 年	3,264	141	271	813	42	-	33	1,321
98 年	3,279	133	258	811	42	-	32	1,321
99 年	3,334	92	261	810	42	-	30	1,321
100 年	3,359	92	255	815	43	-	30	1,323
101 年	3,416	51	255	817	43	-	30	1,323
102 年	3,442	39	257	823	44	-	30	1,322
103 年	3,460	39	246	820	44	-	30	1,323
104 年	3,442	39	253	822	43	-	30	1,324
105 年	3,430	38	260	822	43	-	30	1,311
106 年	3,417	38	268	821	44	-	30	1,307
107 年	3,403	38	276	817	43	-	30	1,298
108 年	3,405	38	284	814	43	-	30	1,298

説明：1. 109年6月底金融控股公司計16家。
2. 「總機構」欄內之「外國及大陸地區在臺分行」係指其在國內之代表行，已包含於「分機構」內。
3. 「分機構」欄內之「外國及大陸地區在臺分行」係指其在國內之營業據點而言。
4. 95年5月全國農業金庫成立，未計入本表。

備註：101年5月底外銀家數含5月31日結束在臺營業之瑞士信貸銀行。
資料來源：金融監督管理委員會，金控公司設立情形

民國80年本國銀行總機構家數只有25家，財政部開放申請設立新銀行後，第二（81）年成立了15家新銀行，本國銀行總家數增爲40家。之後，因信用合作社陸續改制爲商業銀行等因素，89年銀行總家數已達53家。95年後由於過度競爭而進行金融機構整併，至97年銀行家數縮減至37家迄今，總家數近年亦有遞減情形。

表 4-9　我國金融機構國內總存款餘額及占有率概況（依科目別）

單位：億元

民國	總計	政府存款	支票存款	活期存款	活期儲蓄存款	定期存款	可轉讓定期存單	定期儲蓄存款	外匯存款	信託資金	郵政儲金
95年	249,805	7,028	3,685	19,427	51,526	29,728	2,350	77,998	16,937	1,104	40,023
96年	251,032	7,028	3,213	20,727	50,633	32,447	1,739	75,317	19,395	136	40,397
97年	270,162	7,182	3,169	20,718	49,314	42,990	1,575	79,686	23,206	-	42,321
98年	286,337	6,609	3,373	26,745	65,872	39,727	1,504	74,880	23,411	-	44,215
99年	301,515	7,613	3,528	29,351	71,734	41,913	1,926	74,713	25,752	-	44,985
100年	315,139	7,334	4,079	30,140	73,011	45,448	2,478	79,297	26,784	-	46,568
101年	326,595	7,148	4,105	31,280	76,766	45,262	2,075	81,964	28,753	-	49,291
102年	344,814	6,717	3,806	35,488	82,117	45,155	1,950	83,437	34,751	-	51,393
103年	365,332	7,086	3,927	37,156	87,409	46,562	1,395	85,497	41,605	-	54,696
104年	387,142	7,794	3,862	41,087	92,323	47,918	1,368	88,449	46,960	-	57,381
105年	400,943	8,264	4,414	42,202	98,356	47,827	1,629	89,060	50,022	-	59,168
106年	414,876	8,687	4,320	43,011	102,170	49,953	2,160	88,050	56,714	-	59,811
107年	425,730	9,462	4,628	45,238	107,868	51,525	1,665	87,338	57,498	-	60,509
108年	444,044	9,669	4,538	49,022	115,902	51,424	1,170	90,385	60,341	-	61,594

說明：1. 本表金融機構包括本國銀行、外國銀行在臺分行、大陸地區銀行在臺分行、信託投資公司及基層金融機構。

2. 本表係按國內總、分行統計。

3. 自104年8月起外匯存款包括外幣可轉讓定存單。

最新資訊　掃描查詢

資料來源：金融監督管理委員會，銀行局

表 4-10　我國金融機構國內總分行存款餘額（依機構別）

民國	單位：億元						單位：%					
	本國銀行	外國及大陸地區銀行在臺分行	信託投資公司	信用合作社	漁會信用部	中華郵政儲匯業務	本國銀行	外國及大陸地區銀行在臺分行	信託投資公司	信用合作社	漁會信用部	中華郵政儲匯業務
95 年	182,579	6,457	1,104	5,901	13,742	40,023	73.09	2.58	0.44	2.36	5.50	16.02
96 年	184,917	6,658	136	5,350	13,576	40,397	73.66	2.65	0.05	2.13	5.41	16.09
97 年	200,076	8,733	-	5,365	13,667	42,321	74.06	3.23	-	1.99	5.06	15.67
98 年	216,600	5,735	-	5,385	14,401	44,215	75.65	2.00	-	1.88	5.03	15.44
99 年	232,033	3,949	-	5,345	15,003	44,985	76.96	1.31	-	1.84	4.98	14.92
100 年	243,006	4,827	-	5,466	15,271	46,568	77.11	1.53	-	1.73	4.85	14.78
101 年	252,655	3,218	-	5,629	15,851	49,241	77.36	0.99	-	1.72	4.85	15.08
102 年	268,099	2,911	-	5,940	16,471	51,393	77.75	0.84	-	1.72	4.78	14.90
103 年	283,394	4,086	-	6,010	17,146	54,696	77.57	1.12	-	1.65	4.69	14.97
104 年	300,625	5,316	-	6,284	17,535	57,381	77.65	1.37	-	1.62	4.53	14.82
105 年	309,482	7,879	-	6,465	17,948	59,168	77.19	1.97	-	1.61	4.48	14.76
106 年	323,390	6,795	-	6,630	18,250	59,811	77.95	1.64	-	1.60	4.40	14.42
107 年	333,523	6,361	-	6,738	18,598	60,509	78.34	1.49	-	1.58	4.37	14.21
108 年	349,300	7,068	-	7,021	19,060	61,594	78.66	1.59	-	1.58	4.29	13.87

說明：1. 本表金融機構包括本國銀行、外國銀行在臺分行、大陸地區銀行在臺分行、信託投資公司及基層金融機構。
2. 本表係按國內總、分行統計。

從表4-9中可以了解我國金融機構存款餘額中，以活期儲蓄存款、定期儲蓄存款最多，顯示國人仍習慣將資金放至儲蓄存款中。另從表4-10中可以發現，截至108年國人仍把資金存放在本國銀行爲主，金額約爲34兆元。

NEWS 將來銀行、LINE Bank、樂天銀行取得純網銀執照各擁優勢

申請團隊	將來銀行	LINE Bank	樂天國際商業銀行
優勢	1. 股東多元，橫跨銀行、保險、電信、保全、零售等 2. 手機門號可申辦信貸專案，已獲金融監理沙盒實驗，未來可直接在純網銀中落地 3. 中華電信超過1,058萬用戶將成為新客戶最大來源	1. 2,100萬LINE用戶優勢成獲取新客戶主要來源 2. LINE Pay、LINE Point成功經驗可結合為來往銀業務 3. 多家消金實力堅強的銀行股東 4. 遠傳與台灣大哥大助力	1. 擁有日本第一大純網銀「樂天銀行」成功經驗 2. 擅長以單一會員制度，與樂天超級點數，作為擴大生態圈的機制 3. 布局臺灣生態圈、與臺灣本土電商策略聯盟
潛在用戶	中華電信、兆豐、新光、凱基等	Line臺灣用戶、中國信託、富邦等	臺灣樂天商城及行動會員、樂天在臺信用卡

金管會今天（2019/07/30）正式宣布，將來銀行、LINE Bank（連線商業銀行）、樂天國際商業銀行三家業者均可設立純網銀。由中華電信領軍的將來銀行、樂天國際商業銀行、LINE Bank（連線商業銀行）皆奪下臺灣設立純網銀的門票，意即臺灣將要有三家純網銀誕生了。金管會原本規劃開放設立2家純網銀，但經過審查評選後，基於3家申請人所提出的營運模式不同，目標客群也有差異，均有助於提升客戶使用金融服務的便利性與滿足消費者需求，促進普惠金融。最後決定3家都通過。

眾人最看好的國家隊「將來銀行」主要股東是臺灣電信龍頭中華電信，掌有41.9%股份。第二大股東兆豐銀行占股25.1%，新光集團14%（新光人壽10%、新光銀行2%、新光保全1%、大台北區瓦斯1%）、全聯實業9.9%、凱基銀行7%、關貿網路2.1%。

將來銀行股東橫跨電信、金融與零售等多元產業，未來要壯大生態系，拓展金融場景更有著力點。加上中華電信和凱基銀行申請手機號碼作為申辦銀行帳號的專案，已進入金融監理沙盒實驗，未來就可直接在純網銀中落地，中華電信超過1,058萬龐大用戶，將成為將來銀行獲取新客戶的最大利基。

LINE Bank（連線商業銀行）則是由 LINE Financial 臺灣領銜，掌有 49.9% 股份，第二大股東台北富邦銀行占股 25.1%、中國信託商業銀行 5%、渣打國際商業銀行 5%、聯邦銀行 5%、遠傳電信 5%、臺灣大哥大 5%。

LINE 在臺挾帶 2,100 萬用戶優勢，將成為 LINE Bank 獲取新客戶的最強後盾，而 LINE Pay、LINE Point 的成功經驗更可結合 LINE Bank 未來的業務。加上有消金實力堅強的金融業股東，以及遠傳與臺灣大哥大這 2 家電信業者的助力，也將能為 LINE Bank 匯聚龐大的電信用戶基礎。

資料來源：iThome 2019/07/30

二、貨幣市場

（一）貨幣市場功能與工具

貨幣市場在金融活動中扮演之重要功能包括提供經濟活動所需短期資金之融通場所，及中央銀行貨幣政策進行公開市場操作的場所。貨幣市場包括銀行同業拆放市場、短期票券（國庫券、銀行承兌匯票、可轉讓定期存單及商業本票）市場及短期公債市場等。

1971年以前，我國金融體系之融資以公營銀行體系為主，經營上的保守並不尋求有效益的短期資金操作，另由於利率管制，故中央銀行無以貨幣市場進行貨幣政策引導利率走向之需求。惟1971年以後，我國經濟發展邁入出口擴張之成長期，因產業發展企業營運有短期資金週轉需求，為協助企業調度短期資金及增進資金運用效率，於1975年12月開放票券金融公司設立，在貨幣市場為短期信用工具的發行提供簽證、承銷、經紀及自營買賣等服務。1976年之後陸續有專業票券商中興票券金融公司，國際票券金融公司及中華票券金融公司開業。並於1976年首次發行融資性商業本票（CP2），開啓企業短期資融通便捷管道。

而由於經濟蓬勃發展，出口擴張促使外匯存底快速累積，導致貨幣供給額巨幅增加，影響國內物價及經濟成長穩定，短期貨幣供需的失衡需藉由適當的工具進行調節。我國金融當局鑒於當時缺乏調節金融之有效工具，於當時匯率及利率管制的銀行體系外，積極推動建立機動匯率制度與促進利率的自由化，並藉由貨幣市場作為中央銀行控制貨幣供給與調節金融的場所。

1972年開始發行國庫券爲貨幣市場之始，1979年中央銀行首次於貨幣市場進行公開市場操作。

(二) 貨幣市場發展沿革

貨幣市場信用工具特色	
1972 年 10 月	乙種國庫券產生
1975 年 3 月	銀行承兌匯票產生
1975 年 8 月	銀行可轉讓定期存款單產生
1975 年 12 月	公布短期票券交易商管理規則

營造貨幣市場環境	
1976 年 5 月	短期票券交易中介機構設立
1978 年 7 月	修改銀行法第 43 規定流動準備比率為 7%
1977 年 2 月	短期票券持有利息改採分離課稅，稅率為 20%

制定管理規則成立專業票券商	
1976 年 5 月 20 日 1977 年 1 月 15 日 1978 年 12 月 1 日	乙種國庫券產生
1976 年 5 月 20 日	首次發行融資性商業本票

信用工具交易與利率決定	
1976 年 5 月起	創造各項短期票券並導入市場交易
1976 年 5 月起	透過中興、國際、中華三家交易商中介反映成交利率
1979 年	中央銀行首次公開市場操作
1980 年	中央銀行同意「貨幣市場定價辦法」
1980 年	中央銀行發佈「銀行業存款利率調整要點」，放寬利率管制
1980 年	成全金融同業拆款市場

業務項目開放	
1982 年	增加股份有限公司組織之公營事業及第一類上市公司得發行無金融機構保證之商業本票
1983 年	准許票券金融公司買賣到期日在一年期限以內之政府債券
1992 年 5 月 15 日	開放銀行經營第一階段短期票券經紀、自營業務
1993 年 10 月	廢止「短期票券交易商管理規則」，以「票券商業務管理辦法」取代
1994 年 8 月 24 日	再依據銀行法四十七條之一規定制定「票券商管理辦法」，該辦法明訂新票券金融公司設立標準
1995 年 8 月 24 日	開放銀行經營第二階段短期票券簽證、承銷業務同時核准票券金融公司開辦政府債券自營與經紀業務

市場競爭白熱化	
1995 年 6 月起	專、兼營票券大量設立，業務競爭激烈
	存放利息及買賣價差逐年縮小
	信用工具交易熱絡，交易量逐年擴大

制定票券金融管理法	
2001 年 7 月 9 日	因應貨幣市場快速發展，配合國家金融政策，健全貨幣市場發展，制定「票券金融管理法」
2001 年 12 月底前	相關票券管理法規陸續完備

（三）我國貨幣市場工具

目前我國貨幣市場主要之流通信用工具有國庫券、商業本票、銀行承兌匯票及可轉讓定期存單，其發行狀況如下：

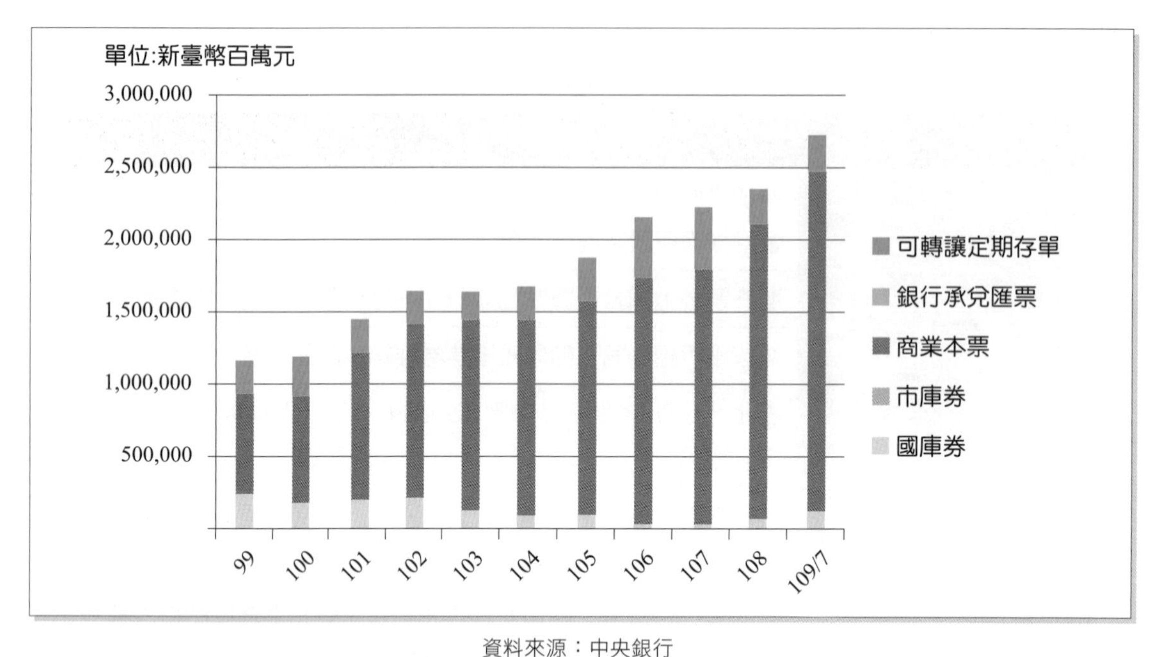

資料來源：中央銀行

圖 4-11 貨幣市場各商品流通數額圖

自圖4-11可知貨幣市場各商品流通數額及相對比重，以商業本票爲最大宗，其次爲可轉讓定期存單、國庫券。

三、資本市場

(一)資本市場功能

資本市場的主要功能係提供資金需求者籌措到所需要的中長期性資金，資金需求者透過發行股票、債券等有價證券之發行市場（初級市場）籌措資金，而爲資金供給者所取得有價證券之轉讓流通提供之交易場所，即所謂次級市場（交易市場）。

(二)資本市場發展沿革

我國資本市場之發展緣於民國38年以穩定財政、金融乃發行愛國公債籌措資金，另政府爲順利推行耕者有其田政策，於42年一部分發行土地實物債券給予地主，政府分十年期償還；一部分則發給地主水泥、紙業、農林及工礦四家公營事業（台泥、台紙、農林及工礦）股票作爲補償，以股票搭配前揭債券，做爲收購土地之代價。這些證券開始在市面流通，是臺灣證券市場的雛型，惟當時僅止於證券店頭市場交易。50年後的發展說明請見表4-11。

表 4-11　資本市場發展沿革

民國	事件
50 年	臺灣證券交易所成立，採行集中交易市場制度，同時關閉原有的店頭市場
57 年	制定證券交易法，政府在臺灣重建證券市場正式取得法律施行依據
71 年	證券主管機關訂定「證券商營業處所買賣有價證券管理辦法」，並恢復店頭市場
77 年	基於便利中小企業籌資以及擴大證券市場規模之考量，由證券商公會在年初成立櫃檯買賣服務中心
79 年	為提升有價證券交割結算之效率與安全，成立臺灣證券集中保管公司
83 年	中華民國證券櫃檯買賣中心成立，直接金融的業務向下延伸至中小型企業
86 年	開放認購權證
87 年	成立臺灣期貨交易所，增加資本市場避險管道
91 年	開辦興櫃市場
92 年	開放認售權證
93 年	推動創櫃市場及創意集資平台，讓小型企業甚至微型企業也能登錄發行，邁向上市櫃之路，股票市場已初步架成多層次的市場結構
94 年	REITs 上市
97 年	引進境外 ETF 來臺上市交易，逐漸朝國際化的方向發展
100 年	推動牛熊證讓證券相關商品多樣化，滿足投資人多元化的投資理財需求

臺灣證券交易所開業初始，我國證券市場的交易方式係採用人工專櫃撮合方式。後來爲提高證券交易及作業的效率，臺灣證券交易所規劃電腦輔助撮合交易作業，至民國77年，所有股票交易均改採電腦輔助撮合交易作業，人工專櫃撮合交易則變成爲歷史名詞。

四、外匯市場

(一) 外匯市場發展沿革

臺灣的固定匯率制度始於1960年代向IMF申報新臺幣兌美元平價，並自1961年6月確立1美元兌換40元新臺幣。

1970年代初期布列敦森林制發生危機，1973年全球發生糧食不足，基本原料短缺，工資及石油上漲等劇烈變動，臺灣經濟因仰賴資源輸入，故產生輸入性通貨膨脹。布列敦森林制瓦解後，1977年下半年至1978年6月底，美元對日圓、德國馬克等強勢貨幣大幅貶值約20%。由於當時臺灣主要進口來自日本，若仍維持新臺幣對美元的固定價位，將使輸入性通貨膨脹狀況更行加劇。

央行乃於1978年7月宣布建立外匯市場，並將新臺幣對美元的匯率自38元調整爲36元，同時放棄固定匯率制度，改採機動匯率制度，於1979年2月正式成立外匯市場，使匯率可隨市場供需情形機動調整，准許銀行及廠商持有外匯，並依法可於外匯市場買賣外匯。

1980年代以來，國際金融環境劇烈變化，市場波動幅度增大，有避險功能之衍生性金融商品乃應運而生，以分散風險並促進市場流動性。央行因應市場變化趨勢與需求乃開放相關業務。

表 4-12　央行開放業務

民國	開放業務
80 年　7 月	外匯指定銀行可辦理外幣保證金交易業務，後陸續開放指定銀行辦理純外幣的衍生性金融商品
80 年 10 月	外幣與外幣間換匯換利交易
82 年　9 月	外幣利率交換交易
82 年 12 月	外幣匯率選擇權、外幣遠期利率協議及外幣利率選擇權
83 年　7 月	商品價格交換
85 年　8 月	外幣股價交換
84 年　4 月	新臺幣與外幣間換匯換利交易
93 年 10 月	指定銀行可辦理外幣氣候選擇權業務
94 年　1 月	指定銀行可對國內外法人辦理外匯信用違約交換（Credit Default Swap, CDS）及外匯信用違約選擇權（Credit Default Option, CDO）

102 年	衍生性人民幣商品業務，初期先開放涉及人民幣匯率、利率的本金交割及無本金交割商品（及與之結合的結構型商品）、與大陸地區相關的公開上市股價指數或個股連結的衍生性金融商品及結構型商品

表 4-13　臺北外匯市場交易金額

單位：美金百萬元

民國（年/月）	合計	銀行對顧客市場							銀行間市場					
		小計	即期	遠期	換匯	保證金交易	選擇權	換匯換利	小計	即期	遠期	換匯	選擇權	換匯換利
99	20,232	4,952	2,734	533	1,198	73	357	58	15,279	5,938	616	7,365	1,324	36
100	24,169	6,219	3,286	602	1,814	77	389	51	17,950	7,058	1,063	8,051	1,731	47
101	23,408	6,295	3,168	557	1,973	78	476	44	17,113	5,766	1,064	8,190	2,014	79
102	28,929	7,175	3,548	669	2,165	88	664	41	21,754	7,265	835	9,900	3,662	92
103	31,290	8,021	3,906	758	2,506	82	695	74	23,269	7,571	877	10,904	3,841	76
104	33,352	8,361	4,006	827	2,750	102	614	62	24,991	9,836	1,106	10,635	3,341	73
105	28,918	8,323	3,975	679	3,246	71	250	102	20,595	7,326	1,260	10,699	1,208	102
106	28,624	9,171	4,441	690	3,712	50	144	134	19,453	6,955	1,016	10,604	834	44
107	32,079	10,242	5,049	867	4,004	32	144	146	21,837	7,445	1,414	12,032	857	89
108	32,445	10,598	5,525	1,032	3,811	26	105	98	21,848	6,942	1,648	12,412	760	85
109/1	35,298	10,707	5,679	1,166	3,654	20	114	74	24,591	7,277	1,774	14,436	1,030	74
109/11	30,380	11,148	6,567	833	3,522	31	107	88	19,232	6,661	851	10,990	664	66

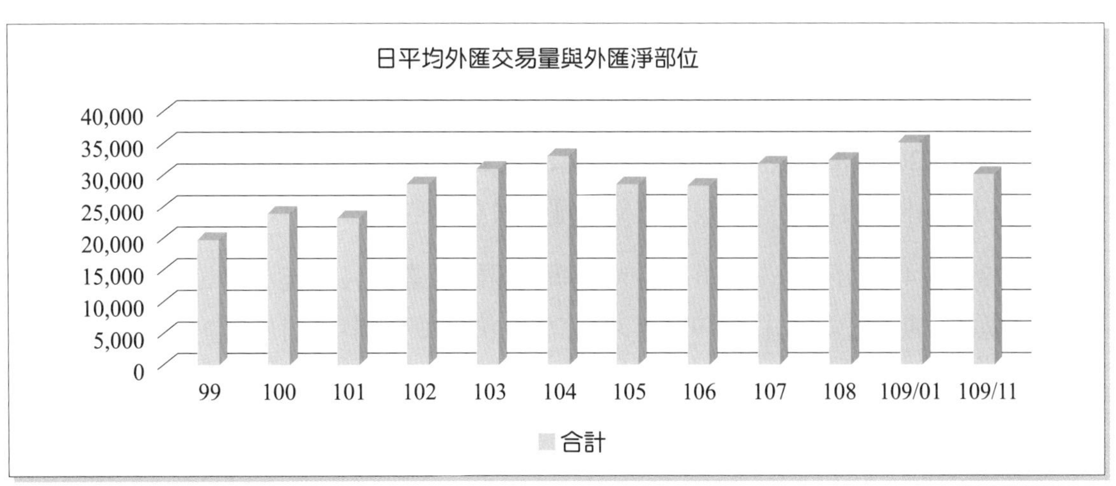

圖 4-12　臺北外匯市場交易金額及成長趨勢圖

表4-13及圖4-12說明外匯交易的現況，臺北外匯市場不論顧客市場或銀行間市場，均以即期交易爲主，其中以新臺幣對美元的即期交易爲大宗。

自2012年開始，即期外匯交易所占臺北全體外匯市場交易比重降爲38.2%，2014年則爲36.7%，其交易比重均小於換匯交易，退爲第二大交易類別。換匯交易其比重由2008年的32.0%增加至39.6%，2012年則開始取代即期交易，成爲第一大交易類別。遠期外匯交易比重2008年降至9.5%，之後持續下降至2014年的5.2%，選擇權交易比重於1998年開始至2004年該比重成長快速，由3.4%增加至13.6%，之後下降至2008年的6.4%，2009年開始再度攀升，由7.6%升至2014年的14.5%。

五、期貨市場

(一) 國外期貨交易法時期

1971年財政部訂定大宗物資國外期貨交易管理辦法，專爲國內特定大宗物資業者之移轉價格風險需求提供從事交易之法據，將期貨交易人資格限定於生產事業，主要交易國外的玉米、黃豆、大麥、小麥及棉花等5種商品期貨。1980年將大宗物資國外期貨交易管理辦法更名爲重要物資國外期貨交易管理辦法，因所允許交易者全屬農產品期貨，得委託交易者限於經濟部管轄之大宗物資進口商，故主管機關由財政部改爲經濟部。

(二) 國、內外期貨交易統合時期

我國資本市場歷經多年來穩健發展後，政府爲落實亞太營運中心計畫，積極推動各項自由化、國際化的金融政策，加上各界對國內期貨市場之殷切需求，遂將建置國內期貨市場列爲重要議題，自1989年起開始進行期貨交易制度之研究，1990年2月經濟部完成國外期貨交易法草案，1992年7月10日公布，且將期貨的主管機關由經濟部改爲財政部證券管理委員會，自1993年1月施行。

1994年4月國內第一家期貨商大華期貨開始營業。另外統合國、內外期貨交易管理之「期貨交易法」於1997年3月完成立法，並自同年6月施行，我國期貨市場邁入另一個階段。

(三)我國期貨市場重大發展歷程事項說明

表 4-14 我國期貨市場重大發展歷程

民國	事件
86 年 3 月	期貨交易法頒布實施
86 年 9 月	臺灣期貨交易所開業
87 年 7 月	臺股期貨上市
90 年 12 月	臺指選擇權上市採行逐筆撮合、推出造市者制度、組合式委託單
91 年 7 月	期貨商品交易撮合改採逐筆撮合
92 年 1 月	股票選擇權上市
93 年 1 月	十年期政府債券期貨上市
93 年 5 月	三十天期商業本票利率期貨上市
93 年 10 月	獲 ASIA RISK 評選為 2004 年度風雲衍生性商品交易所
95 年 3 月	美元計價商品上市(黃金期貨、MSCI 臺指期貨及選擇權)開放外資非避險交易及開立綜合帳戶
96 年 10 月	SPAN 整戶風險保證金作業實施至結算會員端
97 年 4 月	期貨市場三大法人資訊揭露,境外外資得以多幣別繳交保證金(美元、歐元、日幣、英鎊、澳幣、港幣)
97 年 11 月	SPAN 整戶風險保證金作業實施至交易人端、有價證券抵繳保證金(股票、公債及國際債券)、調整股價指數類期貨與選擇權最後結算日及最後結算價
98 年 10 月	獲 ASIA RISK 評選為 2009 年度風雲衍生性商品交易所
99 年 1 月	股票期貨上市
101 年 11 月	加掛一週到期之臺指選擇權契約(Weekly Options)2013 年 07 月-建置期貨商交易及風險控管機制
103 年 5 月	Eurex / TAIFEX Link 上市
103 年 10 月	ETF 期貨上市
104 年 4 月	亞洲銀行家雜誌(The Asian Banker)評選為年度金融衍生性商品交易所
104 年 7 月	人民幣期貨上市、延長陸股 ETF 期貨交易時間
104 年 7 月	歐臺期與歐臺選榮獲 Futures and Options World(FOW)

104 年 9 月	2015 年亞區股權類商品創新契約獎
105 年 11 月	印度 Nifty 50 期貨、歐元兌美元及美元兌日圓匯率期貨上市
106 年 5 月	建置盤後交易制度、美國道瓊期貨及美國標普 500 期貨上市
106 年 12 月	榮獲 Futures and Options World（FOW）、2017 年國際獎項最高榮譽「全球年度交易所（Global Exchange of the Year）」
107 年 1 月	建置動態價格穩定措施
107 年 5 月	推出臺指選擇權動態價格穩定措施
108 年 9 月	美國那斯達克 100 期貨及櫃買富櫃 200 期貨上市

作者親身見證　我國期貨選擇權市場之創建與商品上市交易

作者本人與臺灣期貨選擇權市場的淵源甚深，民國 85 年 9 月，任職於主管機關協助推動期貨交易法之立法，86 年 3 月期交法通過，施行前須訂定相關子法，包括期交法施行細則、期交所、結算機構、期貨商的設置辦法及管理辦法等，這段期間，同時參與期交所的籌備成立，從 87 年完成法規各項訂定，至發出期交所及結算機構的許可執照，皆見證我國期貨創建的歷史。

臺指選擇權上市

90 年作者在期交所工作任內，推出臺指選擇權上市交易，配合選擇權的特性，同時推逐筆撮合、組合式委託單以及造市者制度，在 101 年推出週選擇權，因應市場變化需求。選擇權已成為臺灣期貨選擇權市場交易最活絡、最成功的商品。93 年期交所被亞洲風險雜誌評選為「2004 年度風雲衍生性商品交易所」，期交所是證券期貨金融市場第一個獲得該雜誌獎項的單位，可說是臺灣之光。

與歐交所合作掛牌

103 年歐交所來亞洲找合作對象，與臺灣期交所策略聯盟相互持股，將兩個最活絡的商品－臺股期貨、臺指選擇權掛到歐交所平台上交易。這樣做的好處是，利用國外與臺灣的交易時差，透過國外交易所平台，讓商品的交易時間可以延續，把國內商品推向國際。國內收盤後可以在歐交所交易，而且歐交所掛牌的商品是一天到期，隔天凌晨再轉回臺灣，轉回之後就可以進行避險部位或策略部位的調整，發揮期貨交易目的。

推動夜盤交易

期交所亦逐步規劃自己的夜盤交易制度與資訊系統，夜盤推出之前，期交所還有一項預先準備動作，就是延長部分商品的交易時間，與現貨市場同步，包括 104 年將陸股 ETF 延後到下午 4：15 收盤，105 年再延長黃金 ETF 交易時間到下午 4：15。

當時期交所已經上市多項商品，其中還有國外指數，像是美國道瓊期貨、標普 500 期貨，在夜盤交易時段，這些商品標的指數在美國正處於一般交易時段，相反的，臺股指數相關商品，像臺股期貨、臺指選擇權，夜盤交易時段，現貨市場早已收盤，該如何洗價？怎麼風控？邱總記得，期交所與公會經過密集的討論，並多次與主管機關溝通。

風控制度的訂定，必須符合整戶風控原則，又要以「不影響沒有交易夜盤的客戶」為前提，經過研究，「決定分成『豁免』及『非豁免』商品。」邱總說：「被期交所指定為豁免代為沖銷的商品，期貨商在夜盤，不必執行代為沖銷作業；非豁免代為沖銷的商品，則要執行代為沖銷作業。」還有，考慮到業者的需求，針對期貨商與 IB 分工、不參加盤後交易的期貨商怎麼告知交易人等等，也研議了配套措施。

夜盤交易制度於 106 年 5 月順利上線，提供交易人國內現貨市場收盤後的避險管道。目前夜盤交易量占期交所總交易量已經將近三成，夜盤的推出對於整個市場發展具重要關鍵地位。

資訊揭露與穩定機制

由於臺指選擇權交易活絡，價格具有代表性，95 年 12 月期交所取得 S&P 公司授權，編制臺指選擇權波動率指數（VIX），每天收盤後揭露給交易人參考。且為讓交易人從市場上得到交易決策有用的資訊，97 年起期交所推出三大法人資訊揭露，這是國際上期貨集中市場的一大創舉。另為了因應胖手指、委託簿流動性失衡等事件，國際上紛紛推出價格穩定機制來防範價格異常波動的風險，我國市場於 107 年 1 月推出，有助於強化國內期貨市場價格穩定，提升國際競爭力。

作者自我國期貨市場籌設立法、市場成立、商品上市、制度創建、夜盤上線、資訊揭露、價格穩定、接軌國際等等皆親身參與，見證了我國期貨市場創建發展繁榮史。

表 4-15　我國各類期貨契約交易概況明細表

單位：契約數

年	期貨自營帳戶		期貨經紀帳戶		成交契約總數	未沖銷契約數
	買進	賣出	買進	賣出		
2010	8,352,657	8,348,188	34,176,366	34,180,835	42,529,023	132,361
2011	10,571,820	10,636,987	45,800,665	45,735,498	56,372,485	155,629
2012	8,891,873	8,870,802	38,877,269	38,898,340	47,769,142	176,365
2013	8,768,883	8,738,869	34,620,767	34,650,781	43,389,650	219,636
2014	11,600,342	11,695,744	38,457,003	38,361,601	50,057,345	258,966
2015	16,012,384	16,122,048	56,040,518	55,930,854	72,052,902	214,816
2016	12,099,352	12,121,609	61,003,107	60,980,850	73,102,459	269,371
2017	13,084,195	13,162,925	65,324,354	65,245,624	78,408,549	344,465
2018	14,214,049	14,245,417	98,517,194	98,485,826	112,731,243	291,914
2019	11,576,789	11,641,521	78,465,559	78,400,827	90,042,348	328,212
2020	7,977,962	8,015,393	75,796,664	75,759,233	83,774,626	367,783

註：期貨自營帳戶之交易包括證券自營商於其兼營期貨自營業務之期貨自營帳戶分戶從事之期貨交易。

資料來源：金管會證期局，證券期貨市場重要指標

掃描查詢最新資訊

表 4-16　我國各類選擇權契約交易概況明細表

年	期貨自營帳戶		期貨經紀帳戶		成交契約總數	未沖銷契約數
	買進	賣出	買進	賣出		
2010	51,059,472	52,121,073	46,204,396	45,142,795	97,263,868	1,160,351
2011	67,889,488	70,478,980	58,733,198	56,143,706	126,622,686	652,098
2012	52,897,706	55,023,381	56,065,064	53,939,389	108,962,770	872,949
2013	46,485,330	48,513,508	63,350,258	61,322,080	109,835,588	907,118
2014	67,179,650	69,299,950	85,174,098	83,053,798	152,353,748	847,673
2015	89,921,228	89,812,713	104,521,530	102,630,045	192,442,758	761,598
2016	66,127,481	67,488,780	102,448,616	101,087,317	168,576,097	830,058
2017	71,683,231	72,041,734	115,613,889	115,255,386	187,297,120	1,223,670
2018	77,317,020	79,868,035	118,035,313	115,484,298	195,352,333	580,809
2019	65,747,647	67,129,670	104,975,487	103,593,464	170,723,134	612,885
2020	43,337,955	45,305,295	78,598,127	76,630,787	121,936,082	509,253

註：期貨自營帳戶之交易包括證券自營商於其兼營期貨自營業務之期貨自營帳戶分戶從事之期貨交易。

資料來源：金管會證期局，證券期貨市場重要指標

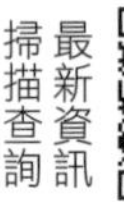

掃描查詢最新資訊

4-3 金融科技之發展與衝擊及金融市場之因應

一、金融科技之發展與衝擊

（一）金融科技之意義發展

金融科技（Financial Technology, FinTech）是指因應科技發展與行動通訊等演進，業者利用各種等新型態的科技工具提供金融服務使用者新型態便利、快速、新體驗等金融服務，開創新金融服務模式，金融服務變得滿足新世代環境便利化之需求，以提升金融服務效率與品質。

另一層面，透過新技術的應用，使得非金融業之科技，社群媒體或通路等業者得以提出創新金融服務，以創新商業模式開創市場而跨入金融業務領域，衝擊影響傳統金融業者。

（二）傳統金融無法因應科技發展及滿足客戶需求之問題

傳統金融有下列問題而無法因應科技發展及滿足客戶需求：

1. **傳統人工服務的缺點**：服務成本高、顧客等待時間長、服務有時間限制，較無法提供客製化服務，以及服務普及性不高、易發生人為錯誤、產業進入障礙高等。
2. **金融創新服務**：金融科技將數位科技導入金融，明顯改善傳統金融問題，促使金融服務邁向公平、效率及多元創新，例如：1967年全球第1臺ATM於倫敦問世，在銀行打烊後提供提款服務，1995年全球第1家純網路銀行於美國以無實體分行提供服務，2007年Apple公司發表首支智慧型手機，行動銀行、行動支付逐漸取代傳統金融或交易，2008年FinTech開始發展，全球第一家自動化投顧公司成立，隔年BitCoin上市。

（三）導入金融之數位科技

包括大數據分析、行動技術、人工智慧（AI）、雲端運算、區塊鏈、生物辨識、API等金融科技的發展產生下列的效益：開創全天候無地域限制的服務、提供多元的客製化服務、降低服務價格、減少人為錯誤、提升服務效率、擴大服務覆蓋面、跨域多元創新、促進市場競爭等。

表 4-17 金融科技演進三階段

FinTech 1.0 （1866 年 ~ 1987 年）	FinTech 2.0 （1987 年 ~ 2008 年）	FinTech 3.0 （2009 年 ~ 目前）
金融業務電腦化，改善人工作業效率	網際網路興起，虛擬與實體通路並行	金融科技創新，改變金融服務模式
1. 1866 年完成鋪設跨大西洋海底電纜，促使金融業務國際化。 2. 1967 年計算機及自動櫃員機問世。 3. 1970 年代初期美國聯邦準備同業資金轉帳及清算網絡（Fedwire）開始採用電子化作業。 4. 1980 年代初期起，金融業務逐步朝向電腦化。	1. 1987 年商業網路服務公司 UUNET 成立，帶動網際網路興起。 2. 1995 年第一家純網路銀行在美國成立。 3. 多數銀行同時透過虛（網路銀行）實（實體分行）通路提供金融服務。	1. 行動應用程式（APP）、人工智慧、區塊鏈、雲端計算、大數據及機器人流程自動化等先進科技，逐漸運用於金融服務。 2. 金融科技公司及大型科技公司參與提供金融服務，與傳統金融機構形成競合關係。 3. 商業模式創新，金融服務行動化及平台化。

資料來源：中央銀行

NEWS FinTech 金融科技 5 大應用領域

支付、保險、機器人理財、群募、借放款

FinTech 稱為「金融科技」，即 Finance（金融）＋ Technology（科技）的直接翻譯，用白話文來說，就是「用科技的手段，提供金融服務」。舉例來說，早期要帶著存摺到銀行櫃臺填寫提存款單據，後來到 ATM，現在有了智慧型手機，直接線上轉帳，以後手機就是錢包、就是銀行，這就是 FinTech 帶來的創新應用。

根據世界銀行統計，目前沒有銀行帳號的人口高達 20 億人，占全球人口總數三分之一，而且只有 10% 的人擁有信用卡，20% 的貸款需求者能通過傳統金融機構的服務。然而，隨著網路、科技的高速發展，如今已有 36 億人天天倚賴網路應用，各項條件環境都為金融科技的發展，提供豐富的沃土。

FinTech 5 大應用領域

應用	說明	當前成功案例
行動支付	無紙鈔的世界，出門免帶錢包，運用手機即可隨買隨付	Pay Pal、Apple Pay、支付寶、歐付寶、微信紅包
保險科技	運用大數據，客製化保單，創造保費差異化與商品多元化	高溫險、健康險等結合數據資料的客製化保單
智能理財	透過 AI 機器人，提供隨身理財顧問，降低管理成本、提高效率	美國 Wealthfront、台灣基富通等機器人理財平台
群眾募資	提供小資族成為天使投資人的機會，並實現創意變生意	全球最大群眾募資網 Kickstarter、臺灣一度火紅的翻轉背包
借貸放款	P2P 小額貸借周轉，加快核貸、撥款速度	英美 Funding Circle、台灣鄉民貸等融資平台

資料來源：聯合晚報 2016/11/04

（四）國際發展趨勢

金融穩定學院（Financial Stability Institute, FSI）於2020年發布報告提出金融科技樹（Fintech Tree）的概念框架，將金融科技環境分成三個部分：樹冠－金融科技活動（Fintech Activities）、樹幹－賦能技術（Enabling Technologies）和樹根－政策輔佐（Policy Enablers）。依此分類，亦可將各國對金融科技之監理作爲區分爲下列三種（此分類有助於將監理政策分成三類）：

1. 針對金融科技活動的監理政策。
2. 針對使用新興技術的金融服務，所採行的監理政策。
3. 促進金融創新或使數位金融服務更廣泛應用，所採行的監理政策。

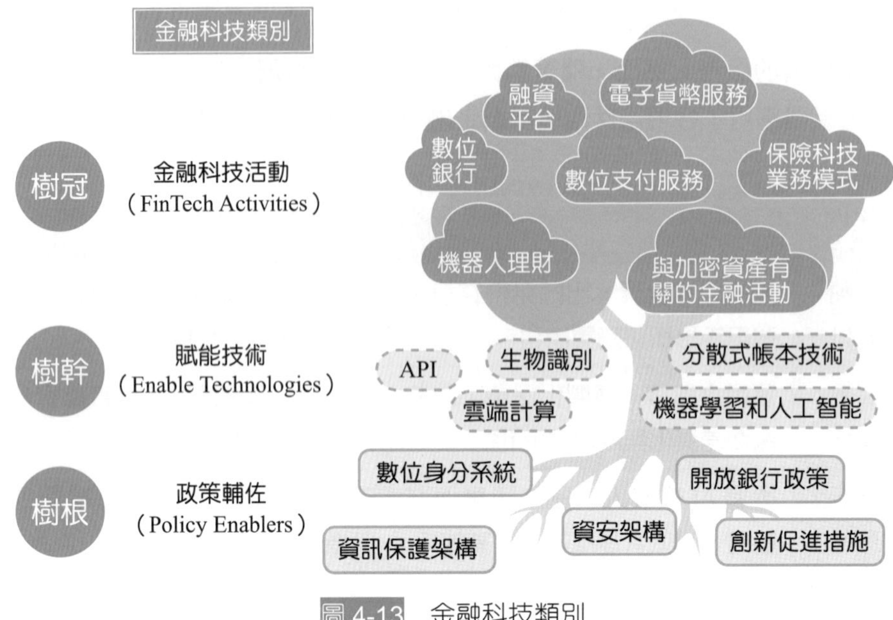

圖 4-13 金融科技類別

「金融科技」一詞雖然是近幾年才被定義出來的，但如ATM、網路證券交易、網路銀行等都算是早期金融科技的產物。目前創新金融服務係以創新商業模式開創市場而跨入金融業務領域，利用網路設施、物聯網、智能手機行動技術、大數據分析、雲端運算、人工智慧、應用程式介面API等技術，協助金融業者和消費者管理其財務營運、客戶消費行爲分析、滿意度、使用體驗和生活潛在所需服務。

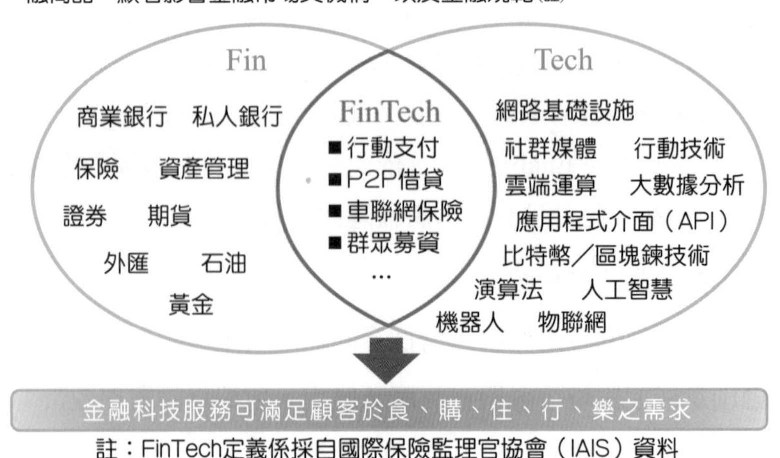

圖 4-14 FinTech 之定義

主要服務類型包括：行動支付、借款與貸款、保險、投資理財管理、群眾募資等。

金融科技需以科技爲基礎，故基礎建設與設施爲重要之一環，服務範疇涵蓋傳統金融業務如對客戶之支付、放款授信、財富管理、保險、證券期貨資本市場等業務，進而延伸至超越原有之銀行等金融業務，如電子商務結合金融服務等。

（五）金融科技對金融業之衝擊影響

金融科技發展對金融業之衝擊影響，金融業面臨此種衝擊產生危機感，雖亦運用科技，期望有所因應以減少衝擊影響，惟由於傳統經營思維與模式無法短期巨幅變革，且引進新種科技導入經營並無經驗與人才等，故無法充分滿足金融服務需求。

反觀科技業者藉由網路設施、物聯網、智能手機行動技術、大數據分析、雲端運算、人工智慧、應用程式介面API、區塊鏈、生物辨識等技術，跳脫銀行傳統經營思維，創新商業模式，滿足新型態科技生活或新世代金融消費需求，填補傳統銀行服務之不足，此趨勢對傳統銀行產生巨大衝擊影響，並促使金融業者與金融消費者思考金融業者在新世代應扮演的角色及如何轉變此浪潮的衝擊。

表 4-18 銀行型態的進化

Bank 1.0	Bank 2.0	Bank 3.0	Bank 4.0
實體銀行	網路銀行	行動銀行	銀行服務無所不在
1. 實體銀行為主要服務通路，客戶須臨櫃交易。	1. 1990年代起，個人電腦及網際網路蓬勃發展。 2. 網路銀行業務興起，使金融服務不受時空限制。 3. 虛擬的網路服務著重於「支援」實體通路。	1. 智慧型手機使用人口數逐漸增加，促使行動銀行業務增加。 2. 行動支付與行動錢包盛行。 3. 金融服務更加多元，銀行不再是一個地方，而是一種行為。	1. 結合智慧裝置及人工智慧等技術，提供融入日常生活且互動的金融服務。 2. 分析消費行為及應用情境，即時提供理財與消費建議，提升其對金融服務的情感依賴及黏著度。 3. 未來銀行服務可能不在銀行。

二、我國金融市場對金融科技之因應

金管會爲藉由金融科技提升業者金融競爭力及對金融業衝擊之因應，爰規畫我國金融科技發展計畫（金管會109/08/27）：

1. **願景**：是形塑友善之金融科技發展生態系，促進相關服務或商業模式之推出，以提升金融服務之效率、可及性、使用性及品質。
2. **推動目標**
   (1) 普惠：推動金融服務滿足各類型企業與民眾的不同需求，達到便利性與普及性。
   (2) 創新：秉持「鼓勵創新與預防風險」衡平原則，推動負責任創新，提升金融產業新價值。
   (3) 韌性：確保金融服務提供者的資本適足及業務財務健全經營，落實誠信的經營文化，並透過完善風險管理措施，提升金融體系韌性。
   (4) 永續：推動金融服務提供者善盡社會責任，促進永續平衡，致力創造經濟、環境、社會三贏。
3. **推動原則**
   (1) 功能及行爲監理：將金融監理思維框架由機構管理導向，轉化爲功能及行爲導向，鼓勵創新商業模式研發，並有效識別及管控風險，維護金融市場使用者權益。
   (2) 科技中立：鼓勵運用技術精進經營效率及效能，建立公平競爭環境，增加消費者福祉及提高產業競爭力。
   (3) 友善創新：提供創新及創業資源之政策支持，打造充滿活力的金融科技生態系統。

我國金融業者因應轉型措施如表4-19：

表 4-19 我國金融業因應 FinTech 轉型做法之比較

	FinTech 項目 / 業別	銀行業	保險業	證券業	期貨業
基礎設施	大數據分析	✓	✓	✓	✓
	雲端運算	✓	✓	✓	✓
	物聯網		✓		
	研究區塊鏈技術	✓	✓	✓	✓
	生物辨識登錄	✓		✓	
	API 應用			✓	✓
應用	網路開戶、交易、投保	✓	✓	✓（47.52%）	✓（93%）
	行動支付、理賠、保全	✓	✓		
	智能客服	✓		✓	
	智能交易	✓			✓
	理財機器人	✓		✓	

註： 105年1 ~ 12月統計資料，期貨市場電子交易比重係指網際網路、專屬線路及自營商交易量占市場交易量比重（%）

三、結語

金融科技之發展勢不可擋，是潮流所趨，亦是機會所在，未來發展趨勢有下列幾個方向：

1. 金融科技化，協助金融業轉型升級。
2. 科技多樣化，協助科技業創新創業。
3. 法遵智慧化，便於金融業降低成本。
4. 服務體驗化，提供投資人更精緻服務。
5. 交易智慧化，提供投資人全天候交易服務。
6. 商品創新化，提供市場完善投資 / 避險管道。

但金融科技的發展也面臨新的監理問題而伴隨許多潛在風險，進而影響金融監理、消費者權益、市場穩定和發展，例如資訊安全威脅、洗錢與資恐風險、監理套利問題，新創業者對金融法令與監管體制較不熟悉，可能影響創新意願或牴觸法規而不自知，傳統金融監理框架不適用於金融科技業務，現行法規不利新創業者發展或金融創新等，皆是隨著金融科技快速發展需因應解決之問題。

1. 在證券發行市場中，證券承銷商如何扮演協助者的角色？
2. 臺灣有哪些機構屬於交易場所的管理機構？
3. 何謂「店頭市場」（Over-the-counter Market）？臺灣的店頭市場有哪些工具？與證券交易所有何不同？ 【76Q2 證券分析人員】
4. 在證券市場中我們常聽到公開發行公司及上市（櫃）公司，請問公開發行與初次上市（櫃）的意義爲何？上市（櫃）公司一定是公開發行公司嗎？
5. 集中市場與店頭市場的差異爲何？店頭市場的存在，是否有其實質意義與角色？

NOTE

金融市場之商品

Chapter

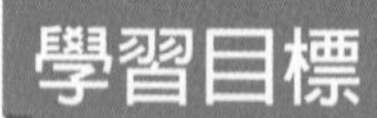

學習目標

1. 金融市場商品種類及其特性？
2. 貨幣市場商品種類及其意義？
3. 資本市場商品種類及其意義？

名人金句

- 股票具有不同程度的風險，債券也是具有不同程度的風險。處理投資風險最好的方法是將風險性資產與無風險性資產混合在一起。

詹姆士・托賓（James Tobin）

- 人們一直專心致力於找尋正確的基金、熱門的基金及偉大的經理人，在絕大部分的情況下，並未因此獲得利益。

彼得・林區（Peter Lynch）

本章架構圖

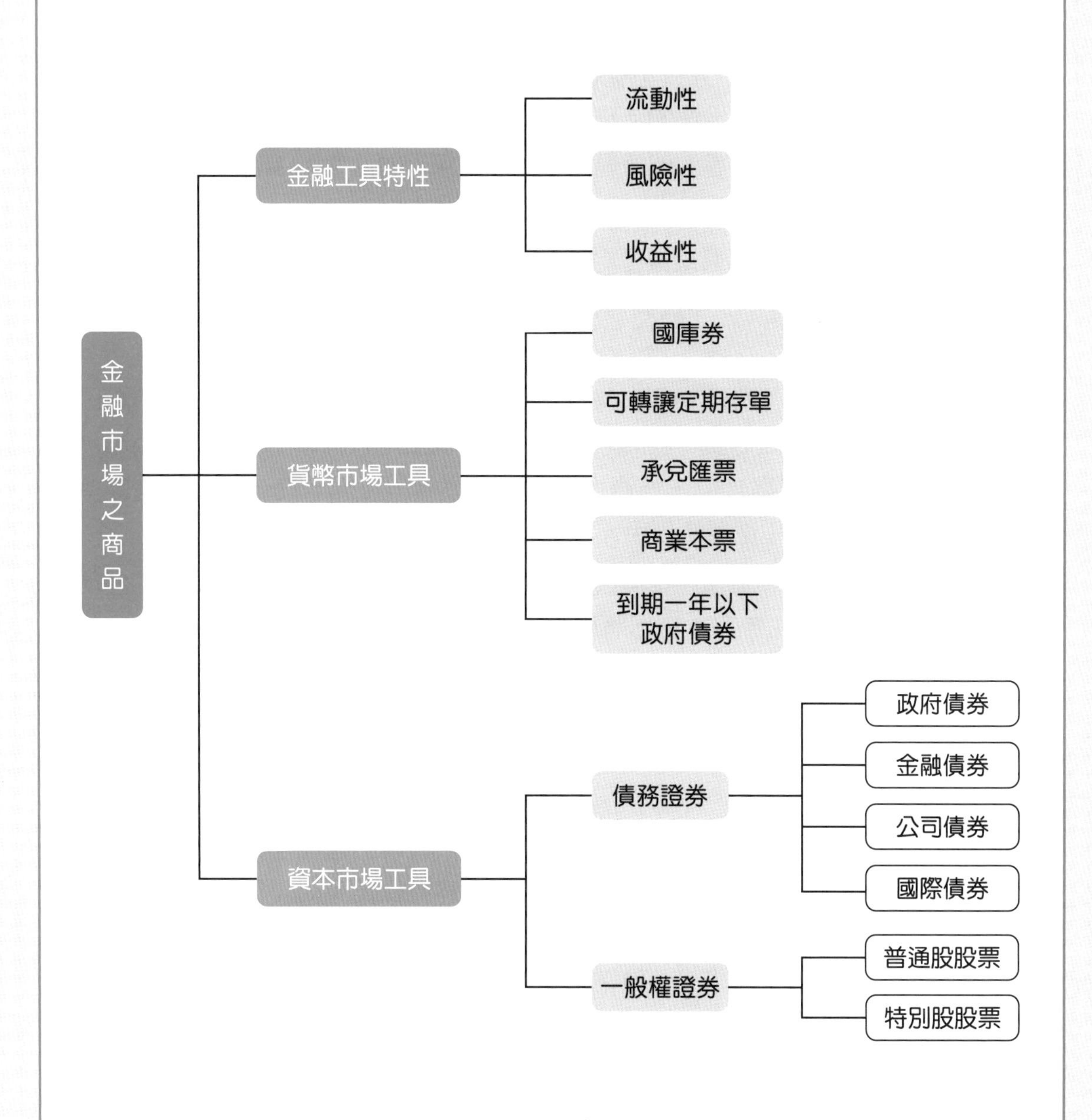
金融市場之商品
金融工具特性
流動性
風險性
收益性
貨幣市場工具
國庫券
可轉讓定期存單
承兌匯票
商業本票
到期一年以下政府債券
資本市場工具
債務證券
政府債券
金融債券
公司債券
國際債券
一般權證券
普通股股票
特別股股票

破天荒！台積電募資 1,200 億　專家爆要大幹一場

台積電狂發公司債，外資推測接英特爾大單近了。

全球資金寬鬆，台積電今年發債規模高達1,200億元，創下歷年最大手筆，外資也覺得不尋常。里昂昨（13）日發布報告指出，從這次台積電破天荒發債規模來看，推測可能為「幹大事」做準備，不排除是英特爾外包訂單快來了。

台積電11日董事會通過擬發行兩筆無擔保美元公司債，總額上限為40億美元（約台幣1,184億元），今年在臺籌資規模創下業界新高，公司表示，將用於擴充產能的資金需求。

工商時報報導，里昂證券亞洲科技產業部門研究主管侯明孝指出，台積電日前宣布發行40億美元公司債，對於過去在資本結構上極有紀律的台積電來說，長債金額來到不正常的高水位，推測近期大手筆發債，可能是為未來幹大事做準備，不排除英特爾外包肥單快到手。

台積電歷年來大手筆債務都與擴大資本支出有密切關係。侯明孝認為，台積電積極發債象徵未來5年資本支出將更強勁，且需求面的展望亦佳，可能英特爾CPU委外代工比預期來得更快，需求量也可能更大，並將台積電目標價從500元拉升至530元。

資料來源：中時新聞網 2020/08/14

【新聞評論】

此篇報導提及台積電董事會通過擬發行兩筆無擔保美元公司債，總額上限爲40 億美元（約臺幣 1,184 億元），今年在臺籌資規模創下業界新高，公司表示將用於擴充產能的資金需求。台積電歷年來大手筆債務都與擴大資本支出有密切關係。企業籌措資金常用於研發、購置土地、興建廠房、機器設備等以擴充產能因應市場客戶需求及長期策略發展等，台積電此次係因應訂單需求用於擴充產能，企業籌措管道主要在金融市場籌資，除向銀行舉債外，資本市場有股票、債券等金融工具商品可供企業利用，本章即在介紹金融市場商品種類及其特性，與金融商品種類及其意義，讀者研讀比較分析各金融商品特性後，可進一步思考台積電爲何以發行無擔保美元公司債方式進行籌資？

5-1 金融商品種類及特性

一、金融市場商品的種類

金融市場的商品係有價證券，廣義的有價證券，可分爲財物證券、貨幣證券及資本證券三類。財物證券是表彰財物的證券，如倉單；貨幣證券是商業上的支付工具，用以代替貨幣的使用，如支票及短期信用工具（如本票、匯票）；資本證券是表示投資一定金額、一定比率資本或貸放資金的憑證，包含具有股權性質（Equity）及收益請求權的憑證，如股票、公司債、受益憑證。

資本證券又可分爲股權證券及債務證券。其中具有股權性質者稱爲股權證券（如普通股股票）；而債務證券，指由公司或政府發行的借據，必須於到期日支付一定的本金與利息者，例如債券商業本票、定期存單等信用工具。一般證券市場所指的證券，即爲第三種之資本證券，亦稱爲狹義之有價證券。

另依我國證券交易法第六條規定，有價證券之範圍包括政府債券、公司股票、公司債券（普通公司債及轉換公司債等）及經財政部核定之其他有價證券（如外國股票、公債、公司債、受益憑證、非由標的證券發行公司所發行之認購（售）權證及具有投資性質之外國有價證券等），而新股認購權利證書、新股權利證書及前述各有價證券之價款繳納憑證或表明其權利之證書，視爲有價證券。可參考第3章的表3-3。各市場發行餘額狀況如表5-1：

表 5-1 各市場發行餘額

單位：新臺幣億元

期間	金融業拆款市場 期底拆款餘額	短期票券市場 期底發行餘額	債券市場 期底發行餘額	股票市場 總市值
	原始值	原始值	原始值	原始值
2016	4,118	18,735	87,127	272,479
2017	3,930	21,545	88,015	318,319
2018	3,840	22,231	89,424	293,185
2019	2,658	23,532	89,780	364,135
2020	3,106	27,472	94,730	449,038

資料來源：中央銀行（最近更新日：2021/07/23）

二、金融商品特性

金融商品所具有之特性包括流動性（Liquidity）、風險性（Risk）及收益性（Yield），茲分述如下：

（一）流動性

如果資產轉換爲貨幣所需時間甚短，而且價值無損失，此類資產即具高度流動性。故具流動性之金融商品，其特性爲變現容易、轉換成本低及市場價格穩定。此包括流通及變現性二概念，即指轉換時間與效率及價格穩定程度。

（二）風險性

所稱風險性即投資損失的可能性。風險一般可分爲：

1. **倒帳風險（Default Risk）**：係指原投資於某一金融商品之資金無法完全收回，甚或完全損失殆盡。此種情況多爲發行人信用出現問題，致無力償還。
2. **市場風險（Market Risk）**：係指所投資金融商品其市場價格變動之風險。其原因視該商品工具之因素，一般通常包括產業、商品供需、政治、經濟情況變化而導致價格之波動。

（三）收益性

係指投資於某一既定金融商品其報酬率之高低。此爲投資人重要之考量及投資之主要目的，報酬率高低與風險性成正向關係，且報酬率依金融工具不同而有所差異。一般而言可分固定型、半固定型及非固定型，固定型指具固定收益報酬之證券如債券，半固定性如特別股股票，非固定型則如一般普通股股票屬之。

5-2 貨幣市場商品

貨幣市場即透過交易商的媒介，以短期信用工具做爲交易籌碼，使短期資金的供給與需求作適當密切的配合。無論個人、企業、金融機構、機關團體及政府，均可經由貨幣市場，調度或運用其短期資金。貨幣市場係自由競爭的市場，故其效率相當高。在金融體系中，它所占的地位已愈來愈重要，尤其在金融自由化、證券化的潮流下，貨幣市場應更能發揮其作用。我國建立貨幣市場始於1971年代初期，中央銀行以貼現方式發行乙種國庫券，後又核准銀行發行可轉讓定存單，到了1976年5月，第一家專業票券交易商—中興票券金融公司率先成立，兩年內，國際及中華亦相繼開業，從此貨幣市場漸次發展起來，各種貨幣市場工具陸續增加，交易制度亦見確立。

1980年4月，銀行間之拆放市場成立，1982年元月起，中央銀行在貨幣市場開始公開市場操作，貨幣市場因之更臻健全。目前國內貨幣市場流通的交易標的，主要有國庫券、商業本票、銀行承兌匯票、銀行可轉讓定期存單等。1992年政府開放銀行得兼營貨幣市場票券業務，1994年再開放新設票券金融公司。2003年開放證券商得申請兼營短期票券業務，貨幣市場已進入完全競爭之戰國時代。2010年則進一步開放票券商得申請辦理外幣票券業務。

我國貨幣市場的交易商品依「票券商管理辦法」規定，短期票券係指到期日在一年以內之各種票券，目前我國貨幣市場主要之交易工具有買賣國庫券、可轉讓定期存單、銀行承兌匯票、商業承兌匯票、商業本票及其他經財政部核准之短期債務憑證，財政部並於1983年核准票券金融公司得以證券自營商身分買賣到期日在一年以內之各類債券，至此貨幣市場的交易工具乃初具規模。

一、國庫券（Treasury Bills, TB）

國庫券係政府為調節國庫收支及穩定金融所發行一年內到期之短期債務憑證，由政府承諾經特定時日後，向持票人支付一定金額的短期債務憑證。國庫券以國家信用作為後盾風險無虞，期限最長不超過一年，為各國貨幣市場最重要的交易工具，其發行利率往往具指標性而影響市場利率走向。世界各國中央銀行無不藉國庫券的發行、買回作為調節金融及執行貨幣政策之重要工具。國庫券的收益率通常較貨幣市場其他交易工具低，惟因債信良好，且可作為質押及公務保證之用，金融機構參與國庫券投標多充作流動準備金，購買後持有至到期日，中途甚少流通，市場流動籌碼少。

目前我國國庫券之發行、償還等依「國庫券及短期借款條例」規定辦理。

資料來源：中華民國票券金融商業同業公會

圖 5-1　中華民國國庫券

我國國庫券依發行目的，可區分爲財政部爲調節國庫收支與中央銀行爲穩定金融而發行兩種。依據我國國庫券發行條例規定，國庫券分爲甲、乙兩種。其中由財政部基於調節國庫收支目的而發行者，爲甲種國庫券；由中央銀行基於穩定金融目的而發行者，稱爲乙種國庫券。

我國發行之國庫券大都爲乙種國庫券。國庫券的收益率通常較貨幣市場其他交易工具爲低，惟因債信良好，且可作爲質押及充公務保證之用，金融機構參與國庫券投標多係充作流動準備金，購買後持有至到期日，中途甚少流通，一般企業少有機會購買，市場流通之籌碼稀少。在資金寬鬆時期，中央銀行爲控制貨幣供給額，會大量發行國庫券沖銷浮濫的資金，票券金融公司爲活絡市場，並增加交易工具，積極參與投標，國庫券交易易呈現活絡現象。

二、可轉讓定期存單（Negotiable Certificates of Deposit, NCDs）

可轉讓定期存單可分爲銀行可轉讓定期存單及中央銀行可轉讓定期存單。

（一）銀行可轉讓定期存單

銀行可轉讓定期存單係指銀行簽發在特定期間按約定利率支付利息的可轉讓定期存款憑證，此項憑證與一般銀行收受定期存款所產生之定期存單不同，其最主要的差別在於前者持有人可以在貨幣市場自由流通轉讓，後者則不得轉讓。

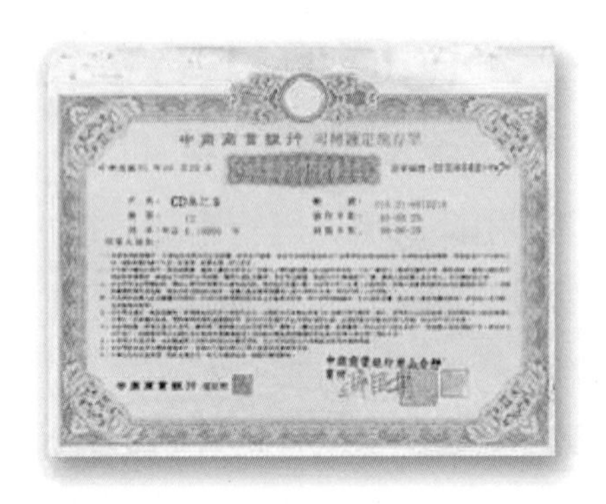

資料來源：中華民國票券金融商業同業公會

圖 5-2 商業銀行可轉讓定期存單

（二）中央銀行可轉讓定期存單

中央銀行法規定中央銀行爲調節金融得發行定期存單、儲蓄券及短期債券，並得於公開市場買賣。故發行可轉讓定期存單亦爲中央銀行公開市場操作工具之一，可藉以調節市場資金。

三、承兌匯票

（一）銀行承兌匯票（Banker's Acceptance, BA）

銀行承兌匯票係指商業交易行爲的買方或賣方委託銀行爲付款人而經銀行承兌的遠期匯票。匯票經銀行承兌，其票據主債務人爲承兌之銀行，風險無虞，爲貨幣市場之優良交易工具。

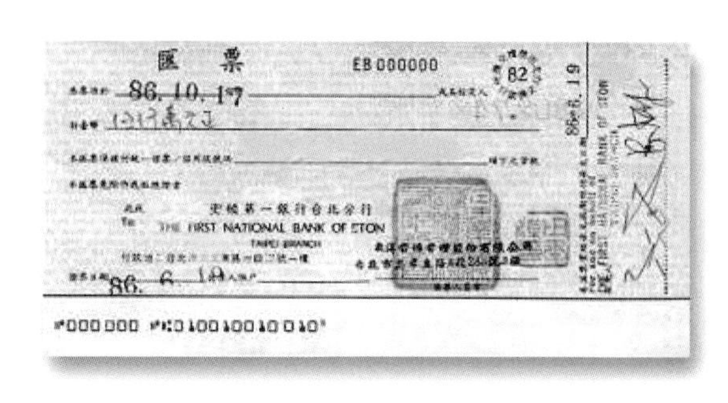

資料來源：中華民國票券金融商業同業公會

圖 5-3 銀行承兌匯票

銀行承兌匯票產生的方式概分爲二類：

1. **依據國內期信用狀產生**：亦即由商業交易之買方申請往來銀行簽發國內遠期信用狀（L/C）向賣方購貨，當賣方履行信用狀規定條款，即可持有關憑證簽發以開狀銀行爲付款人之匯票請開狀銀行承兌，賣方於需要資金時可持向貨幣市場貼現。商業交易使用國內遠期信用狀可確保交易的履行。對賣方而言，得以儘早取得貨款；對買方而言，可延緩付款期限，減少資金調度壓力。
2. **銀行直接授予客戶匯票承兌額度所產生**：即客戶與往來銀行簽訂一定期間內循環使用的承兌額度，當產銷過程需要短期週轉資金時，就額度內簽發匯票連同交易憑證送請銀行承兌後在貨幣市場出售。

銀行承兌匯票爲銀行承兌到期無條件付款之票據，但買方在匯票期滿前須將票款存入銀行，故銀行乃經手付款而收取手續費。依匯票是否需附單據而可分爲光票與跟單匯票。光票（Clear Bill）指不必隨附任何單據，付款人或承兌人到期無條件付款者；跟單匯票（Documentary Bill）需檢附提單、商業發票、保險單、包裝單等。

客戶在貨幣市場出售銀行承兌匯票，按貼現基礎計價，期限不超過180天，所負擔成本爲按市場利率計算的貼現利息及繳交銀行的承允手續費。國內遠期信用狀產生的銀行承兌匯票另須負擔開立信用狀的開狀費。

（二）商業承兌匯票（Trader's Acceptance, TA）

商業承兌匯票係指商業交易行爲的賣方，爲了收取貨款，於交貨後簽發指定買方爲付款人的匯票，經買方承兌後即成爲商業承兌匯票，賣方於需要資金時，可持向貨幣市場貼現。商業承兌匯票之承兌人爲一般工商企業，其債信較金融機構爲低，持有之風險相對較高，故在貨幣市場的流通性遠低於銀行承兌匯票。

商業承兌匯票與銀行承兌匯票的區別在於：(1)商業承兌匯票無銀行信用的介入而純屬商業信用的票據；(2)商業承兌匯票的承兌人爲交易行爲的買方，銀行承兌匯票則買、賣雙方均可申請銀行承兌。商業承兌匯票屬於具有自償性符合實質票據理論的交易票據。

四、商業本票（Commercial Paper, CP）

商業本票係指依法登記之公司以簽發遠期本票的方式，在貨幣市場公開發行，取得融通資金之信用工具。商業本票分爲二類，一爲基於合法交易行爲所產生者，稱爲交易性商業本票，又稱爲第一類商業本票（CP1），屬於具有自償性符合實質票據理論的本票，與商業承兌匯票同屬貨幣市場中代表純商業信用交易工具。另一類爲企業爲籌措短期週轉資金而發行的融資性商業本票，又稱爲第二類商業本票（CP2）。茲分述如下：

（一）第一類商業本票

爲具有實際交易行爲依據的交易票據，爲工商企業因實際交易行爲而簽發之交易本票，本票的信用建立於交易雙方的當事人並無銀行信用保證，所以票券商在買入之前，需對交易雙方做徵信工作，並給予受款人一定期間的循環使用額度。持票人可於需要資金時，檢附相關交易憑證向票券商辦理貼現。

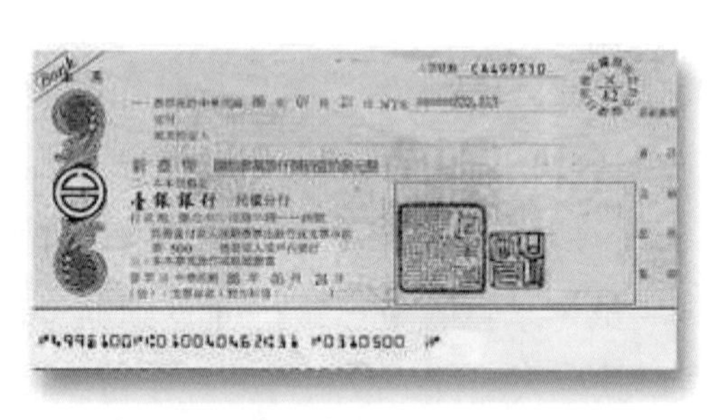

資料來源：中華民國票券金融商業同業公會

圖 5-4　銀行商業本票

實務上，票券金融公司辦理買入前要先對交易雙方加以徵信並授予賣方（本票的背書人）一定期間的循環額度。賣方取得買方支付的本票後，於需要資金時經背書並檢附交易憑證，向票券金融公司辦理貼現。每筆本票的期限不超過180天。廠商在貨幣市場出售第一類商業本票的成本爲按市場利率計算之貼現息。國人於商業交易一向習慣使用遠期支票作爲支付工具，惟遠期支票僅能以託收票據的方式向銀行承借客票融資業務，不能辦理貼現。

（二）融資性商業本票（Commercial Paper，簡稱 CP2）

資料來源：中華民國票券金融商業同業公會

圖 5-5　各式長短期融資性商業本票

又稱第二類商業本票，係工商企業爲籌措短期資金所簽發的本票，經專業票券商或合格金融機構簽證、承銷後，流通於貨幣市場上。融資性商業本票可分爲金融機構保證發行與不需金融機構保證發行兩種。前者企業先取得金融機構授予發行商業本票額度，簽發本票，經金融機構保證發行，委請票券商辦理簽證、承銷。貨幣市場流通者多爲融資性商業本票，其中又以經金融機構保證之商業本票占極大比例，第一類上市股票發行者，市場上極少。融資性商業本票發行期限以天爲單位，最長不得超過一年，企業可依本身資金需求狀況、利率結構，自由決定發行期間長短，靈活調度資金，所負擔之成本一般而言較向銀行短期融資爲低，而且採公開發行方式，亦可提高公司知名度，爲一被廣泛運用之短期票券工具。

企業於資金規劃時將可視本身資金需求的時間，參考貨幣市場不同級距的利率結構與銀行放款率相比較後作適當的調配，發行長、短期的商業本票以靈活調度營運週轉資金。

國際票券楊瑞仁盜領 100 億

2008 年 12 月 10 號，蹲了 13 年牢的楊瑞仁出獄了，各大媒體爭相報導，到底這個楊瑞仁是何方神聖？ 1995 年間，國票案爆發，堪稱臺灣金融業史上最大經濟犯罪案，就是由當年未滿 30 歲的國票板橋分公司營業員楊瑞仁一手策劃，盜領國票 300 多億元，轟動臺灣金融市場，其案件造成當時國票股票跌停、引發擠兌風波，楊瑞仁的主管國票作業部經理還因此跳樓自殺。楊瑞仁盜領 100 餘億元的代價是被法院判處 13 年的刑期以及 30 億元的罰金（創下坐牢一天值 271 萬、罰金易服勞役一天折抵 833 萬的驚人紀錄）、他在坐牢期間還買通監所人員在獄中炒股，又被多判兩年徒刑，直到 2008 年符合減刑條件才得以出獄，出獄後還必須依照他跟國票之間的協議，他必須要在出獄後的 8 ～ 10 年間償還國票公司 40 億元。以下就來簡單介紹一下楊瑞仁的犯罪手法。

國際票券金融股份有限公司（簡稱國票）之主要業務是短期票券之簽證、承銷、經紀、自營、保證、背書。以保證業務中之發行商業本票為例，就是當一家民間廠商或是公司需要調度資金而開立商業本票給他人，他人對於開立本票的公司不放心怕將來錢拿不回來，於是就希望那張本票上面可以由很有錢的人來保證，而國票公司就是那個在本票上保證、從中賺取利潤的人。而國票板橋分公司的營業員楊瑞仁就是從這種業務當中找到了可趁之機。

楊瑞仁於 1994 年 9 月間，趁提早上班公司內四下無人之時，利用公司內部控管的疏漏，竊取國票公司置於儲物間內，提供給客戶使用之空白商業本票數本，再於上班前、下班後以及遞送公文的空檔，趁該分公司有權保管保證章之副理疏忽之際，偷取公司經理以及襄理所保管的保證章、簽證章，在全部的空白本票上面蓋上這些印章，之後需要錢的時候呢，再填上金額及到期日，然後把他之前所盜刻的公司客戶印章蓋於本票上。如此一來，楊瑞仁偽造本票就算是大功告成了。

資料來源：60分鐘，實用內控

五、距到期一年期以下政府債券

債券爲中、長期的債務憑證，其特性爲依面額發售，票面記載利息，債票款之償付均以債券息票及還本付息票支付。債券可自由轉讓流通，原屬於資本市場的交易工具。惟距到期日一年以內之政府債券，亦可於貨幣市場中進行交易。

債券依發行機構別，分爲(1)各級政府依法發行的政府債券；(2)銀行依銀行法規定發行的金融債券；(3)公、民營企業依公司法規定發行的公司債券。我國債券市場交易的債券以政府債券爲大宗，其中又以財政部發行的中央建設公債發行量最大，茲說明如下：

依規定中央政府爲支應重大建設，籌集建設資金，得發行中央政府建設公債前項公債及借款，分甲、乙兩類。甲類公債指支應非自償之建設資金；乙類公債，指支應自償之建設資金。

債券附有息票及還本付息票，按期付息還本，可自由轉讓、質押及充公務上的保證。買賣政府債券免交易稅（金融債券及公司債券之稅率爲千分之一），投資債券利息所得併入年度所得合併申報課稅。債券的次級市場交易，分爲二種方式：(1)集中市場交易，意即在臺灣證券交易所中競價交易；(2)在各債券自營商業處櫃檯進行交易的櫃檯交易。

表 5-2　各式商業本票、可轉讓定存單、承兌匯票、國庫券的交易金額

單位：新臺幣百萬元

期間	合計		商業本票		可轉讓定期存單		承兌匯票		國庫券		其他短期債務憑證	
	買入	賣出	買入	賣出	買入	賣出	買入	賣出	買入	賣出	買入	賣出
	原始值	原始值	原始值	原始值	原始值	原始值	原始值	原始值	原始值	原始值	原始值	原始值
2016	18,559,792	16,996,278	17,022,653	15,775,985	1,368,523	1,201,155	1,209	497	167,407	18,641	-	-
2017	20,008,034	17,777,535	18,016,889	16,259,633	1,840,146	1,500,234	516	198	150,483	17,470	-	-
2018	22,124,631	19,131,303	19,654,330	17,089,328	2,338,060	2,026,975	178	-	141,063	15,000	-	-
2019	21,379,494	19,126,051	20,107,770	18,222,820	1,012,403	900,422	369	309	258,952	2,500	-	-
2020	23,455,030	20,685,829	22,283,487	19,742,432	871,188	891,201	215	175	300,140	52,021	-	-

資料來源：中央銀行

掃描查詢最新資訊

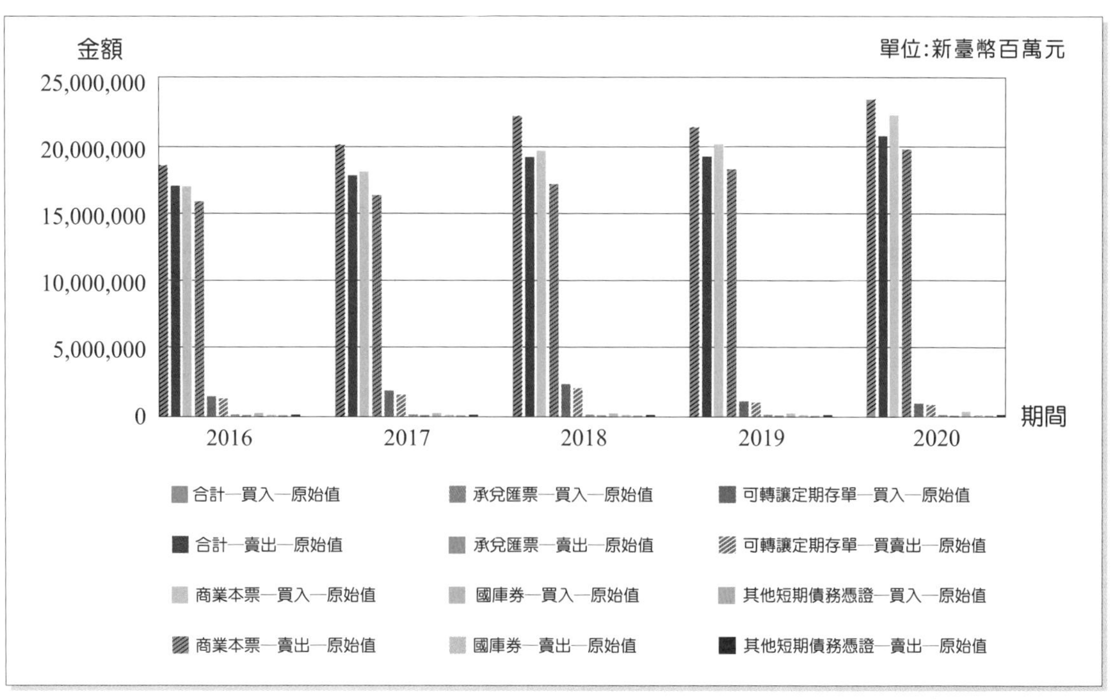

資料來源：中央銀行

圖 5-6　票券市場統計

掃描查詢最新資訊

5-3 資本市場工具

一、資本市場概論

資本市場主要分爲股票市場及債券市場，有時通稱爲「證券市場」（Securities Market）。在現代金融主要領域：證券、銀行、信託、保險、期貨中，證券市場爲資本市場之主要核心，透過證券之發行市場，可匯集民間資金，投入生產事業，促進資本形成；而證券流通市場，可提供自發行市場持有有價證券之投資人一個具高度流動性之交易轉讓之場所，提高其參與發行市場之意願。故流通市場功能在支持發行市場，使資本證券化至資本集中之過程得以具體實現，解決出資者所要求資金之短期運用與運用之彈性，及企業所要求之長期安定資金二者間之問題。

自整體經濟面觀之，一方有資金之剩餘（資金供給者），一方有資金不足之情形（資金需求者），需有適當之機制互通有無，使資金之交易更有效率，始能達成經濟之最適狀態，此即建制金融體系之目的。證券（股票）與證券市場之存在，即爲其中一例。證券（股票）即爲表彰證券持有者（投資者）透過購買證券對證券之發行主體直接擁有財產請求權等之權利，同時亦負擔風險。證券爲不特定之多數投資者所擁有，並可自由移轉爲其特徵，而證券市場即爲證券發行、交易移轉之場所。市場價格係參與市場之投資者所決定，在發行市場之價格，須視發行主體本身及發行條件而定，此亦爲資金分配之象徵，意即證券價格乃爲資金運用分配之表徵。

在現代經濟體系內，經常存在家計部門有資金剩餘，而企業、政府部門卻資金不足之情況。在資金之循環體系內，證券即有資金交易仲介之功能，透過組織之流通市場提高其流動性，使發行後之證券得以向不特定之投資者移轉，降低交易之成本與證券價格變動之風險。因此，先進國家國民投資證券占其金額資產之比例，亦相對較高。

在獲取利益之同時，投資者須自行負擔交易之成本與風險（含手續費、必要資訊費用、資金成本、等待成交及所生之價格變動風險等），而與證券交易有關之仲介機構原則上無須負擔，此與金融機構向大眾吸收存款，貸放給借款者，須自行承擔風險不同。故各國爲充分發揮證券市場之機能，在制度之設計上，均強化資訊之揭露（Disclosure）及鼓勵信用評等機構（Rating Agency）之存在，使市場資訊分配更具效率化，以促使交易成本與風險降低，增加證券之流動性。

二、發行市場與流通市場

資本市場由發行市場與流通市場所構成。發行市場基本上係以承銷商爲其中介機構。中長期資金需要者固然可直接向儲蓄者出售其所發行的中長期債券或股權憑證，但市場運作上，這些原始證券大多透過承銷商，轉售給資本市場工具的投資者。承銷商是資本市場工具發行的主要中介機構，得以多種金融機構名稱而存在。在我國係由證券承銷商承銷股票之發行，由於承銷商通常擁有證券發行專家，能對發行公司（資金需要者）提供財務、法律、發行技術等諮詢服務，故不論股票或債券的發行，發行公司在發行證券之前通常都會與證券承銷商議商，並簽約由承銷商承銷其證券發行。

流通市場以證券交易所及證券經紀商爲其主要組織，共同扮演有價證券買賣流通機構的角色。在我國，臺灣證券交易所一方面接受辦理公開發行公司證券上市，一方面則供給場地與設備，在政府管理與監督下，讓投資人委託證券經紀商下單以集中競價方式買賣上市證券。同時，提供交易所結算服務，爲各證券商辦理證券成交、結算、交割等事務，使證券交易得以在公正原則下順利完成。

此外，另有店頭市場，其主要任務是促進未上市證券的交易買賣流通。

三、資本市場商品概述

資本市場的商品可分爲債務證券及股權證券兩種。

依發行機構作爲分類標準，債務證券可分爲：政府公債、公司債及金融機構之金融債券三種。政府公債係爲調節政府財政收支差額而發行。公司債係企業爲籌措中長期資金而發行的債務工具。金融債券是金融機構自資本市場借入中長期資金的債務工具。一般而言，政府公債及公司債大部分都由金融機構承購並持有，而金融機構之金融債券則大部分由非金融機構持有，在市場上的買賣流通金額都不大。這種現象表示，金融媒介機構以其中介機能，自儲蓄者手中，取得資金，部分用於購入債務證券，發揮其在資本市場上的資金融通功能。

四、債券市場概述

所謂「債券」乃由國家、地方團體等政府機關、銀行等金融機構及公司法人、外國政府等機構所發行的有價證券，可在證券市場發行、交易的一種借款憑證。債券之發行與股票之發行、現金增資及銀行借款等方式同爲籌措資金之主要手段之一。

債券市場與股票市場一樣，可分爲發行市場與流通市場兩大類。通常發行市場由發行人、投資人、證券承銷商及受託人組成。流通交場則分爲集中交易市場與店頭市場。

債券流通市場是指債券之持有人將其手中的債券在集中市場或店頭市場出售變現之場所，又稱次級市場。流通市場的交易，一般可分爲在證券交易所之集中市場交易及在證券商之營業場所，由證券商與顧客所進行之店頭市場的交易。

表 5-3　我國債券之發行量

年	政府債券		金融債券		受益證券		公司債					外國債券		國際債券	
							普通公司債		轉（交）換公司債		合計淨額				
	期數	淨額（十億元）	期數	淨額（十億元）	期數	淨額（十億元）	期數	淨額（十億元）	期數	淨額（十億元）		期數	淨額（十億元）	期數	淨額（十億元）
2011	97	4,644.15	417	847.95	33	57.35	425	1,124.26	299	166.03	1,290.29	2	3.00	4	1.1
2012	100	4,934.30	440	990.41	20	40.12	433	1,364.12	314	159.45	1,523.57	2	3.00	3	0.8
2013	103	5,209.46	408	992.36	19	36.04	468	1,577.61	294	154.25	1,731.85	0	0.00	15	2.0
2014	108	5,440.17	403	1,051.35	9	23.45	519	1,719.78	277	150.77	1,870.55	18	9.39	106	25.96
2015	113	5,569.37	355	988.91	5	8.61	500	1,708.15	297	155.41	1,863.56	25	9.69	259	57.82
2016	116	5,605.33	346	977.43	6	12.41	500	1,677.64	270	148.31	1,825.95	24	9.81	379	94.79
2017	119	5,636.33	343	916.43	5	9.44	512	1,743.66	193	117.26	1,860.91	29	11.30	486	129.28
2018	124	5,602.47	349	904.55	3	4.16	535	1,812.00	157	117.35	1,929.34	30	15.28	589	158.49
2019	129	5,550.96	356	949.43	4	6.51	569	1,901.20	166	118.61	2,019.81	35	26.88	641	168.93
2020	137	5,624.46	370	1,040.58	2	4.29	681	2,350.56	193	133.82	2,484.38	38	44.61	657	181.22
2021	148	5,702.36	361	1,011.62	2	4.29	730	2,537.90	209	133.56	2,671.46	37	44.40	724	194.64

註：1. 截至本月底外幣計價國際債券，計605期美元1,849.58億元、11期澳幣9.29億元、78期人民幣538.16億元、2期紐幣0.649億元及28期南非幣129.3億元，為方便統計已換算為美元。

掃描查詢
最新資訊

2. 截至本月底私募普通公司債計有146期，金額383.16億元，未含在本表中。

3. 國際債券係指發行人在我國境內發行以外幣計價之債券，其中包括本國銀行、外國銀行及大陸銀行在臺分行所發行之外幣債券。

資料來源：證期局

（一）債券的集中市場

因將買進及賣出的各種報價匯集在證券交易所，以競價方式達成交易，故又稱爲證券交易所市場。債券的集中市場因採取競價方式，由證券交易所依買進高價優先，賣出低價優先及時間順序，逐筆撮合成交，其成交價格較爲公正、公開。我國集中市場自1993年起，一般債券集中交易全面採行電腦自動撮合。

（二）債券的店頭市場

因不在證券交易所內交易，而是在證券商的營業處所櫃檯買賣，故又稱爲證券商營業處所買賣，或櫃檯買賣。店頭市場買賣債券除採議價方式，由賣方與買方當面議價達成交易外，自1993年起我國店頭市場另起用了債券等殖自動成交系統，爲經紀商及自營商提供另一種可選擇的交易方式。

在交易方面，由於證交法第150條規定，政府債券得以豁免而不在集中市場交易，故目前公債主要在以下三個市場交易：

1. 政府公債交易商所形成之市場
2. 財團法人中華民國證券櫃檯買賣中心所代表之店頭市場
3. 證券交易所所代表之集中市場

第一個市場兼具承銷與自營之角色，爲中央銀行所主導，作爲它公開市場操作之對象。店頭市場之主要業務爲透過等殖自動成交系統及議價並可附條件交易，其中自營商與客戶議價買賣，及其附買回、附賣回交易爲其業務最大宗。

證券交易所集中市場交易分二部份：

1. **政府債券**：自80年11月22日起實施電腦輔助交易，依「臺灣證券交易所股份有限公司債券交易作業辦法」辦理。
2. **轉換公司債**：自79年起採電腦輔助交易係依「轉換公司債暨債券換股權利證書買賣辦法」處理。

債券集中市場的交易，佔整個債券市場的比例甚小，與店頭市場不同的是，目前集中市場交易的是以轉換公司債爲主，政府公債在店頭市場爲主要的交易種類大不相同。

探究其原因，主要是因爲可轉換公司債爲小額交易，而且具有可轉換爲股票的特質，投資人多視其爲股票之變形，因此交易較爲活絡；而由於政府公債大多爲大額交易，小額投資人無法參與，而金融機構等大額投資者，則往往在發行市場即先行標購其所需之公債數量，使得公債買方不多，而且金融機構在標購公債之後即予以窖藏，因此最大的賣方也不參與交易市場，終於造成公債在集中交易市場的不活絡。且因爲目前債券市場的交易方式係以附條件交易爲主，而集中市場僅能從事買賣斷交易，再加上公債的種類、期次、付息方式等的形式眾多，在集中交易市場撮合不易，使得集中市場較不活絡。由此可明顯看出目前我國債券市場仍是以店頭市場爲重心。

表 5-4　櫃買市場證券總成交值概況表

年	總成交值（十億元）	成長率	不含債券之日均值	成交金額（十億元）				
				股票	認購（售）權證	指數股票基金	指數投資證券	債券
2011	75,598.9	-8.2	16.3	3,993.0	43.1	1.2	-00	71,561.6
2012	68,187.4	-9.8	11.9	2,951.9	35.1	0.4	-00	65,200.0
2013	55,995.0	-17.9	16.7	4,030.9	68.8	0.3	-00	51,895.0
2014	56,969.0	1.7	26.3	6,355.9	162.4	0.3	-00	50,450.4
2015	58,085.0	2.0	24.0	6,589.2	156.6	0.2	-00	52,239.0
2016	54,875.5	-5.5	21.2	5,050.3	128.5	0.1	-00	49,696.5
2017	53,793.4	-2.0	32.4	7,683.5	226.5	68.1	-00	45,815.3
2018	56,891.4	5.8	35.1	8,145.5	211.7	316.8	-00	48,217.5
2019	53,284.7	-6.3	35.6	7,607.5	145.4	854.0	0.7	44,677.1
2020	53,263.1	0.0	51.7	12,087.1	154.6	415.4	1.9	40,604.2
2021	23,346.8	-11.9	76.9	8,716.9	86.5	115.8	4.2	14,423.5

資料來源：證期局

掃描查詢最新資訊

表 5-5　櫃買市場債券成交金額統計表

單位：10 億元

年	成交金額	成長率	附條件	國際債附條件	買賣斷（成交債券類別）						
					國際債	公司債	政府公債	金融債券	受益證券	外國債券	合計
2011	71,576.17	-6.71	56,259.70	14.14	0.31	926.80	14,089.67	266.78	4.63	14.13	15,302.32
2012	65,214.18	-8.89	54,819.32	13.65	0.53	1,206.56	8,908.02	264.75	1.13	0.20	10,381.20
2013	51,925.05	-20.37	43,963.45	18.72	11.28	1,163.32	6,558.21	200.39	-00	9.67	7,942.88

2014	51,148.72	-1.51	42,357.87	86.98	611.35	1,054.14	6,663.55	359.58	4.48	10.78	8,703.87
2015	53,613.96	4.82	44,302.23	323.61	1,051.41	964.48	6,726.85	233.00	-00	12.38	8,988.12
2016	51,679.38	-3.61	42,404.69	618.79	1,363.94	829.36	6,312.61	138.42	3.19	8.38	8,655.90
2017	47,383.75	-8.31	39,505.85	603.96	964.37	908.21	5,269.08	119.53	-00	12.76	7,273.94
2018	49,279.30	4.00	42,124.25	564.51	497.33	857.80	5,039.87	175.77	-00	19.78	6,590.55
2019	45,477.63	-7.71	38,896.17	544.20	256.49	864.79	4,691.76	182.55	3.90	37.77	6,037.25
2020	42,276.96	-7.04	34,919.36	720.79	951.97	1,204.31	4,213.03	228.73	-00	38.77	6,636.81
2021	15,047.06	-32.86	12,323.59	186.28	437.28	647.18	1,377.72	64.91	-00	10.09	2,537.19

註：截至110年6月底，債券總成交金額日均值為1,275.2億元。

五、政府債券

政府債券依期間長短區分，可分爲短期之國庫券及長期之公債，前者屬貨幣市場工具，係短期票券之一種，後者則爲債券市場的主要工具，說明如下：

(一) 中央登錄公債及地方政府債券

1. **中央登錄公債（以下簡稱公債）**：係依「中央政府建設公債及借款條例」第六條規定，以登記形式發行之公債，由中央銀行與清算銀行電腦連線所建立之「中央登錄債券清算交割系統」，辦理登記持有人相關權利資料，並發給債券存摺，屆還本付息日，亦透過此系統，直接將本息撥入持有人於清算銀行開立之存款帳戶；簡言之，爲我國中央政府以登記形式發行之債券。
2. **地方政府債券（以下簡稱地方債）**：係依直轄市「債務基金收支管理及運用自治條例」及「債務基金公債發行及管理辦法」規定，以登記形式發行之地方債，發行後經理銀行將承購之相關資料登載於證券集中保管機構；簡言之，爲我國地方政府（目前只限直轄市政府）發行之債券。

(二) 發行市場

政府債券的發行，公債係透過中央銀行發行，而地方債透過市庫代理銀行經理發行；相關發行方式如下說明。

1. **公債發行**：公債係透過中央銀行「中央公債及國庫券電子連線投標系統」採單一利率標方式標售，且只有中央公債交易商始能參加公債標售，其他人如欲投標應委託中央公債交易商代爲投標。

2. **地方債發行**：地方債係依直轄市「債務基金公債發行及管理辦法」規定，其發售及還本付息等作業，透過市庫代理銀行經理，採標售或照面額十足方式發行。

(三) 交易市場

政府債券可以同時在集中市場與店頭市場進行買賣。集中交易市場僅能從事買賣斷交易，而店頭市場交易方式則包括買、賣斷及附條件交易，由於附條件交易可靈活調度資金，故交易多以附條件爲主。目前債券交易幾近百分之百是透過店頭市場交易，而其中又有90%以上交易是附條件交易。

1. **買賣斷交易（Outright Buy/Sell, OB/OS）**：指債券單純的買入或賣出。當預期利率下跌時，可買入債券，依利率確實下跌時，則可獲取債券價格上漲的利益，即資本利得；當預期利率上升時，可賣出債券，待利率確實上升時，則可避免債券價格下跌的損失。
2. **附條件交易債券**：附條件交易有兩種方式，分別爲債券附買回交易與債券附賣回交易。
   (1) 債券附買回交易（Repo或RP）：持有資金之投資人，約定先向債券持有人買入公債若干天，約定債券買回利率，期滿時由債券交易商買回原債券。因此不須承擔債券本身價格波動的風險，而是賺取固定的利息收入。
   (2) 債券附賣回交易（Reverse Repo或RS）：指投資人將持有之債券賣予債券交易商，約定於特定日期按約定利率、價格由債券交易商賣回。適用於持有債券的投資人，調度短期資金，賺取債券收益率與短期RS利率的利差。

以上附條件交易約定的日期，按規定不超過一年，債券RP/RS優點：

1. 資金調度靈活。
2. 無最高額度限制。
3. 利率隨貨幣市場資金狀況浮動。
4. 對個人而言，利息收入不併入個人綜合所得稅計算。
5. 保證金交易（Margin Trading）。

保證金交易為結合債券買斷交易與債券附賣回交易的金融商品（OB + RS），具有財務槓桿以小搏大的特性。投資人首先從事債券交易商買入債券時只需支付融資不足的款項即可成交，而融資部分由自營商提供，然後將買入之債券抵押賣給債券交易商，作為融資金額的抵押品。投資人依交易辦法繳交債券保證金成數，投資人所支付款項占交易金額比例約在5%以內，故吸引小額投資人投入此一市場。

六、金融債券

金融債券係金融機構自資本市場籌集中長期資金的融通工具，依據銀行法第九十條規定，只有辦理中長期放款的專業銀行，才可發行金融債券以供中長期信用放款。專業銀行依前項規定發行金融債券募得之資金，應全部應用於其專業之投資及中、長期放款。其種類包含一般金融債券、次順位金融債券、轉換金融債券、交換金融債券及其他經主管機關核准之金融債券。依據銀行發行金融債券辦法，銀行發行金融債券，應檢具申請書，載明應記載事項，連同應檢附書件，向主管機關申請核准。金融債券償還期限，最長不得超過二十年，最短不得低於二年，其開始還本期限不得低於二年。

七、公司債

（一）公司債的意義

公司債乃發行公司向一般大眾舉借款項，承諾於指定到期日向債權人無條件支付固定金額，另於存續期間按約定利率支付利息之信用證券。公司債為公司債務，債權人有絕對求償權，公司必須按時付息還本，否則公司債持有人得向法院控告，要求賠償。公司債之利息大多以附有息票發行，其支付方式可分無記名債與記名債券。無記名式附有息票（Coupons），利息到期持有者則以息票，持往代付利息銀行兌現。記名式則由發行公司將利息以記名支票郵寄持有人或由代付銀行憑到期息票支付。

（二）公司債的種類

1. **有擔保公司債及無擔保公司債**：發行公司如以不動產抵押或以動產質押而發行之公司債，稱有擔保公司債（Secured Bond），公司債發行時，如無擔保品者，則稱為無擔保公司債（Debenture Bond）。

2. **記名公司債及無記名公司債**：公司債如記載持有人姓名者稱爲記名公司債（Registered Bond），其不記載者，稱爲無記名公司債（Bearer Bond）或附息票公司債（Coupon Bond）。記名公司債持有人須向受託人或發行公司登記，轉讓時以背書方式行之。無記名公司債轉讓時，只要交付即可產生效力。
3. **短期、中期及長期公司債**：公司債如以到期年限來區分，則可分爲短期公司債（Short-Term Bond）、中期公司債（Medium-Term Bond）及長期公司債（Long-Term Bond）。凡5年以內到期者，屬於短期公司債；5年以上15年以下到期者，屬於中期公司債；15年以上到期者，屬於長期公司債。
4. **可提前償還公司債及不可提前償還公司債**：公司債發行一段時期後，發行公司得於到期前，按約定價格收回者，稱爲可提前償還公司債（Callable or Redeemable Bond），不得於到期前償還者，稱爲不可提前償還公司債（Non-callable or Non-redeemable Bond）。公司債提前償還之主權屬於發行公司而非持有人。當利率下降時，公司便可發行息票利率較低之公司債，或利用多餘資金，或動用償債基金之款項，收回原先之舊公司債，從而減輕利息成本，改善財務結構，提高舉債信用。可收回公司債對於持有人不利，故其可收回年限及償還價格須於發行時加以規定。
5. **可轉換公司債及不可轉換之公司債**：公司債發行一段時間後，按一定之轉換比率得轉換爲普通股者，稱爲可轉換公司債（Convertible Bond），其不可轉換爲普通股者，稱爲不可轉換公司債（Non-convertible Bond）。轉換公司債是賦予公司債債權人轉換權，使債權人在一定條件下將手上的公司債務轉換爲公司股票的特種公司債。因此轉換公司債除具有一般公司債的特性外，公司債的持有人（債權人）得在一定期間內以一定的比率，將公司債轉換爲股票的特殊權利。可轉換公司債之本質因享有「轉換權」，因此兼具股票和債券的形態，是股票與公司債的組合體，因此轉換價格也因除權、現金增資有稀釋的作用，而轉換價值亦受到公司債本身的投資價值所左右。

   公司債轉換之原因、時機、方法以及限制條件，均與可轉換特別股類似。

另外，公司債如附有可交換非發行公司的股票者，稱爲「可交換公司債」（Exchangeable Bond）。一般而言，可轉換公司債大多以轉換成發行公司的普通股股票，在美國有將可轉換公司債，轉換成公司特別股，或者換成另一家公司普通股股票。

(三)附認股權公司債(Bond with Warrants)

附認股權公司債係指附有認股權(Equity Warrants)之普通公司債。所謂「認股權」係指在預定的行使期間(Exercise Period),以特定價格向發行公司取得一定股數股票之權利。

(四)附認股權公司債與可轉換公司債的異同

附認股權公司債在許多方面和可轉換公司債都非常類似,例如兩者均降低發行公司舉債資金成本、有助於促銷公司債。對公司經營權衝擊較緩和、未來有助改善財務結構等。另外,附認股權公司債得以認購價格認購股票,可轉換公司債亦得以轉換價格轉換成股票,兩者均具有所謂約當普通股的性質。當發行公司股票的價格上漲時,二者價格均會隨之上漲,且均可認購或轉換股票享受股價漲價的資本利得;當股票的價格下跌時,不行使認購權或轉換權亦僅於利息收入較低的損失。再者,當投資人行使認購權或轉換權時,發行公司股數增加,對盈餘與股價有稀釋作用。至於二者的差異如下:

1. **對投資人而言**:附認股權公司債在行使認股權時需繳納認購價金,若此時公司債未出售,投資人的債權人身份將繼續下去;而可轉換公司債行使轉換時,投資人不需繳納任何款項,轉換後債權人身份隨之消失,變成公司股東。
2. **對交易市場而言**:附認股權公司債若屬分離型情況時,認股權證與公司債可分別轉讓,對發行公司發行而言,即發行公司債債券與認股權證券兩項有價證券;而可轉換公司債的轉換權利不得與公司債分離單獨轉讓。
3. **就會計而言**:認股權證因可與公司債本身分離,具有單獨的價值,附認股權公司債應將公司債部分以市場同期間、同風險的利率計算價格,列在負債項下,再以總發行面額減除設算的公司債價格,其差額爲認股權證之價值,列在資本公積項下屬股東權益的一部分;至於可轉換公司債因轉換權利與公司債不可分割,若行使轉換權利即須放棄公司債持有,故應把可轉換公司債的售價作爲公司債之價格,列在負債項下,不單獨承認轉換權利的價值。
4. **對發行公司而言**:認股權利行使可增加公司的股本與流動資產,卻無法降低公司負債(假設是現金繳納型);然而可轉換公司債行使轉換權利後,發行公司不僅股本增加,負債亦減少,但流通資產卻未因轉換的行使而增加。

5. **在認購或轉換時間的控制上**：認股權證無任何條款可強迫認股權權利人行使其權利，必要時，發行公司可運用一些方法引誘認股權利的行使，例如發放較高的現金股利；至於可轉換公司債可以用贖回條款，在市場利率降低時，強迫債券持有人行使轉換權利，因爲若贖回價格低於轉換價值時，債券持有人會選擇行使轉換權利，以避免債券被發行公司以偏低的贖回價格購回。

八、外國債券（Foreign Bond）

外國債券經主管機關核准之國際組織、外國政府、外國公民營企業發行之外國普通債券、外國轉換公司債及外國附認股權公司債，以新臺幣計價。

九、國際債券（International Bond）

國內、外發行人於臺灣募集發行並向櫃買中心申請上櫃之外幣計價債券稱爲國際債券，如果採人民幣計價發行時，另稱爲寶島債券（Formosa Bond）。

十、歐洲可轉換公司債（European Convertible Bond, ECB）

指在海外以外國幣別發行之可轉換公司債，爲我國上市櫃公司海外募資之重要管道。

綠色債券、可持續發展債券及社會責任債券

1. 綠色債券

係指發行人將所募得資金全部用於綠色投資計畫或其相關放款的融資工具，其投資計畫之範圍包括氣候、環保、節能、減碳等。發行人所發行之債券，依據證券櫃檯櫃買賣中心「綠色債券作業要點」之規定，取具綠色債券資格認可者，並申請債券為櫃檯買賣，即為綠色債券。

為協助綠能科技產業取得中長期資金，並促進環境永續發展，證券櫃檯買賣中心於 106 年 4 月 21 日公告並施行「綠色債券作業要點」，建立完備綠色債券市場制度。另為建立更完整的永續發展債券櫃檯買賣制度，證券櫃檯買賣中心於

110 年 4 月 29 日公告並施行「永續發展債券作業要點」，整併「綠色債券作業要點」及「可持續發展債券作業要點」之規定，並新增社會責任債券資格認可及相關規範。依據「永續發展債券作業要點」之規定，永續發展債券範圍係經櫃買中心認可之綠色債券、社會責任債券及可持續發展債券。

2. 可持續發展債券

可持續發展債券係指發行人將所募得資金全部用於綠色投資計畫及社會效益投資計畫或其相關放款的融資工具。發行人所發行之債券，依據證券櫃檯買賣中心「永續發展債券作業要點」之規定，取具可持續發展債券資格認可者，並申請債券為櫃檯買賣，即為可持續發展債券。

3. 社會責任債券

社會責任債券係指發行人將所募得資金全部用於社會效益投資計畫或其相關放款的融資工具。發行人所發行之債券，依據證券櫃檯買賣中心「永續發展債券作業要點」之規定，取具社會責任債券資格認可者，並申請債券為櫃檯買賣，即為社會責任債券。

資料來源：證券櫃檯買賣中心

十一、垃圾債券（Junk Bond）

所謂垃圾債券指高風險、高報酬的公司債，其利率較一般公司債高出甚多。發行垃圾債券，以高收益來吸引投資人，有利下列企業於資本市場籌得資金：

1. 財務狀況欠佳、營運不良的企業。
2. 信用評等較差的企業。
3. 風險性高、富有潛力的新興產業，如高科技公司。
4. 進行併購所需資金甚爲龐大的企業。

垃圾債券興起於1978年，由德克索集團公司（Drexel Burn Harm Lambert Group Inc.）首創。垃圾債券之所以興起，自有其時代背景，在1970年代後期，由於美國正處於經濟不景氣時期，一些企業經營困難，銀行告貸無門，只好發行高收益的垃圾債券，以吸引投資人。雖然因爲風險高而引人詬病，但由於高報酬的誘因，確實也吸引不少投資人購買，挽救不少瀕臨困境的企業。之後，一些財務狀況欠佳、資本結構不良、信用評等較差以及新興高科技公司，也利用此一管道籌集資金。

1980年代中期，美國併購風潮興盛，由於併購其他企業時，所需資金往往相當龐大，除自有資金及向銀行融資外，也發行圾債券以籌集所需龐大資金。據統計，在過去幾年，有一半以上的垃圾債券發行是爲了支應併購所需資金，無數的併購案因爲垃圾債券得以順利完成。

十二、普通股股票

股票係股份有限公司所發行表彰出資人（即股東）對發行公司具股東權之憑證。依其所表彰權益之不同通常可分爲普通股及特別股二種。

（一）普通股的意義

普通股是股份有限公司最先發行的一種證券，它是公司的基本股票，普通股股本爲股份有限公司最基本之營運資金。當公司獲利豐盛時，普通股股東可以獲得最大之盈餘分配，但在公司虧損時，普通股股東可能獲得甚低之股息甚或得不到股息。當公司經營不善時，普通股是公司最後收回的證券，因爲普通股只能代表股東對公司之最終所有權，而在公司經營不善以致倒閉時，須待各類債券及特別股股東獲得清償後，普通股股東才能分配剩餘資產，故其所承擔之風險較大。惟其相對擁有較多權利，如下述：

1. **公司經營管理權**：股東具有出席股東大會、投票選舉董事和監察人、帳簿記錄檢查權，並表決公司營運重大事項的權利。普通股股東並可透過選舉董監事而參與公司之經營管理。關於其行使經營管理權除出席股東大會外，得經由選舉或被選爲董、監事，直接參與經營。
2. **新股優先認購權**：公司因擴充業務需要資金而發行新股時，公司法規定普通股股東具有優先認購公司發行新股之權利。依我國公司法第267條規定，公司發行新股時除保留原發行新股總額10%～15%之股份由公司員工承購外，應公告及通知原有股東按所持股份之比例儘先分認。我國公司法爲避免部份股東因故無法認購新股而放棄此一權利，於同條規定「新股認購權利，除保留由員工承購者外，得與原有股份分離而獨立轉讓。」新股認購權利證書，係證券交易法第六條所規定之有價證券，應在證券市場交易。

3. **經營成果分享權**：公司營運所得之稅後純益，扣除分配予特別股之股息後，其剩餘部分即歸普通股股東享有。其分享之方式為公司所分配之現金股利及股票股利。現金股利指以現金發放之股利，股票股利是公司從本期盈餘加前期盈餘，然後按一定的比例轉為資本而發放給股東，又稱盈餘配股。
4. **剩餘財產分配權**：即當公司欲結束營業，辦理清算時除優先償還債權人及特別股股東之特有權益後，剩餘之財產應依持股比例分配予股東。

（二）普通股的種類

1. **記名與無記名股票**：股票上記載股東姓名者為記名股票，其未記載股東姓名為無記名股票。我國公司法第116條規定：公司得以章程規定發行無記名股票，但無記名股票不得超過已發行股份總數二分之一，公司得因股東之請求，發給無記名股票或將記名股票改為無記名式。公司法第164條規定：「記名股票，由持有人以背書轉讓之。」至於無記名股票，公司法並未規定，而應依一般無記名有價證券之通例，以交付為其流通之方式。
2. **有面值及無面值股票**：所謂面值，其係股票上規定的面額。股票上規定面額者稱為面值股票，而不規定面額者稱為無面值股票。股票規定之面值原始目的，本在向股東保證可按此面值向公司換回等額之現金、勞務或財產，惟實際情形顯非如此，蓋每股淨資產價值常會高於面值，亦可能低於面值。換言之，公司獲有盈餘時，股票市價因此上漲；反之，公司如遭虧損，股票價格將告下跌。無論如何，股票之市場價值均難與面值相等。無面值股票之利益在於可按任何價格發行，以及轉讓時可使持有人避免市價與面額之差價的心理作用；其缺點為公司資本的不易確定，以及公司之大股東如要操縱股價時，容易矇騙一般投資者。現代看法以為股票面值僅可以代表：(1)按持有百分比率計算之所有權與投票數；(2)分配股利之權利憑證。我國公司法規定目前採有面額股票制度。

十三、特別股股票

（一）特別股的意義

特別股在我國原稱優先股，其所謂「優先」，係指其權利優先於普通股而言。一般來說，特別股股東在普通股分配盈餘之前，享有優先分配股息的權利；又當公司在清理債務和剩餘的資產時，特別股股東也比普通股股東享有優先分配財產的權利。然而這些權利與公司債權相比爲較後順位。由此可知，特別股之風險小於普通股但大於公司債，因此，投資於特別股之報酬通常小於普通股而大於公司債。特別股雖有特別權利，但亦常常受某些限制，此種限制常因各公司規定之不同而異。例如，表決權的限制，分派股利的限制等。關於特別股的權利義務，我國公司法157條規定公司發行特別股時，應就下列各款於章程中約定之：

1. 股票分派股息及紅利之順序、定額或定率。
2. 特別股股派公司剩餘財產之順序、定額或定率。
3. 特別股股東行使表決權之順序、定額或定率。
4. 特別股權利、義務之其他事項。

（二）特別股的種類

1. **累積特別股與非累積特別股**：購買特別股之目的，主要在獲取股息而非資本利得，因此，特別股股東對於股息之有無極爲關切。大部份的特別股是累積特別股（Cumulative Preferred Stock），即在某一時期，因公司營業欠佳，無法按期發放股息時，可以累積起來，將於次年或以後年度公司的營業好轉時再行補發。特別股股息如於某一期間因故無法發放，而以後年度便不再補發時，此種股票稱爲非累積特別股（Non-Cumulative Preferred Stock）。
2. **參加特別股及非參加特別股**：特別股除優先分配明文規定之定額或定率的股息外，尚可再與普通股分享公司盈餘者稱爲參加特別股（Participating Preferred Stock）。如不能參與普通股分享剩餘公司盈餘者，即爲非參加特別股（Non-Participating Preferred Stock）。
3. **可轉換特別股與不可轉換特別股**：特別股流通一段期間以後，如可以轉換成普通股者稱爲可轉換特別股（Convertible Preferred Stock）。否則，稱爲不可轉換特別股（No-Convertible Preferred Stock）。可轉換證券轉換時，換回普通股之數目即爲轉換比率，可轉換證券面額除以轉換比率則爲轉換價格，而普通股每股市價乘以轉換比率則爲轉換價值。轉換比率越大，則轉換價格越小，而轉換價值越高。可轉換特別股股東常於普通股股價上漲時，才會要求轉換，因此，這種股票對持有者有利。
4. **可收回特別股與不可收回特別股**：特別股發行一段期間以來，公司可按約定價格贖回者，稱爲可收回特別股（Redeemable Preferred Stock），不可收回者稱爲不可收回特別股（Non-Redeemable Preferred Stock）。特別股之收回，應於收回前一段期間預先通知，並且當收回時，亦需支付收回溢價，也就是收回價格必須高於特別股面額。

5. **有表決權特別股與無表決權特別股**：特別股可以參加股東會，選舉董監事及表決重要事項者，稱爲有表決權特別股（Voting Preferred Stock），其未具表決權者，稱爲無表決權特別股（Non-Voting Preferred Stock）。純粹無表決權之特別股並不多見，因公司之決策影響特別股權利時，特別股股東通常均可表決拒絕之。但由於特別股已在股息及剩餘財產方面享有優先，故其表決權常受限制。

6. **面額特別股與無面額特別股**：特別股載明面額者，稱爲面額特別股（Par Value Preferred Stock），不載明面額者，稱爲無面額特別股（Non-Par Value Preferred Stock）。絕大部份的特別股均有面額，而其股息即按面額之百分之幾加以規定。

表 5-6　特別股與普通股比較表

項目種類	普通股	特別股
1. 盈餘分派權	基本權利	通常皆有優先分配權，且可分為： (1) 累積或非累積特別股 (2) 參加（部分或全部）或非參加特別股
2. 表決權	基本權利	有、無或受限制，依股票契約及公司章程而定
3. 剩餘財產分配權	基本權利	有或無，依股票契約及公司章程而定，僅次於債權人
4. 優先認股權	基本權利另見公司法第 267 條	有或無，依股票契約及公司章程而定
5. 現金增資之認股權	基本權利	依股票契約及公司章程而定
6. 盈餘轉增資及資本公積轉增資配股權之有無或限制	基本權利	依股票契約及公司章程而定
7. 投資報酬率	如公司獲利良好，則可獲得最大的報酬率	如公司獲利良好，而為非參加或僅為部份參加特別股，則投資報酬率遜於普通股
8. 風險性	如公司經營不善則負擔最大之風險	相比普通股風險性較低，因其兼具普通股及公司債雙重特性

9. 收回權	減資時	公司得以盈餘或發行新股所得之股款收回之，但不得損害特別股股東按照章程應有之權利
10.可轉換成普通股	不適用	依股票契約及公司章程而定

十四、受益憑證

受益憑證即證券投資託事業爲募集證券投資信託基金（共同基金，Mutual Fund）而發行的有價證券。一般投資人因受財力的限制只能投資於一種或少數幾種證券，而無法將其資金做有效的分散投資，風險過於集中。證券投資信託事業即以專業經理的方式，以發行受益憑證方式向不特定投資人募集信託基金（共同基金）並聘請專家管理運用該基金從事投資，爲投資人在合理控制的風險範圍下，謀取長期投資報酬，投資損益由投資大眾共同分攤，證券信託投資公司則賺取手續費與管理費。

（一）共同基金種類

共同基金主要是由資產管理公司或是投資信託公司發行管理，主要形式有開放型、封閉型；依資產分有股票型、固定收益型、平衡型、多重資產型、組合型、指數型、指數股票型等；下列將一一說明。

1. **依其所發行的基金能否追加發行及交易方式分類**：分爲開放型基金及封閉型基金，封閉型基金所發行的受益憑證，只能在證券集中市場買賣；而開放型基金的受益憑證，則可依規定向基金公司申請買回。封閉型所發行的受益憑證如符合特定條件，亦可改爲開放型。
2. **依基金投資標的分類**：基金公司依據所發行管理的標的，又區分爲股票型、固定收益型、平衡型、多重資產型、組合型、指數型、指數股票型等類型，以下將進一步說明。
   (1) 股票型：主要投資標的爲「股票」，包括國內外公司公開發行的股票，基金淨資產須持有一定比例的股票，以境內發行的股票基金爲例，持股比重須超過70%。
   (2) 固定收益型：主要投資標的爲「債券」。
   (3) 平衡型：投資標的組合同時包括「股票」、「債券」及「其他固定收益證券」。其中投資股票比重爲90%～10%。

(4) 多重資產型：得同時投資股票、債券（含其他固定收益證券）、基金及受益憑證、不動產投信基金受益憑證及經主管機關核准之投資項目。且投資前開任一資產不得超過基金淨資產價值之70%。

(5) 組合型：由基金經理人挑選其他基金，以做爲組合型基金的投資標的，至少應該有5檔以上的標的基金，每檔不超過淨資產價值30%。

(6) 指數型：採取被動式管理的策略，依照所欲追蹤及複製的大盤指數成分股及其所占權重，建構一個能模擬大盤指數績效表現的投資組合。

(7) 指數股票型：即ETF（Exchange Traded Funds）指數股票型證券投資信託基金，簡稱爲「指數股票型基金」，ETF基金追蹤目標指數漲跌幅，並分割成單價較低之投資單位，發行受益憑證，在證券交易所買賣，提供投資人參與指數表現的基金。

3. 依基金資產的結構分類：基金公司依據所發行管理的資產，透過商品的設計，達到資產報酬不同形式的基金，有保本型、資產證券化型、貨幣市場型、傘型基金等類型，以下將進一步說明。

(1) 保本型：透過投資固定收益商品，或將部分資金投資於衍生性金融商品，希望能在基金到期時，達到可以收回一定比例投資本金的基金。依國內規定，保本比率應達到投資本金的90%以上。保本型基金依有無機構保證又可區分爲保證型及保護型基金，保證型基金藉由保證機構保證，到期時提供受益人一定比率本金；而保護型基金則藉由基金投資工具達到保本效果。

(2) 資產證券化型：投資標的爲資產證券化商品，比重至少須達60%以上；依商品內容又可分爲「金融資產證券化型基金」、「不動產證券化型基金」及「全球資產證券化型基金」。

(3) 貨幣市場型：投資標的爲到期日在1年以內、流動性極佳的貨幣市場工具。

(4) 傘型基金：在同一個基金名稱之下，投資人可在不同類型的子基金（不得超過3檔）間任意轉換，不需額外負擔費用。

我國證券投資信託基金發行狀況如表5-7及5-8。

表 5-7 國內證券投資信託基金發行狀況表（依基金類型分類）

單位：10 億元

年	開放型								封閉型		貨幣市場型						指數股票型					
	投資國內有價證券				投資國外有價證券		投資國內外有價證券		投資國內有價證券		投資國外貨幣市場		投資國內外貨幣市場		投資國內貨幣市場		投資國內有價證券		投資國內外有價證券		投資國外有價證券	
	在國內募集		在國外募集		在國內募集		在國內募集		在國內募集		在國內募集		在國內募集		在國內募集		在國內募集		在國內募集		在國內募集	
	基金數	淨資產總值	基金數	淨資產總值	基金數	淨資產總值	基金數	淨資產總值	基金數	淨資產總值	基金數	淨資產總值	基金數	淨資產總值	基金數	淨資產總值	基金數	淨資產總值	基金數	淨資產總值	基金數	淨資產總值
2010	213	461.15	1	0.31	72	216.88	210	446.73	1	4.46	1	0.42	1	0.33			11	70.51	1	0	-00	12.35
2011	211	297.07	1	0.25	80	166.83	240	380.01	1	3.81	1	0.25	1	0.29	47	755.66	15	115.88	2	0	-00	15.98
2012	201	307.64	1	0.19	81	174.56	271	500.08	1	4.14	0	0.00	2	4.68	46	708.73	16	107.91	4	0	-00	38.58
2013	193	281.86	1	0.24	64	112.56	305	605.07	1	4.73	0	0.00	3	24.12	46	798.09	15	98.87	3	1	3.90	37.03
2014	179	268.52	1	0.23	66	103.72	324	682.16	0	0.00	1	3.03	7	14.69	45	741.43	17	89.97	3	3	13.39	57.65
2015	171	231.37	1	0.22	48	69.77	360	690.95	0	0.00	0	0.00	13	15.80	45	993.45	17	110.14	0	17	91.69	0.00
2016	167	202.23	0	0.00	34	41.60	408	756.66	0	0.00	0	0.00	16	14.62	44	848.27	18	137.35	0	38	122.77	0.00
2017	165	202.90	0	0.00	28	39.77	457	946.51	0	0.00	0	0.00	14	13.02	44	783.06	25	143.94	0	67	189.30	0.00
2018	160	184.84	0	0.00	24	35.67	488	931.49	0	0.00	0	0.00	14	11.84	43	683.64	31	185.47	0	99	538.93	0.00
2019	154	236.67	0	0.00	22	37.81	539	1,258.55	0	0.00	0	0.00	13	7.52	42	793.71	31	191.63	0	177	1,478.71	0.00
2020	159	323.33	0	0.00	18	35.10	554	1,399.70	0	0.00	0	0.00	10	6.42	41	1,020.99	30	352.32	0	168	1,385.33	0.00
2021	159	386.08	0	0.00	17	33.85	564	1,480.79	0	0.00	0	0.00	10	5.79	39	1,007.17	32	463.78	171	1,354.40	0	0.00

註： 1. 截至110年5月總計基金個數統計992檔，基金規模合計新臺幣47,318.51億元，總受益人數合計3,506.808人。

2. 原48檔類貨幣市場基金已於100年1月31前全數轉型為貨幣市場基金。

資料來源：證期局

掃描查詢
最新資訊

表 5-8　國內證券投資信託基金發行狀況表（依基金投資標的分類）

單位：10 億元

年	股票型		固定收益型		平衡型		多重資產型		指數型		指數股票型		組合型		保本型		貨幣市場基金		其他類型基金	
	基金數	淨資產總值	基金數	淨資產總值	基金數	淨資產總值	基金數	淨資產總值	基金數	淨資產總值	基金數	淨資產總值	基金數	淨資產總值	基金數	淨資產總值	基金數	淨資產總值	基金數	淨資產總值
2010	330	696.24	32	198.78	50	44.53			5	8.52	12	82.86	68	166.20	0	0.00	46	683.39	12	15.26
2011	363	567.80	42	107.29	45	32.18			6	10.95	17	131.85	65	118.00	0	0.00	49	756.21	12	11.75
2012	360	576.45	65	217.47	38	30.04			9	13.72	20	146.49	69	128.00	2	4.66	48	713.41	12	16.28
2013	356	548.29	84	270.72	35	33.88			11	12.13	19	139.79	62	109.93	4	8.59	49	822.21	12	20.93
2014	340	537.32	86	267.36	44	66.58			11	11.74	23	161.01	69	137.22	8	15.21	53	759.15	12	19.20
2015	332	509.00	92	212.53	51	91.38			12	16.61	34	202.10	70	128.51	10	15.02	58	1,009.25	13	19.25
2016	338	485.37	94	229.45	66	108.56			13	13.43	56	260.11	72	126.62	11	16.89	60	862.88	15	20.18
2017	342	581.89	116	304.51	62	93.23	6	11.35	13	17.55	92	333.24	86	152.92	10	14.68	58	796.09	15	13.05
2018	332	488.79	142	358.87	57	87.04	19	38.51	13	16.28	130	724.40	85	141.30	10	12.33	57	695.48	14	8.88
2019	324	578.99	187	616.24	55	94.48	23	55.32	17	16.90	208	1,670.34	85	150.77	8	8.91	55	801.22	16	11.43
2020	324	688.74	205	672.80	47	91.80	30	98.06	16	30.95	198	1737.65	84	148.92	9	7.81	51	1,027.41	16	19.06
2021	325	770.49	211	647.45	46	96.84	34	139.52	17	32.29	203	1,818.18	84	161.12	7	4.63	49	1,012.96	16	21.38

註：1.「固定收益型基金」包括「一般債券型基金」及「金融資產證券化基金」。

2. 原歸類為固定收益型基金之類貨幣市場基金已於2011年1月31日全數轉型為貨幣市場基金。

3. 106年4月起新增「多重資產型基金」。

4.「其他類型基金」包括「不動產證券化型基金」及「ETF連結基金」。

資料來源：證期局

掃描查詢
最新資訊

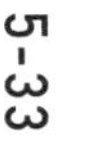

資產證券化商品

資產證券化是指企業或金融機構將缺乏流動性、但具有可預期收入的資產加以群組（Pooling），重新包裝並轉換為各式各樣的受益證券（Tranching），通過在資本市場上發行證券的方式予以出售，以獲取融資，並最大化提高資產的流動性，目前我國分為「金融資產證券化」及「不動產證券化」二種：

金融資產證券化

銀行等金融機構或一般企業透過特殊目的機構之創設及其隔離風險之功能，從其持有之各種金融資產，篩選出未來將產生現金流量、信用品質易於預測、具有標準特性之資產作為基礎或擔保，經由信用增強及信用評等機制之搭配，將該等資產重新組群包裝成為單位化、小額化之證券型式，向投資人銷售之過程。證券化之金融商品主要包括抵押貸款債權、企業貸款債權、信用卡債權、現金卡債權、債券債權、企業應收帳款及租賃債權等。

不動產證券化

將投資人與其所投資之不動產間的法律關係，由直接持有不動產所有權的物權關係，轉變為持有表彰經濟效益的有價證券，將不動產由原先僵固性之資產型態轉化為流動性之有價證券型態。目前我國不動產證券化制度，分為：

1. 「資產運用型」之不動產投資信託（REIT）：先發行證券募集資金，再投資不動產。
2. 「資產流動型」之不動產資產信託制度（REAT）：先將不動產信託，再據以發行證券募集資金。

NEWS 金管會提醒社會大眾有關虛擬資產的相關風險

金融監督管理委員會（以下簡稱金管會）表示，金管會已多次發布新聞稿提醒社會大眾注意虛擬資產的相關風險。鑒於近期比特幣等虛擬資產的價格波動劇烈，而藉由區塊鏈、虛擬資產進行吸金詐騙案件的報導亦時有所聞，因此金管會再度提出呼籲如下：

1. 中央銀行與金管會前於 102 年共同發布新聞稿，將比特幣定位為具有高度投機性的數位「虛擬商品」，而非貨幣，與國際的看法一致。
2. 除了「具證券性質之虛擬通貨」（即證券型代幣發行，以下簡稱 STO）為證券交易法所稱的有價證券，應遵循證券交易法相關規定外，其他像比特幣或類似性質的虛擬資產，都不是本會核准發行的金融商品，也不是貨幣。
3. 虛擬資產價格波動大，投資風險高，在從事交易前，務必充分瞭解其運作模式，審慎評估風險，避免遭受詐騙或投資損失致生權益受損。
4. 有關虛擬資產（虛擬通貨）洗錢防制部分，依其性質可區分如下：

   (1) STO：金管會已要求經營 STO 業務的平台業者須取得證券自營商執照，並符合證券商防制洗錢及打擊資恐（AML / CFT）規定。

   (2) 比特幣等虛擬資產：雖然該等資產並非法償貨幣，也非主管機關核准銷售之金融商品，但考量其洗錢風險，我國洗錢防制法（以下簡稱洗防法）已將「虛擬通貨平台及交易業務事業」（以下簡稱本事業）納入洗錢防制範疇：

   ① 依洗防法第 5 條第 4 項規定，本事業之範圍由法務部會同金管會報請行政院指定。法務部於 110 年 1 月 20 日會同金管會函報行政院，行政院已於 110 年 4 月 7 日指定本事業的範圍，將自 110 年 7 月 1 日生效。

   ② 本事業依洗防法規定，應進行確認客戶身分、紀錄保存及可疑交易申報等防制洗錢措施，其防制洗錢及打擊資恐辦法也將由金管會基於洗錢防制管理的目的訂定，依行政程序發布。

資料來源：證期局

具證券性質之虛擬通貨業務（STO）

主管機關為因應金融科技創新，已核定具證券性質之虛擬通貨（以下簡稱虛擬通貨）為證券交易法所稱之有價證券，初步開放發行虛擬通貨募資金額新臺幣3,000元以下案件，豁免其應依證券交易法第22條第1項規定向主管機關申報生效之義務，以提升創新企業募資之便利性，並滿足其多元籌資的需求，惟為維持市場秩序及引導產業朝正向發展，經參酌主要國家監管原則，制定監理架構如下：

發行人有編製公開說明書之義務；交易平台業者應取得證券自營商之特許證照，採單一交易平台方式經營本業務，且須建置有效的資訊安全管理機制，於監理規範架構下受理發行人發行虛擬通貨，及擔任自營商議價買賣之，並肩負督促發行人作好資訊揭露之責；另考量前揭虛擬通貨屬技術含量及風險程度較高之產品，故初步開放階段僅限專業投資人始得參與認購及交易，且對專業投資人之自然人參與認購額度亦設有上限，以控管風險。

櫃買中心依主管機關之授權，訂定證券商經營自行買賣具證券性質之虛擬通貨業務管理辦法及相關規章，用以規範虛擬通貨之發行、交易，暨經營本業務之證券商其財務業務、內部控制制度及從業人員管理規則等，俾利相關人員遵循。

資料來源：證券櫃檯買賣中心

首次代幣發行（ICO）

ICO（Initial Coin Offering）是首次代幣發行的代稱，是屬於新型態的虛擬貨幣籌資方式，但他是以民眾先以購買貨幣的方式籌資，並說明這些貨幣在未來系統運作後，將可以得到利潤分配，讓貨幣升值。就某方面來說，也可以說是虛擬貨幣的股票，他的主要表現來自於系統表現好不好，但價格會在交易所撮合，所以即使系統還沒有任何表現，但有人為炒作時，也很容易發生貨幣暴漲暴跌的現象。

新型態的直接金融藉由網路的力量，配對資金需求者和供給者，並提供不同以往的報酬或紅利。這種方式非常受新創公司喜愛，因為快速、沒有法律規範且沒有繁雜的文件，但副作用就是沒有充分的審查帶來的詐騙，眾酬平臺曾發生多件民眾贊助卻沒拿到貨品的項目，ICO 更不用說，美國已經發現多個 ICO 項目涉嫌違法，而大陸則是封鎖了所有 ICO 募資，可以看到新科技的創新帶來便利，法律和規範卻很難跟上他的腳步，面對新型態的募資方式還是以謹慎為好。

資料來源：口袋財經

《延・伸・閱・讀》

1. 台積電1年資本支出3千億、還要配息2,500億，為何它不必向銀行借錢？	5. 國際債券發行面及交易面規範詳櫃買中心網站
2. 撼動155億臺灣金融市場，楊瑞仁是誰？	6. 綠色金融金管會2021年底前訂統一定義
3. 楊瑞仁沒還國票40億　又套樂陞股民31億	7. STO的前世今生：法律、群募與未來該走的路
4. 櫃檯買賣市場債券制度簡介	8. 綠色債券發行程序及資金用途規範詳櫃買中心網站

1. 請說明附買回交易及附賣回交易的定義。
2. 何謂普通股、特別股及存託憑證？
3. 何謂可轉讓定期存單？中央銀行會如何運用可轉讓定期存單進行公開市場操作呢？
4. 請定義附認股權證公司債。請問可轉換公司債與 WB 最大的差別何在？

   【90Q3 證券分析人員】
5. 試說明可轉換公司債的特點及其與普通股和公司債之間的關係。

   【87Q1 證券分析人員】

NOTE

證券之評價

Chapter

學習目標

1. 短期票券及債券如何評價？
2. 到期收益率的意義為何？
3. 債券訂價法則與債券之存續期間？
4. 股票之評價方式有哪些？

名人金句

- 上市公司的內在價值，就是該企業在其未來所能產生的自由現金流量折現後的總和。
- 不要以價格決定是否購買股票，而是要取決於這家企業的價值。

華倫·巴菲特（Warren Edward Butffett）

本章架構圖

- 證券之評價
  - 短期票券之評價
    - 買賣型態
      - 買／(賣)斷交易
      - 附條件交易
    - 短期票券之評價
      - 基本評價公式
      - 短期票券投資組合
  - 債券的評價模式
    - 相關名詞說明
      - 面值
      - 到期日
      - 票面利率
      - 名目報酬率
      - 當期報酬率
      - 債券總報酬率
    - 基本評價模式
  - 到期收益率
  - 債券之存續期間
    - 定義
    - 存續期間之特性
    - 影響存續期間之因素
    - 存續期間之運用
  - 債券訂價法則
    - 到期期限
    - 票面利率
    - 折現率
  - 影響利率因素
    - 影響短期利率走勢因素
    - 影響長期利率走勢因素
  - 信用評等制度
    - 信用評等意義
    - 信用評等之功能
    - 評等的方式
    - 評等區分

台積電目標價里昂喊到 500 元

里昂證券昨（14）日發布報告，預期在新冠肺炎趨緩及華為禁令衝擊降低之下，台積電將展現強大的獲利動能，一口氣將目標價喊到500元，創下外資圈首度喊台積電挑戰「5」字頭天價。

外資看好台積電前景，相繼調高台積電目標價，如高盛證券前天調高台積目標價至415元後，里昂昨天再拋震撼彈，進一步調高至500元，激勵台積電昨天股價大漲9元至363.5元，市值增2,333億元至9.42兆元，加上外資持有台積電7.2兆、台積電市值占大盤比重攀升至25.5%，合計台積電昨日共寫下四大新高紀錄。里昂證券基於三大利多，大幅上修台積電財務預測，首先是預期今年下半年至明年第1季，新冠肺炎趨緩及華為禁令衝擊降低，台積電基本面將比預期強大。

此前市場預期，聯發科和高通能快速填補華為對台積電7奈米的缺口，里昂近期發現，輝達、超微和賽靈思HPC需求也增強，有望齊步提高台積電16/12/5奈米的產能表現，16/7/5奈米可望在明年上半年滿載。另外，Sony CIS外包增加及5G手機成長也將推動28/40奈米與8吋晶圓需求。其次，里昂看好海思5G專用晶片的需求被快速填補。最近美方對華為禁令態度有所緩解，包括開放符合條件的美國企業能與華為合作5G，英特爾和超微都已拿到供貨華為CPU的核准，甚至未來連FPGA也有機會獲准。里昂指出，台積電sub-16奈米產能已滿到年底，因此若有更多需求將創造龐大的營運潛能。第三，里昂也樂觀，台積電上修今年美元計價的營收成長目標，來到20%～25%，主要看好部分急單一路塞滿產能到明年上半年；對台積電今、明、後年每股純益預測提高到18元、20元及23.5元。花旗也預期台積電第三季展望優於市場預測，明年在蘋果晶片逐步挹注下，受華為禁令的衝擊可望減輕，今、明、後年EPS預測上修至16.4元、19.2元和21.8元。

資料來源：經濟日報 2020/07/15

【新聞評論】

此篇報導提及里昂證券發布報告。投資人如何評定公司股票價格，是一門深奧的學問，上市公司的價值，是該企業在其未來所能產生的自由現金流量折現後的總和，市場上供需決定的公司股票價格是否反映此一價值？里昂證券基於三大利多，大幅上修台積電財務預測，首先是預期今年下半年至明年第一季，新冠肺炎趨緩及華爲禁令衝擊降低，台積電基本面將比預期強大。

是否精準則見仁見智，因爲與高盛及花旗提出之目標價不同，理由亦有差異，本章介紹股票等金融商品之評價方式，讀者可據以分析新聞報導是否精確，並以自己觀點對股票進行評價。

6-1 短期票券之評價

目前國內貨幣市場發行及流通之主要短期性有價證券包括：國庫券、可轉讓銀行定期存單、銀行承兌匯票、商業本票及商業承兌匯票等。

一、依買賣型態分類

國內貨幣市場主要短期性有價證券，其買賣的方式可以是買／賣斷交易，另外是以雙方約定票券商在一定期間後將原票券買／賣回的附條件交易，相關詳細說明如下：

（一）買／賣斷交易（Outright Purchase, Sell）

買方以雙方所議定的價格購買票券，於支付價款取得該有價證券所有權；賣方於完成交割手續取得價金後移轉所有權於買方。此種以「所有權移轉」爲交易重要形態者即屬之。

（二）附條件交易

即交易雙方依約定金額（票券交易價格加計上次付息日至成交日期間之利息），由一方出售票券予另一方，惟附條件約定於特定期間後由原出售之一方，依約定金額向另一方購回原有價證券。

一般而言，前述之特定期間最短爲一天，最長不得超過一年；而到期金額，通常係以成交金額加上利息計算，利息則按雙方約定的期間、利率（稱爲附買回或附賣回利率）計算之。

附條件交易分爲附買回（Repurchase Agreenment，簡稱Repo，RP）及附賣回約定（Reverse Repurchase Agreement，簡稱RS），一般所謂附買回或附賣回，係以票券商立場而言，附買回交易係投資人向票券商購買票券，雙方約定票券商在一定期間後將原票券買回；而附賣回交易，則是票券持有人將票券出售予票券商，而約定一段期間後，由票券商再將原票券賣回予原票券持有人。

二、短期票券之評價

短期票券的評價主要有基本評價模型，另外也有短期票券投資組合的評價；詳細的模型公式如下：

(一) 基本評價公式

已持有票券之投資者透過票券金融公司或商業銀行買入或賣出各種短期票券（此即流通市場，Secondary Market），在此次級市場中，主要參與者包括：公民營企業、金融機構及個人。

短期票券買賣計價方式係以收益率計價，報價利率以年利率爲準，一年以365天計算，以扣除分離課稅（目前稅率爲20%）後之實得金額爲計算基礎。

1. 到期稅後實得金額

(1) 不附載利息之票券（包括乙種國庫券、商業本票、銀行承兌匯票與商業承兌匯票等）：

$$\text{到期稅後實得金額} = \text{金額} - (\text{面額} - \text{承銷價格}) \times 20\%$$

(2) 附載利息之票券（如銀行可轉讓定期存單及甲種國庫券等）：

① 銀行可轉讓定期存單：

$$\text{到期稅後實得金額} = \text{面額} \times [\,1 + \text{票面利率} \times (1-20\%) \times (\frac{\text{月數}}{12} + \frac{\text{天數}}{365})\,]$$

由於銀行可轉讓定存單發行期限是按月計算，到期日如非屬銀行營業日，則需順延至下一營業日，故應加計此部份利息。

② 甲種國庫券：

$$\text{到期稅後實得金額} = \text{面額} \times [\,1 + \text{票面利率} \times (1-20\%) \times \frac{\text{發行天數}}{365}\,]$$

2. 投資人中途買（賣）斷票券應付（收）買賣價額

$$應付（收）價額 = \frac{到期稅後實得金額}{1 + 收益率 \times (1 - 20\%) \times \frac{距到期天數}{365}}$$

3. 投資人以約定附買（賣）回方式賣出（買入）票券應收（付）買賣債額

$$應收價額 = 原來約定的買價 \times [1 + 收益率 \times (1 - 20\%) \times \frac{持有天數}{365}]$$

$$應付價額 = 原來約定的賣價 \times [1 + 收益率 \times (1 - 20\%) \times \frac{持有天數}{365}]$$

4. 投資人附買（賣）回中途解約賣出（買入）票券應收（付）買賣價格

$$應付價額 = \frac{投資人以約定附賣回方式買回票券應付價額}{1 + 收益率 \times (1 - 20\%) \times \frac{距RS到期天數}{365}}$$

$$應收價格 = \frac{投資人以約定附買回方式賣出票券應付價額}{1 + 收益率 \times (1 - 20\%) \times \frac{距RP到期天數}{365}}$$

（二）短期票券投資組合

投資人可將其多餘現金投資於有價證券的組合，但必須詳細規劃，使證券組合的到期日與投資人何時需要該筆投資基金相配合。這種投資方式主要目的是追求較高利潤，而且也具有分散風險之效果。雖然較長期證券組合的投資利率要比短期票券利爲高，但是投資計劃的特徵是應做好預期現金流量的預測，對於未來現金流量的型態詳細評估，然後配合證券組合的投資到期日，即可達到投資報酬極大化。此種投資策略型態，稱之爲「到期日配合策略」。

證券投資組合採用到期日配合策略，其基本假設必須是到期報酬率結構曲線是向上延伸，意即期限長的到期報酬率應大於期限短的到期報酬，否則，到期日配合策略即無法發生作用。

此外，下列因素也會影響到期日配合策略的採行：

1. 重複投資短期證券的未來獲利率的不確定性。
2. 現金流量的不確定性。
3. 投資有價證券的交易成本。

爲達到證券投資組合的效能，在投資作業上，應從事經濟、產業、公司財務狀況等專業分析，以達到分散風險之目的。

6-2 債券的評價模式

債券的評價主要是跟面值、票面利率、債券期間有關，評價模型以利率折現的方式來計算債券的價值；同時依據各個不同存續期間的債券，也可以推算出殖利率曲線，以了解利率的變化，以下將一一說明：

一、相關名詞說明

1. **面值（Par Value）**：即債券之面額，代表發行人所借入金額而承諾於未來某一特定日期償還給債券持有人之金額。
2. **到期日**：即前述所稱償還債券面額之某一特定日期。
3. **票面利率（Coupon Interest Rate）**：即約定每期支付予債券持有人之票面利息，票面利息除以債券面值即爲票面利率。
4. **名目報酬率（名目殖利率）**：即依票面利率計算之債券報酬率。
5. **當期報酬率（當期殖利率）**：即以債券當期利息收入除以其購進之成本所得之比率。

故：

1. 市場利率等於債券票面利率時，債券按面值出售（債券售價等於面值）。
2. 市場利率高於債券票面利率時，債券售價低於其面值，即債券以折價出售（稱爲：折價債券，Discounted Bond）。
3. 市場利率低於債券票面利率時，債券售價高於其面值，即債券以溢價出售（稱爲：溢價債券，Premium Bond）。
4. 利率變動會造成債券價格呈反方向之變動。

5. 愈接近到期日，債券的市價會愈趨近其面值。即折價債券在趨近到期日時，其價格會攀升；溢價債券之價格則會下降。而在到期日時，這兩種債券的價格會等於面值。如圖6-1。
6. 債券總報酬率 = 當期報酬率＋資本利得報酬率
   (1) 折價債券時，資本利得報酬率爲正。
   (2) 溢價債券時，資本利得報酬率爲負。
   (3) 市場利率等於票面利率時，資本利得報酬率爲零。
   (4) 債券總報酬率等於市場利率。
7. 利率變動會使債券持有人有價值損失的風險，此風險即爲利率風險；期限愈長的債券，其價格隨利率變動而變動的幅度愈大，即期限愈長的債券，其利率風險也愈高。

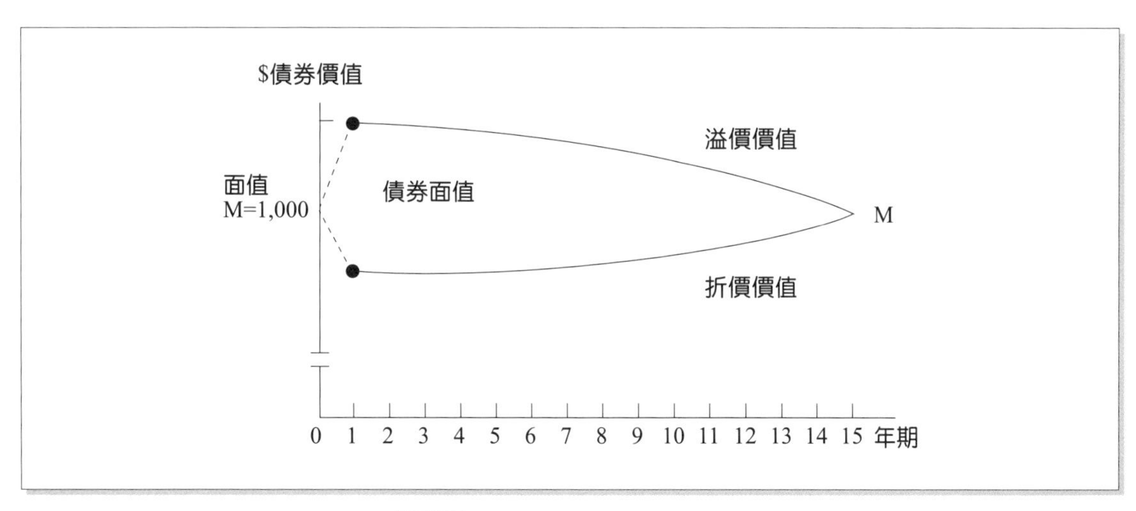

圖 6-1 債券價值與期間關係圖

二、基本評價模式

$$P_0 = V_0 = \sum_{t=1}^{n} I \times (\frac{1}{1+k})^t + M(\frac{1}{1+k})^n$$

P_0 = 債券市價；

V_0 = 債券現值；

n = 距到期之期數；

I = 每期支付的利息 = 票面利率×面值；

k = 折現率，適當的債券利率需考量債券各種風險及資金供給狀況，與票面利率未必相等；

M = 面值或到期償還金額。

故債券價值決定於到期償還金額（或面值）、每期之利息收益及市場利率。一般而言，在其他情況不變之下，債券價格主要受市場利率之影響，若市場利率上揚則債券價格下跌；反之，市場利率下跌，則債券價格會上漲。

由基本評價模式可知，債券之價值（市價）即等於每期所支付利息現值（年金現值）加上到期面值之現值之總和。

範例01

假設現有10年期公債，面額為100元，票面利率為6%，且半年付息一次，若在殖利率為5%下，依據債券評價公式，債券價格為何？

解

債券評價模式如下：

$$P_0 = V_0 = \sum_{t=1}^{n} I \times (\frac{1}{1+k})^t + M(\frac{1}{1+k})^n$$

$$P = \sum_{t=1}^{20} 6 \times (\frac{1}{1+5\%})^t + 100(\frac{1}{1+5\%})^{20} = 107.795$$

6-3 到期收益率

債券到期收益率（Yield to Maturity, YMT，又稱到期報酬率、到期殖利率）係指債券持有至到期之每期報酬率，亦是債券投資人之內部報酬率。將債券未來的現金流入（即未到期的各期利息與本金）以一定的「折現率」折現，使其現值等於債券的價格，此一「折現率」即是債券的到期收益率。此爲債券持有者所要求或期望的投資報酬率，以債券基本評價模式分析。

$$P_0=\sum_{t=1}^{n}\frac{I_t}{(1+k)^t}+\frac{M}{(1+k)^n}$$，求算 k 即為到期收益率。

一般以試誤法或速算公式計算而得。

所求出之到期收益率即爲債券總報酬率，故若債券的售價等於其面值，則到期收益率就只包括利息收益率；而若債券售價不等於其面值，則其到期收益率就等於利息收益率再加上正或負的資本利得報酬率。

速算公式即以下列公式求算債券到期收益率的近似值：

$$k=YMT=\frac{I+\frac{M-V}{n}}{\frac{M+2V}{3}}$$

6-4　債券之存續期間

債券投資者可利用債券價格與利率呈反向變動關係，找出一可規避市場利率風險之投資期限，此一期限即稱爲「存續期間」（Duration）。以下就相關計算公式做一說明。

一、定義

由於債券具利率風險，且與利率呈反向變動之關係，故債券投資者可利用前述特性找出一可規避市場利率風險之投資期限，此一期限即稱爲「存續期間」。

「存續期間」係以現值表達的加權平均年限，即將各期資金流量的現值乘以資金流量的期數之合計數，除以各期資金流量現值總計數：

$$D=\frac{\sum_{t=1}^{n}\frac{c}{(1+k)^t}\times t+\frac{M}{(1+k)^n}\times n}{\sum_{t=1}^{n}\frac{c}{(1+k)^t}+\frac{M}{(1+k)^n}}=\sum_{t=1}^{n}\frac{PV(CF_t)}{TPV}\times t$$

其中：

k = 債券到期收益率；

CF_t = 第 t 年的現金流量；

PV（CF_t） = 第 t 年現金流量的現值；

TPV = 所有現金流量現值的總和；

t = 每次現金流量的期間；

n = 距到期日的期數；

c = 每期現金流量（利息）；

M = 面值或到期償還金額。

「存續期間」係指債券的將來價值（本金的價格＋利息收入＋再投資收益）不受利率變動影響的出售時機。故若將債券投資期間配合該債券的存續期間，利率變動所導致的債券價格的變動與再投資收益的變動（二者將呈反向變動）將互相抵銷，使得債券將來價值保持不變。

由於在「存續期間」之時點的債券將來價值不受利率波動之影響，故從事債券投資時，配合「存續期間」設定投資期間，或選擇配合「存續期間」的投資組合，就可規避利率風險。此種使「存續期間」與投資期間相配合，以避免利率變動所引起的風險，稱為債券的免疫（Immunization）。

二、存續期間之特性

存續期間之特性主要有零息債券的存續時間與其到期時間相等、支付利息的債券（Coupon Bond）其存續時間永遠會小於它的到期時間、票面利率愈低，存續時間愈長、到期殖利率（YTM）愈高，債券的存續時間愈短等特性，下列相關說明：

1. 附息債券其存續期間之公式：

$$D = \frac{\text{各期現金流量以期別為權數計算之加權總現值}}{\text{各期現金流量總現值}}$$

零息債券者則為：

$$D' = \frac{\frac{M}{(1+k)^n} \times n}{\frac{M}{(1+k)^n}} = n$$

可發現 D' 恆大於 D。

2. 存續期間與債券價格、市場利率間之關係如下：

$$\frac{\Delta P}{P} = -D\left(\frac{\Delta i}{1+i}\right)$$

即

債券價格變動百分比＝(-1) × 存續期間 × [利率變動數與 (1 ＋變動前利率) 之比值]

3. 若債券票面利率愈低，其存續期間愈長，則債券價格波動愈大。
4. 在票面利率、市場利率固定時，債券價格波動亦愈大。

三、影響存續期間之因素

影響存續期間之因素有應計利息、票面利率、還本付息條件、市場利率、期間等因素，下列針對相關因素做一說明。

1. **應計利息**：投資人如於兩次付息日間買賣債券，債券之應收、付金額應該等於成交價格加上應計利息。如果所購買之債券具較多應計利息，由於現金流量較多且近，其存續期間自然較短，反之則較長。
2. **票面利率**：債券的存續期間與其票面利率成反比，票面利率愈高，存續期間愈短。國外有所謂零息債券，由於其所有的現金流量都是在到期日發生，所以其存續期間即等於其到期期間。
3. **還本付息條件**：從現金流量觀點而言，分次還本的本金因分期攤還，投資人擁有的資金，有許多再投資的機會，其存續期間較到期一次還本之債券為短。
4. **當時市場利率**：存續期間與市場利率呈反向變動，即同一發行條件的債券，買進殖利率較高，則存續期間較短，反之則較長。

5. **到期期間**：較早發行的債券，經過的時間較長，距到期日時間也愈短，而其存續期間也較短；而距發行時間較近的債券，距到期日較遠，其存續期間也較長。

四、存續期間之運用

由於存續期間可以作爲衡量持有債券的風險強弱指標，故當市場利率上漲時，投資人應迅速調整握有的部位，賣出存續期間較長的債券，買入存續期間較短的債券，以減少操作損失。而相對地，如果利率一路下跌，則可賣短券買長券，以獲致較快累積資本利得。

由於存續期間的計算基礎在於考量債券各期現金流量的大小，故到期年限長的債券未必較到期年限短的債券有較長之存續期間，相同期間的債券也不一定具有相同之存續期間。故投資人於評量債券的風險或選擇投資標的時，不應只是單純考量債券的到期期限長短，而應以債券之存續期間長短作爲買賣債券之依據。

6-5 債券訂價法則（Bond-Pricing Rules）

債券價格與到期期限、票面利率及折現率相互間有其關係存在。

1. 債券價格與市場利率（或殖利率）呈反向變動關係。
2. 殖利率不等於票面利率時，以殖利率折現之債券現值與債券面值必有差異，且到期期限愈長，此種差異愈大。
3. 前項之差異，如以百分比表示，則隨到期期限之趨近，此百分比雖逐漸增加，但增加幅度則呈遞減情形。
4. 殖利率增減變動時，縱使變動數量相同，但使債券價格下跌或上升之幅度均有差異；殖利率下降所獲得之資本利得大於殖利率等額上升所造成的資本損失（債券價格在殖利率下降時，比殖利率上升時更具敏感性）。
5. 除一期及無到期期限之債券外，其餘任何期限之債券，若殖利率發生變動，票面利率高的債券其價格變動的百分比較票面利率低的債券價格變動百分比爲小（低票面利率債券比高票面利率債券，殖利率的變動更具敏感性）。

6. 殖利率低之債券較殖利率高之債券，債券價格較具敏感性。
7. 長期債券的價格對殖利率變化比短期債券更具敏感性。
8. 債券價格隨到期日之接近，其價格敏感性之增加逐漸遞減。

6-6 影響利率因素

利率會影響債券價格，故從事債券投資應研判利率走勢，一般而言，影響利率走勢之短期及長期因素如下：

1. 影響短期利率走勢因素

(1) 例行性支出：月初薪津、準備金利息發放等。

(2) 季節性因素：三節、所得稅繳庫等。

(3) 非經常性因素：軍匯款、退除役官兵俸給、非經常性外匯進出等。

(4) 準備部位。

(5) 公債付息還本。

(6) 央行態度：公開市場操作、公開場合談話、貨幣政策等。

2. 影響長期利率走勢因素

(1) 通貨膨脹預期。

(2) 景氣指標：貨幣供給額年增率、經濟成長率、消費者物價指數CPI年增率等。

(3) 短期利率。

(4) 央行態度：公開市場操作、公開場合談話、貨幣政策等。

(5) 其他因素：國際景氣狀況和利率走勢等。

債券買賣要領

無論就債券投資理論或實務而言，市場利率是影響債券價格最重要的因素。影響債券投資的因素除了利率外，尚有貨幣供給、物價水準、匯率及債券評等等因素，其影響情形如表6-1。

表 6-1 債券投資有利與不利因素比較表

影響項目	有利債券投資	不利債券投資
市場利率水準	下降	上升
貨幣供給	寬鬆	緊縮
物價水準	下降	上漲
經濟景氣	變好	變壞
匯率	不一定	不一定

通常利率上升、貨幣供給緊縮、物價水準上漲較不利於債券投資，如遇上述情況，投資人應採取如下的因應措施：

1. 此時利率若仍處低檔，有走高趨勢，應停止買進新債券。如果一定得買進新債券，則交易方式應採附買回條件交易，勿買斷。
2. 出清或減少庫存以減輕損失。
3. 利用下面換券手法以減輕損失。
   (1) 將到期期限長的債券轉換為到期期限短的債券。
   (2) 將票面利率低的債券轉換為票面利率高的債券。
   (3) 將債券評等差的債券轉換為信用評等佳的債券。

反之如果市場利率下降、貨幣供給寬鬆、物價水準下降等因素，而使得利率水準趨跌時，對投資債券有利，投資人應採取與上述措施相反的操作要領，至於第3項第(2)、(3)點則除外。

6-7 信用評等制度

一、信用評等意義

信用評等（Credit Ratings）乃指信用狀況或償債能力之評等，係運用統計的方法擬定評等或評分的標準，再將受評等對象的各項信用屬性予以量化，再計算其評分與等級所得之評比，依評等等第判斷其信用品質之良窳，提供予發行人、投資人與相關對象之用。一般提供此種資訊服務之公司即爲信用評等公司。在美國，信用評等公司評等的重點大多爲發行公司的經營管理能力、資產負債分析管理能力、應付景氣循環能力、獲利能力、競爭情況、營運趨勢及籌集資金之財務彈性等。

目前國外著名之評等公司包括美國之Moody's Investors Service、Standard & Poor's Corporation、Fitch Investors Service；英國之International Bank Credit Analysis；日本之日本公司債研究所（The Japan Bond Research Institute）、日本投資者服務公司（Nippon Investors Service Inc）、日本信用評等社（Japan Credit Rating Agency, Ltd）。其評估對象包括產業及服務組織之個別企業、銀行、證券商、承銷商、保險公司等金融機構、公用事業（包括電力、石油、電話公司等）所發行之中、長期債券、商業本票、特別股等金融商品之評等，及對金融機構、共同基金及國家風險之評等。

二、信用評等之功能

信用評等對於許多機構與個別投資人的助益相當大。以國外的經驗來說，小型銀行發現評等結果對其選擇投資組合有很大的幫助；大型銀行則利用評等資料來複核其調查結果；證券經紀商通常會利用評等資料做爲投資意見，以服務客戶；保險公司雖有自己的投資分析人員，但在從事債務證券的交易時，仍須參考評等資料；其他的機構投資人，例如信託公司、信託基金、退休基金、投資公司等，也都將評等資視爲債務證券投資的重要資料來源；個別投資人亦可利用評等資料了解債務證券的信用風險，以調整其投資組合的內容。

信用評等具有以下主要的功能：

（一）提供信用風險的資訊

一個有效率的信用市場，必須能提供充分的資訊及有效傳遞資訊，使資金供需雙方在資訊對等的情況下，做最合理的投資或取得資金的決策，而評等機構的介入，可提供信用風險的資訊，縮短資金供需雙方對信用程度認知的差距。

（二）保護投資人的權益

主管機關保護投資人最主要的工具，是要求債務證券的發行者，將其資訊公開給投資人，而信用評等的資訊具有中立、可信與易懂的特性，成爲投資人做投資決策的有效參考指標，使投資人可依本身的風險偏好，選擇適當的投資標的，投資人的權益多了一層保護。

（三）降低徵信成本

專業投資機構或授信機構，均花費大量的人力物力在蒐集、分析與評估債務證券發行者或貸款者的信用度，而一般投資人除能力有限外，更無能力負擔如此高的徵信成本，評等機構以其專業分析所做之評等資訊，可供專業投資機構、授信機構或一般投資人使用，整體而言，取得資訊的成本相對降低，可有效節省社會資源。

（四）機構投資人的資金能更合理運用

機構投資人若投資於風險過高的債務證券而遭致損失，易引起投資人以投資基金管理不當爲由而要求損害賠償，若依信用評等的結果選擇購買等級較高的債務證券，除可增加投資的安全性，並可避免缺乏認定標準而產生糾紛，而投資人亦能依據評等判斷風險，而合理分配其投資資金，以求最大報酬。

（五）降低發行成本

債務證券評等的資訊公開的情況之下，財務結構較佳、償債能力較強、信用風險較低的發行者，可取得較高的信用評等等級，因此可以較佳的條件或較低的利率發行，以取得較低的成本的資金。

（六）監督經理人的行為

公司經理人常與股東、投資人與債權人的利益相衝突，而評等機構所評等的等級，可提供投資人觀察經理人是否善盡管理人責任的一項參考指標。可適度降低花費於監督、查核經理人之成本，減少「財務管理學」上所謂「代理問題」之產生，而達股東財富最大化之目標。

（七）促進經濟的發展

由於評等資訊的流通，可減少各界蒐集資訊成本，進而可促進金融市場的健全發展，使社會資源的分配更有效率，對於經濟的發展有實質上的助益。

（八）教育宣導投資人對風險的認知

經由信用評等資訊之發布，投資人可經由宣導教育過程，而進一步增加對投資風險的認知。就投資人投資觀念的導正，正確投資知識之灌輸有正面助益。

（九）促使企業改善體質

由於評等之過程，須對企業財務、業務、經營管理等各層面作全面性之評估，能促使企業注意其制度上缺失與應加以改善之問題，可有效促使企業改善其體質。另爲維持或提昇其評等，使企業不斷持續作改善之工作，可提昇企業之競爭力。

（十）有效達成資本市場國際化

藉由信用評等，可使我國企業之信用能力、信用風險爲國際上所周知，而使企業赴國外經營、籌資，或外國企業、投資人願意至國內進行投資，此皆有助於我國資本市場國際化目標之達成。

（十一）協助政府進行監督管理工作

藉由信用評等之資訊，政府財務金融主管機關可藉以援引作爲審查，核准業務之依據，或作爲金融監理之工具，可有效節省人力而達到監管之目的。

信用評等對投資人而言，雖然僅是投資決策的參考指標，而非直接投資決策的指標，但仍有其重要性。例如：

1. 可指出債務證券的投資品質。評等機構通常採取最保守穩健的觀點，評估債務證券的品質，因此信用評等可做爲債務證券投資品質的一項標記。
2. 可做爲預測違約風險的良好指標。根據相關的研究結果顯示，信用評等愈佳的債務證券，其未來發生違約的機率愈低；反之，若是評等愈差者，其未來違約的可能性則愈高。
3. 可做爲投資人決定收益率的參考。若投資於風險較高的債務證券，投資人會要求較高的投資報酬率，而若風險較低，則可接受較低的報酬率，因此信用評等的等級與債務證券的到期收益率之間有高度的相關性。

綜合以上所述，信用評等代表評等機構的信用風險分析與市場之間最快速且最便利的溝通工具。就投資人的觀點而言，信用評等的主要功能在於提供固定收益投資工具違約風險的可能性，從而安排其適當的投資組合；就借款者而言，若獲得較佳的評等，則可藉此取得較低的借款成本；就主管機關而言，可利用具獨立性的評等機構，協助其監控被評等公司之財務情況，而有提前預警的功效；而就整體信用市場而言，評等制度具有加強市場的透明度，提高資金的使用效率等效果。

三、評等的方式

評等的進行主要是採質量並重之分析方式。量的分析主要是應用比率分析，研究發行公司的經營狀況及償債能力，如資產保障、財務資源、獲利能力等。質的分析則偏重發行公司本身的資料及與發行契約相關之內容，如公司的規模、過去的付息記錄、管理當局的能力、品德、市場占有率、在同業中的地位、受景氣影響的程度、該行業之遠景、抵押品之價值、償還方法等。

（一）量的分析

資產保障係衡量資產之價值對公司的保障程度。其衡量指標之一是有形資產淨額對長期負債比率。評估資產保障時，尚包括其他因素，如帳面價值之決定方式（如依成本或市價、壞帳之提列方式等），運用資金之結構，廠房設備之品質與年齡，以及資產負債表外融資或未入帳負債等問題。財務資源之評估係著眼於企業的流動資產，如現金及其他運用資金項目。財務資源的衡量指標包括應收帳款收現期間和存貨週轉率，這些指標係依同業之標準來判斷。

未來的獲利能力以及由營業產生現金的能力亦爲評等程序的重要因素，因爲未來盈餘的水準及品質影響企業支應債務能力甚鉅。一般而言，以獲利能力做爲公司債之安全保障的指標比資產保障指標來得可靠。

（二）質的分析

質的分析偏重發行公司本身的資料及與債券發行契約相關之內容，如公司過去的付息記錄、管理當局的能力與經驗。評等人員通常透過與管理當局面談、實地考察及其他分析了解管理當局見識的深度與廣度、公司營運的目標、規劃作業、研究發展、產品促銷、新產品規畫、購併策略等。債券的特定條款通常載明於公司債合約中，此時分析的重點係著眼於對公司債持有人的保障性條款，例如債券償還方法、未來發行新債券之條件、抵押條款、償債基金、購回約定及限制性條款（如限制股利發放數額）。

綜上所述，一般而言，評等分析的過程與步驟可以圖6-2表示：

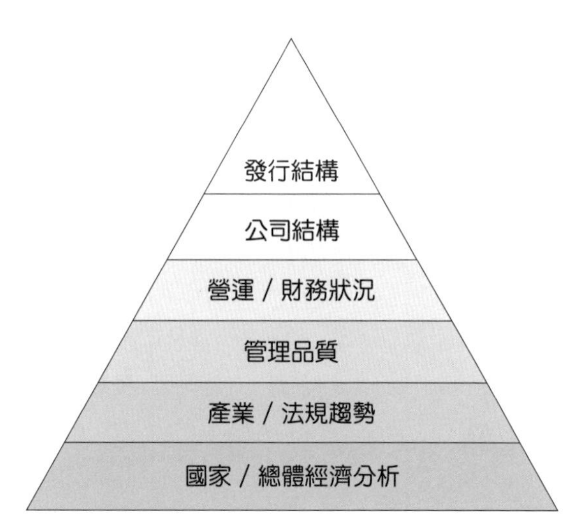

圖 6-2 評等分析的過程與步驟

四、評等區分

一般提供信用評等服務之公司即爲信用評等公司，信用評等公司若是上市公司，評等的重點大多爲發行公司的經營管理能力、資產債分析管理能力、應付景氣循環能力、獲利能力、競爭情況、營運趨勢及籌集資金之財務彈性等；而信評公司也會針對國家、國債、公司債進行評等。知名的有標準普爾（Standard & Poor's）、穆迪（Moody's）、惠譽（Fitch）等國際評等公司，臺灣在民國86年5月底成立了第一家「中華信用評等公司」（Taiwan Ratings）。

表 6-2 國際信用評等公司對照表

1. 標準夏普爾信用評等公司（Standard & Poor's）
2. 穆迪信用評等公司（Moody's Investors Service）
3. 惠譽國際信用評等公司（Fitch Ratings）
4. 中華信用評等公司 TRC

S&P	Moody's	Fitch	評等定義
AAA	Aaa	AAA	最高信用品質。 AAA 評等意指最低的預期信用風險。本評等代表受評者具備最為強健的財務承諾償付能力，此能力受到可預期之事件負面影響的可能性不大。

S&P	Moody's	Fitch	評等定義
AA （含 AA+ / AA / AA-）	Aa （含 Aa1 / Aa2 / Aa3）	AA （含 AA+ / AA / AA-）	極高的信用品質。 AA 評等意指極低預期信用風險。本評等代表受評者具備極強的財務承諾償付能力，此能力受到可預期之事件負面影響的可能性不大。
A （含 A+ / A / A-）	A （含 A1 / A2 / A3）	A （含 A+ / A / A-）	高的信用品質。 A 評等意指低預期信用風險。本評等代表受評者具備強健的財務承諾償付能力，但相較於評等等級較高之受評者，此能力可能更容易因為環境或經濟狀況變動而受到影響。
BBB （含 BBB+ / BBB / BBB-）	Baa （含 Baa1 / Baa2 / Baa3）	BBB （含 BBB+ / BBB / BBB-）	良好的信用品質。 BBB 評等代表目前低的信用風險。受評者具備允當的財務承諾償付能力，但此能力較容易因為環境或經濟狀況發生負面變動而受到影響。本評等為投資等級評等中的最低評等等級。
BB （含 BB+ / BB / BB-）	Ba （含 Ba1 / Ba2 / Ba3）	BB （含 BB+ / BB / BB-）	投機級。 BB 評等代表信用風險有可能正在形成，尤其是因為負面經濟變化導致，但受評這可能以變通的業務或財務方式，履行其財務承諾。獲予本評等等級之有價證券並非屬於投資等級。
B （含 B+ / B / B-）	B （含 B1 / B2 / B3）	B （含 B+ / B / B-）	高度投機。 對發行人及履約中的債務而言，B 評等等級代表受評者的信用風險水準極高但仍具備某些的安全性。財務承諾目前仍在履行中，但繼續償付的能力則需視經濟環境是否穩定、良好而定。
CCC （含 CCC+ / CCC / CCC-）	Caa （含 Caa1 / Caa2 / Caa3）	CCC （含 CCC+ / CCC / CCC-）	對發行人及履約中的債務而言，CCC 評等等級代表受評者發生違約的可能性極高，繼續履行財務承諾的能力完全視經濟環境是否穩定、良好而定。

S&P	Moody's	Fitch	評等定義
CC	Ca	CC	對發行人及履約中的債務而言，CC 評等等級代表有可能發生某種形式的違約。
C	C	C	對發行人及履約中的債務而言，C 評等等級代表違約在即。

資料來源：中華信評信用公司

五、我國信用評等制度

（一）緣由

我國正積極發展成為亞太金融中心，金融市場之政策方針亦朝向自由化與國際化的方向邁進。自由化、國際化的趨勢下，企業與金融機構將面臨更強烈的競爭，致使其財務狀況與償債能力之變化加劇，而我國目前仍欠缺信用評等制度，致國內外金融企業界籌措資金所參考之信用風險指標仍付之闕如，此為我國推動亞大金融中心計畫中極需建立者。

國內公司發行公司債之家數與數額，近年有大幅成長，我國也正積極發展債券市場，而信用評等制度為不可或缺之一環。此外，票券市場之金融工具亦對信用評級有其殷切需求。近來金融機構之舞弊、投資虧損等事故頻傳，更凸顯出金融機構評等之重要性。民國86年4月30日行政院核定「信用評等事業管理規則」並發布施行，5月31日中華信用評等公司經財政部證期會核發營業許可，正式成立開始運作。

（二）中華信用評等公司之評級

中華信用評等公司之評級係採本土性評等等級，為了代表是針對臺灣金融市場的評等，並和國外各評等機構有所區別，每一等級前都加有tw兩個英文字母，代表是中華信用評等公司的評等結果。

表 6-3 中華信評信用評等等級定義

評等等級	定義
twAAA	受評為 twAAA 之債務人，表示相較於其他臺灣債務人，該債務人有極強（Extremely Strong）的財務承諾履行能力。twAAA 為中華信評臺灣發行體信用評等等級中的最高評等級別。
twAA	受評為 twAA 的債務人與受評為最高級別的債務人間，僅在程度上有些微的不同。受評為 twAA 之債務人，表示相較於其他臺灣債務人，該債務人有相當強（Very Strong）的財務承諾履行能力。
twA	受評為 twA 的債務人，係指相較評等等級較高之債務人，會稍微容易受環境及經濟條件變動之不利效果所影響。受評為 twA 之債務人，表示相較其他臺灣債務人，該債務人仍有強（Strong）的財務承諾履行能力。
twBBB	受評為 twBBB 的債務人，係指相較於其他臺灣債務人，仍具有適當（Adequate）的財務承諾履行能力，但較可能因不利的經濟條件或環境變動，而減弱債務人對債務承諾的履行能力。
twBB twB twCCC twCC	受評為 twBB、twB、twCCC、twCC 的債務人，係指相較於其他臺灣債務人，其具有較高的風險性。受評為前述等級的債務人雖仍具有品質與保障特性，但相對於其他臺灣債務人，該些特性可能會因其面臨重大的不確定因素或暴露於不利的條件下而遭抵銷。
twBB	受評為 twBB 的債務人，係指該債務人對其財務承諾的履行能力稍嫌脆弱（Somewhat Weak），但相較於其他受評等級更低之臺灣債務人而言則其程度較輕。然而，由於存在著重要的長期不確定因素，或暴露於不利的經營、財務或經濟條件之下，可能會導致該債務人履行財務承諾的能力不足。
twB	受評為 twB 的債務人，係指其財務承諾的履行能力較受評為 twBB 的債務人更弱。相較於其他臺灣債務人，受評為 twB 的債務人目前履行其財務承諾的能力薄弱（Weak）。不利的經營、財務或經濟條件，可能損害該債務人履行財務承諾的能力或意願。
twCCC	受評為 twCCC 的債務人，係指相較於其他臺灣債務人，該債務人目前履行其財務承諾的能力脆弱（Vulnerable），且該債務人能否履行其財務承諾，將視經營環境與財務狀況是否有利而定。
twCC	受評為 twCC 的債務人，係指相較於其他臺灣債務人，該債務人目前履行其財務承諾的能力極度脆弱（Highly Vulnerable），有高度違約之可能性。twCC 評等使用在：違約情況尚未發生，但中華信評預期，不論預估違約發生的時間為何，違約情況幾乎可確定會發生的時候。

評等等級	定義
SD D	受評為 SD（Selective Default，選擇性違約）或 D 的債務人，代表中華信評認為該債務人將有一項或多項債務（無論為受評或為受評的長期或短期債務，但不包括被歸類為法定資本或依據條款停止支付的混合性資本工具）發生違約。會被授予 D 評等的情況為：當中華信評認為該債務人將發生全面性的違約，且將無法如期履行所有或絕大部分即將到期的債務時。會被授予 SD 評等的情況為：當中華信評認為該債務人已選擇性地針對某特定或某類債務違約但仍將會如期履行其他債務或其他類別之債務時。另若某債務人正在進行財務壓力下的債務交換（Distressed Exchange Offer），則該債務人的評等將會被調降至 D 或 SD。

＊ 在twAA到twCCC等級的各評等等級中，皆可以增加一個加號或減號方式，來代表在同等級內的相對地位。

資料來源：中華信評信用公司

6-8 股票之評價

投資者於買賣股票時，首先須研究其價值究竟爲多少；若其價值遠超過市價（市場價格），即可買入；反之，若其價值遠低於市價，即可賣出。所謂市價，即在市場中經由供需關係，股票賣出者與買入者實際成交的價格。而價值則是指股票應當具有之價格。

簡單的說，決定股票價格的主要因素就是股票的價值。理論上，股票的價值必定會反映在價格上，也就是投資者對經發行公司業績、展望、經營能力等綜合性的評價，必將透過市場價格表現出來。

股票亦如一般商品，價格的決定也因循著供需法則。一般分析股票價格的波動，直接分析市場上供需變化及影響供需變動背後複雜因素。專業投資人和投資機構，除分析供需外，在作股票投資決策之前，也循較科學之數量公式分析程序，去推估股票之價格（理論價值），將其與市場價格相比較，以作爲判斷目前市場價格偏高或於偏低之基準。

投資者應在何種情形下買進或賣出股票，才能獲得較大的投資報酬呢？當股票的市場價格低於理論價值時，投資者應買進，以便將來來市場價格上漲時，可獲取較大的資本利得；反之當股票的市場價格高於理論價值時，投資者應賣出所持有之股票，以避免未來價格下跌造成損失。當股票之市場價格相等於理論價值時，不論買進或賣出皆無利可圖，故應不進行買賣，以靜觀其變。

普通股價值的決定，約有下列五種方式：每股淨值法、每股盈餘法、本益比法、現金收益率法、以及折現法，以下分別簡述之。

一、每股淨值法

每股淨值，即普通股之每股淨資產價值，是將企業的淨資產（即股東權益）總額除以流通在外普通股股數，表示當公司清償時，所能歸還股東的數額，是用以估算公司最低應有之價值。其計算方式如下：

$$\text{普通股每股淨值} = \frac{\text{股東權益}}{\text{流通在外普通股股數}}$$

帳面價值固然重要，然而：(1)投資人投資股票是希望發行公司能繼續經營下去，其可藉此獲取股利和資本利得。投資人並不希望公司停業以處分其資產。(2)帳面上未能表現之無形資產，對於公司未來獲利能力可能深具潛在影響。因此估計普通股價值時，不應僅以每股淨值爲依據，惟其可作爲與其他評價法計算之數額比較。

每股淨值法通常在情況下使用：

1. 發行公司將要破產或已經破產清算時。
2. 發行公司之資產爲證券而非廠房設備，因證券有市價能反映眞實價值，例如共同基金等公司。

實務上有計算市價對帳面價值比率（Price-to-Book Ratio）與本益比進行比較分析以獲得較多評價資訊。

二、每股盈餘法

每股盈餘表示每一普通股，所能獲得的純益爲何。其計算公式如下：

$$\text{每股盈餘} = \frac{\text{稅後淨利}}{\text{流通在外普通股股數}}$$

每股盈餘的多寡，可反映公司之獲利能力如何。利用每股盈餘衡量普通股價值之方法如下：

1. 每股盈餘與本益比的乘積，即爲普通股之價値。
2. 將發行公司的每股盈餘，與同業其他公司之每股盈餘相比較，若該公司較高，表示其獲利能力較他公司爲佳。
3. 比較該公司前後數年的每股盈餘，倘逐年增加，表示其獲利能力不斷地增加。

每股盈餘與股票價値間之關係密切，是以若能準確預測公司未來之盈餘，可協助投資人選擇股票，以獲得較佳之報酬。

三、本益比法

本益比表示投資人爲獲取每1元盈餘，須付出多少代價。其計算公式如下：

$$本益比 = \frac{普通股每股市價}{每股盈餘}$$

本益比一向爲投資人中長期投資選股指標，但是在使用此一法則時，應注意到計算本益比時所用每股盈餘爲前四季資料所計算，可能並無法完全反映公司未來營運展望，且上市公司慣以處理土地資產、操作股票等方式，來增加營業外收益，每股盈餘有虛增之嫌，且各上市公司營業外收益並不穩定，因之投資人在利用本益比的觀念投資股票時，尙需仔細評估公司經營本質業之營收情況，才不致有見樹不見林之憾。

一般而言，本益比越低越好，其表示投資人可以較低的代價獲取相同的盈餘。但各發行公司並無一定標準的本益比，影響各公司本益比發生差異的因素與運用本益比評價應注意事項說明如下：

1. 預期公司獲利能力的高低。預期獲利能力高，則其本益比雖高，仍値得投資。需注意盈餘之來源爲本業或業外，作適當調整。
2. 公司的未來成長能力。公司成長的可能性越大，投資人則願付出較多的代價（即較高的本益比），以換取未來的成長利益。成長性之預估需考量公司所屬產業發展成長性，與公司在產業地位與優勢等。
3. 投資人所獲報酬率的穩定性。報酬率不穩定，表示投資風險高，投資人自不願支付較大的代價，是以投資報酬率不穩定，本益比越低。報酬率的穩定性涉及產業景氣循環，公司競爭優勢與經營能力等。

4. 當利率水準有上揚的趨勢時，本益比當比照調低；反之，則予調高。（實務上，常以1 / 一年存款利率，作爲衡量本益比是否合理的標準。若利率爲5%，合理之本益比可達20，當利率提高至6.5%，則合理之本益比應降低至15.4。反之，若利率降爲4%，則合理之本益比應提高至25）。

席勒本益比（Shiller CAPE）

席勒本益比（Cyclically Adjusted PE Ratio）採用十年為一週期的平均本益比，再經過通膨與季節性因素調整計算本益比，較能反應實質。

四、現金收益率法（亦稱殖利率或股利報酬率）

由於盈餘乃依據一般公認會計原則編列計算，會計穩健原則與企業眞實經濟盈餘或有所差異，可考量以股利收益等其他數據作爲評價依據。

分析某公司現金收益率的歷史，可以評估其股價是否合理。現金收益率，係指公司當期每股之現金股利，除以市場價格之比，計算公式如下：

$$\text{現金收益率} = \frac{\text{每股現金股利}}{\text{每股市價}}$$

設甲公司普通股84年度所分派之現金股利爲1.6元，每股之平均市價爲54.3元，則其現金收益率應爲$1.6 / 54.3 = 3%。

股票投資人有時會以現金收益率來衡量其投資報酬的多寡，作爲投資判斷的參考，因公司有盈餘時不一定全數分配股利，而在投資人之股票未出售前，每年所分配到之股利即爲其投資報酬。

投資人亦可依據公司正常的現金收益率與當期股利，來推算目前股價是否合理。設甲公司84年度現金股利爲1.6元，歷年之現金收益率約爲4%，則以兩項數字代入下列公式，可求出每股合理價値約在40元左右，倘實際市價爲54.3元，則已超出合理價値甚多，不宜冒險搶進。

$$普通股股價合理水準 = \frac{普通股當期每股股利}{正常現金收益率} = \frac{1.6}{4\%} = \$40$$

有時考量盈餘或股利數據受影響因素較多，另有些新興公司無盈餘或股利則無法以上述方法進行評價，則可考量以市價對營業收入比率進行評價。

五、股利折現法

折現法是認爲股票的價值，等於利用某一折現率（如預期投資報酬率），將公司未來各期盈餘或股東未來各期之現金股利折現後的價值。在公司永續經營假設下，公司內在內涵眞實價值應等於未來無限期現金流量的折現值，公司股價會趨近此一價值，其計算方式如下：

設普通股一股目前之價值爲V_0，t期末之價值爲V_t，t期末股東收到每股現金股利爲d_t，折現率爲k，則在此法下普通股之評價公式如下式：

$$V_0 = \frac{d_1}{1+k} + \frac{d_2}{(1+k)^2} + \cdots + \frac{d_\infty}{(1+k)^\infty}$$

$$= \sum_{t=1}^{\infty} \frac{d_t}{(1+k)^t}$$

此公式稱爲股利折現模型（Dividend Discount Model, DDM）。

至於折現率應如何決定，理論上折現率應當等於類似風險投資的預期報酬率。風險越大則預期報酬率越大，折現率也越大；風險越小則預期報酬率越小，折現率也越小。

實務上決定股票價值時會面臨三項變數之不確定性而造成相當大的困擾。此三項變數爲：(1)未來盈餘；(2)股利數額；(3)折現率。因此在這三個主要變數均不確定的情況下，投資者需事先對此三者預作評估，才能判斷出目前的股價是否合理。

範例 02

晶圓半導體公司今年發放3元的現金股利，而投資晶圓半導體的投資者的預期報酬率為12%，晶圓半導體公司在未來3年的股利成長率為10%，若3年後晶圓半導體公司的現金股利預期將以6%的固定成長率成長，則依據股利折現法晶圓半導體公司的股價為多少呢？

解

設普通股一股目前之價值為V_0，t期末之價值為V_t，t期末股東收到每股現金股利為d_t，折現率為k，則在此法下普通股之評價公式如下式：

$$V_0 = \frac{d_1}{1+k} + \frac{d_2}{(1+k)^2} + \ldots + \frac{d_\infty}{(1+k)^\infty} = \sum_{t=1}^{\infty} \frac{d_t}{(1+k)^t}$$

$$V_0 = 3 \times [(1+10\%) \div (1+12\%) + (1+10\%)^2 \div (1+12\%)^2 + (1+10\%)^3 \div (1+12\%)^3] + [3 \times (1+10\%)^3(1+6\%)] \div [(12\% - 6\%) \times (1+12\%)^3] = 58.89$$

（一）基本模式（預期未來股利之現值）

$$V_0 = \sum_{t=1}^{\infty} \frac{d_t}{(1+k)^t}$$

t = 期數；

k = 折現率（預期投資報酬率、股票之最低必要報酬率）；

d_t = 現金股利。

1. 零成長股票：公司每年股利固定（d），股利成長率爲零，則評價模型爲 $V_0 = \frac{d}{k}$。
2. 固定成長股票：股利以一定比率成長，則評價模型爲 $V_0 = \frac{d_1}{k-g}$。

   其中 g 爲盈餘、股利固定每年成長率。

3. 非正常成長：

$$V_0 = \sum_{t=1}^{n} \frac{d_0\left(1+g_0\right)^t}{\left(1+k\right)^t} + \frac{d_{n+1}}{k-g_1} \times \frac{1}{\left(1+k\right)^n}$$

其中，公司在1～n年爲超常成長，g_0 = 超常成長率；n 年以後爲正常成長，g_1 = 正常成長率。

其中正常成長模型又稱固定成長股利折現模型（Constant-Growth DDM），股利非固定數値，而是以固定比率成長。此模型是由美國高登（Myron J.Gorden）所提出，稱爲高登模型（Gorden Model）。此模型需在 k 大於 g 才適用，g 大於 k 計算出的數値會趨近無限大，實際上企業也無法長期維持一定成長率，此時可採多階段股利折現模型。

固定成長股利折現模型移項後可表達爲：$k = \frac{d_1}{V_0} + g$ 。

k是折現率也是投資者預期必要報酬率，其等於第一期股利報酬率加上盈餘、股利固定每年成長率（g）。

盈餘、股利固定每年成長率（g）可以再分解爲盈餘再投資比率與股東權益報酬率（ROE）的乘積：

$$g = \text{盈餘再投資比率} \times \text{ROE}$$

其中，盈餘再投資比率等於 1– 盈餘發放股利比率（Dividend Payout Ratio）即：

$$\text{盈餘再投資比率} = 1 - \frac{d}{\text{EPS}}$$

而

$$\text{股東權益報酬率 ROE} = \frac{\text{EPS}}{\text{每股股東權益}}$$

如果預期公司未來股東權益報酬率變高，或適度降低盈餘發放股利比率即提高盈餘再投資比率，將可增加盈餘每年成長率。

相關股票評價公式之證明如下：

$V_0 = \frac{d_1}{k-g}$ 之證明：

$$V_0 = \frac{d_0(1+g)}{(1+k)} + \frac{d_0 \times (1+g)^2}{(1+k)^2} + \cdots\cdots + \frac{d_0 \times (1+g)^\infty}{(1+k)^\infty}$$

$$= d_0(\frac{1+g}{1+k} + \frac{(1+g)^2}{(1+k)^2} + \cdots\cdots + \frac{(1+g)^\infty}{(1+k)^\infty})$$

$$= d_0 \cdot \frac{1+g}{k-g}$$

$$= \frac{d_1}{k-g}$$

令 $A = \frac{1+g}{1+k} + (\frac{1+g}{1+k})^2 + (\frac{1+g}{1+k})^3 + \cdots\cdots + (\frac{1+g}{1+k})^\infty$

$$A \times \frac{1+k}{1+g} = 1 + \frac{1+g}{1+k} + (\frac{1+g}{1+k})^2 + \cdots\cdots + (\frac{1+g}{1+k})^\infty$$

$\Rightarrow A \times \frac{1+k}{1+g} = 1 + A$

$\Rightarrow A \times (\frac{1+k}{1+g} - 1) = 1$

$\Rightarrow A \times \frac{k-g}{1+g} = 1$

$\Rightarrow A = \frac{1+g}{k-g}$

$V_0 = \frac{d}{k}$ 之證明

$$V_0 = \frac{d}{1+k} + \frac{d}{(1+k)^2} + \cdots\cdots + \frac{d}{(1+k)^\infty}$$

$$= d(\frac{1}{1+k} + \frac{1}{(1+k)^2} + \cdots\cdots + \frac{1}{(1+k)^\infty})$$

令 $A = \frac{1}{1+k} + \frac{1}{(1+k)^2} + \cdots\cdots + \frac{1}{(1+k)^\infty}$

$$\text{同理得}A = \frac{1}{k}$$

$$\Rightarrow V_0 = d \cdot \frac{1}{k} = \frac{d}{k}$$

NEWS 自由現金流折現法（DCF）

巴菲特說過：「上市公司的內在價值，就是該企業在其未來所能產生的自由現金流量折現後的總和」，這巴菲特用的估值方法，叫做「自由現金流折現法（DCF）」，亦是巴菲特認為唯一正確的估值方法。而羅伯特．海格斯壯在《操盤快思投資慢想》中稱自由現金折現法是第一級估價法，而市盈率、市淨率這些相對估價法是第二級估價法。股神巴菲特都用自由現金流折現法。

資料來源：Yahoo股市

六、自由現金流量折現法

自由現金流量折現法是依據公司未來各期自由現金流量折現值進行股票之評價，自由現金流量（Free Cash Flow to the Firm, FCFF）爲企業經營活動中流入現金淨額，減去維持現有正常營運必需的現金投入後能自由運用之現金流量，可以用來分配給股東現金股息，或進行更多投資。

自由現金流量係美國學者拉巴波特（Alfred Rappaport）20世紀80年代所提出，麥肯錫（McKinsey & Company, Inc.）資深領導人之一的湯姆．科普蘭（Tom Copeland）教授於1990年闡述了自由現金流量的概念並提出具體的計算方法：自由現金流量等於企業的息前稅前盈餘EBIT（即將公司不包括利息費用的經營利潤總額扣除實付所得稅稅金之後的數額）加上折舊及攤銷等非現金支出，再減去營運資金的增加和廠房設備及其他資產方面的資本投資。是可供股東與債權人分配的現金數額。公式爲：

公司自由現金流量（FCFF）＝（稅後淨利＋利息費用＋折舊及攤銷非現金費用）
－營運資金增加－資本性支出

繼續分解得出：

公司自由現金流量（FCFF）=(1 – 稅率) × 息稅前利潤（EBIT）+ 折舊 – 資本性支出 – 淨營運資金（NWC）的變化

其中：

息稅前利潤（EBIT）= 扣除利息、稅金前的利潤，也就是扣除利息和應繳稅金前的淨利潤。

息前稅前及折舊前的利潤（EBITD）= 息稅前利潤 + 折舊。

FCFF模型認爲公司價值等於公司預期自由現金流量按公司資本成本進行折現的數額。屬於前述折現法的一種。在FCFF模型一般形式中，公司的價值可以表示爲預期FCFF的現值：

$$公司的價值 = \sum_{t=1}^{\infty} \frac{FCFF_t}{(1+WACC)^t}，t 從 1 至無窮大$$

其中：$FCFF_t$ = 第 t 年的FCFF。

如果公司在n年後達到穩定增長狀態，穩定增長率爲g_n，則該公司的價值可以表示爲：

$$公司的價值 = \sum_{t=1}^{n} \frac{FCFF_t}{(1+WACC)^t} + [FCFF_{n+1} / (WACC_n - g_n)] / (1 + WACC)^n$$

其中：

t從1至無窮大；

$WACC_n$ = 穩定增長階段的資本加權平均成本；

股票權益價值 = 公司價值 – 債務價值。

與股利折現模型不同，FCFF模型是對整個公司而不是股權進行估價，因此計算所得之公司價值需減除債務價值方等於股權的價值。因爲此模型可以作爲股權評價的一種替代方法。因爲公司自由現金流（FCFF）是債務償還前現金流，所以使用公司評價方法的好處是不需要明確考慮與債務相關的現金流，而在估計股權自由現金流（FCFE）時必須考慮這些與債務相關的現金流。

用自由現金流量折現模型進行公司估價時，需要確定的參數有預測的自由現金流量、估算折現率（資本成本率）和自由現金流量的增長率和增長模式預測。

公司的價值是公司預期產生的自由現金流量按公司資本成本折現的淨現值。所以自由現金流量是公司的價值創造之源，公司的任何一項管理活動和決策必須滿足以下條件，才能爲公司創造價值：

1. 增加現有資產創造的現金流量。
2. 增加現金流量的預期成長率。
3. 增加現金流量成長期的期間。
4. 強化籌資決策與資本結構管理。

前三項與營業活動及投資活動緊密相關，營業活動係直接產生現金流量的主要來源，投資活動是維持營業活動及擴展未來營業活動之基礎，其間的關聯性是財報分析的核心關鍵，詳見本書第10章。

6-9 每股盈餘之預估

利用每股盈餘以估計股票應有之價值時，須先預估每股盈餘數字，預估的方法很多，常用者有下列六種：

一、估計每股盈餘對銷貨金額之線性迴歸法

迴歸分析乃是研究自變數對應變數關係的一種統計方法。本法之自變數爲全年銷貨金額，而應變數則爲每股盈餘，表示銷貨金額估計出來後，可藉此迴歸分析法預估每股盈餘數額。

此法之運用，須先預估銷貨額，若銷貨額之估計錯誤，則據以推算出之每股盈餘必不準確，須特別注意。

二、估計每股盈餘之趨勢線法

估計每股盈餘之趨勢線法本法係時間數列的分析方法之一，利用迴歸模式分析每股盈餘時間數列之長期趨勢。即若各年度之每股盈餘有一趨勢存在，則利用過去年度之盈餘可用以預估未來之盈餘。但如未來情況與過去情況大有不同時，則需考慮結構性改變之設定。

三、指數平滑法

此法也是分析時間數列的方法之一，可用以預估次期之每股盈餘。在運用指數平滑法分析時，可將偶然變動、長期趨勢及季節變動等元素列入模式中。但是，運用指數平滑法以預估以後年度之每股盈餘時，必須選擇適當之模式，若一味追求模式之複雜程度，並無意義。

四、預估每股盈餘成長率法

假定每股盈餘按某一成長率成長時，未來每股盈餘即可利用本法加以預估。應用本法時，須先確定過去每股盈餘是否按某一固定成長率成長。確定後，先估算此一固定成長率之數字，而後再據以估計未來每股盈餘數字。

在運用本法時，除了假定過去各年度之盈餘按一固定成長率成長外，更須假定未來盈餘也按此比率成長。若未來盈餘之成長率與過去盈餘之成長率不同時，利用此法的結果將不正確。實務上，未來盈餘之成長率與過去盈餘之成長經常不一致，故實際之預估過程，並不簡單。影響未來盈餘成長率變動的原因很多，如經濟的循環變動、管理階層之變革、競爭者之增減及消費者對產品嗜好之改變等，均須予以考慮。

五、預估純益率法

本法係先預估未來之銷貨金額，並利用純益率，求出其稅後純益，再將稅後純益除以流通在外普通股股數，據此得出預估之每股盈餘。

運用本法預估未來每股盈餘時，僅需預估未來之銷貨金額及稅後純益率，而毋須預估銷貨成本、銷售及管理費用等各種費用項目，計算相當容易。其正確性主要取決於銷貨金額、稅後純益率及普通股股數預估之正確性。假如其中一項數額不正確，則預估之每股盈餘亦不正確。

應用以上五種方法預估未來每股盈餘時，所得結果，並不盡相同。然而其中何者最爲正確？則以管理當局之經驗，其對未來經濟狀況之瞭解，及明智的判斷，可得出較正確之數字。一般而言，第一法及第三法（即估計每股盈餘對銷貨金額之迴歸線法及指數下滑法）爲相當優良之預估方法。

六、前後年度同期資料比較法

本法常爲實務界人士所採用，當每股盈餘係季的資料時，可將本年度已公佈之每股股盈餘合計數除以上年度之同期資料後再乘以去年全年之每股盈餘數字，即爲本年預估之每股盈餘。

設乙公司82年四季每股盈餘各爲$1.0、$1.13、$1.49、$1.50，全年每股盈餘爲$5.13。83年前三季每股盈餘已知，分別爲$1.38、$1.80、$1.86，則可預估83年全年每股盈餘爲$7.12 =（1.38＋1.80＋1.86）÷（101＋1.13＋1.49）× 5.13。

6-10　特別股之評價

特別股與債券類似，亦爲一種固定收益證券，依所載條款，公司每隔特定期間支付固定股利，特別股通常並無到期日，因此評價時可視爲一種永續年金。

一、非參加特別股

永續年金之現值爲

$$V_0=\sum_{t=1}^{\infty}\frac{A}{(1+k_p)^t}=\frac{A}{k_p}$$

A爲每期等額支付的金額。

假設優先股股利爲 d_p，折現率爲 k_p 時，優先股之市價可由下式求得：

$$V_0=\frac{d_p}{k_p}$$

二、參加特別股

由於參加特別股必須考慮額外股息之分配，而且因爲額外股息並非一定，須視公司盈餘情況而定，所以上式變爲：

$$V_0 = \frac{d_p}{k_p} + \sum_{t=1}^{\infty} \frac{E(\theta_t)}{(1+k_p)^t}$$

其中，$E(\theta_t)$是在 t 期時，分配額外股息之期望值。

《延・伸・閱・讀》

1. 台積電難逃庫存風險 大和開槍首降評 但升目標價至400元

1. A 股票本期股利 3 元，預期未來前兩年每年會衰退 10%，第三年開始每年會以 5% 速率固定成長，直到永遠，投資人對該股票的要求報酬率爲 10%，請計算該股票的合理股價？【105Q3 證券分析人員】

2. 甲公司於未來年度將支付股利 2 元，若無風險利率爲 4%，市場投資組合的期望報酬率爲 14%。股票分析師預期甲公司一年後股價爲 22 元，該公司之 β 爲 1.25。

   (1) 請問市場對該股票的必要報酬率爲？

   (2) 該股票如今的眞實價格（Intrinsic Value）爲何？【105Q1 證券分析人員】

3. ABC 公司歷年來平均股東權益報酬率（ROE）12%，且均維持 40% 股利發放　。今年 ABC 公司的每股盈餘（EPS）爲 \$5.00，且剛發完現金股利。市場普遍認爲 ABC 公司的 β 爲 1.2，預期之市場報酬率爲 14%，無風險利率爲 5%。（假設 ABC 公司是一穩定成長之企業）

   (1) 請問 ABC 公司現有之股價爲何？

   (2) 請計算 ABC 公司之成長機會現值（Present Value of Growth Opportunity, PVGO）。

   (3) 請說明 PVGO 之符號（＋或－）之理由？【102Q2 證券分析人員】

4. 假設甲公司在未來一年將支付 2 元股利，無風險利率爲 4%，市場投資組合之期望報酬率爲 14%，甲公司的 β 爲 1.25。市場分析師預期甲公司股價一年後是每股 22 元，請問：

   (1) 市場投資人對甲公司股票的必要報酬率爲何？

   (2) 現在甲公司股票的每股眞實價值是多少？

   (3) 如果現在甲公司股票的眞實價值是每股 21 元，其成長率爲何？

   【99Q2 證券分析人員】

5. 說明公司 EPS、成長率、股權資金成本、股利和本益比的關係。

   【94Q4 證券分析人員】

投資市場、投資理論、投資策略與實務

Chapter

學習目標

1. 投資市場之創建
2. 投資理論之發展
3. 投資相關理論
4. 投資之策略規劃與投資管理
5. 投資實務之新近發展

名人金句

❒ 股票具有高變異性且風險高，所以應以投資組合來取代股票風險。在任何風險程度下都能夠架構出一個效率投資組合，而分散的效力在於能降低風險，在投資組合裡就必須含有相關性低的股票，所以將不同的高風險股票組合一起，仍可能架構一個低風險的投資組合。

哈利・馬可維茲（Harry Markowitz）

❒ 指數型基金是一種明智、可行的管道，既可以花很少的手續費、又可以花很少的心力。它幫我們過濾掉了市場部門和經理人的選擇錯誤，只留下了市場風險需要承擔。

約翰柏格（John Bogle）

本章架構圖

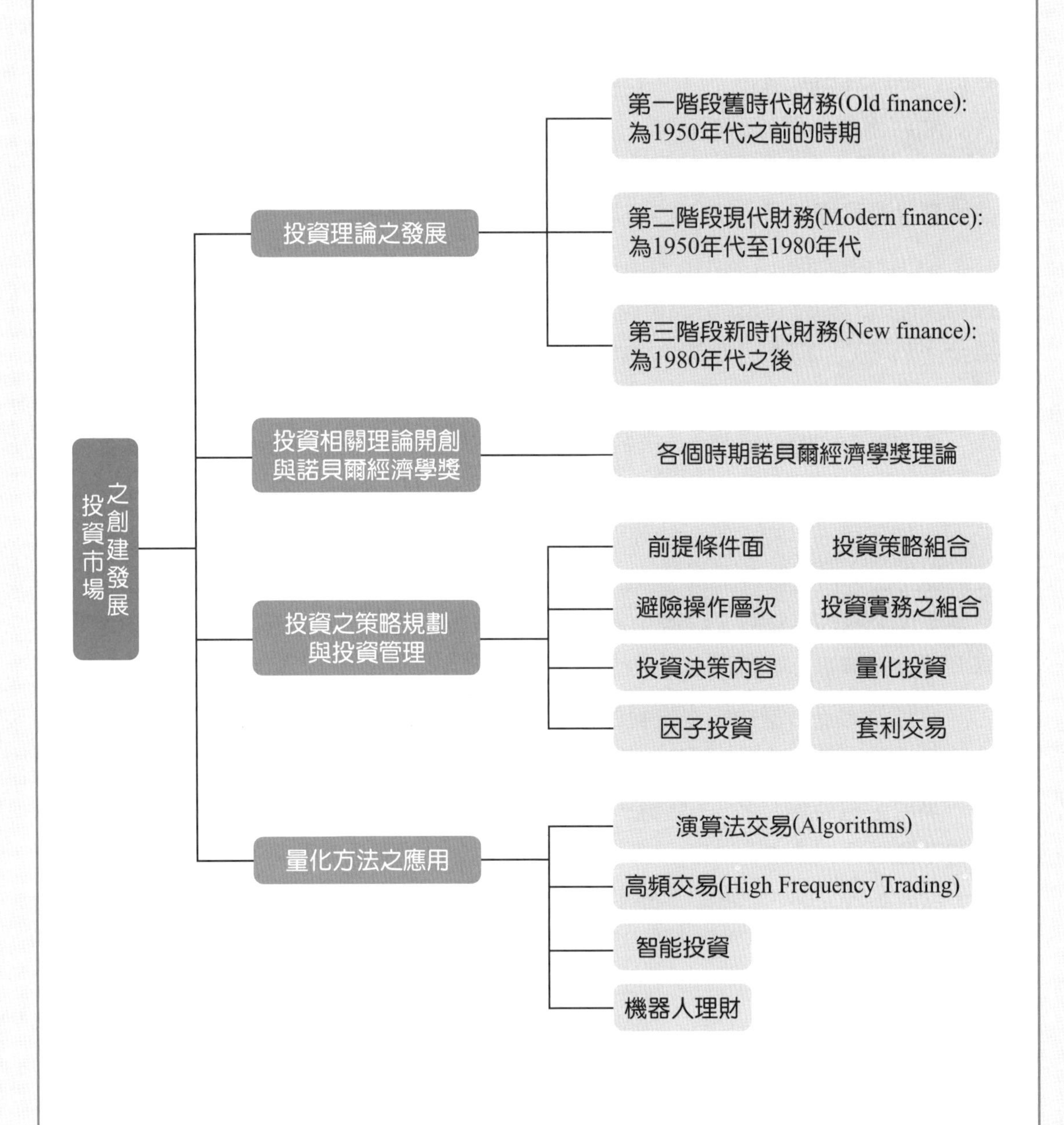

投資市場之創建發展
投資理論之發展
第一階段舊時代財務(Old finance):為1950年代之前的時期
第二階段現代財務(Modern finance):為1950年代至1980年代
第三階段新時代財務(New finance):為1980年代之後
投資相關理論開創與諾貝爾經濟學獎
各個時期諾貝爾經濟學獎理論
投資之策略規劃與投資管理
前提條件面
投資策略組合
避險操作層次
投資實務之組合
投資決策內容
量化投資
因子投資
套利交易
量化方法之應用
演算法交易(Algorithms)
高頻交易(High Frequency Trading)
智能投資
機器人理財

電腦程式分析交易的新世代

Business Insider、路透社、英國金融時報2016年5月10日報導，機構投資人（Institutional Investor）Alpha雜誌彙編資料，公布2015年避險基金經理人風雲榜，收入排名前8名中，有6人是寬客，比例遠高於2002年的2人。

寬客用電腦程式分析市場、指引投資方向，他們的績效優於知名的人類操盤手，因此坐享優渥薪酬。

Citadel的Ken Griffin和Renaissance Technologies的James Simons收入並列第一，2015年大賺17億美元。他們都是寬客，Simons更是程式解碼員出身。

DE Shaw的David Shaw排名第五，他是前哥倫比亞大學的電腦科學教授。Two Sigma兩名操盤手John Overdeck、David Siegel同為寬客、並列第六。

以往不可一世的大師，績效敗給寬客，顯示華爾街的投資策略出現巨變。科技對基金決策日趨重要，許多人利用電腦篩選資料，預測市場走勢、數據方向。金融業也大舉招募電腦工程師，沒有財經背景也沒關係，尋求機器學習、雲端運算、數據科學的人才加入。

全球最大避險基金橋水投資公司（Bridgewater Associates）也請來賈伯斯前手下擔任共同執行長，更點出此一趨勢。

英國金融時報4月25日報導，普信集團（T. Rowe Price）以數學程式管理見長的基金經理人Sudhir Nanda，過去十年來以電腦演算法所管理的23億美元美國小型股基金「Diversified Small-Cap Growth Fund」績效卓越，過去五年每年的報酬率平均可超過10%，擊敗93%的同類型基金。

資料來源：MoneyDJ新聞

【新聞評論】

寬客是 Quant 的音譯，數量金融師。2007 年（美）艾曼紐德曼（Emanuel Derman）出版了《寬客人生》一個計量金融大師在華爾街，從物理學家到高盛董事的波瀾人生（My Life as a Quant：Reflections on Physics and Finance,

2004）一書獲選《商業周刊》十大好書。他在書中這樣寫道「寬客」——受過嚴格科學訓練的數量金融師——正是這些模型的創建者，他們是華爾街舞臺上未來的明星。什麼是數量金融師或金融工程師：金融工程的決定性要素是主持和操縱金融工程的人，這些人就是金融工程師。1991 年國際金融工程師學會（International Association of Financial Engineers）的成立，既代表著金融工程學的正式問世，也代表著金融工程師這一特殊的群體已爲社會所公認。由於金融工程要廣泛涉及公司財務、證券投資、外匯交易、金融衍生品交易等許多領域，要求金融工程師必須具備與其所承擔的金融工程職責相符的理論、知識和技能。

華爾街上最知名的物理學家與計量金融大師　寬客艾曼紐德爾曼

艾曼紐德爾曼（Emanuel Derman）是哥倫比亞大學理論物理博士、財務工程學程主任；1985 年，當他離開粒子物理學領域奔向華爾街，歷經 17 年的打拼，德爾曼成為高盛集團一名董事總經理。他是首批「移民」華爾街的物理學家（或科學家）之一。人們習慣把這些人稱為「寬客」。艾曼紐德爾曼是高盛常務董事兼知名計量策略小組領導人；2000 年 SunGard / IAFE 年度財務工程師；獲選進入 2002 年《風險》雜誌名人堂；他是 Black-Derman-Toy 利率模型、Derman-Kani 局部波動率模型共同發明人；他從物理到財務，從學院到華爾街，從雄心萬丈的科學家到投資銀行常務董事。

7-1　投資市場之創建與發展

投資市場發展起自於航海貿易時代，隨著工業生產經濟日益興盛，資本市場籌資需求亦隨之蓬勃發展，資本市場投資成爲經濟金融活動重要之一環。

表 7-1 資本市場發展

年份	事件
1602	第一家股份有限公司荷蘭東印度股份有限公司成立
1609	荷蘭阿姆斯特丹證券交易所成立為世界第一家證券交易所，荷蘭東印度公司為第一家在證券交易所上市之公司
1637	荷蘭鬱金香泡沫——人類歷史上第一次金融泡沫
1693	英國發行世界第一個國債
1694	英國中央銀行英格蘭銀行成立
1719	法國密西西比公司股價泡沫事件
1720	英國南海公司股價泡沫事件
1760	英國工業革命後資本主義興起大量公司企業成立
1792	紐約證券交易所成立
1801	倫敦證券交易所成立
1896	美國編製道瓊工業指數

荷蘭東印度公司

荷蘭東印度公司，全名為聯合東印度公司（荷蘭語：Vereenigde Oostindische Compagnie，簡稱 VOC），是荷蘭歷史上為向亞洲發展而成立的特許公司，成立於 1602 年，1799 年解散，是世界第一家跨國公司、股份有限公司（指公開而非特權股份），是一家由荷蘭建立具有國家職能、向東方進行殖民掠奪和壟斷東方貿易的商業公司，荷蘭東印度公司是第一家可以自組傭兵、發行貨幣，並被獲准與其他國家定立正式條約，對該地實行殖民與統治的權力。

這也是世界上第一個特大公司，政府持有股份，有為戰爭支持薪水，與外國簽訂條約，鑄造貨幣，建立殖民地等權利。為了讓資金活絡，東印度公司首創了「股份可以在公開市場自由轉移」的這個新穎概念，促成了世界第一間證券交易所「阿姆斯特丹證券交易所（Amsterdam Stock Exchange）」。1602 年，阿姆斯特丹證券交易所成立，比倫敦證券交易所早了一百年。東印度公司則成為世界上第一檔上市公司，開創公開發行股票之先河，更奠定了現代財務理論的基礎。在亞洲各地，則建立起許許多多的「商館（Factory）」，負責當地的貿易，範圍遍及整個東亞，在臺灣臺南建立起了堡壘，以共和國七省中的澤蘭省加以命名，稱為Zeelandia，中文翻譯為熱蘭遮城，荷語的意思為「澤蘭雄獅」。

資料來源：維基百科、荷事生非

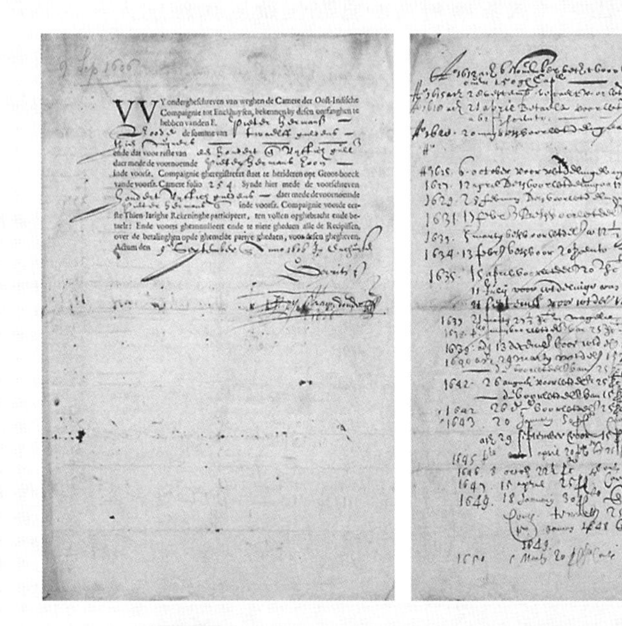

圖 7-1 世界上最早的股票：東印度公司股票
（2010 年由 Utrecht University 歷史系學生 Ruben Schalk 所發現）

荷蘭鬱金香泡沫

歷史上第一個金融泡沫——鬱金香狂熱

鬱金香狂熱發生在 17 世紀初的荷蘭，當時，土耳其人從天山山脈，將鬱金香花種帶入宮廷成為時尚。後來，德國植物學家進行鬱金香花人工栽培，用病毒突變讓鬱金香球根更美麗。漸漸的，鬱金香狂潮在富人、名流、植物學家間開始瀰漫，大家都以培育稀有種的鬱金香花為榮，鬱金香的價格也越炒越高……。鬱金香對人們來說，已經不再是用以觀賞，而是牟取暴利的手段。

當時的情況到底有多瘋狂呢？有史料記載：一顆名為「總督」的球莖，價值 3,000 荷蘭盾！可換八隻肥豬、四隻肥公牛、兩噸奶油、一千磅乳酪、一包衣服、一張床、外加一條船。在法國，一隻稀有的球莖可以換得一件珍貴的寶石。當時，一顆稀有的鬱金香球莖的價格，等於一個家庭努力一輩子所賺的收入。這樣的氛圍下，荷蘭人和外國投機者都開始相信，鬱金香球莖的價格會永遠上升……。

1637 年，人們開始懷疑，花費這麼多才能買到一朵花真的合理嗎？突然間，奇貨可居的鬱金香變成了燙手山芋，大家寧可賣便宜點也要拋售給別人。人們對鬱金香市場的信心瞬間崩解。一星期後，鬱金香的價格平均已下跌了 90%，而那些普通的品種甚至賣不到一個洋蔥的價錢……。最後政府決定終止所有鬱金香交易，很快地把問題解決，但也留下為數不少的破產者和暴發戶，鬱金香狂熱時代就此結束。

資料來源：CMoney

7-2 投資理論之發展

隨著資本市場發展，投資成爲經濟金融活動重要之一環，對股市價格等投資之研究乃漸爲人所重視，投資理論亦隨之啓蒙發展，Robert A Haugen（1990）將財務理論發展區分爲三個階段，包括：第一階段舊時代財務（Old Finance）爲1950年代之前的時期；第二階段現代財務（Modern Finance）爲1950年代至1980年代財務理論蓬勃興起的時期；第三階段新時代財務（New Finance）爲1980年代之後對CAPM無法解釋之市場異象（Market Anomalies）發展出行爲財務學理論（Behavioral Finance Theory）——即展望理論（Prospect Theory）。

財務理論之研究演進乃是區分此三階段重要分野依據：第一階段舊時代財務理論是以會計與財務報表分析爲研究範疇；第二階段現代財務則以理性學派爲前提的財務研究，包括資產組合選擇理論（Portfolio Selection）、資本資產定價模型CAPM（Capital Asset Price Model）、效率市場假說（Efficient Market Hypothesis，EMH－Random Walk Hypothesis）、套利定價理論（Arbitrage Pricing theory, APT）、選擇權定價公式B-S Model、C-R-R二項式、選擇權定價理論（Binomial Options Pricing Model）等，現代財務大師蔚然興起，財務理論乃燦然大備；第三階段新時代財務發展出的行爲財務學理論係以建構人在面對不確定性下從事決策的模型，以解釋傳統預期效用理論與實證結果之分歧。將心理學分析方法與經濟學研究結合，爲一個新的經濟及投資學研究領域奠定基礎。

追溯現今金融財務理論濫觴並奠定基礎的係1900年法國數學家路易斯・巴闕立耶（Louis Bachelier，1870～1946），他的博士論文：臆測理論（The Theory of Speculation）是學術界最早研究股價是否可預測的報告[1]，他是第一位提出股價如何變動的學者，爲金融財務理論奠定基礎。之後的經濟學家依據其理論發展出股價變動是隨機的（Random Walk），例如1965年法瑪發表股價的隨機漫步（Random Walk in Stock Price）的效率市場現代投資理論。

股市隨機漫步理論與布朗運動

1. 股市隨機漫步理論（Random Walk Theory）

隨機漫步理論認為證券價格波動是隨機的，像在廣場上行走的人，價格的下一步走向，是沒有規律的。證券市場中，價格走向受到多方面因素影響，一件不起眼的小事也可能對市場產生巨大影響。從長時間的價格走勢可以看出，價格上下起伏的機會差不多是均等的。

隨機漫步理論指出，股票市場內有成千上萬精明人士，每個人都懂得分析，且市場資訊都是公開的。因此，股票價格已經反映供需關係或其價值，且已經代表精明人士的看法，構成合理價位。市價會圍繞著股票價值而上下波動，這些波動的原因卻是隨意而沒有任何軌跡可循的。新的經濟、政治新聞消息隨時隨地流入市場，消息使基本分析人士重新衡量股票價值，而作出買賣決策，使股價發生新變化。因為消息屬突發性，事前並無人能夠預知，無法推測股票走勢。

既然股價已經反映其價值，且由買賣雙方決定，此價值就不會再變動，除非突發消息如戰爭、利率升息降息、併購等利多或利空消息出現才會再次波動。但下一個消息是利多或利空並無法得知，所以股票波動是沒有記憶系統的。昨日漲並不代表今日會漲或跌，每日之間的漲跌並無相關性。

巴闕立耶研究發現當時間愈久價格波動幅度越大，一個月的波動會比一天來的大，一年的波動會比一個月大，幅度會大多少？其分析認為價格波動幅度是時間長度的平方根。後人以美國股市 1930 年代至 1990 年代平均波動幅度觀，約有三分之二期間每月波動幅度在平均值上下 5.9% 間，而年波動幅度約在 20%，此 20% 約為每月波動幅度平均值的 3.4 倍，也就是 12 的平方根。

經濟學家發現如果價格波動幅度是以時間長度的平方根模式來進行，即類似物理學上的布朗運動（Brownian Motion）所描述的微粒子動態軌跡的模式。巴氏為首位將布朗運動連結數學描述股價動態軌跡的學者。

1 發表於1900/03/29，後人以此日為數學財務學的誕生日用以紀念他對投資理論之貢獻。

2. 布朗運動

布朗運動是蘇格蘭植物學家羅伯布朗（Robert Brown, 1773～1858）於1827 年觀察花粉粒在水中快速而不規則移動的現象，1905 年愛因斯坦證明花粉的運動是因為液體粒子自四面八方對發粉沖擊所致，並提出一個類似巴氏的債券價格機率公式，但比巴式晚五年。

一、第一階段：舊時代財務

爲1950年代之前投資理論之發展。市場實務上對股價進行分析者始於1900～1902年的道氏理論（Dow Theory），其源於查爾斯·道，華爾街日報和道瓊指數（Dow Jones Index）創辦人，於1900～1902年刊載在華爾街日報專欄，用來判定市場中主要趨勢的變化，爲辨識股票走勢最古老且普遍的方法。後來威廉·漢米爾頓（William P Hamiliton）於1922年出版《股市氣壓計（The Stock Market Barometer）》，以及羅伯·雷亞（Robert Rhea）在1932年出版《道氏理論》加以整理補充成爲技術分析的鼻祖。

1930年美國經濟學家歐文·費雪在《利息的理論》一書中提出股利折現模式（Discounted Dividend Model, DDM）概念，使投資人能精確估算股票與債券的期望價值，是評估證券內在價值最具影響力的模式。1938年約翰·伯爾·威廉斯在其《投資價值的理論》一書中，以數學運算方法證明其理論與運用，馬可維茲也建議用此模式計算股價平均的期望值。目前又稱此模型爲戈登成長模型，係以1959年邁倫·戈登提出之模型命名。1950年代之前，投資者投資著重在技術分析、基本分析及內線消息。

二、第二階段：現代財務

爲1950年代至1980年代財務理論蓬勃興起的時期。1950～1960年學者從事市場效率性研究，1952年，25歲的哈利·馬可維茲[2] 於《The Journal of Finance》期刊中發表〈資產組合選擇理論 Portfolio Selection〉，1959年發表〈Portfolio Selection: Efficient Diversification of Investments〉，分析經濟主體的資產組合行爲，建立現代投資理論之基礎。他提出效率投資組合（Efficient Portfolio）概念，即相同預期報酬下最低風險，或相同風險下最大預期報酬的投

2 Harry Max Markowitz，1927～至今，1990年諾貝爾經濟學獎得主。

資組合，進而引伸出效率前緣（Efficient Frontier），即所有最佳投資組合的集合，此即投資人最佳投資組合，爲資本資產定價模型CAPM之基礎。他也被尊稱爲現代投資組合理論之父。

市場發展方面，1957年編製美國標準普爾500指數作爲全市場股價指標。1958年詹姆士．托賓[3] 在投資組合中加入無風險資產，提出投資融資決策分離理論（Separation Theorem），並提出名言「不要把雞蛋放在同一籃子」。

不要把雞蛋放在同一籃子

1981 年當斯德哥爾摩宣布托賓教授獲得諾貝爾獎的消息後，媒體報導所提到的是他在投資組合理論上的成就。隨後在耶魯大學召開的記者會上，許多記者因此對這方面的研究特別有興趣，要求托賓說明其理論。托賓盡可能以非學術性的語言解釋後，記者們似乎尚未能完全理解其理論，因此要求能以更通俗的說法來解釋。當托賓在提及分散的好處時，他說：「不要把所有的雞蛋放在同一個籃子裡。」隔日全球報紙的新聞標題都是：「耶魯的經濟學家因『不要把所有的雞蛋放在同一個籃子裡』而獲諾貝爾獎。」

資料來源：黃耀東《名人投資學》，金融研訓院出版

1958年弗蘭科．莫迪利安尼（Franco Modigilian, 1918～2003）與米勒（Merton Miller, 1923～2000）發表公司財務管理的資本結構無關理論（MM理論，Modiliagan-Miller, MM Theorem）。

1961年威廉．夏普[4] 完成資本資產定價模型CAPM，1964年9月於《The Journal of Finance》期刊中發表〈A Theory of Market Equilibrium〉，研究在市場均衡時，風險與報酬之替換關係（Trade-off）。CAPM以市場組合報酬爲共同因子（Common Factor）解釋證券報酬，且以貝他係數爲解釋報酬之唯一因素。同一期間前後有其他研究者亦發展出相同的理論模型，包括美國一家顧問公司的Jack Treynor於1962年完成，1999年發表；哈佛大學教授John Linter於1965年2月發表；挪威大學教授Jan Mossin（1936～1987）於1966年10月發表，皆推導出項類似的結果。（臺灣市場發展方面，1962年臺灣證券交易所成立，開始股市交易；1966年編製臺灣發行量加權股價指數。）

3 James Tobin，1918～2002，1981年諾貝爾經濟學獎得主。

4 William Sharpe，1934～至今，馬可維茲Markwitz學生，1990年諾貝爾獎得主。

保羅·薩謬爾森[5] 於1965年發表市價是預測股價內在價值的最好方法，同年尤金·法瑪[6] 發表效率市場假說。其老師哈利·羅伯茲（Harry Robert）將市場分爲強式、半強式、弱式等三種效率市場。1968年簡森（Michael Jensen）發表對基金經理人績效之研究，1971年約翰麥昆（John McQuown）成立第一個指數基金。

1973年邁倫·休爾斯（Myron Scholes, 1941～至今）與費雪·布萊克（Fisher Black, 1938～1995）提出選擇權定價公式B-S Model[7]，另羅伯特·莫頓（Robert C Merton），修正B-S Model得用於其他型式之金融交易，稱爲Black-Scholes-Merton Model。

1975年ETF之父約翰·柏格成立先鋒500指數型基金爲被動式管理，其認爲基金應追蹤市場而不是試圖戰勝市場（募集時1,130萬美元，迄2018年達4,000億美元）。ETF（Exchange Traded Fund，指數股票型基金）是一種由投信公司發行，追蹤、模擬或複製標的指數之績效表現，在證券交易所上市交易的開放式基金。ETF兼具開放式基金及股票之特色，上市後可於初級市場進行申購或買回，亦可於次級市場盤中交易時間隨時向證券商下單買賣。

我國現行上市ETF，依法規架構分類可分爲：證券投資信託ETF（證券信託ETF）、期貨信託ETF（期貨ETF）及跨境上市ETF（境外ETF）三大類型。

全球 ETF 將破 10 兆美元　央行與退休基金為最大買家

ETF 以追求指數報酬率為主，且交易手續費比股票低，加上被動追蹤指數有助於分擔投資風險，成為散戶、法人甚至各國央行熱愛的重要投資標的，但在規模日益遽增的情況下，ETF 對股市影響力逐漸提高，一旦發生股市重挫，仍不能避免投資損失，需謹慎為宜。指數股票型基金（ETF）近年來快速崛起，尤其在各國央行接力量化寬鬆推波助瀾下，加上分散風險、交易成本低等優勢加持，帶動 ETF 規模水漲船高，截至 2021 年底，全球 ETF 資產規模已經突破 9 兆美元，可望站上 10 兆美元整數關卡；而美國銀行更預估，在被動投資逐漸躍居市場主流的環境下，預估 2030 年 ETF 的資產規模可望上看 50 兆美元。

5 Paul Anthony Samuelson，1915～2009，1970年諾貝爾經濟學獎得主。
6 Eugene Francis Fama，1939～至今，2013年諾貝爾經濟學獎得主。
7 1997年獲諾貝爾經濟學獎，次年以其理論經營的長期資產管理公司LTCM以破產告終。

ETF 是將指數證券化的基金，投資交易模式與股票一模一樣，但有別於一般股票與主動式共同基金，ETF 操作主要以追求指數報酬率為主，而非以打敗大盤為目的，比起股票動輒 2% 至 3% 的手續費，ETF 交易手續費比股票低，加上被動追蹤指數有助於分擔投資風險，在散戶、法人甚至各國央行紛紛搶進下，進而讓被動式基金吸引資金挹注，資產規模甚至超越主動式的共同基金，近年來在投資市場逐漸占有一席之地，推升規模日益壯大。

資料來源：Yahoo論壇 2020/09/13、經濟日報 2021/12/25

1976年史蒂夫．羅斯（Stephen Alan Ross, 1944～2017）提出套利定價理論，是對CAPM單因子模型的擴充，即同時以數個系統風險因子解釋證券報酬。

1978年赫伯特．賽蒙[8] 提出有限理性（Bounded Rationality）理論：人無法獲得決策所需的所有資訊，即使獲得所有資訊，人也無法實現充分理性，因爲我們能力有限，而且面臨決策時間壓力，故不可能無限制周全思考一個問題的全部複雜關係及後果。

1979年約翰．考克斯（John Carrington Cox）、史蒂夫．羅斯及馬克．魯賓斯坦（Mark Rubinstein），提出C-R-R二項式選擇權定價理論，用於計算美式選擇權價值。

1980年代之後研究發現在市場具效率性之下，任何資訊會迅速且正確反映在價格上，則不會有超額報酬情形，但實證上發現市場存在一些CAPM無法解釋之市場異象，如元月效應、新股上市蜜月行情、股利宣告、非預期盈餘等，研究發現企業特性之下列因素對資產報酬有不同解釋能力：

1. 1981年龐茲（Rolf Banz）提出公司規模效應（Size Effect）效應。
2. 1983年Basu提出本益比效應。
3. 1985年Rosenberg、Reid和Lanstein提出淨值市價效應。
4. 1988年Bhandari提出財務槓桿效應。

這些研究發現與公司財務特徵相關如公司規模、本益比、過去長短期報酬等公司特徵對報酬波動之解釋比傳統CAPM之 β 係數更爲有解釋力。CAPM只以

8 Herbert A Simon，1978年諾貝爾獎得主。

市場組合報酬解釋證券報酬，且以β係數為解釋報酬之唯一因素，但諸多市場異象無法以此單一因素解釋。之後學者開始對傳統財務學在證券價格決定上的存疑，轉而尋求其他領域的解釋，而檢視整體市場價格行為的行為財務學遂獲得重視。

三、第三階段：新時代財務

1980年羅伯特．席勒[9] 與提出效率市場假說的法瑪同時獲得諾貝爾獎，是極少數相左意見同時獲獎特例。席勒是Modigiliam的學生，屬行為經濟學者，以證明股價震盪幅度不能用未來股息解釋，成為效率市場最直接批評者。1990年他曾對股價非理性繁榮提出警告，並預測出網路泡沫；2000年對房價非理性繁榮提出警告，並預測出房市泡沫。提出Shiller CAPE（Cyclically Adjusted PE Ratio）採用十年為一週期的平均本益比在經過通膨與季節性因素調整計算本益比，較能反應實質。

1985年丹尼爾．卡內曼[10] 與特佛斯基（Amos Tversky，1937～1996）提出行為財務學理論—展望理論，用以作為人在面對不確定性下從事決策的模型，以解釋傳統預期效用理論與實證結果之分歧。將心理學分析方法與經濟學研究結合，為一個新的經濟學研究領域奠定基礎。1991年法瑪根據相關研究對EMH重分類：

1. **報酬可預測性（Return Predictability）**：過去報酬P/E，D/P（股利收益率）對未來報酬有預測性，屬先前分類的弱式效率市場（Weak Form），檢定方式為隨機性，以濾嘴法則檢定報酬趨勢（如具有元月效應、月效應、週效應、日效應則不符合弱式效率市場）。
2. **事件研究（Event Study）**：公司發生之特定事件，如股利發放，股票分割，合併，新上市，盈餘宣告等情事對股價預測性，屬先前分類的半強式效率市場（Semi-strong Form）以對上述事件是否有超額報酬進行檢定。
3. **私有資訊（Private Information）**：屬先前分類的強式效率市場（Strong Form），以對內部人，基金經理人等是否有超額報酬進行檢定。

1992年法瑪與肯尼斯．法蘭奇（Kenneth French）提出三因子模型（Three Factor Model）。由於傳統CAPM無法解釋市場異象，1992年法瑪與法蘭奇合作

9 Robert James Shiller，1946～至今，2013年諾貝爾經濟學獎得主。
10 Daniel Kahneman，1934～至今，2002年諾貝爾經濟學獎得主。

進行一系列研究，證據不支持CAPM，而提出三因子模型，在CAPM中加入公司規模Size及BE/ME（帳面與市價比）的帳面價值效應（Value Effect）二項因子爲新增解釋變數，以提升CAPM模型解釋能力，稱爲Fama & French三因子模型，是爲多因子CAPM（Multi-factor Asset Pricing Model），之後其又加入對債券報酬解釋變數兩項因子成爲五因子模型。

7-3 投資相關理論開創與諾貝爾經濟學獎

表 7-2 諾貝爾經濟學獎得主

獲獎年份	學者	重要學說
1970	保羅・薩謬爾森（Paul Anthony Samuelson）	市價是預測股價内在價值的最好方法
1981	詹姆士・托賓（James Tobin）	投資融資決策分離理論（Separation Theorem）、不要把雞蛋放在同一籃子
1985	弗蘭科・莫迪利安尼（Franco Modigilian）	資本結構無關理論（Modiliagan-Miller, MM Theorem）、儲蓄的生命週期假說（Life-cycle Hypothesis）
1990	哈利・馬可維茲（Harry Max Markwitz）	CAPM 理論、MM 理論、投資組合理論（Portfolio Theory）
	威廉・夏普（William Sharpe）	CAPM 理論
	莫頓・米勒（Merton Howard Miller）	CAPM 理論
1995	小羅伯特・盧卡斯	理性預期、經濟週期理論
1997	邁倫・斯科爾斯（Myron Scholes）	選擇權定價公式（B-S Model）
	羅伯特・莫頓（Robert C Merton）	Black-Scholes-Merton Model（修正 B-S Model 得用於其他型式之金融交易）
2002	丹尼爾・卡内曼（Daniel Kahneman）	與 Amos Tversky（1937-1996）提出行為財務理論（Behavioral Finance Theory）之展望理論（Prospect Theory）

表 7-2 諾貝爾經濟學獎得主（續）

獲獎年份	學者	重要學說
2008	保羅．克魯格（Paul R. Krugman）	亞洲奇蹟的迷思：亞洲國家（泰國、馬來西亞、印尼等）的經濟奇蹟將走到尾聲、流行國際主義
2013	尤金．法瑪（Eugene Francis Fama）	效率市場假說（EMH）、三因子模型（Three Factor Model）
	羅伯特．席勒（Robert James Shiller）	發現影響價格變動有諸多原因、證明股價震盪幅度不能用未來股息折現解釋、效率市場最直接的批評者
	拉爾斯．彼得．漢森（Lars Peter Hansen）	計量經濟學工具、廣義動量方法（Generalized Method of Moments, GMM）
2017	理查．塞勒（Richard H Thaler）	行為經濟學之父

7-4 投資之策略規劃與投資管理

投資策略規劃之步驟與衡量因素如圖7-2所示，說明如後。

投資理財需作理性之分析判斷，而事前之客觀資料蒐集與主觀方面自我財務狀況、投資目標之瞭解剖析皆爲前提要件，整體之投資策略規劃步驟如下：

一、前提條件層次

做投資策略規劃時第一需考量之層次爲前提條件面，即投資人主觀條件面與外在制度環境面，前者指衡量評估投資者財務狀況、人生生命階段、風險負荷程度、風險偏好及投資目標等項目，後者則包括瞭解整體投資環境、金融制度、市場概況、所有可運用之投資工具、各種工具報酬與風險及評估資產價格等。

二、策略分析層次

投資策略分析是投資理財規劃關鍵重點，是前提條件面的具體落實的實踐，需細項檢視評估可投資資產爲何、資產配置與證券組合、選擇何種投資組合及時機、如何進行基本與技術分析等項目。

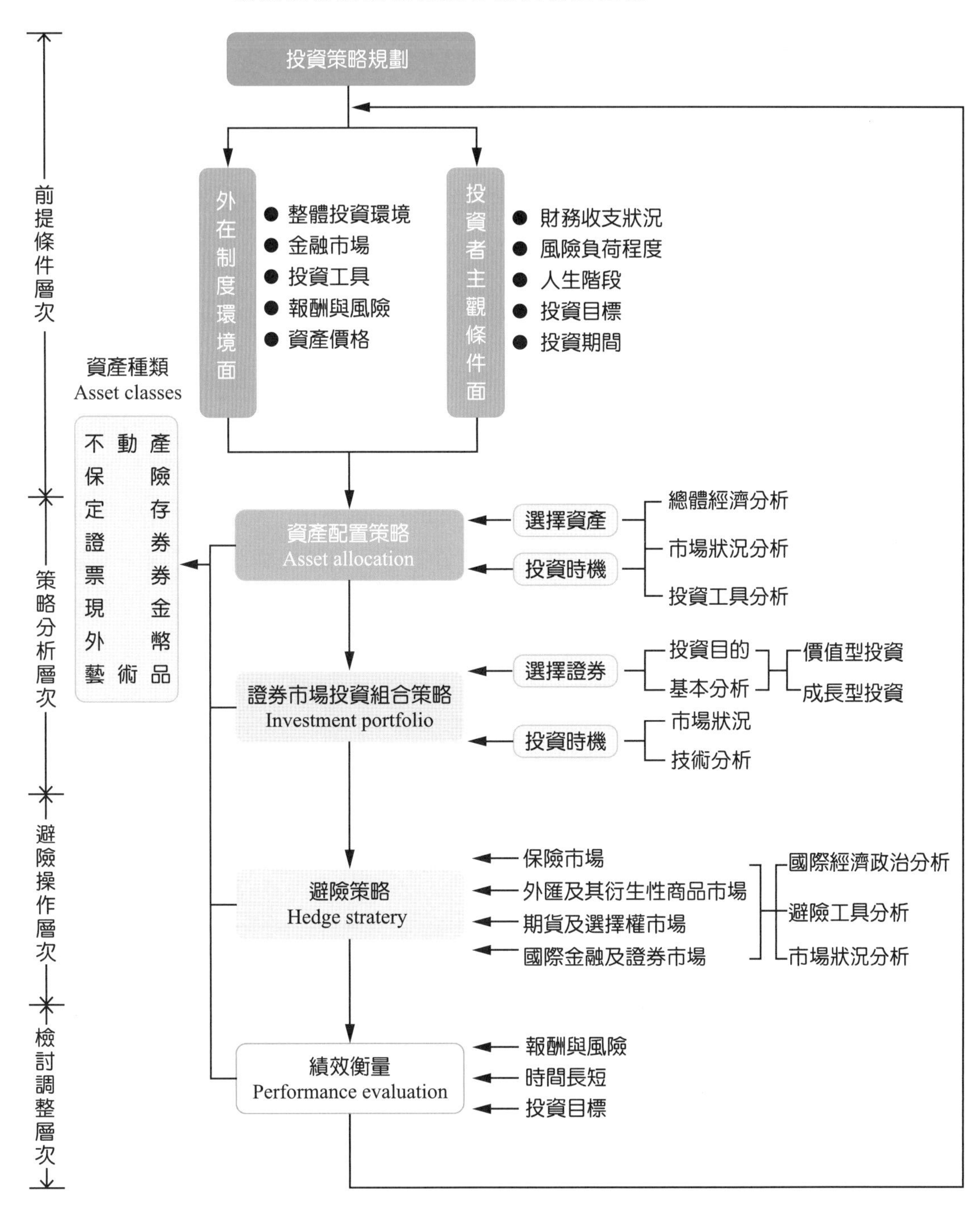

圖 7-2　投資理財策略規劃之步驟及衡量因素

（一）資產配置策略

綜合考量主、客觀條件後，即可作資產配置（Asset Allocation），即決定將財富（來自於儲蓄或負債）分配於不動產、定期存款、保險、證券、現金、外幣等投資種類之比例。此資產配置之決策有二，即選擇何種資產配置及投資之時機（Market Timing）之決策，此即需做總體經濟分析，並對各種投資工具特性、風險性、交易制度及市場結構等進行分析。

（二）投資組合策略

所選擇的證券投資可依投資組合理論作有效的風險分散，即個別證券的非系統風險（Unsystematic Risk）可藉由多元化投資而減至最低，甚而完全消除；此仍面臨選擇證券（Stock Selection）及投資時機之決策，前者涉及投資目的爲何並側重證券投資分析中之基本分析（Fundamental Analysis），選股之哲學又可分爲價值投資導向與成長投資導向。價值型投資側重公司價值與股價之關係，通常以本益比等公司價值評價方式作爲選股重要依據；成長型投資則首重公司是否具高度成長的潛力，其次才觀察股價，股價高低非屬最重要衡量因素。選股確定之後仍會涉及投資時機之決策，其中包含市場態勢分析與證券投資分析理論之技術分析（Technical Analysis）。

價值型投資與成長型投資

1. 價值型投資（Value Investing）

找尋便宜被低估、有價值的股票，這會需要做到願意逆勢買進，預期它會做「均值回歸」，回到它真實擁有的價值。

價值型投資的代表性人物如班傑明·葛拉漢，主張保守的價值股投資策略，在其著作《智慧型股票投資人》、《證券分析》中所提及。《證券分析》這本著作更被全球譽為投資人必讀經典。書中，葛拉漢提出了一個概念：「每間公司都有自己的內在價值，當公司的股價和內在價值有較大的差異時，股價就可能會出現過高或過低的價格。」另外，葛拉漢也是分散投資的倡導者，他認為投資組合最好是把一定的資金分配在一大群被低估、有價值的股票上。當然其中可能有一些股票會「陣亡」，但大多數股票可以存活，持續產生額外報酬跟股利，讓整體投資組合績效不錯。

價值投資通常關注財務穩健、擁有穩定獲利能力的功能，並透過高股息收益率（每股股利／股價）、低本益比（股價／每股盈餘）和低股價淨值比（股價／每股淨值），去尋找一些股價被低估的股票。

所謂價值型投資，就是找出股票真實價格低於現在價格，亦即遭到低估的股票。根據上市公司獲利、前景、財務狀況各方面評估後，發現股價仍低於應有水準，價值型投資教父班傑明 ・ 葛拉漢及華倫 ・ 巴菲特堅持以企業內在價值做為選股標準，專注於評估公司股票內在價值，尋找那些價格明顯低於價值的股票，而不是市場上其他投資人的意見。低價買入，長期持有，直到價格回歸價值。這種根據價值進行決策行為，即價值型投資。

2. 成長型投資（Growth Investing）

成長型投資則是找尋有高度成長潛力的公司，預期「未來」股價價值大於現在，則隨著趨勢持續買進，直到上升動能鈍化。目前股價非考量重點，成長型投資的代表人物如菲利普・費雪，1957 年出版《非常潛力股》一書，透露了 15 個尋找高成長潛力投資的秘訣，同時彙整了費雪的投資哲學，至今仍是許多美國教投資管理的研究所必讀的教科書。費雪早期也是透過選低本益的公司投資，然而，在 1929 年美股大崩盤中受傷慘重，他發現低本益比並非好的投資方式，因為低本益比不一定代表便宜，而是可能反應公司有弱點或缺陷。費雪投資哲學有三點：(1) 認為與其用低本益比策略，不如買入有長期競爭優勢的好公司；(2) 他會透過「閒聊法」去詢問消費者、供應商、競爭者、前員工和公司的管理團隊，調查公司財報和公開訊息外的資訊；(3) 至少持有三年，他認為短進短出不如長期持有，在同一成長股上兩個不同的操作方式，獲利將有很大的差距。

三、避險操作層次

此即爲規避所持有資產配置（及組合）遭受系統性風險所爲之操作策略，涉及之操作工具包括保險市場、外匯及其衍生商品市場、期貨、選擇權市場及國外金融市場交易之各種金融工具及其相關之衍生性商品，進行避險操作則應考量國際經濟、政治、市場狀況及各市場之避險工具特性、風險等因素。衍生性商品

（Derivatives）市場功能在於避險、價格發現（Price Discovery）、套利及投機（Speculation）。就資產配置策略而言，除了運用衍生性商品作爲其資產、避險的防護措施外，亦可作爲投資之標的，惟此類商品通常因具有高度槓桿效果，故需承擔高度之風險，且其制度設計上有所謂保證金制度，故在資金配置上應留有餘裕以作爲追繳（Margin Call）之需，此乃衍生性商品操作上需注意之特點。

四、檢討調整層次

在進行資產配置、投資組合及避險策略後，即應體察環境之變化及主觀條件之更易而檢視前揭各項策略，衡量績效及目標達成狀況，再作檢討與調整。

在作以上投資策略規劃中，必涉及整體政經環境分析、市場狀況分析、基本分析、技術分析等。國際經濟狀況會透過國際金融市場、外匯市場影響證券市場與衍生性商品市場，另政府經濟、財政與貨幣政策亦經由影響經濟景氣、政府財政收支、貨幣供給量、利率等因素而影響證券價格。故在從事投資分析時，必須注意分析其間的互動關係、影響程度及反應時間之快慢等。

7-5　投資實務之發展

一般而言投資實務的流程可以區分爲：(1)投資分析；(2)投資決策；(3)投資執行；(4)投資檢討四大步驟。投資分析爲分析市場資訊，研究可行的標的與策略；投資決策爲制定投資交易的策略並從投資分析的結果中決定執行的投資標的與策略；而投資執行是依據投資決策的條件執行交易；最後投資檢討是將整體投資組合的交易損益狀況進行檢討，找出需再改進的部分。所以，嚴謹的投資實務應依據這四個流程反覆執行，以達到穩健獲利的目標，以下將針對投資策略方式進行說明：

一、投資決策內容

投資實務傳統上於資產配置之決策時，涉及選擇何種資產配置，在投資組合理論提出及運用在實務上之前，投資決策選擇何種資產配置時，依靠經驗與市場訊息，選擇證券投資時是否分散證券種類，亦憑個人主觀經驗、風險偏好等決定，選擇證券時則進行技術分析與公司面分析。於投資組合理論提出及運用在實務上之後，選擇證券投資時可依投資組合理論作有效的風險分散，即個別證券的非系統風險可藉由多元化投資而減至最低，甚而完全消除，此將面臨選擇何種資產配置組合以分散風險，投資時機選擇之決策與持有資產後面臨之資產價值減損之風險的因應策略等問題。故投資決策內容包括兩大核心項目茲說明如下：

（一）選股策略

選擇何種資產配置組合以分散風險，及應對風險態度不同而有不同選股策略，包括選擇價值型或成長型股票；對股票貝他風險、阿爾法風險之衡量分析，評估影響股價報酬之各種因子作為選股依據。

（二）避險策略（Hedging）

對持有資產後可能面臨之資產價值減損之風險的因應策略，如為降低風險而採減碼觀望策略，或納入其他反向變動資產進行分散風險之策略，或持有現貨而以期貨選擇權等衍生性商品進行避險的策略。

投資實務之發展隨著投資理論之發展與計量方法之蓬勃興盛，乃與時俱進呈現與傳統投資實務迥然不同之面貌，未來將朝向金融科技化，促進金融業轉型升級；科技創新化，創新科技再造新金融；商品創新化，開發多元新金融商品；法遵智慧化，提升市場監理之效能等方向發展。

二、量化投資

證券投資分析方法有基本分析、技術分析及籌碼分析，由於電腦技術量化分析之進步，運用電腦進行大量數據選股分析及建置模型進行避險交易，套利交易等投資策略乃蓬勃發展。

量化投資，就是利用電腦技術和數學模型去實現投資策略的過程。

根據上面的定義，有三個概念：

1. **數學模型**：需要數學公式或模型進行計算。
2. **電腦技術**：用電腦來進行自動化交易。
3. **投資策略**：將這種方法形成一種投資策略。包括：(1)建構投資模型；(2)投資決策程序；(3)投資風險管理；(4)法規遵循；(5)程式模擬測試；(6)模型運作調整。

量化投資從理論提出距今已經有近50年的歷史，但量化投資廣泛爲投資者熟悉還是自上世紀80年代開始。當時各類證券和期貨選擇權類等新衍生性商品的發展和交易量的大增，資本市場已經具備了前所未有的廣度與深度，而另一方面隨著個人電腦的普及及運算速度進步，處理大數據已經不再是問題，對於資本市場而言，量化投資是前述各項因素匯集發展的必然產物，市場也提供了大量的空間，來自各行各業成爲「寬客」的怪才，依靠卓越的績效讓靠傳統選股操作的華爾街對量化投資開始刮目相看。

1970年代柏克萊經濟學教授巴爾·羅森堡開發量化模型，用來分析影響股價因素有哪些，並進行預測股市的行爲，之後愛德華·奧克利·索普（Edward Oakley Thorp，1932年～至今）爲近代第一位用量化策略進行投資的數學家；從1980年代之後很多應用數學家、資訊科學家與物理學家紛紛投入華爾街及倫敦金融城，他們利用許多數學、統計、物理的模型且透過電腦資訊強大運算能力，對傳統金融商品與衍生性商品定價，分析風險，進行避險，後來演變爲所謂的「財務工程」。

量化投資利用數量化的模型方法選擇股票組合，期望該股票組合能夠獲得超越基準收益率的投資行爲。量化投資策略總的來說可以分爲兩類。

1. **基本面選股**：透過分析上市公司的基本面因素以及投資者行爲模式等角度出發，從公司的產品特性與營收結構建構未來獲利預估模型，以分析股價的合理投資價值；另外透過投資人買賣交易的資料，分析買賣行爲，了解投資人持股狀態，預測股價的趨勢。
2. **套利交易**：從股價或是金融商品價格的變動統計規律分析，在價格波動中尋找變動規律，再利用規律進行交易策略獲利。另一種套利爲在不同金融商品間分析價格的不合理價差空間，賺取套利的空間。

量化策略交易投資在經過幾十年的發展，截至2016年底，全球量化投資相關基金總規模已突破3兆美元，約佔全球基金規模比例的30%左右。量化策略交易投資與傳統基金定性的投資方法不同，量化投資是以大量數據爲基礎，數學統計物理模型爲分析工作，再透過電腦科技運算分析，並不是靠個人直覺來管理資產，而是將數理模型驗證的結果反映在量化交易中，量化投資策略有如下五大方面的優勢，主要包括系統性、紀律性、及時性、準確性、分散化等。

1. **系統性**：量化投資的系統性特色主要包括：大量數據的量化模型，透過數學統計物理的分析模型，分析大量的財經數據，並建構多樣性的模型；再透過回測模型檢驗可行性，建構系統性的交易模型。

2. **紀律性**：量化投資模型的好處是交易策略是依據嚴謹的流程進行的，而不是隨著投資者主觀情緒的變化而隨意交易。量化策略交易透過電腦自動化交易可以克服人性的弱點，如貪婪、恐懼、僥倖心理，也可以克服認知偏差，避免人為的干預。
3. **及時性**：量化策略是透過電腦分析，因此可以及時快速地跟蹤市場金融商品價格變化，不斷發現能夠有利於模型的因子，改進模型，尋找投資機會。
4. **準確性**：量化投資策略透過模型與電腦進行市場全面系統性的高估或低估的價格變化、準確客觀評價價差或是套利交易機會，克服主觀情緒偏差，準確地進行策略交易。
5. **分散化**：透過模型的研究分析可以將各種策略分成積極、穩健、保守獲利的策略模組，進行分散式的策略交易，可以有效的降低風險，提高穩定獲利的機會。

三、因子投資

因子投資係主動式投資策略運用量化技術尋找打敗市場指標的投資方法，主動式投資策略一般運用方法程序包括：

1. 研究整體市場趨勢以預測哪些地區或行業會蓬勃發展（由上而下的策略）。
2. 分析個別公司狀況，找出當前股價未有反映其強勁表現或潛力的公司（由下而上的策略）。
3. 以市值法決定目標投資規模：小型、中型或大型市值公司。

因子投資乃運用量化技術選取能打敗市場指標股票，最早的CAPM模型中的β值（Beta Value），就是一種因子。CAPM模型在1962年至1966年被多位經濟學家提出，目的是為了研究市場對風險資產的額外報酬之來源。由於這個模型的一些前提假設，在其模型中風險資產的報酬與市場風險是線性的，實證發現這個單因子模型平均只能解釋65%左右的超額報酬。

為了更能夠解釋超額報酬，後來法瑪與法蘭奇兩位學者將CAPM的單因子模型發展成為了三因子模型，即市場（Market）因子、規模（Size）因子及價值（Value）因子。Fama-French的三因子模型，開啓了多因子選股的時代。

在最早的法瑪與法蘭奇的三因子模型中，將市場資產組合、市值因子和帳面市值比因子納入模型中，即：

$$E(R_i) - R_f = \beta_i \times [E(R_m) - R_f] + b_{s_i} \times E(SMB) + b_{v_i} \times E(HMI)$$

其中，R_f爲市場無風險收益率，SMB爲市值因子，HMI爲帳面市值比因子，$E(R_m) - R_f$爲市場資產組合風險溢酬。β_i、b_{s_i}和b_{v_i}爲三個因子的相關係數。市場組合風險溢價的係數β概念接近於CAPM模型中的β係數，公司規模變量SMB是指由市值小的公司組成的投資組合報酬與市值大的公司組成的投資組合報酬之差，市淨率溢價HML是帳面價值比較高的公司組成的投資組合報酬與比值較低的公司投資組合報酬之差。

多因子模型是應用最廣泛的一種選股模型，基本原理是採用一系列不同類別的因子作爲選股標準，每一類因子從一個角度來篩選股票。多因子模型相對來說比較穩定，因爲在不同市場條件下，總有一些因子會發揮作用。

因此，在量化投資界，不同的投資者和研究者都開發了很多不同的多因子模型。各種多因子模型核心的區別，第一是在因子的選取，第二是在如何用多因子綜合得到一個最終的判斷。

多因子選股模型實質上是對股票進行評分的辦法，根據各個因子的大小對股票進行評分，然後按照一定的權重加權得到一個總分，再根據總分對股票進行篩選。多因子選股模型的建立過程主要分爲候選因子的選取、選股因子有效性的檢驗、有效但冗餘因子的剔除、綜合評分模型的建立和模型的評價及持續改進等五個步驟。

1. **候選因子的選取**：候選因子可能是一些基本面指標，如PB、PE、EPS增長率等，也可能是一些技術面指標，如動能、換手率、波動等，或者是其它指標，如宏觀經濟變量等。候選因子的選擇主要依賴於經濟邏輯和市場經驗，但選擇更多和更有效的因子無疑是增強模型信息解釋能力，提高收益的關鍵因素之一。

2. **選股因子有效性的檢驗**：一般採用回測的方法檢驗候選因子的選股有效性。具體而言，對於任意一個候選因子，我們關心的是它對未來收益和基本面變動的預測能力，尤其是預測能力的穩定性，這種能力在歷史上至少是經得起檢驗的。

   經過近半個世紀的發展，截至2016年底，全球量化投資基金總規模已突破3萬億美元，是全球基金規模的比例的30%左右。

3. **有效但冗餘因子的剔除**：相似類別的選股因子可能由於內在的驅動因素大致相同等原因，所選出的組合在個股構成和收益等方面具有較高的一致性，因此其中的一些因子需要作爲冗餘因子剔除，而只保留同類因子中預測能力最好而且最穩定的因子。
4. **綜合評分模型的建立和選股**：綜合評分模型選取去除冗餘後的有效因子，在模型運行期的每個月初對市場中正常交易的個股計算每個因子的最新得分並按照一定的權重求得所有因子的平均分。最後，根據模型所得出的綜合平均分對股票進行排序，然後根據需要選擇排名靠前的股票。例如，選取得分最高的前20%股票，或是選取得分最高的50到100支股票等等。或者，在考慮了風險和交易成本後直接構建基金組合。
5. **模型的評價及持續改進**：一方面，由於量化選股的方法是建立在市場無效或弱有效的前提之下，隨著使用多因子選股模型的投資者數量的不斷增加，有的因子會逐漸失效，而另一些新的因素可能被驗證有效而加入到模型當中；另一方面，一些因子可能在過去的市場環境下比較有效，而隨著市場風格的改變，這些因子可能短期內失效，而另外一些以前無效的因子會在當前市場環境下表現較好。除此以外，各因子得分的權重、交易成本考慮和風險控制等都存在著進一步改進的空間。因此在綜合評分選股模型的使用過程中會對選用的因子、模型本身做持續的再評價和不斷的改進以適應變化的市場環境。從這個意義上說， 量化投資是一個持續創新，不斷和看不見的對手競爭的過程。

四、套利交易

套利交易（Arbitrage Trading）指不同金融商品價格之間存在有高估或是低估的不合理價格空間，透過數量分析的方式來進行不同金融商品之間的同時買賣交易，以套取不合理價格空間的利潤。套利交易有幾種類型：

（一）配對交易（Pairs Trading）

配對交易主要有兩種類型：一是基於統計模型套利的配對交易，另一是基於價差偏離套利的配對交易。配對交易緣起於1980年代中期華爾街交易員Nunzio Tartaglia所提出的一種市場中立投資策略，其團隊成員主要是物理學家、數學家以及電腦學家。

統計模型套利的配對交易策略是一種市場中立策略，一般來說是指從市場上找出歷史股價走勢相近的股票進行配對，當兩檔股票價差（Spreads）偏離過去歷史均值時，則放空股價較高的股票同時買進股價較低的股票，然後等到價差又回歸到長期均衡值時，同時做反向的交易來賺取兩股票價格收斂的報酬。

配對交易策略的基本觀念是基於產業同值性高兩檔相關性較高的股票或是上下游的其他股票，若能在未來期間能有良好的相關性，當兩者之間出現了股價價差背離的走勢，且這種背離在未來是會得到回歸均值表現，那就可能以產生配對交易價差套利的機會。

由於配對交易是利用配對期間的短期價差偏離，通過買進相對低估股票，放空相對高估股票，來賺取價差偏離的投資策略，利用的觀念是股票價格均值回歸的特性。配對交易策略被廣泛應用原因是：(1)配對交易的收益與市場多空方向獨立，即市場方向是中性的，也就是說它與市場的上漲或者下跌無關；(2)其報酬率的波動性相對較小；(3)其報酬也相對穩定。

（二）指數套利（Index Arbitraging）

指投資者利用與指數相近的一籃子股票並同時交易股指期貨的交易策略，以套取期貨市場、現貨市場的價格差異的利潤。套利者會隨時監控著現貨市場和期貨市場的價差，看期貨價格和現貨價格間的差額是否足以達到獲取套利利潤空間；若是呈現正價差，則放空股指期貨並買入股票投資組合，以此可獲得無風險套利獲利；若是呈現逆價差，則買進股指期貨，放空指數中的成分股組合，以此獲得無風險套利獲利。指數套利策略在實務運作上應先計算股指期貨的理論價格，再計算套利的成本、套利區間與利潤，最後擬定具體交易策略。

7-6 量化方法之應用

量化方法交易是近幾年來較爲流行的交易策略，其中的好處是可以透過大量數據的分析建構非主觀的交易策略，以避免過去傳統主觀交易過於依賴交易員的主觀判斷及人性的缺點，所發展出來的交易模式。量化方法透過數據的分析建構出數量化的模型，再透過程式電腦自動交易，可以避免人爲的主觀判斷疏失，達到自動化交易的目標。

目前電腦程式交易（Computer-Based Trading）大略可分為演算法交易與高頻（速）交易（High Frequency Trading, HFT或High Speed Trading, HST，統稱為高頻交易）等二種；此二種的相同之處是將交易策略轉換為交易決策流程的演算法並編寫成電腦程式，然後再透過電腦程式之演算法決定下單交易時機點，價格和數量。此種交易的優點在於能避免人為主觀因素造成之干擾，可以讓下單交易更為精準，同時也能自動判斷是否將大量交易單分拆為小交易單，以減小對於市場的價格衝擊來從事大量交易操作。另外，二種交易的不同之處在於高頻交易係透過高速電腦運算以百萬分之一秒（Micro-second）為單位，利用特定模式之交易程式搜尋市場中稍縱即逝之套利機會，並搶先於一般投資人獲知相關交易機會資訊，例如快閃單Flash Orders在證券期貨市場上能迅速進行多筆的買賣交易，以此來獲利。

一、演算法交易（Algorithmic Trading）

演算法交易也稱為自動交易（Automated Trading），意指根據事先研究好的模型編寫電腦程式所產生的訊號來進行交易。自動交易程式的演算法來決定交易下單的時機點、價格和數量等。程式自動化下單能避免人的因素造成的干擾，並能更精確的下單並能同時管理大量的交易。

演算法交易優勢

1. 避免交易時受情緒、心理上的影響，或者人為上的延遲。
2. 可同時追蹤許多市場以及商品價格的最新狀況，掌控任何有利的交易機會。在歐洲和美國，演算法交易作為訂單執行的策略和工具，被機構交易者廣泛採用。

二、高頻交易（High-Frequency Trading）

高頻交易是一類特別的演算法交易。它經常使用在市場急劇變動時，協助投資人及早完成交易行為。依據2011年國際機構組織證券協會（International Organization of Securities Commissions, IOSCO）研究報告顯示，高頻交易具有下列特色：

（一）精密的科技交易

高頻交易係使用複雜精密的科技（Sophisticated Technological Tools）進行各種不同的交易策略，其策略範圍從造市交易到套利交易皆屬之。

(二)量化的交易

高頻交易是高度量化科技,它採用一整套投資鏈(Whole Investment Chain)的演算方式包括分析市場數據發展合適的交易策略,最小化交易成本,以及交易策略的執行。

(三)高週轉率

高頻交易其投資組合具有極高的日週轉率以及極高的委託成交比率,即取消委託占實際成交比值很高。

(四)較低的隔夜風險

高頻交易其投資部位在每日交易結束後係爲持平或接近持平,意即盤中買賣持有部位十分短暫,僅爲數秒甚至小於1秒,故不存在或極少之隔夜風險,因無持有部位故無次日價格變動損益,也明顯節省信用交易部位之資金成本。

(五)高速的下單速度

高頻交易對交易遲延(Lagency)十分敏感,其交易策略實施和執行成功與否大多數取決於比競爭對手更快之下單速度,並透過直接電子下單(Direct Electronic Access, DEA)和主機共置(Co-Location)取得優勢。

有關高頻交易型態部分,由於高頻交易並非只有單一策略,它是採用一套科技與工具相互搭配,以從事各類廣泛的交易策略,每種策略對市場衝擊皆不相同,進而衍生不同的監理問題,雖然不可能列舉所有高頻交易策略,仍可就實務上主要採行之高頻略策加以分類。依據IOSCO研究報告顯示,高頻交易策略主要可分爲造市策略(Market Making)、套利策略(Arbitrage)以及趨向策略(Directional)等三大類。

三、智能投資

智能投資屬於結合量化方法與金融科技FinTech再投資之應用,包括智能交易、智能理財及智能客服,如圖7-3所示:

資料來源：陳文華教授，金融科技在資本市場應用的現況及未來，201608

圖 7-3 智能投資

用AI技術應用在投資，我國市場上已有舊有平臺引進智能技術輔助投資。

時事案例

NEWS 智能投資平台

	台新銀行	國泰世華銀行	中國信託銀行	王道銀行	鉅亨網	基富通
名稱	Richart	國泰智能投資	中信智動 GO	機器人理財	鉅亨買基金	基富通自助理財
投資門檻	10 元	5,000 元	1,000 元	1,000 元	3,000 元	1,000 元
收費模式	基金管理費	基金管理費 平台管理費	基金管理費 信託費	基金管理費 平台管理費	基金管理費 申購手續費	基金管理費 申購手續費
平台產品	基金					
特色	智能投資方案	再平衡機制 智能投資方案	再平衡機制 智能投資方案	智能投資方案	鉅亨趨勢寶（主題選基）	基金策略寶（策略選基）

圖 7-4 智能投資平台

依平台特色，分成智能投資方案、再平衡機制、基金平台 3 類：

1. 智能投資方案

例如▶ 台新、國泰、中信、王道、鉅亨網、基富通

大同小異，不管將智能技術應用在輔助投資決策還是主題選基金，事實上都要看投資人的風險承受度為何。這裡大部分的平臺都無須開戶就可以做免費分析，推薦大家都做一輪，就知道自己屬於哪種投資人了。

2. 再平衡機制

例如▶ 國泰、中信

再平衡能有效降低風險、提高報酬率，相應需要每年 1% 左右的信託管理費。目前這兩間都有 0 信託費的優惠，可以試試看。之後想要省下這 1% 的話，可以改用手動計算，自己每年再平衡。

3. 基金平台

例如▶ 鉅亨、基富通

以前在銀行買基金，都需要額外付出分銷費，但現在大部分的銀行都取消了這項機制（至少在本篇文介紹的平台都沒有收），所以在銀行與基金平臺購買的差別愈來愈小，就以手續費與優惠活動作為選擇條件吧！

基金本身的管理費也很重要！

在表格中，不管哪個平臺都加上了基金管理費，雖然這不是平臺收的，但對投資人而言都是需要付出的成本。目前臺灣基金的費率大概在 0.5%～1.5% 之間。

資料來源：全民瘋ETF 元大智能平台一站搞定投資人交易、配置需求

四、機器人理財（Robo-Advisor, RA）業務

機器人理財主要是透過演算法，運用電腦程式分析出最佳投資組合，快速、低價提供投資人更精準投資建議，被視爲資產管理市場一大變革。係將人工智慧導入傳統的理財顧問服務，透過網路線上互動，依據需求者設定的投資目的及風險承受度，經由電腦程式的演算法，提供自動化的投資組合建議。機器人投資起源於2008年金融海嘯，投資人對銀行失去信任，由演算法提出相較理性、有紀律的投資建議，成爲人們新的選擇。

從圖7-5可以看出，全球機器人理財資產規模未來幾年仍將以雙位數的增長幅度持續成長，預估每年年化複合成長率將可達38%，而預估至2022年全球機器人理財使用人數將增長至1.2億人，與目前相比是數倍的成長表現（圖7-6）。

美國機器人理財公司發展之所以成功，有幾個關鍵：一是多用ETF爲投資元件，提供客戶資產配置組合、投資理財規劃；二是因爲ETF的管理費較低，具有成本優勢；三是機器人理財公司依照投資人的資產規模收取投資顧問費，此投資顧問費相較於傳統美國投資顧問所提供服務的費率明顯偏低，因此推出後立即受到美國投資人青睞。

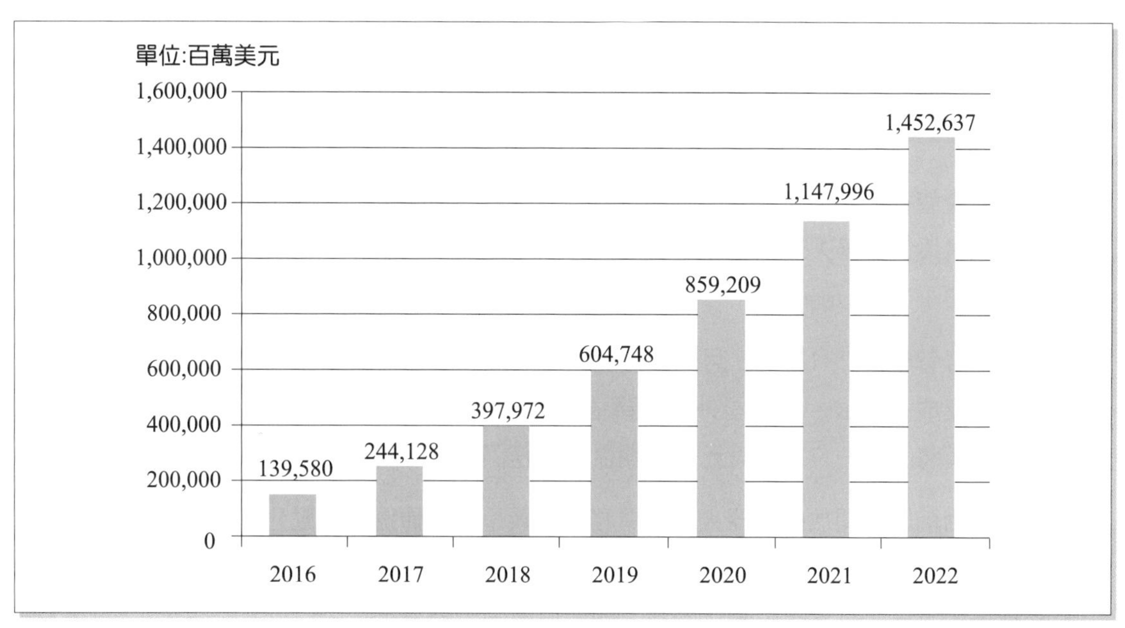

圖 7-5 全球理財機器人管理資產

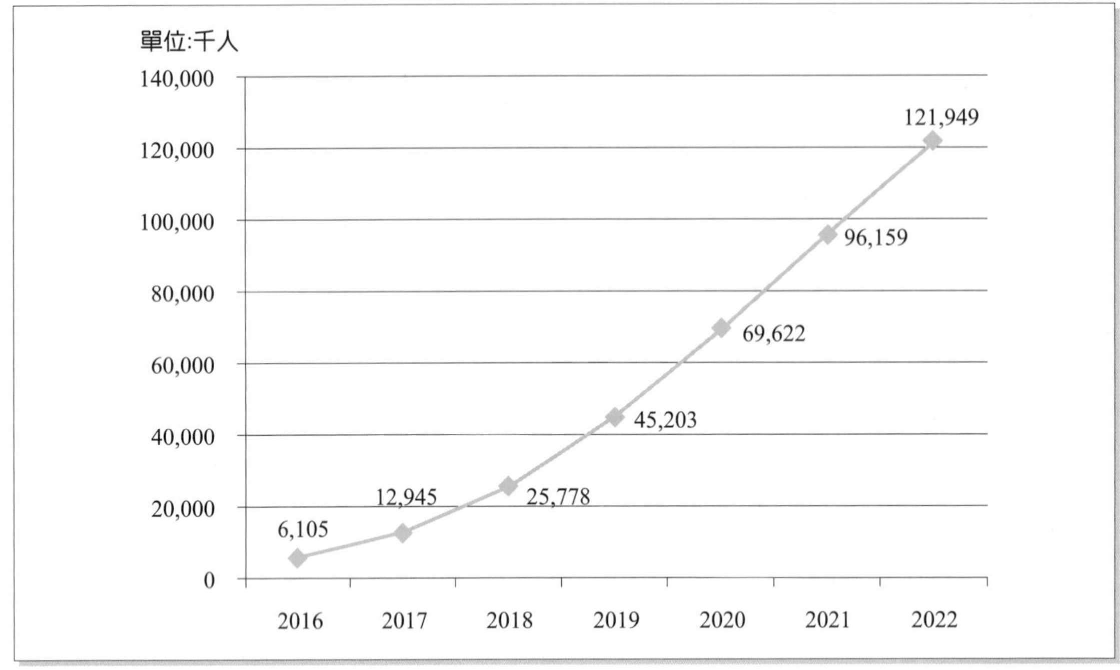

圖 7-6　全球理財機器人使用人數

金管會公布最新機器人理財業務統計

金管會公布最新機器人理財業務統計，到 2019 年 1 月底止，共有八家金融機構投入機器人理財業務，資產規模 7.1 億元，比前年底增加四家，規模則僅增加 1.78 億元。

金管會從 2017 年 5 月開放機器人理財業務，二年多下來，機器人理財業務規模成長有限，但依國外機構預估，2020 年全球機器人理財業務管理的資產規模將上看一、二兆美元，預期這項業務仍有很大的發展潛力。

目前國內開放的機器人理財業務，主要是由投顧透過自動化工具，提供投資人投資顧問的服務，真正執行下單者仍是投資人自己，國外則有發展到一併提供全權委託投資的自動化服務，國內目前尚未開放。

做機器人理財的對象並沒有限制，包括自然人、機構法人都可以，至於投資門檻則看各家公司決定。

金融業者表示，目前投顧辦理的機器人理財業務，提供投資人投資組合後，會連結到銷售平台的下單系統，由投資人自己決定是否「按鍵」下單投資。

換言之，投顧只是提供投資顧問服務，還是要投資人同意並下單，國內機器人理財等於半自動化，未來若擴及全委投資，真正完全自動化，發展空間將更寬廣。

資料來源：經濟日報 2019/07/12

《延・伸・閱・讀》	
1. 密西西比公司股價泡沫事件	10. 全球Smart Beta策略的發展及應用
2. 英國南海公司股價泡沫事件	11. Harry Max Markwitz哈利 馬可維茲（1927-）簡介（影音）
3. 指數型基金和ETF有什麼差異？為什麼你不該用ETF「買低賣高」？	12. 2011—portfolio theory 60週年（影音）
4. 指數型基金教父殞落！約翰柏格的傳奇一生：如果你在大海中撈不到針，就把大海買下來	13. 電腦與演算法主導的金融股票市場
5. 指數型基金之父逝世...巴菲特稱他為「投資人的英雄」，約翰柏格的5大投資金句	14. A Man for All Markets: From Las Vegas to Wall Street, How I Beat the Dealer and the Market
6. 約翰柏格《堅持不懈》：一樁你不付出，才會有所得的生意——指數型基金	15. 洞悉市場的人：量化投資之父吉姆西蒙斯與文藝復興公司的故事
7. 被動投資創新：Smart Beta的未來	16. 計量價值的勝率
8. 指數型基金發明者：想戰勝市場為什麼困難？	17. 中華民國證券投資信託暨顧問商業同業公會證券投資顧問事業以自動化工具提供證券投資顧問服務（Robo-Advisor）作業要點公布日期：民國106年06月29日
9. Eugene F. Fama, efficient markets, and the Nobel Prize _ Chicago Booth Review	

1. β 係數如何應用於選時投資決策？ 【89Q2 證券分析人員】

2. (1) 何謂戰略式資產配置（Strategic Asset Allocation）？

   (2) 何謂戰術式資產配置（Tactical Asset Allocation）？ 【98Q3 證券分析人員】

3. (1) 請說明基本分析之分析方式 Top-Down 與 Bottom-Up 兩者有何不同？

   (2) 就選股而言，投資人應用基本分析與技術分析的目的有何差異？

   【98Q3 證券分析人員】

4. 請說明投資組合經理人，若無優異的分析能力，應如何將該投資組合經營管理好？

   【95Q3 證券分析人員】

5. 請從投資組合理論觀念，說明下列因素如何影響資產配置決策？

   (1) 投資人風險規避傾向提高。

   (2) 投資人可投資期限拉長。

   (3) 投資人具擇時能力。 【91Q2 證券分析人員】

NOTE

投資組合、資本資產訂價與投資績效分析

Chapter

學習目標

1. 何謂投資組合分析？
2. 為何投資組合能有效降低投資風險？
3. 何謂資本資產定價模型 CAPM ？
4. 何謂資本市場線？證券市場線？
5. 何謂套利定價理論 APT ？
6. 資本資產定價模型 CAPM 與套利定價理論 APT 異同？
7. 投資組合績效如何衡量？

名人金句

❒ 股價對市場資訊的反應是快速且準確的，因此市場是有效率的。

尤金・法瑪（Eugene Fama）

❒ 學習投資的學生們只需要接受兩門課程的良好教育就足夠了，一門是如何評估企業的價值，另一門是如何思考市場價格。

華倫・巴菲特（Warren Edward Buffett）

本章架構圖

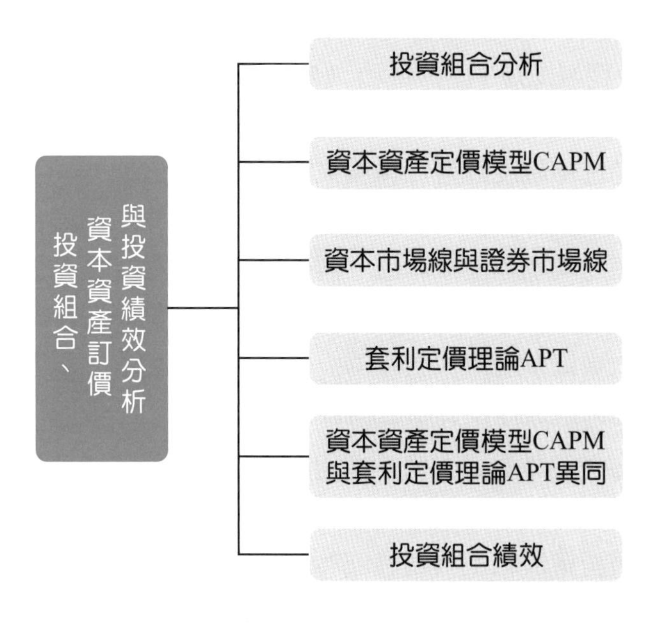
投資組合、
資本資產訂價
與投資績效分析
投資組合分析
資本資產定價模型CAPM
資本市場線與證券市場線
套利定價理論APT
資本資產定價模型CAPM
與套利定價理論APT異同
投資組合績效

NEWS

金融速報

綠能及電動車指數上路　台積電、鴻海、台達電列成分股

臺灣指數公司新編「臺灣指數公司特選臺灣上市上櫃綠能及電動車指數」，自今天起由臺灣證券交易所每5秒計算及傳輸發布一次盤中即時指數，成分股包含台積電（2330）、鴻海（2317）、台達電（2308）等。

臺灣指數公司特選臺灣上市上櫃綠能及電動車指數成分股依規則每年5月及11月定期調整兩次，指數權重前10大成分股為台積電、鴻海、台達電、中鋼（2002）、南亞（1303）、華碩（2357）、中租-KY（5871）、聯發科（2454）、光寶科（2301）、中美晶（5483），以上市上櫃普通股為指數母體，篩選通過流動性檢驗及最近12季股東權益報酬率（ROE）平均為正值者，利用財團法人車輛研究測試中心篩選的上市上櫃電動汽車供應商名單，參考財團法人工業技術研究院新興能源產業年鑑，再依據公司治理評鑑結果、公開資訊觀測站及產業價值鏈資訊平臺等公開資料，設計綠能、電動車關聯產業群組，選入50檔具綠能、電動汽車關聯產業代表性的股票為指數成分股，以表彰公司治理達標的綠能及電動車產業鏈公司投資組合績效表現。

「特選臺灣綠能及電動車指數」採用自由流通開平方市值加權計算指數，為維持關聯產業代表性及分散性，對綠能、電動汽車產業群組成分股權重總和各設下限10%，半導體產業群組不得超過25%；個別成分股權重則不得超過15%或低於0.5%，且前五大成分股權重總和不得超過65%。

臺灣指數公司利用歷史資料模擬指數編製規則進行指數回溯，特選臺灣綠能及電動車報酬指數自2017年5月至2021年6月底累積報酬率為119.2%、2020年殖利率4.67%，表現均優於證交所發行量加權報酬指數、臺灣全市場報酬指數。

由於氣候風險威脅增加，綠色能源議題成為當前全球關注焦點；根據國際再生能源總署（IREA）最新報告指出，因綠色能源轉型效益可見，截至2020年底，全球綠色能源的發電量達2799 GW，年成長率約10%。

呼應全球減碳議題與政策推動，電動車產業蓬勃發展，依據國際能源署（IEA）最新發布的「2021年全球電動車展望」報告，2021年第1季的電動車銷

量近乎為2020年同期300萬輛的2.5倍；並預估未來10年可望達到2.3億輛。綠能、電動車產業在綠色環保趨勢發展下，前景可期。

資料來源：中央社 2021/08/02

【新聞評論】

由於全球暖化，導致氣候風險威脅增加，綠色能源議題成爲當前全球關注焦點，全球在減碳議題與政策推動主導下，綠能、電動車產業由於綠色環保趨勢，未來發展前景可期。綠能、電動車產業成爲投資人關注及納爲投資組合的熱門標的，臺灣指數公司乃篩選 50 檔具綠能、電動汽車關聯產業代表性的股票爲指數成分股，新編「臺灣指數公司特選臺灣上市上櫃綠能及電動車指數」。

此種特種產業標的組合指數除了可作爲衡量綠能及電動車產業鏈公司投資組合績效表現外，也可以發展出共同基金、ETF、ETN 或期貨選擇權等商品，具有增加投資組合多樣化、提升投資績效及增進市場效率等功能。讀者可以持續關注此一熱門趨勢產業與商品之未來發展。

8-1 前言

金融性資產隨著經濟與金融快速發展，因應各種不同投資需求，其種類日益繁多，且由於金融性資產變現性快，交易與貯藏成本低，資訊取得相對容易，已成爲現代投資理財的重要工具。

一個理性投資者並非必須將其所有資金全數集中於某一個別資產，而得依其風險偏好將有限資金，投資於數種資產，則如何由繁化簡，是投資組合分析的第一課題。另外一個課題是如何將金融性資產之不確定風險予以數量化，以有效評估風險而作成理想的投資決策。未來只能預期而無法確知，此種無法確知的不確定風險，可能來自於該資產本身特性，也可能源於該類資產或他類資產交易市場走勢的變化，或可能源於總體經濟、金融、產業等狀況的改變；有時甚至毫無根據的臆測或謠言，亦可能令某些資產的價格發生意想不到的過度反應而有偏離的異常現象。

投資組合（Portfolio）的選擇觀念最早可追溯到1930年代的英國經濟學家希克斯[1]的分析。當時希克斯將風險因素置入預期報酬之計算中，等於對不同資

1 J. R. Hicks，1904 ~ 1989，1972年諾貝爾經濟學獎得主。他在經濟學方面最有名的貢獻是IS-LM模型，這個模型概括了凱因斯主義對於總體經濟學的認識。

產根據其風險程度賦予不同之貼現率，其在選擇時需同時兼顧預期報酬與不確定性，但其缺點在於無法解釋「分散」的現象，投資者只能選擇預期報酬率最高之資產。直到1952年馬可維茲（H. Markowitz）發表「資產選擇」一文，將以往個別資產分析的觀念，改以資產組合爲基礎，配合投資者對風險之態度，再進行資產選擇之分析。後經托賓[2]在1958年發表「流動性偏好有趨向風險下之行爲」，用於分析貨幣需求理論，從而促其蓬勃發展迄今。

最適投資組合是假定在風險情況之下的選擇行爲，因此其對生產與投資者的基本行爲假設乃是追求期末財富預期效用極大。其中，要考慮兩方面，一方面是資產組合的隨機報酬率，另一方是投資者的效用函數，故對相同的資產組合亦可能有不同的行爲。從以上兩方面，便可尋得極爲合理完備的標的函數（Objective Function），一個藉著期末財富此一變數之機率分配、投資者對資產的評估或預測得以顯示出來其期末的財富價值；另一個利用預期效用函數，可對投資者其對風險的態度，加以衡量。

8-2 不同投資組合選擇模型概述

在理論觀念上，預期效用之極大化模型其邏輯架構相當嚴謹，但在實務上運算卻不甚方便。因此近年來，大致有兩種途徑解決這個問題：其一是創設一些衡量效用或風險態度的代替工具或指數，藉以將難以捉摸的效用函數有系統的分類，而在各分類中決定投資者投資組合選擇之型態；其二是直接將標的函數予以展開後簡化，另有狀況偏好說（State Preference Theory）是由亞羅（K. Arrow）與戴布魯（G. Debreu）所創，而由赫斯列佛（J. Hishleifer）加以發揚光大。此種分析法不直接將機率分配賦予資產報酬率，而將其賦予未來狀態。此分析法不能用於資產種類繁多時，且無法得到一可用（Operational）、可測（Testable）的決策準則，故難以應用。

就第一種途徑而言，根據其工具之不同，可再分以下兩種模型：

一、隨機優勢法

隨機優勢法（Stochastic-dominance Approach）是由哈德（J. Hadar）與魯塞爾（W. Russeli）在1969年所提出。模型要旨如下：

2 J. Tobin 1918～2002，1981年托賓的「投資組合理論」使他獲得了當年的諾貝爾經濟學獎。這個理論用他自己的語言概括起來只有簡單的一句話：「不要將雞蛋放在同一籃子」。

預期效用函數Eu（x）大於另一個預期效用函數Eu（y）時，其充要條件爲x的累積分配大於y之累積分配。此種順序（Ordering）成立時，稱爲一階（First-degree）隨機優勢。若加上更嚴謹假設爲效用函數其形狀凹向橫軸，則Eu（x）與Eu（y）之比較變爲累積分之一次積分之比率，此爲二級（Second-degree）隨機優勢。隨著對效用函數限制愈嚴，其隨機優勢不斷升級，而最適投資組合即可由對應於投資者效用函數之該級隨機優勢條件得出。其缺點爲當充要條件成立時，涉及變數累積分配的完整資料，應用上也相當困難。

二、狹義預期效用模型

由亞羅及波瑞特（J. Pratt）同時提出。模型之特點對投資組合的態度可用指數加以表示，而不用知道整個效用函數的資訊。亞羅及波瑞特雙雙提出「絕對與相對風險規避指數」（Absolute and Relative Risk Aversion Indices；r_A and r_R），其中r_A等於負的效用函數二次微分與邊際效用之比，亦即

$$r_A = \frac{-u''(w)}{u'(w)}$$

而r_R爲r_A與期末財富之乘積，亦即

$$r_R = w \times r_A$$

r_A 與 r_R 均代表財富與效用之關係，其值的正負可判別投資者是否對風險規避（Risk Averse）亦可有不同程度之表現。說明如下：

1. 若厭惡程度僅隨財富大小而改變，其資產選擇型態可由 $r'_A = d_{r_R} / d_w < 0$ 或 > 0 完全決定之。
2. 若隨財富與風險投資之同比例變動而改變，則視孟基斯（C. Menezes）與韓森（D. Hansen）的「風險大小規避指數」（Size-of-risk Aversion Indexes, r_S）對w的一次微分 $r'_S = d_{r_S} / d_W < 0$ 或 > 0而定。
3. 只要將這些指數其對財富一次微分綜合起來，可以確定投資者屬何類型，亦等於確定這些指數的符號。
4. 當預期效用極大時，或對一階條件做比較靜態微分時，可將這些指數引入所導出之算式，再根據這些已定符號的指數求得明確的結果。

從上面所得這種指標其應用有限，因此預期效用模型之發展端視風險規避指數是否能充分推展，以表現投資者在各種可能遭遇中的行爲準則。

就修改標的函數而言，似有一更普遍採用的途徑，可分爲下列數種類型：

(一)長期成長模型(Long-run Growth Model)

拉坦(H. Latane)在1959年所發表。本模型假設投資者追求各期期末財富之幾何平均值之極大，當效用函數爲對數型態時才符合預期效用之極大。其優缺點如下：

1. **優點**：最適投資政策偏重各期報酬率之平均化，而資金易流向穩定利率之資產。
2. **缺點**：其計算上亦相當複雜，不甚普遍。

(二)機率限制模型(Chance-constrained Model)

1969年史密斯(K. Smith)及皮列(D. Pyle)，與詩諾斯基(S. Turnovsky)在1970年提出，其他如安格紐(N. Agnew)、安格紐(R. Agnew)、拉斯穆森(J. Rasmussen)等人亦提出此模型。本模型其基本假設是投資者想避免重大損失之發生。

依其標的函數與限制式又可細分爲三種：第一爲設定一最低限度之報酬率(z)，而求報酬率低於此設定值之機率極小，其表示爲min Pr($\overline{z} \leq z$)。第二爲求預期報酬率($\overline{Z}$)之極大，但報酬率低於設定值的機率不得高於某一百分比(α)，亦即目標式max $\overline{Z}$，限制式S.t. Pr($\overline{z} \leq z$)$\leqq \alpha$。其缺點爲演算時需將機率利用柴比可夫(Chebych Chev)不等式轉換爲中央動差(Central Moments)，其資產報酬率必先假設爲常態分配(Normal Distribution)，此三種標的函數及限制式在平均數與數異數的平面上，均可得出直線型的無異曲線，違反了紐曼(J. V. Newmann)與摩根斯坦(O. Morgenstern)對效用函數的完全性及傳導性之假設。

(三)確定等值模型(Certainty-equivalent Models)

史東(B. Stone)在1970年及我國臺大教授陳師孟(S. M. Chen)於1978年提出。本模型的特色乃是以一包含兩個參數(Parameters)的確定函數取代預期效用函數。其中一個參數衡量資產組合報酬率的中央趨向(Central Tendency)

是投資者所欲求者，另一個衡量其風險成分是投資者想避免的。其過程先將一個隨機變數轉換爲兩個參數，再以替代的標的函數將兩個參數對應到某一確定值域中，此一新函數遂被稱爲確定等值。本模型最大缺點由預期效用函數轉換新標的函數時，其要符合某些特殊條件，否則以泰勒（Taylor）展開式爲近似，不夠嚴謹。

（四）平均數與變異數模型（Mean Variance Approach，或稱 EV，EV 模型）

由夏普於1970年提出。此法認爲投資者主要關心所得或收益的平均數及其變異數。若投資者的效用函數爲u = u（$\overline{R}$，σ^2）。而EV與預期效用模型使兩者都有一個先決條件，即效用函數是屬於二次式之效用函數之假設，具有這種特性之無異曲線，風險性之資產乃屬於劣等品，此與實情不符。EV分析法尚要符合另一個假設，即每一種資產之收益均服從常態分配。其顯而易見的優點似乎超過了對其近似誤差之關心。由馬可維茲、托賓開始，經夏普、端諾（J. Treynor）、莫辛（J. Mossin）、林特諾（J. Lintner）等學者在理論上發展，又經傑森（M. Jensen）、法馬等在實證上貢獻，EV模型已發展相當完整。儘管用EV的偏好函數來分析風險下之行爲，其理由並不堅定，不過一個理論能否成立，主要並不是計算或使用方便與否，而是預測力的高低。

8-3 投資組合分析

資產組合既是個別資產之加總，爲何其風險程度不隨個別資產風險之加總而增加呢？馬可維茲利用兩變數直線型組合之變異數的定義：

$$V[aL + (1 - a)H] = a^2V(L) + (1 - a)^2V(H)^2 + 2a(1 - a)\sigma(L)\sigma(H)\rho(L,H)，0 < a < 1$$

主要關鍵項於相關係數（ρ），只要 $\rho < \dfrac{\sigma(L)}{\sigma(H)} < 1$ 之下，則可證明a在一範圍內會使 $V[aL + (1 - a)H] < V(L) < V(H)$。

換言之，把一個風險高的資產加於一個風險低的資產，只要兩者相關度低於其標準差之比，則所構成投資組合的總風險反而小於任一個別資產，此即所謂的分散效益（Gains from Diversification）。其不在乎資產組合中所包含個別資產的數目是否夠大，而在於多個資產間關連性愈低愈好。

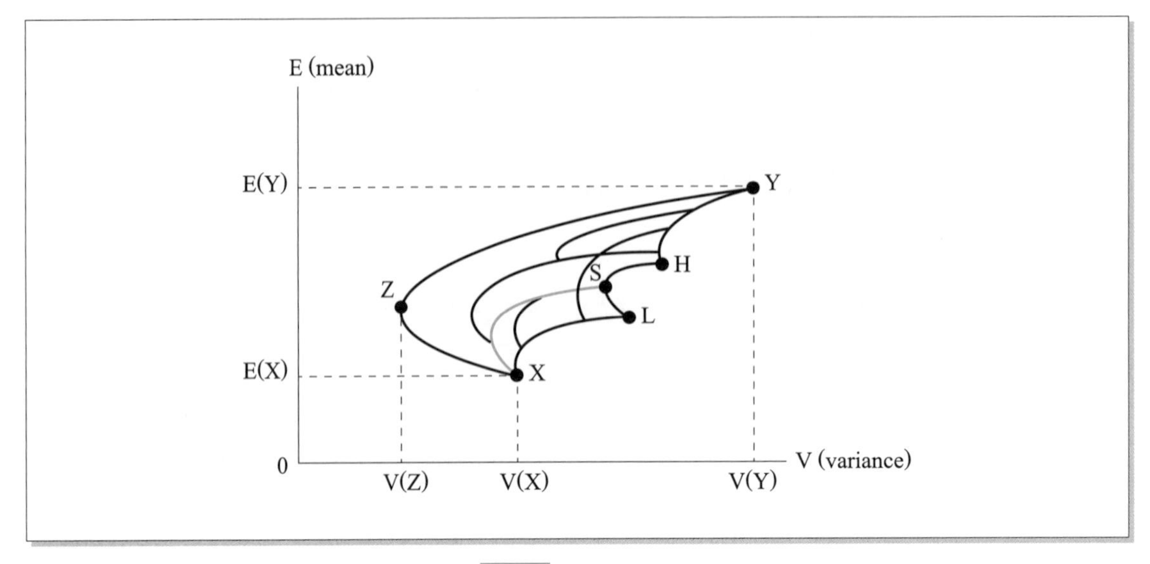

圖 8-1 EV 平面

從圖8-1來看，兩資產L與H之直線型組合在EV平面上的軌跡爲LSH線段，其中V(S) < V(L) < V(H)代表分散效益。在LSH線段上任何一點所代表的EV組合均可藉變動投資於L及H的比率a而達到。若有更多資產時，則其可能之組合將在EV平面上構成一個向上凸的集合，此集合中最高風險的點Y必仍爲個別資產，而最低風險點通常爲一資產組合（Z）。

一般而言，馬可維茲分散效益只適用於風險面，在預期報酬率上完全不能得到對應的效果。若在高預期報酬的資產上加入低報酬的資產，其結果必然使總預期報酬被沖淡。因此，一個最適資產組合EV有兩個獨立的必要條件：一方面在相等預期報酬率的多種資產組合中，此組合的風險最小，另一方面，在相等風險的多種資產組合中，此組合預期報酬爲極大。此即所謂EV模型的雙重標準（Dual Criteria）。此集合被稱爲EV有效軌跡或馬可維茲有效集合（EV Efficient, EVE, Locus of Makowitz Efficient Set），而最適資產組合必定在EV集合中，即所謂有效集合定理（Efficient Set Theorem）。

EVE軌跡其形狀與位置對於最適組合的選取當然有決定性的影響。如下針對EVE軌跡的導出分兩種情況介紹：

一、假設資產市場唯有風險性的資產

所有風險性資產所構成的EVE軌跡，有二類導出方法：

（一）臨界線方式（Critical-line Method）

假定有一個拉格蘭治（Lagrange）標的函數，在一定的預期報酬率之下求出最適資產組合的成分，以使變異數爲極小。若不斷變動設定的預期報酬率，則此拉格蘭治問題的解在個別資產百分比的空間會呈現一條直線，即所謂的關鍵線，再根據關鍵線所指出的分派（Allocations）算出對應的資產組合變異數與預期報酬率，即成爲EVE軌跡。當預期報酬率由高向低逐漸調整時，每當遇到一個關鍵值時，就會有一個新的資產被容納或一個舊的資產被剔除，構成一些角隅組合（Corner Portfolio），在任二相鄰角隅之間的EVE軌跡單由此二角隅組合所含個別資產之線型組合所構成，其不攙雜其他個別資產。一旦找出這些角隅組合，便可得到整條EVE軌跡。

（二）指標模型（Index Models）

其基本假設是任一資產報酬率可以一條特性線（Characteristic Line）來表示之，而此線又可劃分爲互相獨立的兩部份：$R_i =（a_i + b_iR_M）+ e_i$。第一部份$a_i + b_iR_M$與某一指標（R_M）成高度相關；而第二部分e_i則受個別資產獨特性質所控制，與市場指標或其他資產的性質均不相關。因此個別資產的風險亦可分爲兩部份：前者受整個市場情況所左右，夏普稱爲系統風險，特瑞諾稱之爲不可分散風險（Undiversifiable Risk），例如全球經濟不景氣、戰爭或石油危機等，使整個金融市場行情受波及；後者則視個別資產特殊表現而定，例如工人罷工、技術創新、管理疏忽等只影響某些單位，稱爲非系統風險或可分散風險。

應注意系統風險並不能夠經由分散投資而予以消除，非系統風險其漲跌與市場情況並不相關，可藉分散投資而予以消除。在兩種風險彼此互相獨立的假設之下，只需將個別資產報酬率與一共同指標做簡單迴歸，所得到殘差的變異數填入互變異數矩陣之對角線元素，其餘設零，即可由拉格蘭治方法求出EVE軌跡。在實證上，法瑪將共同指標設爲股價指數，即爲市場模型（Market Model）。另一方面，亞歷山大（G. Alexander）認爲當個別資產不屬於同一類時，則多指標模型所導出的EVE軌跡優於單一指標之結果。

前述之特性線，得以表示證券的實際報酬率與市場投資組合報酬率之關係。如圖8-2，特性線之斜率即爲β係數。

二、假設資產市場中所有資產都無風險

以上所得之EVE軌跡至少有一部分為直線所取代。又可分下列數種情況：

1. 安全資產（F）只能持有而不能出售，圖8-2中FTZ折拗線段即為EVE軌跡，T點是由F向XTY所做切線的切點，原先屬EVE集合的XT線段如今與FT相較，很顯然的後者成為優勢。
2. 安全資產在同一報酬率既可購進又可無限制發售或融券，則EVE軌跡成為FT線之無限延伸直線，為極特殊的例子。此時T點所表示的資產組合是所有風險性資產組合中唯一未被EVE選取標準所刪除者，稱為最適風險資產組合。
3. 安全投資市場存放款利率不同，一般而言，放款利率（F'）大於存款利率（F），則EVE軌跡成為圖8-2中FTT'Y'線。
4. 若融資融券行為有某一限度，例如證交法有保證金比率規定，則EVE軌跡不再無限延伸，而成為圖中FTT'Y'線段。

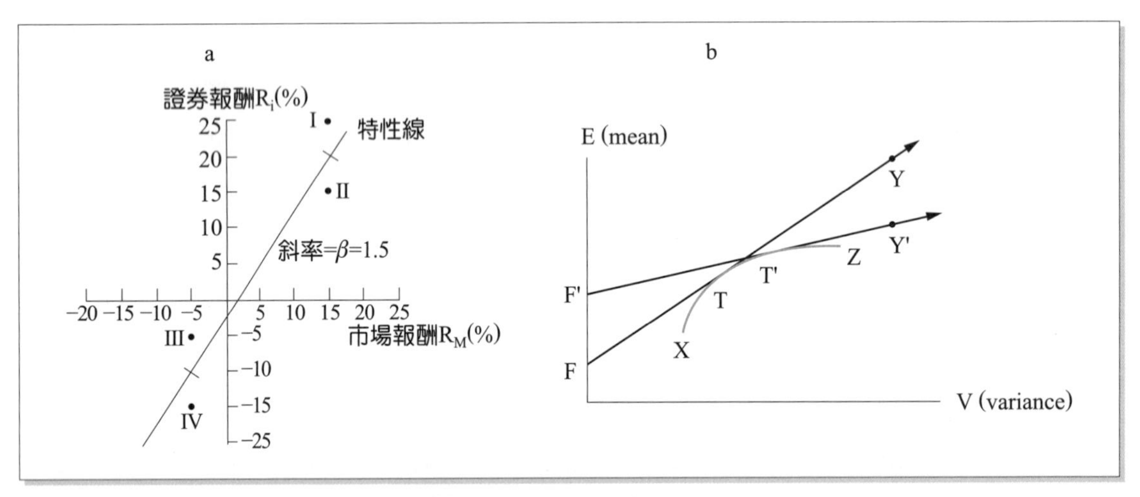

圖 8-2 特性線與 EVE 軌跡

三、投資組合理論與效率前緣

先前討論過風險的衡量，包括投資組合之內各投資項目間之報酬共變數（Covariance）之衡量，及投資組合報酬變異數之計算。

投資組合報酬變異數公式如下：

$$Var(R_P) = W_A^2\sigma_{R_A}^2 + W_B^2\sigma_{R_B}^2 + 2W_AW_BCov(R_A, R_B)$$

R_P = 投資組合；

W_A、W_B = 投資組合中A、B證券所占之比例；

$\sigma_{R_A}{}^2$ 、$\sigma_{R_B}{}^2$ = A、B證券之變異數；

$Cov(R_A, R_B)$ = A、B證券之共變數。

這個公式指出一個重點，投資組合的變異數取決於個別證券的變異數，以及兩種證券間的共變數。一種證券的變異數在衡量其報酬的變異程度，共變數衡量的則是兩種證券間的關係。給定個別證券的變異數之後，兩種證券是正相關或者正的共變數，將增大整體投資組合的變異數；兩種證券是負相關或有負的共變數，將降低投資組合的變異數。即當你持有的一種證券上漲時，另一種會下跌，反之亦然，則這兩種證券有互相抵銷的作用。此即財務管理上所謂的避險（Hedge），而整個投資組合的風險將變低。然而，如果持有的證券是一起漲或跌，則毫無避險作用。因此，整體投資組合的風險將變高。

另共變數$Cov(R_A, R_B) = \rho_{R_A,R_B} \times \sigma_{R_A} \times \sigma_{R_B}$，其中$\rho_{R_A,R_B}$爲$R_A$、$R_B$之相關係數，此乃由於共變數指「兩變數與其期望值之差相乘之值的期望值」，即：

$$Cov(R_A, R_B) = E\{[R_A - E(R_A)] \times [R_B - E(R_B)]\}$$

而相關係數，係將共變數消除衡量單位後之相對指標，即：

$$\rho_{R_A,R_B} = E\{[R_A - E(R_A)] \times [R_B - E(R_B)]\} \div (\sigma_{R_A} \times \sigma_{R_B})$$

故由以上二式可得：

$$Cov(R_A, R_B) = \rho_{R_A,R_B} \times \sigma_{R_A} \times \sigma_{R_B}$$

由投資組合報酬變異數計算式可知，除原有之個別資產的變異數外，尚包括投資組合資產間的共變數，即投資組合的風險包括原先個別資產的風險，且增加了組合中個別資產間互爲影響之風險，後者即以共變數衡量其大小。而測定二變數間關係程度之方法有：(1)判定係數（Coefficient of Determination）r^2 及(2)相關係數（Correlation coefficient）ρ 。判定係數 r^2 在統計學之解釋上爲引進自變數 X 時，總變異值的遞減，因此 r^2 愈大，即表示引用自變數於模式中後，Y 值總變異的遞減愈大。舉例說明如下：

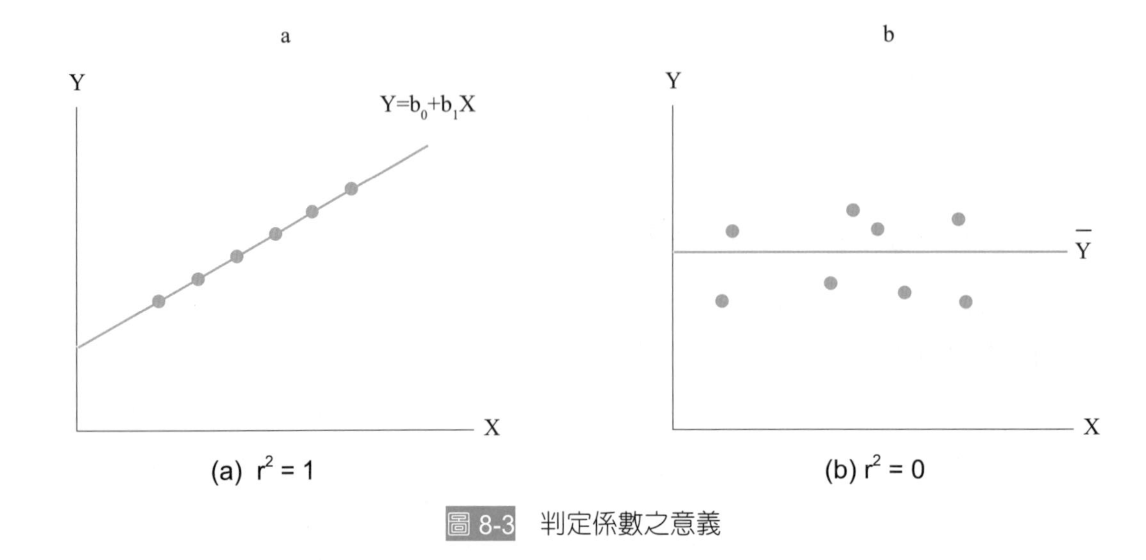

圖 8-3 判定係數之意義

(a)圖中，所有觀察值落在迴歸線上，$r^2 = 1$，表示自變數 X 的引用，使總變異減至 0；(b)圖中，$b_1 = 0$，X與Y無相關性，因此引用自變數 X，並無助於減低觀察值 Y 的變異，即 $r^2 = 0$。在一般情況，r^2 介於 0 與 1 之間，若愈接近 1，表示 X 與 Y 相關程度高。

至於相關係數 ρ 即判定係數 r^2 的平方根，即：$\rho = \pm\sqrt{r^2}$ 。

正負值依迴歸線的斜率是正或負而定，因此 ρ 的範圍是：$-1 \leqq \rho \leqq 1$。

前述 r^2 是指考慮 X 自變數使用時，Y 總變異的減低程度，而 r 無如此明顯的解釋作用，但因 r^2 說明 X 與 Y 的相關程度並不如 $r^2 < |\rho|$ 的 ρ 值來的強烈與易於直覺理解，故在經濟及商業領域中，應用 r 代替 r^2 的場合較多。例如，$r^2 = 0.3$表示引用自變數 X 於模式中，Y 值的總變異數減少30%，而 $|\rho| = 0.55$ 比 r^2 值大，其給予人對於 X 與 Y 的相關程度較強之印象。

一般在統計學上，ρ 介於1與0.7間爲高度相關，介於0.7與0.3間爲中度相關，0.3以下爲低度相關。

完全正相關，完全負相關及無相關性之情況如圖8-4所示。

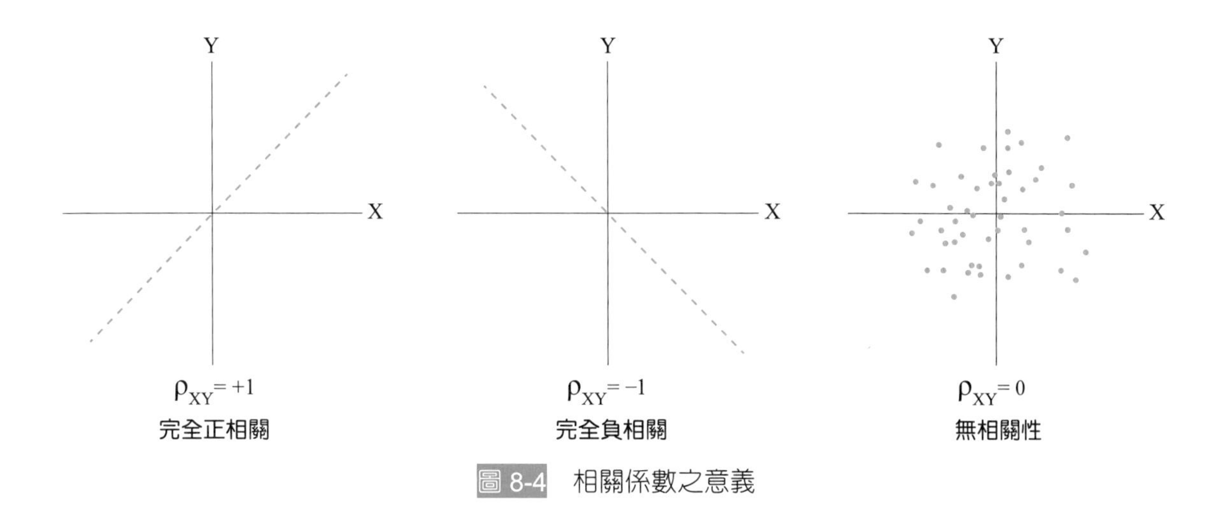

圖 8-4 相關係數之意義

當二項資產的相關係數小於+1，如將此二種資產置於一投資組合內即會減少一些風險，而此增加投資資產之行爲即稱爲多角化（Diversification）。如將資產的數量增加到極限時，屬於個別資產的平均風險已完全被「分散」殆盡，此時所剩餘的風險，爲平均共變數的部分。此剩餘的風險是所有資產共同面對的風險，投資學上將此無法透過多角化而分散掉的風險稱爲系統性風險或市場風險（Market Risk），其來源主要係總體經濟面或政治社會因素，如利率、匯率、通貨膨脹、貨幣財政政策、政治事件、社會治安等等；而藉由多角化投資所分散掉的風險稱爲非系統風險或非市場風險（Nonmarket Risk），其主要與資產本身的特性有關，如股票發行公司之意外災害、技術研發、罷工、經營權變更、領導人過逝等等，這些事件往往是獨立且隨機發生，故可利用多角化而分散減少此種風險。

將不同相關係數二項資產組合之預期報酬率與其標準差之關係，繪圖如下：

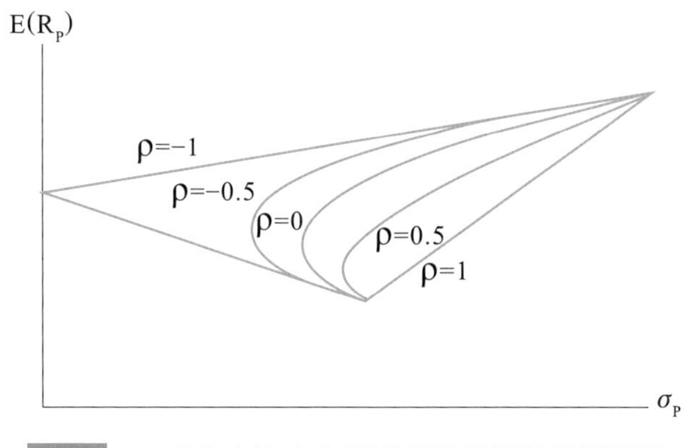

圖 8-5 二項資產組合的預期報酬與標準差關係圖

其中，相關係數愈低表示當ρ下降，風險分散效果提高；當$\rho = -1$時，風險可以降到最低，幾近爲0。雖然$\rho = -1$這種極端的例子很吸引投資人，但在實務上卻不太可能出現。大部份證券間都呈現正相關的關係，強烈的負相關已很少見，更遑論完全負相關了。

由於只要兩種資產的相關係數小於+1，其組合的標準差就會小於個別投資標準差的加權平均，故能產生降低風險的效果，故分析投資組合時，個別資產的標準差大小並不是衡量的唯一因素，而是視其對投資組合標準差有何種影響。所以應依據個別證券資產的期望值、標準差及各證券間的相關係數，就各種不同期望值與標準差的投資組合，決定最佳的投資組合。此原則可適用於任何數量的證券所構成的組合。投資組合理論主要由馬可維茲在1950年代發展出來，故又稱之爲馬可維茲投資組合理論。

就市場之多種證券，可以組成無限個投資組合，這些投資組合之集合稱爲投資機會組合，如下圖所示：

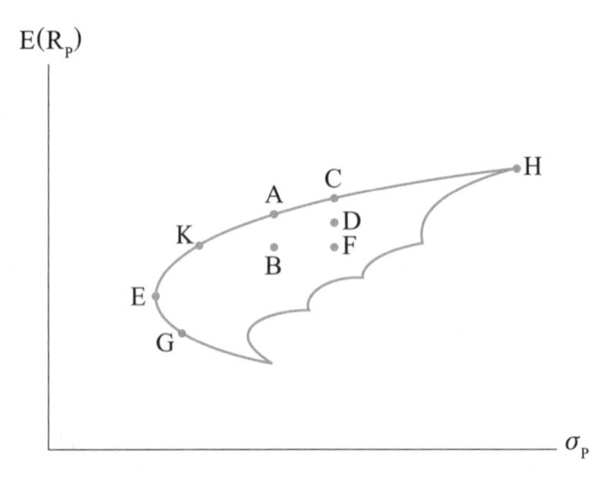

圖 8-6　投資機會組合與效率前緣關係圖

理性投資人投資決策之準則爲「在報酬率相同之情形，選擇風險最低者」、「在風險相同之情形，選擇報酬率最高者」故就K、B、F三個投資組合，理性投資人將選擇K，在相同報酬率下，K點標準差（風險）最小；就C、D、F三個投資組合，投資人會選擇C點，因在相同標準差（風險）之情況下，C之報酬率最大。以此類推，EKACH所構成之線上之任何一點，都是有效率的，稱爲效率投資組合（Efficient Portfolio），而曲線EH是所有效率投資組合構成的集合，稱爲效率前緣（Efficient Frontier）。

當市場上存在無風險資產時，如前所述，效率前緣即成爲R_fN線。

其中R_f爲無風險資產之報酬率，通常以國庫券利率代表，故又稱無風險利率。此時效率前緣上的任一點都是由無風險資產與市場投資組合E以不同比例組合而成，在E點左方表示同時持有無風險資產與市場投資組合，在E點右方表示貸款（以R_f利率）買進市場投資組合。而在R_f點， 表示全部資金持有無風險資產。

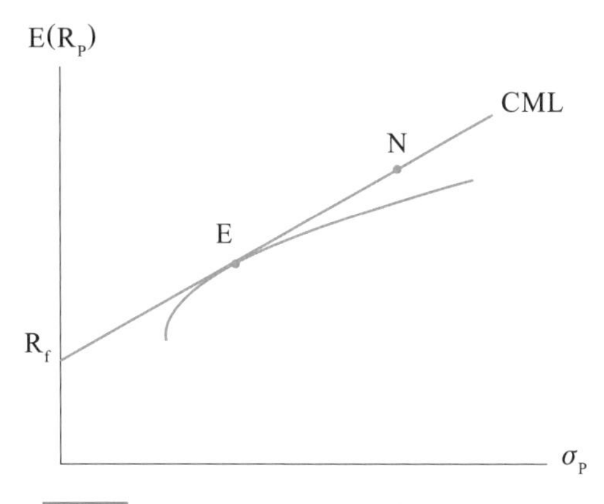

圖 8-7 無風險資產與效率前緣關係圖

當市場存在著無風險資產，且借貸利率相等，並得無限制借款，此時之效率前緣即是資本市場訂價模型（CAPM）中之資本市場線（Capital Market Line, CML），其表示效率投資組合之風險與報酬間的關係。

藉由無風險資產的引進，使得投資人可以獲致較大之效用。

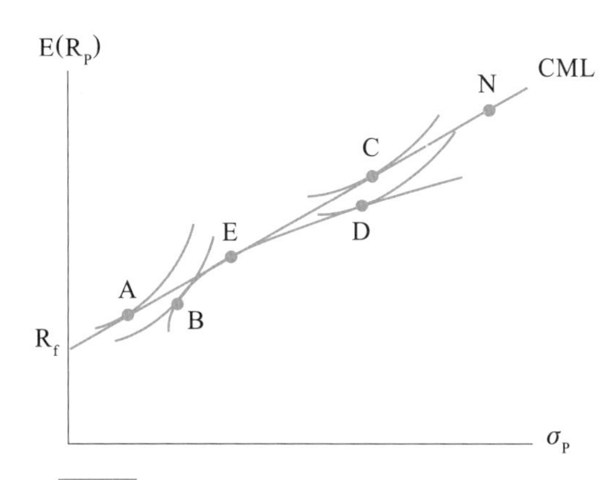

圖 8-8 無風險資產與投資人效用關係圖

如上圖8-8所示，未引進無風險資產之效率前緣爲BD曲線，引進無風險資產後之效率前緣爲R_fEN線。投資人之效用自原無異曲線與原效率前緣切點的B、D提升至A、C，可達到更大之效用。

8-4 資本市場理論

一、資本市場線（Capital Market Line, CML）與共同基金理論（Mutual-fund Theorem）或分隔理論（Separation Theorem）

投資者對風險的態度爲保守或不保守，只會影響以無風險利率借入或貸出的金額，對於市場投資組合的內容並無任何關係。換言之，市場投資組合取決於所有投資者對於所有風險性證券的期望報酬率與風險，而非取決於投資者對風險的態度，此是共同基金理論或分隔理論（Separation Theorem）的主要內容。其主要是在說明投資決策及融資決策是彼此互相獨立的。此處所謂投資決策是指購買市場投資組合，而融資決策則指以無風險利率貸出或借入資金。

於均衡的狀態下，所有效率投資組合必然全落在CML上，CML用以表示效率投資組合的期望報酬率與風險間的關係，其關係式如下：

$$E(R_P) = R_f + \frac{E(R_M) - R_f}{\sigma_M}\ \sigma_P$$

其推導過程如下：

任何直線可表爲 $Y = a + bX$，

故資本市場線亦可寫成 $E(R_P) = R_f + b \times \sigma_P$，

其中 b 爲直線之斜率，在資本市場線上，就 M 及 R_f 此二點可求出CML之斜率爲：

$$\frac{E(R_M) - R_f}{\sigma_M - 0} = \frac{E(R_M) - R_f}{\sigma_M}$$

其中 $E(R_p)$、σ_P 爲效率投資組合的期望報酬率及標準差；

R_f = 無風險利率；

$E(R_M)$、σ_M = 市場投資組合的期望報酬率及標準差；

$\frac{E(R_M)-R_f}{\sigma_M}$ = 資本市場線的斜率，也就是風險價格，即為每一單位風險所給予之額外報酬。

故資本市場線係指由無風險資產與效率前緣上之切點所組成的一條線。在線上每一點都為效率的投資組合，而隨投資者願意承擔風險有差異，其所獲得之報酬率亦不同。所以資本市場線表示市場在均衡時，效率投資組合之預期報酬等於無風險資產加上市場對於風險的補償。另M點是最適宜的市場組合，M點可以用證券交易所指數來衡量。

效率投資組合的期望報酬率超過無風險利率的部分，即 $E(R_p)-R_f$ 表示投資者願意承受風險的代價，又稱風險貼水。若CML上的任何一點X，與市場投資組合M的關係，如下式：

$$R_X = a_X + b_X R_M + \varepsilon_X$$

R_M為市場組合M的報酬率，X與M均在CML上，則X與M的預期報酬率，就可改為$E(R_X) = a_X + b_X E(R_M)$，其風險等於 $\sigma_X^2 = b^2 + \sigma_M^2$，因此可得知，效率投資組合的總風險 σ_X^2 中，並無非系統風險。從上可推論CML上的投資組合均為效率的投資組合，而這些投資組合的總風險僅含有系統風險而已。若總風險含有系統風險及非系統風險的投資組合，稱之為無效率投資組合。而共同基金理論，係原本繁多的風險性資產可縮減到一個全體接受的組合，再將此投資組合再投資於市場上所有資產，使資產選擇的問題有相當的簡化，此亦共同基金投資決策之原理。

在借貸利率相等，投資者對所有資本報酬率之預期相同，則投資者將具有相同的效率集合，即所有投資者皆持有市場投資組合與無風險資產 R_f 構成的組合，此亦稱為兩種資金理論（Two-fund Theorem）。

二、證券市場線（Security Market Line, SML）與 β 值

資本市場線指出有效組合預期報酬與風險之關係，但其他組合或單獨的個別資產因不為有效組合，其只隱含於其對市場組合貢獻之中。夏普（1964）、林詩諾（1965）、法瑪（1965）、傑森（1972）及魯賓斯坦（M. Rubinstein, 1973）

分別以不同的證明方式尋求此隱含的關係（R_f）加上此資產與市場組合的互變異數Cov（R_i，R_M）之某一比率，其數學式如下：

$$E(R_i) = R_f + \frac{[E(R_M) - R_f]}{\sigma_M^2} Cov(R_i, R_M)$$

個別資產的系統風險是用該資產與市場的共變數（$Cov(R_i, R_M)$）衡量，將之除以市場之變異數 σ_M^2 而得到相對值，此表示個別資產與市場相對變動程度，即稱為 β 迴歸係數，即：

$$E(R_i) = R_f + \beta_i [E(R_M) - R_f]$$

此關係式表示市場均衡時，個別證券的期望報酬率與 β 間的關係，適用於所有個別證券、投資組合（包括有效率及無效率組合）之評價，此即為資本資產訂價模式（CAPM）。

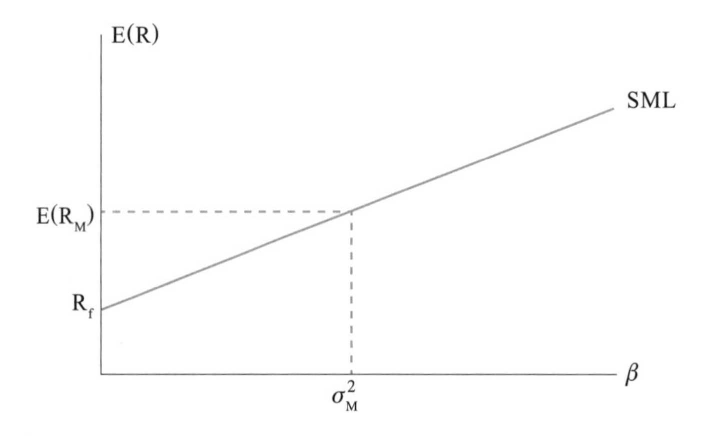

其中表示資產報酬率$E(R_i)$包括兩部分：一為時間價值的報酬，另一部分為風險價值的報酬。前者即為R_f，後者為：

$$\frac{E(R_M) - R_f}{\sigma_M^2} Cov(R_i, R_M)$$

其中 $\frac{E(R_M) - R_f}{\sigma_M^2}$ 表示在均衡狀態下，風險與報酬率之邊際替換率，亦是風險的單位價格；而$Cov(R_i, R_M)$表示風險的數量。

SML變動之因素：

1. **通貨膨脹**：在預期通貨膨脹上揚之情況，無風險利率及市場預期報酬率會同比例增加，致R_f增加，但$E(R_M) - R_f$不變。因此，整條SML水平上移，斜率不變。
2. **風險規避程度改變**：即投資人對風險厭惡程度變大，故風險規避程度增加，其要求之風險溢酬亦隨之增加，即$E(R_M) - R_f$變大，故SML斜率變大（截距不變）。

比較CML與SML可知，就有效資產組合而言，風險的衡量爲其標準差；但從一般個別資產或非有效組合而言，適當的風險衡量乃是標準差中與市場組合相關的一部分，即所謂系統性風險。在馬可維茲投資組合模式中，可獲知一個n項證券的投資組合風險中：

$$\sigma_P^2 = \sum_{i=1}^{n} W_i^2 \sigma_i^2 + \sum_{\substack{i=1 \\ i \neq j}}^{n} \sum_{j=1}^{n} W_i W_j \sigma_{ij}$$

其中惟有相關係數爲負或較小的正值，才能符合馬可維茲分散投資的要求，具有此種特性的證券其需求將會很大。那些和市場投資組合間具有較大共變異數的證券，即系統風險較高的證券，其需求會降低，證券價格下跌，系統風險小則反之。由於證券的期望報酬率和價格呈反方向的移動，因而市場間有較高共變異數的證券，其價格會相對偏低而能獲得較高的期望報酬率。另外，和市場間共變異數較小或爲負的證券，其價格偏高而在均衡之下會產生較低的期望報酬率。證券市場線之公式爲：

$$E(R_i) = R_f + \beta_i[E(R_M) - R_f]$$

即$E(R_i) = R_f + (E(R_M) - R_f)\ \dfrac{Cov(R_i, R_M)}{\sigma_M^2}$

$$= R_f + (E(R_M) - R_f) \times \frac{\rho_{iM}\sigma_i\sigma_M}{\sigma_M^2}$$

$$= R_f + (E(R_M) - R_f) \times \frac{\rho_{iM}\sigma_i}{\sigma_M}$$

$$= R_f + (E(R_M) - R_f)\,\beta_i$$

其中β_i爲迴歸係數，等於$\frac{\rho_{iM}\sigma_i}{\sigma_M}$。

由上式得知證券的期望報酬率定由兩個部份所構成，即無風險利率R_f和風險貼水所組成。風險貼水即個別證券的貝他係數（β_i）和風險價格（$E(R_M)-R_f$）之乘積，若β_i愈大，則風險貼水愈大，期望報酬率也愈大，反之，則β_i愈小，則風險貼水愈小，期望報酬率也愈小。如圖8-10所示，因β_M爲1，故在M的左邊部份是β小於1的證券，M的右邊部份則β大於1。而因$\beta_i=\sigma_{iM}/\sigma_M^2$，所以若$\sigma_{iM}<\sigma_M^2$，即$\beta_i<1$；同理若$\sigma_{iM}>\sigma_M^2$，則$\beta_i>1$，$\beta_i<1$稱爲防衛性證券，$\beta_i>1$稱之爲攻擊性證券，而$\beta_i<0$稱爲反循環性證券。$\beta_i=1$稱爲中性證券，其預期報酬率等於$E(R_M)$，若$\beta_i=0$，表示證券之報酬不受市場之影響，即無系統性風險，期望報酬率等於無風險利率R_f。

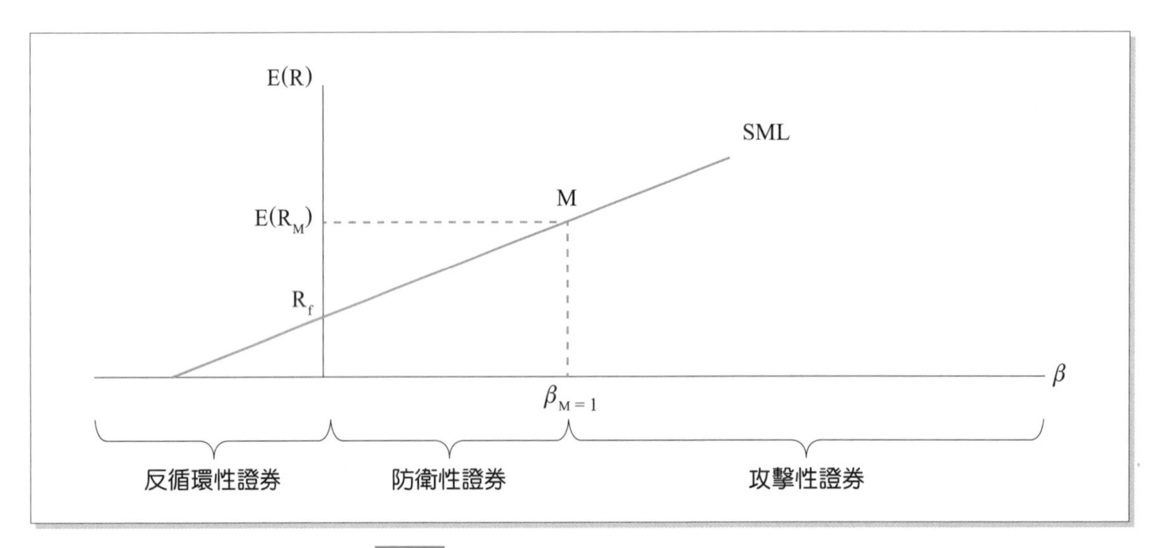

圖 8-9　防衛性證券與攻擊性證券圖

證券市場線描述預期報酬和β係數的關係，CAPM成立時，市場處於均衡狀態，所有合理被訂價的資產皆應位於SML上，價格被高估的資產會落於SML下方，例如B；被低估的資產落於SML上方，例如A。

資產合理報酬和實際報酬間的差異稱爲α，股市投資人積極尋找α值大於零的有價證券，作爲投資的標的，因α值大於零，表示證券價值被低估，預期報酬會高於SML所估算的應有報酬。

一般股票隨市況起伏的趨勢是表現在其β係數上，即股市行情上漲，但各股票有程度上的不同而已，此程度上的不同就以β係數來表示。若$\beta = 1$之股票平均漲跌程度隨股市行情漲跌之幅度而漲跌。同理$\beta = 0.5$之股票，其平均漲跌幅度只有整個股市行情的一半。由於β可衡量股票的市場風險，所以，β可作爲投資決策重要考量因素。

故綜上所述，β係數可用以衡量(1)R_i與R_M間關係變化的程度，及(2)個別證券的系統性風險。

故如 R_f 爲4%，$E(R_M)$ 爲6%，而假設A股票β係數爲2，則該股票市場風險貼水爲 $2 \times (6\% - 4\%) = 4\%$，其必要報酬率爲 $R_f + 4\% = 8\%$；而就B股票β值爲0.5，則該股票必要報酬率則降爲5%。

範例01

假設某公司股票之股利均以現金發放，其盈餘及股利每年均按5%之固定成長率增加。剛發放過之股利每股為$2，假設投資人對此一股票要求之報酬率係由資本資產訂價模式求算而得。今知此一股票之β為1.5，市場投資組合（以股價指數代替）之期望報酬率為10%，無風險資產報酬率為4%，試問利用股利折現模式可推知此一股票之價值每股應為若干？

解

資本資產定價模式為 CAPM：

$\mu_i = R_f + \beta_i (\mu_m - R_f)$

μ_i 為第 i 種證券之預期報酬率。

R_f 為無風險報酬率。

μ_m 為股價指數預期報酬率。

β_i 為貝他係數。

故 $\mu_i = 4\% + 1.5(10\% - 4\%) = 13\%$

再利用股利折現模式（固定成長）g = 10%

$$P_0 = \frac{D_1}{K - g} = \frac{2(1+5\%)}{13\% - 5\%} = 26.25$$

所以，如不考慮其他因素，而就公司之實值而言，如果股價低於26.25元，則可買進，如果股價達26.25以上或更高，則不宜買進。

三、SML 和 CML 之關係

SML和CML之異同：

1. CML衡量的是總風險，SML則衡量系統性風險。
2. CML衡量效率投資組合，SML可衡量個別證券與任何投資組合（有效率及無效率組合）。
3. 在SML的M，則SML等於CML（CML爲SML之特例）。

說明：SML之數學式爲：

$$E(R_i) = R_f + [E(R_M) - R_f] \times \frac{\rho_{iM}\sigma_i}{\sigma_M}$$

在SML的M，$\rho_{M,M}$ =1，則：

$$E(R_M) = R_f + \frac{E(R_M) - R_f}{\sigma_M} \times \sigma_M$$

即爲CML的M。

四、CAPM 之缺點

（一）CAPM 之假設

1. 投資者以相同的單一期間評估其投資。
2. 投資者是風險規避者，目的在此一期間獲得最大財富效用。
3. 投資者以投資組合報酬的期望值與標準差作評估。
4. 投資者對資產報酬率有相同的預期（對報酬機率分配的估計都相同）。
5. 資產報酬率是常態分配。
6. 投資者能無限制地以無風險利率借入或貸出資金。
7. 資產可以自由買賣與無限制地分割。
8. 市場資訊的取得不需成本且無延遲性。
9. 市場無交易成本、稅賦等，屬完全市場（Perfect Market）。
10. 市場具有效率且處於均衡狀態，或很快可調整至均衡狀態。

（二）CAPM 在理論及實證上的缺點

由於上述假設與現實狀況不同，故CAPM有下列理論及實證上之缺點：

1. 此模式爲單一期間模型，而單一期間係指投資者之投資期間爲單期，故有其限制。
2. 認爲只有市場投資組合的報酬會影響個別資產的報酬，忽略了其它因素對預期報酬率的影響，例如違約風險、通貨膨脹率等可能之因素。
3. 假設條件太嚴格，與現實世界不合；這些假設包括：(1)假設市場是完美的，無稅、無交易成本、無資訊成本，這些前提不易在現實世界成立；(2)假設借入與貸出的利率相同，且無融資額度的限制，此條件並不符實際；(3)假設投資人有相同的預期，但隨著個人所擁有的資訊不同，對未來的看法應不一致。
4. 此模式考慮的是期望報酬率，實際上僅能觀察眞實報酬率。
5. 市場投資組合須包含所有的資產（包括人力資產等），故無法找到合適的指數作爲替代。
6. 報酬的線性關係與市場投資組合爲聯合檢定，因此本模式無法被單獨檢定其眞僞性。

8-5 套利訂價理論

綜上論述，吾人得知CAPM如何闡釋個別資產預期報酬率係由無風險利率與系統風險溢酬組成，然而以其假設有諸多不合乎現實狀況。且CAPM在一些學者之實證中並未獲得支持，其中，不少學者質疑CAPM只採用單一因子（即市場風險）來解釋過於簡化現實狀況。美國學者Steven Ross在1976年提出套利訂價理論（Arbitrage Pricing Theory, APT）即同時容納數個系統風險的來源。例如，假設某證券超過無風險利率部分之必要報酬係決定於國民生產毛額、失業率、通貨膨脹率、利率、匯率，在比較投資組合時，假設後二者因素可以分散掉，因此只剩下前三者 ，這些因素代表了無法分散的系統風險。

（一）APT的假設

1. 完全競爭與無資訊成本。
2. 投資者一致認爲任何資產的報酬率皆由K個共同因素決定。
3. 投資者爲理性者，故追求最大效用。
4. 投資者的預期皆相同。
5. 無套利的投資組合。
6. 誤差項和各因素間相互獨立。

此一理論認爲投資者會利用市場不均衡時，證券或投資組合價值偏離，而在各證券與投資組合間進行套利交易（Arbitrage Trade），套利係指無需額外資金的投入，在不增加風險的情況下獲得正的報酬率交易活動。此套利行爲持續進行至所有套利機會均消失，此時個別證券之預期報酬率如下式所示，由無風險利率與多個因素之風險溢酬一起決定：

$$E(R_i) = R_f + b_{1i}[E(R_{P_1}) - R_f] + b_{2i}[E(R_{P_2}) - R_f] + \cdots\cdots + b_{ni}[E(R_{P_n}) - R_f]$$

由於，此理論認爲市場均衡須透過「套利」行爲方能達成，故稱爲套利訂價理論；又因其「多因子」之特性，故又稱爲多因子模式（Multi-Factors Model）。但APT本身並無法說明「多因子」爲何，另APT指出，各因子對個別證券之影響程度各不相同，因此無法歸納出有那些特定因子，可以如CAPM之β值般解釋所有個別證券的預期報酬率。依Ross等人之研究，歸納出數個主要因子可用以解釋大部分的證券報酬率（Roll & Ross，1983），包括：

1. 產業產値（或市場組合）
2. 非預期通貨膨脹率
3. 長短期利率差距
4. 違約風險溢酬的變動

（二）CAPM與APT之比較

1. 相同點：

   (1) CAPM與APT均是對資本資產作評價之模型。

(2) CAPM與APT二者均不考慮非系統風險，認為只有系統風險才可獲得超額報酬。

(3) CAPM與APT均可應用於資本資產之必要報酬率、公司資金成本及折現率之上。

2. 相異點：

(1) CAPM為單一因子（Single Factor）而APT為多因子模型。

(2) CAPM為APT之特例，APT為CAPM之一般式。

(3) APT可解釋CAPM所不能解釋之變異，CAPM無法解釋APT不能解釋之變異。

(4) APT較CAPM精確周延。

(5) APT不需求出$E(R_M)$（市場報酬率），但對 b_k 及 $E(R_{P_k}) - R_f$ $(k=1,\cdots,n)$ 及其關係之界定較有困難。

(6) APT不需假設資產報酬率為常態分配，CAPM則需此假設。

(7) CAPM要求市場投資組合必需具有效率性，APT則不需要。

綜上所述，APT在觀念上及實證上都有一些優於CAPM之處，但在應用上並不普遍。

8-6 投資績效衡量

進行投資的目的當然是要達成投資人原先設定的投資目標，而想知道投資目標是否達成，則有賴投資人對自己投資的表現加以評估、衡量。因此，投資人需定期檢視投資組合的報酬及風險。

（一）夏普指標（Sharpe）＝ S_P

1. 定義：衡量投資組合一單位風險之下所獲取之風險溢酬。
2. 用途：適合尚未完全分散、仍存有非系統風險投資組合績效之評估，如高科技基金或金融股基金等類股型基金。對無法分散投資的投資者而言，夏普指標是合適的評估指標。

3. 公式：

$$\text{夏普指標} = S_P = \frac{\text{投資組合報酬率} - \text{無風險利率}}{\text{投資組合報酬率標準差}} = \frac{R_p - R_f}{\sigma_p}$$

（二）崔納指標（Treynor）＝ T_P

1. 定義：指每承擔一單位投資組合系統風險所能獲得的超額報酬。
2. 用途：適合已分散風險投資組合之評估。崔納指標愈高，表示投資績效愈好。以投資報酬率爲縱軸，橫軸爲貝他係數的平面空間裡（與SML相同），崔納指標爲投資組合與 R_f 連線的斜率，斜率愈大表示績效愈好。若投資組合落在SML線之上方，則表示此投資組合的績效優於市場大盤。
3. 公式：將超額報酬率與投資組合系統風險相除所得

$$\text{崔納指標} = T_P = \frac{\text{投資組合報酬率} - \text{無風險利率}}{\text{投資組合貝他係數}} = \frac{R_p - R_f}{\beta_p}$$

（三）詹森指標（Jensen）＝ J_P

1. 定義：比較投資組合平均超額報酬與合理投資組合超額報酬之差異。
2. 用途：以投資組合報酬率減去由CAPM所計算出之合理報酬之差來衡量投資組合績效，即是投資組合與SML之間的垂直距離（差異），又稱爲 α 係數。當 α 顯著大於0時，表示投資組合的績效較佳；反之，若 α 顯著小於0，則表示投資組合的績效較差。
3. 公式：

$$\text{詹森指標} = J_P = R_p - \left[R_f + \beta_p\left(R_M - R_f\right)\right]$$

（四）資訊比率（Information Ratio）

衡量調整風險後的基金長期績效，主要用來評估基金相較於同類型基金的表現及其穩定性，是標準普爾與理柏等知名評比機構評鑑基金等級或星號的重要依據。其計算方式爲，先計算該基金與同類型基金月報酬差距，再除上標準差，每個月的績效表現皆可呈現在最後的數值中。透過結果可以看出該基金擊敗同類型基金的能力強弱，數值越高，則能力越強。利用資訊比率篩選基金，可發現每個月的績效表現皆同等重要，適合檢視較長期的績效表現。

範例02

假設目前投資組合的預期報酬率為10%，該投資組合的報酬率標準差為7%，無風險利率是5%，夏普比率為何？

解

$$夏普指標 = S_p = \frac{投資組合報酬率 - 無風險利率}{投資組合報酬率標準差} = \frac{R_p - R_f}{\sigma_p}$$

$$夏普比率 = \frac{10\% - 5\%}{7\%} = 0.714$$

1. 請討論投資人如何運用分離定理（Separation Theorem）以及效用理論（Utility Theory）找出適合投資人自己風險容忍水準的效率投資組合？

【990Q2 證券分析人員】

2. 資本資產定價模式（Capital Asset Pricing Model）和套利定價模式（Arbitrage Pricing Model）是描述個別資產之預期報酬率與風險之間關係的重要理論。相對於資本資產定價模式，請列舉至少四項套利定價模式的優點，而套利定價模式的最主要缺點又爲何？【99Q1 證券分析人員】

3. 請舉出三個有關 CAPM 在實務上應用的例子。【95Q3 證券分析人員】

4. 請以適當的投資學理論評論並解釋下列問題：

   (1) 某投機股之股性活潑，經常大漲大落，投資風險頗高。但其長期平均報酬率卻異常低，此種現象明顯違反「高風險、高報酬」之投資原理。

   (2) 投資某些成功的高科技股票每年似乎都能持續獲取鉅額利潤，這點明顯違反了效率市場假說。

   (3) 若營業循環可以合理預測，且股票的貝他係數爲正，則股票的報酬率亦應可合理預測。

   (4) 市場上長期債券利率較短期利率普遍爲高，收益曲線形狀明顯呈正斜率，這表示未來利率水準必將會上升。【90Q4 證券分析人員】

5. 試述傳統（標準）資本資產定價模式（CAPM）的基本假設。若在此 CAPM 定價下，你發現某一個特殊證券是落於證券市場線（Security Market Line）的下方，試問該特殊證券的價格是低估還是高估？又市場投資人將如何運作，使其價格回到均衡位置？【89Q4 證券分析人員】

NOTE

股價理論與效率市場

Chapter

學習目標

1. 股價變動受股票供需變化之影響
2. 基本分析與技術分析之意義與區別
3. 股價理論學說
4. 效率市場假說（Efficient Market Hypothesis, EMH）
5. 市場異象（Anomalies）與現象
6. 行為財務理論如何解釋投資人之投資行為？
7. 市場效率假說與市場異象其間異同
8. 影響股價變動基本分析的因素

名人金句

❒ 股市到了永不下跌，永遠上漲的時代。

費雪（Fisher）

❒ 在別人貪婪時要保持警惕，而在別人警惕時就要貪婪。我之所以能有今天的投資成就，是依靠自己的自律和別人的愚蠢。

華倫．巴菲特（Warren Buffett）

本章架構圖

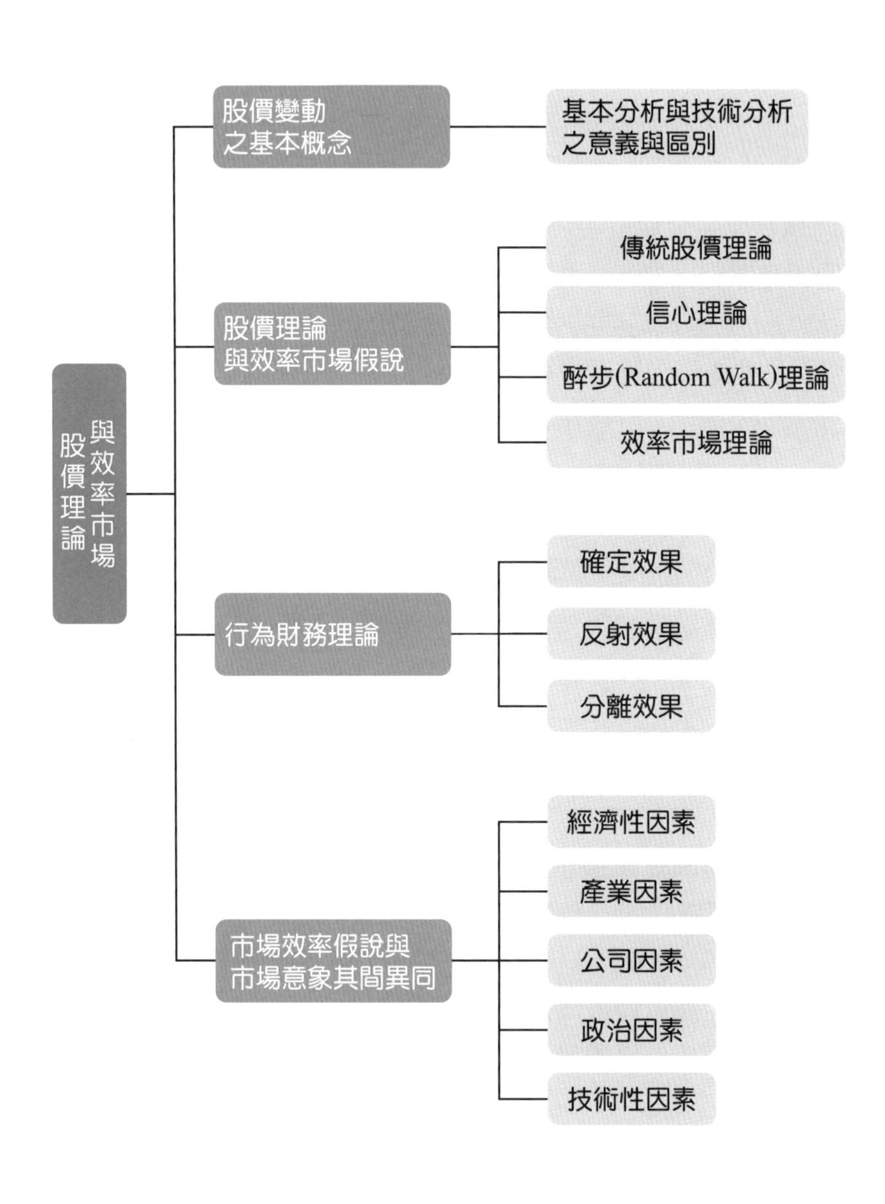

股價理論與效率市場
股價變動之基本概念
基本分析與技術分析之意義與區別
股價理論與效率市場假說
傳統股價理論
信心理論
醉步(Random Walk)理論
效率市場理論
行為財務理論
確定效果
反射效果
分離效果
市場效率假說與市場意象其間異同
經濟性因素
產業因素
公司因素
政治因素
技術性因素

《熱門族群》晶圓雙雄　股價比例漸縮小

晶圓雙雄展開數十年爭霸賽，從兩者營運、獲利、股價愈差愈大，直到去年6月後，聯電（2303）急起直追，與台積電（2330）差距持續拉近：5日台積電收平盤596元，而聯電則以創高收63.4元大漲4.79%，越過4月26日收盤61.8元前波高點，如此一來，晶圓雙雄股價比例從2020年6月間約20：1，一路追到現在9.4：1。

聯電近來在業績大幅成長、獲利一路追趕上來，即使聯電近日再重新站上60元大關，但與股價一直爬不上600元的台積電，則呈現明顯的強勢，苦追多年的聯電與台積電，可說是雙雄展開股價世紀之戰。

台積電於2008年11月盤中最低來到36.4元，當時聯電最低為6.6元，股價比是5.5：1，是這13年差距最小，但到了2020年6月聯電股價發動前，曾達到20：1，當時聯電股價約15元，台積電為300多元。

從2020年6月聯電股價大漲至今，5日是兩者價差比例最接近，日前收盤還一度出現聯電收59.4元、台積電594元的「黃金交叉」巧合。

資料來源：工商時報 2021/08/06

【新聞評論】

台積電與聯電晶圓雙雄股價比例從 2020 年 6 月間約 20：1，一路追到現在 9.4：1，是什麼原因造成同一產業但個別公司股價之差異變化？是本章探討主題之一。另觀察台積電 2020 年 8 月收盤市值達到 5,520 億美元，超車中國大陸網路巨擘騰訊，躍居亞洲市值最高的企業。市值排名呈現「台積電上、騰訊下」，主要反映台積電正處於半導體景氣強勁的大環境，而北京當局打壓科技業大咖，使得騰訊股價下滑。

依據報導，產業景氣大環境與政府政策是影響股價重要因素，還有哪些因素會影響股價？投資人如何蒐集、分析、研判以精準預測股價走勢提升投資績效乃是投資成敗關鍵，讀者可從本章學習到股價理論、基本分析與技術分析之意義與區別，及影響股價變動的因素、效率市場假說市場異象等議題以有效提升投資績效。

NEWS 台積電市值　躍居亞企最高

台積電（2330）3 日收盤市值達到 5,520 億美元，超車中國大陸網路巨擘騰訊，躍居亞洲市值最高的企業。分析師表示，市值排名呈現「台積電上、騰訊下」，主要反映台積電正處於半導體景氣強勁的大環境，而北京當局打壓科技業大咖，使得騰訊股價下滑。

彭博資訊的數據顯示，台積電在臺北股市 3 日收盤漲 0.68%、收新臺幣 594 元，以美元計算，總市值達到 5,520 億美元，外資買超 9,815 張，連兩買。騰訊 3 日在香港股市的股價則重摔 6.11%，市值因此降至 5,506 億美元，這意味騰訊將亞洲「市值王」的寶座拱手讓給台積電。台積電周二 ADR 早盤漲 0.7%。

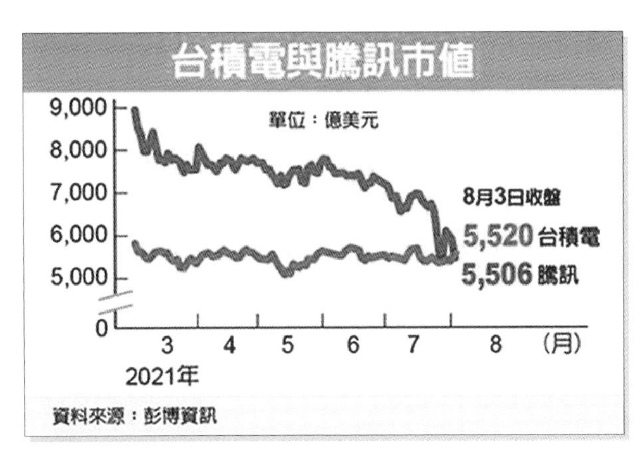

台積電對整體半導體後市也抱持正面看法，日前於法說會二度上修今年全球半導體產業與公司展望兩項指標，包括今年全球半導體產業（不含記憶體）產值將年成長 17%，較上季預估的年增 12% 增加 5 個百分點；晶圓代工產業年增幅也由上季的 16% 上修到 20%，台積電營收成長幅度將優於整體晶圓代工產業。

台積電預估，本季合併營收以美元計價可望季增 9.9% 至 12.1%，平均值約季增 11%，再次挑戰單季新高，符合多數外資預期；全年營收增幅也可逾二成，再寫新猷。

另一方面，美國半導體產業協會（SIA）所公布的每月銷售數據顯示，6 月全球半導體銷售額比去年同期成長 29.2% 至 445 億美元，透露出強勁的半導體需求趨勢，已帶動亞洲晶片類股 3 日普遍走揚。

資料來源：經濟日報 2021/08/04

9-1 股價變動之基本概念

股票是證券市場的商品，一般而言，就經濟學角度分析，商品價格決定於市場供需，故股價之形成亦是市場供需之結果。證券價格的決定，就理論上而言，乃以發行公司資產淨值和獲利能力爲基礎，而反映於證券市場供需關係之消長而變動。但證券價格之供需決定過程並不完全與一般商品相同，當一般商品之需求增加時，價格隨即上升，廠商便會因利潤之增加而增加產量，供給便會增加，促使價格回跌，其新價格之高低，則取決於供給曲線右移幅度之大小。但就證券市場之情況，當市場出現利多消息或市場心理趨向於樂觀的預期時，對某一特定股票的需求會增加，因市場發行流通股票數量短期間總量無法增加，且持有者基於惜售心理，該種股票的供給卻會相對減少，進一步拉大了供需之間的差距，促使股價激升；相反的，當利空消息出現，或市場心理傾向於悲觀的預期時，對股票的需求或買進力量會減少，而供給或賣出力量卻會相對增加，買賣力量的消長擴大了供需之間的不平衡，促使股價下跌。

所以股價的變動源於供需情勢的變化；供需關係便是股價變動的直接因素。影響供需關係的所有其他因素，如：總體因素、產業變化、公司營業、財務狀況等，則概稱之爲間接因素。

依照前提假設及引用資料不同，可區分爲基本分析與技術分析兩種截然不同的方法。

1. **基本分析**：基本分析之假設前提是股票具有眞實價值，而此一眞實價值取決於公司未來獲利能力，而股價長期會調整朝向此一眞正價值趨近。因此基本分析會蒐集影響公司獲利之因素進行分析，以即時尋求眞正價值，這些因素包括個別公司業務狀況、產品市場需求、公司所處產業狀況及國家地區與全球整體經濟變化等等。

   分析方法包括估算公司未來獲利及股利，並計算未來股利折現值以求得證券之眞實價值或投資價值，再與目前市場價格比較，如果市價低於眞正價值，則價格終會上漲，故目前可買進，反之，市價高於眞正價值，則因股價終必回跌則不宜買進。基本分析投資目標在於股利及股價差價之資本利得。

2. **技術分析**：基本前提假設是歷史會重演。面對相似情況投資人會有類似的反應，而股市就是最完整的分析資訊來源，因爲所有的基本資料都會影響供需關係而立即反映在股價的變動上，所以可以直接從以往的交易資料與股價變動過程分析，由其所隱含的意義與訊息作爲買賣之研判。

如果投資人足夠理智，則能夠很快將隨機出現的有關資訊反映於交易，則股價會不斷隨著新資訊出現而調整結果，任何時點的股價都完整反映當時所有資訊，意味著市場價格即是股票的眞實價值，則股價隨時反映眞值無所謂偏高偏低而有差價與所謂的投資價值，此即基本分析在邏輯上的缺點。

表 9-1　基本分析與技術分析之比較

分類	基本分析	技術分析
基本假設	股票具有真實價值，取決於企業未來獲利能力，股價會朝真實價值調整	股市本身是最完整分析資料來源，所有基本資料都會影響供需關係而反映在股價波動上，與真實價值無關
理論基礎	有較完善理論基礎	較缺乏理論依據
對真實價值認定之差異	企業的永續經營及未來展望產生企業的真實價值	短時間股價或市值的成長，較少對企業未來長期展望，因股價反映所有的資訊，股價就是企業的真實價值
引用資料	引用總體、產業、公司產品、業務及財務報表等資訊計算各種指標來分析	以大盤及個股價格、成交量、融資券量之歷史變動進行未來趨勢分析
分析邏輯與方法	利用財務報表了解企業獲利情形、營收狀況、進銷貨、生產情形，並利用財務指標作為判斷標準	利用過去交易資料與股價變動的過程著手，以其所顯示意義進行買賣投資研判
投資報酬之內容	股利、資本利得	資本利得
投資期間	長期投資（企業營運週期及未來長期展望）	短期投資（利用過去及現在交易資訊，期望獲得短期價差收益）
分析之難易	透過總體、產業分析及公司財務、業務等資訊分析，分析之資訊多且複雜	歸納統計交易價、量，內容較簡易
適用時點	長期投資選股	買賣價位、時點研判

註：投資實務上，技術分析可作為基本分析的輔助分析工具，兩者相輔相成，藉以提高投資決策的精確性。

從另一方面來說，證券流通市場隨時都受到兩類不同因素的影響，它們的交互作用決定股價的漲跌起伏。一類因素來自市場以外，這是股價變動最主要，也是最基本的原因，它們的形成時間較長，對市場的影響較深遠，影響力持續的期間也比較長。另一類因素則來自市場內部，經由「市場心理」或「技術操作」的原因而產生，其影響力較爲短暫，這兩組因素之間，並不具備必然的連帶關係；

它們可能相輔相成，也可能互相干擾。舉例來說，在不景氣的初期，投資活動減少，繁榮時期累積的資金閒置，在樂觀的預期和充裕的游資支應下，股價反而容易上漲而與基本經濟情勢產生背離現象。

9-2 股價理論與效率市場假說

證券的價格透過證券市場供需決定，以集中交易市場爲例，其公開競價所產生的價格，即是由投資、投機、看漲、看跌者相互較勁之結果。股價本身之漲跌，係由於眾多的投資者和投機者買賣的結果，而使供需關係發生變化，造成價格之漲跌，若進一步分析投資與投機者係基於何種因素而買賣，致使股市漲跌變化，雖然各人之動機不同，一般而言股價之形成，歸納其導源因素，如圖9-1：

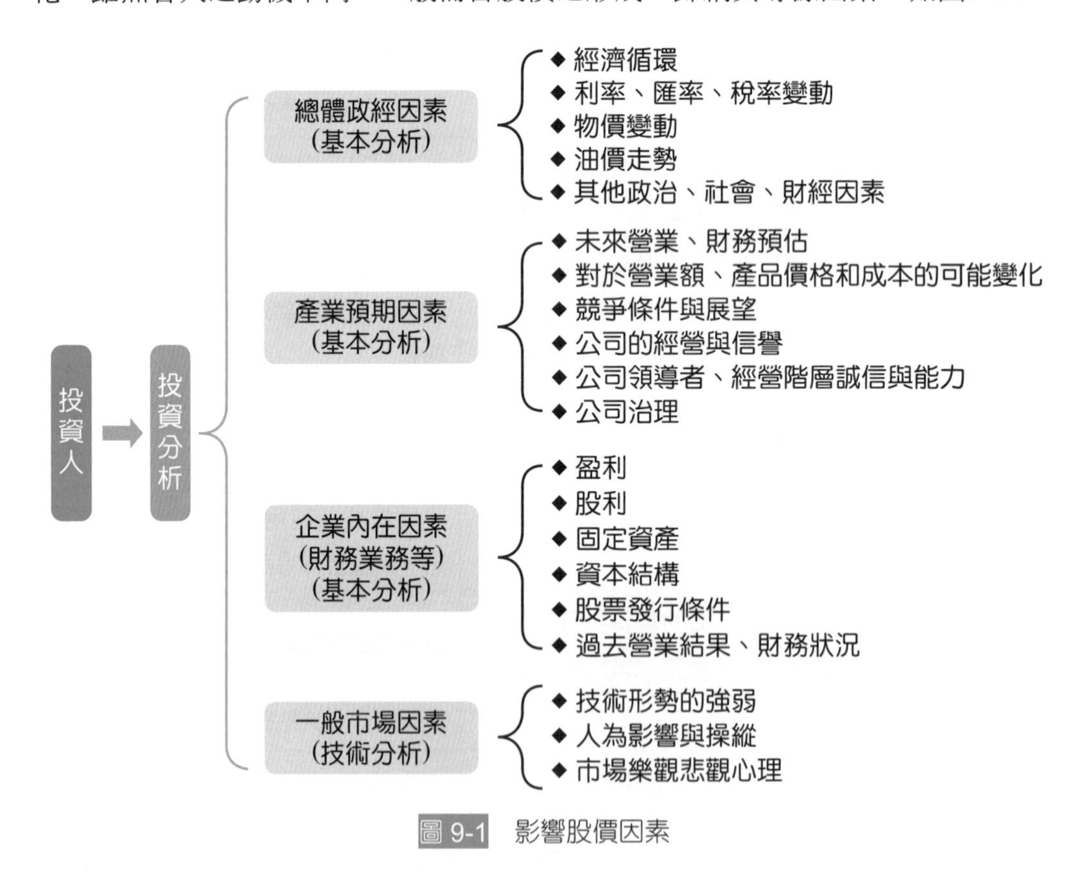

圖 9-1 影響股價因素

股價理論旨在探討股價的形成與分析，並說明股票爲何漲跌，根據學者之研究，由於股票價格發生變動之背景不同，股票價格學說大略有四種，即：一、傳統理論，二、信心理論，三、醉步理論，四、效率市場理論。

一、傳統理論

這一派學說認為，股價應該是上市公司營運績效的正確反映。當營運成績良好，盈收獲利增加，對該股票需求增加則股價上漲；反之，如營運成績不佳，盈收獲利減少或甚至發生虧損，對該股票需求減少、拋售供給增加，則股價下跌。但公司經營的正確結果須待年終結算方可獲知，年度當中的股票交易與股價變動，實係基於對該年度公司盈收獲利的預期，所以影響股價的因素是，投資人或投機者預期公司未來盈收獲利變化程度之反映。

為了使「預期」儘可能正確，投資人必須蒐集足以影響公司盈收獲利情況的基本資料，加以統計分析，以便在公司營收獲利產生實際變化以前，買進或賣出。因而股價變動是公司營收獲利情況變化的先期反應。

這一派理論由來已久，被視為基本的、正統的股價分析理論，現有的「基本分析」方法與觀念，多半衍生於傳統派的股價理論。

二、信心理論

這一派學說強調「市場心理」的作用力，認為股價變動的原因，在於投資者對未來的股價表現、公司收益或股利等所產生的信心強弱之消長變化。「信心」形成「市場心理」，後者又包括個人心理，如人性中之恐懼、貪婪與群眾心理，如盲目樂觀、悲觀、盲從等。

信心理論可以解釋股價的當漲不漲、該跌不跌，以及超漲超跌的現象。它來自傳統的股價理論，承認公司盈利的重要性，卻並不完全根據公司財務報表上的資料數據來衡量股價變化。這一派理論可以解釋股市中的大部份現象，但缺點是「信心」本身無從測量。

三、醉步（Random Walk）理論

醉步理論係指股價的變動猶如酒徒的醉步，進退搖擺皆無一定的模式可循，第一步可能向東，第二步卻可能向西，而第三步可能會後退，搖擺不定難以捉摸，所以不可能憑藉最近的股價變動形態來預測其未來變化方向與幅度。每日的股價變動皆屬隨機發生的獨立事件，與前一天或前一刻的變動軌跡毫不相關。

這項理論歷經華爾街的多次實證研究後確立，一度嚴重打擊了「技術分析」的理論基礎。不過醉步理論僅否定了「歷史性軌跡」走向的可預測性，並無據其他的股價變動因素分析的歷史性資料與數據的運用性。

四、效率市場理論

(一) 效率市場理論

或稱效率市場假說（Efficient Market Hypothesis, EMH）。此派學者承認股價的變動係呈醉步狀態，但另一方面，市場內的買賣雙方必因預期不同，採取相反行動，才會成交。買賣雙方的力量，或具有同樣預期的人數不相等，才會使股價發生波動變化。所以一項成功的投資操作，關鍵在於發掘出那些會影響投資人的預期的因素，並在它們變動之前即能覺察而擬訂完善的投資計劃。這類足以影響投資人預期的因素是以各種資訊（Information）的方式呈現，股價變動即為投資人評估目前所有資訊，並對未來預期可能的發展，進行投資決策的結果。因此，股價的變化導因於新資訊，或新情報的不斷出現，而與過去的股價變動毫無關聯。

根據這一派的看法，一個有效率的資本市場。必須具備三項條件：(1)理性的投資人；(2)情報資訊即時揭露並公開，而且投資人獲取資訊時無需付費；(3)沒有任何單一投資人力量大到足以獨力影響股價變動。如此才符合市場效率性的公平競爭原則。

法馬於1965年指出，效率性市場建立於以下假設基礎上：

1. 無交易成本與交易稅賦。
2. 所有市場參與者都可以無償取得有關的資訊。
3. 所有的市場參與者對於資訊的判斷具有同質性。
4. 資本市場是完全競爭市場，任何投資人皆無法影響價格，皆為價格接受者。
5. 股價對新資訊有迅速調整的能力，無制度限制。
6. 投資者是理性的，因此能理性地評價證券價格。
7. 即使有些投資者是不理性的，但由於他們的交易是隨機的，所以能消除彼此對價格的影響。
8. 若部分投資者有相同的不理性行為，市場仍可利用「套利」機制使價格回復理性。

由上所述，可知所謂效率市場，乃是市場參與者能夠知曉所有可用的資訊，並且能夠正確地據以決定各證券當時的新價格。因此，效率市場乃意涵，證券價格能夠充分地反映所有可以獲得之資訊。

資本市場之效率性，法馬在1970提出可依其強弱程度分成下列三種：

1. **弱式效率市場（Weak Form）**：在弱式的假設下，目前之證券價格充分地反映了過去證券價格提供的各種資訊。因此投資者利用各種方法對證券過去之價格從事分析與預測後，並不能提高其選取證券之能力。也就是說，投資者並不能因此而獲得超額利潤。
2. **半強式效率市場（Semi-Strong Form）**：在半強式的假設下，目前的證券價格充分反映了所有已經公開的資訊（如公布之財務報表），因此投資者無法因分析這些資訊而獲得較佳之投資績效。
3. **強式效率市場（Strong Form）**：在強式的假設下，目前之證券價格充分地反映了已公開及未公開之所有資訊；這些資訊即使未正式公開，但投資者已藉各種方式取得。因此尚未公開的內幕消息，早已成爲公開的秘密，證券價格也已相應調整。

綜上說明，可知：於強式效率市場，技術分析、基本分析皆無效，亦無內線消息存在可資利用以獲取超額利潤；而半強式效率市場中，基本分析無效，技術分析無效，惟有內線消息存在；弱式效率市場中，可利用基本分析及內線消息獲利，詳見圖9-2。

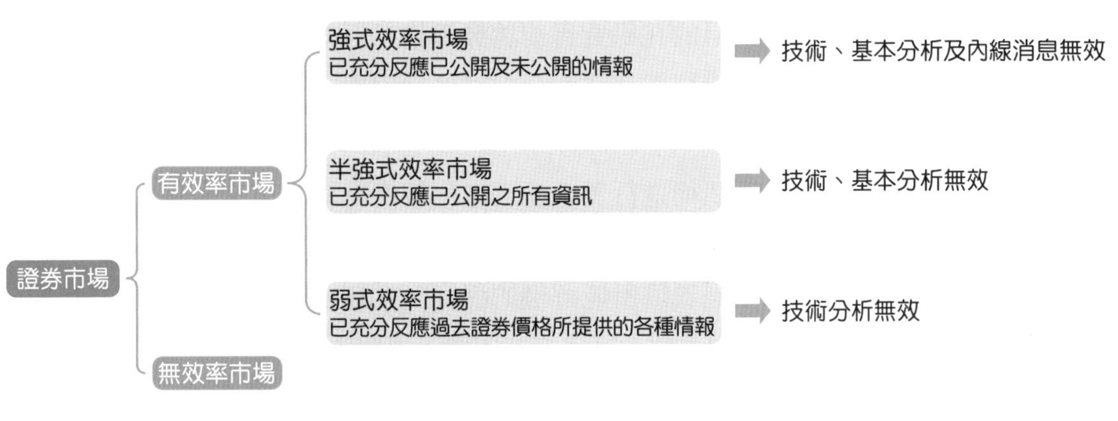

圖 9-2 效率市場與技術、基本分析關係

(二) 效率市場檢定

效率市場是一個假說，其是否成立需進行實際市場之檢定，對不同效率市場各有不同之檢定方式：

1. 弱式效率市場檢定

(1) 隨機性檢定（連檢定，序列相關分析）（Test of Randomness）

係分析長期內股價間之相關性，其結論是相關係數一直很小（在+0.10與-0.10之間），所以統計上並無重要性，更進一步的測驗是基於股價變化後維持一個「連」能有多久。

任何數字資料因統計上的機率都可能產生連（Run）。但一個獨立的數字系列不會有太多的連，統計測驗證實股票價格不比統計學上隨機數（Random Number）有更多的連。意指股票價格在長期的變化具隨機性。

(2) 濾嘴法則（Filter Rule），交易法則測試（Trading Rules Tests）

測驗之目的是決定過去一個根據價格與交易量的交易法則是不是比沒有法則的買進後保留一段時間（Buy and Hold）要好，目的是找出目前類似過去的情形再用上已有的交易法則，扣除交易費用及考慮風險以後會不會有很高的效益。

舉一個交易法則的例子，如股價上漲5%或更多，交易法則決定買進，假定上漲5%表示一個向上突破；股價衝高可期，同理，下跌5%表示利空就要考慮賣出（不是逢高賣出逢低買進法則，而是跟著趨勢走的法則）。

2. 半強式效率市場檢定：目的在研究目前證券價格是否充分反映所有可以獲得之情報，如果可以，則投資者無法因分析這些情報而獲得超額報酬。例如研究財務報表、股利及股票分割等消息公佈後，股價調整的速度。

一般檢驗係以根據新資訊而進行買賣能否產生較高之報酬檢定半強式效率市場假設。即市場如具半強式效率，則新資訊幾乎立即反映於價格中，因此無異常報酬。如果報酬超過風險所能解釋的程度，且在統計上顯著，則表示分析新資訊能獲致異常報酬，則否定半強式效率市場假說。

對於股票分割、股票股利、盈餘宣告與會計政策變動等資訊之檢定，一般都顯示半強式效率市場假說成立。此表示投資人無法利用股票分割、盈餘宣告等公開資訊取得超額報酬。即半強式效率市場假說支持各種公開的資訊都同時傳達予所有投資人，投資人立即作出買賣決策，而證券價格已反映出決策後的結果，故無法以基本分析研判股價。

3. **強式效率市場檢定**：主要在研究包括公司內部人員、董監事、基金經理人及自營商等能否獲得超額報酬。若能獲得超額報酬，表示擁有內線消息且能獲取超額報酬時，強式效率市場不成立；反之則成立。大多的檢定都不支持強式效率市場，即公司內部人員等確能利用資訊之獨占而享有超額利潤。

 法馬於1991年將自其1970年發表後，如雨後春筍般竄出的各般實證文獻，再度整理提出文獻回顧發表。於此文獻中，法馬重新定義效率市場的分類，其歸類並對應到1970年其發表的分類如下：

 (1) 報酬可預測性（Return Predictability），即弱式效率市場：過去的股價報酬、P/E、股利收益率D/P等資訊，對未來的股票報酬有預測性。

 (2) 事件研究（Event Study），即半強式效率市場：利用公司特定事件的發生，如股利發放、股票分割、合併等，來測試股價反應的情形。

 (3) 未公開資訊（Private Information），即強式效率市場：利用未公開資訊是否可以獲得超額報酬。

法馬較大的篇幅在於報酬可預測性的文獻整理，由此可知對報酬的預期確是眾所矚目的焦點，相關的研究文獻也相對較多。由於效率市場假說是假設當市場有效率時，情報並無法帶來獲利，是相對於當代熱衷於技術分析、基本分析及內部消息的當頭棒喝。然而，現實的環境中，市場未必是效率的，故效率市場假說常常與市場經驗不符，卻也沒有多少有力的證據，可以證明市場是完全無效率的，或者說，即使有部份的無效率現象，在不同的時間區間、市場，或者加上稅費、手續費及資訊費用後，其無效率的現象，很可能又被推翻。因此，與其說是對市場是有效率或無效率的發現，不如說是在尋找發現市場是無效率的可能與方法。在法馬的文章中，就一再的讚許如橫斷面等研究方法的成長進化，甚至期許透過研究方法的改善，未來可以找到更多市場有效率或無效率的證明。

1970年代學術界對效率市場假說的狂熱可以說到達了巔峰，許多理論和實證結果的支持，使得效率市場假說儼然成爲神聖不可侵犯的眞理。直到80年代，研究陸續發現一些違反傳統定價理論（如CAPM與APT）和效率市場假說的實證結果。學者認爲傳統的財務理論在證券價格的決定有所欠缺，轉而尋求可能的因及其他領域的解釋，行爲財務學乃蔚然興起。

前述在效率市場難以解釋的現象，稱爲市場異象（Anomalies）。包括：

1. **元月效應（January Effect）**：Keim（1983）實證在前一年具損失現象的股票，在當年的元月份將具有超額報酬率，為「元月效應」。是指大部分市場的超額報酬都出現在一月的現象，目前解釋有二：

   (1) 年底為了減少納稅，賣出持股創造損失，待一月再回補。

   (2) 基金經理人在年度終結時，為了帳面績效而獲利了結，待一月再恢復持股。

2. **本益比現象**：指低本益比的公司報酬高於高本益比的公司之現象，Basu（1977, 1983）指出當控制β，低P/E股票投資組合比高P/E股票投資組合，能獲得較高利潤。

3. **規模效應（Size Effect）**：Keim（1983）實證發現，在扣除掉交易成本之後，在紐約證交所上市的股票平均有3.94%的報酬率，在美國證交所上市的股票則平均有10.30%的報酬率。而且股票報酬率與公司的規模大小成反比，小型公司傾向有較高的報酬率。意指規模小的公司之報酬率高於規模大的公司。可能是因為規模小的公司風險較大，故報酬相對也較高。

   由於公司的規模和元月份的到來都是市場已知信息，這一現象明顯地違反了半強式有效市場假說。

4. **帳面市值比現象**：Stattman（1980）、Rosenberg、Reid和Laustein（1985）提出了帳面市值比效應（B/M Effect，或BE/ME Effect），即高帳面市值比的股票比低帳面市值比的股票具有顯著較高的收益率且此溢酬無法為CAPM所解釋。

近年來文獻中最難以解釋的現象就是所謂的小公司規模效果與帳面市值比（Ratio of Book to Market Equity, BM）效果，亦即較小市值與較高帳面市值比的股票有較高的平均報酬，且此溢酬無法為CAPM所解釋。此二效果也分別被稱為規模溢酬之謎（Size Premium Puzzle）與價值溢酬之謎（Value Premium Puzzle）。傳統理論視世界為多因子的世界，因此此二效果所捕捉的是市場投資組合以外的風險因子（Distressed Risk Factors）。

5. **日內效應**：Harris（1986）提出，美國和加拿大的股市交易日之中，發現了所謂「U型」報酬率（Intraday Returns），亦即開盤與收盤附近的平均報酬率較當天其他時間高，投資人也多偏好於開盤與收盤時進行買賣。

6. **週內效應**：Donald and Robert（1984）實證研究發現，美國股市週末收盤與下週一收盤，股價平均報酬率爲負值，其餘四天平均報酬率爲正值，投資人只要週末或下週一買股票，並於其他四天賣出股票，可以賺得超額報酬，完全反駁半強式效率市場假說，此異象稱爲週末效應。Jaffe and Westerfield（1985）發現最低的日收益率發生在週二；Solnik and Bousquet（1990）和Barone（1990）也發現在法國和義大利週二的收益率最低。
7. **每月效應**：Ariel（1987）發現「每月效應」，美國在1963 ~ 1981年期間，平均前半個月的報酬率約爲4.3%，而後半個月則爲0。

   Lakonishok and Smidt（1988）分析橫跨90年的道瓊工業指數，發現從前一交易月的最後一個交易日到本交易月的第三個交易日之間的平均收益率顯著較高。
8. **長期收益反轉效應（Long-Term Return Reversals Effect）**：DeBondt和Thaler（1985）稱在過去3～5年裡低收益率的股票爲「輸家」（Losers），而同期高收益率的股票是「贏家」（Winners）；發現在隨後3～5年裏，過去失敗者的平均收益比勝利者高，稱爲長期收益反轉效應（Long-Term Return Reversals Effect）。
9. **動能效應（Momentum Effect）**：Jegadeesh and Titman（1993）發現股票收益率具有短期收益慣性效應（Short-Term Return Effect），或稱動能效應，即前12個月表現良好的股票，在隨後的短期內繼續具有高收益率。可見，短期收益慣性效應與長期收益反轉效應有顯著區別：反轉效應中長期失敗者優於長期勝利者，而慣性效應中短期勝利者優於短期失敗者。

市場效率假說與市場異象其間異同說明如表9-2。

表 9-2　市場效率假說與市場異象之異同

	市場效率	市場異象
立論基礎	有無超額報酬	資產是否依 CAPM 等模型定價
定義	如有非 β 因子可有效預期資產未來報酬則市場無效率	有其他非 β 可有效預期資產未來報酬則為市場異象
研究方法	較絕對性，任何方法、因子、資料、天氣、心理行為等等可做為無效證據	以 β 為立足點找出來被 β 解釋之因子，著重在對模型有關風險貼水之研究

表 9-2　市場效率假說與市場異象之異同（續）

	市場效率	市場異象
與風險內涵之關係	著重資訊反映透明度風險	著重風險內涵之探討
重視之重點	著重資訊對價格反映程度	報酬與風險貼水，旨在衡量報酬與風險貼水之關係
預測性不同	著重對未來報酬之預測	非著重對未來報酬之預測（但也隱含此一內容）
時間軸上之關係	著重過去與未來間之關係	定價高低係因風險貼水而非對未來之預期，著重每個當下，報酬風險之關係

9-3　行為財務理論

行爲財務學係以心理學上的發現爲基礎，輔以社會學、人類學等其他社會科學的理論，嘗試解釋違反傳統財務經濟理論的各種投資市場異常現象。Kahneman and Tverskey（1979）提出展望理論，作爲人們在面對不確定性下從事決策的模型，指出傳統預期效用理論無法完全描述個人在不確定情況下的決策行爲。他們以大學教授和學生爲基礎進行問卷調查，發現大部份受訪者的回答顯示許多偏好違反傳統預期效用理論的現象，並據此提出另一種經濟行爲的分析模型。他們總結出人類決策行爲有下列現象，而一定程度上可以解釋投資決策之市場異象：

1. **確定效果（Certainty Effect）**：相對於不確定的結果，人們對於確定的結果會產生過度重視的現象。
2. **反射效果（Reflection Effect）**：人們面對獲利及損失不同情境時，個人對利得和損失的風險偏好剛好相反，稱爲反射效果。在確定爲獲利的狀況下，人們傾向風險趨避，而在確定爲損失的狀況下，人們傾向風險愛好。這和預期效用理論並不一致，推測可能的原因是個人注重的是相對於某個參考點（Reference Point）的財富變動而不是最終財富部位的預期效用。

個人在面對可能有利得的選擇時，會選擇獲得機率較高的機會，但面對可能有損失時，會選擇面臨損失機率較低的選項。但在面臨損失但機率很低的狀況下，則偏向風險愛好，這可能是人類喜愛賭博、投機的原因之一。

3. **分離效果（Isolation Effect）**：個人面對選擇的問題時，雖然對同一問題期望值相同，但會因問題呈現方式的不同，而作出不同的決策，稱爲分離效果。他們研究發現在個人面對兩階段的選擇時，往往會忽略第一個階段所做的決定，而只考慮到第二個階段的選擇，即會有所謂的短視（Myopia）現象。就最後的結果和機率，兩個不確定選擇情境的期望值相同，但是由於個人不同的分析與思考方式，卻會產生不同的偏好。若以預期效用理論的觀點來看，這兩個情境是相同的，個人的選擇應該相同。但實際上，個人會因爲問題描述方式的不同而產生不同而矛盾的決定，也稱爲框架相依現象。

除了利用問卷實驗調查來闡述人類決策行爲外，他們也提出理論模型來說明個人的選擇問題。他們使用兩種函數來描述個人的選擇行爲：

(1) 價值函數（Value Function）$v(x)$：價值函數取代了傳統的預期效用理論中的效用函數。

(2) 決策權數函數（Decision Weighting Function）$\pi(p)$：決策權數函數將預期效用函數的機率轉換成決策權數。

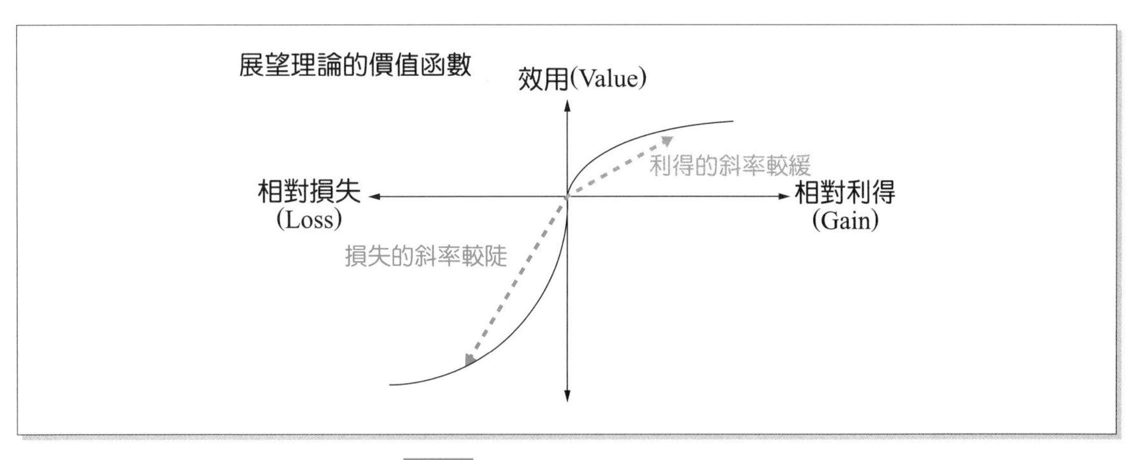

圖 9-3　展望理論的價值函數

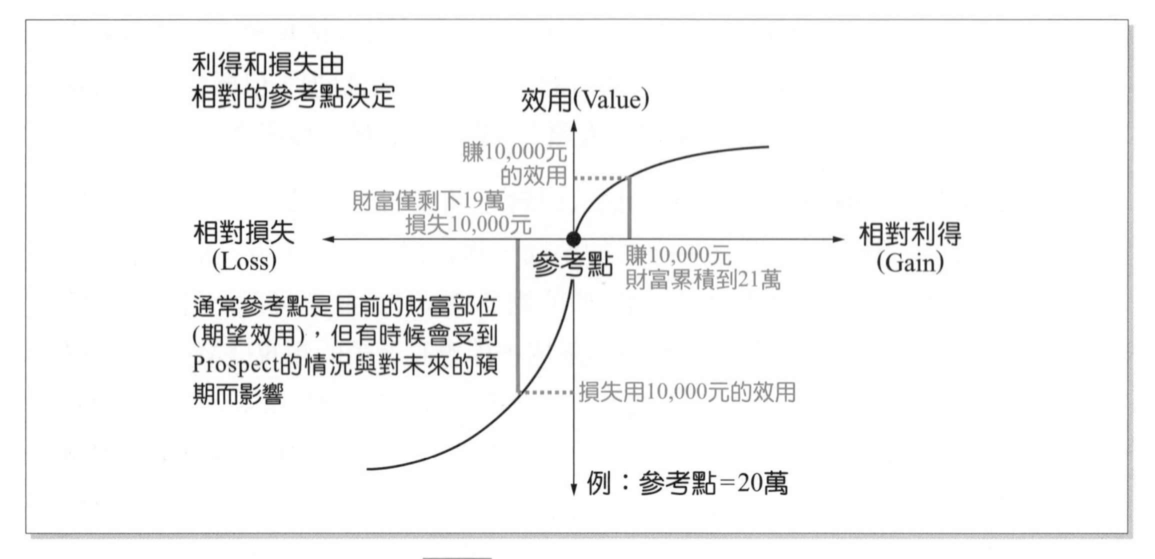

圖 9-4　展望理論之參考點

9-4　影響股價變動之因素

股價之變動主要決定於供需關係的變化，使股價發生變動的因素很多，大致上可以歸納成經濟性、政治性和技術性因素等三大類，前二者係基本分析，後者爲技術分析，茲分述如下：

一、經濟性因素

依個別影響因素性質的不同，大致上可分爲三大類，一爲總體因素或市場因素（Market Factor），影響全市場；二爲產業因素（Industry Factor），影響某一產業；三爲公司因素（Company Factor），影響單一公司。

茲將此三類因素分別列述如下：

(一) 總體因素

這類因素的影響力及於全部市場，可以影響所有股票的價格，又稱爲「市場因素」。經濟的景氣循環包含四個階段：繁榮期、衰退期（或稱恐慌期）、蕭條期與復甦期，如圖9-5所示。所有投資、生產與消費活動的水準高下皆受景氣影響而呈現循環式起伏變動。基於預期心理，整體的股價表現將領先景氣波動，而進行同樣的循環變動。我國國發會針對經濟景氣循環之預測，編製有「景氣對策信號」，預測經濟景氣動向。

景氣循環（Business cycle）

景氣循環是指一國總體經濟活動的起伏波動；一個循環是指許多經濟活動大約同時發生擴張，隨後發生相似的衰退、收縮，然後又開始復甦的情形。這一連續的變動會週而復始但不定期的發生，持續期間由 1 年以上到 10 年不等。

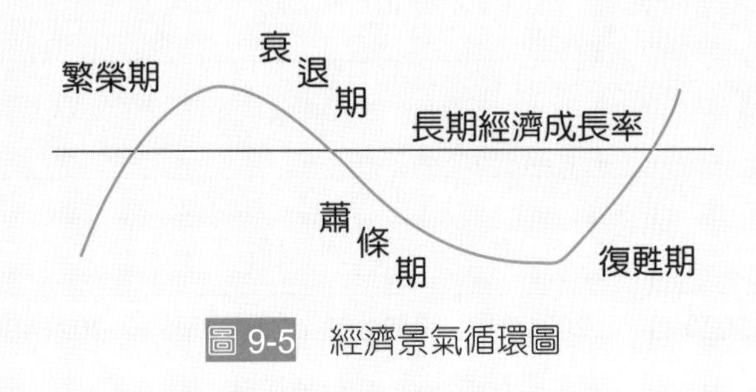

圖 9-5　經濟景氣循環圖

景氣對策信號（Monitoring Indicator）

景氣對策信號亦稱「景氣燈號」，係以類似交通號誌方式的 5 種不同信號燈代表景氣狀況的一種指標，目前由貨幣總計數 M_{1B} 變動率等 9 項指標構成。每月依各構成項目之年變動率變化（製造業營業氣候測驗點除外），與其檢查值做比較後，視其落於何種燈號區間給予分數及燈號，並予以加總後即為綜合判斷分數及對應之景氣對策信號。景氣對策信號各燈號之解讀意義如下：若對策信號亮出「綠燈」，表示當前景氣穩定；「紅燈」表示景氣熱絡；「藍燈」表示景氣低迷；至於「黃紅燈」及「黃藍燈」二者均為注意性燈號，宜密切觀察後續景氣是否轉向。

從圖 9-6 可以觀察出臺灣的景氣從 2020/09 的景氣穩定綠燈一路攀升至 2021/01 的景氣加溫的黃紅燈，到了 2021/03 之後景氣已來到熱絡的紅燈；臺灣近一年由於新冠疫情控制穩定與半導體缺貨訂單滿載的狀況下，臺灣經濟狀況持續成長。

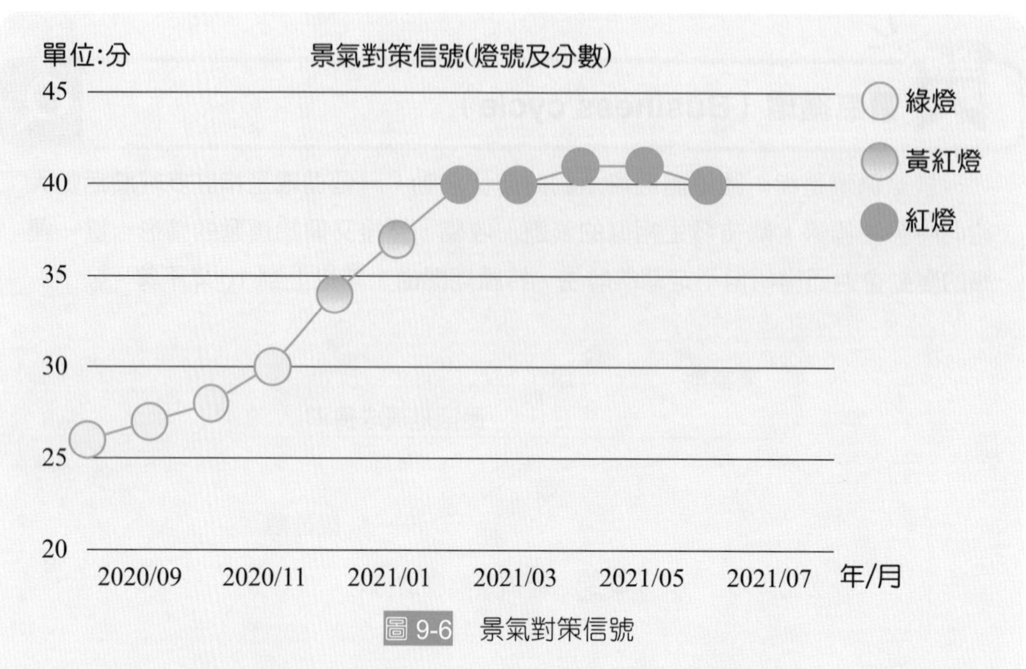

圖 9-6 景氣對策信號

政府在了解經濟狀況時，會使用「領先指標」、「同時指標」、「落後指標」來預測未來經濟趨勢走向，並擬定相關的經濟政策，讓國家的經濟能夠穩定持續發展。

領先指標綜合指數	同時指標綜合指數	落後指標綜合指數
領先指標不含趨勢指數	同時指標不含趨勢指數	落後指標不含趨勢指數
外銷訂單動向指數	工業生產指數	失業率
貨幣總計數M1B	電力(企業)總用電量	製造業單位產出勞動成本指數
股價指數	製造業銷售量指數	金融業隔夜拆款利率
工業及服務業受僱員工淨進入率	批發、零售及餐飲業營業額	全體金融機構放款與投資
建築物開工樓地板面積	非農業部門就業人數	製造業存貨價值
半導體設備進口值	海關出口值	
	機械及電機設備進口值	

資料來源：國發會-景氣指標查詢系統-景氣指標及燈號 (ndc.gov.tw)

掃描查詢
最新資訊

圖 9-7 景氣指標

由圖9-8景氣對策信號與臺灣加權股價指數關係圖，顯示股價指數與經濟景氣循環呈現亦步亦趨之密切變動關係：

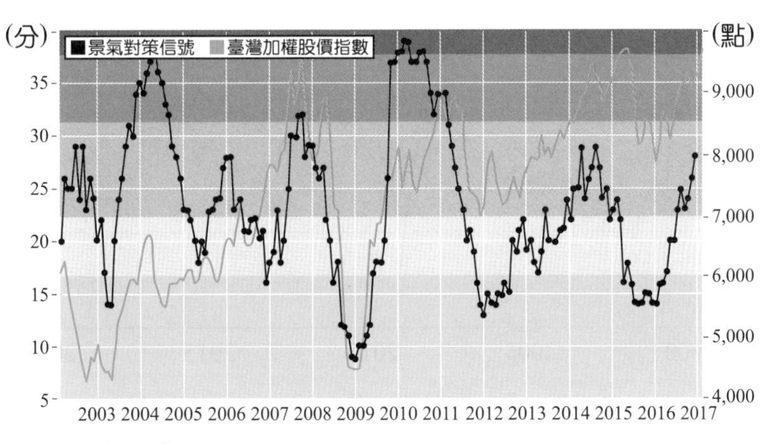

圖 9-8　景氣對策信號與臺灣加權股價指數關係圖

1. **利率**：利率與股價間之關係爲：利率上升時，股價將會下跌；利率下降時，股價將會上漲。利率對股價的作用，可以分三個方面加以說明：
   (1) 利率上升，公司借貸資金成本增加，利息支出增加使得經營利潤減少，股價是獲利能力的反映，也因而連帶地向下調整。反之，利率下降時，股價上升。
   (2) 利率上升時，投資人評估股票價值時所常用的「折現率」上升，「本益比」則下降，股票價值下跌，股票的價格也自然下挫。反之，利率下降時，股價上升。
   (3) 利率上升時，產生緊縮通貨的效果，社會上投機性資金的供給將減少，股市資金來源短缺，將難以支撐高股價，股價自然下跌；反之，利率下降時，股市投機資金充沛，股價將上漲。
2. **匯率**：理論上，本國貨幣的匯率上升，導致出口減少，進口增加；一方面使得外匯存底減少，貨幣供給額降低，股市資金減少，另一方面使得外銷產業經營困難，利潤降低，獲利能力減退，反映在股價上，便是股價挫跌。匯率下跌，股價易漲。

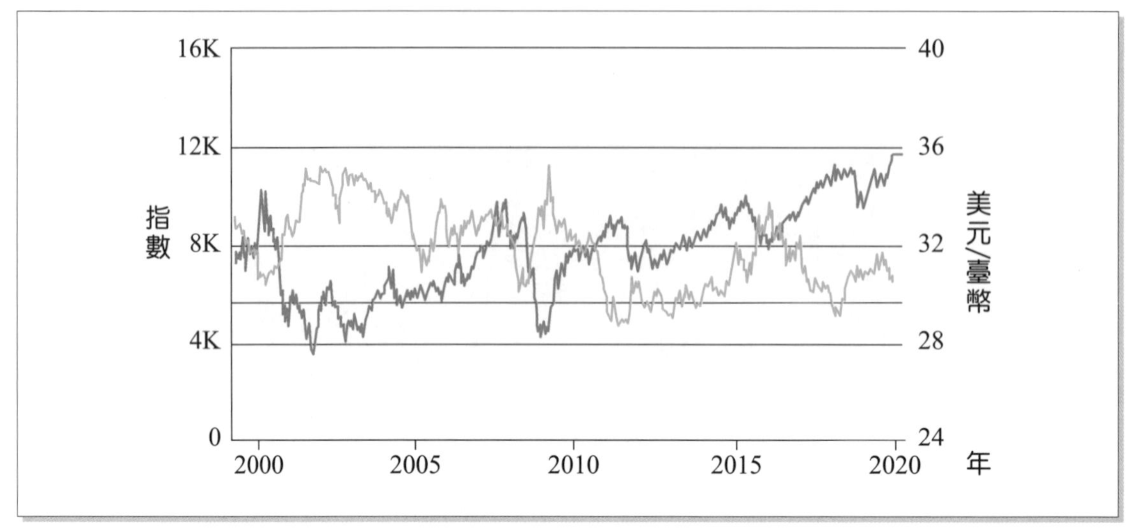

資料來源：中央銀行

圖 9-9 匯率與股價關係圖

掃描查詢最新資訊

3. **貨幣供給量**：一般而言，貨幣供給年增率與股價指數呈同向變動。因爲貨幣供給量增加，可用於投機的資金供給也增加，股市資金充裕，股價易於上漲。由於貨幣供給量是股市之動能，故影響股價甚大，近十年來之二者間關係，詳見第3章表3-1及下圖9-10。

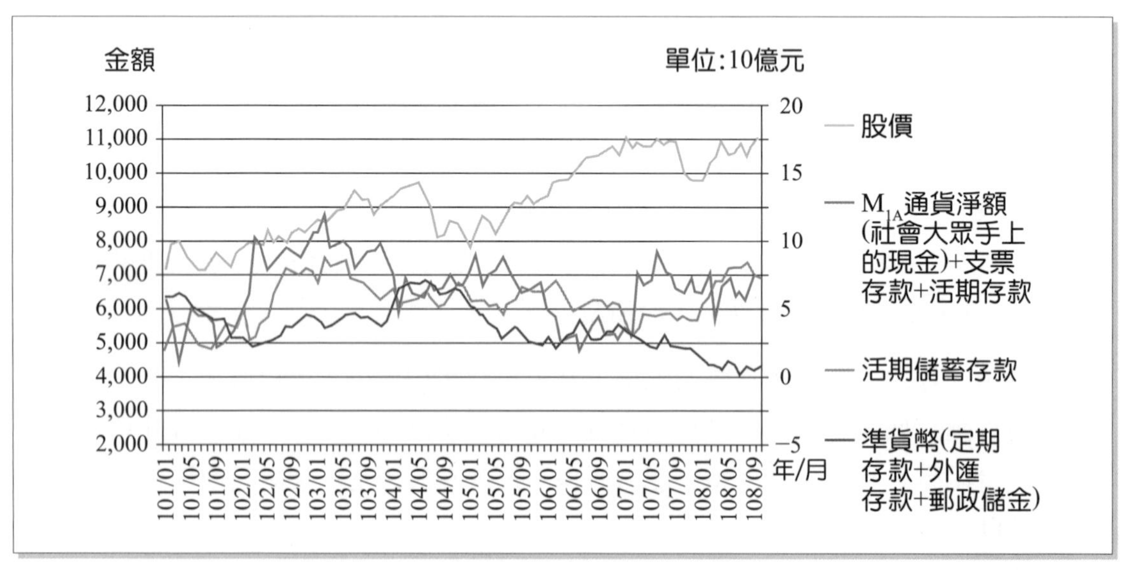

資料來源：中央銀行

圖 9-10 貨幣供給量與股價關係圖

掃描查詢最新資訊

4. 油價：石油價格直接影響電價與運輸成本，對於廠商生產成本、獲利能力與社會一般物價水準的影響力是全面的。全世界的經濟活動均與石油價格息息相關。油價上漲，股價易跌，油價下跌則股價易漲。

資料來源：油價摘自經濟部能源局，2006年底以前鉅亨網，2007年起petronet

圖 9-11 油價與股價關係圖

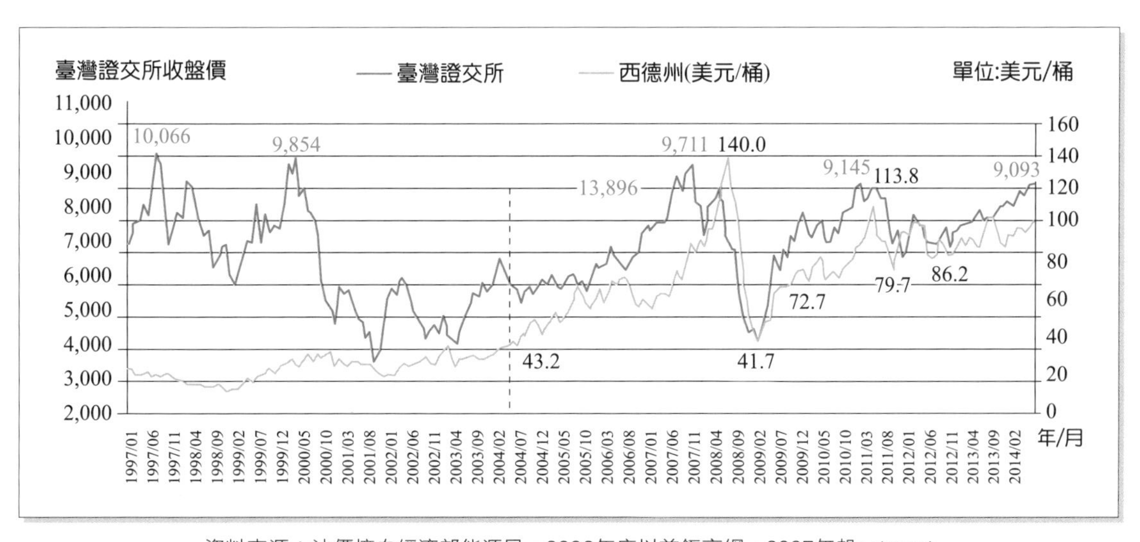

資料來源：油價摘自經濟部能源局，2006年底以前鉅亨網，2007年起petronet

圖 9-12 油價與股價關係圖

5. 物價：在通貨膨脹初期，投資人基於保值心理，多傾向於購買證券與不動產。同時製造業的存貨和成品售價提高而成本未變，使得預期利潤增加，股價易於上漲。當經濟景氣因嚴重的通貨膨脹而轉爲蕭條時，股價隨景氣衰退而滑落。通常觀察消費者物價指數（Consumer Price Index, CPI）及躉售物價指數（Wholesale Price Index, WPI）。

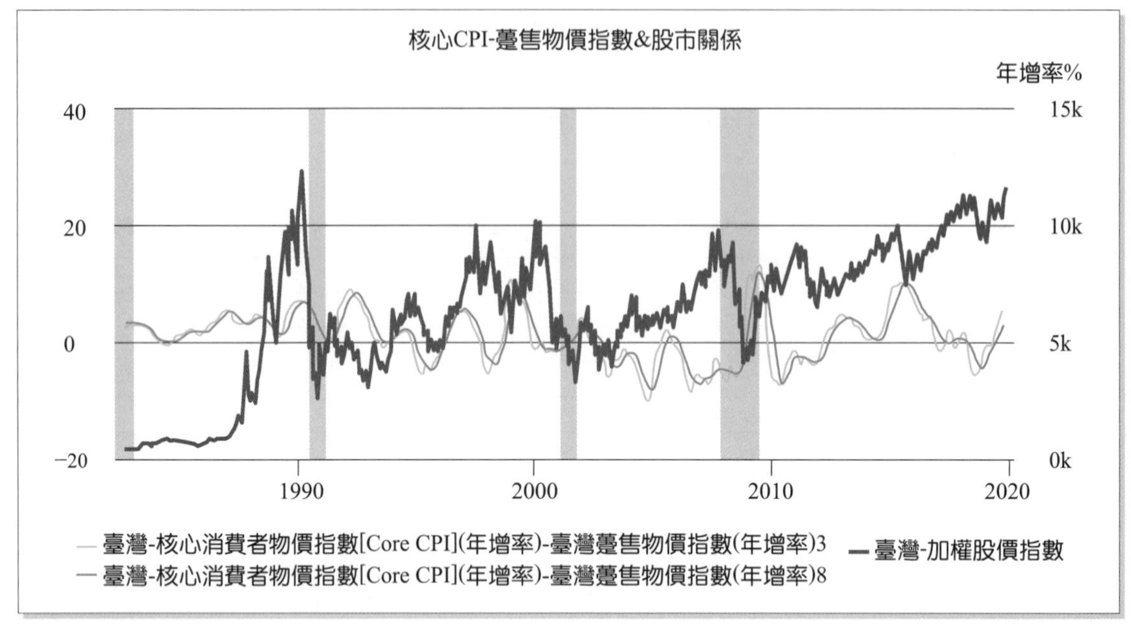

資料來源：MARCOMIRCO>ME

圖 9-13　核心 CPI 躉售物價指數與股市關係

消費者物價指數、躉售物價指數

我國主計總處編製的物價指數主要有消費者物價指數、躉售物價指數、進口物價指數、出口物價指數、生產者物價指數、營造工程物價指數等 6 種，其中消費者物價指數、躉售物價指數之應用方式說明如下：

一、消費者物價指數（CPI）

1. 目的：用以衡量一般家庭購買消費性商品及服務的價格、水準變動情形。
2. 用途：(1) 衡量通貨膨脹之重要指標，並供測度實質所得或購買、利用。
   (2) 作為公私機關調整薪資及合約價款參考。
   (3) 調整稅賦（所得稅、贈與稅、土地增值稅、遺產稅）之依據。

二、躉售物價指數

1. 目的：衡量生產廠商出售原材料、半成品及製成品的價格水準變動情形。
2. 用途：(1) 供財經決策及學術研究之用。
   (2) 為國民所得統計及產業關聯統計平減參考。
   (3) 依營利事業資產重估辦法規定，用為資產重估之依據。

痛苦指數

國際上對痛苦指數之衡量並無一致性規範。將失業率及消費者物價指數（CPI）年增率二者加總，稱為痛苦指數，原係1980年美國雷根與卡特競選總統時，為凸顯當時消費者物價高漲及失業率攀升情形所提出。

核心物價

各國觀察通貨膨脹大抵參考CPI，但CPI部分項目易受短期或偶發事件（如颱風、戰爭等）等因素干擾，這種因素通常在短期間會消失，為了觀察中長期物價變動趨勢，就要剔除這些干擾因素，此即核心物價的概念。各國核心物價剔除的範圍有若干差異，基本上依其目的而定，我國核心物價係指扣除新鮮蔬果及能源（燃氣、電費、油料費）後之CPI總指數。要觀察零售物價走勢，除了CPI外，若能再搭配核心物價，則更容易掌握全貌。如104年1月一般民眾多感受民生物價上漲，但CPI年增率反跌0.9%，究其原因，係因油料費受國際油價持續走低影響，大跌29.5%，加以電費因電價回饋方案，亦跌24.7%，影響總指數下跌；但若觀察當月核心物價年增率，則仍溫和上漲0.6%。

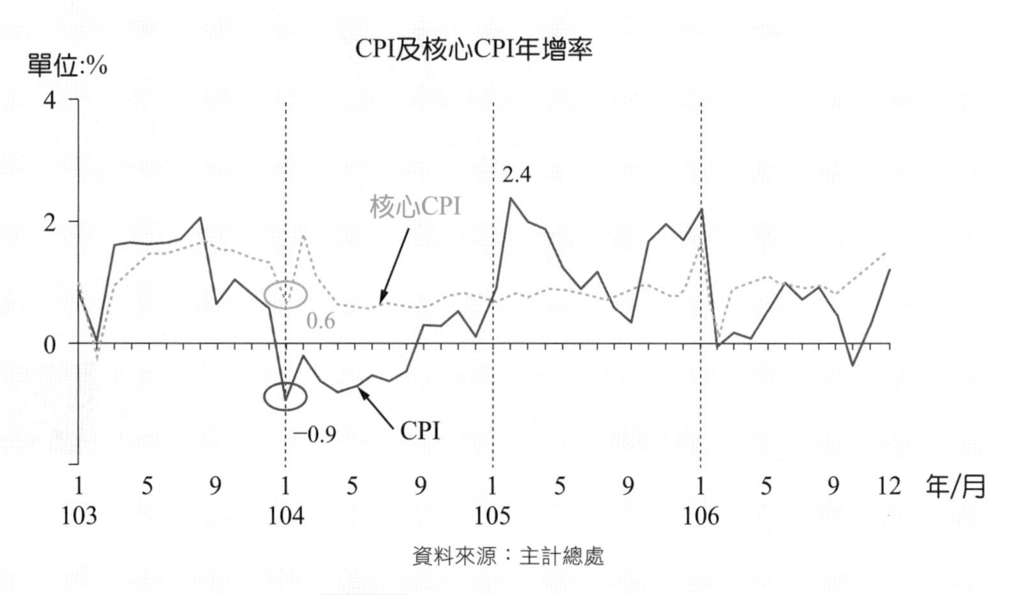

圖 9-14 CPI及核心CPI年增率

6. **貿易**：當出口增加時，外銷的相關產業也將因而擴張，透過加速原理與乘數作用，帶動整體經濟趨向繁榮。股價是經濟情勢的反映，因此當外貿順暢時，股價易於上漲。另一方面，外貿順差使得外匯存底增加，國內資金充裕，股價易有表現。當出口衰退或鉅額入超時，股價易跌。

7. **信用交易**：融資比率與融券保證金成數的調整反映股市信用的擴張或緊縮。黑市的所謂「丙種經紀人」墊款墊券交易成數也有相同效果。它們反映出股市資金供需的寬緊，也顯示了股價水準的高低、適當與否，以及超漲超跌情況下的風險預期。舉例來說，當融資比率降低，融券成數提高時，或地下墊款比例降低，墊券成數提高或甚至於融資利率也一併調高時，可能意味著目前股市資金情況趨緊，信用交易量有收縮的必要，同時也表示當前股價處於高檔，不利後市發展。

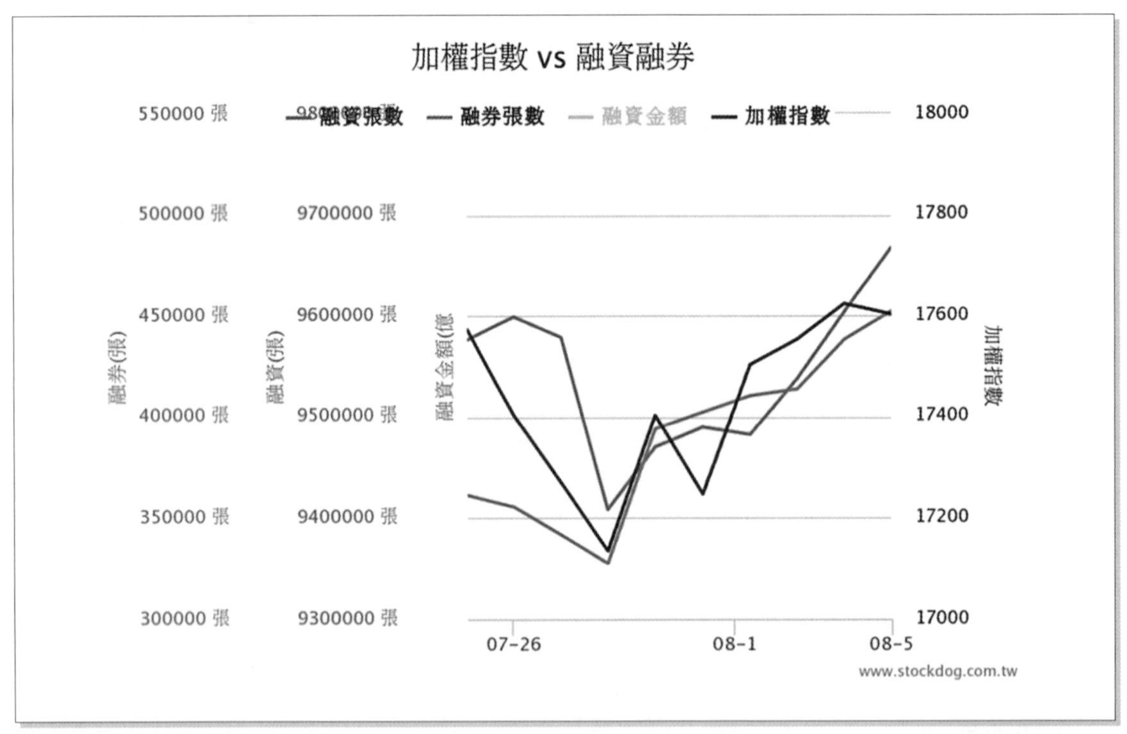

資料來源：股狗網

圖 9-15 加權指數 v.s. 融資融券

掃描查詢最新資訊

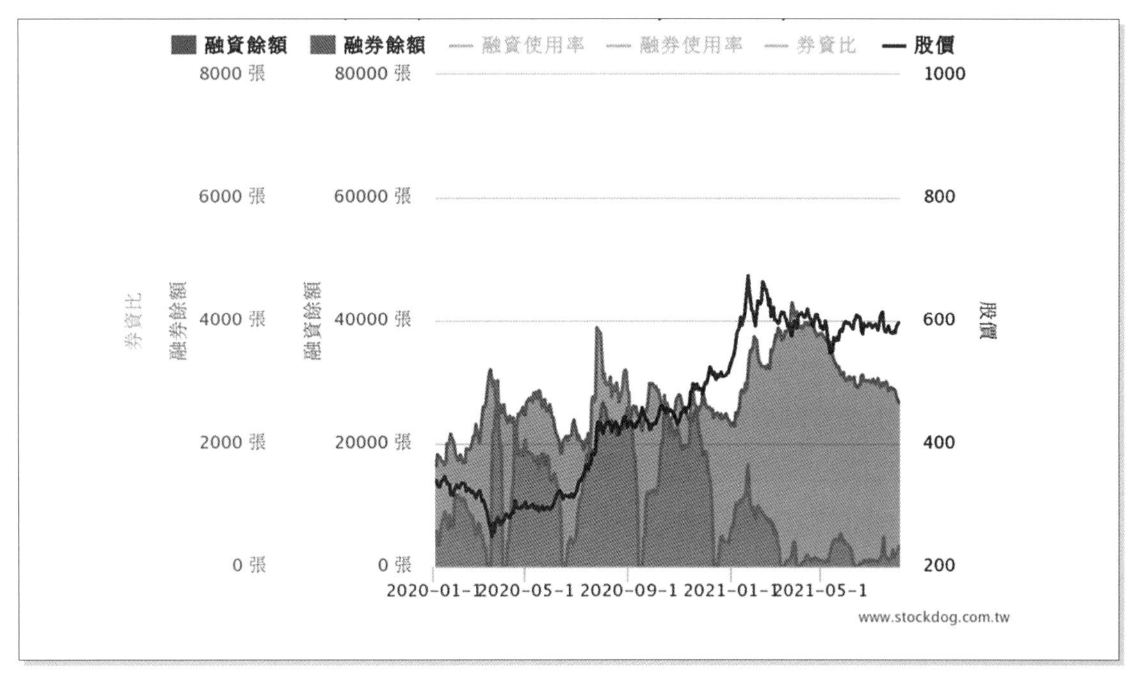

資料來源：股狗網

圖 9-16　台積電（2330）股價 v.s. 融資餘額、融券餘額、券資比

8. **外資**：由於近年來我國國際化的腳步日益快速，開放外資投資我國股市之程度也日見擴大；進而外資動態也成爲影響我國股市之一大市場因素。

表 9-3　外資及陸資投入我國股市概況表

單位：億美元

年	境外外國機構投資人（FINI）及陸資（QDII）		境外華僑及外國自然人（FIDI）	
	完成登記件數	累積匯入淨額	完成登記件數	累積匯入淨額
2010	1,407	1,656.49	81	1.09
2011	1,318	1,556.44	102	3.21
2012	1,218	1,628.42	60	4.90
2013	1,411	1,760.37	63	4.76
2014	1,340	1,920.78	32	3.66
2015	1,279	1,934.81	21	3.36
2016	1,232	1,990.34	72	3.38

2017	1,087	2,075.59	60	4.95
2018	1,154	1,974.68	51	2.47
2019	932	2,133.56	51	2.44
2020	892	2,083.09	27	2.37
2021	856	2,187.23	25	1.72

年	合計數		
	總完成登記件數	總累積匯入淨額	持有股票市值占總市值比例
2010	1,488	1,657.58	31.19
2011	1,420	1,559.65	31.10
2012	1,278	1,633.32	32.62
2013	1,474	1,765.13	33.14
2014	1,372	1,924.45	36.43
2015	1,300	1,938.17	36.69
2016	1,304	1,993.72	38.14
2017	1,147	2,080.55	39.48
2018	1,205	1,977.15	38.34
2019	983	2,136.00	41.22
2020	919	2,085.46	42.92
2021	881	2,188.95	41.64

註：1. 自79年12月28日起開放外國專業投資機構投資我國股市；自85年3月起，開放境外華僑及外國人投資我國股市。

2. 自92年10月2日起，取消「外國專業投資機構」之許可制度，並改採「一次登記，永久有效」制度。原「外國專業投資機構」及「境外華僑及外國人」合併統稱「境外華僑及外國人」；「華僑及外國人」則區分為「境內華僑及外國自然人」、「境外華僑及外國自然人」、「境內外國機構投資人」及「境外外國機構投資人」等四類。

3. 「境外外國機構投資人」投資額度不受限制，「境內外國機構投資人」結匯額度為5千萬美元，境內華僑及外國自然人結匯額度為5百萬美元。

4. 「境外外國機構投資人」累積匯入淨額係重新調整而得（「境外外國機構投資人」為原QFII加原GFII）。

5. 總市值包括集中市場和店頭市場。

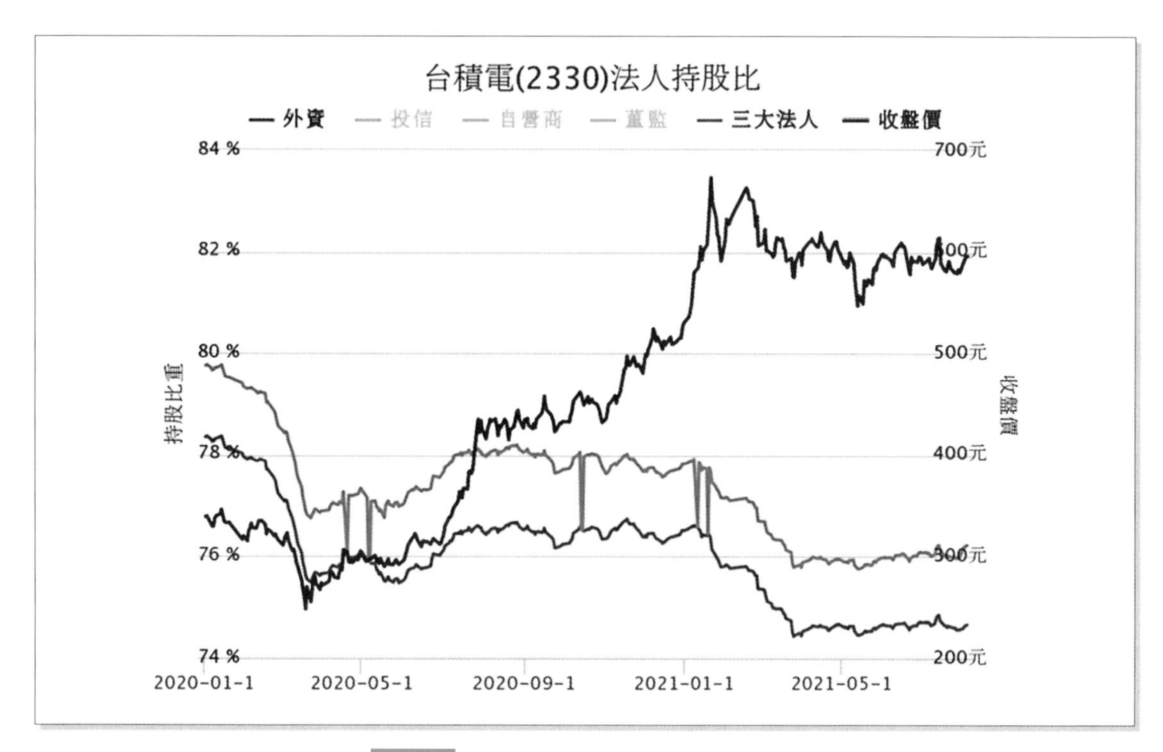

圖 9-17　台積電（2330）法人持股比

以上各因素之綜合影響與互動關係，以及其中貨幣政策工具、貨幣政策目標對總體經濟之影響詳請見下圖。

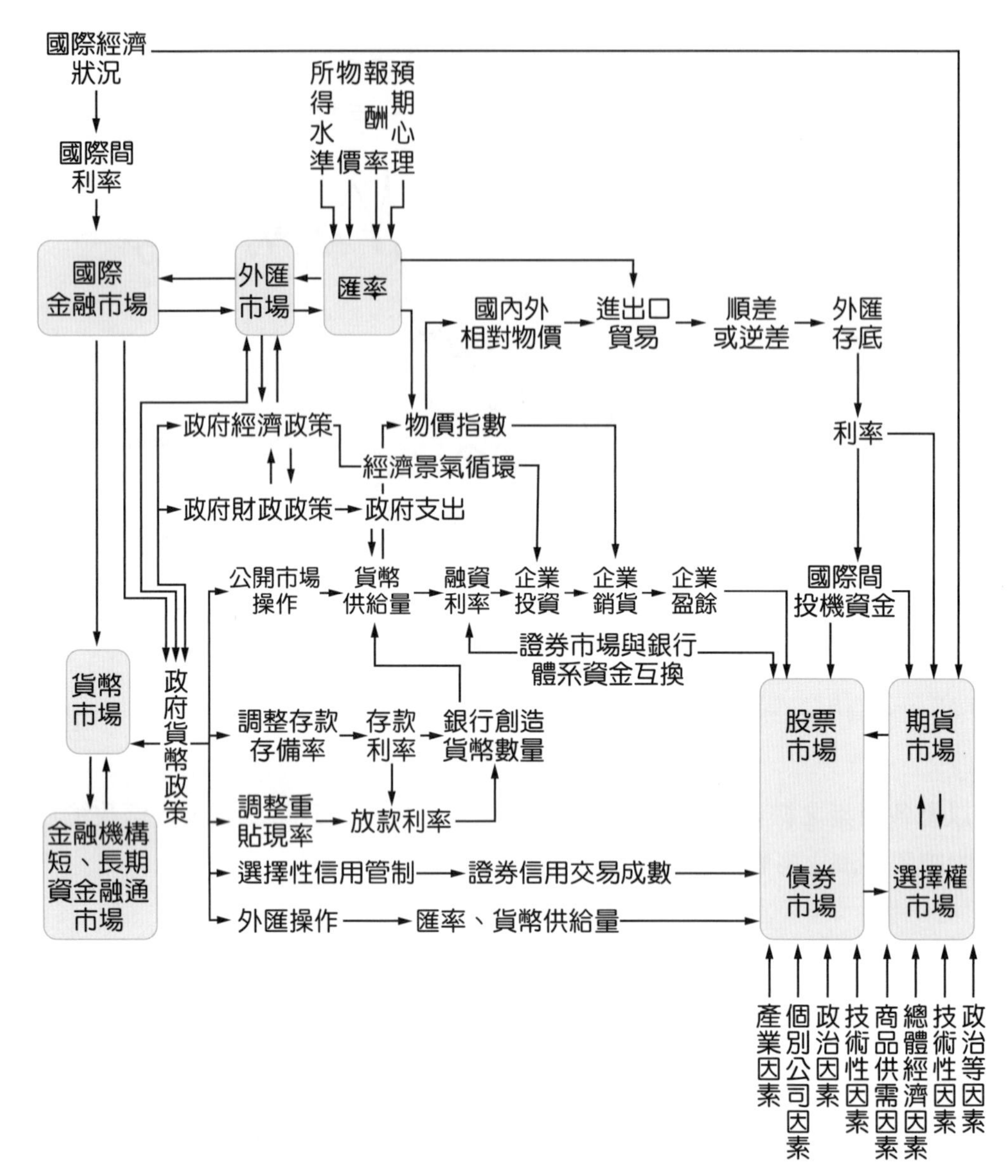

圖 9-18　總體經濟因素與股債之互動關係

(二) 產業因素

這一類因素的影響範圍及於某一特定產業的所有公司股票價格。

1. **產業價值鏈**：產業因素之影響須考量公司所屬產業爲何？該產業在總體經濟地位爲何？產業與公司相關性？公司在整體產業價值鏈之地位爲何？屬上游、中游或下游？如台積電爲臺灣關鍵產業電子業的龍頭公司，分析其產業因素及政府產業政策的影響就很相對重要。如圖9-19所示：

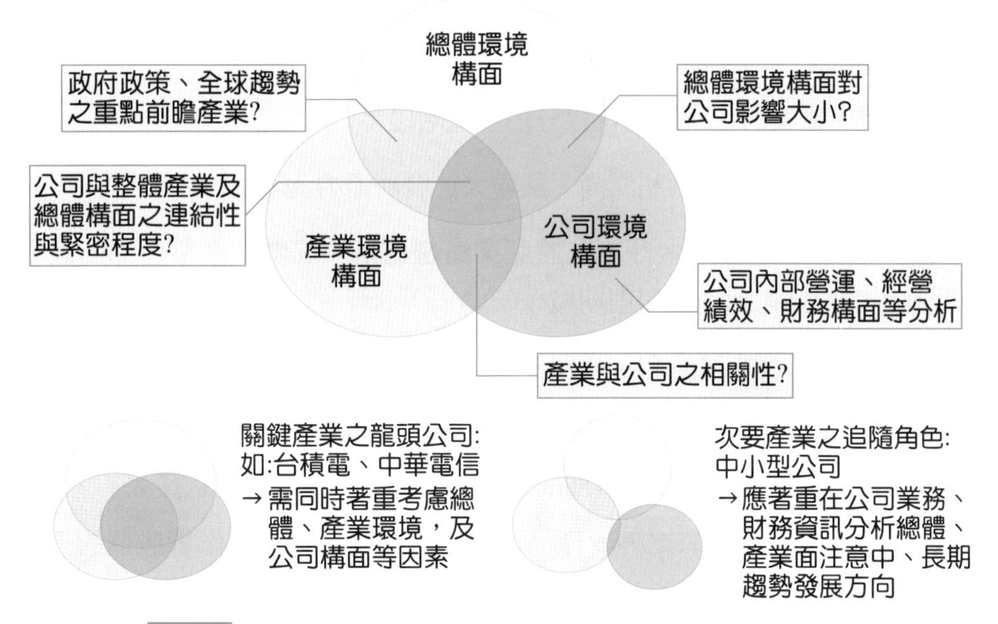

圖 9-19 企業營運分析與總體、產業、公司環境面分析關聯圖

臺灣產業價值鏈之資訊可參考產業價值鏈資訊平臺，此平臺係由證券櫃檯買賣中心建置，點選產業後在點選上中下游各項目可尋得公司在產業價值鏈中的地位，或直接輸入公司代碼尋找公司所屬產業，可取得相關產業資訊進行產業因素分析。相關資訊來源說明如下：

1. 產業上下游關聯資料可參考「產業價值鏈資訊平台網站」
   資訊內容：產業鏈簡介、政府產業政策、個別公司基本資料、經營理念、產品介紹等。

2. 產業相關資訊及比較可參考「公開資訊觀測站」
   資訊內容：產業統計及產業趨勢

3. 個別公司資料可參考「公開資訊觀測站」
   資料包括個別公司基本資料、營收、重大訊息、股東會、電子書（財務報告書、公開說明書、年報及股東會相關資料等）、董監持股、法說會等。

2. 產業生命週期：公司業績常與所屬行業的整體發展情況有關。在經濟發展的過程中，由於新技術的突破或新產品的發明。許多新行業不斷形成。隨著經濟發展的階段性需要，許多行業在某一時期蓬勃發展；另一方面，由於產品或技術的過時，或是經濟發展與社會型態邁入新的階段，皆會使許多舊有行業遭到淘汰。

一般而言，產業的生命週期可以分為三個階段：

(1) 開創期：新興行業的利潤高，風險大，發展潛力大。

(2) 擴張期：利潤穩定上升，整體產業漸趨穩定、成熟，產業內部的競爭加強，個別公司利潤較開創期減少。

(3) 停滯期：產業已呈飽和，公司停止成長，產業的整體表現開始衰退。

3. **產業景氣**：各項產業的景氣循環不盡相同，景氣波動的起伏程度也不相同。一般而言，電子業的景氣循環期間最短，股價的長期波動起伏最大。

4. **淡旺季**：除了產業景氣之外，產品的季節性需求變動也是影響股價的重要因素之一。例如百貨業與大宗物資業的旺季在第一、四兩季，家電業與食品飲料業的旺季在第二、三兩季，每年二月和二、三季期間則屬水泥業與營建業的淡季等等。各類產業的股價表現隨著季節性興衰而起伏。

摩爾定律

摩爾定律（Moore's Law）是由英特爾（Intel）創始人之一的戈登·摩爾（Gordon Moore）所提出。其內容為：積體電路上可容納的電晶體數目，約每隔兩年便會增加一倍；經常被參照的「18 個月」，是由英特爾執行長大衛·豪斯（David House）提出：預計 18 個月會將晶片的效能提高一倍（即更多的電晶體使其更快），是一種以倍數增長的觀測。

半導體行業大致按照摩爾定律發展了半個多世紀，對二十世紀後半葉的世界經濟增長做出了貢獻，並驅動了一系列科技創新、社會改革、生產效率的提高和經濟增長。個人電腦、網際網路、智慧型手機等技術改善和創新都離不開摩爾定律的延續。

儘管近現代的數十年間摩爾定律均成立，但它仍應被視為是對現象的觀測或對未來的推測，而不應被視為一個物理定律或者自然界的規律。從另一角度看，未來的增長率在邏輯上無法保證會跟過去的資料一樣，也就是邏輯上無法保證摩爾定律會持續下去。

5. **稅率和其他法令措施**：政策性的獎勵措施，如對特定產業的低利貸款、優惠稅率、促進產業升級條例的訂定與修正，原料關稅的降低等等，均會促進某項產業的發展，也連帶刺激該類股價上揚。相反的，提高關稅、限制進口或出口，獎勵措施的取消等，均會對某些產業造成衝擊，也連帶的促使股價下跌。

6. **其他產業因素**：如消費者偏好的改變，潮流與時尚，氣候變化，原料供應的數量、品質、價格的變動等等，均會影響某些產業的股價。

(三) 公司因素

這類因素的影響力僅及於個別公司的股價。

1. **盈餘**：盈餘是公司營運績效的成果。理論上，股票的價值是未來各期盈餘的折現值，盈餘的增減變動直接影響投資人對個股的評價，進而影響到個別股價。

2. **股利**：股利發放決定本益比和殖利率的計算，同屬投資效益預估的標準之一，在實務上一般認爲公司的股利政策和當期的預估股利與個股走勢有關。

3. **土地資產**：臺灣地狹人稠，土地資產彌足珍貴，公司若進行土地資產重估，或遷廠改建、土地出售、地目變更，或其他有關土地資產的處理，將使每股股利暴增，刺激股價上漲。

4. **除息除權**：除息或除權後，股價相對「便宜」許多，容易刺激投資人的購買慾，同時除息或除權「缺口」也加大了技術操作的漲升空間，容易誘使市場人士介入拉抬股價。

5. **董監事改選**：市場人士若對公司經營權有興趣，將會逐步買進該公司股票，以圖進入董事會。另一方面，公司現有董監事爲求穩固既有地位和穩定經營階層與經營政策，也會收購公司股票以增加股權。兩者皆會影響該公司股票的供需關係，促使股價上漲。

6. **股東常會召開**：公司經營階層爲了維持公司體面，或爲了避免常會期間小股東的質疑與詰難，常會在會議召開前刻意維護股價，務使會議順利進行。

7. **股票上市**：新上市的股票常容易漲升，因爲承銷價偏低，以利公開發行的認購作業圓滿。上市之初，投資人對該公司尚感生疏，容易高估其股票價值，而且該公司股票釋出不多，流散在市場上的股票數目有限，股價上漲容易。

8. **現金增資**：上市公司辦理現金增資也容易促使股價上漲，因為除權前，公司方面為求增資順利，認購、繳款踴躍，常會刻意拉抬，維持股價於較高水準，以加大市價與認購之間的差距，提高投資人認股意願。除權後產生除權缺口，易有填權行情。
9. **合併**：公司合併使營運效率提高，公司規模擴大，產生內部經濟與規模經濟，股價易於上漲。
10. **新廠開工**：新廠開工加入公司原有生產線，使公司收益增加。同時建廠支出停止，投資效益開始顯現，公司獲利顯著改善，在樂觀的預期下，股價易於上漲。
11. **訴訟**：公司訴訟可能產生賠償責任，也會損及公司形象，股價易受連帶影響。
12. **背書保證**：公司為關係人背書保證，可能須付連帶責任，產生「或有負債」，影響公司股息派發能力。
13. **增資新股上市**：無論是盈餘轉增資、公積轉增資或現金增資，增資新股的上市均會增加個別股票的絕對供給，股價不易漲升。
14. **產品售價調整**：產品售價調升或降低均會直接影響公司收益與股價。
15. **原料價格變動**：原料價格上漲或下跌均會影響公司的生產成本與獲利能力，進而反映在股價變動上面。
16. **轉投資盈虧**：轉投資事業的盈虧將影響公司營業外收益與純益率，經由股利派發能力的增減變動影響股價漲跌。
17. **其他公司因素**：如限水、限電措施、工潮、停機歲修、雨季、工廠事故（水災、火災、爆炸）、新接訂單等，均對個股價格具有一定的影響力。

二、政治因素

1. **戰爭**：中東戰爭將影響原油供應與石油運輸，油價將會上漲，來自國外的軍事採購則可助長本國相關工業的興盛，而本國的戰爭則會造成經濟蕭條，對股價之影響極大。
2. **政權更替**：政權的更換涉及政黨、政策的全面更易，如歲入、歲出之年度預算影響稅制、稅率與公共投資，其他如對外援助、國防支出、農業政策、道路、公共工程、都市計劃等，莫不影響部份產業的營運以及股價的波動。

3. **其他經濟、金融及政治因素**：如爲促進資本形成，對股票上市與證券投資採取租稅減免等獎勵措施。爲收縮通貨，迫使資金回流銀行體系而對股市採取抑制措施。爲平抑投機風氣，導引資金投入生產事業而取消對股市之獎勵優惠以及元首的猝逝等，均會對股價產生重大影響。

三、技術性因素

影響股價變動的內在因素主要即指技術性因素。市場的技術形勢由市場心理與投機活動造成。常見的技術性因素包括 ：

（一）數量

數量係指單一股票的發行總量、市面實際流量與逐日成交量，任何一項均對股價的發展具有實質影響。

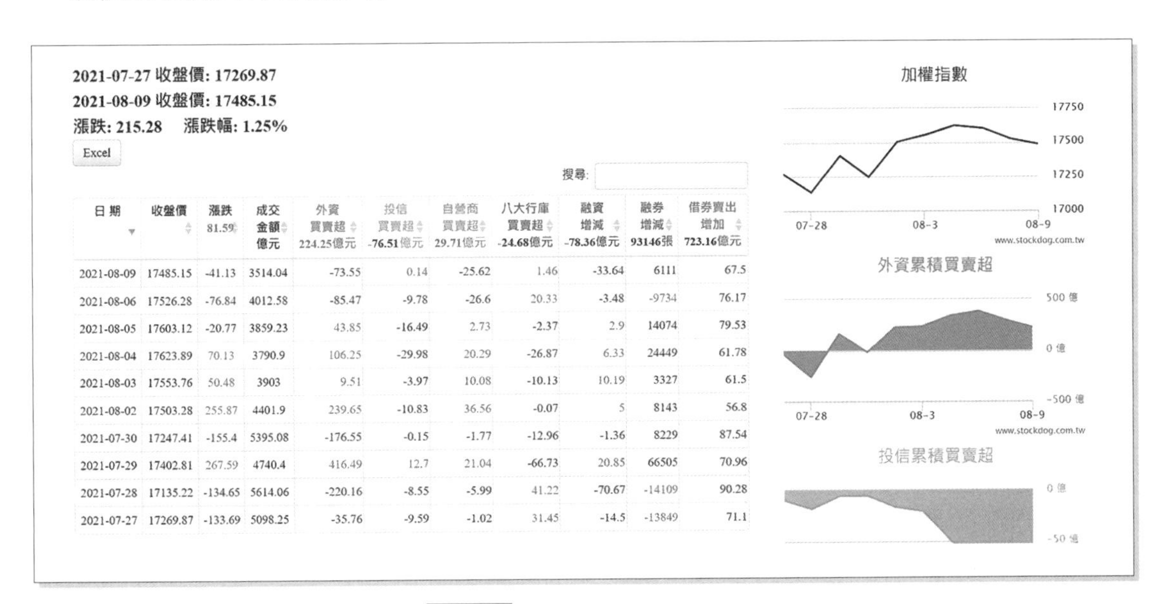

2021-07-27 收盤價: 17269.87
2021-08-09 收盤價: 17485.15
漲跌: 215.28　漲跌幅: 1.25%

日期	收盤價	漲跌 81.59	成交金額億元	外資買賣超 224.25億元	投信買賣超 -76.51億元	自營商買賣超 29.71億元	八大行庫買賣超 -24.68億元	融資增減 -78.36億元	融券增減 93146張	借券賣出增加 723.16億元
2021-08-09	17485.15	-41.13	3514.04	-73.55	0.14	-25.62	1.46	-33.64	6111	67.5
2021-08-06	17526.28	-76.84	4012.58	-85.47	-9.78	-26.6	20.33	-3.48	-9734	76.17
2021-08-05	17603.12	-20.77	3859.23	43.85	-16.49	2.73	-2.37	2.9	14074	79.53
2021-08-04	17623.89	70.13	3790.9	106.25	-29.98	20.29	-26.87	6.33	24449	61.78
2021-08-03	17553.76	50.48	3903	9.51	-3.97	10.08	-10.13	10.19	3327	61.5
2021-08-02	17503.28	255.87	4401.9	239.65	-10.83	36.56	-0.07	5	8143	56.8
2021-07-30	17247.41	-155.4	5395.08	-176.55	-0.15	-1.77	-12.96	-1.36	8229	87.54
2021-07-29	17402.81	267.59	4740.4	416.49	12.7	21.04	-66.73	20.85	66505	70.96
2021-07-28	17135.22	-134.65	5614.06	-220.16	-8.55	-5.99	41.22	-70.67	-14109	90.28
2021-07-27	17269.87	-133.69	5098.25	-35.76	-9.59	-1.02	31.45	-14.5	-13849	71.1

圖 9-20　各身分別的買賣超

（二）信用交易

信用交易是假性供需的來源，融資融券與墊款墊股活動影響股票供需，進而影響股價。

（三）價位

低價位的股票由於投資人基於同類股之比價心理，容易因比價上漲。

（四）季節性趨勢

每年春節前後、暑假後均有季節性的資金短缺現象，每年的二月與十月有連續的假日與慶典，整體股價表現多呈弱勢。每年三、四月第一季業績公布，又是除息季節，五、六月股東會密集召開，七、八、九月即將進入外銷與生產活動的旺季（第四季），又是密集的除權與現金增資辦理期間，股價多呈現強勢。

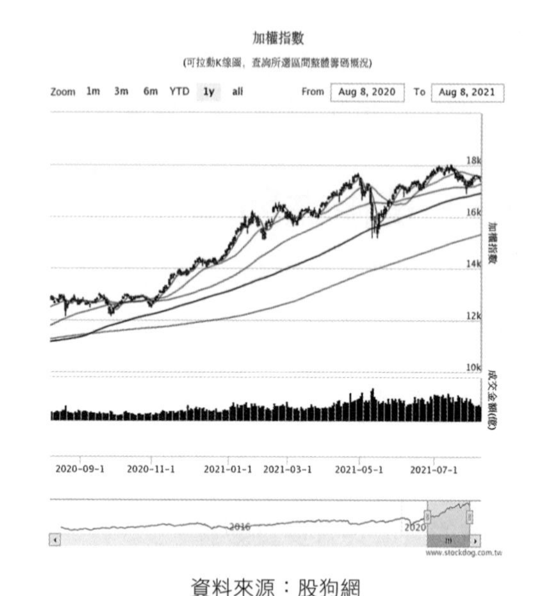

資料來源：股狗網

圖 9-21 加權指數

（五）多空心理轉變

在超漲超跌後，空頭回補或翻空為多易使股價自然回升，同樣的，居高思危而多頭獲利回吐，空頭乘勢摜壓，則易造成股價的回跌。多空形勢與多空心理的交替循環，造成股價的起伏波動。

（六）人為的投機操作

常見的操作方式有「轉帳」、「對敲作價」、「謠言、耳語」、「內幕消息與內線交易」、「操縱帳列盈餘」、「輪作」、「比價」、「哄抬」、「摜壓」、「誘空與軋空」等等多種手法。如下圖顯示台積電市場各種消息或傳聞等對股價之影響及公司對各種消息或傳聞之澄清對股價變動再產生之影響。另現股當沖屬於短線操作，受消息及人為操作影響極大，亦影響股價波動。

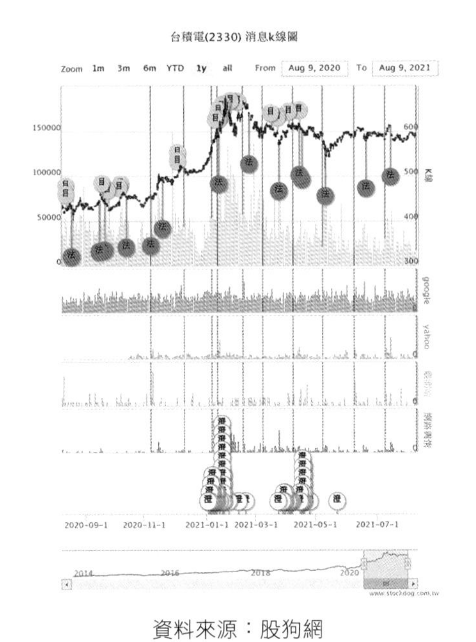

資料來源：股狗網

圖 9-22 台積電 (2330) 消息 K 線圖

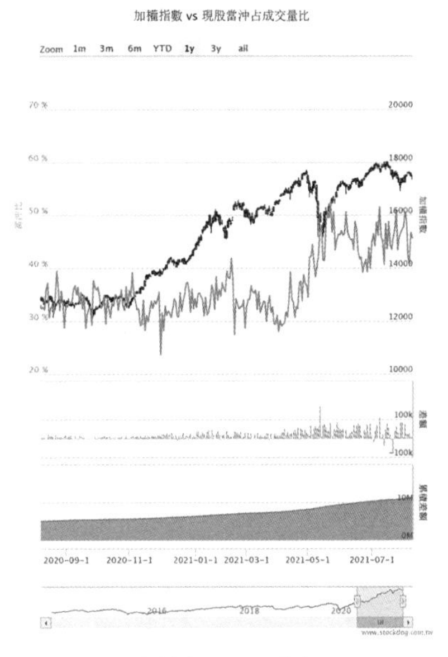

資料來源：股狗網

圖 9-23 加權指數 v.s. 現股當沖成交量比

《延・伸・閱・讀》

1. 全球財經日曆	5. 主計處
2. 臺灣經濟指標發布日曆：預告統計資料項目發布時間表主計總處發布項目及列管項目　主計總處	6. 中華經濟研究院
3. 預告統計資料項目發布時間表主計總處發布項目及列管項目	7. PMI
4. 中華民國統計資訊網	8. stock-ai

1. 請由效率市場的角度分析，理性投資人從報紙資訊中挑選個股的勝算高嗎？市場效率性與投資管理策略有關係嗎？【107Q1 證券分析人員】
2. 何謂金融資產價格的隨機漫步理論與效率市場理論？兩種理論之間有何關係。【95Q4 證券分析人員】
3. 爲何不同國家的證券市場其效率性程度亦不同？請列出三個理由並說明其爲何發生。【95Q3 證券分析人員】
4. 舉五個效率市場異常現象，試以實證文獻說明其原因爲風險溢酬或無效率，再以行爲財務學兩大支柱解釋之。【95Q1 證券分析人員】
5. 試述一具有效率的證券市場，應具備哪些條件？而完全效率市場與經濟效率市場有何不同？【84Q2 證券分析人員】

NOTE

10 公司之財務分析與公司治理

Chapter

學習目標

1. 公司之經營與財務報表之關聯性
2. 營業活動績效分析之內涵
3. 投資活動績效分析之內涵
4. 籌資活動績效分析之內涵
5. 綜合分析：杜邦分析與綜合槓桿分析之目的與內涵
6. 自由現金流量分析之目的與內涵
7. 企業價值分析之目的與內涵
8. 如何運用財報分析比率預測財務危機
9. 財務分析比率與選股策略之內涵
10. 公司治理之內涵

名人金句

❒ 我的工作是閱讀。我閱讀我所關注的公司年報，同時我也閱讀它的競爭對手的年報，這些是我最主要的閱讀材料。

巴菲特（Warren Buffet）

本章架構圖

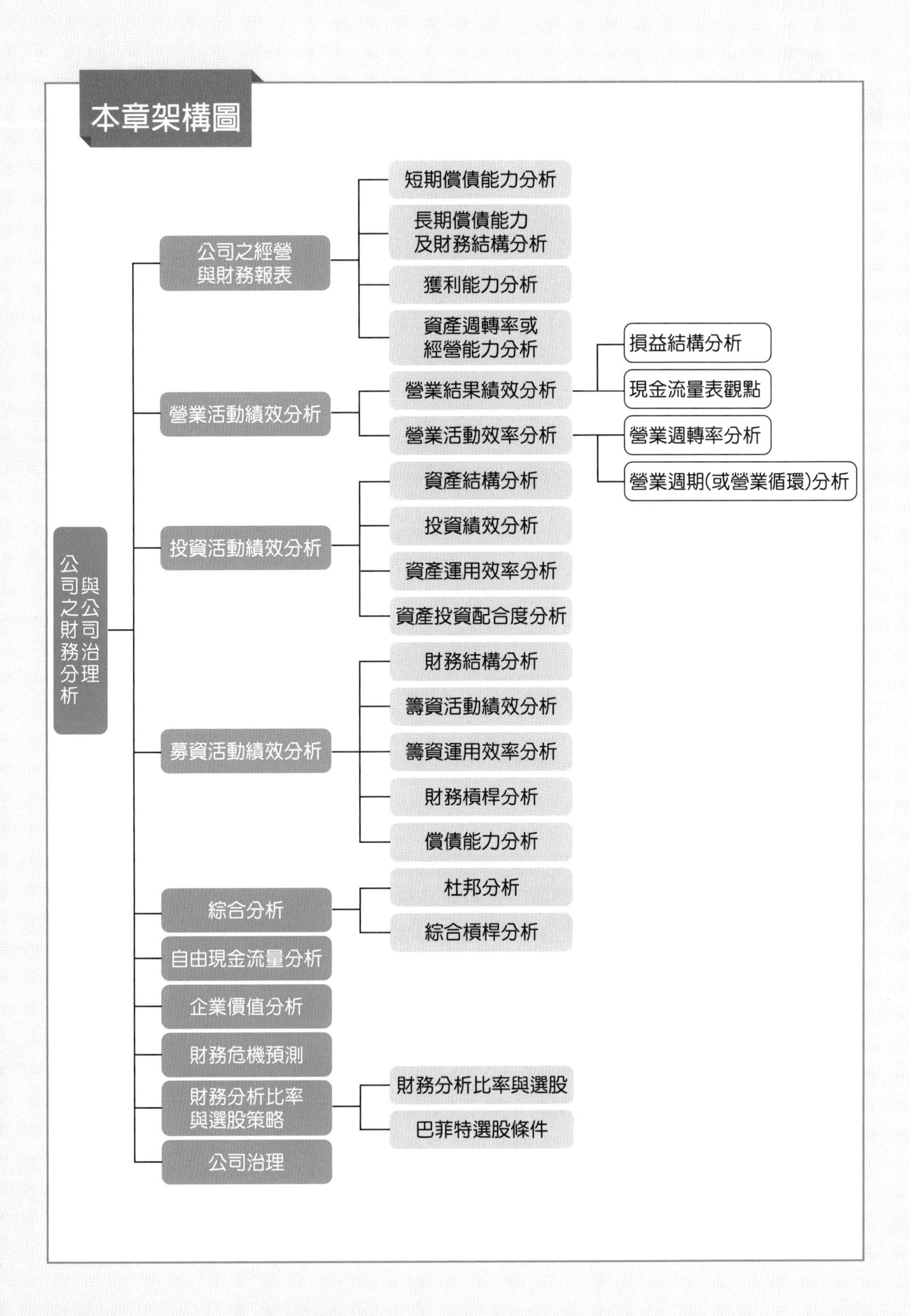

公司與公司治理之財務分析
公司之經營與財務報表
短期償債能力分析
長期償債能力及財務結構分析
獲利能力分析
資產週轉率或經營能力分析
營業活動績效分析
營業結果績效分析
損益結構分析
現金流量表觀點
營業活動效率分析
營業週轉率分析
營業週期(或營業循環)分析
投資活動績效分析
資產結構分析
投資績效分析
資產運用效率分析
資產投資配合度分析
募資活動績效分析
財務結構分析
籌資活動績效分析
籌資運用效率分析
財務槓桿分析
償債能力分析
綜合分析
杜邦分析
綜合槓桿分析
自由現金流量分析
企業價值分析
財務危機預測
財務分析比率與選股策略
財務分析比率與選股
巴菲特選股條件
公司治理

全球獲利百大企業 台積電名列 23

日本經濟新聞分析全球企業今年第二季財報指出，企業收益排行榜因新冠肺炎大洗牌，半導體與IT產業名次上升。全球獲利百大企業中，台積電名列23，是唯一擠進前100名的臺灣企業。報導特別提到，因企業數位化轉型加速，半導體需求增加，臺灣積體電路製造（TSMC）收益達40.43億美元，從去年同期的71名，大幅提升到23名。

綜合損益表

綜合損益表項目 (除另予註明者外，金額為新台幣十億元)	2Q21	2Q21 業績展望	1Q21	2Q20	季變化	年變化
營業收入淨額 (美金十億元)	13.29	12.9-13.2	12.92	10.38	+2.9%	+28.0%
營業收入淨額	372.15		362.41	310.70	+2.7%	+19.8%
營業毛利率	**50.0%**	**49.5% - 51.5%**	**52.4%**	**53.0%**	**-2.4 ppts**	**-3.0 ppts**
營業費用	(40.58)		(39.11)	(33.52)	+3.8%	+21.1%
營業淨利率	**39.1%**	**38.5% - 40.5%**	**41.5%**	**42.2%**	**-2.4 ppts**	**-3.1 ppts**
營業外收入及支出	3.72		4.52	5.31	-17.7%	-29.8%
歸屬予母公司業主之本期淨利	134.36		139.69	120.82	-3.8%	+11.2%
純益率	**36.1%**		**38.6%**	**38.9%**	**-2.5 ppts**	**-2.8 ppts**
每股盈餘 (新台幣元)	5.18		5.39	4.66	-3.8%	+11.2%
股東權益報酬率	27.3%		29.5%	28.5%	-2.2 ppts	-1.2 ppts
晶圓出貨量 (千片十二吋約當晶圓)	3,449		3,359	2,985	+2.7%	+15.5%
平均匯率 (美元/新台幣)	28.01	28.40	28.05	29.92	-0.2%	-6.4%

* 2021年第二季加權平均流通在外股數為259億3千萬股
** 股東權益報酬率為以母公司股東平均股權計算的年化數據

資料來源：台積電、Yahoo奇摩（即時新聞）2020/09/08

【新聞評論】

報導指出：日本經濟新聞運用資料庫分析全球 44,000 多家上市公司財報，將 2020 年 4 月到 6 月稅後純益換算成美元，並據此列出全球獲利百大企業，發現資訊科技與半導體相關產業排名向上爬升，反之，金融、能源與汽車業排名則滑落，主因是新冠肺炎疫情擴大造成數位化與低碳化加速，企業的優勝劣敗更加明顯。報導特別提到，因企業數位化轉型加速，半導體需求增加，臺灣積體電路製造（TSMC）收益達 40.43 億美元，從去年同期的 71 名，大幅提升到 23 名。是唯一擠進前 100 名的臺灣企業。稅後純益代表企業德獲利能力，是衡量企業經營績效指標，獲利能力是公司存續及發展之必要條件。就股票投資者而言，公司獲利能力分析，更為重要，因其投資之目的，在於獲取買賣差價或股利，而此二者又深受公司獲利能力大小之影響。

代表台積電的經營績效卓著足以跟國際大企業競爭，公司之經營狀況與競爭力，可由公司之財務報表中顯現，財務報表包括綜合損益表、資產負債表、現金流量表、股東權益變動表四大報表，各有其資訊內涵，如何解讀、分析實爲瞭解公司經營結果、財務體質與企業競爭力之重要課題。本章即在介紹公司之經營與財務報表之關聯性，企業營業活動、投資活動、籌資活動之內涵與各項財務報表比率意義及如何分析運用？

10-1 公司之經營與財務報表

分析公司的財務狀況，爲股價基本分析的重要工作之一，公司之經營、財務管理狀況可由公司之財務報表中顯現，財務報表包括綜合損益表、資產負債表、現金流量表、股東權益變動表四大報表，各有其資訊內涵，如何解讀、分析實爲瞭解公司經營結果、財務體質之重要課題。

公司經營活動主要涵括三大項目：

1. **營業活動**：是企業經營之主體，從事生產商品或提供服務已達成企業設立目的，結果主要呈現在損益表。
2. **投資活動**：主要是企業爲從事營業活動與生產商品或提供服務所需資產有關的配置，這些資產即經濟學上所稱爲生產要素，一般包括勞動、土地、資本及企業家才能。國民所得（National Income, NI）爲四大生產要素的報酬，即NI = 工資 + 地租 + 利息 + 利潤，結果呈現在資產負債表的資產項目。
3. **籌資活動**：爲籌措營業、投資活動所需之資金的活動，如：發行股票、舉債、支付利息、股利、買回庫存股、還債等，結果呈現在資產負債表的負債與股東權益項目。

而所有活動直接或間接均須藉由現金收付完成，故會呈現在現金流量表中。企業營業活動直接實際可見的爲生產銷售產品或提供服務，而在另一面則爲資金的投資與運用，因爲生產銷貨的營業循環過程，必然先有生產資源的投入，此即投資活動，而營業投資活動所需資金則來自於企業籌資活動，來自於股東資金與舉債資金。如圖10-1所示：

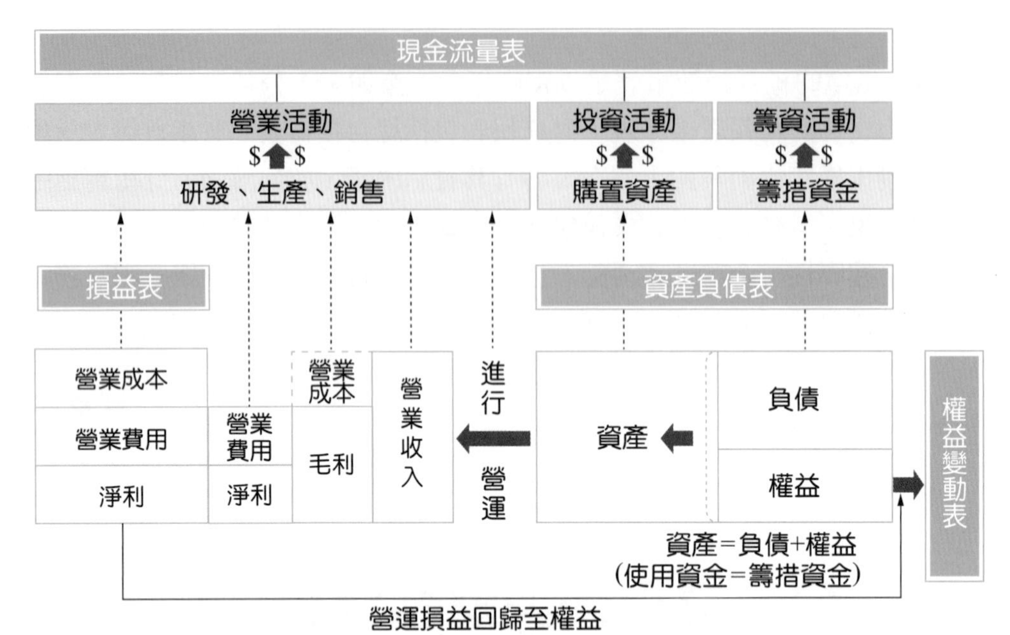

圖 10-1 財務報表與企業經營活動關聯圖

營業活動是企業經營核心所在，是企業運作之中心主體，也是企業經營成敗之關鍵，是企業家展現策略規劃、管理能力、執行績效等之舞臺。營業活動包括企業建置土地廠房、機器設備、技術研發、購買原物料、聘僱員工、接單生產、銷售產品、收回貨款之活動過程。銷售產品、收回貨款是銷貨收入及現金回收的過程，而建置廠房、設備、購買原物料、僱用人工從事生產，則為應付帳款及付現支出的過程。整個完整過程就是一個營業循環。對這些活動的管理則為資本支出、進貨管理、決策管理、生產管理、存貨管理、行銷管理、賒銷政策、應收帳款管理等企業管理。

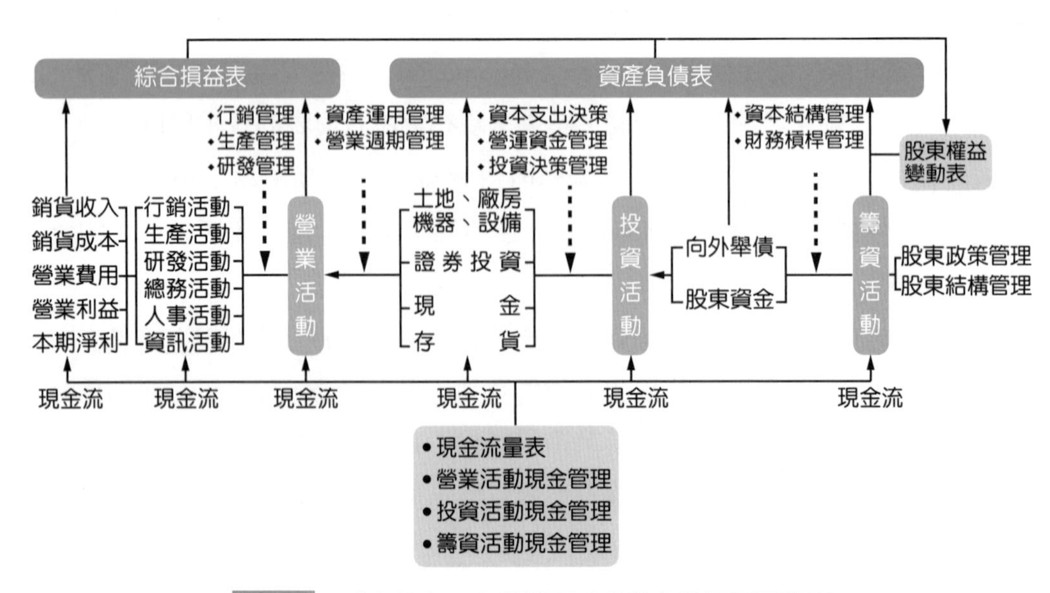

圖 10-2 財務報表、企業營運活動與企業管理關聯圖

如圖10-1之資產負債表，可知資金來源（負債與股東權益）與資金之運用（資產面），前者是公司融資決策，此又包括貨幣市場之短期融資決策與在資本市場之長期融資決策；後者則是投資決策，又包括了投資組合決策、資本預算決策與營運資金管理等，藉由閱讀此一報表，可窺知公司之重大決策與預估公司未來可能之發展，投資人可進而在投資上藉此評估企業價值，作為投資決策參考。

企業之財務報表分析，目的在於：(1)洞悉公司過去的經營成果；(2)評估現在的經營績效；(3)預測未來的經營前景。財務報表分析乃先就各報表本身之結構分析，復運用比率分析法得知報表各相關項目間之關係，並於作整體綜合分析時應用比較法將其與該公司過去資料、所設定之標準如預算或產業，或競爭同業資料相比較，以明瞭該公司獲利、經營、償債能力及財務結構是否良好，如圖10-3所示。

茲以企業之營業活動、投資活動、籌資活動為核心架構解析財務報表分析所包括之結構分析、比率分析及綜合分析暨其與各報表間關係，說明如下：

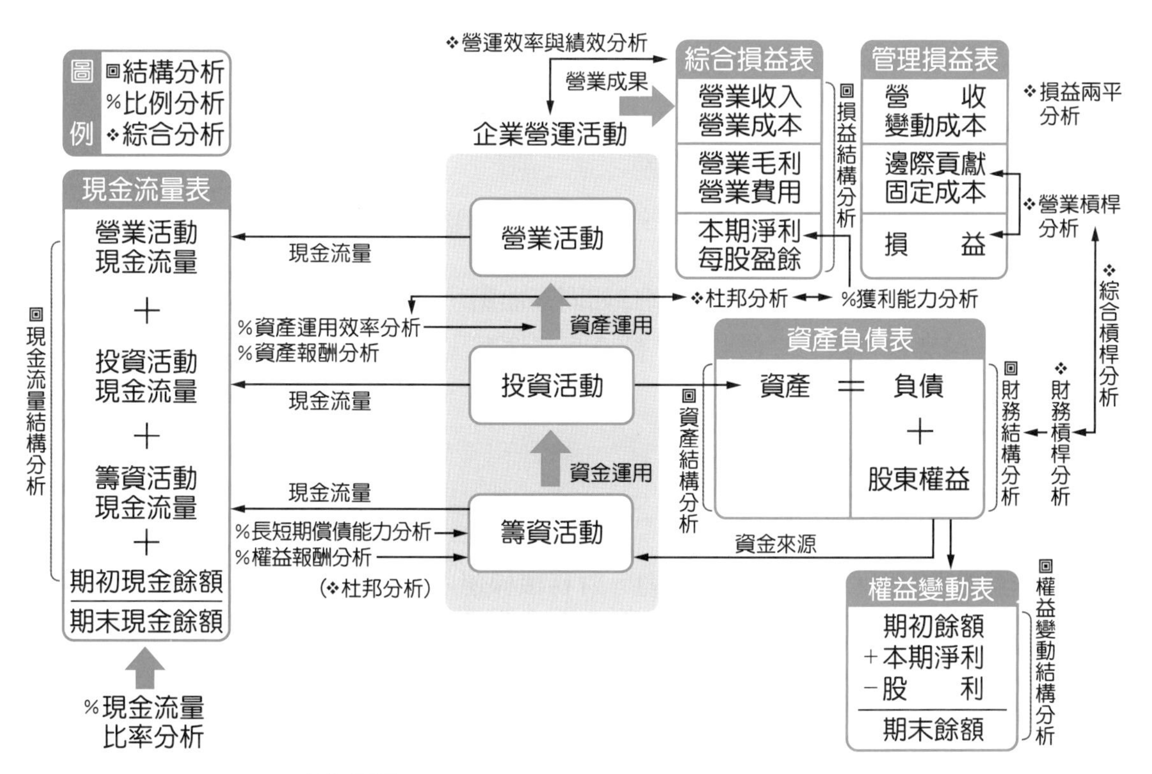

圖 10-3　企業營運活動與財務報表分析關聯圖

其中預測未來經營前景是投資決策最關注之項目，而預測之基礎在了解企業以往之經營成效、公司體質狀況、目前經營狀況與績效等，如圖10-4所示。

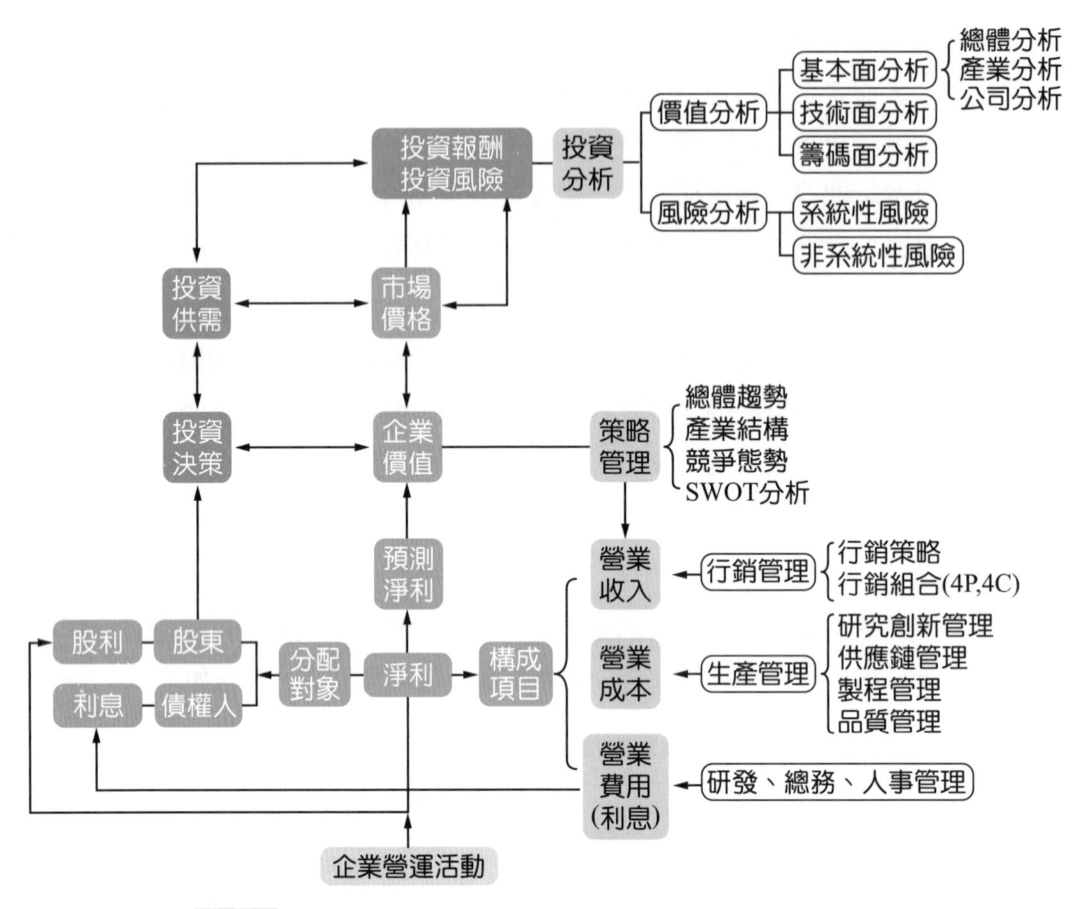

圖 10-4 企業營運活動、企業價值分析與證券投資決策關聯圖

但這些是經營最終結果，預測時如同高血壓、糖尿病之診治，追掰過往數據變化外，還要檢視病人身體狀況、飲食生活運動，方能預測未來治療方式，需要進一步深入剖析下列內容：

1. 獲利能力之結構是否穩健？
2. 資產負債結構是否健康？
3. 籌資能力、財務管理及償債能力、財務槓桿運用是否妥適？
4. 現金流量支應企業活動是否充裕無缺？

而這些問題則需要深入分析企業經營核心業務，產品競爭力如何？市場未來趨勢？技術發展影響？消費習性變化？產業上下游供應鏈結構？產業趨勢？法令制度變動？等等，故分析財務報表分析需深入探討數字與比率背後代表之營業、財務等之眞實面貌與意義，詳如圖10-5所示。

企業經營競爭環境面向

1. 總體面：

- 匯率
- 進出口關稅
- 利率
- 全球政經情勢
- 經濟景氣
- 法令規章
- 國際貿易
- 政策方向

2. 產業面：

- 產業週期
- 產業進入門檻
- 產業結構
- 產業創新
- 產業供應鏈
- 公司在產業地位
- 產業集中度

3. 市場面：

- 市場競爭
- 市場供需規模
- 市場趨勢
- 市場區隔

4. 產品面：

- 產品定位
- 產品創新
- 產品訂價能力
- 產品規模經濟
- 競爭產品
- 產品範疇經濟
- 替代產品
- 產品上下游供應鏈
- 產品組合
- 產品品牌
- 產品品質
- 售後服務

5. 行銷面：

- 行銷策略
- 客戶忠誠度
- 行銷成本
- 客戶回饋
- 促銷方式
- 環保概念
- 客戶集中度
- 規模經濟
- 行銷通路

6. 其他：

- 天災事變
- 水電供應
- 傳染性疾病
- 法律訴訟
- 環保抗爭
- 駭客入侵

企業策略目標

企業營運組織系統

財務運算編制預算執行

會計制度、程序、財務、管理報表

財務報表分析、預算執行差異分析、研擬改善方案與執行

企業經營內部環境面向

1. 生產面：

- 研究發展
- 供應鏈管理
- 技術創新
- 供應商議價能力
- 品質管理
- 採購、生產成本管理
- 製程管理
- 庫存管理
- 勞工素質
- 自動化程度

2. 管理面：

- 人員管理
- 法令遵循
- 制度規章
- 人力資源
- 內控內稽
- 資產管理
- 成本控管
- 資訊管理

3. 財務面：

- 資金調度
- 應付帳款、應收帳款政策
- 融資方式
- 投資管理
- 債權、債務管理

4. 其他：

- 勞資糾紛
- 系統當機
- 罷工
- 人員舞弊
- 水、火災防治

圖 10-5　企業經營競爭面向與財務分析關聯圖

分析企業經營策略應考量因素如下：

1. 分析企業主要業務獲利關鍵因子爲何？及其持續維持成長的影響因素爲何？在未來五年、十年如何維持或創新？
2. 分析企業在產業及市場定位爲何？經營目標？可能或潛在的經營風險爲何？未來如何訂定企業短、中、長期經營策略與措施？

3. 分析企業經營策略與獲利關鍵因子之聯結關係緊密程度如何？
4. 分析經營風險對企業獲利關鍵因子的影響爲何？及企業經營策略如何因應？
5. 分析企業是否具備競爭優勢或創造新優勢的條件？如何超前部署在未來十年、二十年領導產業發展？
6. 分析組織系統及各項管理機制能否密切支援配合策略目標且落實執行？

其中營業活動核心爲營業循環，其與各報表關係暨財務報表分析如圖10-6所示。

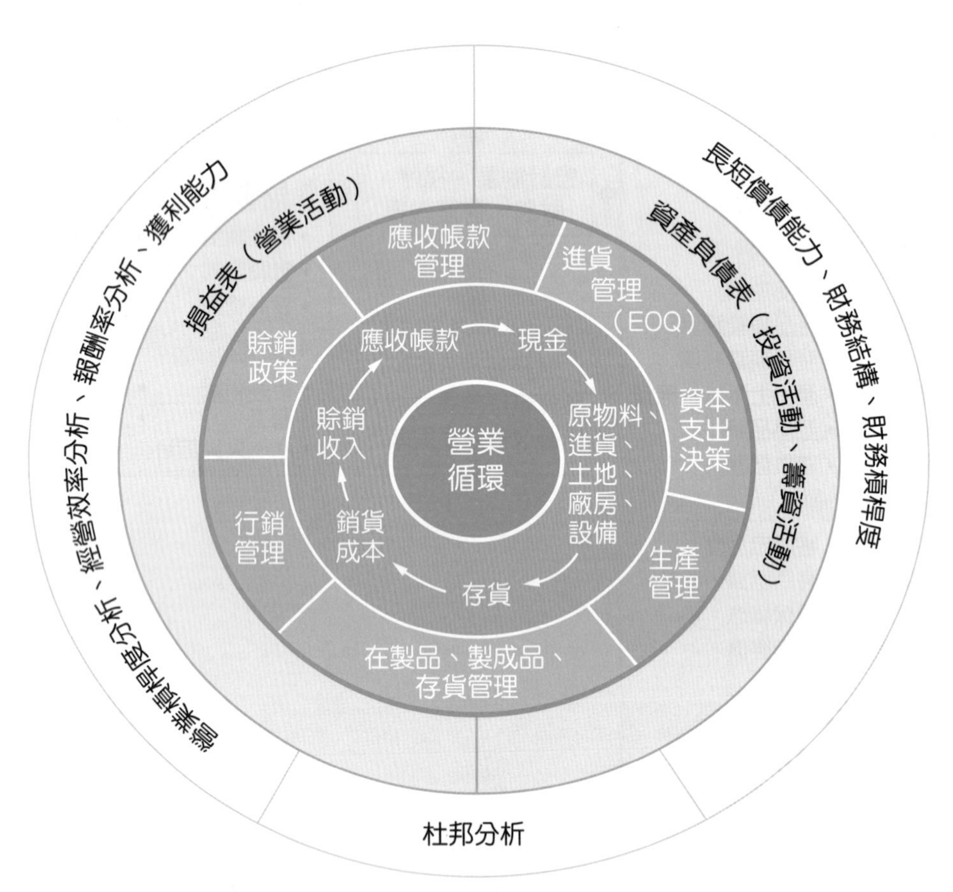

圖 10-6　企業營業循環與各報表關係暨報表分析圖

股東權益報酬率爲投資人進行投資決策關注之重要企業經營績效指標，影響股東權益報酬率三大因子爲淨利率、資產週轉率及權益乘數，此即杜邦模型分析，其與財務報表關聯性詳圖10-7所示。

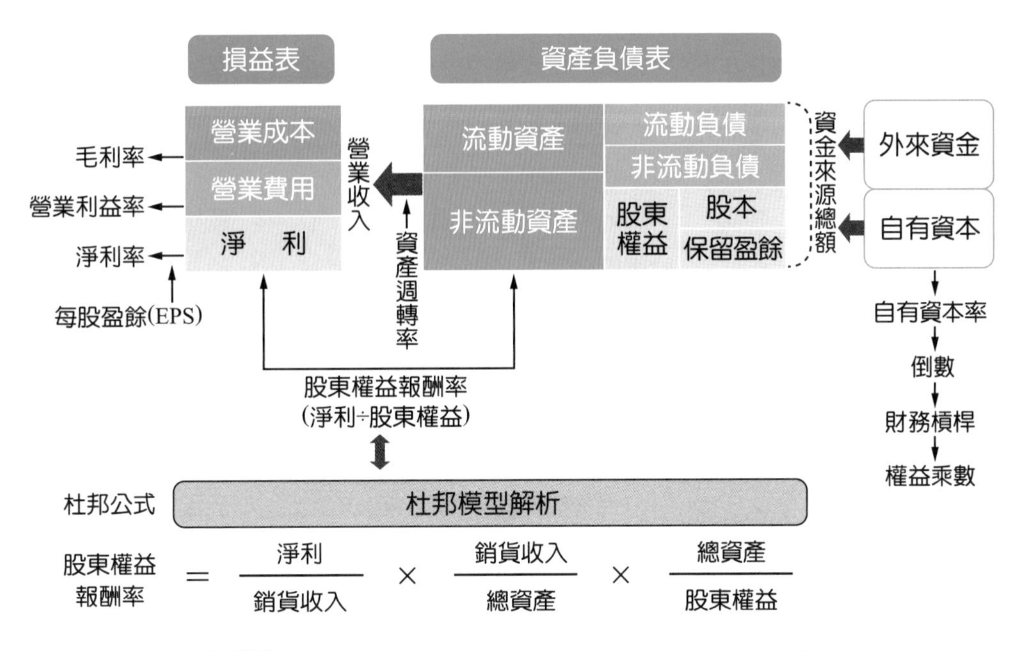

圖 10-7　影響股東權益報酬率三大因子與財務報表關聯圖

影響股東權益報酬率三大因子其在報表分析上代表企業營運之意義，分別爲企業競爭力、資產效率性及財務安全性。財報分析上衡量企業競爭力、資產效率性及財務安全性三大面向之財報比率指標，詳如下表所示。

表 10-1　影響股東權益報酬率三大因子代表企業營運之意義及財報比率指標

公式名稱	淨利率	資產週轉率	權益乘數
企業活動	營業活動	營業 + 投資活動	籌資活動
影響因素	營運模式、研發生產銷售效能、費用管控等	資產配置妥適性、運作效能	經營策略、心態、格局
代表意義	企業獲利競爭力	資產運用效率性	財務結構安全性
衡量指標（損益表觀點）	1. 毛利率 $= \dfrac{\text{營業毛利}}{\text{營業收入}}$ 2. 營業淨利率 $= \dfrac{\text{營業利益}}{\text{營業收入}}$ 3. 淨利率 $= \dfrac{\text{淨利}}{\text{營業收入}}$	1. 總資產週轉率 $= \dfrac{\text{銷貨收入}}{\text{總資產}}$ 2. 固定資產週轉率 $= \dfrac{\text{銷貨收入}}{\text{固定資產}}$	1. 權益乘數 $= \dfrac{\text{總資產}}{\text{股東權益}}$ 2. 負債比率 $= \dfrac{\text{負債}}{\text{總資產}}$

衡量指標（損益表觀點）	4. 總資產報酬率 $=\dfrac{\text{淨利}+\text{利息費用}\times(1-\text{稅率})}{\text{總資產}}$ 5. 股東權益報酬率 $=\dfrac{\text{淨利}}{\text{股東權益}}$ 6. 每股盈餘 $=\dfrac{\text{稅後淨利}-\text{特別股股利}}{\text{普通股股數}}$	3. 應收帳款週轉率 $=\dfrac{\text{銷貨收入}}{\text{應收帳款}}$ 4. 存貨周轉率 $=\dfrac{\text{存貨}}{\text{應收帳款}}$ 5. 流動比率 $=\dfrac{\text{流動資產}}{\text{流動負債}}$ 6. 速動比率 $=\dfrac{\text{速動資產}}{\text{流動負債}}$	3. 自有資本比率 $=\dfrac{\text{股東權益}}{\text{總資產}}$ 4. 固定比率 $=\dfrac{\text{固定資產}}{\text{股東權益}}$ 5. 固定長期適合率 $=\dfrac{\text{固定資產}}{\text{長期負債}+\text{股東權益}}$ 6. 利息保障倍數 $=\dfrac{\text{息前稅前淨利}}{\text{利息支出}}$
衡量指標（現金流量觀點）	1. 營業活動現金流量 ÷ 稅後淨利 2. 每股現金流量＝（營業活動淨現金流量－特別股股利）÷ 普通股加權平均流通在外股數 3. 每股現金股利 4. 自由現金流量＝營業活動現金流量－資本投資支出 5. 現金流量比率＝營業活動現金流量 ÷ 流動負債	1. 現金比率＝（現金＋約當現金）÷ 流動資產 2. 長期資金對固定資產比率＝長期資金 ÷ 固定資產淨額 3. 長期資金適合率＝長期資金 ÷（固定資產淨額＋長期投資） 4. 現金流量允當比率＝最近五年營業活動淨現金流量 ÷ 最近五年（資本支出＋存貨增加額＋現金股利）	1. 現金對流動負債比率＝（現金 + 約當現金）÷ 流動負債 2. 現金利息保障倍數＝（營業活動現金流量 + 所得稅付現金額 + 現金利息支出）÷ 現金利息支出 3. 營業活動現金流量對負債比率 = 營業活動淨現金流量 ÷ 總負債 4. 營業活動現金流量對流動負債比率 = 營業活動淨現金流量 ÷ 流動負債 5. 付現固定支出保障倍數＝（營業活動現金流量 + 所得稅付現金額 + 現金利息支出 + 付現固定支出）÷ 付現固定支出支出

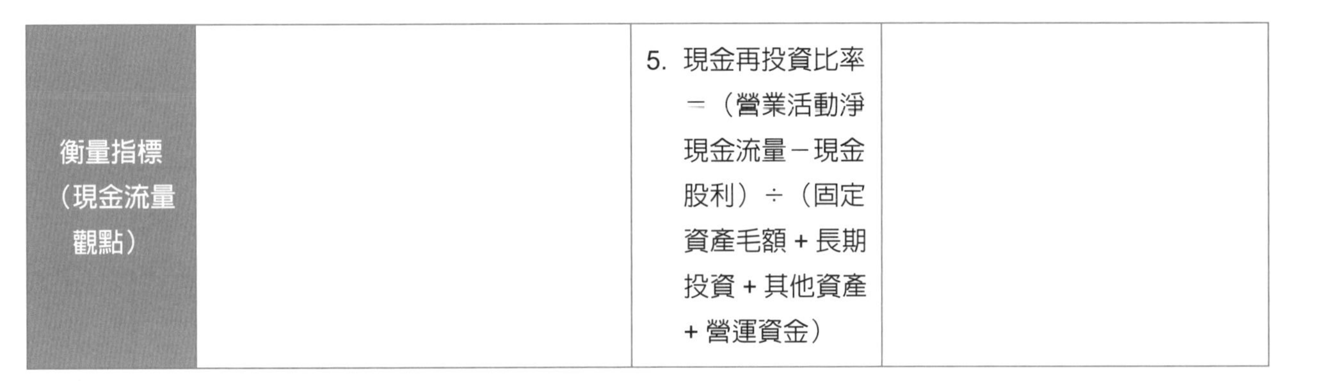

衡量指標（現金流量觀點）		5. 現金再投資比率＝（營業活動淨現金流量－現金股利）÷（固定資產毛額＋長期投資＋其他資產＋營運資金）	

其中企業經營安定性與財務結構穩健安全性有密切關聯性詳如圖10-8所示。

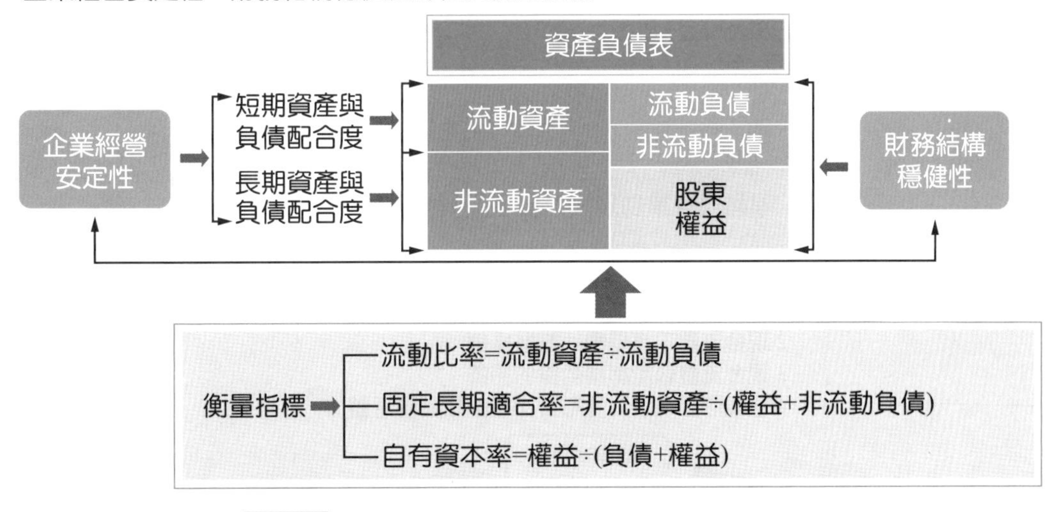

圖 10-8　企業經營安定性與財務結構安全性關聯圖

現金流量表說明企業營業、投資與籌資三大活動的現金流進、流出狀況，其自現金流觀點眞實呈現企業三大活動原貌，例如營業活動面向能說明損益表之淨利與企業實際持有現金差異原因等無法在其他報表顯示之資訊，詳見圖10-9。

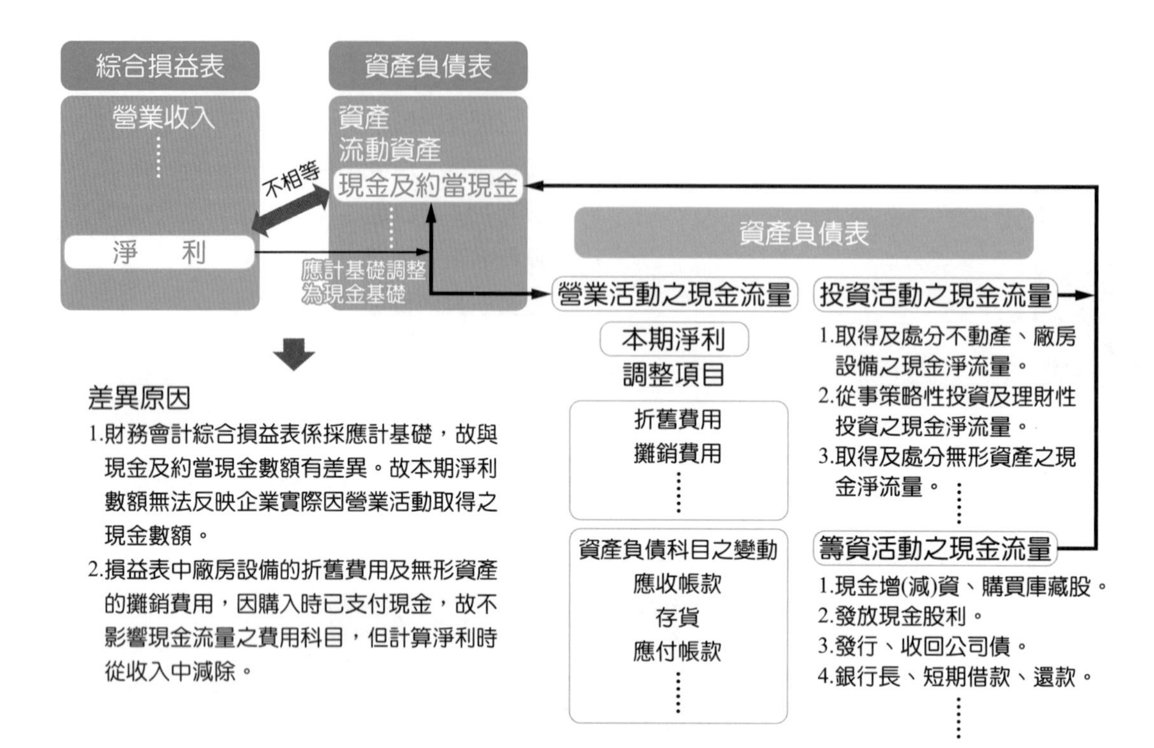

圖 10-9 淨利與營業動現金流量差異解析及與財務報表關聯圖

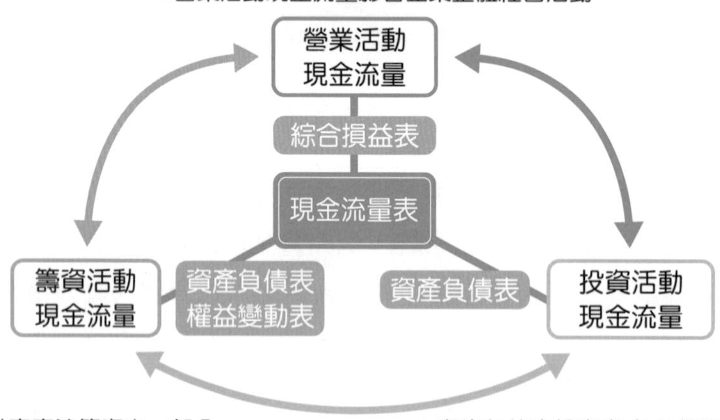

圖 10-10 現金流量表資訊意涵與其他報表之關聯

現金流量表能補充說明其他報表不足之資訊；營業活動部分現金流量表較能衡量盈餘之品質；投資活動部分較能完整說明投資與處分資產明細項目，提供企業營運策略重心與方向，用以評估企業未來發展潛力；籌資活動部分提供重要資訊，用以評估籌資內容對企業營業、投資活動及對企業經營安定性與財務結構之影響。現金流量表資訊意涵與其他報表關聯詳見圖10-10及表10-2。

表 10-2 現金流量表與其他報表之關聯

現金流量表		說明
綜合損益表	營業活動現金流量	1. 綜合損益表之淨利因是應計基礎，故無法傳達淨現金流量資訊，也無法反映盈餘現金內涵。 2. 應計基礎涉及估計判斷，如應收帳款提列呆帳餘額、機器設備提列折舊之使用狀況、年限與殘值等估計，會影響淨利數額，但現金流入、出不易受影響，故較不易為管理階層操控。 3. 營業活動現金流量為現金基礎之盈餘，能反映淨利之「含金量」，用以評估盈餘的品質及其可運用資金之真實狀況。 4. 營業活動產生之盈餘，為企業購置原物料、人力、機器設備之投資活動及發放股利等籌資活動所需資金之長期穩定主要來源，故其影響企業整體經營活動。
資產負債表	投資活動現金流量	1. 資產負債表的資產從二期比較，雖然可知資產之增減變化，但無法得知各項資產明細。 2. 投資活動現金流量將各項資產購置、處分分別列式，傳達各項資產購置、處分明細狀況及對現金流量之影響。 3. 投資之資產分為土地、廠房、機器設備等生財資產之購置與處分，及金融資產之投資，不同資產投資增之增減變化可評估企業經營策略重心與方向。 4. 投資活動之內容與數額涉及企業經營策略方向，影響企業未來經營活動之發展與效能。
資產負債表 權益變動表	籌資活動現金流量	1. 權益變動表傳達籌資之變化及原因，如增、減資，損益、股利發放等，但此僅為企業籌資活動之一部分，非流動負債面之銀行借款、發行公司債支付利息等未能完整表達。 2. 籌資活動現金流量將資產負債表及股東權益變動表整合，可以充分傳達企業籌資活動之全貌。

資產負債表 權益變動表	籌資活動 現金流量	3. 籌資活動行為提供企業營業活動及投資活動所需，營業活動現金流量是企業內部自我籌資的長期穩定主要來源，故兩者有相輔相成之緊密關係。 4. 企業營業活動現金流入不足，則影響企業正常及未來營運發展，對外舉債或增資之籌資活動內容，可傳達公司財務結構之變化，乃經營之長期安定性。

現金流量表內容包括營業活動、投資活動、籌資活動現金流量，其意義及主要項目如下圖。

現金流量表

分類	意義	淨流入、出	符號	主要科目(項目)
營業活動現金流量	1. 企業之生產、銷售活動及所產生之營業結果（本期淨利） 2. 調整不影響現今之交易活動，及與營業活動無關之利益、損失	淨流入	+	1. 本期稅前淨利 2. 調整項目：折舊、攤銷與營業活動相關資產/負債竟變動數（如：應收、應付帳款、存貨等）
		淨流出	−	
投資活動現金流量	1. 企業為了營業活動購置、處分不動產、廠房設備等 2. 企業從事策略性或理財投資之活動	淨流入	+	1. 取得、處分不動產、廠房及設備與無形資產等 2. 取得「採用權益法之投資」，透過損益按公允價值衡量之金融資產等
		淨流出	−	
籌資活動現金流量	1. 企業為支應營業、投資活動需求而發行股份、公司債、銀行 2. 借款等籌措資金之相關活動發放現金股利、購置庫藏股等	淨流入	+	1. 發行股份、發行償還公司債、銀行借款及還款 2. 支付現金股利
		淨流出	−	

企業在一段時間現金變化狀況，將期末現金餘額與期初現金餘額差異，分成營業、投資、籌資三大活動說明之報表。

圖 10-11 現金流量表內容、意義及項目圖

營業、投資、籌資活動現金流量，依其流入流出之結果可區分爲淨流出或淨流入，可能產生八種情境，各個情境所代表企業經營活動狀況及對企業之影響分析如圖10-12所示。

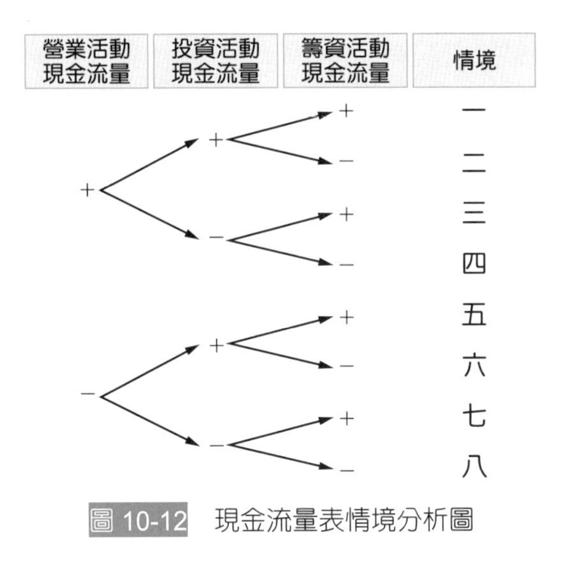

圖 10-12　現金流量表情境分析圖

情境一～四整體分析	係營業活動有淨現金流入，關於企業經營績效良好，營業活動現金流量，除了可支撐本身營業活動外尚有餘額用以支應投資活動，及減輕籌資負擔。惟應就投資、籌資活動深入分析資金用途去處。

情境一	企業經營活動狀況	對企業營運之影響分析
營業活動 淨現金流入 ＋ 投資活動 淨現金流入 ＋ 籌資活動 淨現金流入 ＋	1. 營業活動有淨現金流入營運績效良好。 2. 投資活動淨現金流入表示企業處分資產大於購入資產。 3. 籌資活動有淨現金流入，表示扣除現金股利後，因舉債或發行股份產生淨現金流入。	1. 投資活動處分資產之目的？轉型或經營模式改變？技術升級？市場改變縮小規模？...等，應分析原因評估企業對未來營運之影響。 2. 營業及投資活動皆有淨現金流入，則分析為何尚需籌措資金？前述何項計畫所需資金？ 3. 籌資活動之淨現金流入，其籌資項目為何？是否影響財務結構？

情境二	企業經營活動狀況	對企業營運之影響分析
營業活動 淨現金流入 + 投資活動 淨現金流入 + 籌資活動 淨現金流出 −	1. 營業活動淨現金流入狀況同情境一.1.。 2. 投資活動淨現金流入狀況同情境一.2.。 3. 籌資活動有淨現金流出，可由營業投資活動淨現金流入挹注、原因或減貸、繼續或支付現金股利，購置庫藏股所致。	1. 營業活動淨現金流入狀況同情境一.1。 2. 分析籌資活動淨現金流出原因，目的為何？其主要資金來源係營業活動或投資活動，由於投資活動現金流大都屬於一次性，如是否影響其籌資活動之目的？ 3. 如在改善企業財務結構，則分析改善狀況？

情境三	企業經營活動狀況	對企業營運之影響分析
營業活動 淨現金流入 + 投資活動 淨現金流出 − 籌資活動 淨現金流入 +	1. 營業活動淨現金流入狀況同情境一.1.。 2. 投資活動係從事資產購入大於處分而有淨現金流出，資金來源於營業、籌資活動。 3. 籌資活動有淨現金流入，係作為投資活動所需資金。	1. 投資活動之資產項目為何？如為不動產、機器設備等，則目的係擴充產能、提升技術？對企業未來發展效益為何？其與經濟、產業發展趨勢是否相稱？與企業經理念、策略目標是否相符？ 2. 如投資於「採用權益法之投資」因投資目的多為與被投資公司建立策略聯盟合作關係，則可評估其必要性與效能？

情境三	企業經營活動狀況	對企業營運之影響分析
		3. 如投資於「透過損益按公允價值衡量之金融資產」及「備供出售金融資產」，其投資目的在賺取股利收益與資本利得，應分析數額，比重大小，進而評估企業經營階層經營重心、經營心態與策略方向。 4. 籌資活動之現金流入應分析其係舉債或發行股分？其比重？對財務結構之影響？

情境四	企業經營活動狀況	對企業營運之影響分析
營業活動 | 淨現金流入 | + 投資活動 | 淨現金流入 | − 籌資活動 | 淨現金流出 | −	1. 營業活動淨現金流入狀況同情境一 .1.。 2. 投資活動淨現金流出係資產購入大於處分，其資金來自於營業活動之現金。 3. 同情境二 .3.。	1. 投資活動淨現金流出分析同情境三 .1.2.3.。 2. 籌資活動淨現金流出原因？目的？如在改善財務結構則其改善狀況？ 3. 如在改善企業財務結構，則分析改善狀況？

情境五~八 整體分析	營業活動之結果為淨現金流出，企業經營有問題或屬企業新創初期，為維持正常營業，可能需要投資活動或籌資活動挹注資金，故須依不同狀況進一步分析其資金來源穩定性及企業之影響。

情境五	企業經營活動狀況	對企業營運之影響分析
營業活動 淨現金流出 − 投資活動 淨現金流入 + 籌資活動 淨現金流入 +	1. 營業活動結果致企業有淨現金流出，而需仰賴投資及籌資活動現金支應。 2. 投資活動淨現金流入狀況同情境一.2.。 3. 籌資活動淨現金流入狀況同情境一.3.。	1. 分析營業活動狀況係屬創業初期活營運確有困難，其原因如何？係一時景氣或特殊事件影響，抑或市場變化產生長期之影響？企業之改善方案為何？其扭轉困境之機率與可能性為何？ 2. 投資活動淨現金流入分析同情境一.1.。 3. 籌資活動淨現金流入分析同情境一.4.。

情境六	企業經營活動狀況	對企業營運之影響分析
營業活動 淨現金流出 − 投資活動 淨現金流入 + 籌資活動 淨現金流出 −	1. 營業活動結果致企業有淨現金流出，而需仰賴投資活動現金流入支應。 2. 投資活動淨現金流入狀況同情境一.2.。 3. 籌資活動淨現金流入狀況同情境二.3.。	1. 投資活動淨現金流入分析同情境一.1.。 2. 籌資活動淨現金流出分析同情境二.2.3.。

情境七	企業經營活動狀況	對企業營運之影響分析
營業活動 淨現金流出 − 投資活動 淨現金流出 − 籌資活動 淨現金流入 +	1. 營業活動淨現金流出需仰賴籌資活動現金流入支應。 2. 投資活動淨現金流出，仰賴籌資活動現金流入支應。 3. 企業營業及投資活動皆呈現淨現金流出而需從籌資活動挹注。	1. 營業活動淨現金流出分析同情境五 .1.。 2. 投資活動淨現金流出分析同情境三 .1.2.3.。 3. 籌資活動淨現金流入分析同情境三 .4.。

情境八	企業經營活動狀況	對企業營運之影響分析
營業活動 淨現金流出 − 投資活動 淨現金流出 − 籌資活動 淨現金流出 −	1. 營業活動淨現金流出，但無法仰賴投資或籌資活動，因其亦為現金淨流出。 2. 企業仍在進行投資活動。 3. 籌資活動顯示企業可能支付股利或償還借款、減資。	1. 應分析此三類活動皆是淨現金流出是一時特殊情況、或持續一段期間？其影響？ 2. 投資活動現金淨流出其分析同情境三 .1.2.3. 惟在公司此種狀況下為何仍進行投資？是在扭轉公 經營困境，而進行新種業務之拓展？或進行權益商品投資牟利？ 3. 籌資活動現金淨流出之項目為何？是減資縮小營業規模或是還債改善財務結構？改善狀況？

10-2 營業活動績效分析

如以企業營業、投資及籌資三大活動面向進行分析，說明如下：

一、營業結果績效分析

資料來源：股狗網

圖 10-13 台積電 (2330) 損益圖

(一) 損益結構分析：綜合損益表觀點（會計損益）

透過營業毛利率、營業淨利率、稅後淨利率及EPS，了解公司的獲利能力。

1. 營業毛利率

營業毛利率 = 銷貨毛利 ÷ 銷貨收入淨額

銷貨毛利係銷貨收入淨額減去銷貨成本後之金額。

此比率係衡量產品獲利能力的指標，產品獲利能力來自產品之競爭優勢、產品組合、市場競爭、市場占有率、獨占或寡占等；受產品之創新、技術研發、行銷策略、生產管理、成本控制、規模經濟、產品生命週期等影響。

高毛利率表示產品的售價與單位進貨成本或生產成本之差額，所以高毛利率可能來自於高單價或低進貨、生產成本，或兩者皆俱。高單價來自產品本身具有競爭優勢，如產品特性優於其他競爭者產品、產品品質佳、產品創新，也可能因行銷策略成功帶領風潮得以領導品牌姿態，享有較高定價優勢。

表 10-3　臺灣上市公司各產業平均毛利率

2019Q4	毛利率 (%)	營業利益率 (%)	負債比率 (%)	流動比率 (%)	速動比率 (%)
文化創意	51.33	-30.5	51.12	182.7	167.75
電子商務（上櫃公司）	46.77	3.95	58.09	159.78	146.58
貿易百貨	40.64	2.95	*	100.44	75.72
休閒娛樂（觀光事業）	37.67	4.22	57.41	111.71	93.82
生技醫療（生醫）	36.83	-3,310.24	40.23	187.77	143.28
軟體服務（資訊服務）	34.59	2.63	41.66	196.48	149.3
半導體	29.67	1.54	35.85	176.41	148.53
電機機械（電機）	23.45	5.49	51.53	146.72	95.62
其他（電子）	23.19	-10.39	55.19	158.86	127.7
通信網路（網通）	23.1	-0.41	35.54	156.25	121.74
汽車（汽車工業）	22.22	5.67	64.92	115.53	96.11
金融	21.9	9.9	92.38	123.96	123.92
電腦週邊（電週）	21.42	-1.1	62.68	137.56	101.3
建材營造	21.3	-1162.95	60.81	185.71	48.56
交通運輸及航運（航運）	21.04	12.11	75.5	103.84	92.45
印刷電路板（電子零組件）	19.7	-43.29	46.89	169.8	133.04
被動元件（電子零組件）	19.7	-43.29	46.89	169.8	133.04

惟各個行業有其差異，如服務業與製造業，或勞力密集與資本密集產業，即有很大差異。表10-3爲臺灣上市公司以產業分類的各個產業平均毛利率。

企業毛利率是企業核心產品競爭力表現的最主要指標。產品競爭力來自於產品創新及成本控制，此外可將一段期間營收成長率與營業毛利成長率相比，檢視成長動能是否健康、穩定。穩定是指二者是否持續正向成長；健康是指營業毛利率成長是否大於營收成長率。損益預測時需深入分析。前述這幾個指標與企業股價皆息息相關，在投資分析決策上扮演很重要的角色。

2. 營業淨利率

營業淨利率 = 營業淨利 ÷ 銷貨收入淨額

營業淨利係銷貨毛利減去營業費用，產品本身獲利扣除行銷、管理、研發等營業費用之淨利。此一比率除了衡量產品獲利能力外，另外衡量營業銷貨活動之費用控管效能。

由於行銷費用係列於營業費用中，但行銷廣告效益可能後續才逐漸顯現，故如過度削減行銷費用，雖然可能使營業淨利增加，但是否影響後續銷售成長，應審酌不同產品行銷因素影響銷售之大小。另研發費用亦有相同狀況且可能更明顯，故應注意研發費用具有未來創造銷售或降低營業成本、提升產品品質之潛在功效。圖10-14爲台積電、聯電及所屬產業企業營業利益率比較。

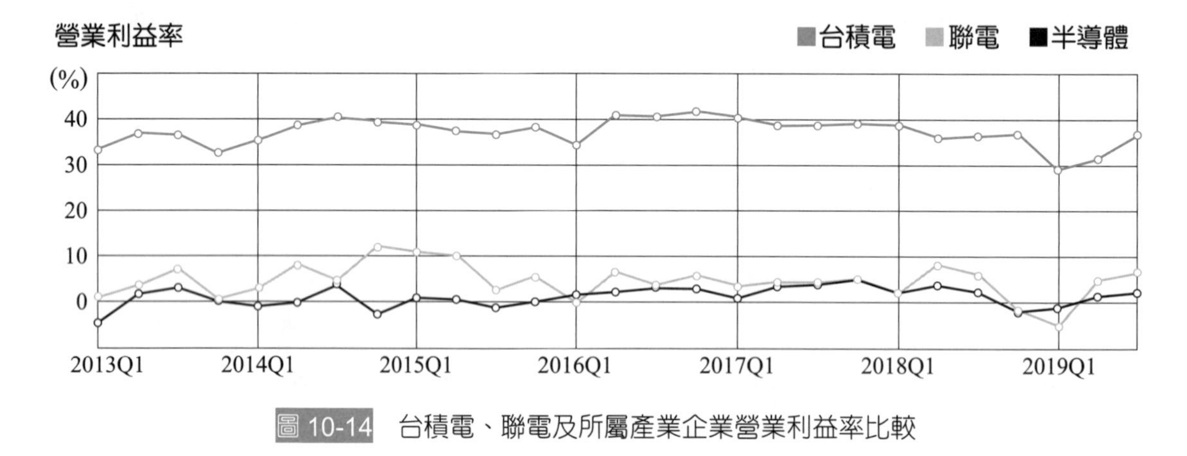

圖 10-14 台積電、聯電及所屬產業企業營業利益率比較

3. 稅後淨利率

稅後淨利率 = 本期淨利 ÷ 銷貨淨額

本期淨利係營業收入扣除所有銷貨成本、營業費用及加減營業外收入支出後，再扣除所得稅費用後的純益，或稱純益率，其用以衡量每1元的銷貨對稅後純益之貢獻，即銷貨利潤之高低。

比率越高表示企業的獲利能力越大，是企業在一期間經營的最後成果，是衡量企業營業結果績效的指標，也是分析稅後淨利品質是否良好的指標，可以比較營業淨利率與稅後淨利率成長率，是否同向等比例增加。如稅後淨利率比率及成長趨勢大於營業利益率，則可能隱含非本業之業外收支淨額增加；如果是來自處分資產淨收入，則是否影響未來企業發展？且一次性收入會扭曲當期正常營業損益，所以營業利益率與稅後淨利率比較，可觀察出盈餘的品質良窳與否。

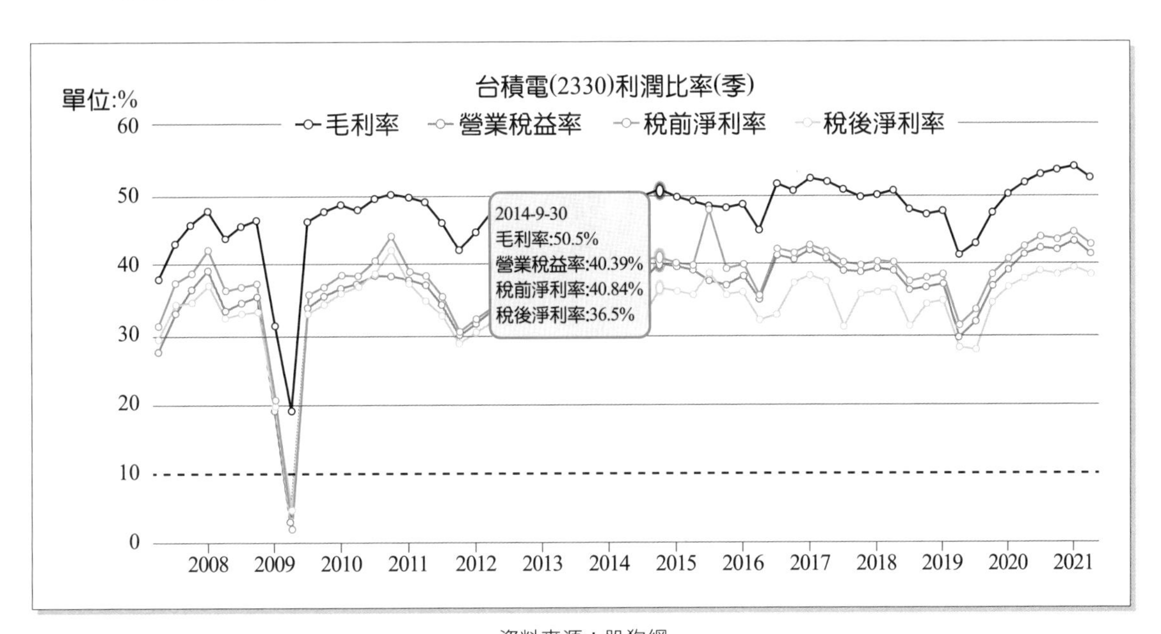

資料來源：股狗網

圖 10-15　台積電利潤比率

4. 每股盈餘（EPS）

(1) 定義

每股盈餘 = (稅後純益 − 特別股股利) ÷ 流通在外普通股股數

衡量公司一段期間爲普通股股東每股賺取的盈餘的能力。

其表示每一普通股，能獲得多少純益。每股盈餘越大，顯示普通股每股股份的獲利能力越大，公司未來的發展也越樂觀，而股票未來價值提高的可能性也越大。

(2) 母公司業主權益與特別股股利的EPS計算

$$\text{每股盈餘 (EPS)} = \frac{\text{歸屬母公司業主淨利} - \text{特別股股利}}{\text{普通股在外流通股數}}$$

若公司有屬於「母公司業主權益」及「非控制權益」淨利時，在計算EPS時只會把歸屬於母公司業主權益的本期淨利項目納入計算。

而特別股指的是發行條件與普通股不同的股票，通常是公司給予較優惠的條件取得所需資金時發行。因為特別股的股利或配息條件不同於普通股，其性質較像配息債券，當公司有獲利盈餘時，特別股擁有優先配息的權利；而一般EPS計算是以普通股為計算基礎，所以在淨利的項目經常會把特別股股利扣除之後再來計算EPS。

(3) EPS、P/E、營收成長的關係：假設A、B公司產業是類似的，EPS 10元的A公司一定比EPS 5元的B公司來得好嗎？一般而言，EPS是公司每股獲利狀況的結果，但是評斷公司好壞需要很多角度，例如：營利率、營收成長率、股東權益報酬率（ROE）、資產報酬率（ROA）等；因此只從EPS來看是比較沒有比較意義的。

而P/E本益比是另一個與EPS有關係的評價股價方式，我們可以把本益比區分為兩種看法：過去公布的EPS所計算出的P/E本益比、依據月營收成長的比率推估未來會獲利的EPS，再計算未來P/E本益比。

圖 10-16　大江 (8436) 未來 12 個月合理營收

(4) EPS、P/E、配息率關係：通常市場會給予預期未來會高度成長的公司高P/E，但股價會隨著營收公布及EPS公布不斷地檢視公司是否能持續維持高P/E，而因公司處於成長期所以配息率較不會太高。另外，若是已經是獲利穩定的公司，只能維持或是些微成長，這樣的公司P/E比較低，但配息率就會相對高一點。

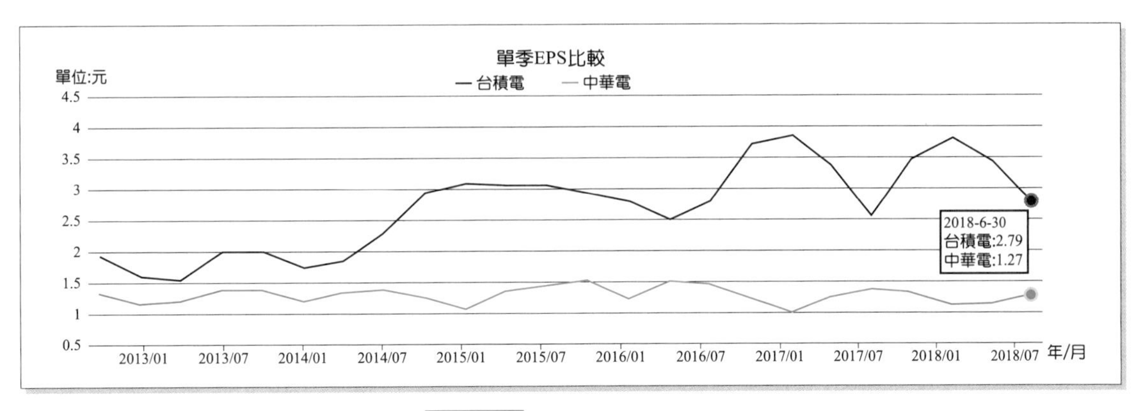

圖 10-17 單季 EPS 比較

(5) EPS的稀釋：公司為籌資會發行「可轉換公司債」、「可轉換特別股」、「認股權證」等跟股權有關的籌資工具，因為這些工具有可能未來都會被轉換成普通股加入公司股本。因此，當這些工具都轉換成普通股，就可以跟股東享有一樣權利參與盈餘分配，當然就會稀釋原有股東的股利。在損益表中「基本每股盈餘」有一項是「稀釋每股盈餘」，如果這項數字低於每股盈餘，那就表示有一些可轉換的普通股存在，投資人可以參考這項數字評估稀釋結果（如表10-4）。

表 10-4 損益表

本期綜合損益總額	260,221
淨利（損）歸屬於：	
母公司案主（淨利／損）	223,558
非控制權益（淨利／損）	4,243
綜合損益總額歸屬於：	
母公司案主（綜合損益）	256,030
非控制權益（綜合損益）	4,191
基本每股盈餘	
繼續營業單位淨利（淨損）	2.57
基本每股盈餘合計	2.57
稀釋每股盈餘	
繼續營業單位淨利（淨損）	2.53
稀釋每股盈餘合計	2.53

(二)現金流量表觀點(現金損益)

1. 營業活動現金流量 ÷ 稅後淨利 = 衡量財務報表會計上稅後淨利內含之現金數量大小比例，即在評估盈餘之品質。
2. 每股現金流量 = (營業活動淨現金流量 − 特別股股利) ÷ 普通股加權平均流通在外股數。衡量每股現金流量，可與每股盈餘比較評估企業財務彈性。

二、營業活動效率分析

(一)營業週轉率分析

透過存貨週轉率、應收帳款週轉率及應付帳款週轉率，了解公司的營業收入情況。

1. 存貨週轉率

存貨週轉率 = 銷貨成本 ÷ 平均存貨

= 銷貨成本 ÷ [(期初存貨 + 期末存貨) / 2)]

存貨週轉率是指存貨全年週轉的次數，以衡量存貨的變現性及推銷商品銷售的能力。比率越高越好，越高表示流動性越強，獲利越豐；越低表示資金凍結多，存貨過時或損壞的機會亦多，獲利減少。但本比率不能過高，如過高可能因備貨不足而減少交易的機會。

$$存貨平均銷售天數 = \frac{365}{存貨週轉率}(天)$$

2. 應收帳款週轉率

應收帳款週轉率 = 銷貨淨額 ÷ 平均應收帳款

= 銷貨淨額 ÷ [(期初應收帳款 + 期末應收帳款) / 2]

本比率是用以測驗企業收回應收款項（應收帳款和應收票據）的程度如何。一般來說週轉率越高越好，週轉率高，表示收款成效良好，公司之經營風險小。本比率應與同業平均數相比較，更能明瞭其收款成效。

$$平均收帳期間 = \frac{365}{應收帳款週轉率}（天）$$

其表示公司在銷售後，至收到現金須多少時日，以測度公司收回帳款期間之長短及公司之授信政策有無寬濫，一般來說，平均收帳期間越短越好，但應與同業平均收帳期間相比較，因不同行業，其收帳期間有相當大的差異。

3. 應付帳款週轉率

$$應付帳款週轉率 = 進貨或銷貨成本淨額 \div 平均應付帳款$$

$$= 進貨或銷貨成本淨額 \div \frac{(期初應付帳款 + 期末應付帳款)}{2}$$

衡量應付帳款一定期間週轉次數，評估公司償還應付帳款速度，愈高表示還款次數越多，資金籌措愈頻繁，反之則償還期間愈長，較無資金調度壓力。

(二) 營業週期（或營業循環）分析

透過各項營業循環、淨營業循環、應收帳款收款天數、現金週轉期間、營業槓桿度，了解公司營業活動的循環時間情況。

1. 營業循環（Operating Cycle）

$$營業循環 = 存貨週轉天數 + 應收帳款收款天數$$

衡量企業以應付帳款方式進貨（賒購）到銷貨後回收帳款的期間長短，此代表企業完整營業活動之過程期間。

2. 淨營業循環

$$淨營業循環 = 存貨週轉天數 + 應收帳款收款天數 - 應付款項週轉天數$$

營業循環扣除應付款項天數，即企業從支付應付款至帳款回收期間。

3. 應收帳款收款天數

$$應收帳款收款天數 = \frac{365}{應收帳款週轉率}$$

$$= \frac{應收帳款平均餘額}{賒賬收入淨額（或銷售淨收入）} \times 365$$

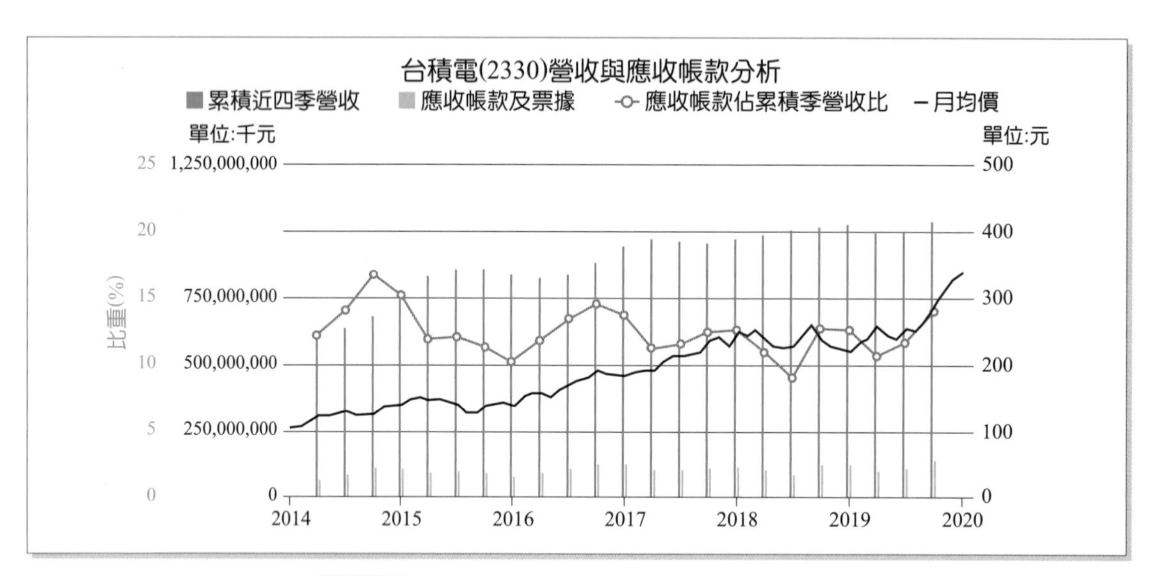

圖 10-18 台積電 (2330) 營收與應收帳款分析

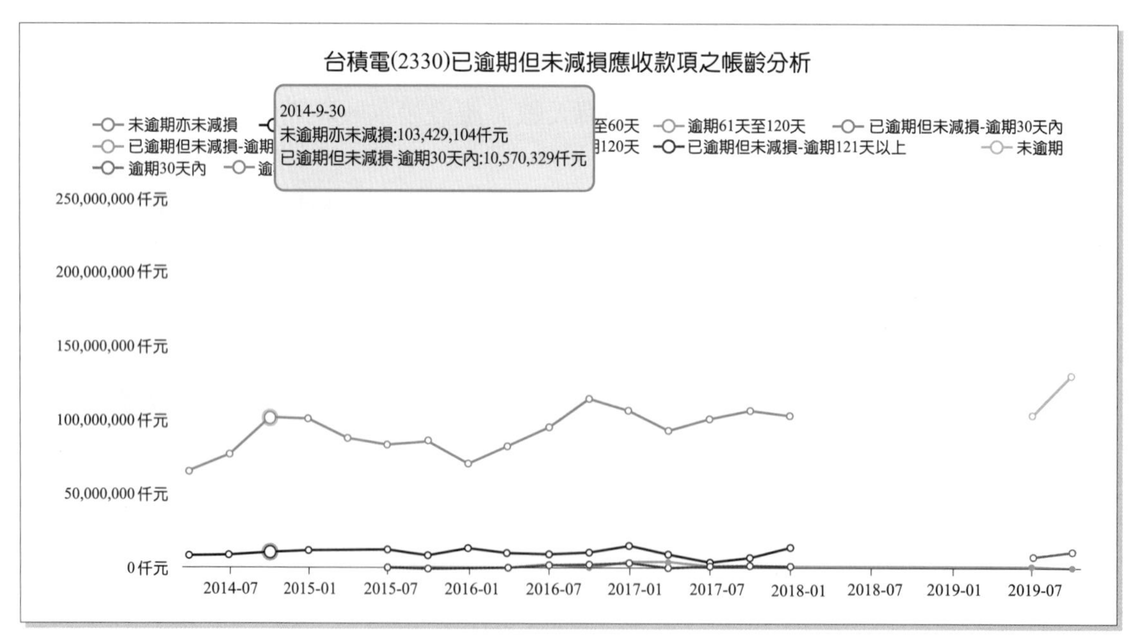

資料來源：股狗網

圖 10-19 台積電 (2330) 已逾期但未減損應收款項之帳齡分析

掃描查詢 最新資訊

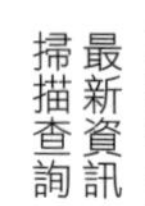

4. 現金週轉期間

現金週轉期間 = 融資期間 = 淨營業週期

5. 營業槓桿度：企業的營業成本可分固定成本和變動成本兩部份，所謂變動成本乃隨著生產數量的增加而增加，其增加的趨勢通常成直線比例，也就是每一個單位產品的變動成本都相同，而固定成本在一定生產量範圍內是不變動的，所以生產量愈多，每一個單位產品所分攤的固定成本數額就愈小，也就是提高生產量，可以降低平均成本，進而提高營業收益，這種收益與成本的關係，可以用損益平衡點分析圖表示之。

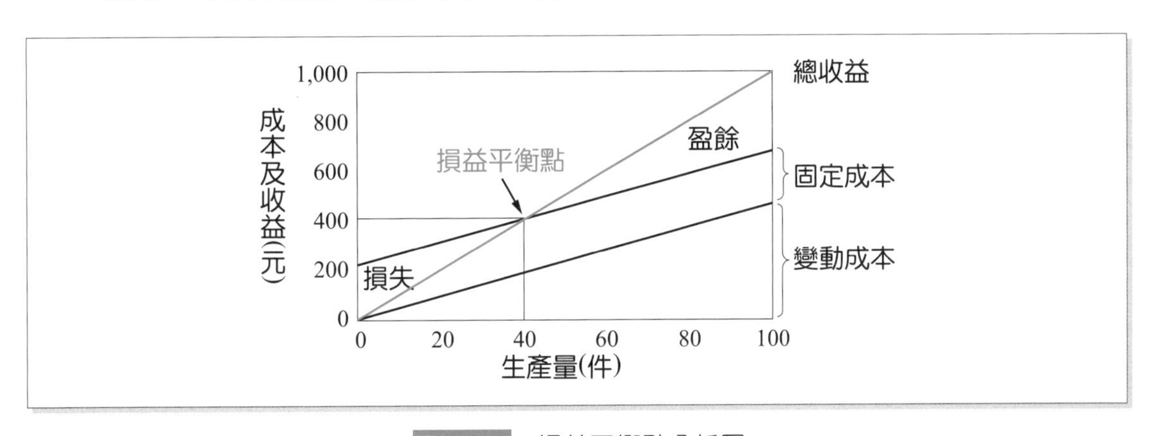

圖 10-20　損益平衡點分析圖

從損益平衡點往右邊，生產量愈多，則收益越多，而且因固定成本的分攤額逐漸減少，所以平均營業收益增加之速度，大於銷貨增加之速度，這種作用稱爲營業槓桿作用。

營業槓桿作用之產生，乃因損益平衡點之存在，而損益平衡點之存在，又是因爲有固定成本，所以成本結構中固定成本之作用，和財務結構中負債利息的作用相同。

營業槓桿程度的大小，也可以用一個簡單的公式計算得之，所謂營業槓桿度（DOL），是指銷貨額變動所造成營業毛利變動的程度。

$$\text{營業槓桿度（DOL）} = \frac{\text{營業利益變動比率}}{\text{銷貨額變動比率}}$$

DOL：銷貨變動而使營業利益變動百分比爲銷量變動百分比之若干倍

$$= \frac{\text{營業利益變動百分比}}{\text{銷量變動百分比}} = \frac{\frac{\Delta EBIT}{EBIT}}{\frac{\Delta Q}{Q}}$$

$$= \frac{\frac{\Delta Q(P-V)}{Q(P-V)-F}}{\frac{\Delta Q}{Q}} = \frac{Q(P-V)}{Q(P-V)-F} = \frac{CM}{EBIT}$$

其中，EBIT表利息，稅前之淨利；Q表銷售量；V表變動成本；F表固定成本；P表售價；CM表邊際貢獻。

10-3 投資活動績效分析

(一) 資產結構分析

1. 流動資產對總資產比率＝流動資產 ÷ 總資產
2. 現金比率＝（現金＋約當現金）÷ 流動資產
3. 基金及投資對總資產比率＝基金及投資 ÷ 總資產
4. 固定資產對總資產比率（固定資產長期適合率）＝固定資產 ÷ 總資產
5. 資產報酬率＝淨利÷總資產＝（淨利÷銷貨）×（銷貨÷總資產）
   ＝純益率 × 資產週轉率
6. 權益報酬率＝純益率 × 資產週轉率 × 財務槓桿指數
   ＝純益率 × 資產週轉率 ×（總資產 ÷ 權益）
   ＝純益率 × 資產週轉率 ×（1 ÷ 權益比率）

公司依業別與規模不同，所需固定資產程度亦不同，一般需要鉅額固定資產，如鋼鐵、重化等工業，其所需設備往往非自有能力所能購買，不足部份尚需仰賴長期負債以支應。是以，可用固定資產佔資本比來衡量。本比率越低越好，一般最好不超過100%，表示固定資產均可由長期資金所負擔，其財務健全。

(二) 投資績效分析

$$總資產報酬率 = [\ 稅後淨利 + 利息費用 (1 - 稅率)\ ] \div 平均資產總額$$

總資產報酬率，是企業資產總額中平均每1元資產所得獲得之純益，可衡量企業運用所有投資資源之經營成效。比率越高越好，顯示公司使用資產所產生的利潤越高。如簡化不計利息費用部分，總資產報酬率可細分如下：

$$總資產報酬率 = 純益率 \times 總資產週轉率$$

其中

$$\frac{稅後純益}{平均資產總額} = \frac{稅後純益}{銷貨淨額} \times \frac{銷貨淨額}{平均資產總額}$$

純益率表示每1元銷貨可產生多少利潤，而總資產週轉率係表示每1元資產可賺取幾元的銷貨收入。總括而言，一個公司的獲利能力決定於它從銷貨中賺取收入的能力。

由上式可知，欲提高總資產報酬率，可藉提高純益率或提高資產之運用效率來達成，即可從降低資產或從增加銷貨著手。

(三) 資產運用效率分析

可利用下列各項週轉率了解資產狀況。

1. **流動資產週轉率**

$$流動資產週轉率 = 銷貨淨額 \div 平均流動資產$$

衡量流動資產運用效率，此項比率越高越好，表示公司越能有效運用其流動資產。

2. **固定資產週轉率**

$$固定資產週轉率 = 銷貨淨額 \div 平均固定資產$$

固定資產如不能充分利用，閒置資金太多，易造成公司週轉不靈。此比率在測度固定資產使用效能的高低，以瞭解企業固定資產的資金有無過多。

此項比率越高越好，比率越高，表示公司越能有效運用其固定資產。

3. **總資產週轉率**

總資產週轉率 = 銷貨淨額 ÷ 平均資產總額

此項比率可測驗每1元資產能賺取幾元之銷貨收入，以明瞭資金運用的效能。週轉率越高越佳，表示管理當局對於資產的運用越有效率。

(四)資產投資配合度分析

可利用下列各項比率了解公司資金運用情形。

1. **長期資金對固定資產比率**

長期資金對固定資產比率 = 長期資金 ÷ 固定資產淨額

長期資金 = 非流動負債 + 股東權益

衡量企業使用於營業活動固定資產之資金來源，如來自長期資金可確保企業長期營運之穩定與永續，否則增加永續經營之不確定性。另要注意固定資產是否用於營業活動。

2. **長期資金適合率**

長期資金適合率 = 長期資金 ÷(固定資產淨額 + 長期投資)

考量除了營業活動使用固定資產外，企業長期投資亦屬長期資金用途，須確保其資金來源應屬長期性。

3. **現金流量允當比率**

現金流量允當比率 =(最近五年營業活動淨現金流量)÷ 最近五年(資本支出 + 存貨增加額 + 現金股利)

衡量企業五年平均營業活動淨現金流量是否足以支應長期營運所需之資本支出、存貨因規模擴大之存貨增加額及現金股利的支出。因資本支出，存貨增加額短期間不會有太大變動，故以五年爲觀察計算期間，比率大於1表示平均營業活動淨現金流量足以支應企業長期發展所需資金，否則需另籌財源。

4. **現金再投資比率**

現金再投資比率 = (營業活動淨現金流量 – 現金股利) ÷ (固定資產毛額 + 長期投資 + 其他資產 + 營運資金)

企業營運成長需增加投資以擴大營運規模，故再投資爲企業成長之動能，此比率衡量企業是否有足夠可運用現金進行再投資，以扣除現金股利後營業活動淨現金流量衡量是否足以重置營業活動所需固定資產毛額，長期投資加計其他資產及營運資金。

10-4 籌資活動績效分析

(一) 財務結構分析

可利用下列各項比率了解公司的負債狀況。

1. **負債比率**

負債比率 = 負債總額 ÷ 總資產

負債比率是測度公司總資產中由債權人提供資金比率的大小。比率越小越好，比率越大表示負債金額越大，債權人獲得清償之保障越小，營運風險越大。理論上，本比率應以低於50%爲理想。

2. **權益比率**

權益比率 = 權益 ÷ 總資產

權益比率又稱產權比率也稱爲自有資本比率，其用以測度公司總資產中由股東提供自有資本比率的大小。本比率越高越好，越高表示公司財務健全。原則上，本比率應以高於50%爲理想。但過高則又失去財務槓桿之作用。

3. **債本比**

債本比＝總負債 ÷ 股東權益

衡量對外舉債與自有股東權益比值以及財務槓桿程度。

4. **流動負債對總負債比率**

流動負債對總負債比率＝流動負債 ÷ 總負債

衡量總負債結構中流動負債比例。

5. **長期負債對總負債比率**

長期負債對總負債比率＝長期負債 ÷ 總負債

衡量總負債結構中長期負債比例。

6. **金融性負債比率**

金融性負債比率＝金融性負債 ÷ 總資產

金融性負債屬融資（銀行長、短期借款等）性質，需負擔利息與還本，可精確衡量金融性負債還款占總資產比重。

7. **固定比率**

固定比率＝固定資產 ÷ 股東權益

其表示可投資在固定資產方面，占自有資本的成數有多少。固定資產爲生產事業之根本，週轉緩慢會使資金呆滯，應以自有資本（股東權益）投資爲原則。比率越低越好，一般以低於100%爲理想，但會因行業不同而異。

8. **固定資產長期適合率**

固定資產長期適合率＝固定資產 ÷ 長期資金＝固定資產 ÷（長期負債＋股東權益）

此比率爲固定資產與長期資金的比例，對於固定資產需求高的產業，可以用此比率來衡量產業的財務健全，比率越低越好，一般不超過100%。

(二) 籌資活動績效分析

可以利用下列各項比率了解公司的獲利能力。

1. 報酬率分析

(1) 權益報酬率

權益報酬率 = 稅後淨利 ÷ 平均股東權益

用以衡量股東權益報酬，可用杜邦模型分析拆解如下：

權益報酬分析 = 資產報酬分析 + 權益結構分析 = 杜邦分析

資產報酬分析 = 獲利能力分析 + 資產運用效益 = 杜邦分析

獲利能力分析 = 損益表結構分析 – 純益率

(2) 長期資金報酬率

長期資金報酬率 = [稅後淨利 + 長期負債利息費用 (1 – 稅率)] ÷ 平均 (長期負債 + 權益)

長期資金報酬率代表公司長期債務的債權人及股東所能獲得之報酬率。

長期資金 = 長期負債 + 權益

(3) 普通股權益報酬率

普通股權益報酬率 = (稅後淨利 – 特別股股利) ÷ 平均普通股權益

用以測度普通股股東投資之報酬率。比率越高，表示普通股股東投資報酬越高，公司經營也越有效率。

(4) 每股盈餘

每股盈餘 = 稅後淨利 ÷ 流通在外股數

其表示每一普通股，能獲得多少純益。每股盈餘越大，顯示普通股每股股份的獲利能力越大，公司未來的發展也越樂觀，而股票未來價值提高的可能性也越大。

(5) 每股股利

每股股利 = 當期發放的股利（現金股利與股票股利）總額 ÷ 總股本

衡量企業發放的每股現金股利，爲投資者眞正獲得的現金報酬。

(6) 每股股票股利：衡量企業發放的每股股票股利，投資者配得股票，對公司權益所有權未有增加。

(三) 籌資運用效率分析

可以利用下列比率了解公司資本與權益的週轉能力。

1. **權益週轉率**

權益週轉率 = 銷貨淨額 ÷ 平均權益

衡量運用權益資金創造的銷貨淨額。

2. **資本週轉率**

資本週轉率 = 銷貨淨額 ÷ 平均普通股股本

衡量運用資本創造的銷貨淨額。

(四) 財務槓桿分析

財務槓桿因數 = 權益報酬率 − 資產報酬率

財務槓桿指數 = 權益報酬率 ÷ 資產報酬率

財務槓桿度：每股盈餘變動率 ÷ 營業利益變動率

$$=\frac{\dfrac{\Delta EBIT(1-t)/x}{(EBIT-I)(1-t)/x}}{\dfrac{\Delta EBIT}{EBIT}}=\frac{EBIT}{EBIT-I}=\frac{Q(P-V)-F}{Q(P-V)-F-I}$$

t = 稅率；x = 股數；EPS = 每股盈餘；

I = 固定財務支出利息、稅前特別股的股利。

1. **財務槓桿作用**：所謂財務槓桿作用（Financial Leverage or Trading on the Equities），便是在資本結構中，利用一部份固定利率資金，例如公司債或優先股等。由於支付公司債之利率或優先股之股利是事先約定的，如果企業之投資報酬率，高於此項固定利率時，則支付公司債利息或優先股股利以後，所餘普通股享有之利潤便增加。這種情形就普通股言，其投資報酬率可以提高，便是財務槓桿作用。

2. **財務槓桿反作用**：如果公司經營不善，營業成果未如預期，而公司債之利率或優先股股利是固定的，即使營業利潤小於約定利率，公司仍須照約定利率支付，則公司利潤在支付利息或優先股股利以後，所餘給普通股股東享有的利潤便將減少。這種情形，稱之為「財務槓桿反作用」（Unfavorable Leverage）。

3. **綜合槓桿作用**：使銷貨量提高，對營業毛利的增加產生擴大的效果，而財務槓桿作用，又擴大了營業毛利的增加所造成普通股收益增加的幅度，如果一個企業同時運用營業槓桿作用和財務槓桿作用，則銷貨量的少許增減，就會造成普通股平均收益產生很大的變動，這種連鎖作用的效果，可以用營業槓桿作用度和財務槓桿作用度的乘積來表示：

綜合槓桿度 = 營業槓桿度 × 財務槓桿度

(五) 償債能力分析

1. **短期償債能力**：可以利用下列比率了解公司在短期的債信能力。

(1) 流動比率

流動比率 = 流動資產 ÷ 流動負債

一般來說，流動比率越高越好，表示短期償債能力越強，債權人越有保障；但是比率過高，有資金呆滯的現象，而比率低，卻又有資金週轉不靈的隱憂。理論上，流動比率應以2以上為佳，然而實務上在1～1.5之間即可稱為良好。

(2) 速動比率

速動比率 = 速動資產 ÷ 流動負債

速動比率係表示每1元流動負債，有幾元速動資產可抵償，即公司迅速償債之能力，其常作爲流動比率之輔助工具，一般來說，速動比率以1以上爲佳，0.75左右尚可，0.5以下則不佳。速動資產係指扣除流動性、變現性較差的存貨、預付款項後的流動資產淨額。

(3) 現金對流動負債

現金對流動負債 = (現金 + 約當現金) ÷ 流動負債

衡量現金加計約當現金是否足以支應流動負債。

(4) 現金流量比率

現金流量比率 = 營業活動淨現金流入 ÷ 流動負債

衡量營業活動淨現金流入是否足以支應流動負債，評估企業短期償債能力。

(5) 短期防護比率

短期防護比率 = 速動資產 ÷ 平均每天營業支出 *

* 平均每天營業支出 = 銷貨成本 + 營業費用 – 折舊費用 + 利息費用 + 所得稅費用 ÷ 365

速動資產爲流動性較高之資產足以支應平均每天營業支出，衡量極短期的每日償付能力。

2. 長期償債能力：可以利用下列比率了解公司在長期的債信能力。

(1) 利息保障倍數

利息保障倍數 = (稅前淨利 + 利息費用) ÷ 利息費用

衡量企業以淨利支付利息費用的能力。

(2) 現金利息保障倍數

現金利息保障倍數＝(營業活動淨現金流量＋付現利息＋付現所得稅)÷付現利息

由於利息費用需以現金支付，故以營業活動淨現金流量衡量企業支付利息費用的能力，更能精確評估企業償債能力。

(3) 營業活動現金流量對負債比率

營業活動現金流量對負債比率＝營業活動淨現金流量 ÷ 總負債

更精確以營業活動淨現金流量衡量企業償付總負債之能力。

(4) 固定費用保障倍數

固定費用保障倍數＝(稅前淨利＋利息費用＋其他固定支出*)÷(利息費用＋其他固定支出)

*租賃費用等

利息費用及其他固定支出等爲企業必須支應的支出，此比率在衡量稅前淨利對固定費用的償付能力。

(5) 現金固定費用保障倍數

現金固定費用保障倍數＝(營業活動淨現金流量＋付現利息＋付現所得稅＋付現固定支出)÷(付現利息＋付現固定支出)

更精確以營業活動淨現金流量衡量企業對固定費用的償付能力。

10-5 綜合分析

一、杜邦分析

杜邦分析法（DuPont Analysis）是一種分析企業財務狀況的方法，得名於美國杜邦公司。杜邦公司於1920年代開始使用該方法，其發明人爲該公司的唐納森・布朗（Donaldson Brown）。主要目的是找出股東權益報酬率與其他財務比率的關係。

（一）公式定義

ROE杜邦分析：

ROE ＝ 稅後淨利率 × 總資產週轉率 × 權益乘數

由於ROE是衡量企業經營的重要數據，爲了更深入觀察ROE的成長衰退原因，可以透過杜邦分析了解ROE成長或衰退的原因，主要來自淨利率變化，或資產週轉率快慢，或舉債（權益乘數）的高低。

杜邦分析法將股東權益報酬率分爲三部分：稅後利潤率、總資產週轉率，以及權益乘數/財務槓桿。

1. **稅後淨利率**：是損益表中最重要的數字，代表獲利能力。

稅後淨利率 = 稅後淨利 ÷ 營收

2. **總資產週轉率**：連結損益表和資產負債表，代表管理階層運用總資產創造營收的能力，也就是代表管理能力。

總資產週轉率 = 營收 ÷ 總資產

3. **權益乘數/財務槓桿**：權益乘數的差額就在負債，因此這個倍數等於財務槓桿的運用程度。

權益乘數 = 總資產 ÷ 股東權益

資產 = 負債 + 股東權益

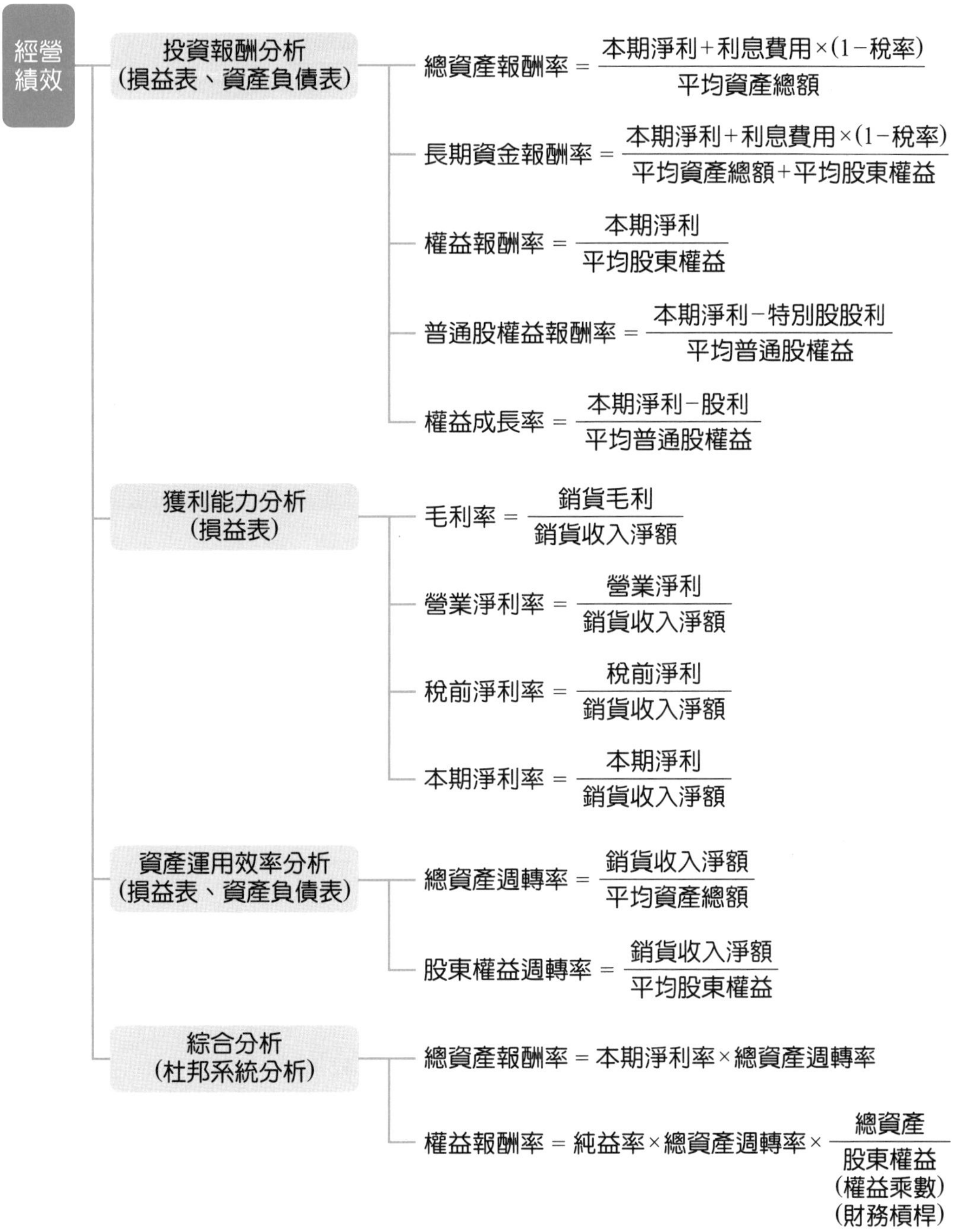

經營績效

- 投資報酬分析（損益表、資產負債表）
  - $總資產報酬率 = \frac{本期淨利 + 利息費用 \times (1 - 稅率)}{平均資產總額}$
  - $長期資金報酬率 = \frac{本期淨利 + 利息費用 \times (1 - 稅率)}{平均資產總額 + 平均股東權益}$
  - $權益報酬率 = \frac{本期淨利}{平均股東權益}$
  - $普通股權益報酬率 = \frac{本期淨利 - 特別股股利}{平均普通股權益}$
  - $權益成長率 = \frac{本期淨利 - 股利}{平均普通股權益}$
- 獲利能力分析（損益表）
  - $毛利率 = \frac{銷貨毛利}{銷貨收入淨額}$
  - $營業淨利率 = \frac{營業淨利}{銷貨收入淨額}$
  - $稅前淨利率 = \frac{稅前淨利}{銷貨收入淨額}$
  - $本期淨利率 = \frac{本期淨利}{銷貨收入淨額}$
- 資產運用效率分析（損益表、資產負債表）
  - $總資產週轉率 = \frac{銷貨收入淨額}{平均資產總額}$
  - $股東權益週轉率 = \frac{銷貨收入淨額}{平均股東權益}$
- 綜合分析（杜邦系統分析）
  - $總資產報酬率 = 本期淨利率 \times 總資產週轉率$
  - $權益報酬率 = 純益率 \times 總資產週轉率 \times \frac{總資產}{股東權益}$（權益乘數）（財務槓桿）

圖 10-21 經營績效與杜邦分析圖

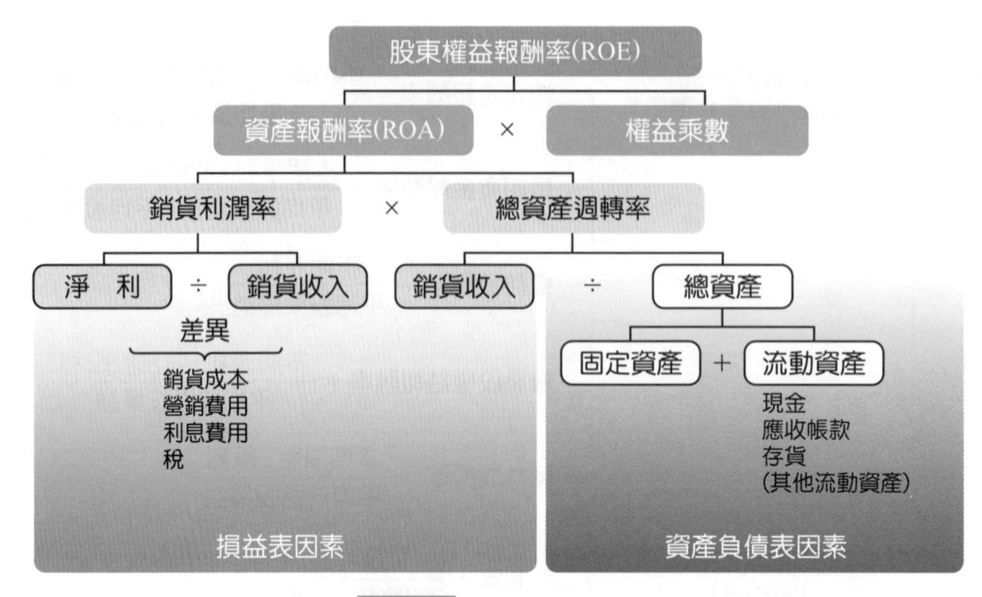

圖 10-22 杜邦模型分析

(二)如何分析

依據杜邦分析公式的定義,我們要從三個財務比率來分析公司的屬性,例如:是屬於「高獲利能力、低週轉率、低財務槓桿」型態還是「低獲利能力,高週轉率,中高財務槓桿」型態;來了解公司的獲利屬性是來自於那些經營特性。一般而言,穩健的公司是以「高獲利能力、低週轉率、低財務槓桿」型態爲主。

1. 「台積電」的杜邦分析(以2019年第2季爲例)

稅後淨利率:27.71%,表示以100元營收來看,可以獲利27.41元。

總資產週轉率:0.11,表示營收佔總資產11%。

權益乘數:1.42倍,表示總資產是股東權益的1.42倍。

ROE=4.05%,是屬於高獲利能力、低週轉率、低財務槓桿的類型。

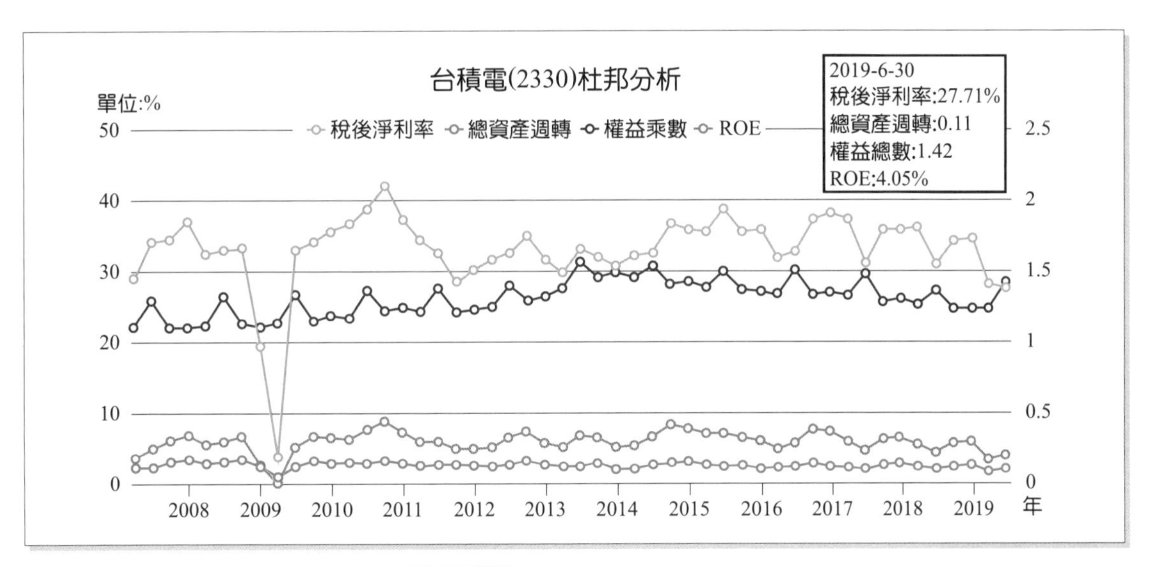

圖 10-23　台積電的杜邦分析

2. 「仁寶」的杜邦分析

稅後淨利率：0.81%，表示以100元營收來看，可以獲利0.81元。

總資產週轉率：0.61，表示營收佔總資產61%。

權益乘數：3.69倍，表示總資產是股東權益的3.69倍。

ROE=1.79%，是屬於低獲利能力、高週轉率、高財務槓桿的類型。

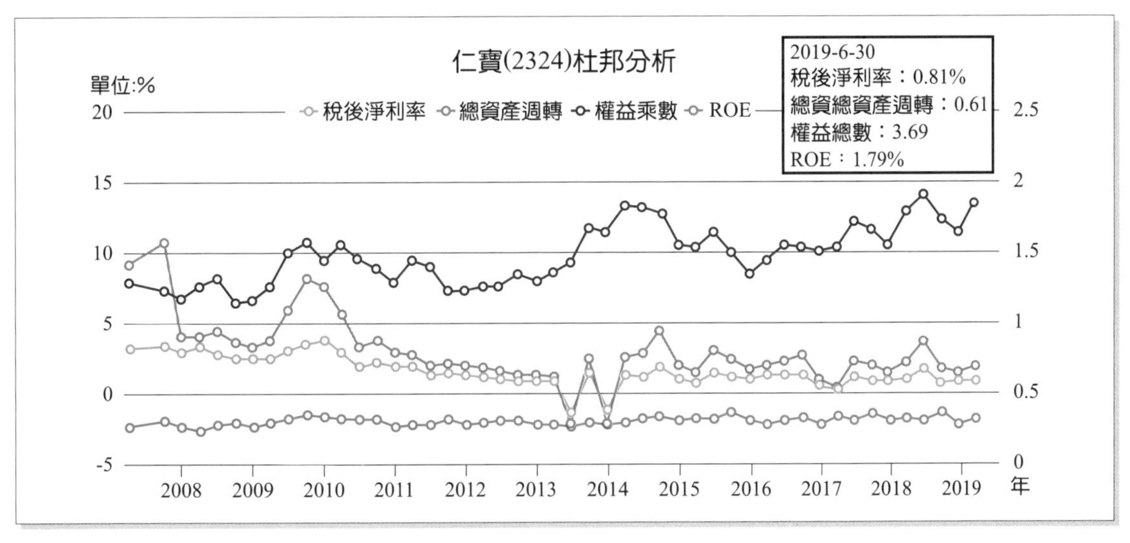

圖 10-24　仁寶的杜邦分析

從上面的兩個例子來看，影響「台積電」ROE最主要的因素是「高獲利的稅後利潤率」，而影響「仁寶」ROE最主要的因素是「總資產週轉率與高權益乘數」。因此，我們利用杜邦分析最重要的是(1)了解影響公司ROE的最重要因素；(2)若要以財務與獲利穩健的角度看，應以「高獲利能力、低週轉率、低財務槓桿」型態爲主。

二、綜合槓桿分析

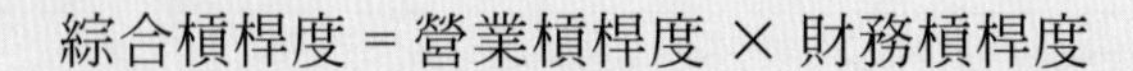

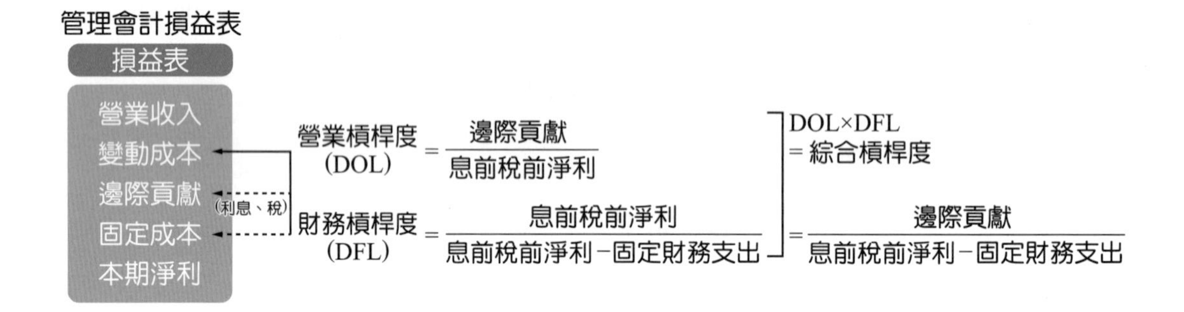

營業槓桿與財務槓桿運用程度，可以下表說明，固定資產、負債比例高低與營業風險、財務風險間之關係：

衡量指標		營業風險	財務風險
		DOL	DFL
因素：			
固定資產比例	愈大	愈大	愈大
	愈小	愈大	愈大
負債比例	愈大	無影響	愈大
	愈小		愈小

10-6 自由現金流量分析

自由現金流（Free Cash Flow）是公司可自由運用的現金，係將營業活動現金流量扣除維持營運發展所需之必要投資支出後所剩餘的現金部位。即：

自由現金流量 = 營業活動現金流量 － 資本投資支出

將營業活動與投資活動現金流量加總，係呈現企業經營活動（營業活動與投資活動）結果，而以現金流量形式實現的損益，是公司在現金基礎下的眞實損益。衡量時需注意產業特性、產業所處生命週期、公司因應產業環境及不同的經營策略等因素，皆會影響企業現金流量。

一般自由現金流量有幾種用途：

1. 用於發放股東現金股利，維繫與投資人關係。
2. 用以籌資活動之償還負債，以改善財務結構。
3. 購買公司庫藏股股票。
4. 提高資產面的流動性以因應不預期之風險事件。
5. 進行策略性投資（M&A、R&D）。
6. 增加財務運作彈性。

但過多現金流量可能意味公司現金運用的效率不佳。

自由現金流量可衡量企業之長期償債能力、發放現金股利能力、企業因應各種經營情勢變化的財務彈性。現金流量表揭露現金流量來源及用途，可了解經營成果層面產生現金的能力大小，並可分會計上的盈餘數字與營業活動現金流量數字之差異，進而評估公司盈餘的內涵與品質。財務報表上會計盈餘如果未能轉化爲流動性高現金形式，例如銷貨如果是賒銷而帳列應收帳款，在未收現前，此一部分收入是無法支應未來營業活動或投資活動等所需，面臨應付帳款、票據等負債到期或付息現金需求，則可能會有黑字倒閉的風險，故財務報表上會計盈餘不僅看其數字（量）且還要檢視盈餘的品質。

1. 衡量比率 = 每股現金流量
2. 現金流量比率 = 營業活動現金流量 ÷ 流動負債
3. 現金流量允當比率 = 近5年度營業活動現金流量總額 ÷ (近5年度資本支出 + 存貨增加額 + 現金股利總額)

4. 現金再投資比率 = (營業活動現金流量 − 現金股利) ÷ (不動產、廠房及設備毛額 + 非流動金融資產及採用權益法之投資 + 其他非流動資產 + 淨營運資金)
5. 現金利息保障倍數 = (營業活動現金流量 + 所得稅付現金額+現金息支出) ÷ 現金利息支出

10-7 財務危機預測——財報分析比率之應用

財報分析比率之應用可作爲財務危機預測，依據紐約大學教授愛德華•阿特曼（Edward Altman）1968年對美國破產和非破產生產企業進行研究，採用了22個財務比率經過數理統計篩選建立5變數Z-score模型。Z-score模型是以多變數的統計方法爲基礎，以破產企業爲樣本，對企業的營運狀況、破產與否進行分析、判別的模型。

公開上市交易的製造業公司的破產指數模型：

$$Z = 1.2X_1 + 1.4X_2 + 3.3X_3 + 0.6X_4 + 1.0X_5$$

Z：區別值（Discrimination Score）

X_1：淨營運資金 / 總資產

X_2：保留盈餘 / 總資產

X_3：EBIT / 總資產

X_4：股票市值 / 總負債

X_5：營業收入 / 總資產

1. 上市公司

$Z = 2.675$ 爲臨界點，$Z < 2.675$ 有財務危機，愈低可能性愈大，Z愈大財務狀況愈佳。

Z 介於 1.81～2.99間有可能發生預測錯誤；Z 低於 1.81 必定會有破產危機。

2. 未上市公司

$Z = 0.717X_1 + 0.84X_2 + 3.107X_3 + 0.42X_4 + 0.998X_5$

X_4 = 權益 / 總負債

10-8 公司治理

NEWS 強化公司治理 證交所明年擬拉高上市櫃獨董比例

臺灣證券交易所經理黃玻莉表示，上市櫃公司獨立董事席次不得少於董事席次 1/5 的規定，規劃將在明年修訂公司治理守則及評鑑指標提高為 1/3。

黃玻莉今天在「公司治理 3.0 －永續發展藍圖」高峰論壇表示，獨董制度將於 2023 年修訂相關規章，要求 IPO 公司、實收資本額達新臺幣 100 億元以上，及金融保險業上市櫃公司自 2024 年起設置獨董席次不得少於董事席次之 1/3。

黃玻莉指出，一個國家被納入 MSCI 新興市場指數後，僅有短期的資金匯入效果，影響外資流入關鍵因子為指數報酬率、公司治理良窳、英文資訊揭露程度等，但導入嚴格公司治理標準後的市場，長期下可吸引更多的國際資金流入。她引用麥肯錫管理顧問公司報告指出，投資人願支付 20% 以上溢酬（Premium）給公司治理良好的企業。

黃玻莉強調，臺灣推動公司治理，除獨董的設置規範外，2023 年起上市櫃公司董事於每屆就任年度須進修 3 小時。另外，推動上市櫃公司半數以上獨立董事連續任期不得逾 3 屆、訂定獨立董事及審計委員會行使職權參考範例、推動上市櫃公司每季財務報表須經審計委員會同意、強化獨立董事獨立性揭露。

至於公布年度財報自結數，除分階段要求上市櫃公司於年度終了後 75 日內公布自結數外，資本額 100 億元以上公司 2023 年須於年度終了後 75 日內公告經查核的年度財務報告，將研議縮短為 60 天內公告財報的可行性。

黃玻莉說，公司治理 3.0 有 5 大主軸，包括強化董事會職能，提升企業永續價值；提高資訊透明度，促進永續經營；強化利害關係人溝通，營造良好互動管道；深化公司永續治理文化，提供多元化商品；接軌國際規範，引導盡職治理。

資料來源：中央社 2020/09/21

一、公司治理概念

公司治理是指一種指導及管理企業的機制，以落實企業經營者的責任，並保障股東的合法權益及兼顧其他利害關係人的利益。良好的公司治理應係董事會與管理階層以符合公司與全體股東最大利益的方式達成營運目標，協助企業管理運作，以及提供有效的監督機制，以激勵企業善用資源、提升效率，進而提升競爭力，促進全民之社會福祉。公司治理是健全資本市場重要的基礎，也是吸引投資人持續投資的主要關鍵。

OECD 公司治理原則

自1999年發布以來，OECD公司治理原則已被各界公認爲良好公司治理的國際基準。於2004年修訂的公司治理原則，OECD提出六項原則，提供企業建立一個健全的公司治理之參考。2015年最新修定，新增主張強化機構投資人的角色、加強防範內線交易等，最新六項原則如下：

1. 確立有效公司治理架構之基礎。
2. 股東權益、公允對待股東與重要所有權功能。
3. 機構投資人、證券市場及其他中介機關。
4. 利害關係人在公司治理扮演之角色。
5. 資訊揭露和透明。
6. 董事會責任。

考量我國證券市場外資投資比重逐年上升，外資往來之國際投票顧問機構對我國發行公司亦具備一定影響力，將參考國外相關規範，增訂相關盡職治理守則，並建立國際投票顧問機構與國內發行公司之議合機制，擴大我國盡職治理之產業鏈。另截至民國110年度簽署盡職治理守則之機構投資人已達151家，將持續鼓勵其揭露盡職治理資訊，並設立盡職治理相關評比機制，以強化機構投資人之股東行動，提升我國證券市場整體公司治理。

二、我國公司治理發展歷程

我國資本市場特色之一係中小企業及家族企業多，經營決策易有不透明或不利於小股東之情況，又投資人以散戶居多，其較重視短期收益，忽略企業長期永續之經營價值，因此導致部分企業易重短期績效、欠缺落實公司治理之動機，甚至出現經營危機或不法情事。

爲持續深化我國公司治理，提升企業永續發展，並營造健全永續發展（ESG）生態體系，強化我國資本市場國際競爭力，金管會宣布「公司治理3.0—永續發展藍圖」正式啓動。金管會前爲利外界瞭解「公司治理3.0—永續發展藍圖」未來推動方向，及凝聚各界共識，已於109年8月14日召開規劃說明會議，相關與會單位及公司治理專家學者於會中及會後所提出之意見，包括研議提名委員會推動之可行性、企業風險管理機制得由董事會之功能性委員會如審計委員會或風險管理委員會負責督導、彈性化之董事進修要求、獨立董事任期是否均不得超過三屆、適度調整上市櫃公司公布自結年度財務資訊及縮短年度財務報告公告申報期限等，金管會已參酌外界建議調整藍圖相關措施。

參酌國際組織及國內專家學者對我國企業公司治理面之觀察與建議，分析我國實施公司治理所面臨之挑戰如下：

(一) 公司治理文化尚未普及

我國推動公司治理已有多年，相關法制及執行面雖頗有建樹，但多數公司僅遵守法令，缺少自發性主動改善公司治理之動機與行動，且民間機構或非營利組織之資源亦尚未有效整合，致公司治理之推動效率及效果有限。

(二) 董事會之獨立性可再提升

我國本土中小企業董監事仍有多由家族成員擔任之情況，外界常批評其功能欠佳，決策受到少數人操縱而監督機制未能彰顯。強化董事會運作及董事職能，將要求初次申請股票上市櫃之公司、實收資本額達100億元以上及金融保險業之上市櫃公司自113年起設置獨立董事席次不得少於董事席次之三分之一（配合董事任期屆滿適用），及半數以上獨立董事連續任期不得逾三屆（配合董事任期屆滿適用）；推動上市櫃公司導入企業風險管理機制；實收資本額未滿20億元之上市櫃公司自112年起亦應設置公司治理主管；提供多元化的董事進修規劃、訂定獨立董事與審計委員會行使職權參考範例，以及推動上市櫃公司設置提名委員會等措施。

(三) 股東行動較為不足

小股東較重短期收益，對參與公司事務較不熱衷，而機構投資人亦未能積極行使投票權及發揮其影響力，是以極須提升及實踐股東行動主義。

(四) 公司治理執法有效性尚待提升

公務機關受依法行政之約束，往往對未遵守法令者無法給予立即且有效之輔導、遏阻或制裁行動，因此除應強化法令外，更應善用機制鼓勵以民間力量協助監督。另執法資訊之揭露有遏阻及防範違法行為之效果，應更加強其即時性。

(五) 資訊揭露透明度及便利度可再強化

部分公司揭露之資訊流於形式化，尤其針對非財務資訊之揭露，因內容不完整，投資人不易掌握重點或瞭解判斷，另部分公司治理事項缺乏統計資料，不易瞭解整體變化。

我國自2003年由行政院成立改革公司治理專案小組將公司治理法制化以來，企業開始重視公司治理及投資人權益之保護，為讓上市櫃公司之公司治理運作與時俱進與國際接軌，金融監督管理委員會（以下稱金管會）分別於2013年發布5年版之「2013強化我國公司治理藍圖」及2018年發布為期3年之「新版公司治理藍圖（2018～2020）」，在政府部門與民間力量推動下，共同努力提升我國公司治理環境。

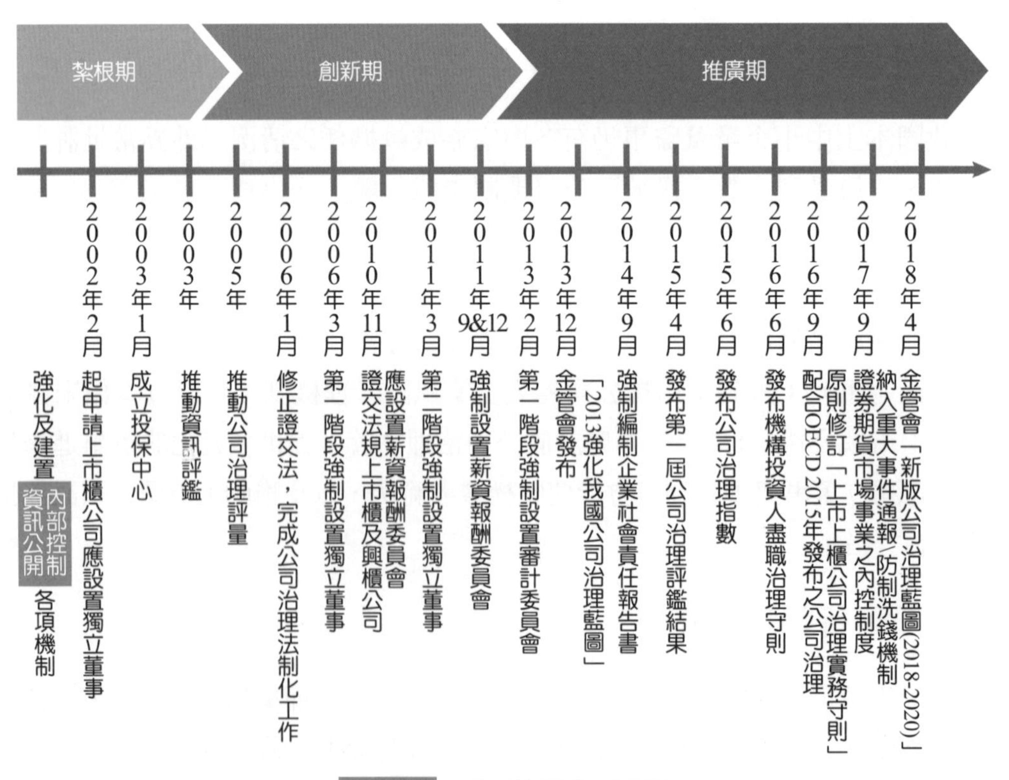

圖 10-25 公司治理發展歷程

近10年的努力，金管會推動多項措施，2015年4月完成公布第1屆公司治理評鑑，並爲提升公司治理評鑑之效度，持續增訂質化評鑑指標，促進企業間良性競爭，並透過公司治理指數市場機制及誘因，促進企業自發性提升公司治理，如臺灣證券交易所股份有限公司（以下稱證交所）及財團法人中華民國證券櫃檯買賣中心（下稱櫃買中心）分別於2015年6月編製發布「臺灣公司治理100指數」及「櫃買公司治理指數」，2017年12月編製發布「臺灣永續指數」，以市場機制鼓勵上市櫃公司重視企業永續發展。

爲持續深化我國公司治理，提升企業永續發展，並營造健全永續發展（ESG）生態體系，強化我國資本市場國際競爭力，2020年金管會宣布「公司治理3.0—永續發展藍圖」正式啓動邁入多元推廣的公司治理3.0階段。

1. 核心願景

(1) 落實公司治理，提升企業永續發展

完善的公司治理是企業經營基石，董事會是公司經營管理的主要機構，也是落實公司治理的重要推手，強化董事會組織運作和職責，是公司治理發展的核心；企業永續是企業的核心價值，而永續發展的關鍵性策略爲企業善盡社會責任，爲提升企業永續發展之價值，企業應提高資訊之透明度，提供有效、有用與即時性之資訊，並強化利害關係人之溝通，期許在良性互動下，促進公司改善，以利企業經營持續創新成長。

(2) 營造健全永續發展生態體系，強化資本市場國際競爭力

ESG議題及企業穩健永續經營，與投資人權益息息相關，企業永續及社會責任受到全球高度重視，國際投資機構及產業鏈日趨重視永續相關議題，公司治理及責任投資也逐漸成爲國際主要資本市場的重要驅動力，因應國際發展趨勢，金管會規劃「公司治理3.0—永續發展藍圖」，期帶動企業、投資人及相關利害關係人良性發展與互動，營造一個健全的ESG生態體系，並強化我國資本市場國際競爭力。

2. 五大推動主軸：爲因應資本市場環境快速變遷，並加速推動我國公司治理朝國際化腳步邁進，金管會秉持著精益求精的精神，以未來3年爲期，規劃本版藍圖「公司治理3.0—永續發展藍圖」，作爲推動公司治理政策之指引，爲達成核心願景，提出五大推動主軸如次：

(1) 強化董事會職能，提升企業永續價值。

(2) 提高資訊透明度，促進永續經營。

(3) 強化利害關係人溝通，營造良好互動管道。

(4) 接軌國際規範，引導盡職治理。

(5) 深化公司永續治理文化，提供多元化商品。

ESG

對企業來說，企業的社會責任就是分析師和投資者的 ESG 的相關標準。ESG 標準可被視為企業和分析師 / 投資者雙方共同的考量。ESG（Environmental, Social, Governance）代表「環境、社會、公司治理」，聯合國全球契約計劃於 2004 年首次提出了 ESG 這個名詞和概念，以便為分析師和投資者提供一套符合於聯合國「責任投資六項原則」的標準。ESG 標準並沒有全面的明確理解或定義。可持續會計準則委員會（Sustainability Accounting Standards Board, SASB）是一個獨立的非牟利組織，它承諾為統一 ESG 估值定義會計準則，根據三個主要的「E、S 和 G」標準，以及從「責任投資原則」中發展出的數個觀點，從而衍生出 ESG 標準，概括如下：

環境(E)
- 溫室氣體排放
- 空氣質素
- 能源管理
- 燃料管理
- 水及污水管理
- 生物多樣化影響
- 產品和服務的生命週期影響
- 環境、社會對資產和營運的影響
- 產品包裝

社會(S)
- 人權
- 社區關係
- 客戶福利
- 數據保安及客戶私隱
- 公正披露及標示
- 勞工關係
- 公正的勞工政策
- 供應鏈內的勞工標準
- 僱員健康、安全及舒適
- 多樣化與共融
- 薪酬與福利
- 招聘、發展和保留

公司治理(G)
- 系統化風險管理
- 意外及安全管理
- 商業倫理
- 激勵措施架構
- 報告和審計政策
- 競爭行為
- 監管覆蓋
- 政治影響
- 物料採購
- 供應鏈管理

圖 10-26 ESG：環境—社會—公司治理分類（根據可持續會計準則委員會）

資料來源：https://hk.allianzgi.com/-/media/allianzgi/ap/hongkong/pdf/tc/insight-investment-theme/201712-esg-hk-tc-final.pdf

三、企業社會責任

企業社會責任（Corporate Social Responsibility, CSR）概念的發展過程中，對於企業經營者應以其股東利益爲優先，抑或應同等重視其員工、消費者及其他利害關係人之利益，學術界與實務界向來均有贊成或存疑者。然隨資本市場深化，企業經營與員工、環境、所處社區及整體社會互動日趨密切，復以經濟全球化過程，社會大眾對企業擔任的社會角色之期望不斷攀升，促使企業社會責任論的理念逐漸受到重視與認同。

一般認爲企業社會責任論最早係由美國學者Oliver Sheldon於1924年所提出，他把企業社會責任與企業經營者滿足產業內外各種人類需要的責任相結合。而1997年英國學者John Elkington進一步提出三重底線理論（Triple Bottom Line），逐漸成爲理解企業社會責任概念的共同基礎，該理論認爲企業要考慮財務、社會和環境三重底線，即要擁有確保企業生存的財務實力、同時必須關注環境保護和社會責任。

基於企業社會責任議題日益受到重視，各界亦賦予其不同的定義及內涵，目前較廣爲大家所接受及引用的，係依據世界企業永續發展委員會（World Business Council for Sustainable Development, WBCSD）所下之定義：企業社會責任是企業承諾持續遵守道德規範，爲經濟發展做出貢獻，並且以改善員工及其家庭、當地整體社區、社會的生活品質爲目標。

鑑於非財務性資訊之重要性，我國自2015年起要求特定上市櫃公司編製公告企業社會責任報告書（下稱CSR報告書），並配合國際GRI Standards發布，要求強制編製2018年CSR報告書之上市櫃公司應依GRI Standards編製，並逐年分批檢視CSR報告書，以提升報告書之品質。另爲增進外國投資人查閱資訊之便利性，創造國際化之投資環境，逐步推動符合一定條件之上市櫃公司提供英文版「股東會議事手冊」、「年報」、「年度財務報告」及「重大訊息」等資訊，金管會並自2019年起每年公布我國「證券暨期貨市場執法報告」及「公司治理報告」，揭露市場缺失態樣達到警剔效果，提升執法成效，並利市場參與者瞭解我國公司治理最新發展及推動成效。

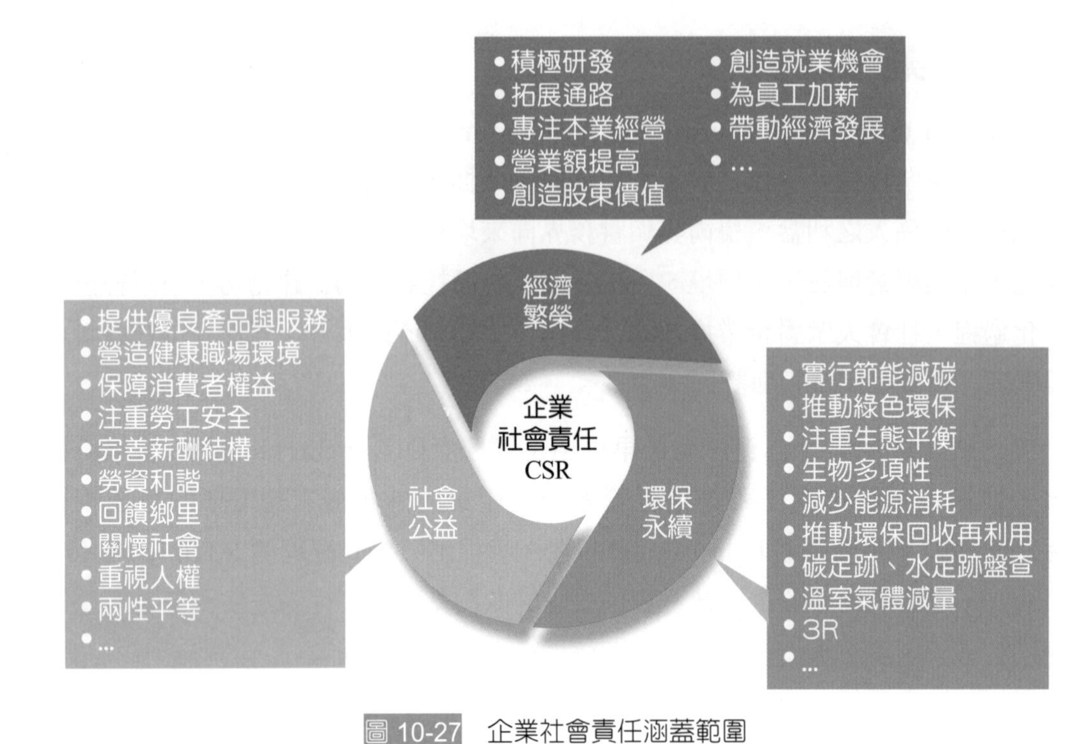

圖 10-27 企業社會責任涵蓋範圍

《延·伸·閱·讀》

1. 公司治理3.0獨董新規 工總叫苦，工商時報，2020.09.22

1. 請說明何謂基本分析。【92Q3 證券分析人員】

2. 企業之主要活動分爲哪三類？分析股東投資報酬績效時，常用股東權益報酬率爲指標，該指標常進一步分成銷貨利潤邊際、總資產週轉率與權益乘數，試說明上述銷貨利潤邊際、總資產週轉率與權益乘數之計算公式爲何，並說明銷貨利潤邊際、總資產週轉率與權益乘數可分別用以分析哪類活動之績效。【95Q4 證券分析人員】

3. 產業生命週期可分爲哪幾個階段？各有何特色？產業分析時，應注意哪些重要事項？【88Q1 證券分析人員】

4. 影響股價的內外在因素相當多，身爲證券分析師的您在被詢問各股產業遠景及未來走勢時，應以何種架構及角度來回答此問題？試詳述之。【84Q2 證券分析人員】

5. 拾兆公司 2008 年相關財務資料如下：

資產負債表			
現金	?	應付帳款	20,000
應收帳款	?	應付費用	?
存貨	?	長期應付公司債	?
預付費用	50,000	股本	350,000
固定資產	?	保留盈餘	50,000
總資產	?	負債及權益	?

I. 本期利息費用 \$10,000；利息保障倍數（Times Interest Earned）爲 4

II. 淨利潤率（Net Profit Margin）爲 4.2%；銷貨毛利率（Gross Profit Margin on Sales）爲 28%；所得稅率 30%

III. 應收帳款週轉率 12.5 次；出售存貨所需平均天數 60 天（假設一年 360 天）

IV. 流動比率（Current Ratio）爲 3；速動比率（Quick Ratio）爲 2；負債權益比爲 1.25

試問：

(1) 該公司 2008 年營運資金（Working Capital）爲何？

(2) 該公司 2008 年固定資產的金額爲何？【97Q4 證券分析人員】

11 股價之技術分析

Chapter

學習目標

1. 技術分析的基本概念
2. 常用技術分析工具（均線與K線）
3. 常用技術指標（MA, KD, MACD, RSI）定義與應用
4. 股價趨勢與型態分析
5. 策略交易的應用

名人金句

- ❒ 不在成交量爆量之後買進，不在成交量爆減之後賣出。
- ❒ 市場趨勢不明顯時，寧可在場外觀望。
- ❒ 買賣遭損失時，切忌賭徒式加碼，以謀求攤低成本。

威廉・江恩（William Gann）

本章架構圖

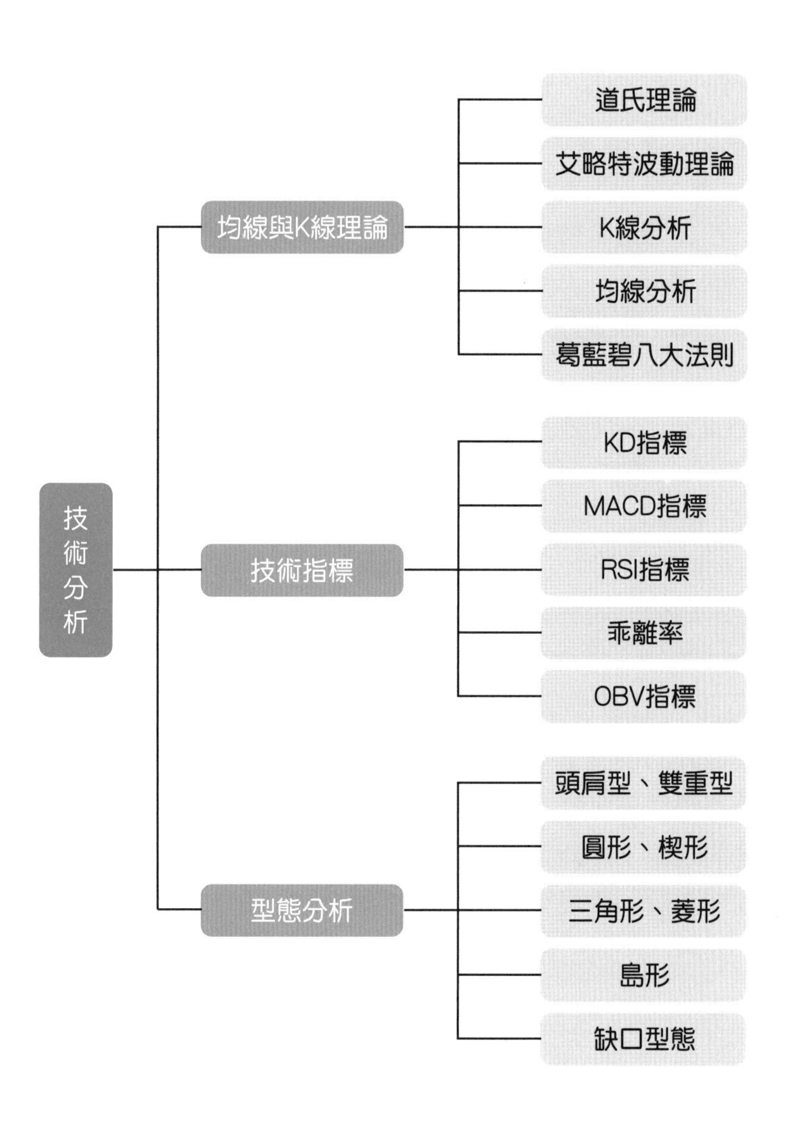
技術分析
均線與K線理論
道氏理論
艾略特波動理論
K線分析
均線分析
葛藍碧八大法則
技術指標
KD指標
MACD指標
RSI指標
乖離率
OBV指標
型態分析
頭肩型、雙重型
圓形、楔形
三角形、菱形
島形
缺口型態

2010 年美國股市閃崩事件

2010年閃崩事件是在2010年5月6日下午2點40分，道瓊工業指數來到10,460點，接下來36分鐘重挫998.5點，跌幅近9%，在這段時間內由10,460點開始急劇下跌，在5分鐘之內跌至9,870點附近，不過幾分鐘後又迅速回升，此事件被喻為「Flash Crash（閃崩）」。美國指控英國交易員薩勞（Navinder Singh Sarao），以1人之力讓美股崩盤。他在2015年5月被捕，引渡至美國並定罪，將面對22項罪名及380年刑期。薩勞被指控透過程式炒作美股，在芝加哥交易所下大單，影響指數後又刪單。只是高頻交易並不違法，早在1988年美國證交會就頒佈「另類交易系統規定（ATS Regulations）」，開放高頻交易。違法的是「意圖操縱市場」，國內期交法第107條也有明訂。

資料來源：自由時報 2016/05/03

【新聞評論】

美國 2010 年的閃崩事件說明了隨著科技技術的進步，交易系統硬體設備與網路速度越來越好的情況下，有些投機交易者想透過速度的優勢，操控市場走勢來獲利，破壞市場秩序，這些行爲是違法的。雖然有許多國家允許高頻交易，但是仍須在高度的規範下才能進行，科技技術的進步讓交易速度變快，但交易的公平性也需要同時考量，法規應該同時並重兩者的平衡，以維護交易市場的秩序。

11-1 技術分析的基本概念

按照前提假設與引用資料的不同，股價分析可以分爲兩種截然不同的方式，分別稱爲「基本分析」與「技術分析」。

一、基本分析

基本分析的先決假設是：股票皆是「眞實價值」存在，眞實價值的高低取決於公司的獲利能力，而股價會依此一眞實價值調整。所以基本分析，必須由整體經濟、產業與個別公司情況等三方面來研判公司的獲利能力，從而找出眞實價值所在，分析的內容包括企業的資產內涵、經營效率、產業動態和一般經濟情況等，經由複雜的比例與數據運算，得出證券的眞值或投資價值，再與當前的市價比較，若市價低於眞值，表示股價終將會上揚，宜於進場買進；若市價高於眞值，表示股價終會回跌，宜於賣出而不宜買進。因此基本分析的投資目標在於股息股利、增資配股與股價長期上漲所產生的差價利益。

二、技術分析

技術分析的基本假設在於：股價的歷史會一再重演；面對同樣情況時，不同時期的投資人應有同樣的反應，而股市本身就是最完整的分析資訊來源。因爲所有的基本資料都會影響買賣供需交易關係而立即反應在股價的變動上，所以投資人可以直接由以往的交易資料與股價變動的過程著手，由它們所顯示出來的意義作買進或賣出的投資研判。

依照著名的技術分析專家艾德華與馬基的說法：

1. 股價是由買賣交易供需關係所決定的，與眞值無關。亦即股票的市價純粹是由買賣，或供需雙方的交互行動所產生。
2. 股票的買賣交易供需關係受到眾多因素的影響，其中有理智的因素，也有盲目的因素。投資買進股票時，可能根據對產業資訊或財務資料的研判，也可能是因爲個人的偏好或盲目的樂觀；基本分析資料只是投資參考的一部份而非全部。
3. 基本分析研究的統計資料都是過去的歷史，而股價所反映的卻是未來，但過去或甚至於現在，皆與未來毫無關聯，因爲外在因素與市場心理隨時在改變。何況基本分析的機械式運算數據並不能顯示出所有相關資訊；許多影響股價的因素是無法統計而加以數量化的。
4. 除了股價每日盤中波動外，長期而言，股票價格將在一定期間內，按某種既定的趨勢進行。而一旦趨勢建立，除非既有的買賣交易供需關係徹底改變，否則將會一直繼續下去。

5. 不論何種原因改變了原有的買賣交易供需關係，都可以由線路、圖形、交易資料和簡單的數據運算偵測出來，從而在趨勢形態改變之前，做出正確的投資研判。
6. 歷史不斷重演，投資人也一再重蹈覆轍，所以歷史性的資料與線路、圖形均將反覆出現。

如果投資人足夠理智，能夠很快地將隨機出現的有關資訊反映於交易中，則股價會不斷隨著新的資訊出現而調整，結果是任何時刻的股價都十足反映了當時所有的公開資訊（包括經濟性、政治性、技術性與理性因素），所以必然是任何時刻的股價皆是當時該股票的「眞值」。也就是說，股價隨時反映了眞值，根本無所謂偏高、偏低、差價或投資價值，這是基本分析在邏輯上的缺點。

基本分析與技術分析兩者之間的分析理論與分析方式有如此大的矛盾差異，以致於自1960年代開始便有著長期的對立與辯論。一般而言，基本分析仍被視爲股價分析的主流，因爲它有較完善的理論基礎，適用於選股和長期投資分析；技術分析側重過去資料、現象的統計與歸納，較缺乏理論根據，適用於買賣價位、時點的決定與短期投資交易研判。雖然兩者在理論上，邏輯上均有著難以並存並容的衝突、矛盾，但在投資實務上，技術分析可以用做爲基本分析的輔助分析工具，藉以提高投資決策的精確性。

然而，在投機風氣較盛的市場中，技術分析往往凌駕基本分析之上，成爲股價分析的主流，原因在於：

1. 技術分析適合短線操作。
2. 技術分析的理論部分較少，而多半來自統計、歸納，內容簡單，容易瞭解。
3. 有一定模式可資遵循，有簡單而具體的圖形、數據可供分析，學習、驗證皆很方便。
4. 複雜的線路、圖形、數據指標若能運用得當，對股價走勢的分析、預測也確有相當的準確性。
5. 某種成功的分析方式會吸引眾多投資人加入使用，而眾多投資人的集體行動可能會造出預期的股價型態，益增分析的「準確性」。

11-2 常用之技術分析工具－均線與K線

技術分析是以股票成交價與成交量爲基礎，利用各種統計指標來描述股價變動的行爲，其中主要區分爲均線架構與指標架構；均線架構有：道氏理論、K線理論、均線理論等，指標架構有：KD、MACD、RSI等。

一、道氏理論

道氏理論創立於十九世紀末葉，是技術分析理論當中最早期的，較有系統與創意的重要學說。

道氏理論乃是利用道瓊工業指數與鐵路股價指數的分析與解釋來預測工商業活動的變化，它一共分爲四個部份：(1)證券市場的三種移動；(2)以線路加以實證；(3)以平均數確認；(4)以雙重頂和雙重底確證。其中最重要的部份是第一項，證券市場的三種移動及其預測。

道氏認爲證券市場之各種移動，正如潮水之漲退，在任一時刻上，證券市場必存在有三種移動：主要移動（Primary Movement）、次級移動（Secondary Movement）與日常移動（Daily Movement），這三種移動同時運作，並且交互影響。

其中最重要的爲主要趨勢的變動，它表現出上漲和下跌的波動且持續一年或一年以上。一般在價位上是漲升或下跌20%以上時，在主要移動中到處會被相反方向的次級（Secondary）波動所影響而發生反向移動，即多頭市場中的回檔或空頭市場的反彈，此種次級移動係由不重要的短期變動（Minor Trend）或日常小波動所組成。

道氏描寫證券市場之移動，正如海水漲落時的水準一樣；主要移動頗似潮流（Tide），次級移動須似波浪（Waves），日常移動則頗似波紋（Ripples），茲以圖11-1表示。

不過，以上之譬喻並不完全合適。如所周知，潮水之漲退都有定時，一般人也可事先預知，可是，股市之起伏變化並無規律，故而無法事先以某些數學式加以預測。漢彌爾頓雖然發揚光大了道氏的理論，可是，他卻從未認爲股價循環具有規律性，而且，他也從未認爲股價循環之持續期間可以事先估計。事實上，道氏理論係假定股價循環缺乏規律性，其目的僅在說明並確認多頭或空頭市場何時業已中止，以及多頭或空頭市場是否將會持續，其目的並不在預測多頭或空頭市場究竟能維持多久。

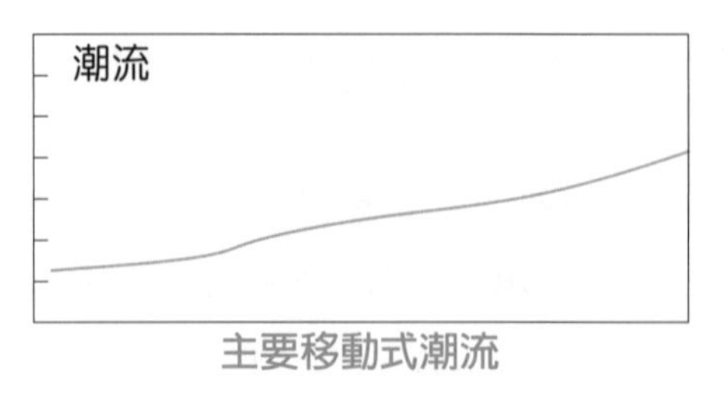

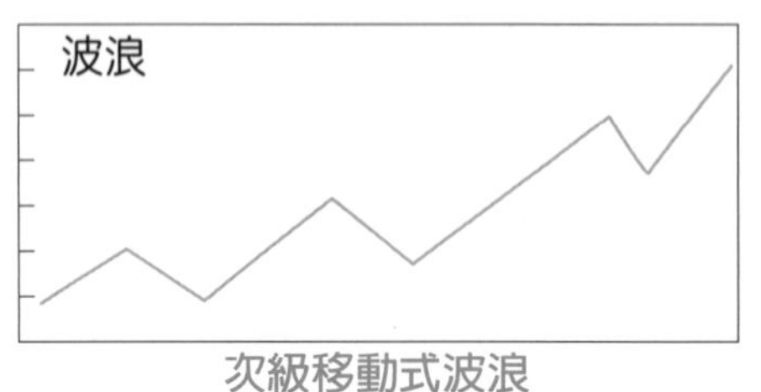

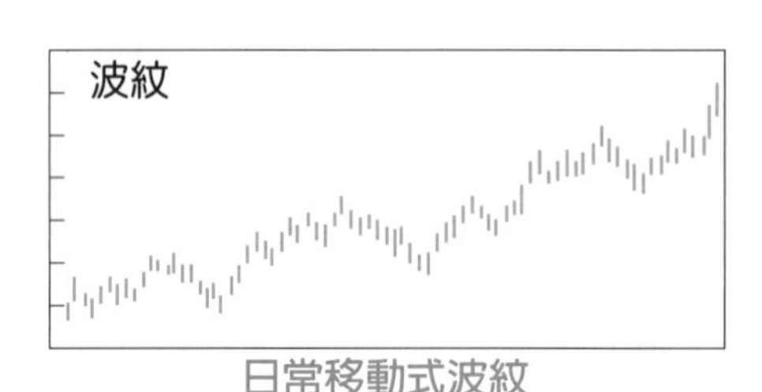

圖 11-1　證券市場之三種移動圖

資料來源：Wilford J. Eiteman, Charles A. Dice, and David K. Eiteman, The Stock Market, 4th ed. New York：McGraw-hill, 1996, p.444.

二、艾略特波動理論

艾略特波動原理乃艾略特所發現之理論，然後再以實驗來證實理論，於1938年發現，是道氏理論的補充說明，也是當前通行的股價分析工具之一。

波動原理基本上承接了道氏理論的三種移動趨勢說法，認爲在一個完整的多頭走勢當中，應該具有五個向上的漲升波與三個向下的回跌波。在總共八波之中，上升的第一、三、五波稱爲推進波，或分別稱爲初升段、主升段和末升段，第二、四兩波則爲上升過程中的回跌，稱爲調整波。下跌三波當中，第二波是下跌過程中的一次反彈，亦屬調整波。其中最重要的因素有三：波型、轉折比率與形成時間，每一大波分成幾個中波，每一中波又分成許多小波，一個完整的股市循環一共細分爲144個小波。在型態—比率—時間三要素的分析與闡釋上，引用「費波納奇數列」（1，1，2，3，5，8，13，21，34，55，89，144，……）中的數字和比例，對股價變動趨勢的發展具有明確的預測功能，適用於整體股價指數的分析與中長期的投資研判，是目前最完整也最精確的股價分析理論體系。

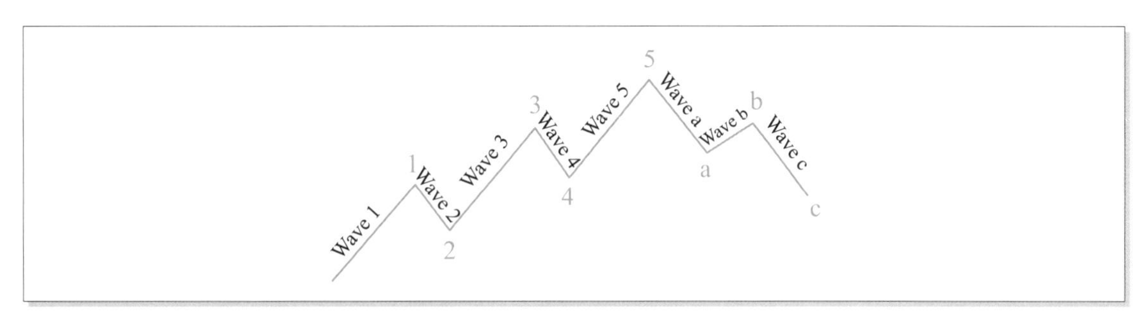

圖 11-2 艾略特波動之基本型態

三、K線分析法

K線係將當天股票漲跌變化以圖形表現出來，其基本構造分爲上影線、下影線與中間實體三個部份。上影線的最高點代表該股當天的最高價，下影線的最低點代表當天股價的最低價，至於上影線與下影線之間的實體，就是代表該股當天實際的漲跌。

(一) K線的基本組成

K線係代表證券市場買賣雙方勢力的指標，基本繪製方法如下：

1. 標繪出開盤價及收盤價，並以粗線成長方形。
2. 如果收盤高於開盤價，以中空之長方形或紅色長方形，簡稱陽體線或紅體線；如果收盤價低於開盤價，以實體之長方形或黑色長方形，簡稱陰體線或黑體線；如果收盤價等於開盤價，則以一橫線表示，稱之平盤線。
3. 如果最高價高於長方形中的高價者，則最高價與長方形上端中間點之連線，稱爲上影線。
4. 如果最低價低於長方形中的低價者，則最低價與長方形下方中間點之連線，稱爲下影線。

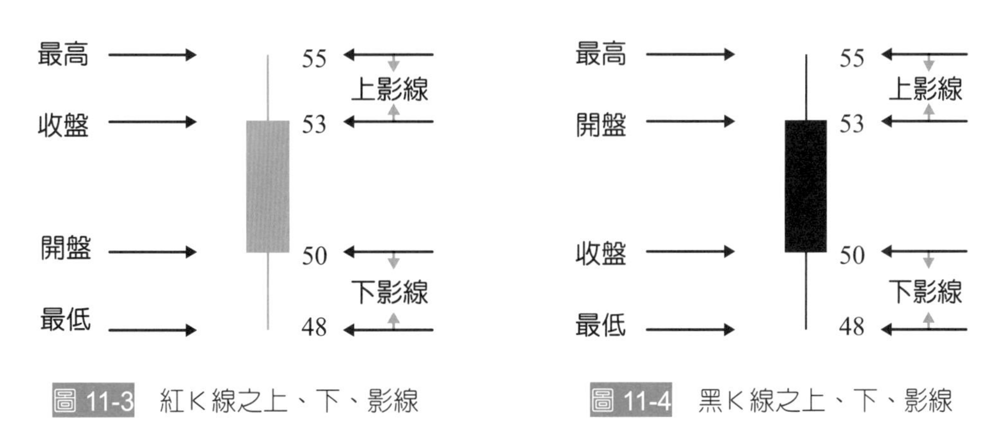

圖 11-3 紅K線之上、下、影線

圖 11-4 黑K線之上、下、影線

(二) K線基本型態

1. 大陽線或長紅線，表示強烈漲勢。紅體線長短，代表買盤的程度。如果紅體線愈長，則表示賣盤較弱，買盤較強。
2. 大陰線或長黑線，表示強烈跌勢。黑線體的長短，代表賣盤程度。愈長則買盤較弱，賣盤較強。
3. 上影紅K表示先跌後漲，買盤勢強。
4. 小紅K表示賣方力量強大，但跌後獲得支持，後市可能反彈。
5. 小黑K表示股價上升面臨抗拒阻力，賣壓沈重，後市可能下跌。
6. 下影黑K表示先漲後跌，賣方勢強。
7. 上影黑K表示反轉試探，如在大跌之後出現，可能反彈；如在大漲之後出現，可能下跌。
8. 下影紅K表示試探型，如在大跌之後出現，可能反彈；如在大漲之後出現，應靜觀後市變化。
9. + 表示開盤價等於收盤價。雙方勢均力敵，應靜觀其變。
10. ┬ 稱爲T字型，表示實力雖強，但買方實力更大。稱多勝線。
11. ┴ 稱反T字型，表示買方雖強，但賣方更強。稱空勝線。
12. 一 顯示交易只在一個價位，只有冷門股或交易非常冷清的股票才會發生。

(三) K線特殊型態

根據基本型態的K線，可以得知不同型態代表股市買賣雙方不同的情勢發展。因此，我們可以根據前後期的K線，得到一些基本概念，瞭解股市的發展。以下介紹三種特殊型態：1.轉機型態；2.上升型態；3.下跌型態。

1. **轉機型態**：轉機型態又可分爲高檔轉機型或低檔轉機型兩種。這些轉機型態都是因爲第一天有平盤現象，而第二天卻是單純黑體線或紅體線。

   下圖中A與B，其第一天之上影線部份很長，表示賣方很強，收盤價在低檔，第二天買方力量轉弱，故後市看跌。C則表示第一天平盤，但第二天之股價大幅滑落，因此將會繼續下跌。在D的情況下，第二天雖出現紅體線，但股價欲振乏力，無法達到第一天之收盤價，故而後市仍然看跌。下圖中A～D都是高檔轉機型，反之E～H爲低檔轉機型，其情形與高檔轉機型的情形剛好相反，其股價由第一天的平盤價位，透過買方或賣方的力量使股價上揚。

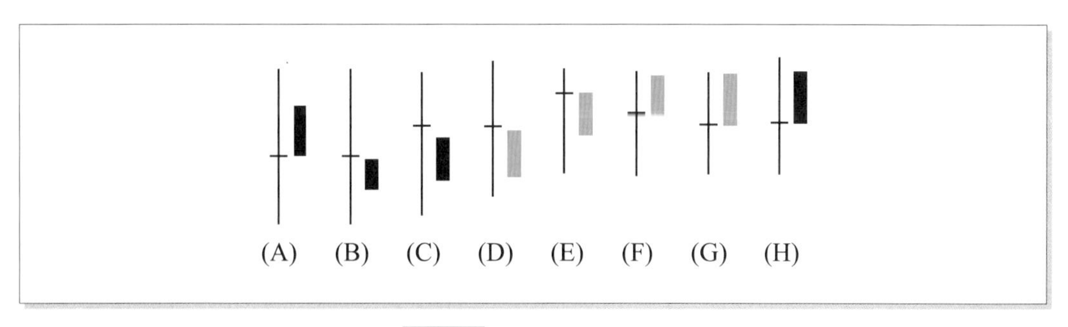

圖 11-5 轉機型態K線

2. 上升型態：上升型態的種類很多，其中最典型的爲三大陽線型，也就是連續三天都出現大陽線，且後一個大陽線之最低價都高於前一個大陽線之最高價，但股價經三天大漲後可能開始挫落，因此，投資者不可掉以輕心。

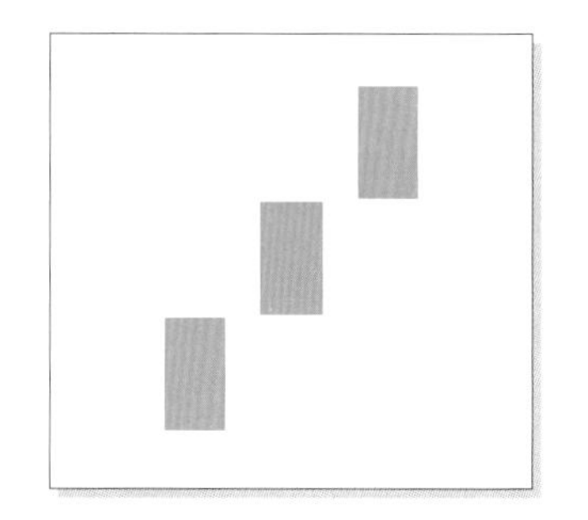

圖 11-6 上升型態K線

3. 下跌型態：下跌型態的種類也非常多，最典型的是三大陰線型，也就是連續三天都出現大陰線，且後一個大陰線之最高價都低於前一個大陰線之最低價。股價連續三天大跌後可能反彈，故投資者亦應審愼行事。

圖 11-7 下跌型態K線

NEWS 13 年來罰最重！康友 -KY 涉掏空、財報不實 二會計師遭停業二年

繼 13 年前力霸事件後對會計師最重處分！股價曾經高達 500 元的生技股王康友 -KY（6452）8 月驚爆董事長、總經理、財務長等一眾高層全數落跑，疑掏空公司且財報不實，如今股價已停止買賣淪為壁紙。金管會經近二個月調查後，今（29）日正式宣布對勤業會師事務所施景彬與江明南二位會計師祭出停業二年的懲處，從今年 10 月 1 日起開始停業至 2022 年 9 月 30 日止不得執業。

金管會官員表示，上一次對會計師祭出停業重罰是 2007 年力霸事件，距今已將近 13 年之久，當時撤銷了 2 位會計師執照並對 4 位會計師祭出停業懲處。此次決定停業而非撤照，是依照參考過去的案例。

資料來源：經濟日報 2020/09/29

四、移動平均線分析法

(一) 均線的源由

移動平均線（Moving Average，MA）由美國投資專家葛南維（Jogepsb Ganvle）所創立，源自道氏股價分析理論的「三種趨勢說」演變而來，具體的加以數字化，從數字的變動中去預測股價未來短期、中期、長期的變動方向，為投資決策提供依據。移動平均線又稱均線或成本線，它代表在一段時間內市場買入股票的平均成本，也反映了股價在一定時期內的強弱和趨勢。算術移動平均線，就是將n天的收盤價加總後再除以n，得到第n天的算術平均線數值。

(二) 移動平均線公式

簡單 n 日移動平均 $MA(t) = [P(t) + P(t-1) + P(t-2) + \cdots + P(t-n+1)] / n$

即把最近n個資料作平均即得，這種方式中各天的價格權數均相等。

(三) 移動平均線天數使用

所謂移動平均線，是指一定交易時間內（日、週、月、年）的算術平均線。如以5日均線為例，將5日內的收盤價逐日相加，然後除以5，得出5日的平均值，再將這些平均值依先後次序連起來，這條線就叫5日移動平均線。其它的均線也是以此類推。取樣的天數就是移動平均線的參數，通常取5天（週）、20天（月）、60天（季）、130天（半年）、260天（年）等。其中，5天、10天為短期平均線，20天、60天為中期平均線，130天、260天為長期平均線。

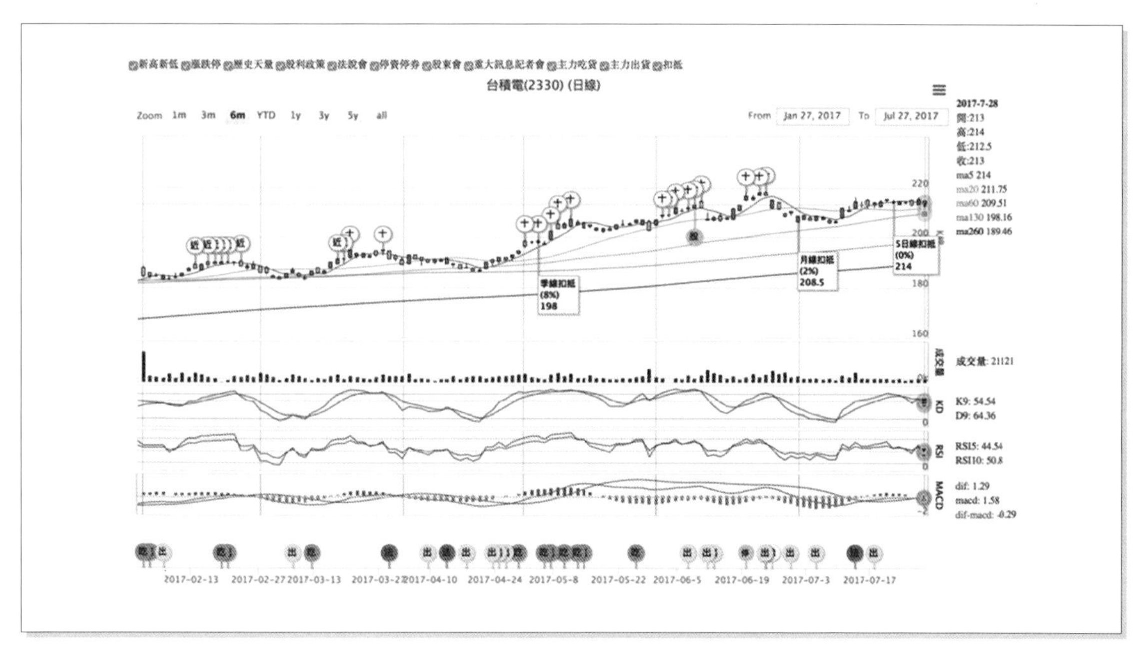

資料來源：股狗網

圖 11-8　移動平均線

(四) 短、中、長期移動平均線買進賣出準則

1. 短線交易買進賣出準則

   (1) 股價大於5日均線、10日均線：買進，表示短線股價呈現上漲趨勢。

   (2) 股價介於5日均線、10日均線之間：觀望，表示短線股價呈現盤整趨勢。

   (3) 股價小於5日均線、10日均線：賣出，表示短線股價呈現下跌趨勢。

2. 中線交易買進賣出準則

   (1) 股價大於20日均線、60日均線：買進，表示中線股價呈現上漲趨勢。

   (2) 股價介於20日均線、60日均線之間：觀望，表示中線股價呈現盤整趨勢。

   (3) 股價小於20日均線、60日均線：賣出，表示中線股價呈現下跌趨勢。

3. 長線交易買進賣出準則

   (1) 股價大於130日均線、260日均線：買進，表示長線股價呈現上漲趨勢。

   (2) 股價介於130日均線、260日均線之間：觀望，表示長線股價呈現盤整趨勢。

   (3) 股價小於130日均線、260日均線：賣出，表示長線股價呈現下跌趨勢。

(五) 均線之黃金交叉與死亡交叉

1. **黃金交叉**：當週期均線（20MA）由下方往上突破週期均線（60MA）時，即爲均線「黃金交叉」，一般而言黃金交叉視爲買進點，表示短時期內趨勢看漲，若能持續上漲一段時間會帶動中週期均線趨勢（60MA）往上，而且通常會有波段漲幅。

資料來源：股狗網

圖 11-9　移動平均線黃金交叉

2. **死亡交叉**：當週期均線（20MA）由上方往下跌破週期均線（60MA）時，即爲均線「死亡交叉」，死亡交叉視爲賣出點，表示短時期內趨勢看跌，若持續下跌一段時間會帶動中週期均線（60MA）趨勢往下，而且通常會有波段跌幅。

資料來源：股狗網

圖 11-10 移動平均線死亡交叉

投資辭典 注意與處置股票規定

什麼情況下有價證券會被處置？

有價證券之交易有下列情形之一時，證交所將公布為處置之有價證券，並於次一營業日起 10 個營業日內，對該證券採行處置措施：

1. 連續 3 個營業日經證交所依「公布或通知注意交易資訊暨處置作業要點」（以下簡稱「作業要點」）第 4 條第 1 項第 1 款發布交易資訊者。
2. 連續 5 個營業日或最近 10 個營業日內有 6 個營業日或最近 30 個營業日內有 12 個營業日經證交所依「作業要點」第 4 條第 1 項第 1 款至第 8 款發布交易資訊者。

公布處置股票之處置措施為何？

處置措施包含以下數種：

1. 該有價證券以人工管制之撮合終端機執行撮合作業（約每 5 分鐘或每 20 分鐘撮合一次，變更交易方法有價證券約每 10 分鐘或每 25 分鐘撮合一次，變更交易方法且採行分盤集合競價交易方式之有價證券約每 45 分鐘或每 60 分鐘撮合一次）。

2. 通知各證券經紀商於受託買賣交易異常之有價證券時，對全部或委託買賣數量較大的委託人，收取一定比例或全部的買進價金或賣出的證券。
3. 限制各證券商申報買進或賣出該有價證券的金額。
4. 通知各證券商於買賣交易異常的有價證券時，增繳交割結算基金。
5. 暫停該有價證券融資融券交易。

資料來源：https://www.twse.com.tw/ch/products/publication/download/0001066727.pdf

五、葛藍碧移動平均線八法則

1960年葛藍碧（Granville J.）所採用的移動平均線八法則，茲以下圖說明：

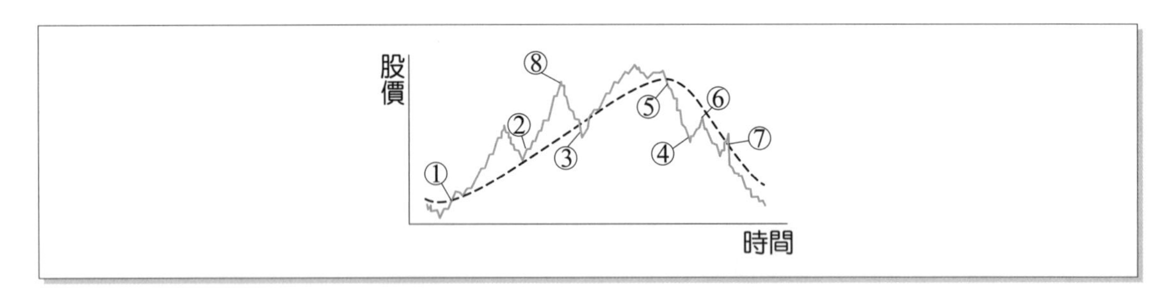

圖 11-11 葛藍碧移動平均線八法則

(一) 移動平均線分析的判斷方法

運用移動平均線分析股價，判斷的基本指導原則有8個，其中針對買進的時機有4個，賣出的時機也有4個，分別說明如下：

1. 移動平均線止跌盤旋，而且股價日線從平均線下方往上方突破時買進。
2. 股價日線在平均線上方下跌，在未降到移動平均線之下，再次上漲時，買進。
3. 股價日線稍稍降在移動平均線下方，立即迅速突破平均線而向上時，謹慎買進。
4. 股價日線在平均線上方，突然暴跌，遠離平均線出現反彈徵兆時買進。

5. 移動平均線上升盤旋，而且股價日線從平均線上方向下方跌破時賣出。
6. 股價日線在平均線下方上漲，但是未突破移動平均線，卻再度下跌時賣出。
7. 股價日線稍稍升在移動平均線上方，立即迅速跌破平均線時，謹慎賣出。
8. 股價日線在平均線上方，突然暴漲，遠離平均線時賣出。

就整體的市場而言，當股價趨勢線從上方向下方跌破移動平均線，需要一段時間才會回升。或者，股價趨勢線雖然高於移動平均線，但是兩者差距愈來愈小，這兩種訊息，都是賣出股票的訊息。相反，當股價趨勢線遠低於移動平均線，但是差距愈來愈小，顯示空頭市場即將結束，適合買進股票。

11-3 常用之技術指標工具

一、隨機 KD 指標

隨機指標（Stochastic Oscillator, KD），喬治・萊恩（George C. Lane）在1950年代推廣使用，是技術分析中的一種動量分析方法，採用超買和超賣的概念。「隨機」一詞是指價格在一段時間內相對於其波動範圍的位置。指標透過比較收盤價格和價格的波動範圍，預測價格趨勢逆轉的時間。

(一) 隨機指標公式

假設要從n天週期計算出隨機指標KD時，首先必須先找出最近n天當中出現過的「最高價」、「最低價」與「第n天收盤價」，然後利用這三個價格來計算第n天的未成熟隨機值（Raw Stochastic Value, RSV）。

1. 先計算出「未成熟隨機值」：

$$RSV = (C_n - L_n) \div (H_n - L_n) \times 100\%$$

n = 在n天的交易期間內，一般市場習慣訂為9日；

C_n = 為第n日的收盤價；

H_n，L_n = 分別是過去n日內的最高價和最低價，一般以9日為基準。

2. 透過計算RSV值的3日指數移動平均，再求出當日的K值和D值：

$$K(t) = a \times RSV(t) + (1 - a) \times K(t-1)$$

$$D(t) = a \times K(t) + (1 - a) \times D(t-1)$$

註：
- 一般而言，$a = \frac{1}{3}$
- RSV(t)為當日的RSV值；K(t)、D(t)為當日的K值與D值；K(t – 1)、D(t – 1)為前一日的K值與D值。
- 若無前一日K值或D值，可以50%代入計算。
- K值是RSV值的3日指數平滑移動平均、D值是K值的3日指數平滑移動平均。
- 完全隨機指標則要求使用者自行定義週期n日、K值的移動平均日數和D值的移動平均日數。

(二)隨機指標運用方式

1. 行情是漲勢趨勢，會帶動K線與D線向上升。若漲勢開始停止，則會反應到K值與D值，使得K值跌破D值，此時中短期跌勢確立。
2. 當K值大於D值，顯示是上漲的趨勢，因此在圖形上K線向上突破D線時，即為買進訊號。
3. 當D值大於K值，顯示是下跌的趨勢，因此在圖形上K線向下跌破D線，此即為賣出訊號。
4. K線與D線的交叉，須在80以上，20以下（也有人使用70、30的標準；可以視市場投機程度彈性調整範圍），訊號才正確。
5. 當K值大於80，D值大於70時，表示當日收盤價處於偏高之價格區域，即為超買狀態。
6. 當K值小於20，D值小於30時，表示當日收盤價處於偏低之價格區域，即為超賣狀態。
7. 當D值跌至15以下時，意味市場為嚴重之超賣，其為買入訊號。
8. 當D值超過85以上時，意味市場為嚴重之超買，其為賣出訊號。

9. 價格創新高或新低，而KD未有交叉的現象，此爲背離現象，亦即爲可能反轉的重要訊號。

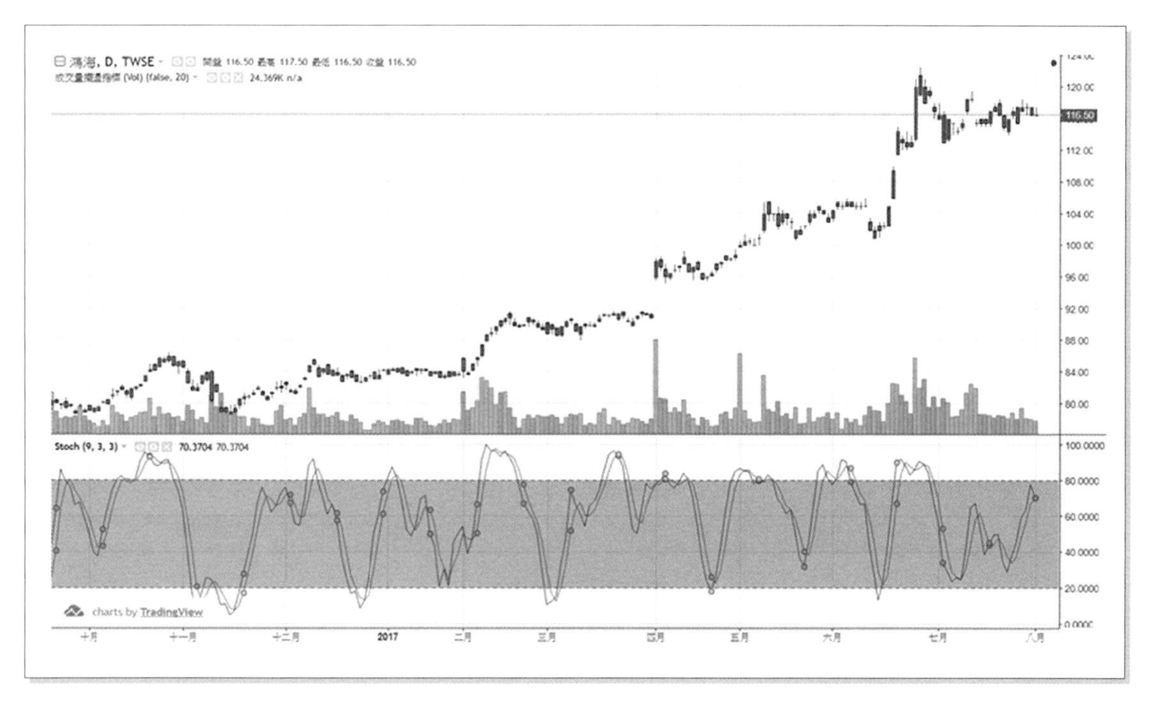

資料來源：股狗網

圖 11-12　KD 指標

(三) 隨機指標鈍化

隨機指標是屬於循環擺盪型指標，其指標值都是從0～100來回的上下波動；這種類型的指標會產生「鈍化」的現象，而KD鈍化就是指KD值持續的在高檔或是低檔進行變動。其中區分爲「高檔鈍化」、「低檔鈍化」。

1. **高檔鈍化**：K值在高檔（K值 > 80）連續3天（或也有設定連續5天）。當一檔股票處於高檔鈍化，表示股價非常強勢上漲，通常會再漲的機會會變得非常高。而高檔鈍化後回檔，KD指標再度黃金交叉容易股價再創新高。

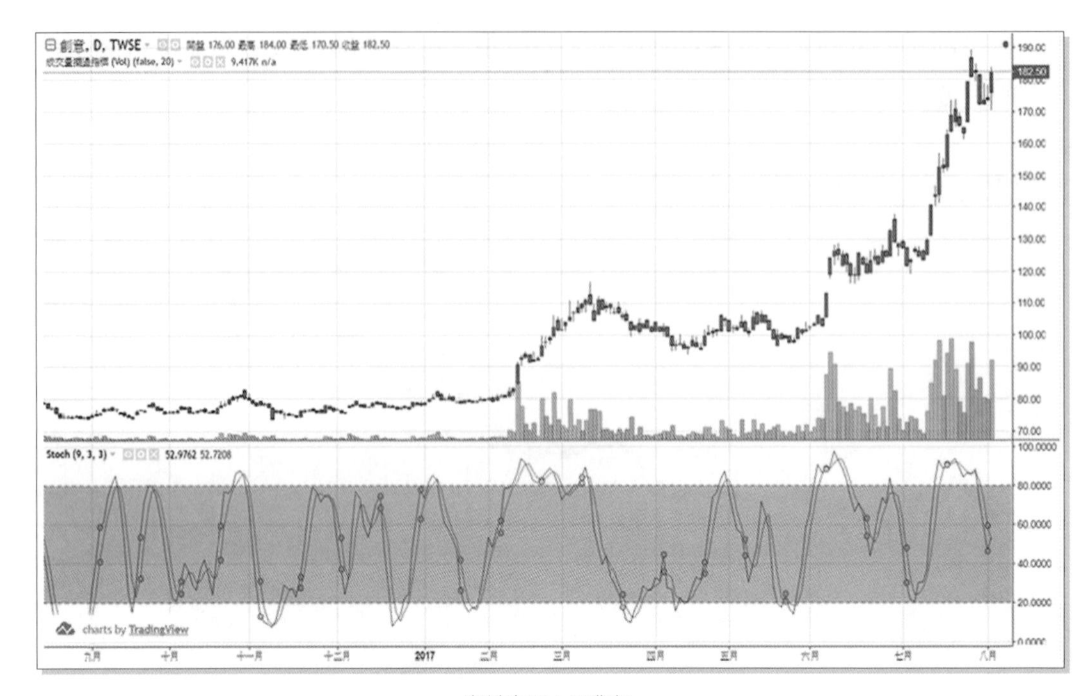

資料來源：股狗網

圖 11-13　KD 指標高檔鈍化

2. **低檔鈍化**：K值在低檔（K值<20）連續3天（或也有設定連續5天）。當一檔股票處於低檔鈍化，表示股價非常弱勢下跌，通常會再跌的機會會變得非常高。而低檔鈍化後回檔，KD指標再度死亡交叉容易股價再創新低。

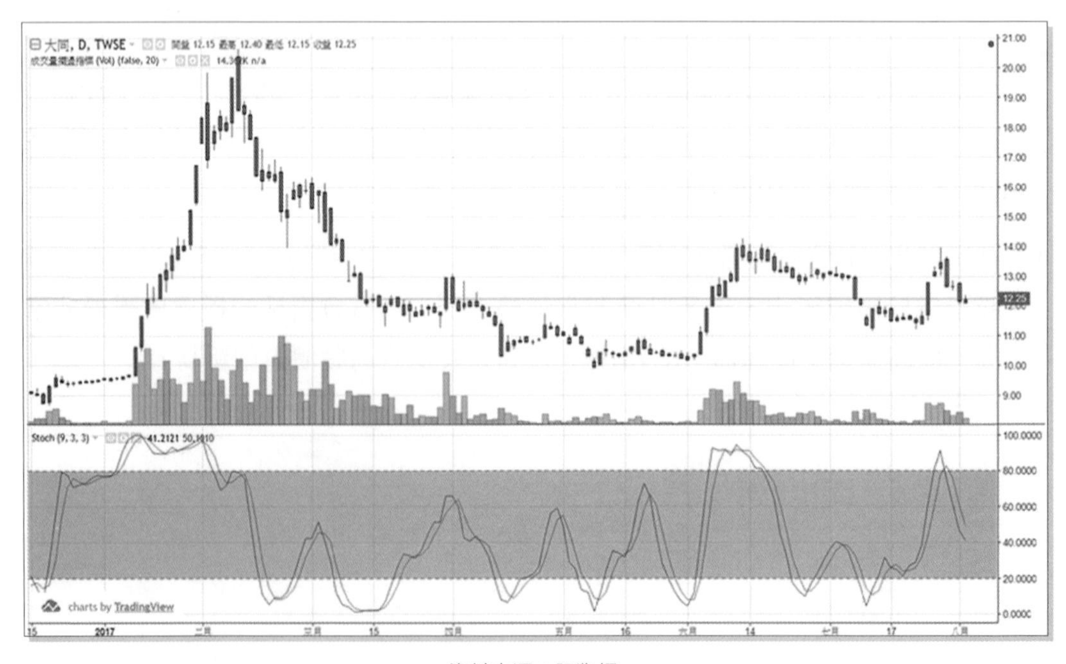

資料來源：股狗網

圖 11-14　KD 指標低檔鈍化

(四) 隨機指標背離

當股價在上漲或下跌過程中，不斷創新高（低），而技術指標不跟隨創新高（低），稱之爲背離（Divergence）。在背離過程中，漲勢或跌勢會放緩，股價的走勢將會反轉。所謂底部背離就是股價或指數處於相對低點，高檔背離則反之。

1. **高檔背離（Top Divergence）**：意即漲勢趨緩，股價難站穩於高檔價位，甚至有可能下跌；若出現這種現象，投資者應趁早賣出。
2. **底部背離（Bottom Divergence）**：意即跌勢將結束，股價開始從底部回升上漲，這是屬於買入訊號。

二、指數平滑異同移動平均線指標（MACD指標）

MACD（Moving Average Convergnece & Divergence）指標，由Gerald Appel於1970年代提出，用於研判股票價格變化的強度、方向、能量，以及趨勢週期，以便把握股票買進和賣出的時機。MACD指標由一組曲線與圖形組成，通過收盤時股價或指數的快變及慢變的指數移動平均值（EMA）之間的差計算出來。「快」指較短時段的EMA，而「慢」則指較長時段的EMA，最常用的是12及26日EMA。

(一) 指數平滑異同移動平均線指標公式

MACD的計算步驟：

1. 計算出眞實成本

$$P(t)=C(t)\times\frac{1}{2}+H(t)\times\frac{1}{4}+L(t)\times\frac{1}{4}$$

其中C(t)爲收盤價；H(t)爲最高價；L(t)爲最低價。

2. 計算兩條平滑平均線12EMA與26EMA

$$EMA(t)=\alpha P(t)+(1-\alpha)EMA(t-1)$$

其中 EMA(t)爲當日平滑平均值；EMA(t-1)爲前一日平滑平均值；P(t)爲當日眞實成本；$\alpha=\frac{2}{1+n}$；n爲天數（常使用12或26）。

3. 計算正負差線

$$DIF = 12EMA - 26EMA$$

4. 計算MACD線

將DIF線取9天EMA平均值即得。

5. 柱狀線

柱狀線 = DIF 線 – MACD 線

(二) 指數平滑異同移動平均線指標運用方式

1. 多空判斷

MACD與DIF值在0軸之上，則代表市場爲多頭。

MACD與DIF值在0軸之下，則代表市場爲空頭。

2. 買賣點

(1) DIF與MACD線的交叉

快線DIF向上突破慢線MACD → 買進訊號

快線DIF向下跌破慢線MACD → 賣出訊號

(2) 0軸判斷：當DIF與MACD在0軸之上，大勢仍屬多頭市場，趨勢向上。DIF向上突破MACD時可以大膽買進加碼（必須先確認是多頭市場，多頭市場的確認須當DIF與MACD在0軸之上），向下突破時，則只宜多頭平倉。

當DIF與MACD在0軸之下，大勢處於空頭市場，趨勢向下。DIF若向下突破MACD，可以大膽加碼放空（必須先確認是空頭市場，空頭市場的確認須當DIF與MACD在0軸之下），向上突破時，則只宜空頭平倉。

(三) 指數平滑異同移動平均線指標背離

股價持續二次或三次創波段新低點，但是DIF並未同步創新低點時，此爲「正背離」，行情可能在此附近築底，應考慮買進。

股價持續二次或三次創波段新高點，但是DIF並未同步創新高點時，此爲「負背離」，行情可能在此附近做頭，應考慮賣出。

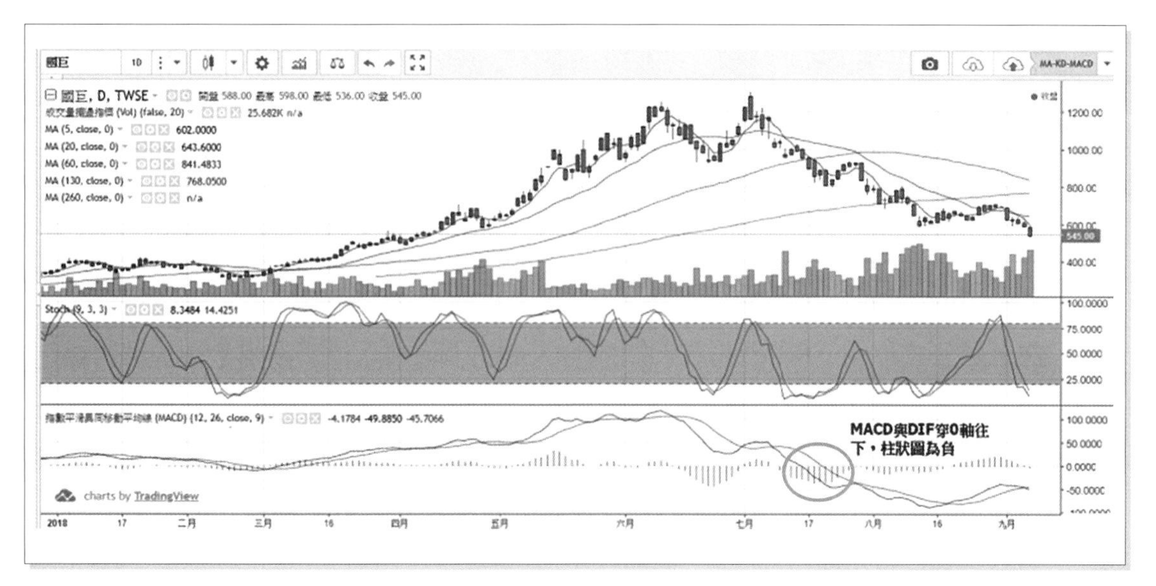

資料來源：股狗網

圖 11-15 MACD 指標

三、相對強弱指標（RSI）指標

（一）相對強弱指標的源由

RSI（Relative Strength Index）指標是由威爾斯・懷爾德（Welles Wilder JR.）在1978年6月號的《Commodities》（現爲《Futures》）雜誌上所發表的指標。

RSI指標是根據供需平衡的原理，透過測量某一段期間內股價上漲總幅度佔股價變化總幅度平均值的百分比（亦即，考慮股價變動的四個因素：上漲和下跌的天數、上漲和下跌的幅度），來評估買賣雙方力道的強弱程度，從而判斷未來股價走勢的一種技術指標。

（二）相對強弱指標公式

1. 計算n天期間內上漲和下跌幅度的平均值

UP ＝（加總 n 日內的每日上漲幅度）÷ n ＝ n 日內上漲幅度的平均值

DOWN ＝（加總 n 日內的每日下跌幅度）÷ n ＝ n 日內下跌幅度的平均值

註：懷爾德（Wilder）推薦n設定爲14天，驗證的經驗值是使用月交易天數28天的一半（一般使用經驗值是短天期6日，長天期12日）。

2. 計算相對強弱值（Relative Strength，RS）

相對強度值 RS = UP ÷ DOWN

3. 計算RSI

RSI = 100 – 100 ÷ (1 + RS) = UP ÷ (UP + DOWN) × 100

由上述公式可知：RSI值是在期間內的「漲幅平均值除以『漲幅平均值與跌幅平均值』合計值的百分比」。指標涵義是將向上的力量與向下的力量進行比較，若向上的力量較大，則計算出來的指標值上升；若向下的力量較大，則指標值下降，由此測出市場走勢的強弱。簡單來說，就是以量化的方式表現出買賣雙方力量的對比。RSI值的範圍是「0-100%」。

(三) 相對強弱指標運用方式

1. RSI指標最主要的目的是能夠顯示市場目前是處於強勢、弱勢或盤整，同時還能大致預測頭部和底部是否來臨。
2. RSI指標所設定的時間參數不同，所得出的結果也會不同。
3. 因爲RSI值是以收盤價來計算，若當日行情的震盪幅度較大，RSI值就較不能準確反應行情的變化。
4. 「超漲」情況會導致指標高檔鈍化，例如：在持續漲的行情，RSI > 90仍會漲。
5. 「超跌」情況會導致指標低檔鈍化，例如：在持續跌的行情，RSI < 10仍會跌。
6. RSI值指標與股價的走勢出現背離情況時常常有落後的現象，且在研判指標背離現象時，常出現多次背離情形，此時RSI指標值只能提供參考。
7. RSI值在50附近（≒40～60之間）波動時，RSI指標的方向性判斷功能低。

資料來源：股狗網

圖 11-16　RSI 指標

當沖處置新制上路

股民引頸期盼的當沖降稅法優惠延長 3 年，為強化當沖監管機制，證交所、櫃買中心自 8 月 27 日起正式實施當沖警示制度規定，針對近 6 個交易日及當日當沖占比逾 6 成的個股納入注意股票，若已列為處置股票，並符合當沖警示條件，處置期間將延長至 12 日。

台股今年來當沖買賣總金額一路攀高，當沖戶違約交割數量也跟著增溫，證交所、櫃買中心因此啟動「踩煞車」措施，首度增訂當沖警示制度規定，自 27 日起，只要個股當沖比率同時達到「近 6 個營業日當沖成交量占近 6 個營業日總成交量比率超過 60%」，以及「當日沖銷成交量占該日總成交量比率超過 60%」兩項條件，將公布注意交易資訊。

而連 3 個營業日，或是連 5 個營業日發布注意交易資訊，經採處置措施的有價證券，在發布注意交易資訊期間，又達到新增當日沖銷百分比標準，經公布注意交易資訊者，處置期間將從 10 日拉長至 12 個營業日，相當於比一般處置股票多了兩天的「冷靜期」。

資料來源：工商時報 2021/08/23

四、股價乖離率

根據「葛藍碧移動平均線應用法則」中的第4及第8法則，股價離開移動平均線過遠時，短期內可能會呈現技術性反轉，再趨向移動平均線，有學者分析股價偏離移動平均值的比率，稱之爲乖離率，其公式爲：

$$乖離率 = \frac{股價-移動平均值}{移動平均值}$$

乖離率愈大，表示偏離中心愈遠，股價逆轉的可能愈大。此一公式也可以用另一種方式表達：

$$乖離率 = \frac{股價}{移動平均值} - 1$$

因此，移動平均值計算的時間愈短、平均值波動愈大，許多善於用移動平均法的專家，就利用不同時間長短的平均數間的關係，來分析股價漲跌趨勢的持久性和研究性。譬如說，股價下跌趨勢若已形成，那麼股價下跌的勢線必然會先跌破短期的平均線，再跌破長期的移動平均線。

因此，綜合上述有關移動平均法的分析：

1. 價格變動率或乖離率在股價到達最高點之前，先行到達最高點，在股價跌至最低點前，先行到達最低點。
2. 移動平均線在價格變動率的轉折點，變得比較平緩，象徵著原有的多頭市場（或空頭市場）即將結束。
3. 在移動平均線變得平緩時，股價穿過均線，表示股價即將繼續下跌，短期之內不會回升，或是股價將繼續上漲，不致會下跌，前者爲賣出的訊號，後者爲買入的訊號。

11-4 股價趨勢與型態分析

一、趨勢線分析

趨勢線分上升趨勢線與下降趨勢線兩種。上升趨勢線又名支撐線，按照道氏理論，又可分爲原始趨勢線或長期趨勢線，次級趨勢線或中期趨勢線，和短線支撐等三種。下降趨勢線又稱壓力線，也分長、中、短期三種，其中，上升趨勢線是連接兩個以上的中期漲升趨勢完成後的回檔底部價位所形成，對以後的中期回檔具有一定的支撐作用。下降趨勢線則是連接兩個以上的中期反彈趨勢的頂部價位所形成，對於後續的下降趨勢發展具有一定的反壓作用。兩條趨勢線的交互出現，便可勾劃出股價線路型態。

二、型態分析

股價移動的軌跡在支撐與阻力的交互作用下，配合趨勢線的發展，會自然地形成多種不同的型態。根據歷史交易資料的統計與歸納，特定的型態代表著一定的意義，反映了在一定的價位及時間內，投資人所共同表現出來的市場心理與投資偏好的傾向。因此，歷史性的圖形會反覆出現，特定型態的股價趨勢也會傾向於遵循歷史路線發展，因此，型態分析是劃線的重要內容。

三、常見的型態

(一) 頭肩型

頭肩排列是常見的反轉型態。這種排列可分爲頭肩頂及頭肩底，前者是發生在行情的高峰時期（如圖a），後者則形成於行情的底部（如圖b）。

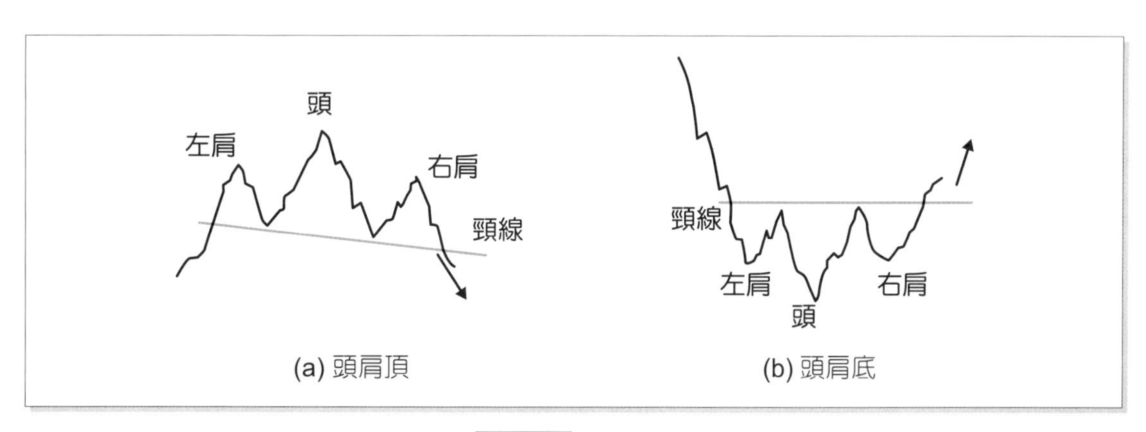

圖 11-17 頭肩型

我們可以很清楚的知道它的形成原因，以頭肩頂爲例，在一波強勢上漲，因爲獲利了結賣壓而使得漲勢暫歇，此時的獲利了結將顯現出成交量放大的情況，並且價格作小幅度的拉回。這便構成了「左肩」，但這時還看不出來將形成頭肩頂。

在拉回之後，行情再度延續原來的上漲趨勢，股價再創新高，並配合大成交量（通常與左肩的成交量相當）。而後又再於另一波的獲利了結而拉回，值得注意的是，這個回檔的價位會低於左肩的峰位，於是形成了「頭部」。由於左肩的峰位伴隨著大成交量，因此當這波回檔跌破左肩峰位時，持股信心已受影響。在拉回整理後行情雖然再延續既有趨勢上漲，第三波的漲勢便不如之前的強，不僅價格峰位低於頭部峰位，且成交量亦明顯縮小。顯然經過二次的獲利了結拉回後的上攻，市場欲介入的投資人已大幅減少，多頭勢力退卻，顯示一般人對後勢的看法已發生了變化，使得行情反轉的可能性大爲提高，這是「右肩」。而當行情跌破頸線時，爲持股信心瓦解的開始，套牢賣壓紛紛出籠，配合著爆量，行情開始反轉。

二個折返點所連結而成的線稱爲頸線，頸線爲重要趨勢線。在上升趨勢中，一旦價格跌破頸線，或在下降趨勢中，價格突破頸線，則爲趨勢反轉訊號。頭肩頂（底）爲技術分析上十分明顯且可靠的訊號。

須注意成交量的變化情況。在左肩及頭部時，須配合大的成交量。所謂大的成交量爲一個相對的概念，指的是與前一個上漲波相比較而言，成交量具明顯的變化。頭肩底的一個重要特徵爲，右肩的成交量將明顯縮小。這是判斷頭肩底的重要依據。一旦頭肩底完成，且價格穿越頸線，配合成交量爆量，則稱爲訊號被確認，趨勢開始反轉。一旦頸線被突破，則目標漲（跌）幅將是頭部與頸線之間的距離。

最著名的反轉型態，分頭肩頂和頭肩底兩種，分別代表向下和向上的反轉趨勢。以頭肩頂爲例，當股價向下突破頸線3%時，即可確認反轉成立，通常在跌破頸線後會有一次拉回動作，約以頸線爲反彈上限，稱爲「逃命線」，也是最後的賣出機會。預測跌幅約爲頭頂至頸線距離自突破點起算，往下方加倍。頭肩底則情況相反。

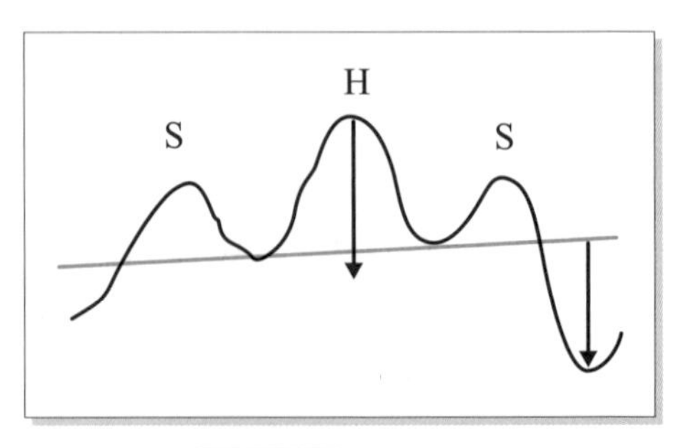

圖 11-18 頭肩頂

(二)雙重型

包括雙重頂和雙重底兩種形式，亦稱M頭或W底。以雙重頂爲例，向下突破頸線3%即爲反轉確立，通常也會有一次反彈拉回，預測最小跌幅約爲由頂至頸線距離。

雙重頂常被稱爲M頭，而雙重底則常被稱爲W底，這是因爲其形狀的關係。如果雙重頂底發生在大波段的價格走勢之後，則代表趨勢發生反轉。當價格自第二個波峰下拉後低於二峰間的谷底時，則M頭完成。其後將發生一波下跌走勢，幅度則約和頭與頸線間的距離相當。

所謂雙重頂是指價格上漲到某一程度後，出現較大的成交量，隨之則呈現小量拉回，接著價格再度上漲到幾乎與第一個波峰相同的高度，量亦放大，但是卻小於第一個波峰的量。而這個量縮是一個弱勢格局，當價格再度拉回時，跌破頸線，則雙重頂完成，趨勢反轉發生。並非二個波峰出現便是一個雙重頂，眞正的雙重底其實不常見。許多雙波峰的出現其實僅是一個整理型態而已，之後價格持續往原趨勢前進，而非反轉。在上漲趨勢中，第一個波峰帶著大量後拉回是正常現象，價格上漲遇到獲利賣壓而拉回是合理的。但如果趨勢維持，則拉回的幅度不應太大，不應超過20%，否則是一種弱勢格局的訊號。

另外，眞正的雙重頂的二個高峰出現的時間可能在數週至數月之久，時間過近的雙峰可能只是整理。在第二個波峰拉回後若跌破原來支撐線，則顯示在心理壓力因素下，後續的賣壓將湧現，引發另一波價格的下跌。

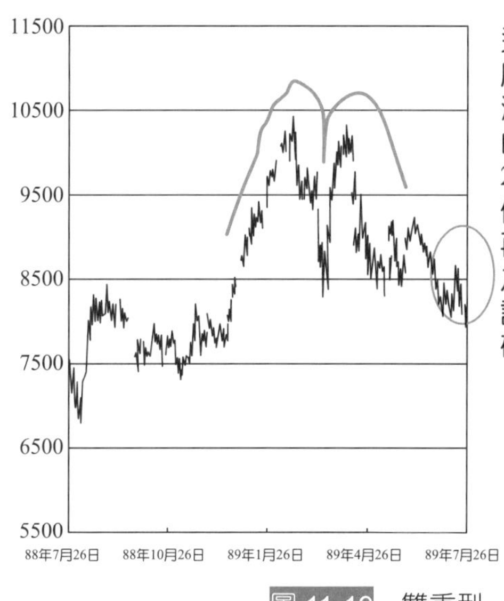

這是發生在1999年底至2000年2Q的臺灣股市情況。
由1999年11月起至2000年2月形成第一個頭，而二個月內再形成第二個頭，之後臺股便向下測試頸線，最後在6月破頸線。

圖 11-19 雙重型

(三) 三角形

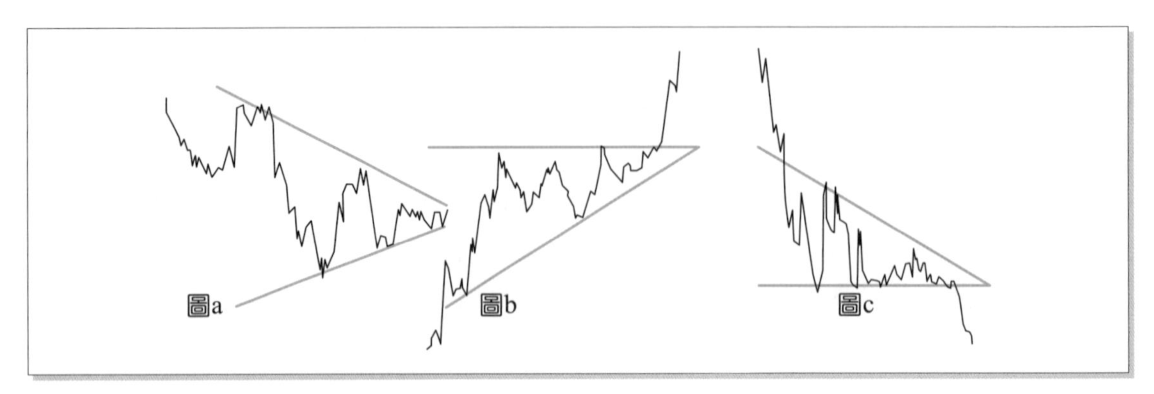

圖 11-20 三角型態(Triangle Patterns)

三角型態是最常見的價格形態，但也是一個不可靠的形態，因爲發生三角型態後，它可能成爲反轉型態，但也可以是連續型態。儘管如此，它仍是一個值得關注的型態，因爲它十分常見。不過以實證來看，其爲連續型態的次數較爲頻繁（可能佔到3/4），因此，許多人亦直接將之視爲連續型態。總之，三角型態具有「整理」的意涵，所以通常都將持續原有趨勢。但在特殊情況下，會出現反轉情況。

三角型態是由一連串的價格波動所構成的，它可分爲等腰三角（Symmetric Trangle）、上升三角及下降三角（後二者皆爲直角三角）。等腰三角是其中較富變化的型態，開始時價格波動較大，但不斷的價格波峰的高度逐漸下降，同時價格谷底也不斷的墊高，形成二條收斂的趨勢線情況，價格往未來的方向收斂，所形成的形狀便如等腰三角（圖a）。等腰三角型態的價格大幅波動，顯示市場對股價趨勢的看法存在著巨大的差異，形成多空交戰，而這也是三角型態可能是一個連續型態，也可能是反轉型態的重要原因，這是因爲市場還沒決定價格最終的趨勢方向所致。

而上升三角與下降三角（如圖b及圖c）則爲較明顯的價格型態（但不全然如此）。上升三角爲底部形成上升趨勢線，且峰部形成水平趨勢線。形成的時間多在價格趨勢在走揚時，由於股價漲幅達一定水準時，先前買進者在特定目標價位獲利，因此短線上來看，當價格遇到某特定價位時便出現壓力。但向上的趨勢使得底部價格被不斷的墊高（在此時，出貨的一方亦看好後勢而不願殺低，使得壓力線得爲水平），最後在這不斷的上下震盪後，換手成功，買方順利將籌碼吸收，此時方發動下一波的攻勢，股價突破水平壓力線而開始另一波的上漲。

而下降三角的形成則與上升三角相反。下降三角在多空交戰，不斷的經過換手後，整個價格趨勢仍持續向下，顯示空方不斷佔優勢。最後在多方失去信心後股價發生突破，持續另一波的下跌趨勢。

(四)島形

圖 11-21　島型反轉（Island Reversal）

島型反轉是一個孤立的交易密集區，與先前的趨勢走勢隔著一個竭盡缺口，並且與之後的價格趨勢相隔著一個突破缺口。在一波價格走勢後，價格在過度預期中跳空，形成竭盡缺口，在整理一日至數日後，價格反向跳空，使整理期間的形態宛如一個孤島。

島狀反轉不是主要反轉型態，因爲它形成的時間相當短，不足以代表主要趨勢的意義，不過它通常是一個小趨勢的折返點。其理由明顯，因爲前一個跳空發生後，不久便發生反向的跳空，顯見原來既有的趨勢在過度預期後後繼無力，因此反向勢力便乘勢而起。這是多空勢力在短時間內鮮明的消長結果。

所以當反向缺口沒有馬上被填補時，便代表多空勢力消長確立，成爲趨勢的反轉訊號，此時應注意這個訊號所發出的警告，並且留意後續的發展情況。若發生在高檔，往往意謂著一段強烈跌勢的開始；若在低檔，則代表一段漲升行情的來臨。

(五)股價缺口型態

股價快速移動所形成的一段無成交的價格區域稱爲缺口，有六種型態：

1. **當日缺口**：亦稱盤中缺口，發生於每天行情的盤勢變化中。
2. **除權缺口**：發生於除息或除權時，股價在扣除權值後，在股價線路圖上所留下的一段無成交區域，稱之。

3. **區域缺口**：亦稱一般缺口，產生於股價的日常盤旋整理時，多半會在三日內封閉。在股價走勢分析上並無特殊意義。
4. **突破缺口**：亦稱逃逸缺口，股價在突破一個既成的型態，擺脫盤局的羈絆時發生，意謂著一段強烈漲勢（或跌勢）的開始。
5. **中繼缺口**：亦稱測量缺口，多半出現在一段完整走勢的半途，因此具有測量漲、跌幅的作用。
6. **竭盡缺口**：亦稱終結缺口，意謂著一段走勢的發展力道已再衰三而竭，漲（跌）勢即將停止而步入整理或反轉。

11-5 策略交易的應用

一般股票投資研究領域，「選股條件的設定與選取」是相當重要的部分，因爲上市櫃股票檔數太多，要如何有效率、快速篩選出有機會買賣的個股，是股票研究重要課題。目前市場上有許多軟體工具提供了非常快速的選股方式（股狗網https://www.stockdog.com.tw），可以利用這些選股工具來進行所需要設定條件的選股。

但有一個大家比較沒詳細思考的問題是「選股條件」是否就是「操作買賣條件」呢？應該這樣思考，「選股條件」適合當作「操作買賣條件」嗎？要如何知道把一些條件當作「操作買賣條件」是否眞正可以獲利？這個就需要「股票策略回測系統」才能眞正了解賺賠的情況。

而市場上也有一些「股票策略回測系統」工具，但大部分都得學習如何寫一些Easy Language的程式語言才能進行回測，對於一般人是比較難以接觸的。本篇介紹一個全新的「股票策略回測系統」，免寫程式，簡單操作的回測，讓大家可以快速測試「操作買賣條件」是否眞正可以獲利。

一、股票策略回測的關鍵：策略條件

策略條件是股票策略回測的重要問題，幾個需要思考的觀點：

(一) 策略條件要如何選擇？

一般而言，策略條件有幾類：技術指標型、價的型態、量的型態、籌碼面、基本面等條件。該如何選條件？這就是一個需要了解市場結構、股價變動結構的問題，通常是從簡單的技術指標、價的型態、量的型態選取，而條件是依據觀察股價變動的經驗來選取，例如：均線的突破、價的突破、爆量等。但這樣還是無法找到最適合的條件，因此需要透過各個條件的回測結果來進行比較分析才能慢慢找到適合的條件。

(二) 策略條件的參數要如何設定？

每個策略條件都有一些天數、參數數值的設定，但是剛開始進行策略回測只能先以一個市場慣用經驗值進行回測，然後從回測損益分析結果來調整參數。一般而言，若「股票策略回測系統」沒有提供「優化參數」功能，那就得一個一個參數變動跑結果再手動比較，相當麻煩。但策略條件的參數優化是一個很重要的過程，因為可以讓策略條件在最適合的參數下得到最好的獲利模式。

(三) 策略條件的數目要如何決定？

進場出場策略條件到底是要一個還是多個？要所有條件都符合還是任一、二條件符合就可以？這些都是「策略回測條件」需要考慮的問題。一般而言，單一條件，有些人會覺得這麼簡單真的可以獲利嗎？好的策略未必是要多條件才能獲利，這是要看股價波動結構來調整；有些股票用單一策略條件的回測操作結果也是很好的。而多策略條件會有一些所謂「過度調適模型」（Over Fitting）的問題，白話來說就是太多條件有些是重複性質、有些是互相抵消，造成策略模型反而結果更差的問題。因此，到底要如何決定策略條件的數目？需要對於條件本身的數值與方法理論進行基本的檢定與研究，才能精準的設定合適的條件。

(四) 回測時間區段的選取

一般而言，回測時間區段的選取有幾個原則可以參考：(1)可以把過去的股價波動分成波段「上漲」、「下跌」、「盤整」幾個時間區段；(2)所選取策略回測條件的性質適合的區段，例如：適合「上漲」的策略回測條件，就可以找過去「上漲」的區段回測。

(五) 回測結果的損益分析

損益分析是策略回測最重要的部分，因為透過損益結果分析才能了解策略本身的好壞，或是需要再調整的部分。因此，策略結果分析的解讀是非常重要的；而策略回測結果，通常有幾個部分：整體損益分析、交易頻率分析、每筆交易分析、成本分析等，這些結果可以提供策略改進的方向。

二、策略回測平台

step 01 先連結至**AIndex**雲端策略運算平台（https://www.aindex.com.tw）

step 02 選取「分析」→「策略回測」功能

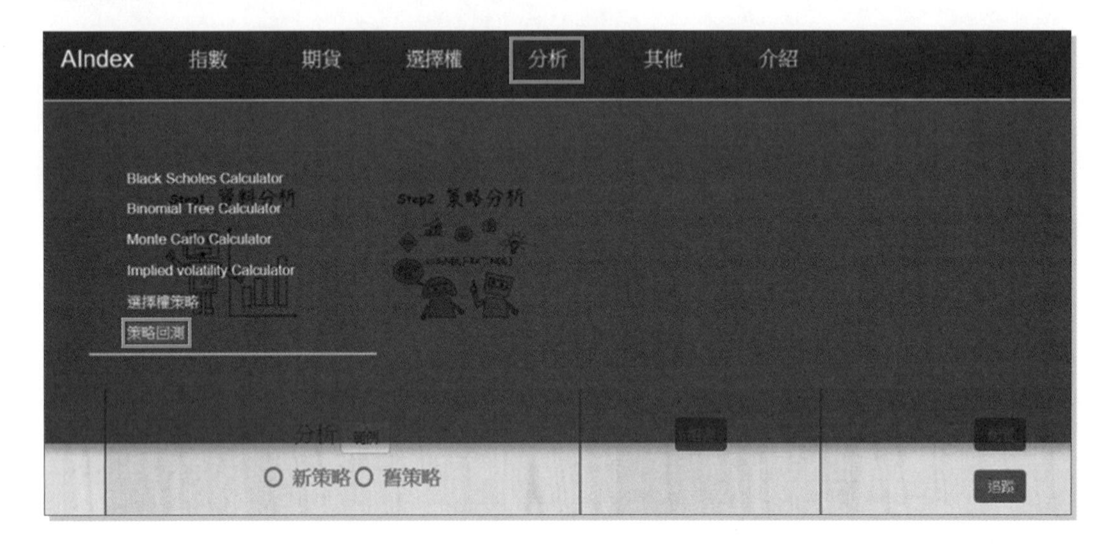

step 03 選取「策略分析」

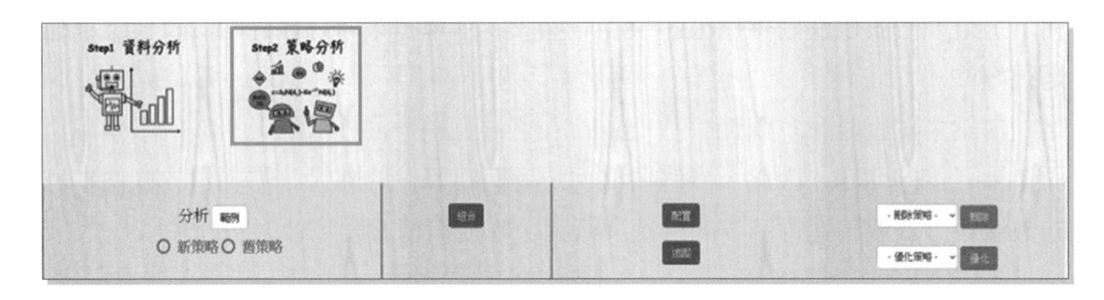

step 04 選取「新策略」及設定「進出場條件」

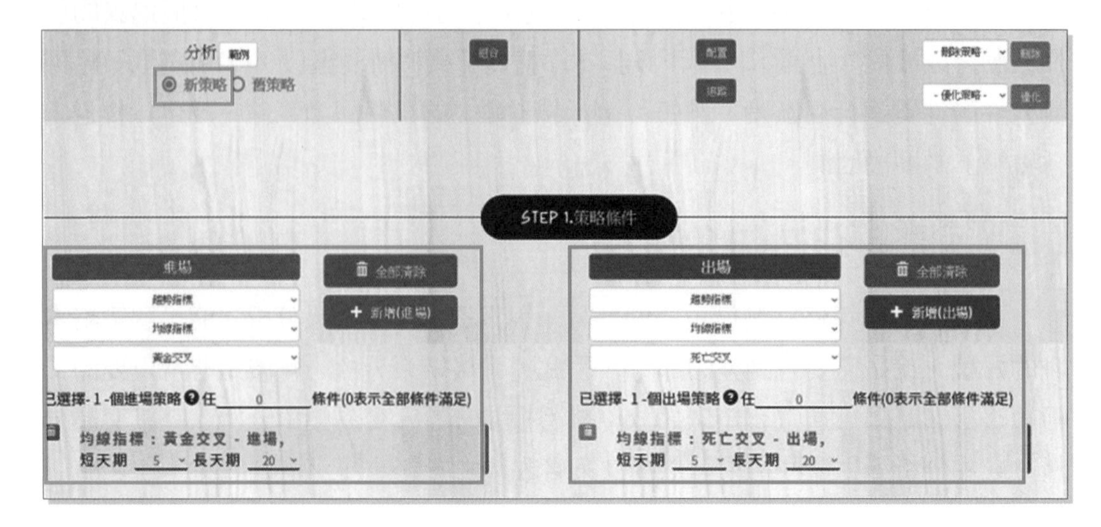

step 05 選取「標的」，股票輸入代碼時，需注意等下面工具列中有出現「代碼加底線」的項目出現，再選取該項目後，再按下「確認」鍵，完成選取標的。

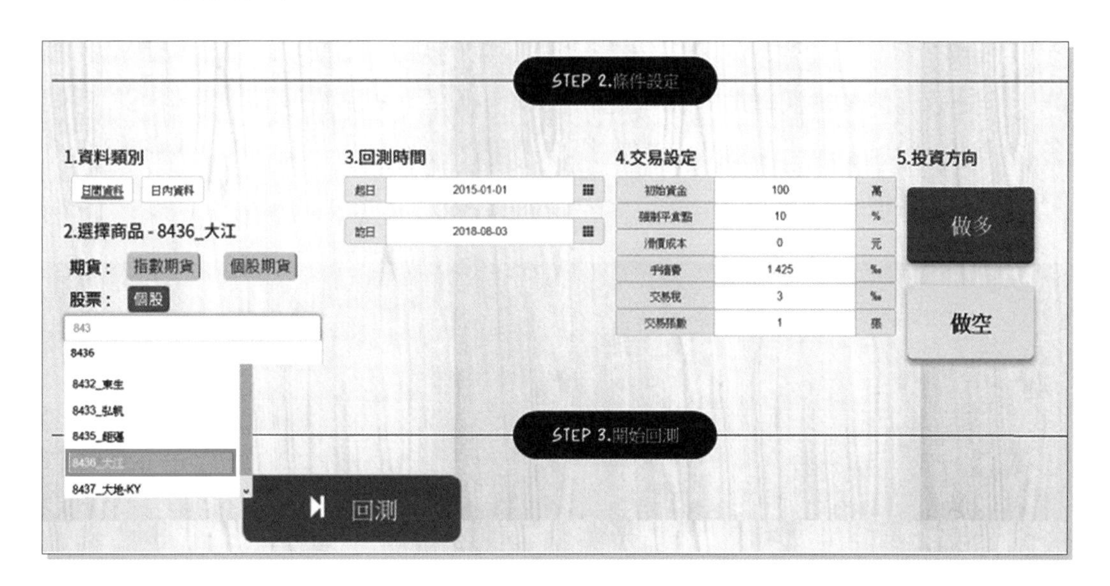

step 06 策略結果分析提供了各個方面的結果，還有提供每筆買賣的進出明細方便進一步分析。

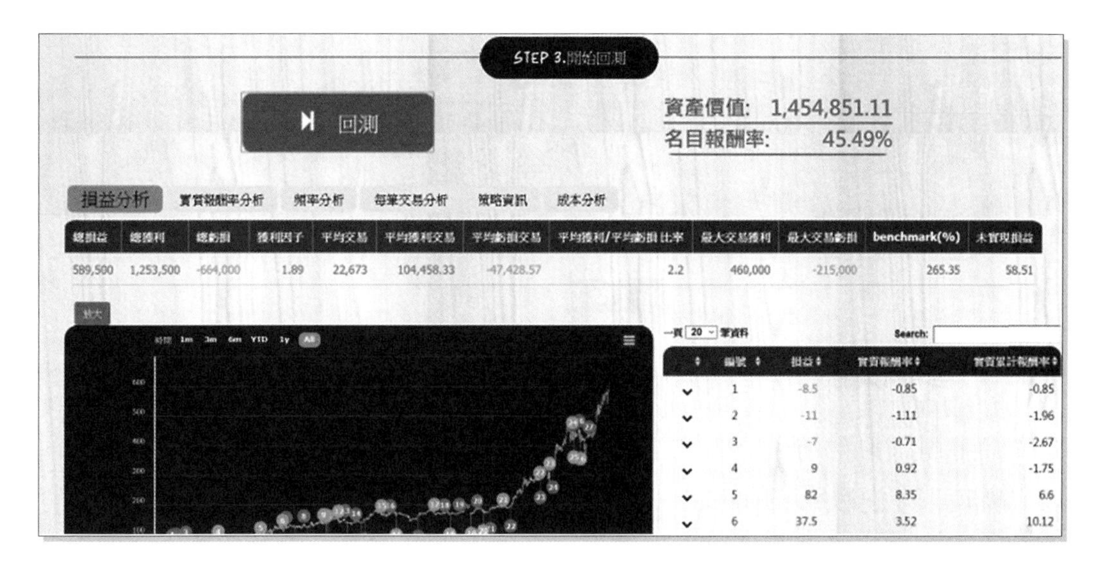

三、KD與MACD之策略回測實例

(一)加權指數

自2017/1/1至今，加權指數呈現上下震盪的緩升格局，雖然趨勢還是上漲的，但是過程是相當震盪的。那在這樣波動的格局下，到底有甚麼策略可以穩健獲利呢？一般而言，上下震盪走勢在操作上是比較困難的，有沒有甚麼策略組合是可以應付這種走勢呢？

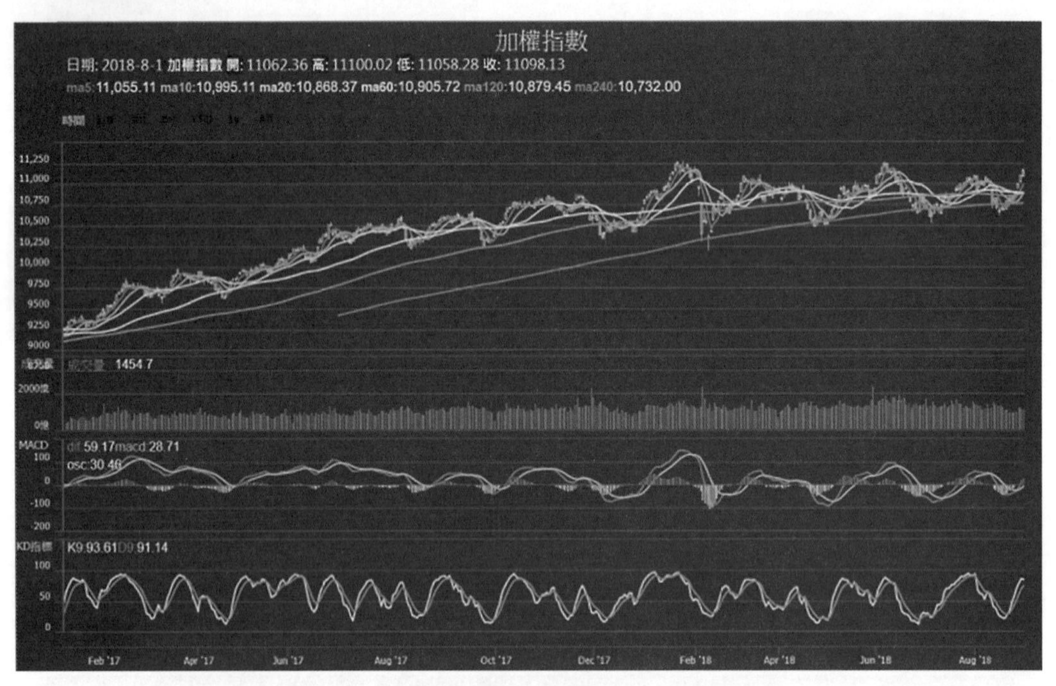

資料來源：https://www.aindex.com.tw

圖 11-22 加權指數

(二)策略思考

從指數波動的特性來看，這種緩升上漲震盪的走勢有一個特性，就是相同漲跌幅度下，上漲所花的時間比下跌長，意即慢漲快跌；在這種特性下，我們可以思考用甚麼指標來當做進出場操作。先從進場點思考，因為快跌後要進場做多，所以可以選擇反應快一點的指標，例如：KD、RSI等；而上漲比較慢，上漲之後要出場，所以可以選擇較慢指標，例如：MACD、長均線等。

因此，我們可以嘗試選擇進場策略「KD黃金交叉」，出場策略「MACD死亡交叉」來進行策略回測。

(三)策略回測

step 01 先連結至**AIndex雲端策略運算平台**(https://www.aindex.com.tw)

step 02 選取「分析」→「策略回測」功能

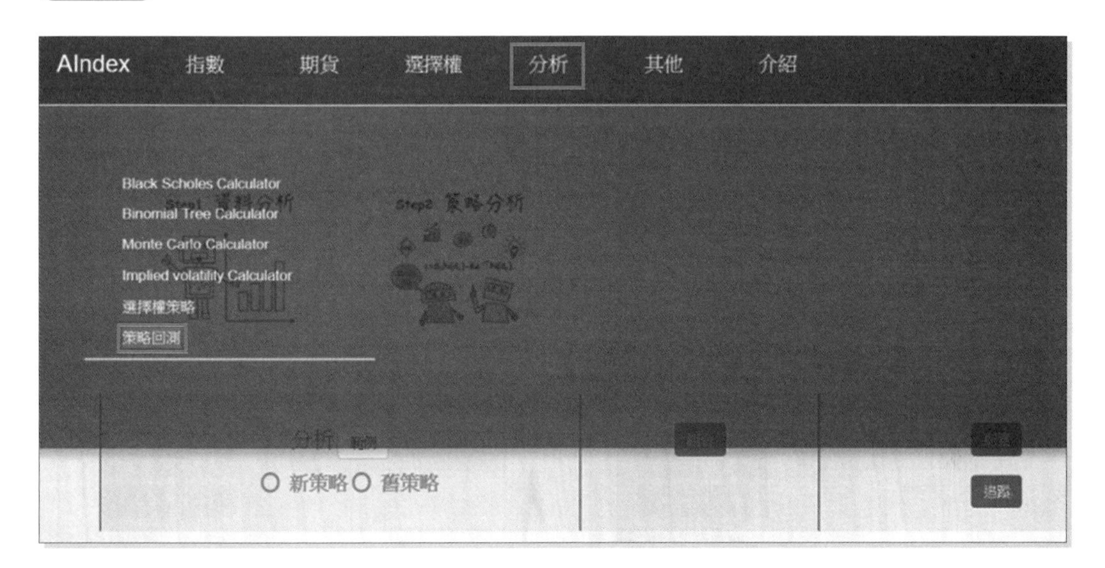

step 03 選取「策略分析」功能項目

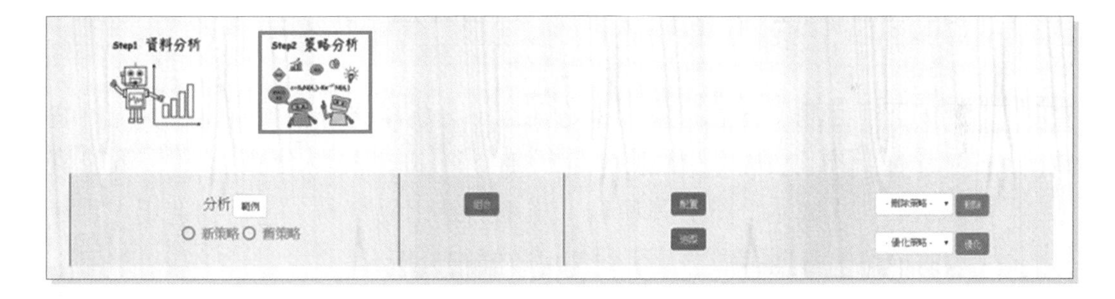

step 04 條件設定

- 資料類別選取「日間資料」(每日)
- 選擇商品，可以選取「指數期貨」選取「台指期貨」該項，再按下確認
- 回測時間：可以選取想回測的時間區間(2017/1/1～2018/8/30)
- 交易設定：系統會預設基本條件，若有需要可以自行設定(5口條件)
- 投資方向：可以選取「做多」或「做空」。

step 05 開啓「新策略」功能，然後選取「循環指標」中的「KD指標」，進場條件可以選取「黃金交叉」，出場條件選取「趨勢指標MACD死亡交叉」。

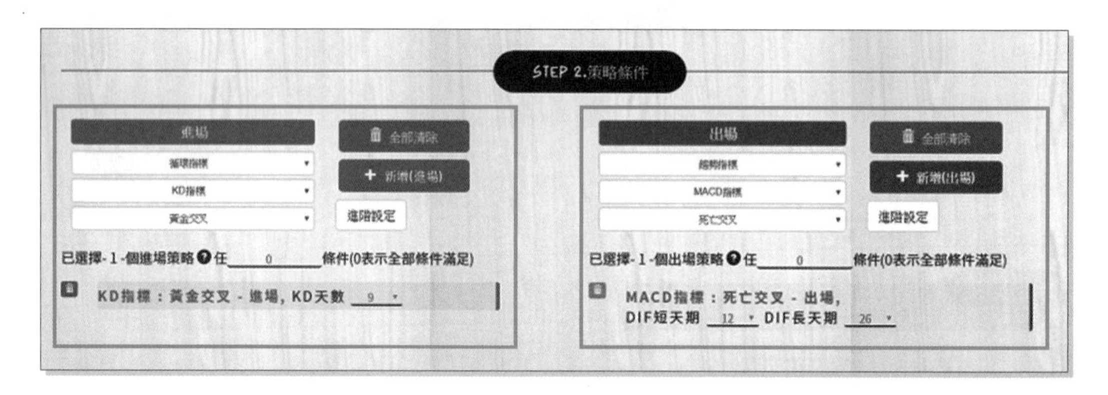

step 06 按下「回測」就可以進行策略回測。分析結果分「損益分析」、「實質報酬率分析」、「頻率分析」、「每筆交易分析」、「策略資訊」、「成本分析」等項目。詳細的進出場交易，包括：進場、出場的價位、日期與損益及訊號都可以詳細分析。

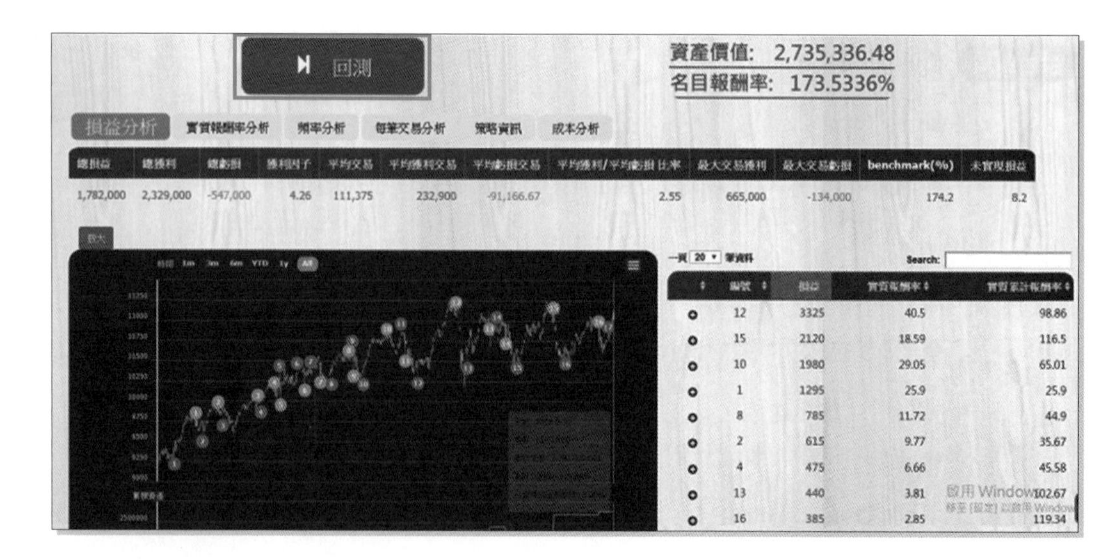

總損益	總獲利	總虧損	獲利因子	平均交易	平均獲利交易	平均虧損交易	平均獲利/平均虧損 比率	最大交易獲利	最大交易虧損	benchmark(%)	未實現損益
1,782,000	2,329,000	-547,000	4.26	111,375	232,900	-91,166.67	2.55	665,000	-134,000	174.2	8.2

	編號	損益	實質報酬率	實質累計報酬率
o	12	3325	40.5	98.86
o	15	2120	18.59	116.5
o	10	1980	29.05	65.01
o	1	1295	25.9	25.9
o	8	785	11.72	44.9
o	2	615	9.77	35.67
o	4	475	6.66	45.58
o	13	440	3.81	102.67
o	16	385	2.85	119.34

(四) 分析

1. **頻率分析**：以勝率來看，約有62.5%。

損益分析　實質報酬率分析　**頻率分析**　每筆交易分析　策略資訊　成本分析

交易次數	獲利次數	虧損次數	勝率(%)
16	10	6	62.5

2. **實質報酬率分析**

損益分析　**實質報酬率分析**　頻率分析　每筆交易分析　策略資訊　成本分析

累積報酬率	平均報酬率	最大累積報酬率	最小累積報酬率	報酬夏普比值	報酬率夏普比值
119.34%	7.46%	119.34%	0%	49.13	51.61

3. **進出場位置分析**：從進出場位置分析，基本上震盪的波段都有掌握到，其實最簡單的策略就是最好的策略。

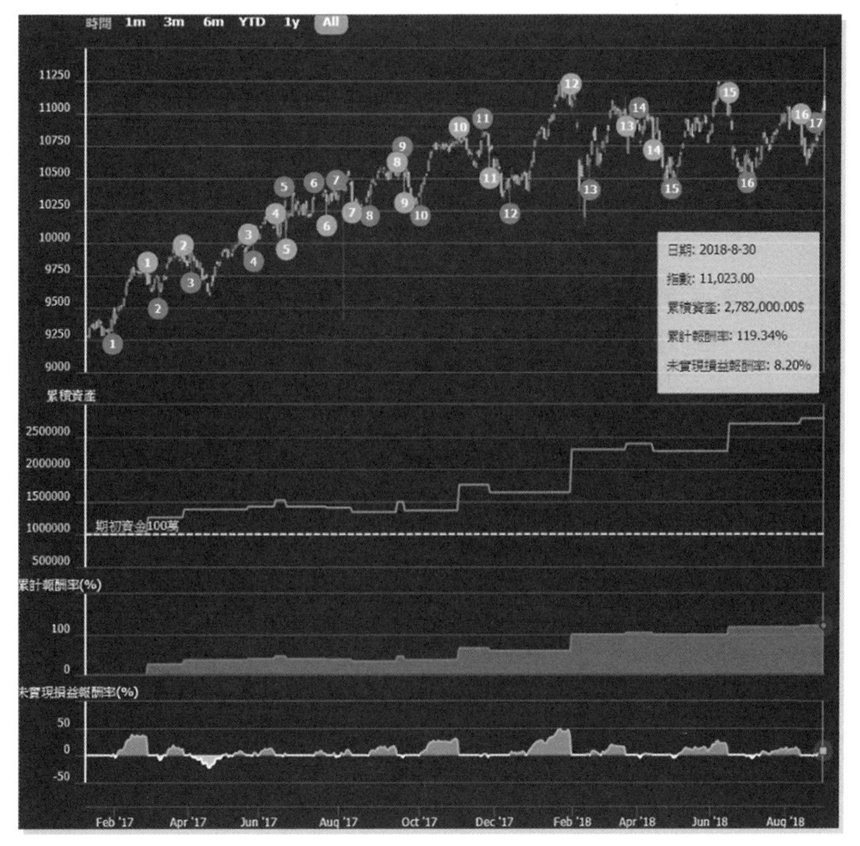

資料來源：https://www.aindex.com.tw

對沖基金（Hedge Fund）

對沖基金之名詞首次出現於 1966 年的 Fortune 雜誌，用來描述由哥倫比亞大學一位社會學教授 Alfred Winslow Jones 於 1949 年創立之基金，該基金於傳統單向買入策略外加入了放空及槓桿操作方式，其中放空的部份於股市下跌時產生避險之作用，避險之名由此而來。

然對沖基金並無國際性的統一定義，簡單的概念為「追求絕對報酬」，基金團隊以積極管理、大量使用財務工程的方式，放空或以槓桿操作多樣化的現貨及衍生性商品，強調投資組合之絕對報酬而非相對報酬。對沖基金募集後交由專業基金經理人進行操作，而其採行的投資方法即所謂的對沖基金策略或多元投資策略（Alternative Investment Strategy）。

這個架構規範基金經理人的績效獎勵方式、投資人的數目和型態，以及關於投資人的獲利、贖回、稅賦與申報等權利與義務，而構成投資策略的要素包括經理人的投資方式、投資市場與標的，以及鎖定的機會與報酬來源。

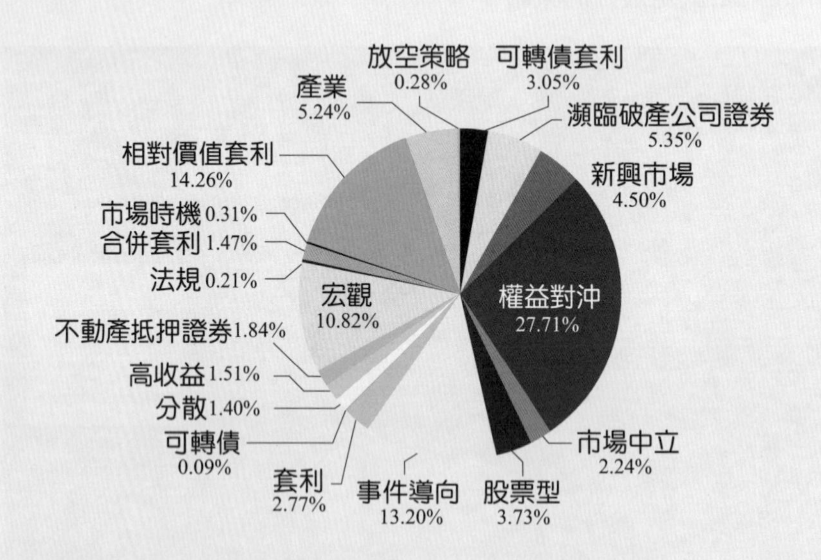

資料來源：https://www.twse.com.tw/ch/products/publication/download/0001000369.pdf

圖 11-23 2007 年第三季策略別資產比重之比較

1. 試說明下列技術分析名詞的意義。

   (1) 何謂趨向指標（DMI）？應如何運用？

   (2) 試說明能量潮（OBV）的意義，以及葛蘭碧（Granville J.）應用 OBV 之原則。

   【86Q3 證券分析人員】

2. 何謂乖離率？乖離率與股價變動有何關係？【78Q4 證券分析人員】

3. 請簡單介紹分析股價變動的道氏理論（Dow Theory）。

   【76Q4 證券分析人員】

4. 何謂平均線？葛蘭碧如何運用移動平均線判斷股票之買進賣出？請說明之。

   【87Q3 證券分析人員】

5. (1) 何謂 MACD ？試以公式表示之，並說明其如何應用。

   (2) 試說明 KD 值之意義及其應用。【87Q1 證券分析人員】

12 股價之籌碼分析

Chapter

學習目標

1. 買賣日報表分析
2. 董監、經理人、三大法人持股籌碼分析
3. 主力、散戶籌碼分析
4. 消息面分析

名人金句

- 在股票市場上，尋求別人還沒有意識到的突變。
- 重要的不是你的判斷是錯還是對，而是在你正確的時候，要最大限度地發揮出你的力量來！
- 不知道未來會發生什麼並不可怕，可怕的是不知道如果發生什麼該如何應對。

索羅斯（Scoros）

本章架構圖

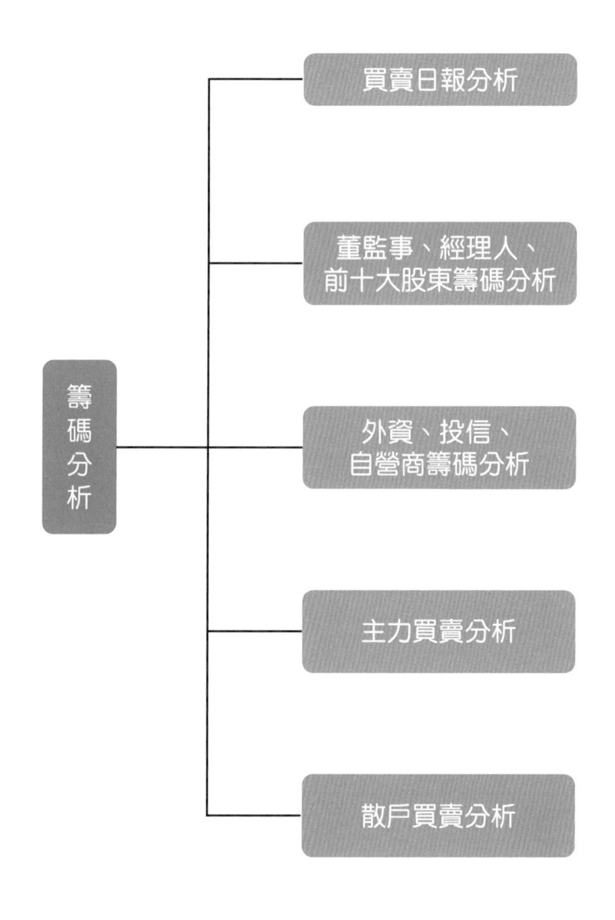

敵意併購案例！日月光收購矽品截止 超標達 36.83%

封裝測試大廠日月光公開收購矽品22日截止，日月光表示，累計公開收購矽品股份達36.83%，超過原預定25%目標。藉由這次公開收購實際將取得的矽品普通股779,000,000股（約為矽品全部已發行股份總數的24.99%）。累計參與臺灣及美國公開收購應賣之矽品普通股股數為11億4,789萬餘股（含美國存託憑證表彰之普通股），累計參與應賣股數佔矽品實際發行股份36.83%，超過預定最高收購上限。依照比例，日月光將以每千股買678股為原則，向所有應賣股東認購，其餘則退回給股東。

過去市場推測日月光收購矽品案是敵意併購，日月光董事長張虔生一直表示，純屬善意財務投資，22日鴻海董事長也在接受媒體聯訪時表明信任張虔生，認為這只是日月光的善意投資。日月光財務長董宏思也說過：「矽品擁有很好的經營團隊，日月光團隊無意進駐、控制經營權，會尊重矽品管理階層。」

日月光也在收購完成後表示，期待能以矽品公司股東之身分，儘速與矽品公司在符合相關法律規範之前提下，建立合作的基礎及機會，以面對全球競爭加劇及新興勢力崛起、半導體產業加速整併趨勢日益明顯等大時代命題，維持並增進兩公司的競爭優勢。

資料來源：風傳媒 2015/09/22

【新聞評論】

在相同的產業下各公司常有競爭的情況，而過去在沒有開放惡意購併的情況下，有些公司經常會結合市場派來介入競爭對手公司。但也由於市場派的人經常會鬧出一些社會案件，更甚者還會有惡搞公司派的情況。有鑑於此，新的法規開放惡意購併，不過仍須要向主管機關申報購併流程，在法規監管下讓惡意購併能夠順利進行，也讓產業透過購併能大者恆大增加競爭優勢。

12-1 券商分公司買賣日報表說明

一、券商分公司買賣日報表資料來源

券商分公司買賣日報表是關於券商各分公司買賣股票資訊最詳細的資料，屬於股市籌碼方面的資訊，上市公司的股票與權證、ETF是由臺灣證券交易所公布稱之為：一般交易買賣日報表；上櫃股票、權證與興櫃則是由證券櫃檯買賣中心公布稱之為：券商買賣證券日報表。

臺灣證券交易所 TAIWAN STOCK EXCHANGE 流通證券・活絡經濟

<<買賣日報表查詢系統>>

○一般交易　證券代號：2330

●鉅額交易

2F37D

輸入圖形中5碼文數字：

查詢　重設　下載 2330 CSV

此資料不得逕自散布或販售，並請詳閱「使用條款」　無半

交易日期	2017/07/28			股票代號	2330 台積電		
成交筆數	7,992	成交金額	4,204,292,351		成交股數	19,741,133	
開盤價	213.00	最高價	214.00	最低價	212.50	收盤價	213.00

序	證券商	成交單價	買進股數	賣出股數	序	證券商	成交單價	買進股數	賣出股數
1	1020 合　庫	212.50	4,000	0	2	1020	213.00	4,000	0
3	1020	213.50	1,000	0	4	1021 合庫台中	212.50	3,000	0
5	1021	213.00	10,000	0	6	1021	213.50	300	0
7	1022 合庫台南	212.50	1,000	0	8	1022	213.00	10,000	0
9	1023 合庫高雄	212.50	1,000	0	10	1023	213.00	1,000	1,000
11	1023	213.50	1,000	0	12	1024 合庫嘉義	212.50	10,000	0
13	1024	213.00	2,000	0	14	1025 合庫基隆	213.00	3,000	1,000
15	1028 合庫彰化	213.00	16,000	0	16	102A 合庫新竹	213.50	0	8,000
17	102C 合庫自強	212.50	0	3,000	18	102C	213.00	1,000	0
19	102E 合庫桃園	212.50	1,000	1,000	20	102E	213.00	1,000	0
21	102E	213.50	1,001	4	22	102F 合庫西台	212.50	2,000	0

圖 12-1　上市買賣日報

首頁 > 上櫃股票 > 盤後資訊 > 券商買賣證券日報表查詢系統

券商買賣證券日報表查詢系統（一般交易）　查詢鉅額交易

請輸入股票代碼　請輸入右方圖片中的驗證碼　VDK6A　查詢

*此資料不得逕自散布或販售，並請詳閱使用條款
*使用iPhone,iPad建議下載CSV檔(UTF-8)

下載CSV檔(BIG5)　下載CSV檔(UTF-8)

交易日期	106年07月28日			證券代號	6510 精測		
成交筆數	343	成交金額	481,485,790 元	成交股數	335,553	週轉率(%)	1.08
開盤價	1,425.00	最高價	1,455.00	最低價	1,410.00	收盤價	1,420.00

序號	券商	價格	買進股數	賣出股數	序號	券商	價格	買進股數	賣出股數
1	102A 合庫新竹	1,440.00	1,000	0	51	1520 瑞士信貸	1,420.00	0	4,000
2	102F 合庫西台中	1,420.00	1,000	0	52	1520	1,430.00	0	320
3	1035 土銀新竹	1,410.00	1,000	0	53	1530 港商德意志	1,430.00	0	2,000
4	1035	1,425.00	1,000	1,000	54	1590 花旗環球	1,420.00	1,000	0
5	1035	1,430.00	0	1,000	55	1590	1,435.00	1,000	0
6	1035	1,435.00	1,000	0	56	2180 亞東	1,420.00	1,000	0
7	1035	1,450.00	0	1,000	57	2180	1,425.00	0	1,000

圖 12-2　上櫃買賣日報

二、買賣日報表能夠提供哪些資訊？

傳統的籌碼分析只能從三大法人、融資券買賣資料中分析整體的買賣概況，無法更進一步了解細部的買賣交易狀況。從買賣日報表的分析，我們就能夠了解到，若今天某檔股票成交量五萬張，各是哪些券商買進五萬張、各是哪些券商賣出五萬張、各買賣成交在哪些價位及成交量。

因爲無論是三大法人、主力、公司董監經理人，甚至大股東，還是小散戶，都必須經過各券商分公司來委託進行買進與賣出股票，所成交的資訊也都會記錄在買賣日報表中。當然，透過買賣日報表與各身分（三大法人、融資券、借還券）買賣超資料的對比，可以透過細部籌碼分析更了解實際的買賣情形，是屬於三大法人、公司派、主力、散戶，哪個身分目前在主導股價漲跌的方向與力道，對於股價未來的變化與估計會有很大的幫助。

日期	收盤價	成交量	漲跌 -28	外資買賣超 -109316	投信買賣超 5853	自營商買賣超 -541	八大行庫買賣超 21457	融資增減 2301	融券增減 308	當沖	借券賣出增減 9093	總和 -89647
2022-04-18	561	16579	-1.00	-2495	1085	89	739	140	-10	3168	125	-558
2022-04-15	562	33159	-11.00	-14217	655	-890	2601	-996	-44	3309	316	-13119
2022-04-14	573	20225	0.00	-1517	238	-131	347	254	31	3840	557	-1398
2022-04-13	573	36968	+16.00	3453	877	855	-845	-439	168	7045	2654	1079
2022-04-12	557	34799	-1.00	-7864	-597	152	829	346	22	6431	416	-7572
2022-04-11	558	41714	-9.00	-22973	1233	-1611	4125	-373	62	3093	661	-20322

圖 12-3　各身分別買賣超資料

券商	買張	賣張	差額	買進均價	賣出均價	實現損益(元)
港商野村(1560)	1472	90	1382	561.89	562.22	29700
元大(9800)	1140	117	1023	561.77	560.15	-189197
摩根大通(8440)	2049	1097	952	561.2	561.37	186449
美林(1440)	1173	444	729	561.71	561.58	-57720
永豐金(9A00)	527	17	510	562.09	562.11	339
元富(5920)	432	52	380	560.98	562.48	78234
國泰松江(8883)	132	5	128	561.98	562.13	682

券商	買張	賣張	差額	買進均價	賣出均價	實現損益(元)
富邦(9600)	181	2789	-2608	561.55	561.94	70658
台灣摩根士丹利(1470)	135	1323	-1188	561.25	561.31	8105
花旗環球(1590)	180	1320	-1140	561.41	560.99	-75600
美商高盛(1480)	143	930	-787	561.99	561.62	-52910
凱基台北(9268)	532	1146	-614	562.14	561.62	-276791
港商麥格理(1360)	0	609	-609	0	561.63	0
大和國泰(8890)	10	600	-590	562	562.18	1800

資料來源：股狗網

圖 12-4　各券商分公司買賣超資料

買賣日報表所提供的原始買賣資訊（圖12-1），主要是以各券商分公司排序，再記錄各價位的買進賣出成交價與成交量資料，並不是隨著當日成交時間順序的買賣成交資料；因此，在對比「買賣日報表」與「當日走勢圖」時須注意透過股狗網中「細部籌碼」→「以價追量（日）」的功能來對比主要是那些券商分公司盤中在哪些價位買進賣出股票。

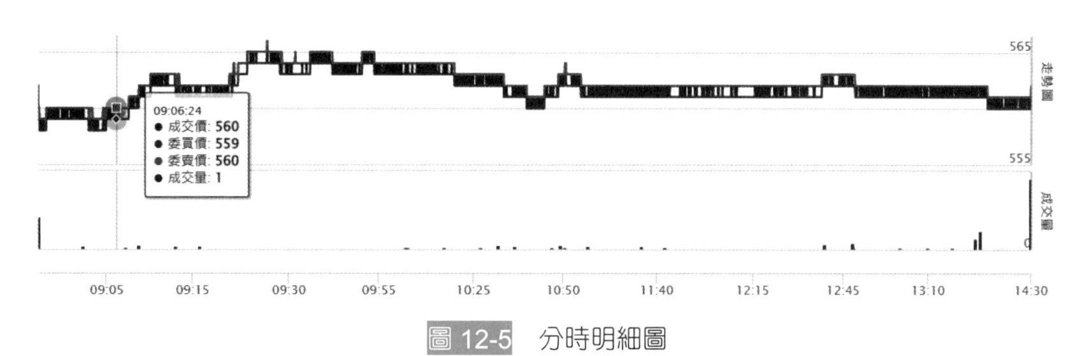

圖 12-5　分時明細圖

2022-04-18

台積電(2330) 以價追量表

此表不包含鉅額交易

昨收 562　開 559　高 566　低 558　今收 561　漲跌　成交量 16579

ma5 565.2　ma20 579.2　ma60 607.9　ma120 607.3　ma240 607.3

	成交價	成交量(張)	比重(%)
	566	14	0.08

顯示 10 筆　快速篩選:

價位:566

代碼	名稱	買張	賣張	差額
1560	港商野村	14	0	14
102C	合庫自強	0	1	-1
1440	美林	0	1	-1
5852	統一敦南	0	3	-3
7007	兆豐竹北	0	1	-1

圖 12-6　單一價位各券商分公司買賣超

三、透過買賣日報表分析券商分公司買賣行為

透過每日買賣日報表與區間買賣日報表，可以分析各券商分公司操作行爲。一般而言，券商分公司的操作行爲可以區分爲：當沖、隔日沖、低檔大量買進、高檔大量賣出、特定券商主導、分散券商分公司主導、轉移買賣、原始大股東賣出等行爲，這些買賣行爲都可以透過買賣日報表來進行分析，後續將有專文說明如何分析。

四、券商分公司進行整併或購併時買賣日報表需要重新修正

臺灣證券交易所與櫃買中心自2012年3月起每日提供買賣日報表資料，但經過多年來券商有被購併、或分公司合併時，買賣日報表也必須要進行合併計算，否則區間統計買賣日報表時會產生買賣資料的偏誤，造成判斷上的錯誤。

目前坊間提供買賣日報表功能的軟體大部分都沒有處理相關整併的資料，因此投資人在使用買賣日報表時須詢問清楚軟體公司是否有進行合併計算，才不會進行分析時造成錯誤。目前股狗網有針對這個部分進行合併計算，可以提供投資人正確分析判斷。

五、買賣日報表未含鉅額交易資料

買賣日報表的原始資料中並不包含鉅額交易資料，有些法人或是大股東因爲買賣交易數量較大時，會透過鉅額交易的機制進行買賣交易，但買賣日報表並未把這些鉅額交易的資料加入；因此，在進行籌碼分析時便會有疏漏的地方。

通常鉅額交易的成交量是相當大的，對於籌碼的影響程度也相當大，應該要把鉅額交易資料與買賣日報表整合進行籌碼分析才夠完整。目前坊間提供買賣日報表功能的軟體大部分都沒有處理相關鉅額交易的資料，因此投資人在使用買賣日報表時須詢問清楚軟體公司是否有進行鉅額交易資料合併計算，才不會進行分析時造成錯誤。目前股狗網有針對鉅額交易這個部分進行合併計算，可以提供投資人正確分析判斷。

2022-04-15 台積電(2330) 買賣日報

收盤562　昨收573　跌-1.92%　開562　高566　低561　成交量33159張

外資 買 7046　賣 21264　投信 買 1001　賣 346　自營商 買 527　賣 1417

週轉率 0.13%

資券互抵 4 張　當沖率 0.01 %

現股當沖 3305 張　現股當沖率 9.97 %

鉅額交易日報

日期	券商	買進張數	賣出張數	成交價	交易種類
2022-04-15	台灣匯立(1380)	258	258	562.12	配對
2022-04-15	台灣匯立(1380)	224	224	562.14	配對
2022-04-15	台灣匯立(1380)	106	106	562.55	配對
2022-04-15	台灣匯立(1380)	94	94	562.57	配對

資料來源：股狗網

圖 12-7　鉅額交易日報

台積電(2330) 區間籌碼成本
查詢區間：2022-04-01 ~ 2022-04-18 共有10天交易日

外資 買 126745　賣 236061　投信 買 9252　賣 3399　自營商 買 7679　賣 8219

資券互抵 66 張　當沖率 0.02 %

現股當沖 36356 張　現股當沖率 10.88 %

總股數：25,931,767張　董監事及大股東持股比：36.73%　在外流通張數：16,407,216張

最高價：589　最高量：47213
最低價：552　最低量：16579
均價： 568.4　均量： 33404

買超券商家數:818　賣超券商家數:34

券商	買張	賣張	買賣超	買進比重	賣出比重	買進均價	賣出均價	買進金額(百萬)	賣出金額(百萬)	買賣淨額(百萬)
國泰(8880)	5895	953	4942	1.76	0.29	566.94	568.49	3342.09	542.01	2800.08
台灣匯立(1380)	11689	8639	3050	3.5	2.59	571.26	568.78	6677.2	4913.66	1763.54
永豐金(9A00)	5071	2022	3049	1.52	0.61	569.26	569.75	2886.66	1152.08	1734.58

資料來源：股狗網

圖 12-8　區間鉅額交易表

六、買賣日報表的分析限制

雖然買賣日報表對於買賣資訊已經相當完整，然而這並不代表買賣日報表就能完全掌握所有人的動態。一般而言，每個投資人都可以在多家券商分公司開戶，有些主力甚至擁有大量的人頭戶，所以僅以單一券商分公司來判斷是否為主力，容易發生偏誤。

雖說券商分公司的買賣超可以代表買賣力道的強弱，但也有主力使用多家券商化整為零掛出小量買單，之後以單一券商分公司大單賣出，此種操作製造大量賣壓假象的交易手法，最後股票則是透過匯撥轉到其他券商的戶頭進行操作，在部位追蹤上進出不一定要在同一家券商分公司完成，這也造成分析上的難處。

12-2 長短期持股籌碼分析

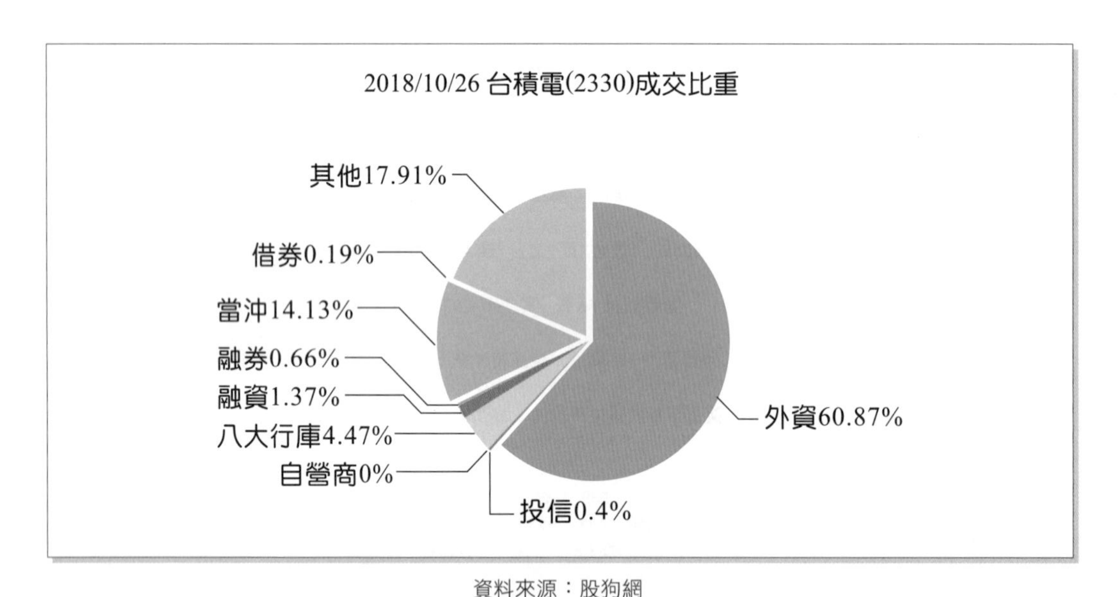

資料來源：股狗網

圖 12-9 台積電（2330）成交比重

籌碼分析最重要的是要了解「全部籌碼」的分布情況，我們可以從持有股票的投資人性質來進行區隔，長期持有的投資人為「董監事、經理人、前十大股東」，而短期以買賣價差交易的投資人可以透過「買賣日報、集保戶數」來進行了解。

一、長期持有投資人

長期持有的投資人不會經常買賣持有，因此對於股價短期波動的影響並不大；但若有「董監事、經理人、前十大股東」進行持股調整時，因這些身分投資人有高持股及高市場敏感度，所以只要有申報轉讓、質押動作對於股價「瞬間」的衝擊就比較大。

了解籌碼分析的資料有：

1. 「董監事、經理人、前十大股東」持股變化（申報轉讓、質押、前十大股東每月變化）。
2. 「董監事、經理人、前十大股東」總持股佔股本比重。
3. 「集保戶數股權分散表」中「千張持股」的人數、張數變化。
4. 「外資、投信」整體持股比變化。

長期持有投資人有「董監事、經理人、前十大股東」，可以依下列步驟來進行分析，以下以「鴻海」為例：

step 01 連至股狗網（https：//www.stockdog.com.tw）

step 02 選取「籌碼面」→「整體籌碼」→「董監經理人持股明細表」

step 03 選取「月份」可以查詢「董監經理人持股明細」，可以分析各董監事、經理人持股比例與質押張數、比例，如下圖所示：鴻海（2317）「董事長郭台銘」持股9.36%，質押張數：984,950張，質押比例：46.41%。

查詢月份: 2018-09

姓名: 全部 職位: 全部

Excel

搜尋:

2018-09 董監經理人持股明細

							內部關係人			
職位名稱 姓名/法人名稱	選任時持股張數	目前持股張數	目前持股市值	目前持股比例	質押張數	質押比例	持股張數合計	質押張數	質押張數市值	質押比例
財務部門主管本人 黃德才	0	1349	1.07億	0.01	0	0	0	0	0	0
董事長本人 郭台銘	1973953	1621848	1284.5億	9.36	984950	46.41	0	0	780.08億	0
董事本人 黃清苑	0	0	0	0	0	0	0	0	0	0
董事本人 鴻橋國際投資股份有限公司	24136	26549	21.03億	0.15	0	0	0	0	0	0
董事本人 鴻景國際投資股份有限公司	1685	1854	1.47億	0.01	0	0	0	0	0	0
董事本人 宋學仁	0	0	0	0	0	0	0	0	0	0
董事之法人代表人 陳振國	0	1696	1.34億	0.01	0	0	0	0	0	0
董事之法人代表人 毛渝南	0	0	0	0	0	0	0	0	0	0
董事之法人代表人 呂芳銘	0	7916	6.27億	0.05	6000	64.47	1759	0	4.75億	0
總經理本人 郭台銘	0	1621848	1284.5億	9.36	984950	46.41	0	0	780.08億	0

資料來源：股狗網

step 04 查詢「前十大股東持股」，如下圖所示：「整體前十大股東」合計持股比例：22.6%。

2018-09 前十大股東

職位名稱	姓名/法人名稱	持股張數	持股金額	持股比例
董事長兼總經理	郭台銘	1621848	1284.5億	9.36
大股東	中信銀郭台銘	500000	396億	2.89
大股東	花旗政府(星)	303828	240.63億	1.75
大股東	花旗鴻海存託	256498	203.15億	1.48
大股東	渣打梵加德指	244776	193.86億	1.41
大股東	富邦人壽(股)	213100	168.78億	1.23
大股東	大通先進星光	202436	160.33億	1.17
大股東	大通託阿拉伯	198657	157.34億	1.15
大股東	花旗託管挪威	192388	152.37億	1.11
大股東	渣打富達清教	182476	144.52億	1.05
總和		3916007	3101.48億	22.6%

資料來源：股狗網

step 05 查詢「董監事經理人申報轉讓明細」，如下圖所示：可以以「申報日」來分析近期那些董監事進行申報轉讓及張數。

鴻海(2317) 申報轉讓明細

篩選申讓人: 全部　申報轉讓K線圖

Excel

顯示 10 筆　　搜尋:

申報日	張數	申讓人	受讓人	轉讓方式/未轉讓理由
2018-10-16	950	經理人本人 呂芳銘	台新國際商業銀行受託信託財產專戶	信託
2018-10-16	950	經理人配偶 呂芳銘之配偶	台新國際商業銀行受託信託財產專戶	信託
2018-04-09	2000	經理人本人 戴正吳	華南商業銀行受託信託財產專戶	信託
2017-11-15	690	經理人本人 呂芳銘	台新國際商業銀行受託信託財產專戶	信託
2017-11-15	690	經理人配偶 呂芳銘之配偶	台新國際商業銀行受託信託財產專戶	信託
2017-07-28	15000	經理人本人 游象富	中國信託商業銀行股份有限公司受託信託財產專戶	信託
2017-02-18	500000	董事本人 郭台銘	中國信託商業銀行股份有限公司受託信託財產專戶	信託
2017-01-05	0	法人董事代表人本人及由受託人持有者 戴正吳	戴宇男	贈與
2017-01-04	0	法人董事代表人本人及由受託人持有者 戴正吳	戴宇男	贈與
2016-12-23	700	經理人本人 呂芳銘	台新國際商業銀行受託信託財產專戶	信託

資料來源：股狗網

step 06 查詢「董監事經理人質押明細」，如下圖所示：可以以「日期」來分析近期那些董監事進行質押及張數。

鴻海(2317) 質押明細

篩選設質人: 全部　質押K線圖

Excel

顯示 10 筆　　搜尋:

日期	設質人姓名	設質張數	解質張數	累積質設張數	質權人名稱	備註
2018-10-19	董事之法人代表人 呂芳銘	500	0	6500	中信商銀城東分行設質專戶	
2018-07-06	董事長本人 郭台銘	850	0	984950	中信商銀城東分行設質專戶	
2017-04-07	董事之法人代表人 呂芳銘	6000	0	6000	中信商銀城東分行設質專戶	
2017-03-31	董事長本人 郭台銘	0	45000	1051800	瑞士商瑞士銀行股份有限公司台北分公司	
2017-03-31	董事長本人 郭台銘	0	300000	751800	兆豐國際商業銀行股份有限公司金控總部分行	
2017-03-31	董事長本人 郭台銘	0	18000	733800	兆豐國際商業銀行股份有限公司南京東路分行	
2017-03-31	董事長本人 郭台銘	0	25000	708800	兆豐國際商業銀行總管理處國外部	
2017-03-31	董事長本人 郭台銘	77500	0	786300	國泰世華商業銀行營業部	
2017-03-31	董事長本人 郭台銘	119800	0	906100	中信商銀城東分行設質專戶	
2017-03-31	董事長本人 郭台銘	78000	0	984100	台新國際商業銀行股份有限公司建北分行	

資料來源：股狗網

step 07 查詢「董監事持股每月變化」「大股東持股每月變化」，如下圖所示，可以分析各董監事每月的增減變化。

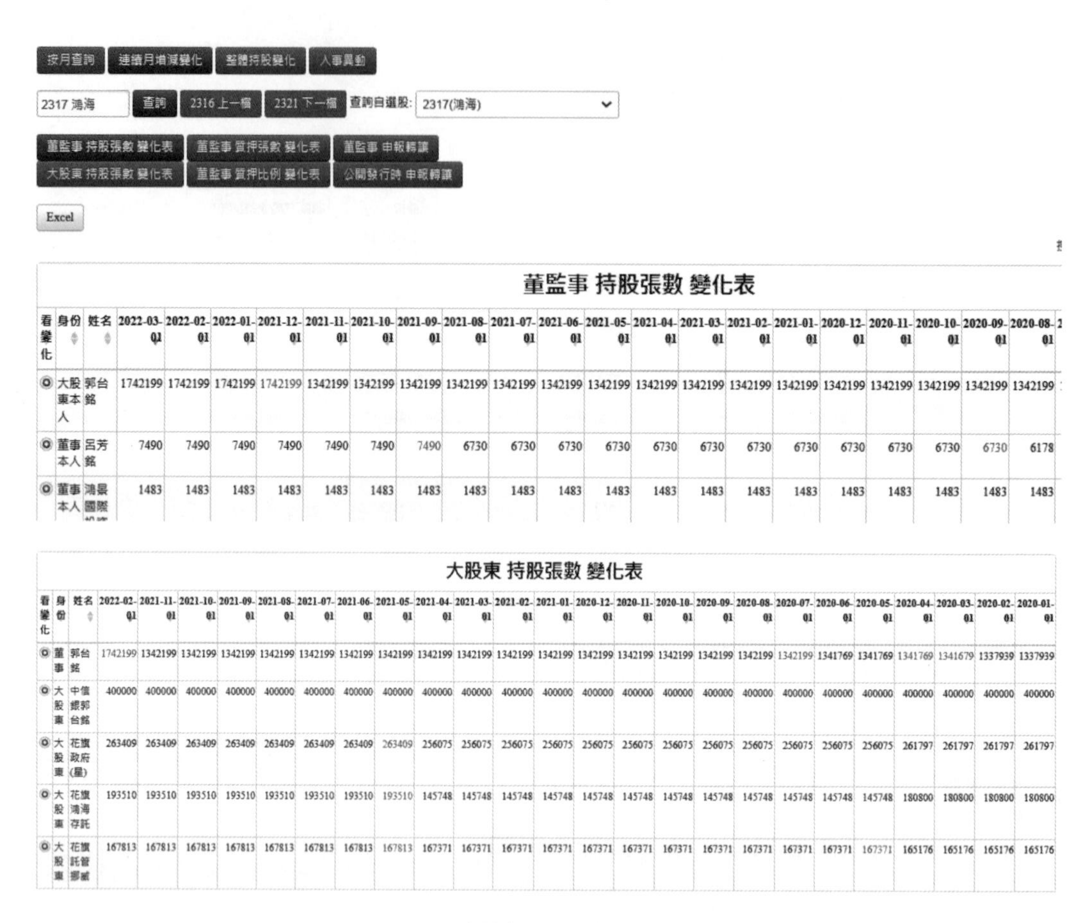

董監事 持股張數 變化表

看變化	身份	姓名	2022-03-01	2022-02-01	2022-01-01	2021-12-01	2021-11-01	2021-10-01	2021-09-01	2021-08-01	2021-07-01	2021-06-01	2021-05-01	2021-04-01	2021-03-01	2021-02-01	2021-01-01	2020-12-01	2020-11-01	2020-10-01	2020-09-01	2020-08-01
⊙	大股東本人	郭台銘	1742199	1742199	1742199	1742199	1342199	1342199	1342199	1342199	1342199	1342199	1342199	1342199	1342199	1342199	1342199	1342199	1342199	1342199	1342199	1342199
⊙	董事本人	呂芳銘	7490	7490	7490	7490	7490	7490	7490	6730	6730	6730	6730	6730	6730	6730	6730	6730	6730	6730	6730	6178
⊙	董事本人	鴻景國際	1483	1483	1483	1483	1483	1483	1483	1483	1483	1483	1483	1483	1483	1483	1483	1483	1483	1483	1483	1483

大股東 持股張數 變化表

看變化	身份	姓名	2022-02-01	2021-11-01	2021-10-01	2021-09-01	2021-08-01	2021-07-01	2021-06-01	2021-05-01	2021-04-01	2021-03-01	2021-02-01	2021-01-01	2020-12-01	2020-11-01	2020-10-01	2020-09-01	2020-08-01	2020-07-01	2020-06-01	2020-05-01	2020-04-01	2020-03-01	2020-02-01	2020-01-01
⊙	董事	郭台銘	1742199	1342199	1342199	1342199	1342199	1342199	1342199	1342199	1342199	1342199	1342199	1342199	1342199	1342199	1342199	1342199	1342199	1342199	1341769	1341769	1341769	1341679	1337939	1337939
⊙	大股東	中信銀郭台銘	400000	400000	400000	400000	400000	400000	400000	400000	400000	400000	400000	400000	400000	400000	400000	400000	400000	400000	400000	400000	400000	400000	400000	400000
⊙	大股東	花旗政府(星)	263409	263409	263409	263409	263409	263409	263409	263409	256075	256075	256075	256075	256075	256075	256075	256075	256075	256075	256075	256075	261797	261797	261797	261797
⊙	大股東	花旗鴻海存託	193510	193510	193510	193510	193510	193510	193510	193510	145748	145748	145748	145748	145748	145748	145748	145748	145748	145748	145748	145748	180800	180800	180800	180800
⊙	大股東	花旗託管挪威	167813	167813	167813	167813	167813	167813	167813	167813	167371	167371	167371	167371	167371	167371	167371	167371	167371	167371	167371	167371	165176	165176	165176	165176

資料來源：股狗網

step 08 查詢「整體持股變化」

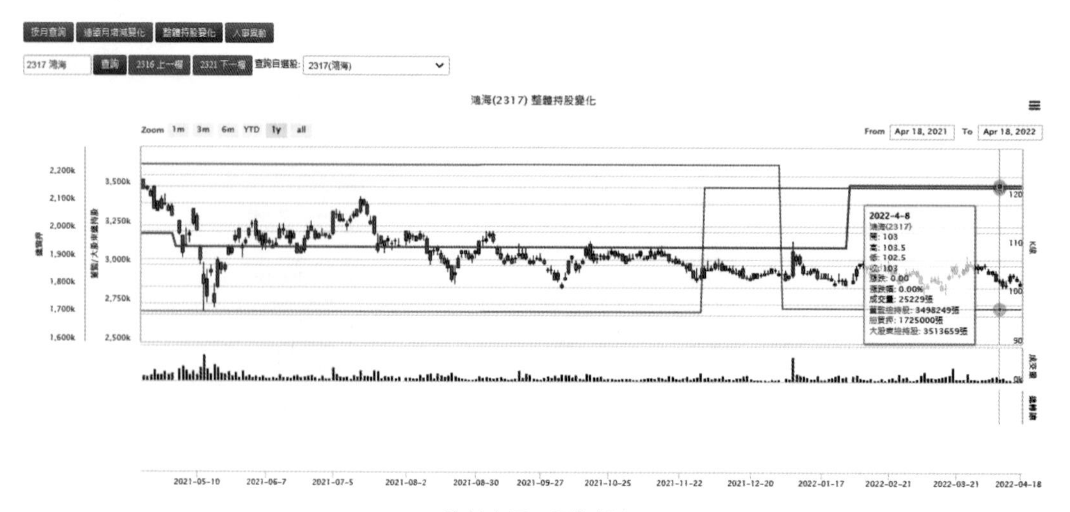

資料來源：股狗網

step 09 查詢「集保戶數股權分散表」中「千張持股」的人數、張數變化，如下圖所示，千張持股大戶的持股比是下降的。

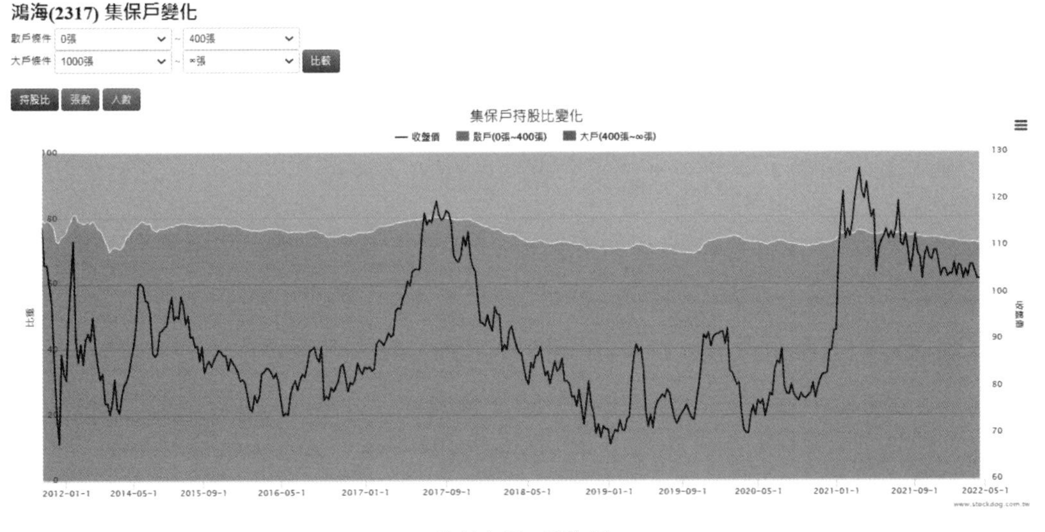

資料來源：股狗網

step 10 「外資、投信」整體持股比變化，如下圖所示，外資自今年以來持股比自「49.29%」降至「42.73%」。

資料來源：股狗網

依據上述分析的方式，可以了解：

1. 「董監事、經理人、前十大股東」持股變化（申報轉讓、質押、前十大股東每月變化）
   → 若是增加，表示內部人持續看好公司；若是減少，表示內部人對公司不樂觀。

2. 「董監事、經理人、前十大股東」總持股佔股本比重
   → 若是增加，表示內部人持續看好公司；若是減少，表示內部人對公司不樂觀。

3. 「集保戶數股權分散表」中「千張持股」的人數、張數變化
   → 若是增加，表示大戶持續看好公司；若是減少，表示大戶對公司不樂觀。

4. 「外資、投信」整體持股比變化
   → 若是增加，表示外資、投信持續看好公司；若是減少，表示外資、投信對公司不樂觀。

公司內部人持股轉讓

上市公司有哪些人的股權轉讓有辦理事前申報的義務呢？依證券交易法第 22 條之 2 第 1 項及相關函令規定：上市公司董事、監察人、經理人或持有公司股份超過股份總額百分之十之股東及其相關關係人配偶、未成年子女、利用他人名義持有者，在轉讓所屬公司股票前應辦理申報。

上面所提之經理人包括總經理及相當等級者、副總經理及相當等級者、協理及相當等級者、財務部門主管、會計部門主管、其他有為公司管理事務及簽名權利之人員。

預定於集中市場轉讓持股之事前申報書內容，係指內部人未來一個月將在集中市場轉讓之情況，可同時勾選多種交易方式及股數，內部人應依照申報之方式進行轉讓以免違規。例如：申報採鉅額逐筆方式賣出 1,000 張者，不得以盤後定價方式賣出。

資料來源：證交所

NEWS 公司治理

臺灣證券交易所表示，第七屆（109 年度）公司治理評鑑之評核工作業已完成，共有 905 家上市公司及 712 家上櫃公司受評，合計 1,617 家。依得分情形，區分為前 5%、6% 至 20%、21% 至 35%、36% 至 50%、51% 至 65%、66% 至 80%，及 81% 至 100% 等七個級距，分別公告上市、上櫃受評公司之評鑑結果。

此外，本屆依據「公司治理 3.0—永續發展藍圖」，增加公布「市值 50 億元以上至 100 億元（共 268 家）」之類別，併同原有「金融保險類（共 44 家）」、「市值 100 億元以上之電子類（共 215 家）」及「市值 100 億元以上之非金融電子類（共 212 家）」等分類，共有四大類分組，皆採上市櫃公司混合排名，各組依得分情形分級距公告名單，以利外界了解受評公司在其所屬產業及相似市值規模群組中之表現。

透過各屆指標內涵及相關法規推動，已逐步導引企業採用各項良善之公司治理措施，109 年度上市櫃公司有多項統計數據皆持續進步，例如：設置審計委員會之家數為 1,355 家，佔上市櫃公司比重達 78%，預計於 111 年全面設置完成；2 月底前申報年度財務報告之公司家數為 156 家，較 108 年增加 11%；於股東常會提供英文版開會通知共 917 家、英文版議事手冊公司共 600 家、英文版股東會年報共 530 家，成長幅度分別為 19%、8% 及 8%；編製企業社會責任報告書之家數為 518 家，較去年成長 9%。除量化指標外，評鑑系統亦持續透過強化質化要求、增加給分差異化及新增問卷發送蒐集意見等，鼓勵企業在建立治理制度後，重視實踐與落實，並適當揭露相關績效表現。

資料來源：證券交易所 2021/04/29

二、短期持有投資人

股價的波動主要是因爲「短期持有投資人」進行短期的價差買賣交易影響，因此經由分析買賣日報來了解買賣狀況與股價之間連動關係可以了解股價波動的方式。

1. 透過「買賣日報、區間籌碼」來分析「主力」、「散戶」買賣超。
2. 透過「主力買賣超淨額、買賣家數差」來分析短期買賣交易籌碼分布比例。

3. 透過「買賣金額流向分析」來分析「主力」「散戶」買賣分布。
4. 透過「權證買賣日報、轉換公司債資產交換、股票期貨」來分析衍生性商品買賣間接影響。

可以依下列步驟來進行分析，以下以「國巨」爲例：

step 01 連至股狗網（https：//www.stockdog.com.tw）

step 02 選取「籌碼面」→「細部籌碼」→「買賣日報」

透過「買賣日報」可以了解當日「買超分公司」與「賣超分公司」狀況。

2022-04-15 國巨(2327) 買賣日報

收盤405　昨收406　跌-0.25%　開400.5　高407　低396　成交量2155張

外資 買 1147　賣 871　投信 買 85　賣 0　自營商 買 23　賣 93

週轉率 0.4%

現股當沖 556 張　現股當沖率 25.8 %

買超券商家數:93　賣超券商家數:261

券商	買張	賣張	買賣超	買進均價	賣出均價	買進比重	賣出比重	買進金額(百萬)	賣出金額(百萬)	買賣淨額(百萬)
港商麥格理(1360)	439	0	439	403.96	0	20.37	0	177.34	0	177.34
台灣摩根士丹利(1470)	461	69	392	405.18	405.19	21.39	3.2	186.79	27.96	158.83
國泰(8880)	271	3	268	404.73	402.79	12.58	0.14	109.68	1.2	108.48
臺銀證券(1040)	44	4	40	403.58	404.24	2.04	0.2	17.76	1.75	16.01
兆豐大安(700j)	38	0	38	403.79	0	1.77	0	15.38	0	15.38
富邦(9600)	20	3	17	402.73	405	0.93	0.14	8.05	1.22	6.84

step 03 選取「籌碼面」→「細部籌碼」→「區間籌碼比對」

透過這個功能可以分析上漲區間「買超分公司券商」與下跌區間「賣超分公司券商」的買賣狀況，如下圖所示，國巨在上漲區間（2018/2/27～2021/7/1）「買超分公司券商」前五名有「美商高盛、凱基三多、元大、元富、港商野村」，而在下跌區間（2018/7/2～2018/10/25）「賣超分公司券商」也有上述買超的券商，顯示上漲的主力券商在下跌區間大部分都賣出部位。而也顯示出未在上漲區間買超券商，而在下跌區間有賣超的券商如「臺灣摩根士丹利」，顯示該券商是主力賣超券商。

2018-02-27 ~ 2018-07-01

券商	買張	賣張	買賣超	買進比重	賣出比重	買進均價	賣出均價	買進金額百萬	賣出金額百萬	買賣淨額百萬
美商高盛(1480)	13071	8470	4601	1.91	1.24	637.32	814.96	8330.21	6902.67	1427.54
凱基三多(9275)	3741	1626	2115	0.55	0.24	681.67	785.61	2550.05	1277.64	1272.41
元大(9800)	10948	9213	1735	1.6	1.35	860.43	917.22	9420.06	8450.25	969.8
元富(5920)	3977	2422	1555	0.58	0.35	655.09	726.6	2605.19	1759.68	845.51
港商野村(1560)	6823	5502	1321	1	0.8	691.99	733.84	4721.48	4037.89	683.59
群益金鼎大安(918e)	8832	7681	1151	1.29	1.12	839.15	824.19	7411.38	6330.46	1080.92
統一(5850)	10586	9473	1113	1.55	1.38	749.74	775.37	7936.97	7345.2	591.77
凱基(9200)	5266	4313	954	0.77	0.63	768.17	756.13	4045.5	3261.07	784.43
國泰(8880)	4759	3826	933	0.7	0.56	776.92	805.3	3697.43	3081.45	615.98
日盛	3261	2553	708	0.48	0.37	741.17	807.32	2416.63	2060.74	355.89

2018-07-02 ~ 2018-10-25

券商	買張	賣張	買賣超	買進比重	賣出比重	買進均價	賣出均價	買進金額百萬	賣出金額百萬	買賣淨額百萬
台灣摩根士丹利(1470)	28155	36509	-8354	1.9	2.47	618.23	652.52	17406.3	23823.2	-6416.9
美商高盛(1480)	14064	18249	-4185	0.95	1.23	605.24	624.08	8512.3	11389.09	-2876.8
統一(5850)	21399	25331	-3932	1.45	1.71	655.33	661.98	14023.54	16768.6	-2745.06
元富(5920)	3363	7131	-3768	0.23	0.48	651.47	678.02	2190.87	4835.16	-2644.28
兆豐(7000)	2085	5791	-3706	0.14	0.39	673.82	663.14	1405.05	3840.35	-2435.3
富邦(9600)	2892	6227	-3335	0.2	0.42	711.07	758.77	2056.52	4724.83	-2668.31
華南永昌(9300)	5719	8696	-2977	0.39	0.59	636.72	658.06	3641.32	5722.17	-2080.84
凱基(9200)	3590	6357	-2767	0.24	0.43	761.44	690.43	2733.52	4388.73	-1655.21
國票敦北法人(779c)	2833	5490	-2656	0.19	0.37	656.61	685.68	1860.43	3764.29	-1903.86

step 04 選取「籌碼面」→「細部籌碼」→「區間籌碼比對」

透過「大戶散戶買賣超分析圖」來分析「大戶」「散戶」買賣超狀況，如下圖所示，國巨在下跌區間（2018/7/2～2018/10/26），以大戶散戶門檻「1億」元爲分界點，顯示「大戶」都是處於賣超較多狀態，「散戶」是處於買超較多狀態，籌碼結構不佳。

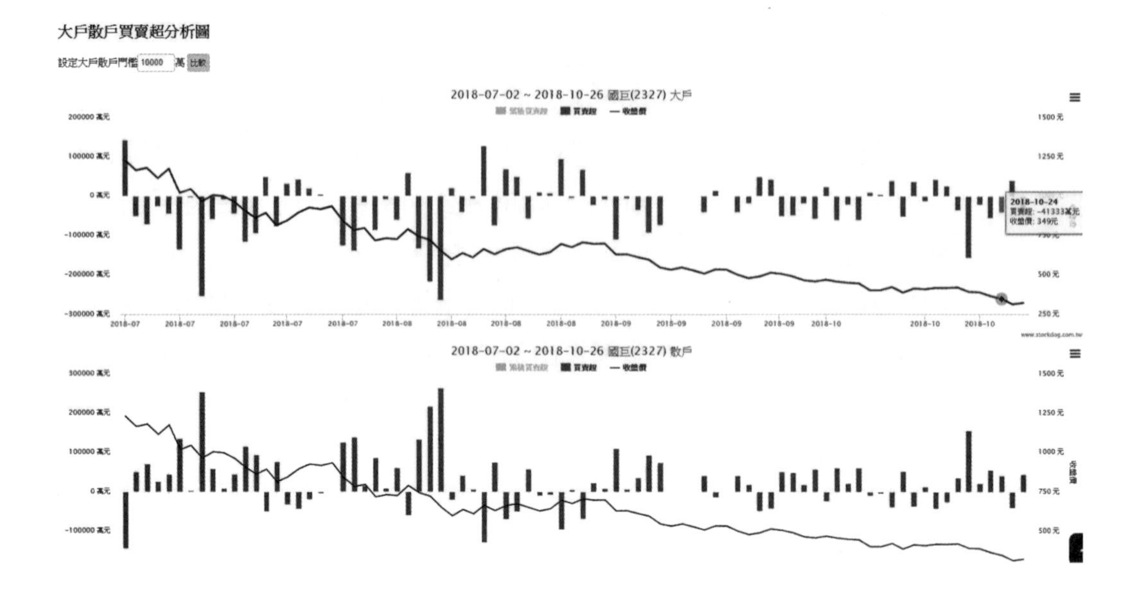

step 05 選取「籌碼面」→「細部籌碼」→「籌碼比對走勢圖」

透過「買賣前15名主力淨額」比對分析，如下圖所示，國巨的買賣前15名主力淨額都是屬於賣超的，顯示大戶近期都是處於賣方狀態。

另外以「買賣家數差額」來看，如下圖所示，買賣家數差額在下跌區間顯示較多正值；表示「買家券商家數」比「賣家券商家數」大，意即買家大多爲散戶，賣家大多爲大戶，這樣的籌碼結構不佳。

step 06 選取「權證」→「權證籌碼分析」→「權證主力持倉」

透過「權證主力持倉」功能，可以了解那些分公司券商持有「認購」「認售」情形。

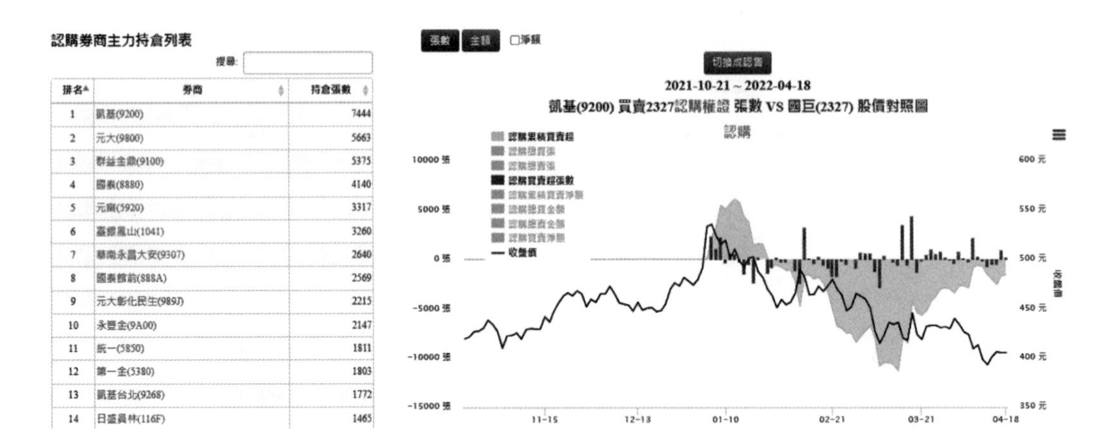

認購券商主力持倉列表

排名	券商	持倉張數
1	凱基(9200)	7444
2	元大(9800)	5663
3	群益金鼎(9100)	5375
4	國泰(8880)	4140
5	元富(5920)	3317
6	臺銀鳳山(1041)	3260
7	華南永昌大安(9307)	2640
8	國泰館前(888A)	2569
9	元大彰化民生(989J)	2215
10	永豐金(9A00)	2147
11	統一(5850)	1811
12	第一金(5380)	1803
13	凱基台北(9268)	1772
14	日盛員林(116F)	1465

step 07 選取「可轉債」→「可轉債債券明細」，可以了解該股票發行可轉債狀況與資產交換交易情形。

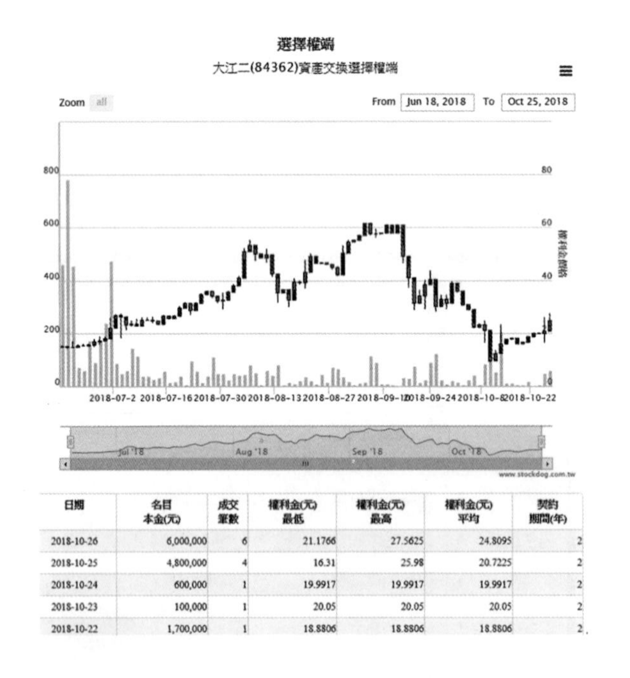

日期	名目本金(元)	成交筆數	權利金(元)最低	權利金(元)最高	權利金(元)平均	契約期間(年)
2018-10-26	6,000,000	6	21.1766	27.5625	24.8095	2
2018-10-25	4,800,000	4	16.31	25.98	20.7225	2
2018-10-24	600,000	1	19.9917	19.9917	19.9917	2
2018-10-23	100,000	1	20.05	20.05	20.05	2
2018-10-22	1,700,000	1	18.8806	18.8806	18.8806	2

step 08 選取「股票期貨」→「基本資料」，可以了解該股票期貨的交易量與未平倉的狀況。

基本資料　大額交易人　未平倉分析　每日行情　每日行情(含併櫃的)　三大法人　契約調整事項

2327 國巨　查詢

2022-04-18

期貨名稱	漲跌	漲跌幅(%)	開盤	最高	最低	收盤	結算價	成交量	未沖銷契約量	最後委買價	最後委賣價	歷史最高價	歷史最低價	快速查詢
國巨現貨	0	0	400.5	406.5	398	405	-	1386	-	404.5000	405.0000	-	-	-
國巨期-04	0	0.00	401	406	397.5	403.5	404.5	488	384	403.5	406	477.5	387.5	K線圖 分價表 買賣日報
國巨期-05	0	0.00	400.5	405.5	399	403	404	285	613	402.5	405.5	443	387	K線圖 分價表 買賣日報
國巨期-06	0	0.00	403	403	403	403	404	1	7	401.5	405.5	504	403	K線圖 分價表 買賣日報
國巨期-09	-	-	-	-	-	-	405	0	1	395.5	405	459.5	459.5	K線圖 分價表 買賣日報
國巨期-12	-	-	-	-	-	-	403.5	0	3	390.5	404.5	471.5	471.5	K線圖 分價表 買賣日報

庫藏股

上市櫃公司依據證券交易法第 28 條之 2 係規定上市、上櫃公司得經由董事會決議買回本公司之股份，而排除公司法第 167 條第 1 項規定之限制。其適用目的可分為下列三類：

1. 轉讓給員工或作為員工認股權證行使認股權時所需之股票來源，以激勵員工士氣並留任優秀人才。
2. 作為附認股權公司債、附認股權特別股、可轉換公司債或可轉換特別股轉換時所需之股票來源，使公司籌集資金管道多樣化及便利化。
3. 為維護公司信用及股東權益，亦得以買回並銷除股份。

資料來源：金管會

12-3　消息面分析

上市櫃公司發布消息影響股價的主要有兩個部分：一爲公司營收財報資料公布，另一爲重大訊息公布，例如：公司購併、重大合作事項、公司減資、公司董監事更換等等，這些消息都會影響公司股價的變動。

一、重大訊息公布

上市公司應遵循有價證券上市公司重大訊息之查證暨公開處理程序第3條規定，於依本處理程序公開訊息之前，不得對外公布任何消息，以確保資訊之正確性及普及性，且應避免誤導股東及投資大眾，令其產生錯誤期待。

發布之重大訊息應完整且具體揭露各欄位內容，如重大事件之發生原因、辦理計畫、具體目的、因應措施、預計效益/損失、重要契約約定或限制條款、對公司整體財務業務影響（應有較具體之金額影響評估）、股權稀釋程度等對股東權益有重大影響等公告，應注意內容之完整性而不宜逕以不適用代之。

若媒體報導相關預測性資訊屬公司外部人士預估或未註明出處，且公司實際上並未提供該等預測資訊予外部人士，公司應澄清並未對外界提供任何預測性財務資訊，且公司亦未對外公開揭露財務預測資訊，澄清內容應避免使用誤導股東及投資大眾產生錯誤期待之用語。

證券交易所與櫃買中心針對重大訊息公布有提供專區公告，上市櫃公司應依法令規定公布，以提供投資人正確且快速的訊息，避免有資訊不對稱的問題發生。公告的專區如下所示：

當日重大訊息

年度 110 月份 9 日期 17 查詢

列印網頁 開新視窗 問題回報

公司當日重大訊息之詳細內容

(本日重大訊息包含前一日17:30以後之訊息)

發言日期	發言時間	公司代號	公司名稱	主旨	
110/09/16	17:35:10	3060	銘異	代子公司Synergy Technology Industrial Co., LTD公告發行新股	詳細資料
110/09/16	17:35:47	3494	誠研	公告本公司110年8月份自結合併財務報表中之高流動資產 、短期借款及一年內到期之長期負債等財務資訊	詳細資料
110/09/16	17:38:04	6558	興能高	公告本公司收回已發行之限制員工權利新股註銷減資變更登記完成	詳細資料
110/09/16	17:47:10	2912	統一超	代重要子公司統一超商香港控股有限公司公告 董事會決議2020年股利發放事宜	詳細資料
110/09/16	17:47:47	2912	統一超	代重要子公司統一超商香港控股有限公司公告 2021年度股東常會重要決議事項	詳細資料
110/09/16	17:50:39	3058	立德	公告本公司營運長職務異動	詳細資料

資料來源：公開資訊觀測站

圖 12-10 公司重大訊息內容

掃描查詢最新資訊

二、營收財報資訊公布

上市櫃公司財報公布時間通常是影響股價變動的重要消息因素，因此隨時注意財報公布時間是重要的分析消息訊息的方法，而財報公布時間有規定的時間與日期，下列爲各財報公布時間：

一般上市櫃公司財報公布時間：

- 月營收：每月10日以前公布
- 去年年報：3/31前
- Q1財報：5/15前
- Q2財報：8/14前
- Q3財報：11/14前
- Q4財報及年報：隔年3/31前

台積電(2330) 財務分析

季報表 年報表

分類	項目	2018 Q1	2017 Q4	2017 Q3	2017 Q2	2017 Q1	2016 Q4	2016 Q3	2016 Q2	2016 Q1	2015 Q4	2015 Q3	2015 Q2	2015 Q1	2014 Q4	2014 Q3	2014 Q2	2014 Q1
獲利能力	毛利率(%)	50.33	49.99	49.93	50.83	51.94	52.29	50.71	51.55	44.88	48.61	48.16	48.53	49.28	49.69	50.5	49.83	47.5
	營益率(%)	39.03	39.23	38.89	38.93	40.76	41.91	40.81	41.17	34.63	38.31	36.89	37.51	39.01	39.65	40.39	38.64	35.44
	淨利率(%)	36.19	35.78	35.68	30.99	37.46	38.22	37.17	32.7	31.84	35.79	35.44	38.66	35.57	35.94	36.5	32.6	32.28
	ROE(%)	5.74	6.72	6.49	4.74	6.16	7.5	7.8	5.85	5.18	6.14	6.79	7.25	7.28	7.99	8.32	6.72	5.48
	ROA(%)	4.44	5.18	4.7	3.38	4.59	5.56	5.49	4.11	3.83	4.51	4.73	5.02	5.18	5.62	5.66	4.51	3.74
	本業獲利率(%)	95.13		96.34		96.62	99.38	97.03	95.7	94.92	95.6	91.43	80.86	92.49	90.58	93.15	93.64	96.17
財務結構	負債比(%)	21.6	23.55	22.27	32.42	24.73	26.31	25.3	33.65	25.81	26.24	26.98	33.7	27.81	30.06	29.14	34.8	30.86
	長期資金佔固定資產比例(%)	161.74	153.7	144.77	135.75	155.5	157.17	156.28	160.5	176.55	169.34	165.44	156.62	168.38	158.17	142.88	131.21	135.79
償債能力	利息保障倍數	124.7	135.46	120.21	103.53	120.78	139.08	132.58	114.71	85.95	99.34	106.17	126.26	112.17	109.62	105.63	93.46	67.91
	流動比	271.48	238.97	236.12	160.08	256.75	256.95	275.51	213.81	344.43	351.86	343.93	236.4	368.14	311.7	276.48	186.19	204.07

資料來源：股狗網

圖 12-11 台積電（2330）財務分析

1. 公司月營收：次月10日以前
2. 每季財務報告：
   (1) 一般上市櫃公司：
   每季度結束後45日內（5/15、8/14、11/14）
   (2) 金控、證券、銀行及票券：
   ① Q1、Q3結束後45日內（5/15、11/14）
   ② Q1、Q3可延至5/30、11/29
   ③ Q2結束後2個月內（8/31）
   (3) 保險公司：
   ① Q1、Q3結束後1個月內（4/30、10/31）
   ② Q2結束後2個月內（8/31）
3. 年度財務報告：會計年度結束後3個月內（每年3/31）

NEWS 涉內線交易 光寶創辦人宋恭源 3,000 萬元交保

美商達爾公司 2019 年欲併購敦南科技公司，透過盧森堡達爾公司、臺灣達爾科技公司收購敦南公司股權；敦南同年 8 月 9 日在公開資訊觀測站公告重訊，記載收購方的新設子公司以每股現金對價四十二點五元支付敦南全體股東，取得公司百分之百全數普通股股分。

檢調蒐證，宋恭源於禁止交易期間，2019 年 7 月利用假外資交易，以「SF」公司透過「GSI」公司名義，直接買入一萬一六五仟股敦南股票，去年 10、11 月間臺灣達爾執行收購敦南公司股票時全數售出，與他的女性友人單雅文賺取價差約六千萬元。

資料來源：聯合新聞網 2021/03/09

1. 買賣日報表能夠提供哪些資訊？
2. 買賣日報表的分析限制：
3. 如何分析籌碼（長期持有投資人）的分布？
4. 如何分析籌碼（「短期持有」投資人主力、散戶）的分布？
5. 上市櫃公司財報公布時間通常是影響股價變動的重要消息因素，因此隨時注意財報公布時間是重要的分析消息訊息的方法，而財報公布時間有規定的時間與日期爲何？

我國證券發行制度與實務

Chapter

學習目標

1. 瞭解證券市場的結構與機能
2. 瞭解證券市場的組成份子有哪些及其功能
3. 瞭解何謂證券發行及審核
4. 瞭解證券發行之意義與承銷
5. 瞭解證券上市、上櫃之意義及效益
6. 瞭解上市櫃之申請、上市櫃條件及審查程序

名人金句

- 公司的狀況與股票的狀況有100%的相關性。買進有盈利能力企業的股票，在沒有極好的理由時不要拋掉。

彼得・林奇（Peter Lynch）

- 股票市場最惹人發笑的事情是：每一個同時買和同時賣的人都會自認為自己比對方聰明。

菲利普・費舍（Philip Fisher）

- 選擇未來大有前途，卻尚未被世人察覺的潛力股，並長期持有。

是川銀藏

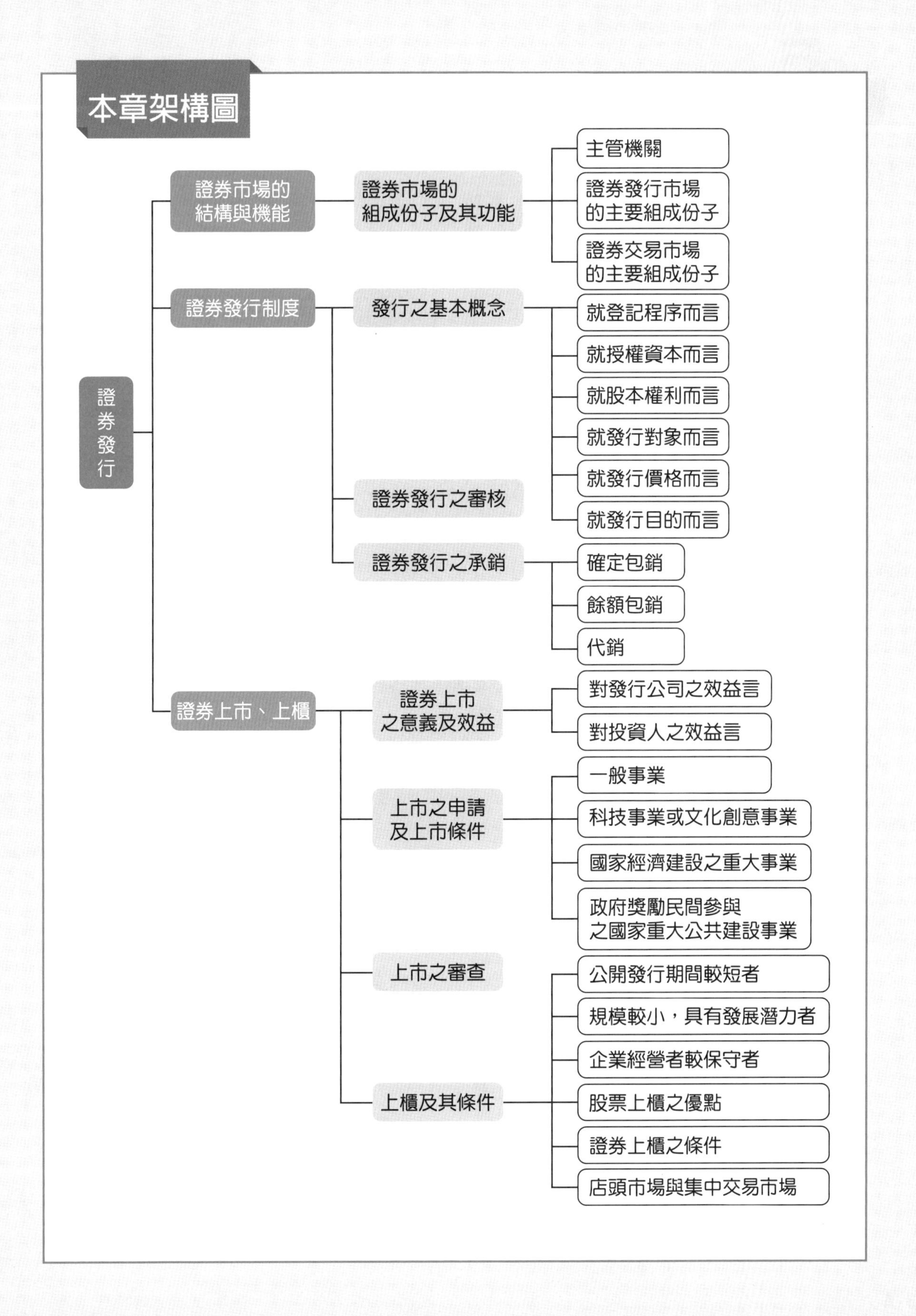

本章架構圖
證券發行
證券市場的結構與機能
證券市場的組成份子及其功能
主管機關
證券發行市場的主要組成份子
證券交易市場的主要組成份子
證券發行制度
發行之基本概念
就登記程序而言
就授權資本而言
就股本權利而言
就發行對象而言
就發行價格而言
就發行目的而言
證券發行之審核
證券發行之承銷
確定包銷
餘額包銷
代銷
證券上市、上櫃
證券上市之意義及效益
對發行公司之效益言
對投資人之效益言
上市之申請及上市條件
一般事業
科技事業或文化創意事業
國家經濟建設之重大事業
政府獎勵民間參與之國家重大公共建設事業
上市之審查
上櫃及其條件
公開發行期間較短者
規模較小，具有發展潛力者
企業經營者較保守者
股票上櫃之優點
證券上櫃之條件
店頭市場與集中交易市場

創新板、戰略新板開板

為配合政府政策扶植創新產業發展，營造友善創新企業的籌資環境，臺灣證券交易所及櫃檯買賣中心分別增設的臺灣創新板、戰略新板，今（20）日正式開板，象徵國內資本市場邁向新里程碑。

聯合開板典禮除邀請行政院長蘇貞昌、金管會主委黃天牧、國發會主委龔明鑫致詞勉勵及期許，證交所董事長許璋瑤、櫃買中心董事長陳永誠共同參與揭牌儀式外，證券商及會計師等中介機構代表也將一同歡慶。

櫃買中心表示，開板日為今日，正式交易日則為26日，首檔登錄戰略新板的股票，為從事資訊電子與電氣產品之電磁相容認證、安規檢測服務及無線網通認證等的東研信超公司。

國發會指出，臺灣要成功轉型創新驅動經濟，就必須打造良好的新創投資環境，以鼓勵、支持及培植新創產業發展。

證交所觀察，國內有很多優秀的新創企業，但因事業發展初期多處於虧損狀況，未能符合一般上市條件的營業收入或獲利能力等標準，難以進入資本市場籌資。

證交所臺灣創新板法規已於3月31日公告實施，鼓勵擁有關鍵核心技術，以及創新能力或創新經營模式的公司，透過資本市場籌措長期穩定的資金，協助企業加速成長及永續發展。

櫃買中心的戰略新板，聚焦六大核心戰略產業：一、資訊及數位相關產業（物聯網及AI等）；二、結合5G、數位轉型及國安的資安產業；三、接軌全球之生物醫療科技產業；四、軍民整合之國防及戰略產業；五、綠電及再生能源產業；六、關鍵物資供應及民生戰備產業。

資料來源：經濟日報 2021/07/20

【新聞評論】

新創事業在技術、產品、設計、商業模式等創新，是引領臺灣經濟轉型升級的重要推手。

臺灣創新板經參採國際間主要交易所上市條件，調整現行制度以符合新創企業需求，不以獲利爲主要上市標準，期能引導資金投入創新生態圈，並帶動經濟發展。是在既有上市上櫃條件外，爲新創事業開設新的條件使不符上市櫃條件之新創事業得以進入資本市場進行籌資。

本章介紹資本市場對經濟發展的重要功能包括：使企業能從社會籌集長期資本、爲投資人提供財富成長機會、將社會資源準確配置於有市場價值的創新領域、促進產業創新與經濟轉型等。

13-1 證券市場的結構與機能

我國證券市場主管機構爲金融監督管理委員會，依據其組織法規範，其主管金融市場及金融服務業之發展、監督、管理及檢查業務。金融市場包括銀行市場、票券市場、證券市場、期貨及金融衍生商品市場、保險市場及其清算系統等；金融服務業則包括金融控股公司、金融重建基金、中央存款保險公司、銀行業、證券業、期貨業、保險業、電子金融交易業及其他金融服務業；但金融支付系統，由中央銀行主管前項所稱銀行業、證券業、期貨業及保險業範圍如下：

1. **銀行業**：指銀行機構、信用合作社、票券金融公司、信用卡公司、信託業、郵政機構之郵政儲金匯兌業務與其他銀行服務業之業務及機構。
2. **證券業**：指證券交易所、證券櫃檯買賣中心、證券商、證券投資信託事業、證券金融事業、證券投資顧問事業、證券集中保管事業、都市更新投資信託事業與其他證券服務業之業務及機構。
3. **期貨業**：指期貨交易所、期貨商、槓桿交易商、期貨信託事業、期貨顧問事業與其他期貨服務業之業務及機構。
4. **保險業**：指保險公司、保險合作社、保險代理人、保險經紀人、保險公證人、郵政機構之簡易人壽保險業務與其他保險服務業之業務及機構。

金融市場與證券市場（資本市場）關係圖如下所示：

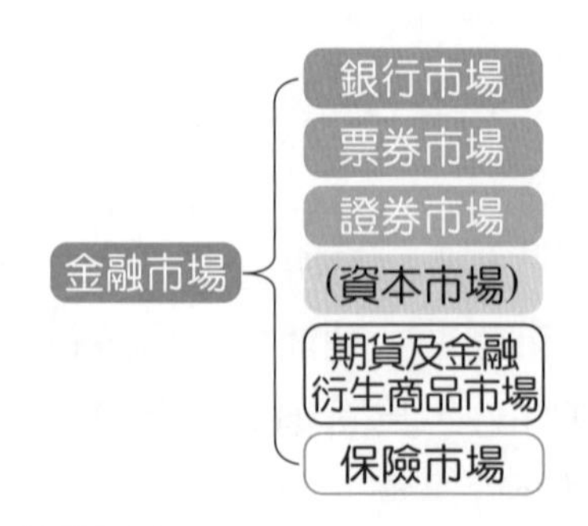

圖 13-1　金融市場與資本市場

證券市場包括證券發行及交易市場，發行市場為企業及政府募集中長期安定資金的主要來源，為挹注經濟成長的動力；而證券的交易（流通）市場，包含集中交易市場與店頭市場（Over-the-counter Market），已發行的證券得以迅速、公平與安全地移轉變現，裨益發行市場的持續發展。蓋因企業直接於市場上直接發行證券，未必獲社會大眾的信用，即使是政府部門於市場上發行債券，亦未必瞭解市場的需求；而投資人面對具專業知識的證券市場及資訊的充斥，往往亦無法確實掌握有利的訊息，未敢直接投資，於是介於資金供需雙方間，乃有資力較雄厚、信用較佳的證券仲介或證券服務事業的出現，做為兩者溝通的橋樑，以達成有效率的證券市場。另流通市場亦需有交易所及櫃檯中心的設立以建置交易制度與規則，俾利市場能順遂運作。資本市場是各種有價證券（股票/債券等）發行和交易的地方，其基本功能為：

1. **籌資投資與交易功能**：發行市場為資金供需雙方提供中介場所，交易市場提供證券交易流動功能。
2. **資金有效配置功能**：引導資金流向經濟效率較高之企業，使資源有效運用。
3. **資本定價功能**：資本透過透明、公開、效率的交易機制，提供資本公允價格資訊，發揮資本定價功能。
4. **提昇企業經營效率功能**：經由股東監督及市場對資訊公開透明要求等公司治理機制，促使企業改善經營及內控制度，提昇經營效能。

臺灣證券交易所自1960年設立，主要是集中管理上市公司與證券交易市場，1970年代由於臺灣電子業蓬勃發展，許多公司透過上市募集資金推動產業升級，到1980年代證券交易所推動電腦化交易並開放證券商設立，同時也推動證券集保制度；在進入1990年政府開放QFII外資投資，並於1998年設立期貨交易所，推動期貨市場，到了2000年後證券交易所開始開放權證、ETF等衍生性商品，證券與期貨市場進入新的紀元。我國證券市場沿革與發展進程如表13-1。

表 13-1　臺灣證券市場沿革與發展進程

1960 起步	1970 拓展	1980 變革	1990 開放	2000 前瞻
1962年臺灣證券交易所開業，集中管理分散各地代客買賣證券的行號及交易市場	電子產業萌芽，證券市場提供高科技產業發展資金，助產業升級	推動電腦化交易，1988年所有股票交易均納入電腦輔助撮合	1990年底開放外貿(QFII)直接投資國內股市	國際招商引資，鼓勵台商及外企來台上市，2003年取消外資許可制改採登記制
	融資融券業務陸續開辦	1988年開放新證券商設立	1994年櫃買中心設立，發展多層次市場	權證、ETF等新商品多元化
		研議集中保管暨劃撥交割制度，1989年集保公司成立	1998年期交所開業，建立現貨市場的避險管道	

家數
1,200
900
600
300
上市公司家數　—上市公司市值
35
30
25
20
15
10
5
0
新臺幣兆元
1963　1968　1973　1978　1983　1988　1993　1998　2003　2008　2013　2018
年

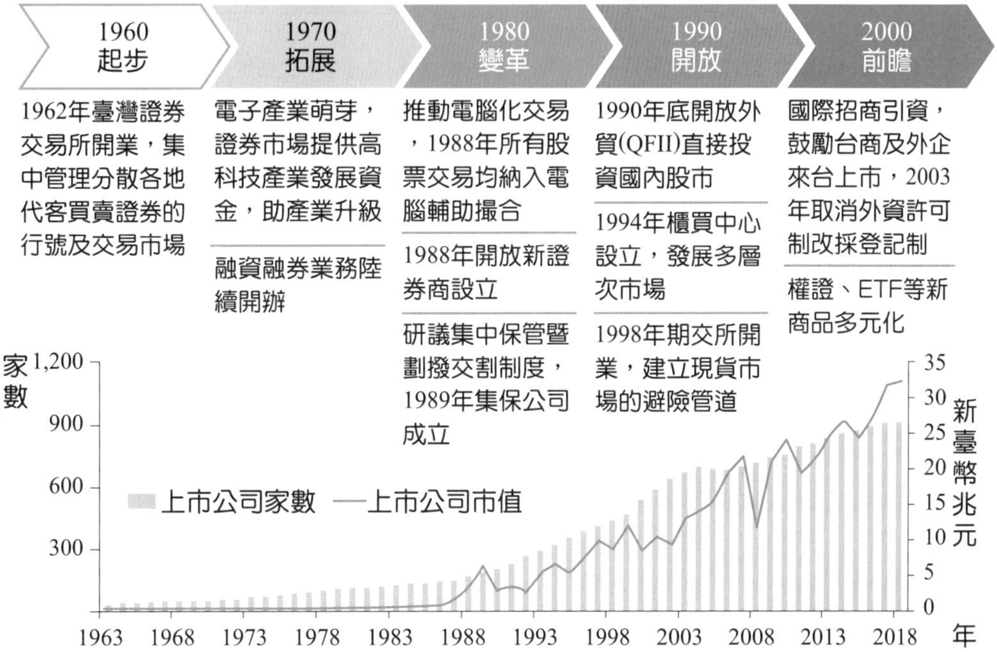

統計至2021年6月上市櫃公司合計有1740家，資本額8兆餘元，市值59兆餘元，交易日均值爲5千億餘元，均呈現逐年成長趨勢。我國證券市場綜覽狀況如下表所示：

表 13-2　臺灣證券市場綜覽

年	上市(櫃)家數	資本額(十億元)	市值(十億元)	總成交值(十億元)	日平均值(十億元)	成交金額(十億元)						
						股票	指數股票型基金	指數投資證券	封閉式基金	受益證券	認購(售)權證	臺灣存託憑證
2011	1,397	6,884.30	20,633.27	31,040.17	125.67	30,190.44	361.95	-	0.50	13.46	327.82	145.99
2012	1,447	7,051.85	23,090.14	23,778.35	95.11	23,190.07	269.62	-	0.37	15.80	266.41	36.07
2013	1,496	7,271.88	26,844.38	23,703.33	96.35	22,971.83	282.60	-	0.67	11.62	408.81	27.80
2014	1,539	7,462.96	29,572.06	29,561.93	119.20	28,254.41	433.60	-	0.16	9.91	841.24	22.61
2015	1,586	7,657.09	27,234.46	28,351.11	116.19	25,880.66	1,634.64	-	0.00	12.01	801.57	22.23
2016	1,624	7,736.96	29,970.54	24,094.58	98.75	21,821.46	1,707.52	-	0.00	7.11	554.06	4.43
2017	1,651	7,858.56	35,148.97	33,776.96	137.30	31,655.76	1,299.83	-	0.00	4.26	810.92	6.18

2018	1,694	7,897.39	32,145.03	40,836.36	165.33	37,754.37	2,150.83	-	0.00	4.22	924.26	2.68
2019	1,717	7,902.29	39,847.06	37,664.26	155.64	34,072.11	2,934.55	2.65	0.00	10.02	642.53	2.40
2020	1,730	7,980.60	49,255.85	61,841.49	252.41	57,741.36	3,253.99	7.51	0.00	11.55	663.79	163.29
2021	1,744	8,105.58	57,066.95	89,745.44	498.59	86,910.81	2,074.02	17.68	0.00	3.04	673.39	66.51

註： 1. 本表內容係指上市加上櫃（不含興櫃及債券）。
2. 總成交值為股票、指數股票型基金、指數投資證券、封閉式基金、受益證券、認購（售）權證及臺灣存託憑證等商品合計。

資料來源：證期局

掃描查詢 最新資訊

與世界各國比較，就2021年上市公司家數而言，我國約爲9百餘家，紐約證交所爲2,413家，那斯達克有3,468家，日本有3,787家，倫敦有1,987家，香港有2,562家，韓國有2,380家，我國上市公司家數相對較少。

表 13-3　世界主要證券市場上市公司家數比較

年	臺灣	紐約	那斯達克	日本	倫敦	香港	韓國	新加坡	上海	深圳
2011	790	2,308	2,578	2,291	2,886	1,496	1,816	773	931	1,411
2012	809	2,339	2,469	2,304	2,767	1,547	1,784	776	954	1,540
2013	838	2,371	2,494	3,419	2,736	1,643	1,813	776	953	1,536
2014	854	2,466	2,598	3,470	2,752	1,752	1,864	775	995	1,618
2015	874	2,424	2,636	3,513	2,685	1,866	1,961	769	1,081	1,746
2016	892	2,307	2,558	3,541	2,590	1,973	2,059	757	1,182	1,870
2017	907	2,286	2,567	3,604	2,498	2,118	2,134	750	1,396	2,089
2018	928	2,285	2,651	3,657	2,479	2,315	2,207	741	1,450	2,134
2019	942	2,165	2,712	3,708	2,410	2,449	2,283	723	1,572	2,205
2020	948	2,229	2,933	3,758	2,347	2,538	2,340	696	1,800	2,354
2021	954	2,413	3,468	3,787	1,987	2,562	2,380	676	1,975	2,492

註： 1. 香港、韓國、新加坡分別含創業板、Kosdaq及Catalist上市家數。
2. 臺灣不含TDR及櫃檯買賣市場家數；2021年9月上市TDR家數為12家、上櫃家數為790家。

資料來源：世界交易所聯合會每月統計報表

掃描查詢 最新資訊

市值部分我國約爲2兆美元，紐約證交所約爲25兆美元，那斯達克約爲20兆美元，日本約爲7兆美元，倫敦約爲4兆美元，香港約爲7兆美元，韓國逾2兆美元。

表 13-4 世界主要證券市場上市公司市值總額比較

年	臺灣	紐約	那斯達克	日本	倫敦	香港	韓國	新加坡	上海	深圳
2011	636	11,796	3,845	3,325	3,266	2,258	996	598	2,357	1,055
2012	735	14,086	4,582	3,479	3,397	2,832	1,179	765	2,547	1,150
2013	823	17,950	6,085	4,543	4,429	3,101	1,235	744	2,497	1,452
2014	851	19,351	6,979	4,378	4,013	3,233	1,213	753	3,933	2,072
2015	745	17,787	7,281	4,895	3,879	3,185	1,231	640	4,549	3,639
2016	862	19,573	7,779	5,062	3,496	3,193	1,282	649	4,104	3,217
2017	1,073	22,081	10,039	6,223	4,455	4,351	1,772	787	5,090	3,622
2018	959	20,679	9,757	5,297	3,638	3,819	1,414	687	3,919	2,405
2019	1,217	21,084	13,002	6,191	4,183	4,899	1,485	697	5,106	3,410
2020	1,599	22,509	19,060	6,718	4,046	6,130	2,176	653	6,976	5,238
2021	1,870	26,911	23,465	6,790	3,835	6,016	2,366	662	7,687	5,737

註：臺灣不含TDR及櫃檯買賣市場；2021年9月底上市TDR市值為3.84億美元、上櫃公司市值為1,799.36億美元。

資料來源：世界交易所聯合會每月統計報表

最新資訊
掃描查詢

市值占GDP比率爲衡量證券市場在一國經濟活動中所扮演角色之重要程度，2020年此一比率，我國爲227%，紐約證交所爲107%，那斯達克91%，日本133%，倫敦149%，香港1,754%，韓國133%，我國此一比率相對較高，顯示證券市場在我國經濟活動中相對重要地位。

表 13-5 世界主要證券市場市值總額占 GDP 比率表

年	臺灣	紐約	那斯達克	日本	倫敦	香港	韓國	新加坡	上海	深圳
2011	134.74	75.89	24.74	53.35	122.76	908.61	79.47	214.16	31.46	14.08
2012	145.47	86.97	28.29	55.46	125.59	1,078.31	92.28	259.27	29.83	13.47
2013	160.57	106.94	36.25	87.16	159.03	1,124.70	90.07	242.03	25.94	15.09
2014	165.40	110.41	39.82	89.40	130.84	1,109.25	81.70	239.10	37.37	19.69
2015	143.67	97.52	39.92	110.12	132.23	1,029.42	83.98	207.78	40.93	32.74
2016	155.21	104.42	41.50	101.16	129.33	995.27	85.51	203.75	36.55	28.65
2017	177.01	112.99	51.37	126.20	167.20	1,274.91	109.16	229.30	41.50	29.53
2018	159.56	100.33	47.34	105.16	127.16	1,055.93	81.94	182.80	28.32	17.38

2019	192.34	98.37	60.66	120.24	147.63	1,339.66	90.17	186.24	35.60	23.78
2020	227.18	107.53	91.06	133.07	149.23	1,754.33	133.44	191.96	47.38	35.58

註：臺灣不含TDR及櫃檯買賣市場。除臺灣外，2011年起各國GDP採自IMF資料及其調整數值。

一、證券市場的組成份子及其功能

(一) 主管機關

金融監督管理委員會證券期貨局爲證券期貨市場的主管機關，依法對有價證券的募集、發行與買賣，期貨商品上市有管理之權，對有關的證券與期貨事業有監督之權。

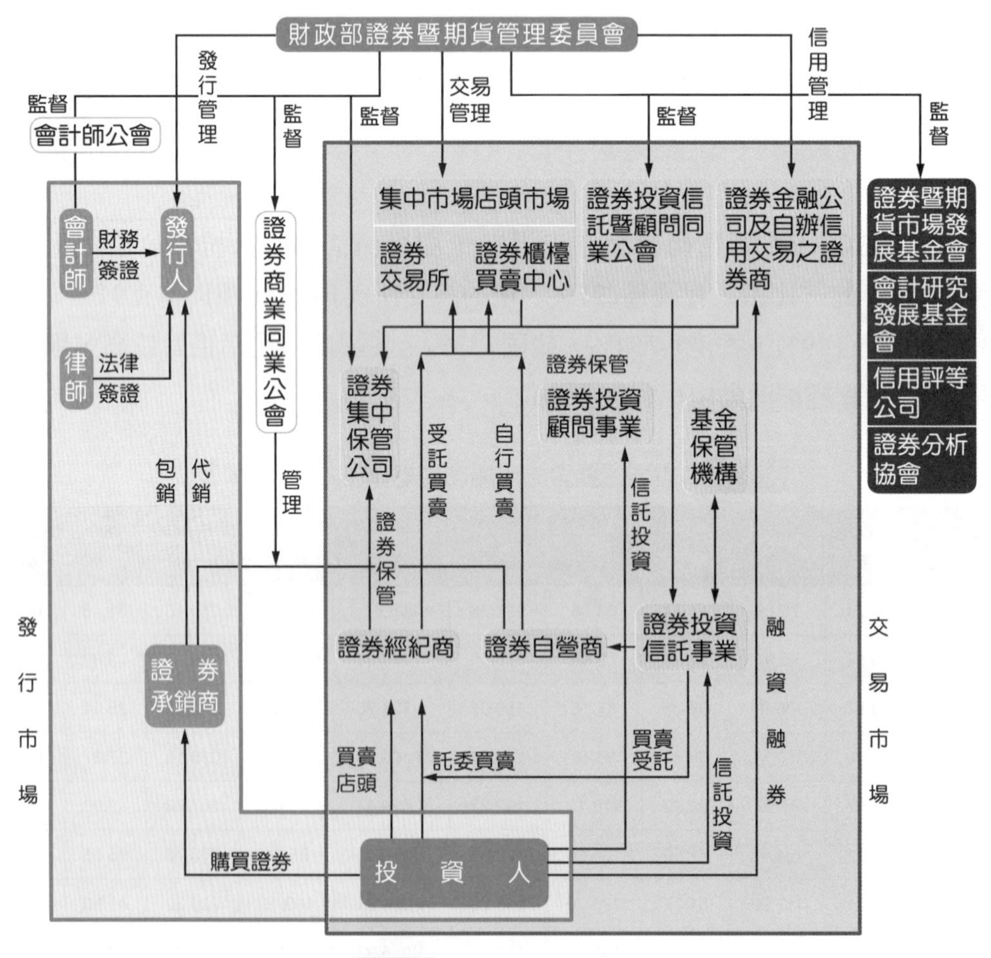

圖 13-2 證券市場結構圖

金融監督管理委員會證券期貨局前身爲證券管理委員會，於民國49年9月1日設置，原隸屬經濟部，民國70年7月1日改隸財政部，民國81年7月立法院通過國外期貨交易法，使證券管理委員會成爲期貨市場的主管機關。並於86年2月4日立法院通過期貨交易法，及於同年3月7日通過該會組織條例，將名稱改爲財政部證券暨期貨管理委員會。

財政部於民國90年6月通過「金融控股公司法」後，有鑑於國內原金融集團跨行合併或與異業結盟者日漸增多，爲避免保險、證券、金融等多元監理制度所可能產生疊床架屋的管理問題，爰規劃建議將原其所轄管銀行局、保險局、證管會與原中央銀行金檢局等單位，整併爲單一獨立金融監督管理單位，乃函送「行政院金融監督管理委員會組織法」草案至立法院審議，期使金融監理制度由原來的多元化改變成垂直整合的一元化監理，以健全金融機構業務經營，維持金融穩定與促進金融市場發展，此草案經92年7月10日立法院第五屆第三會期臨時會三讀通過，並經總統於92年7月23日公布，於93年7月1日起新設「行政院金融監督管理委員會」（簡稱金管會），以實踐金融監理一元化目標。綜理金融市場及金融服務業之發展、監督、管理及檢查業務，並以健全金融機構業務經營、維持金融穩定及促進金融市場發展爲本會成立宗旨。

金管會掌理下列事項：

1. 金融制度及監理政策。
2. 金融法令之擬訂、修正及廢止。
3. 金融機構之設立、撤銷、廢止、變更、合併、停業、解散、業務範圍核定等監督及管理。
4. 金融市場之發展、監督及管理。
5. 金融機構之檢查。
6. 公開發行公司與證券市場相關事項之檢查。
7. 金融涉外事項。
8. 金融消費者保護。
9. 違反金融相關法令之取締、處分及處理。
10. 金融監督、管理及檢查相關統計資料之蒐集、彙整及分析。
11. 其他有關金融之監督、管理及檢查事項。

其次級機關及其業務如下：

1. **銀行局**：規劃、執行銀行市場、票券市場、金融控股公司與銀行業之監督及管理。
2. **證券期貨局**：規劃、執行證券、期貨市場與證券、期貨業之監督及管理。
3. **保險局**：規劃、執行保險市場與保險業之監督及管理。
4. **檢查局**：規劃、執行金融機構之監督及檢查。

(二) 證券發行市場的主要組成份子

1. **證券發行人**：依證券交易法第五條規定之發行人，謂募集及發行有價證券之公司或募集有價證券之發起人。凡募集設立之發起人、企業、政府均可委由證券承銷商包銷或代銷，向投資大眾銷售所發行之有價證券，投資大眾則透過證券承銷商購得發行人的有價證券。此即直接金融運作之機制。

   依證券交易法第十條規定承銷分爲「包銷」或「代銷」，係指證券承銷商與發行人約定代售擬發行的有價證券所得價款扣除代銷費用後交與發行人，未銷售完畢的數量，證券承銷商得退回發行人，不需負擔風險，此謂之代銷；如銷售不完的證券不得退回發行人的銷售約定，證券承銷商需自行認購負擔風險，此謂之包銷；其中如依約定數額全部包銷後，再由承銷商另行銷售，謂之全額包銷；如先對大眾銷售後，未銷售的數額再由承銷商認購，謂之餘額包銷。

2. **證券承銷商與中介機構**
   (1) 證券承銷商或中介機構做爲投資人及證券發行人的媒介，協助發行人順利完成發行作業。在外國最主要的中介機構爲投資銀行（Investment Bank）。當證券發行人有資金需求時，其負有提供相關顧問、準備必要書件、訂定符合市場行情的發行條件、簽訂承銷合約或組成承銷團（Syndicate），順利將擬發行的有價證券銷售完畢，甚至在發行後一段期間內負有穩定流通市場價格（此謂之安定操作，stabilization）等任務。
   (2) 在我國尚無投資銀行的制度，證券承銷商爲近似上述功能的中介機構，對受託發行的有價證券，可以包銷或代銷方式銷售，其選擇銷售之對象，可公開向大眾銷售或洽商特定人購買。
   (3) 國外所謂投資銀行，其業務有別於一般傳統的商業銀行，所扮演的角色非存款與借款的媒介，主要是一種金融仲介活動，亦即資金投資者與使用者的橋樑。

表 13-6　投資銀行與商業銀行之比較

	投資銀行	商業銀行
經營型態	批發型（Wholesale Banking）	零售型（Retail Banking）
收益	手續費或信託報酬收入	利息收入
資金來源	可對外發行債券籌措	可吸收存款
業務	直接金融	間接金融

更具體言之，投資銀行有下列兩大功能：

(1) 仲介（Brokerage）

① 證券承銷（即股票及各種債券發行之配售，Distribution）：以包銷或代銷方式，承作公司新股或公司債發行之配售業務。

② 證券交易操作（Dealer, Broker）：可自行投資或從事代客買賣的經紀業務。

(2) 公司財務管理（Corporate Finance）

① 公司財務諮詢顧問（Consulting）：藉著其財務管理的專業能力，爲企業提供有關資金籌措計劃、資本投資決策、內部會計管理及經營診斷等顧問服務。

② 協助企業合併、併購或重整（Mergers & Acquisition）：此業務在美國一度甚爲熱門，一向亦爲投資銀行的重要業務之一。

③ 創業投資（Venture Capital）：投資銀行可利用本身的資訊、法律、技術及財經人才提供企業此方面的服務。

④ 基金管理（Fund Management）：個人或機構投資人，可將資金委由投資銀行代爲運用，另投資銀行亦能提供投資之諮詢顧問服務。

投資銀行在美國十分盛行，惟大部分未必有銀行名稱，常有以投資公司、證券公司名義經營，一般大銀行，沒有內設投資銀行部，即旗下擁有類似的子公司，其經營業務相當靈活。歐、日國家純正的投資銀行並不存在，但許多金融機構事實上均兼辦此種業務，如英國的綜合銀行（Merchant Bank），有人稱之爲「商人銀行」，及西德的全能銀行（Universal Bank）、日本的綜合證券商、信託銀行等。

3. **投資人（證券購買者）**：凡個人、法人、企業、基金會等，凡具有資金供給能力者，均可從事有價證券之投資。

4. **社會專業公正人士－會計師、律師**：爲加強社會大眾的信任，並減輕主管機關的人力負荷，在制度設計上乃加入社會專業公正人士參與發行市場、上市（櫃）等之審核及公司財務、業務營運之監督管理等業務。如在財務報告方面有會計師的查核簽證，在法律事項方面有律師的審核簽證（見證）等，當然整個募集發行有價證券的案件，最後仍需主管機關的核准或申報生效後，始得爲之。

(三) 證券交易市場的主要組成份子

1. **證券交易所**：證券交易所爲證券流通市場的核心，依證券交易法第十一條之定義，其業務係設置固定的場所及設備，以供給有價證券集中交易。此所謂集中交易市場，乃供有價證券之競價買賣所開設之市場，因其以競價買賣方式進行撮合（目前臺灣證券交易所買賣之競價方式分爲連續競價與集合競價二種），故具有創造連續性交易、形成公平價格、促進發行市場之發展、經濟之預測、傳播上市公司資訊及分散股權達成均富目標等功能。

   證券交易所的組織，概分會員制及公司制兩種，前者由參與交易的會員組成共同經營，不以營利爲目的；公司制交易所爲公司組織，組織類型上以營利爲目的。在我國，臺灣證券交易所目前爲股份有限公司型態，爲增加其公益性，證券交易法訂有主管機關得派三分之一以上之董事、監察人至證券交易所執行職務。在交易執行上，得以電子或人工喊價方式爲之。我國已於82年全部採電腦自動撮合交易。

   證券交易所業務事項包括：

   (1) 有價證券之上市。

   (2) 有價證券集中交易市場之使用。

   (3) 證券經紀商或證券自營商之買賣受託。

(4) 市場集會之開閉與停止。

(5) 買賣種類。

(6) 證券自營商或證券經紀商間進行買賣有價證券之程序，及買賣契約成立之方法。

(7) 買賣單位。

(8) 價格升降單位及幅度。

(9) 結算及交割日期與方法。

(10)買賣有價證券之委託數量、價格、撮合成交情形等交易資訊之即時揭露。

2. **櫃檯買賣中心**：政府爲了健全資本市場，提高店頭市場之功能，於民國83年著手規劃成立財團法人中華民國證券櫃檯買賣中心的設立，以公益性的財團法人組織爲主體來推動店頭市場發展。基金來源係由臺北市證券商公會、高雄市證券商公會、臺灣證券交易所、臺灣證券集中保管公司等四單位分別捐助，於83年11月自臺北市證券商公會接辦證券櫃檯買賣業務。

   其業務範圍爲：

   (1) 有價證券上櫃之審查。

   (2) 有價證券櫃檯買賣交易、給付及結算。

   (3) 經營櫃檯買賣證券經紀商、證券自營商財務業務之查核。

   (4) 其他經目的事業主管機關核准之事項。

3. **證券經紀商與自營商**：在流通市場上代客戶買賣者稱爲證券經紀商，自行買賣者，稱爲證券自營商。在我國證券經紀商與客戶法律關係得爲居間或行紀。而證券自營商依其功能，有創造市場之連續性功能（Market maker），應即視市場狀況有效調節市場之供求關係。

4. **證券金融公司**：證券金融公司爲提供證券信用交易的授信機構，具有調節市場供需的功能。我國有價證券的融資、融券及對證券商的轉融通係專屬證券金融公司的業務，有些國家銀行等金融機構亦可經營，而依我國證券交易法的規定，有價證券買賣融資融券的額度、期限及融資比率、融券保證金成數由主管機關會商經中央銀行同意後訂定；有價證券得爲融資融券標準，由主管機關訂定。投資人繳付一定成數自備款，由授與信用的金融機構（證券金融公司）或符合規定的證券商向買進證券者提供資金，並以買進的證券做爲擔保品的交易，稱爲融資；投資人繳付所售證券價額一定成數的現金或證券爲保證金，由證券金融公司或符合規定的證券商提供證券供投資人賣出，並以賣出證券所得的價款做爲擔保品的交易，稱爲融券。融資融券爲信用交易，可有效活絡交易。目前我國信用交易係採證金公司及經證管會核准辦理股票信用交易之證券商可直接對客戶授信，券款不足時，得向證金公司轉融通之雙軌制。

5. **證券集中保管公司**：此爲經營有價證券的保管及帳簿劃撥的事業。證券市場由於電腦交易普遍的實施，證券投資人口快速成長，成交量值均有大幅增加的現象。在大量證券移轉的過程中，極易滋生竊盜、滅失、僞造或變造的風險。爲增進證券交易的效率與安全，實有必要採行證券集中保管並以帳簿劃撥交割制度代替舊制，有鑒於此，主管機關於民國79年1月核准證券集中保管股份有限公司正式營業，採兩段式架構運作，有價證券集中交易市場自84年實施全面款券劃撥制度，證券經紀商受託買賣向委託人收付款券，均須透過委託人開設之劃撥專戶，以帳簿劃撥方式爲之。

(1) 第一段：投資人向證券商申請開戶，簽訂契約、領取存、委託辦理買賣證券的劃撥、證券送存及領回等手續。

(2) 第二段

① 證券商的交易撮合向臺灣證券交易所辦理。

② 證券商向集保公司申請開戶，辦理代客買賣證券的劃撥交割，再將投資人委託保管的證券辦理轉存、匯撥及領回等手續。

(3) 證券商的信用交易處理及交割分別向證券金融公司及集保公司辦理。

(4) 證券商、臺灣證券交易所及證券金融公司，其有關證券交割事宜，均由集保公司以帳簿劃撥方式辦理。

6. **證券投資信託事業**：證券投資信託係指證券投資信託事業，以發行受益憑證方式向非特定人募集資金，成立投資信託基金，並管理運用該基金從事有價證券的投資，以其所得利益分配與受益憑證持有人的一種制度。舉凡基金的投資、收益的分配、受益憑證的發行或買回、淨資產價值的計算及公告、編製基金帳簿及記錄、編製年報、季報、月報，都由證券投資信託事業綜理一切。其執行職務時，應盡善管理人的注意，除信託契約外，不得爲其本身或關係人謀取任何利益。

7. **證券投資顧問事業**：係指收取報酬對證券投資提供顧問服務的事業。在我國其經營之業務包括接受委任，對證券投資有關事項提供研究分析意見或建議，發行有關證券投資的出版品，舉辦有關證券投資的講習。在外國通常亦得經營接受客戶全權委託代客操作投資證券之業務。證券投資顧問事業的發展，能有效引導投資人作理性的投資，提高投資人投資水準；同時可促使機構投資者願將其資金投資證券，有利於證券市場投資結構的改善，對投資的保障及證券市場的穩定，均具有積極的作用。證券相關服務事業近年來家數統計如表。其中證券商計有105家（分公司848家）投資信託有39家，投資顧問有86家。

表 13-7　證券服務事業家數統計表

年	綜合證券商		經紀商兼自營商		經紀商兼承銷商		自營商兼承銷商		經紀商	
	專營	兼營	專營	兼營	專營	兼營	專營	兼營	專營	兼營
2013	34	2	2	4	36	0	4	0	0	14
2014	33	2	2	3	34	0	4	0	0	17
2015	33	5	1	3	32	0	6	0	0	17
2016	32	6	1	3	31	0	5	0	0	15
2017	31	6	1	3	29	0	4	0	0	16
2018	31	6	1	3	27	0	4	0	0	16
2019	31	6	1	3	26	0	4	0	0	16
2020	30	6	1	3	25	0	5	0	0	16
2021	30	6	1	3	25	0	5	0	0	16

年	自營商		承銷商		國際證券	證券商總家數		投資	投資
	專營	兼營	專營	兼營	業務分公司	總公司	分公司	信託	顧問
2013	0	25	0	0	0	121	993	38	103
2014	0	23	1	0	15	119	964	37	96
2015	0	22	1	0	17	120	965	37	89
2016	0	22	1	0	17	116	910	37	96
2017	0	20	1	0	18	111	883	39	84
2018	0	19	1	0	19	108	871	39	82

2019	0	18	1	0	19	106	853	39	84
2020	0	18	1	0	19	105	848	39	84
2021	0	18	1	0	19	105	848	39	86

註： 1. 截至110年9月證期局核准辦理有價證券融資融券之證券商計35家。外國證券商在台設總、分公司計24家，在台代表人辦事處計0家。
2. 截至110年9月核准辦理全權委託業務並完成營業執照換發之證券投資信託公司計38家，證券投資顧問公司計19家，信託業及證券業兼全委業務24家；至110年8月底，契約金額共新臺幣20,215.31億元。

13-2 證券發行制度

一、發行之基本概念

所謂證券發行係指發行人爲籌措資金，以發行證券（主要爲股票、公司債）方式，向投資者募集資金。

此涉及幾項基本概念：

1. **發行人**：依證交法第五條，指募集與發行有價證券之公司，或募集有價證券發起人。
2. **有價證券**：依證交法第六條，指政府債券、公司股票、公司債券及經主管機關核定之其他有價證券。新股認購權利證書、新股權利證書及前項各種有價證券之價款繳納憑證或表明其權利之證書，視爲有價證券。前二項規定之有價證券，未印製表示其權利之實體有價證券者，亦視爲有價證券。
3. **募集**：依證交法第七條，指發起人於公司成立前或發行公司於發行前，對非特定人公開招募有價證券之行爲，稱爲公開募集。另有所稱私募，謂已依證交法發行股票之公司依第四十三條之六第一項及第二項規定，對特定人招募有價證券之行爲。
4. **發行**：依證交法第八條，謂發行人於募集後製作並交付，或以帳簿劃撥方式交付有價證券之行爲。前項以帳簿劃撥方式交付有價證券之發行，得不印製實體有價證券。

茲就公司發行新股而言，依其性質而有不同區分，說明如下表：

表 13-8　發行性質比較

性質	種類
（一）設立登記	1. 設立登記前之發行—募集設立之股份。 2. 設立登記後之發行—發起或募集設立後再發行之新股。
（二）授權資本	1. 不增資發行—就已登記資本限額內發行新股。 2. 增資發行—增加資本並同時發行新股。
（三）股本權利	1. 普通股之發行—不附特定條件發行之新股。 2. 特別股之發行—附有特定條件發行之新股。
（四）發行對象	1. 公開發行—以非特定人為發行對象。 (1) 強制、(2) 自定 2. 非公開發行—以原股東、員工、特定人為發行對象。
（五）發行價格	1. 面值發行—按票面金額發行。 2. 時價發行—參照市場交易價格發行。
（六）發行目的	1. 普通發行—為籌措資本而發行。 (1) 盈餘轉撥資本—股票股利。 (2) 資本公積轉撥資本—公積配股。 (3) 為募集新資金而發行—現金增資。 2. 特殊發行 (1) 為吸收合併而發行—合併股份。 (2) 為持有人行使轉換權而發行—轉換股份。 (3) 為持有人行使認股權而發行—認購股份。 (4) 為減少資本換發股份而發行—減資換發股份。

(一) 就登記程序而言

當公司開始籌備設立時，發起人考量自身資金的能力、企業特性、法令規定，決定採取發起設立或募集設立。而發起人認足第一次應發行股份之一部分，而將其餘向公眾募足就是所謂募集設立；另設立登記後之發行，即公司設立後再發行新股之謂。

(二)就授權資本而言

依授權資本可分不增資發行與增資發行。

1. **不增資發行**：此種發行係在原定資本額度內發行，故無須增加資本。
2. **增資發行**：即公司已將規定之股份總數全數發行完畢後，變更章程、增加資本，再發行新股。

有關資本額之規定，我國係採授權資本制，依公司法第二七八條規定：公司非將已規定之股份總數全數發行後，不得增加資本；公司法第一五六條第一項規定：股份有限公司之資本，應分爲股份、及同條第二項規定：前項股份總數，得分次發行。故公司於原定資本額度內，由董事會決議即可發行新股增加實收資本，此之謂授權資本制。故所謂增資或不增資係指是否增加公司法第一五六規定之原定資本額之數額而言。另公司發行新股後，必然會使其實收資本額增加。

增資發行須注意者，乃在增加資本後，第一次發行之股份，不得少於增加股份總數之四分之一。而公司發行新股時，應由董事會以董事三分之二以上出席，及出席董事過半數同意決議行之（公司法第二百六十六條）。

長榮閃電減資　法人曝三大關鍵主因

史上第一次！長榮海運宣布將減資每股 6 元，並配發每股 18 元股利，減資加股利合計配發高達 24 元，法人點出長榮本次減資「三大主因」，看好後市營運面、公司評價及展望有望全面提升，可謂一舉數得。

貨櫃航運業去年獲利大好，股利發放也成市場熱議話題，繼陽明 14 日公布將配發 20 元現金股利、殖利率衝破 15% 後，長榮 15 日宣布將啟動上市以來首次現金減資，減資幅度 60%，減資金額約達 317.46 億元，將消除股數約 31.75 億股，每股退還股東現金 6 元，而減資後實收資本額將調整至約 211.64 億元。

長榮減資「三大主因」

統一投顧董事長黎方國、國泰證期經理蔡明翰點出長榮減資「三大主因」，首先，長榮大股東已信託持股，現金減資屬於股本退回，對大股東而言可以避稅；第二，減資後股本減少，每股盈餘（EPS）將提高，股東權益報酬率（ROE）及資產報酬率（ROA）亦會增加，整體本益比也會隨之提升；第三，蔡明翰指出，長榮去年獲利亮眼，目前持有現金部位高，惟在擴充產能方面船隊也已陸續就位，若持續擴張，未來三至五年後恐會出現運力過剩狀況，故現階段減資、配發股息就是最佳解方。

黎方國分析，就過去實證經驗，公司宣布現金減資前兩日均是大漲居多，正好符合長榮股價狀況，且預期本次減資對長榮營運面、未來展望均有正向宣告作用，對公司評價亦有提升效果。

不過，陽明 15 日股利行情失靈前車之鑑歷歷在目，蔡明翰則認為，高殖利率目前僅為航運股次要優勢，主要優勢仍是烏俄戰火下，市場資金由高本益比轉向低本益比、電子資金回流傳產所導致的「資金流效應」，預期在未見停火曙光前，航運族群都有望維持強勢。

資料來源：工商時報 2022/03/16

(三) 就股本權利而言

可分普通股與特別股，依公司法規定，股份有限公司得以股份之一部爲特別股，其種類由章程定之。在公司設立之初，固可發行，及於公司發行新股增加資本時，亦可發行。

(四) 就發行對象而言

公司發行新股，可分公開發行與非公開發行。公開發行者，公開對非特定人招募股份，由其認股，募集設立時募股及現金增資提撥對外公開發行者即屬之；非公開發行者，係由原有股東及員工全部認定，或洽特定人認購，或因法定原因限制而不公開向外招募。

公司法所以就新股之發行，除公開發行外並設非公開發行制，係基於下列理由：(1)維護員工及原有股東投資於公司應有之權益；(2)保護一般大眾避免因公司經營不善或虧損等不利情況投資而受損害。

公司法爲保障投資人權益，並規定：公司如連續二年虧損或資產不足抵償債務者，原則上不得公開發行新股（公司法第二七〇條）。

(五) 就發行價格而言

可分按面額發行或參考市價與公司營運績效狀況而訂定價格之時價發行。

(六) 就發行目的而言

1. **一般目的**：即公司爲籌措資金之目的所爲之發行，公司法第五章第八節關於發行新股之規定即是，此指一般狹義之發行新股，另盈餘及資本公積轉增資發行新股，雖屬股東權益項目之變動，惟亦可屬常見之一般目的之發行。
2. **特殊目的**：即不以籌措資金爲目的，而爲特殊目的所爲之發行，如爲吸收合併、持有人行使轉換權或認股權、爲減少資本換發股份等所爲之發行。

二、證券發行之審核

我國目前制度，依證交法二十二條規定：有價證券之募集及發行，除政府債券或經主管機關核定之其他有價證券外，非向主管機關申報生效後，不得爲之。

證券主管機關制訂有「發行人募集與發行有價證券處理準則」作爲審核之依據。依第四條規定：金融監督管理委員會審核有價證券之募集與發行、公開招募、補辦公開發行、無償配發新股與減少資本採申報生效制。所稱申報生效，指發行人依規定檢齊相關書件向本會提出申報，除因申報書件應行記載事項不充分、爲保護公益有必要補正說明或經本會退回者外，其案件自本會及本會指定之機構收到申報書件即日起屆滿一定營業日即可生效。

另依證交法三十一條：募集有價證券，應先向認股人或應募人交付公開說明書。所稱公開說明書指發行人爲有價證券之募集或出賣，依規定，向公眾提出之說明文書。違反前項之規定者，對於善意之相對人因而所受之損害，應負賠償責任。主管機關訂有公開說明書編製內容應記載事項準則明確規範相關內容，應記載事項包括：發行新股之來源、新股種類、股數、金額、發行條件、公開承銷比例、承銷及配售方式，資金運用計畫之用途及預計可能產生效益之概要，及公司概況、營運概況、發行計畫及執行情形、財務狀況等。目的在資訊充分揭露，以保障投資人的權益。若公開說明書內容有虛僞不實或隱匿情事，證券交易法明訂發行公司負責人及有關的人須負刑責及民事損害賠償責任（證交法三十二條）。

三、證券發行之承銷

證券發行市場主要由證券發行人、中介機構及投資人三者組成。中介機構即所謂證券承銷商（Underwriter），其角色係擔任資金需求者（即證券發行人）與資金供給者（即投資人）之間的橋樑，一方面協助發行人發行證券，以籌措所需資金；另一方面則提供投資人投資機會。承銷工作基本上包括兩個層面融資（Financing）和配銷（Distribution），前者指資金與證券之交換，後者即將證券銷售給各投資人。

(一) 承銷商的承銷方式

承銷商承銷方式有三：

1. **確定包銷（Firm-committment Underwriting）**：又稱全額包銷，承銷商包銷，即承銷商先買斷全部承銷股票，再轉賣給投資人；意即有價證券得先行認購後再行銷售或於承銷契約訂明保留一部自行認購。承銷商包銷的股票已於有價證券集中交易市場或證券商營業處所買賣之有價證券，應於有價證券集中交易市場或證券商營業處所出售之。
2. **餘額包銷（Stand-by Underwriting）**：承銷商包銷有價證券於承銷契約所訂之承銷期間屆滿後，對於約定包銷之有價證券，未能全數銷售者，其賸餘數額之有價證券，應自行認購之。
3. **代銷（Best-efforts Underwriting）**：承銷商於承銷契約所訂定之承銷期間屆滿後，對於約定代銷之有價證券，未能全數銷售者，其餘數額之有價證券，得退還發行人。

(二) 承銷商的主要功能

承銷商之主要功能可分為：

1. **購買功能（Buying Function）**：在確定包銷之情況，承銷商以某一特定價格將所欲發行之證券先予承購，發行人即取得資金，該證券是否得以順利售罄之風險，則由承銷商承擔。此包銷方式在美、日相當普遍，對促進資本形成及經濟發展貢獻頗大。
2. **配銷功能（Selling Function）**：此即承銷商將確定包銷承購之有價證券透過其銷售管道分銷予投資大眾；於代銷之情況，承銷商則扮演協助批發承銷商（Wholesaling Underwriting，即承銷團Underwriting Syndicate）分銷之零售商（Retailer）之角色。無論何種情形，承銷商皆以配銷功能而達到將證券順利銷售予投資大眾之分散股權的目的。

3. **顧問功能（Advisory Function）**：承銷商可提供有關資本市場的各項資訊作爲發行公司籌措資金決策之參考，並以其對市場及主管機關制訂相關法令之熟稔，建議發行公司發行證券種類、發行時機與發行價格並協助發行公司通過主管機關之審核程序，俾發行人能順利募得所需資金，故扮演財務顧問之角色。

4. **保護功能（Protection Function）**：承銷商於銷售新發行證券期間，在安定操作（Stablization）規定之下，爲使承銷案順利完成，將採維持該證券市價穩定之措施。對投資而言，此舉可確保其投資收益並建立其信心；對承銷商而言，則可促進銷售，並降低包銷之風險。

依據「中華民國證券商業同業公會證券商承銷或再行銷售有價證券處理辦法」，證券承銷商除依前條先行保留自行認購部分外，辦理有價證券之承銷，其配售以下列方式爲之：

(1) 競價拍賣（Auction System）：競價拍賣指拍賣人將所欲出售之有價證券（或商品）相關資訊告知購買者，而由各購買者競相出價，最後賣給出價最高者之制度。在我國證券承銷市場則爲投標人以不低於最低承銷價格辦理投標，競標則以價格高者優先得標，相同價格以隨機擇定得標者，直至滿足該次提交競價拍賣數量爲止。

(2) 詢價圈購（Book Building）：詢價圈購指證券承銷商於與發行公司議定承銷價前，先於市場探求市場需求者之需求狀況，瞭解市場需求後與發行公司議定承銷價，再配售予先前參與詢價圈購之投資人之制度。

(3) 公開申購配售。

(4) 洽商銷售。

其中，競價拍賣及詢價圈購乃由市場之供需情形決定承銷價格，使價格具市場性，以降低投資人預期價差心理，導正投資人正確投資觀念，避免人頭戶申購之現象。機構投資人得參與競價拍賣及詢價圈購，安定流通市場。

13-3 證券上市、上櫃

證券上市、櫃交易係發行股票公司將其發行之股票申請在交易所或其他交易場所進行買賣，股票持有者及擬投資者，依交易等相關規則進行股票之買賣交易及結算交割。

一、證券上市之意義及效益

凡依證券交易法規定發行或補辦發行審核程序之有價證券，其發行公司依「臺灣證券交易所股份有限公司有價證券上市審查準則」規定，向臺灣證券交易所申請，經審核核准後，得於證券交易所之有價證券集中交易市場買賣，此之謂證券上市（Listing）。

證券交易法第一三九條規定：依本法發行之有價證券，得由發行人向證券交易所申請上市。而證券交易所應訂定有價證券上市審查準則及上市契約準則，申請主管機關核定（證券交易法第一百四十條）。

有價證券上市之效益，可就對發行公司，及對投資人方面言之：

(一) 對發行公司之效益言

1. **便於企業籌措資金，加速資本形成，促進企業發展**：在生產科技、經營技術快速發展之下，現代企業已朝向資本密集、技術密集方向邁進，舉凡購買設備、更新技術、加強研究發展、擴大生產規模及提高產品品質等，在在皆需鉅額資金支應；企業如能上市，透過發行市場，向爲數甚多的投資大眾募集所需資金，實爲最有效率的籌資方式，亦能快速累積資本、改善公司資本結構、健全公司經營體質。
2. **健全財務結構，減輕財務負擔，便利資金調度**：股本爲企業長期穩定資金來源，上市後經由資本市場募集資金得以健全企業財務結構。且企業上市後信譽較佳，內部管理制度較爲健全，除易於自證券市場籌措資金外，亦可獲得金融機構較高額度、較低成本之融資，故使企業資金調度更爲靈活，且可以減輕利息負擔。
3. **健全內部管理，提高公司之地位與信譽**：公司股票獲准上市，必須具備一定之條件，且經過各類專家（如上市輔導承銷商、會計師、財務、業務及技術專家）之輔導、查核與評估；且核准上市後，其定期提出之年度、半年度、季財務報告等，必須經會計師查核簽證或核閱，財務業務須充分公開揭露，亦須受證券交易法等相關函令之規範及主管機關、證券交易所等相關單位之查核、監督，可促使公司管理制度健全發展，容易獲得社會大眾之信賴，提高企業之地位與信譽。同時上市後，由於媒體不斷報導公司財務、業務、經營動態等訊息，亦有助於提高企業知名度，直接或間接有益於公司行銷等經營發展。

4. **股權分散、業務財務透明公開，增進企業經營效率**：股票上市後流通性大，小股東大增，股權分散於投資大眾，易於實施所有權與經營權分離原則，建立專業經理人制度。且上市公司之業務財務須定期與不定期對外公開，投資人與主管機關公司形成適度之監督力量，能增進企業之經營效率。

(二)對投資人之效益言

1. **財務業務資訊公開，投資較有保障**：陽光是最好的防腐劑，燈光是最好的警察，是資訊公開最好的註解。符合上市標準之上市公司，其體質較爲健全，經營效率較佳，獲利能力亦較好，投資於上市公司，自然較有保障，且其財務業務資訊需公開，股東可以隨時掌握公司營運狀況，作最佳投資決策。

   財務、業務資訊之公開，在我國證券市場資訊公開揭露可分初次公開與繼續公開。初次公開係發行市場之公開，指證券募集發行時所作的公開，包括公司組織狀況、財務業務資料、會計師簽證之財務報表及簽證意見、發行條件、增資計劃用途及效益、承銷商評估報告等公開說明書規定應揭露事項。

   繼續公開係指交易市場之公開，發行公司在證券交易市場所作的各種持續性的資料公開，包括各種定期性（如年報、年度財務報告、半年度財務報告、季報、月營收等）及不定期性的（如公司董事、監察人及持股超過百分之十股東持股變動情形與股票質權之設定及解除登記情形之申報等）。若有影響股東權益或證券價格之事項，或須充分提出資訊供投資分析判斷，而應及時公開之資訊者，如公開說明書、重大訊息等臨時偶發重大資訊之及時公告揭露。

2. **投資具高度變現性**：投資於上市公司股票，其交易係於集中交易市場爲之，而集中交易市場集合了整個市場之投資人買賣之下單，以電腦程式之價格優先，時間優先原則撮合供需雙方交易，可達到效率、公平、正確、公開目的，亦具高度之流通與變現性，是極爲便利之投資平台。

3. **上市股票得爲質押標的，融資方便**：上市股票屬有價證券，爲轉讓性財產權之一種，可爲質押標的、融資方便或供作擔保之用。另透過證券金融體系，投資人得辦理融資融券，擴張投資人信用交易，股票上市後，如合於規定，經核准後即可作爲信用交易之標的，提供投資人充分發揮資金融通之便利性。

4. **享受獎勵優惠**：政府對投資上市股票之個人，在稅捐上提供優惠，如產業創新條例之投資獎勵及所得稅法上之規定等。

二、上市之申請及上市條件

凡依證券交易法規定發行或補辦發行審查程序有價證券，其發行公司得依證券交易法第一百三十九條之規定檢具有價證券上市申請書，載明應記載事項，連同應檢附書件，向臺灣證券交易所申請上市。上市條件如下：

(一)一般事業

申請股票上市之發行公司，合於下列各款條件者，同意其股票上市：

1. **設立年限**：申請上市時已依公司法設立登記屆滿三年以上。但公營事業或公營事業轉爲民營者，不在此限。
2. **資本額**：申請上市時之實收資本額達新臺幣六億元以上且募集發行普通股股數達三千萬股以上。
3. **獲利能力**：其財務報告之稅前淨利符合下列標準之一，且最近一個會計年度決算無累積虧損者。
   (1) 稅前淨利占年度決算之財務報告所列示股本比率，最近二個會計年度均達百分之六以上。
   (2) 稅前淨利占年度決算之財務報告所列示股本比率，最近二個會計年度平均達百分之六以上，且最近一個會計年度之獲利能力較前一會計年度爲佳。
   (3) 稅前淨利占年度決算之財務報告所列示股本比率，最近五個會計年度均達百分之三以上。
4. **股權分散**：記名股東人數在一千人以上，公司內部人及該等內部人持股逾百分之五十之法人以外之記名股東人數不少於五百人，且其所持股份合計占發行股份總額百分之二十以上或滿一千萬股者。
5. **上市產業類別**：係屬食品工業或最近一個會計年度餐飲收入占其全部營業收入百分之五十以上之發行公司，應符合下列各目規定：
   (1) 設置實驗室，從事自主檢驗。
   (2) 產品原材料、半成品或成品委外辦理檢驗者，應送交經衛生福利部、財團法人全國認證基金會或衛生福利部委託之機構認證或認可之實驗室或檢驗機構檢驗。

(3) 洽獨立專家就其食品安全監測計畫、檢驗週期、檢驗項目等出具合理性意見書。

申請股票上市之發行公司，其市值達新臺幣五十億元以上且合於下列各款條件者，同意其股票上市：

1. 合於前項第1款、第2款、第4款及第5款條件。
2. 最近一個會計年度營業收入大於新臺幣五十億元，且較前一會計年度爲佳。
3. 最近一個會計年度營業活動現金流量爲正數。
4. 最近期及最近一個會計年度財務報告之淨值不低於財務報告所列示股本三分之二。

申請股票上市之發行公司，其市值達新臺幣六十億元以上且合於下列各款條件者，同意其股票上市：

1. 合於第一項第1款、第2款、第4款及第5款條件。
2. 最近一個會計年度營業收入大於新臺幣三十億元，且較前一會計年度爲佳。
3. 最近期及最近一個會計年度財務報告之淨值不低於財務報告所列示股本三分之二。

依第二項或前項申請股票上市之發行公司，其上市買賣有價證券數量，乘以初次申請股票上市首日掛牌價格之承銷價格，亦達其申請上市之市值標準者，方同意其股票上市。但股票已在櫃檯買賣中心上櫃買賣者，不適用之。

(二) 科技事業或文化創意事業

申請股票上市之發行公司，經中央目的事業主管機關出具其係屬科技事業或文化創意事業且具市場性之明確意見書，合於下列各款條件者，同意其股票上市：

1. 申請上市時之實收資本額達新臺幣三億元以上且募集發行普通股股數達兩千萬股以上。
2. 經證券承銷商書面推薦者。
3. 最近期及最近一個會計年度財務報告之淨值不低於財務報告所列示股本三分之二者。
4. 記名股東人數在一千人以上，且公司內部人及該等內部人持股逾百分之五十之法人以外之記名股東人數不少於五百人者。

(三)國家經濟建設之重大事業

申請股票上市之發行公司，屬於國家經濟建設之重大事業，經目的事業主管機關認定，並出具證明文件，合於下列各款條件者，同意其股票上市：

1. 由政府推動創設，並有中央政府或其指定之省（直轄市）級地方自治團體及其出資百分之五十以上設立之法人參與投資，合計持有其申請上市時已發行股份總額百分之五十以上者。
2. 申請上市時之實收資本額達新臺幣十億元以上者。
3. 股權分散合於一般事業股權分散規定標準者。

(四)政府獎勵民間參與之國家重大公共建設事業

申請股票上市之發行公司，屬於政府獎勵民間參與之國家重大公共建設事業，取得中央政府、直轄市級地方自治團體或其出資百分之五十以上之法人核准投資興建及營運之特許權合約，並出具證明文件，合於下列各款條件者，同意其股票上市：

1. 公司係為取得特許合約所新設立之公司，且其營業項目均經中央目的事業主管機關之核准。
2. 申請上市時之實收資本額達新臺幣五十億元以上者。
3. 取得特許合約之預計工程計畫總投入成本達二百億元以上者。
4. 申請上市時，其特許營運權尚有存續期間在二十年以上者。
5. 公司之董事、持股達已發行股份總額百分之五以上之股東、持股達發行股份總額千分之五以上或十萬股以上之技術出資股東或經營者需具備完成特許合約所需之技術能力、財力及其他必要能力，並取得核准其特許權合約之機構出具之證明。
6. 股權分散合於一般事業股權分散規定標準者。

三、上市之審查

發行公司向臺灣證券所申請上市後，證交所即依該公司「有價證券上市審查準則」及「審查有價證券上市作業程序」之規定審查。其作業流程詳見下圖。

證交所之查核內容包括書面審查、實地審查及向各界辦理上市審查意見之徵詢後，提該公司上市部審查會、上市審議委員會、董事會通過並報主管機關核備後，方准予上市買賣。其審查內容包括對公司會計制度執行情形、內部控制、財務狀況與變化趨勢、會計師簽證作業及財務報告、承銷商評估報告、公開說明書等內容加以評估查核，過程至爲嚴謹。

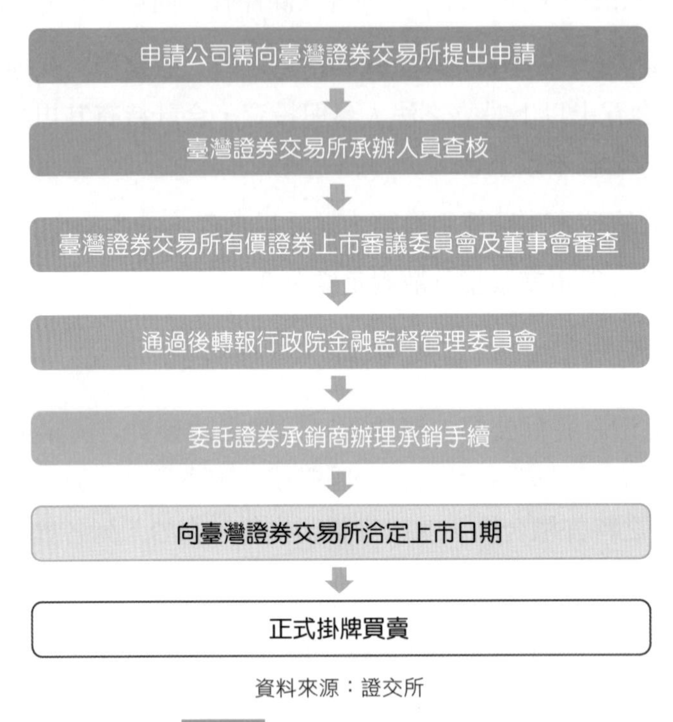

資料來源：證交所

圖 13-3　國內公司申請流程

如審查發現有下列情事者，亦得不同意或暫緩其股票上市：

申請股票上市之發行公司雖符合本準則規定之上市條件，但除有第8、9、10款之任一款情事，本公司應不同意其股票上市外，有下列各款情事之一，經本公司認爲不宜上市者，得不同意其股票上市：

1. 遇有證券交易法第一百五十六條第一項第一款、第二款所列情事，或其行爲有虛僞不實或違法情事，足以影響其上市後之證券價格，而及於市場秩序或損害公益之虞者。
2. 財務或業務未能與他人獨立劃分者。
3. 有足以影響公司財務業務正常營運之重大勞資糾紛或污染環境情事，尚未改善者。
4. 經發現有重大非常規交易，尚未改善者。
5. 申請上市年度已辦理及辦理中之增資發行新股併入各年度之決算實收資本額計算，不符合上市規定條件者。

6. 有迄未有效執行書面會計制度、內部控制制度、內部稽核制度，或不依有關法令及一般公認會計原則編製財務報告等情事，情節重大者。
7. 所營事業嚴重衰退者。
8. 申請公司於最近五年內，或其現任董事、總經理或實質負責人於最近三年內，有違反誠信原則之行爲者。
9. 申請公司之董事會成員少於五人，獨立董事人數少於三人或少於董事席次五分之一；其董事會有無法獨立執行其職務；或未依證券交易法第十四條之六及其相關規定設置薪資報酬委員會者。另所選任獨立董事其中至少一人須爲會計或財務專業人士。
10. 申請公司於申請上市會計年度及其最近一個會計年度已登錄爲證券商營業處所買賣興櫃股票，於掛牌日起，其現任董事及持股超過其發行股份總額百分之十之股東有未於興櫃股票市場而買賣申請公司發行之股票情事者。但因辦理本準則第十一條之承銷事宜或有其他正當事由者，不在此限。
11. 申請公司之股份爲上市（櫃）公司持有且合於下列條件之一者，該上市（櫃）公司最近三年內爲降低對申請公司之持股比例所進行之股權移轉，未採公司原有股東優先認購或其他不損害公司股東權益方式：
    (1) 申請公司係屬上市（櫃）公司進行分割後受讓營業或財產之既存或新設公司。
    (2) 申請公司係屬上市（櫃）公司子公司，於申請上市前三年內，上市（櫃）公司降低對申請公司直接或間接持股比例累積達百分之二十以上。
12. 其他因事業範圍、性質或特殊狀況，本公司認爲不宜上市者。前項第二款規定，於公營事業之申請公司不適用之。

四、上櫃及其條件

上櫃公司係指公開發行公司向財團法人中華民國證券櫃檯買賣中心申請於證券商營業處所掛牌買賣者，上櫃市場又稱店頭市場（Over-the-counter, OTC），上櫃條件較上市條件較低，一般大都是中小型企業。適合在櫃檯買賣市場流通的企業類型：

(一) 公開發行期間較短者

這是目前我國櫃檯買賣市場的主要成員。

(二) 規模較小，具有發展潛力者

許多規模尚未達上市標準但甚具將來性的企業，申請上櫃可從證券市場取得資金，以擴大經營規模。

(三) 企業經營者較保守者

有些企業經營者全力投入企業經營，不願見到其股票受到炒作，上櫃股票股性較清純，融資成數低，交易風險較低且上櫃股票之交易全部以款券劃撥方式辦理，資金與股票之流向容易追蹤，作手與主力較沒有興趣介入經營權的爭奪。

(四) 股票上櫃之優點

1. **建立公司形象，提高知名度，延攬優秀專業經理人才**：股票上櫃企業均須經嚴謹的獲利能力、財務結構及內部控制制度等項目審查，予人以上櫃公司均是優良公司之印象，故將股票上櫃可建立公司之大眾形象並提高知名度，對業務推展、人才吸引均可發揮無形廣告的效果。
2. **實現長期經營成果**：具上櫃條件之公司均經創業股東長期胼手胝足辛勤經營而茁壯，惟因其股票未於公開市場流通，公司之價值無從實現，將公司股票上櫃可使長期經營成果獲得實現。
3. **消弭勞資紛爭**：近年勞資爭端層出不窮，主要根源在於勞資雙方立場分歧，股票上櫃並配合公司法規定之員工分紅、認股規定，可使勞工亦具股東身分，進而因立場相近而消弭紛爭。
4. **強化公司管理制度**：股票上櫃審查之重點在公司是否具備健全之財務、會計及預算制度等，並確實遵行，藉此可使公司之各項管理制度更形強化。
5. **便利資金籌措，支持公司擴展**：股票上櫃公司形象良好且所發行有價證券具市場性，易於爲投資大眾所接受，並可以較便宜的成本發行普通股及公司債之方式籌集大額資金，以供公司擴展之需。

其審查程序與內容與上市有價證券之審查相類似。如圖13-4所示：

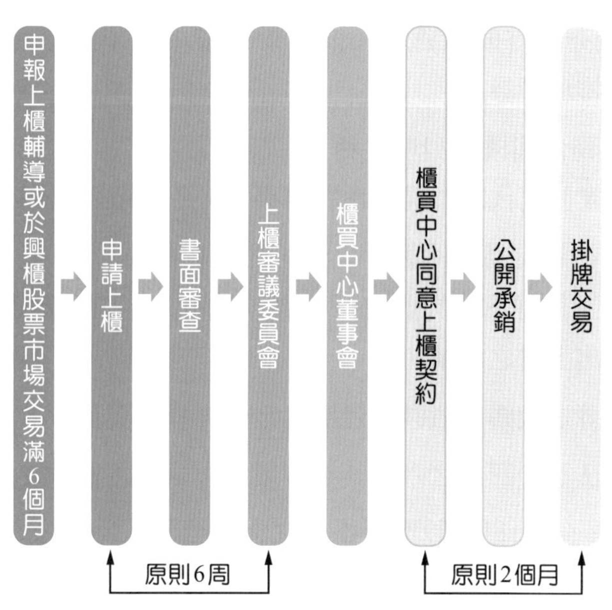

資料來源：櫃買中心

圖 13-4　申請上櫃流程

(五) 證券上櫃之條件

申請股票在櫃檯買賣之公開發行公司應符合下列條件：

1. 實收資本額在新臺幣五千萬元以上，且募集發行普通股股數達五百萬股以上者，以公司登記（或變更登記）後之證明文件記載之資本額為準。但私募有價證券未經公開發行之股份不列入前開資本額之計算。
2. 依公司法設立登記滿二個完整會計年度。其財務報告之稅前淨利占股本之比率最近年度達百分之四以上，且其最近一會計年度決算無累積虧損者；或最近二年度均達百分之三以上者；或最近二年度平均達百分之三以上，且最近一年度之獲利能力較前一年度為佳者。前述財務報告之獲利能力不包含非控制權益之淨利（損）對其之影響。但前揭之稅前淨利，於最近一會計年度不得低於新臺幣四百萬元。
3. 公司內部人及該等內部人持股逾百分之五十之法人以外之記名股東人數不少於三百人，且其所持股份總額合計占發行股份總額百分之二十以上或逾一千萬股。
4. 董事、監察人及持有公司已發行股份總數百分之十以上股份之股東，將其持股總額依本中心有關規定辦理集中保管及屆期領回等事宜。就集中保管及屆期領回等事宜之有關規定，由本中心另訂之。

5. 經二家以上證券商書面推薦者。惟應指定其中一家證券商係主辦推薦證券商，餘係協辦推薦證券商。
6. 應委任專業股務代理機構辦理股務者。自一百零二年一月二日起掛牌之上櫃公司應委託專業股務代理機構辦理股務事務，不得收回自辦。
7. 應於興櫃股票市場交易滿六個月以上，但主辦推薦證券商倘有異動者，發行人應由新任之主辦推薦證券商進行輔導，且再於興櫃股票櫃檯買賣滿六個月以上，始得提出上櫃之申請。
8. 募集發行、私募之股票及債券，皆應爲全面無實體發行。
9. 應依證券交易法第十四條之六及其相關規定設置薪資報酬委員會。
10. 自一百零五年一月一日起股票新掛牌之上櫃公司，應於公司章程將電子方式列爲股東表決權行使管道之一。
11. 上櫃產業類別係屬食品工業或最近一個會計年度餐飲收入占其全部營業收入百分之五十以上之發行公司，應符合下列各目規定：
    (1) 設置實驗室，從事自主檢驗。
    (2) 產品原材料、半成品或成品委外辦理檢驗者，應送交經衛生福利部、財團法人全國認證基金會或衛生福利部委託之機構認證或認可之實驗室或檢驗機構檢驗。
    (3) 洽獨立專家就其食品安全監測計畫、檢驗週期、檢驗項目等出具合理性意見書。

(六) 店頭市場與集中交易市場

一般而言，店頭市場之股票其特點爲公司設立期間較短（如新設立之銀行、證券公司）、規模較小具有發展潛力之中小企業、企業經營者較爲保守者。而店頭市場與集中交易市場之關係可就二個層面說明：

1. **兩者作垂直分工，相輔相成**：上市條件較高、上櫃條件較低，使未達上市條件而符合上櫃條件之公開發行公司，尤其是處於成長期之企業，藉由上櫃向投資人募集資金。由此二市場不同上市、上櫃條件構成完整證券市場體系，作垂直分工，使不同規模企業有適合之直接融資管道，以利經濟發展。
2. **店頭市場乃集中交易市場之預備市場及後備市場**：當上櫃股票公司符合上市條件，則可申請上市，因此店頭市場爲上市之預備市場；反之，若股票上市後，有未達上市條件或其他應下市狀況時，得轉至店頭市場以管理股票之方式繼續交易，則店頭市場即成為集中交易市場之後備市場。

表 13-9　公開發行公司股票發行概況統計表

單位：10 億元

年	上市公司				
	家數	資本額	成長率 (%)	上市面值	上市公司市值
2011	790	6,152.38	3.79	6,026.77	19,216.18
2012	809	6,384.95	3.78	6,257.98	21,352.16
2013	838	6,610.03	3.53	6,488.00	24,519.56
2014	854	6,783.40	2.62	6,665.33	26,891.50
2015	874	6,950.90	2.47	6,849.29	24,503.63
2016	892	7,021.70	1.02	6,936.98	27,247.91
2017	907	7,136.19	1.63	7,055.76	31,831.94
2018	928	7,158.89	0.32	7,077.85	29,318.45
2019	942	7,155.64	-0.05	7,093.41	36,413.52
2020	948	7,238.36	1.16	7,186.07	44,903.83
2021	954	7,345.81	1.48	7,254.60	52,052.84

單位：10 億元

年	上市公司					未上市未上櫃公司	
	家數	資本額	成長率 (%)	上櫃面值	上櫃市值	家 數	資本額
2011	607	731.92	3.67	682.42	1,417.09	516	1,609.62
2012	638	666.90	-8.88	629.36	1,737.98	540	1,685.88
2013	658	661.85	0.37	628.11	2,324.82	584	1,777.18
2014	685	679.56	2.68	650.79	2,680.56	621	1,748.95
2015	712	706.19	3.92	677.68	2,730.83	636	1,681.97
2016	732	715.26	1.28	688.95	2,722.62	639	1,578.62
2017	744	722.36	0.99	694.61	3,317.04	652	1,546.48
2018	766	738.50	2.23	709.82	2,826.57	666	1,450.97
2019	775	746.66	1.10	720.62	3,433.53	677	1,483.45
2020	782	742.24	-0.59	716.96	4,352.01	708	1,375.52
2021	790	759.77	2.36	728.86	5,014.11	734	1,353.61

註：
1. 截至110年9月底分盤交易（全額交割）股票20家，上市面值為274.49億元。
2. 臺灣存託憑證上市、上櫃家數及市值均未列入。
3. 「未上市未上櫃公司」包括興櫃公司。
4. 「上市公司」包括本國上市公司876家、第一上市之外國企業78家，「上櫃公司」包括本國上櫃公司756家、第一上櫃之外國企業34家。

興櫃市場

櫃買中心於 91 年建置興櫃市場，原係為解決未上市盤商交易之弊端，發展迄今已成為上市櫃主板之預備市場，除發行公司藉此熟悉證券市場法令，價格發現之功能亦協助發行公司於初次上市櫃之承銷訂價作業更為順利，另發行公司於登錄興櫃期間接受證券商輔導，以改善其內控作業及法令遵循，亦彰顯興櫃市場之育成功能。

該中心為配合創新企業發展現況，營造友善籌資環境，基於過往扶植中小企業或新興產業進入資本市場的經驗，自 110 年第三季起，於興櫃市場下增設「戰略新板」，將興櫃市場分為一般板及戰略新板，架構如下：

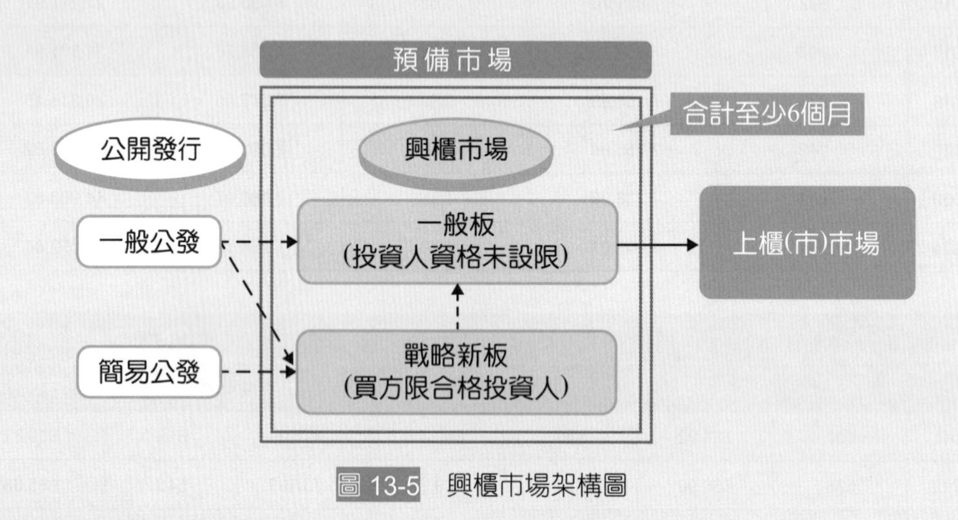

圖 13-5　興櫃市場架構圖

註1：實線之申請上櫃程序並未改變；虛線為因建置戰略新板而新增之程序。

註2：戰略新板公司於申請上櫃（市）前，須先轉板至興櫃一般板至少2個月，且登錄興櫃期間滿6個月，其中登錄戰略新板期間得計入。

公司申請登錄興櫃一般板及戰略新板，資本額、設立年限及財務要求等均未有限制，其中公司於申請登錄一般板前需先完成補辦公開發行，倘係申請登錄戰略新板，則可採併送申報辦理簡易公開發行及登錄戰略新板，降低企業準備公開發行的前置時間及成本，此外，一般板及戰略新板之資訊申報規定亦有所區別，藉以提供創新企業另一進入資本市場之友善途徑。

1. 何謂「店頭市場」（Over-the-counter Market）？臺灣的店頭市場有哪些工具？與證券交易所有何不同？ 【76Q2 證券分析人員】
2. 包銷制度分為確定包銷及餘額包銷兩種，試比較之。
3. 證券承銷商辦理初次上市（櫃）前之承銷案件，若與發行公司議定承銷價格，請問需考量哪些因素？
4. 在證券發行市場中，證券承銷商如何扮演協助者的角色？
5. 臺灣有哪些機構屬於交易場所的管理機構？

14 我國證券交易制度與實務

Chapter

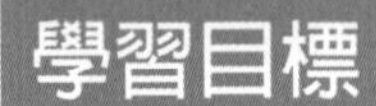

學習目標

1. 集中交易市場與店頭市場之比較
2. 瞭解集中交易市場交易規定相關規範
3. 瞭解店頭市場交易規定相關規範
4. 瞭解股價指數意義與編製方式

名人金句

- 當一家有實力的大公司遇到一次巨大但可以化解的危機時，一個絕好的投資機會就悄然來臨。投資企業而不是股票。擁有一檔股票，期待它明天早晨就上漲是十分愚蠢的。

沃倫・巴菲特（Warren Buffett）

- 對任何事情，我和其他人犯同樣多的錯誤，不過，我的超人之處在於我能認識自己的錯誤。你不用什麼都懂，但你必須在某一方面懂得比別人多。判斷對錯並不重要，重要的在於正確時獲取了多大利潤，錯誤時虧損了多少。

喬治・索羅斯（George Soros）

本章架構圖

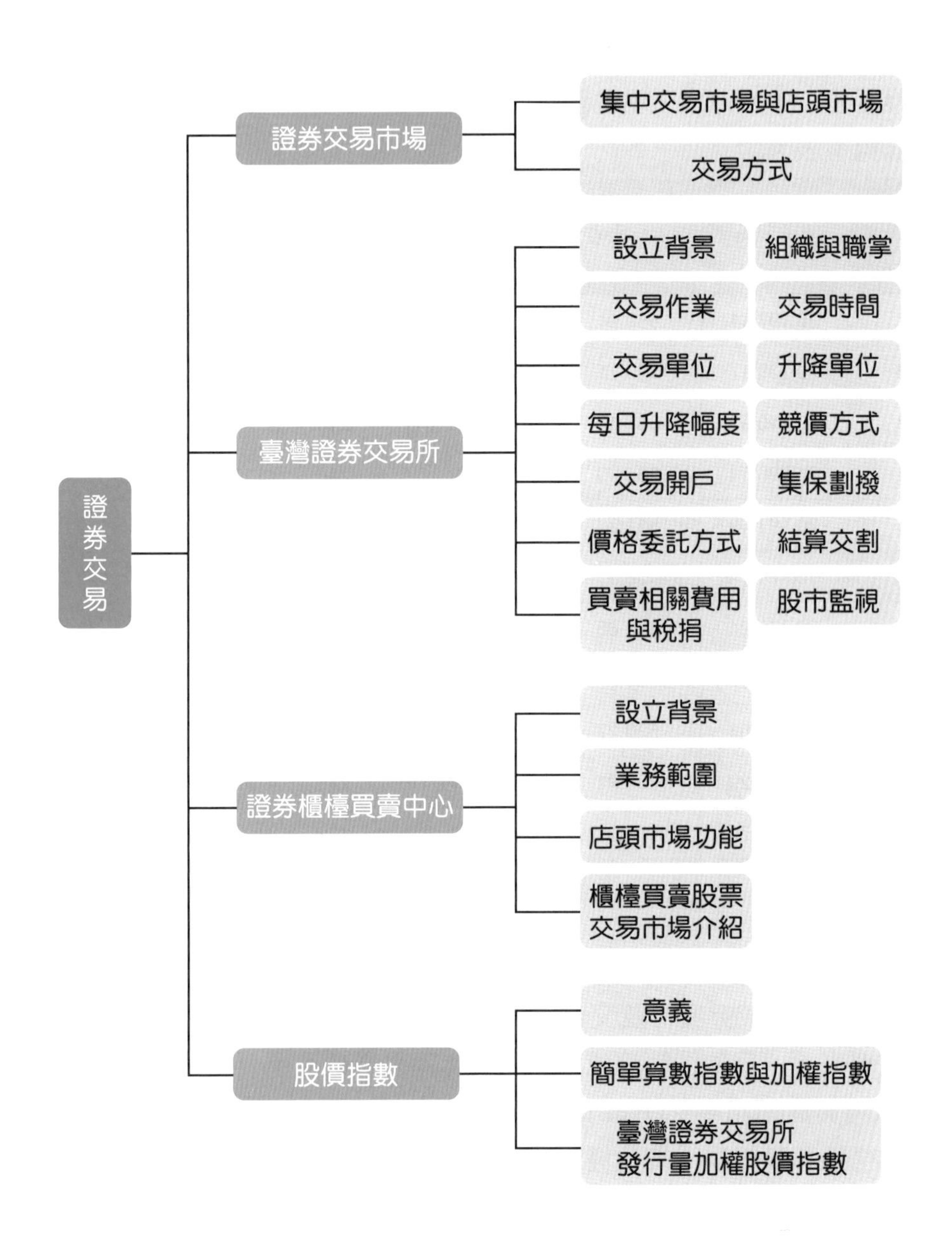

證券交易
證券交易市場
集中交易市場與店頭市場
交易方式
臺灣證券交易所
設立背景
組織與職掌
交易作業
交易時間
交易單位
升降單位
每日升降幅度
競價方式
交易開戶
集保劃撥
價格委託方式
結算交割
買賣相關費用與稅捐
股市監視
證券櫃檯買賣中心
設立背景
業務範圍
店頭市場功能
櫃檯買賣股票交易市場介紹
股價指數
意義
簡單算數指數與加權指數
臺灣證券交易所發行量加權股價指數

我國集中市場大幅成長

我國近期集中市場股市成交總值有大幅成長趨勢，日均值自1,000億元成長至逾4,000億元，交易人數也自300餘萬人成長至500餘萬人，現股當沖自不到20%成長至逾40%，外資交易金額比重介於20～30%間，持有股票市值占總市值逾40%詳見下表：

年	總成交值（十億元）	成交量（十億股）	日平均值（十億元）	交易日數	交易所股價指數（月平均）	交易人數
2011	26,197.41	650.94	106.06	247	8,155.79	3,362,054
2012	20,238.17	530.71	80.95	250	7,481.34	2,954,251
2013	18,940.93	543.16	77.00	246	8,092.77	2,952,754
2014	21,898.54	566.99	88.30	248	8,992.01	3,027,238
2015	20,191.49	511.25	82.75	244	8,959.35	2,887,018
2016	16,771.14	438.31	68.73	244	8,763.26	2,761,882
2017	23,972.24	593.66	97.45	246	10,208.12	3,124,818
2018	29,608.87	588.97	119.87	247	10,620.17	3,260,584
2019	26,464.63	520.27	109.36	242	10,790.17	3,342,378
2020	45,654.29	906.81	186.34	245	12,074.63	4,378,586
2021	72,642.79	1,198.42	403.57	180	16,783.73	5,221,645

資料來源：證期局

【資本市場評論】

證券市場包括證券發行及交易市場，發行市場爲企業及政府募集中長期安定資金的主要來源，爲挹注經濟成長的動力；而證券的交易（流通）市場，包含集中交易市場與店頭市場（Over-the-counter Market），已發行的證券得以迅速、公平與安全地移轉變現，裨益發行市場的持續發展。我國集中市場股市年成交總值 2011 至 2019 年大約在 20 兆元左右，2020 年大幅成長至 45 兆餘元，2021 年成長至逾 72 兆元，日均值自 1,000 億元左右成長至逾 4,000 億元，交易人數也自 300 餘萬人成長至 500 餘萬人，依證交所統計資料顯示，台股表現優異吸引投資人踴躍參與，2020 年新增開戶人數達 67 萬人，總開戶人數成長至 1,124 萬人，占人口總數比重增至 47.3%。

再從投資人年齡觀察，各年齡層開戶人數占人口比重普遍提高，尤其是 20 至 30 歲年輕族群，占比從 5 年前 25.4% 快速增加至 36.1%，大幅成長至 123 萬人。證交所近年來積極建構年輕小資族群投資股市友善環境，自 2017 年推動定期定額投資以來，投資金額連年創高，去年已達新臺幣 171.3 億元，超越前 3 年合計數，並陸續推出權證、指數股票型基金（ETF）等小額投資商品，以及實施盤中零股交易制度，使得小資族可投資管道愈來愈多元。

年輕族群逐步加入資本市場，可望爲台股注入新的動能，並緩解投資人結構高齡化現象，另現股當沖自不到 20% 成長至逾 40%。這些證券交易市場數據顯示，股票市場已成爲國人投資理財的重要管道，本章介紹證券交易市場制度與實務，投資人在進入市場交易前應了解各項遊戲規則，俾順利進行投資。

14-1 證券流通市場

證券交易市場係指有價證券發行後提供予證券持有者轉讓其證券，或擬投資證券之投資者購買證券之交易場所，是證券交易流通之市場，故又稱爲流通市場。依交易場所設置者所訂交易方式分爲集中交易市場與店頭市場。

一、集中交易市場與店頭市場

集中交易市場與店頭市場交易制度之比較，茲分述如表14-1。

表 14-1　櫃檯買賣市場與交易市場之比較

項目	上市股票	上櫃股票
管理機構	臺灣證券交易所	證券櫃檯買賣中心
交易方式	電腦自動撮合成交	1. 電腦自動撮合成交 2. 於證券商營業處所議價成交
款券劃撥	強制	1. 電腦自動撮合成交：強制 2. 議價成交：自行決定
共同責任制 給付結算基金	已成立	已成立

漲跌幅度	10%	10%
撮合原則	集中競價	1. 價格優先、時間優先及滿足最大成交量 2. 議價
最佳五檔價量揭示	有	有
信用交易	有	有
當日資券相抵	有	有
融資比率	六成	六成
融資保證金成數	九成	九成
交割時間	成交後第二營業日交割	成交後第二營業日交割
監視制度	已建立	已建立

資料來源：證交所，櫃買中心

二、交易方式

交易方式係有價證券買賣雙方在交易場所進行交易時，決定交易價格及數量之方式，在不同交易場所或針對不同有價證券依其特性有不同之交易方式，如圖14-1所示。

資料來源：證交所，櫃買中心

圖 14-1 交易方式

14-2　集中交易市場－臺灣證券交易所

一、設立背景

政府於民國48年釐訂19點經濟計畫，倡導獎勵儲蓄投資，強調建立健全的資本市場，作爲資本形成的重要途徑。並於當年設立證券市場研究小組，繼於49年設置證券管理委員會，積極推動證券市場的建立。爲配合此種需要，由各公民營金融、企業機構共同出資，於50年10月23日成立臺灣證券交易所，51年2月9日正式開業，爲我國唯一的證券集中交易市場。

二、組織與職掌

臺灣證券交易所爲民營的公司組織，最高決策機構爲股東大會，下設董事會，由董事組成，另設監察人。爲維持公益之目標，董事及監察人依證券交易法規定，至少應有三分之一由主管機關指派非股東之有關專家擔任，餘由股東會就股東中依法選任之。

三、交易作業

該公司開業以來，集中交易市場之買賣即採用公開競價方式，爲因應證券市場的環境與發展，競價方式亦迭次變更。開業初期採取分盤競價、口頭唱報、配合專櫃申報方式，嗣自民國61年9月起，全部改採專櫃申報方式。復自74年8月初，開始採用「電腦輔助交易」作業，人工交易大廳不復存在；82年5月3日起，分階段實施「電腦自動交易」作業，並於同年11月將全部上市有價證券納入該系統作業。實施電腦交易作業後，該公司交易撮合作業之處理能量不斷增加，拓展了證券市場的交易發展空間。

四、交易時間

集中市場交易時間爲星期一至星期五，撮合成交時間爲9:00至13:30，委託時間8:30至13:30，各項交易之買賣申報皆限當日有效。另開、收盤前最後1分鐘，將模擬試算開、收盤價波動較大之個股，實施暫緩開、收盤作業。達到暫緩開盤標準之有價證券，將延後2分鐘，於9:02依序開盤撮合成交，暫緩開盤2分鐘內，投資人可持續新增、取消或修改委託。達到暫緩收盤標準之有價證券，則不會於13:30執行收盤撮合，投資人可於13:31起持續新增、取消或修改委託，至13:33分收盤。交易時間彙總如下。

表 14-2　交易時間

<table>
<tr><th colspan="2">各項交易名稱</th><th>委託時間</th><th>撮合成交時間</th></tr>
<tr><td colspan="2">1. 一般交易</td><td>8:30-13:30
（自 101 年 2 月 20 日起，若個股收盤前 1 分鐘價格波動達暫緩收盤標準，該個股自 13:31 起至 13:33 仍接受委託）</td><td>9:00-13:30
（自 101 年 2 月 20 日起，若個股收盤前 1 分鐘價格波動達暫緩收盤標準，該個股 13:30 將不進行收盤撮合，暫緩至 13:33 收盤）</td></tr>
<tr><td colspan="2">2. 盤後定價交易</td><td>14:00-14:30</td><td>14:30</td></tr>
<tr><td colspan="2">3. 零股交易</td><td>13:40-14:30</td><td>14:30</td></tr>
<tr><td rowspan="2">4. 鉅額交易</td><td>逐筆交易</td><td>09:00-17:00</td><td>09:00-17:00</td></tr>
<tr><td>配對交易</td><td>08:00-08:30
09:00-17:00</td><td>08:00-08:30
09:00-17:00</td></tr>
<tr><td colspan="2">5. 拍賣</td><td>15:00-16:00</td><td>16:00 以後</td></tr>
<tr><td colspan="2">6. 標購</td><td>15:00-16:00</td><td>16:00 以後</td></tr>
</table>

資料來源：證交所

五、交易單位

買賣申報之數量，應爲1交易單位或其整倍數。

表 14-3　交易單位

證券種類	交易單位
1. 股票、外國股票第一上市、新股權利證書、股款繳納憑證、債券換股權利證書、附認股權特別股	1,000 股
2. 認購（售）權證、證券投資信託封閉式基金受益憑證、受益證券、存託憑證、國內成分股指數股票型基金受益憑證（ETF）、國外成分股指數股票型基金受益憑證（ETF）、指數股票型期貨信託基金受益憑證（ETF）、槓桿反向指數股票型基金受益憑證（ETF）、認股權憑證、國內成分指數投資證券（ETN）、國外成分指數投資證券（ETN）、槓桿反向型指數投資證券（ETN）	1,000 單位

證券種類	交易單位
3. 外國股票第二上市、境外指數股票型基金受益憑證（ETF）	不以 1,000 股（單位）為限
4. 轉換公司債、中央登錄公債、公司債、附認股權公司債	面額 100,000 元

六、升降單位

升降單位係指證券買賣雙方所申報買賣價格之間隔差距單位，目的在提升撮合成交之效率。

上市證券申報買賣價格升降單位如下：以股票爲例，股價介於50至100元間，其申報買賣價格之間隔差距爲0.1元，100至150元間爲0.5元等等。

表 14-4　現行制度

<table>
<tr><td>最低股價</td><td>0.01 元</td><td>5 元</td><td>10 元</td><td>50 元</td><td>100 元</td><td>150 元</td><td>500 元</td><td>1000 元</td></tr>
<tr><td>最高股價</td><td>5 元</td><td>10 元</td><td>50 元</td><td>100 元</td><td>150 元</td><td>500 元</td><td>1000 元</td><td>以上</td></tr>
<tr><td>股票、債券換股權利證書、證券投資信託封閉式基金受益憑證、存託憑證、外國股票 *、新股權利證書、股款繳納憑證、附認股權特別股</td><td colspan="2">0.01</td><td>0.05</td><td>0.10</td><td colspan="2">0.50</td><td>1.00</td><td>5.00</td></tr>
<tr><td>認購（售）權證、認股權憑證</td><td>0.01</td><td>0.05</td><td>0.10</td><td>0.50</td><td colspan="2">1.00</td><td colspan="2">5.00</td></tr>
<tr><td>轉換公司債、附認股權公司債</td><td colspan="5">0.05</td><td colspan="2">1.00</td><td>5.00</td></tr>
<tr><td>國內外成分股指數股票型基金受益憑證（ETF）、指數股票型期貨信託基金受益憑證（ETF）、槓桿反向指數股票型基金受益憑證（ETF）、境外指數股票型基金受益憑證（ETF）、受益證券（REITs）、國內外成分指數投資證券（ETN）、槓桿反向型指數投資證券（ETN）</td><td colspan="3">0.01</td><td colspan="5">0.05</td></tr>
<tr><td>公司債</td><td colspan="8">0.05</td></tr>
<tr><td>外國債券</td><td colspan="8">0.01 貨幣單位</td></tr>
<tr><td>中央登錄公債</td><td colspan="8">0.01</td></tr>
</table>

※ 外國股票係包含第一上市及第二上市

資料來源：證交所

七、每日升降幅度（即買賣申報價格範圍）

證券種類	升降幅度
股票、外國股票第一上市、受益憑證、受益證券、存託憑證、國內成分ETF、債券換股權利證書、新股權利證書、股款繳納憑證、轉換公司債、國內成分ETN、附認股權特別股	10%
國內成分槓桿反向ETF、國內成分槓桿反向型ETN	10%乘以該基金之倍數
認購(售)權證	標的股票漲跌價格間距
公司債、附認股權公司債	5%
中央登錄公債、外國債券、外國股票第二上市、新上市普通股首五營業日、國外成分ETF、追蹤國外商品期貨指數ETF、境外ETF、含國外成分槓桿反向ETF、國外成分ETN、含國外成分槓桿反向型ETN	無漲跌幅

資料來源：證交所

圖 14-2　每日升降幅度

八、競價方式

競價方式係如何使買賣雙方所報欲買欲賣價格在滿足雙方需求條件下，依一定規則使其成交之機制。

(一) 競價原則

我國集中交易市場採電腦自動交易，開收盤時段仍維持集合競價，盤中時段（9:00～13:25）實施逐筆交易。撮合方式說明範例如表14-5。

表 14-5　撮合方式說明

時段	撮合方式	委託注意事項	委託改價功能
開盤 08:30 ≀ 09:00	集合競價	● 僅接受限價當日有效（ROD）委託。 ● 使用市價單、IOC 及 FOK 委託將會被退單。	● 全時段限價當日有效委託（ROD）均可改價。 ● 限價委託可直接改價，但限價不可改為市價、市價也不可改為限價。 ● 平盤下不得放空之有價證券，選擇以「借券賣出」或「融券賣出」之投資人，不得將價格改為平盤以下。
盤中 09:00 ≀ 13:25	● 原則：逐筆交易。 ● 例外：遇瞬間價格穩定措施則暫緩 2 分鐘後以「集合競價」撮合成交。	● 逐筆交易時段，六種委託方式皆可（除限價 ROD 委託外，新增限價 IOC、限價 FOK、市價 ROD、市價 IOC 及市價 FOK）。 ● 市價單優先限價單（含漲停買進、跌停賣出）成交，即盤中市價買單優先漲停買進委託、市價賣單則優先跌停賣出委託，請投資大眾留意市價單與限價單之優先順序。 ● 市價單、IOC 及 FOK 委託，可能成交價如觸及瞬間價格穩定措施上、下限，請留意成交狀況及是否有被退單之情形。	
收盤 13:25 ≀ 13:30	集合競價	● 僅接受限價當日有效（ROD）委託。 ● 使用市價單、IOC 及 FOK 委託將會被退單。	

(二)委託單種類

逐筆交易時段新增「市價委託單」、「立即成交或取消」、「全部成交或取消」等種類，可提供投資人更多選擇。

1. **市價委託單（Market Order）**：適用於逐筆交易時段，投資人以市價委託無須指定價格，每次撮合前，按臺灣證券交易所營業細則所訂原則轉換參考價格，並視爲其申報價格。不得使用市價委託之有價證券如下：
   (1) 初次上市普通股採無升降幅度限制期間、無升降幅度限制之有價證券，爲避免成交價格超逾預期，不得使用市價委託。
   (2) 依本公司章則規定施以延長撮合間隔時間之有價證券，因採集合競價撮合，不得使用市價委託。
   (3) 禁止平盤以下融券及借券賣出之有價證券，爲避免成交價格低於平盤價，不得以市價委託融券及借券賣出。
2. **立即成交或取消（Immediate or Cancel, IOC）**：適用於逐筆交易時段，IOC委託係指委託即刻成交，未能成交之委託，立即由系統刪除。
3. **全部成交或取消（Fill or Kill, FOK）**：適用於逐筆交易時段，FOK委託係指委託須全數成交，未能全數成交，立即由系統刪除。

依價格種類及存續類別搭配後，共有6種委託方式供投資人選擇使用：

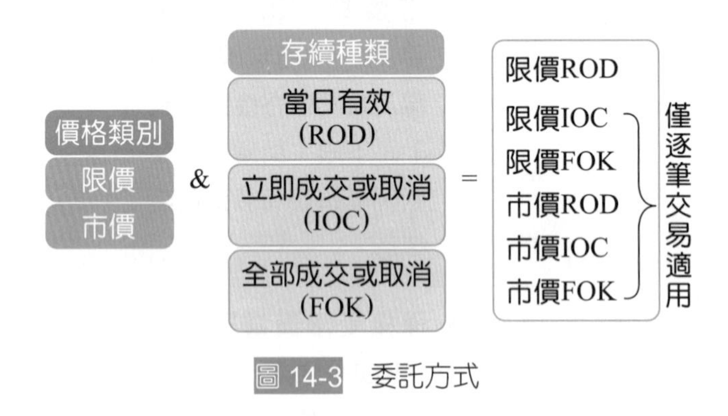

圖 14-3　委託方式

1. **除息**：發行公司將現金股利發放給股東。
2. **除權**：發行公司將股票股利發放給股東。
3. **除權除息基準日**：因公司股東名冊常會變動，所以當公司決定增資配股或分派股利、股息時，董事會需訂定某一日期，作爲除息、除權基準日，並以該日的實際股東名冊作爲配股與配息的參考依據。

4. **停止過戶日**：除權除息基準日前5日爲停止過戶日，以便公司整理股東名冊。
5. **最後過戶日**：投資人必須在這一天之前完成過戶，否則將領不到股利。
6. **除權除息交易日**：停止過戶日前的第2個營業日爲除權、除息交易日，在該日（含）以後所買進的股票不能參加除權與除息。

九、交易開戶

1. 於有價證券集中交易市場爲買賣者，限於訂有使用有價證券集中交易市場契約之證券自營商或證券經紀商。（證§151）
2. 投資人應先開立銀行劃撥帳戶與集保帳戶，買賣股票須透過銀行劃撥帳戶與集保帳戶辦理交割。

十、集保劃撥

1. 建立全面款券劃撥交割制度。
2. 有價證券買賣之交割及設質，得以帳簿劃撥方式爲之。（證§43 II、III）
3. 證交所、櫃買中心、證券商及證券金融事業辦理集中交割，應以帳簿劃撥方式爲之。（集中保管帳簿劃撥作業辦法§3）

十一、價格委託方式

證券商代理投資人透過交易系統之申報，依價格種類（限價、市價）及存續類別（當日有效：Rest of Day，ROD、立即成交或取消、全部成交或取消）搭配，共有6種委託方式供投資人選擇使用。限價當日有效委託，得於未成交前申報取消、減少數量，或更改價格。投資人向證券商下單：

1. **授權委託**：投資人若爲法人機構或特定自然人（詳請參閱證交所營業細則第79條說明），其可指定漲跌幅範圍之價格區間內，授權證券商代爲決定價格及下單時間。
2. **全權委託**：投資人委任投信業或投顧業投資證券或採信託方式投資證券。

十二、結算交割

臺灣證券集中交易市場之結算交割在78年以前一直採用實物交割制度。鑑於證券交易日趨活絡，致交割業務大幅增加，證交所乃於78年與復華證券金融公司及各證券商共同集資設立「臺灣證券集中保管股份有限公司」，以專責辦理「證券集中保管劃撥交割制度」。有價證券劃撥交割制度自79年開始實施，實施款券劃撥方式辦理交割。

各證券商於集中市場買賣成交之有價證券，其收付作業悉委由臺灣證券集中保管股份有限公司辦理。證券經紀商向集保公司辦理集中交割時，除經主管機關核定爲全額交割之股票外，概採餘額交割，亦即證券經紀商於同一天受託買進賣出相同證券者，辦理交割時得相互抵銷。受託人須於委託買賣成交後之次一營業日，向受託證券經紀商辦理交割。相關作業說明如下圖：

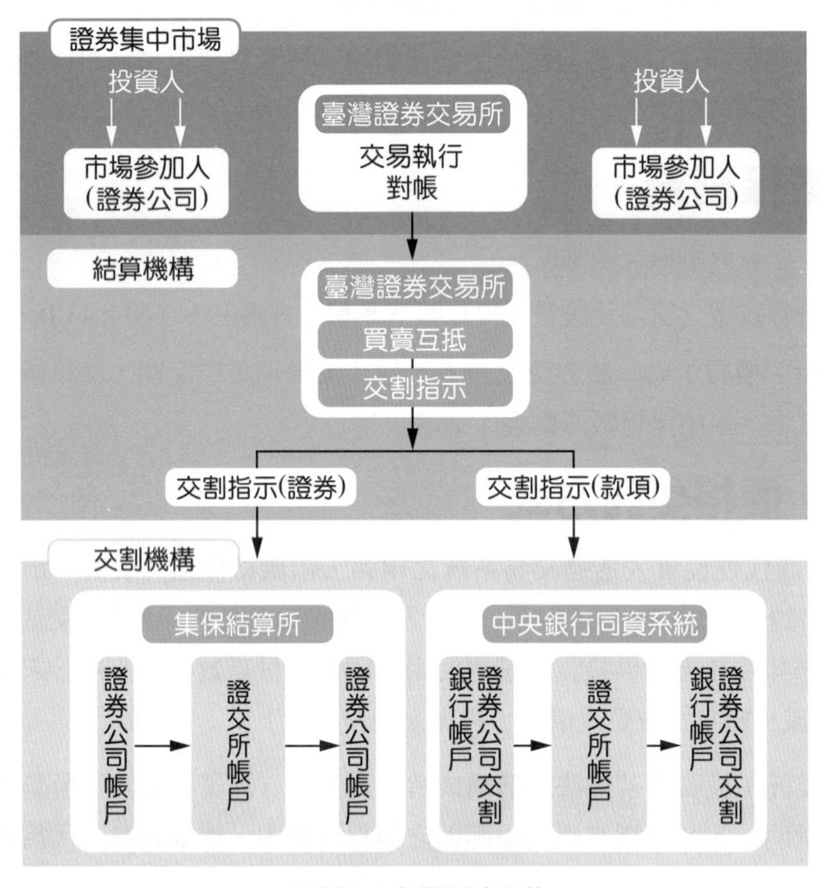

資料來源：臺灣證券交易所

圖 14-4 結算交割

(一) 結算方式

證交所採多邊餘額方式辦理結算交割作業。在證券之結算方面，證交所與證券商進行沖抵計算，計算出雙方間就每一證券標的之淨應收或淨應付數量；在款項之結算方面，證交所與證券商所有交易標的之應收金額與應付金額進行沖抵計算，計算雙方間淨應收或淨應付金額。

(二) 結算期

在集中市場買賣成交之有價證券，以「同一營業日」成交者爲結算期，其款、券之結算應於成交日當天完成。

(三) 兩段式交割

在投資人、證券商與證交所三者關係上，由單一投資人就其應繳交之證券及金額向證券商交割，證券商就其全部投資人經沖抵計算後之應繳證券及金額向證交所交割。

(四) 款券劃撥

證券經紀商收受委託人（投資人）之有價證券或價金，應透過委託人開設之有價證券帳戶及在證券經紀商指定之金融機構開立之存款帳戶以劃撥方式辦理。但委託人於保管銀行設有存款帳戶者，得以匯撥方式收受或交付價金。

(五) 交割方式

1. **普通交割之買賣**：於成交日後第二營業日（T+2日）。
2. **成交日交割之買賣**：應經買賣雙方以書面表示，於「當日（T日）」辦理。
3. **特約日交割之買賣**：辦法由證交所擬訂，報請主管機關核定後實施。

(六) 交割時點

1. **投資人端**：在T+2日上午10時前對證券商完成款券交割，而在T+2日證券商對證交所完成交割之後，取得其應收之券款。
2. **證券商端**：在T+2日上午10時前對證交所完成券交割，在T+2日上午11時前對證交所完成款項交割，證交所在證券商完成應付的證交所款券交割後，撥付其應收（或應付）之券款，並依照證券商完成交割時間之先後，在T+2日上午9時後陸續撥付其應收之款券。

(七) 作業流程及收付平台

1. **券的收付**：集保結算所。
2. **款的收付**：中央銀行同資系統。

當日沖銷制度

當日沖銷交易定義為，有價證券當日沖銷交易，係指投資人與證券經紀商約定就其同一受託買賣帳戶於同一營業日，對主管機關指定之上市（櫃）有價證券，委託現款買進與現券賣出同種類有價證券成交後，就同種類有價證券相同數量部分相抵之普通交割買賣，按買賣沖銷後差價辦理款項交割。

為提供投資人避險管道及健全交易機制，103 年 1 月 6 日起投資人得以現股從事先買後賣之當日沖銷交易，並自 103 年 6 月 30 日開放先賣後買當日沖銷交易。現股當日沖銷以普通交易（上午 9 時至下午 1 時 30 分）收盤前買賣間，及普通交易收盤前之買賣與盤後定價交易間之反向沖銷者為限。即投資人若以同一帳戶於同一交易日，現款買進與現券賣出同一檔有價證券成交後，就相同數量部分，可按買賣沖銷後差額辦理款項交割。當市場行情走勢不確定、投資人誤判情勢或投資人買進之有價證券於盤中價格走揚時，即可適時反向沖銷，降低投資人風險或提前實現獲利。

NEWS 金控首席經濟學家：我不知道當沖會不會賺 但肯定會賠

「我曾經花 3 年時間，每天到號子去做當沖，但我最後只賺了 1 萬元，等於每天只賺 10 元。」分享這個個人慘痛經驗的是永豐金控首席經濟學家黃蔭基。

對於近期臺灣股市因為當沖降稅優惠可能不延續而量縮價跌，在今（12）日舉行的永豐金法說會現場，也是媒體聚焦的熱點。永豐金控總經理朱士廷表示：「以目前當沖交易占整體量能比例約 30%~40% 來看，取消稅率優惠對市場成交量一定會影響，券商獲利也會受衝擊，但目前看起來政策應該還在評估中。」

當沖降稅優惠若喊停　黃蔭基估：正常日成交量將萎縮到2,000至3,000億元

黃蔭基則提出進一步的預估，認為若稅率優惠能延長，每日成交量在3,000 億～ 4,000 億將屬正常，6,000 億元就算爆量，「但如果優惠不延續，正常量能將萎縮到 2,000 億元～ 3,000 億元，4,000 億元則算爆量。」

在股市向來有「量是價先行」的說法，可預期如果交易量能萎縮，台股指數可能受到不小衝擊。

相較起直接停止當沖降稅優惠，對市場產生較大的變動衝擊，江偉源建議可以調整當沖或交割制度，降低可能產生的糾紛。舉例來說，像是與期貨一樣採用保證金制度，或是仿效香港與其他地方，交割日設定為 T ＋ 0（指股票成交的當天就結算交割款），不但能避免有不熟悉交易的投資人受傷，也可以與國際接軌。

黃蔭基看當沖　「會賺的只有莊家」

不過，談到股票當沖交易這件事，黃蔭基則是有過不好的經驗。

他分享自己曾在 1996 年到 1998 年的 3 年間，每天早上到號子報到做當沖，那時候是發生科技泡沫前的年代，所有股票都要跟電子股沾上邊才會漲，是就連潤泰都要更名潤泰創新的年代。

但沒想到，經過 3 年的時間，他在結算後發現自己僅賺了 1 萬元，如果再加計花在號子上的時間，實在不划算，他也因此大嘆：「我不知道當沖會不會賺，但肯定會賠。做當沖，會賺的只有莊家。」

資料來源：聯合新聞網（授權自今周刊）2021/08/13

十三、買賣相關費用與稅捐

證券交易市場的各項交易費用如下列所示：

表 14-6　手續費與交易稅表

手續費	
項目	手續費
股票、受益憑證、認購（售）權證、存託憑證、債券、指數股票型基金 ETF、指數投資證券 ETN	現行集中市場手續費由證券經紀商自行按客戶成交金額訂定手續費費率。另證券經紀商所訂手續費率如逾成交金額千分之 1.425 者，應於委託前採取適當方式通知客戶。
證券交易稅	
項目	稅率
股票	賣出 0.3%
受益憑證、認購（售）權證、存託憑證、指數股票型基金 ETF、指數投資證券 ETN	賣出 0.1%
公債、公司債	免徵
股息	
居民	非居民
合併計稅減除股利抵減稅額與單一稅率分開計稅之二擇一： 1. 股利及盈餘合計金額按 8.5% 計算可抵減稅額，抵減其當年度綜所稅應納稅額，每一申報戶每年抵減金額以 8 萬元為限。 2. 或得選擇就其股利及盈餘合計金額按 26% 之稅率分開計算稅額，合併報繳。	外國投資者預扣 21%
資本利得稅	
免徵	

資料來源：證交所

行政院拍板當沖降稅延長 3 年稅率維持千分之 1.5

當沖證交稅稅率減半優惠年底將到期，行政院會 19 日通過財政部所提「證券交易稅條例」第 2 條之 2、第 3 條修正草案，將優惠延長 3 年，稅率維持千分之 1.5。當沖證交稅稅率減半優惠年底將到期，行政院會今天通過財政部所提「證券交易稅條例」第 2 條之 2、第 3 條修正草案，將優惠延長 3 年，實施至民國 113 年 12 月 31 日，稅率維持千分之 1.5。草案經行政院會通過後，將送立法院審議。財政部表示，現股當日沖銷交易減半課徵證券交易稅措施自 106 年 4 月 28 日實施迄今，110 年 7 月集中及櫃買市場現股當沖占該等市場成交值比重約 45%，高於降稅第一年比重 24%。

財政部說，當沖日均成交值新臺幣 3,008 億元，較降稅第一年日均成交值 365 億元有顯著增加；當沖日均證交稅稅收約 4.51 億元，高於降稅第一年日均證交稅稅收 0.56 億元，顯示當沖降稅確已帶動市場交易量，達成提升市場交易動能及流動性目的，為促進證券市場長遠發展需要，因此提出修正草案。財政部表示，草案送立法院審議後，將會同金融監督管理委員會積極與立法院朝野各黨團溝通，希望能早日完成修法。

資料來源：中央社 2021/8/19

十四、股市監視

爲維護證券市場交易秩序，保護證券投資人權益，防止不法炒作及內線交易，以健全市場發展，證交所於75年設置監視小組，並於77年訂定「實施股市監視制度辦法」及「公布或通知注意交易資訊暨處置作業要點」，據以執行股市監視作業。

監視制度業務內容計有：

(一) 公布注意交易資訊

公布異常交易有價證券之交易資訊，以提醒投資人注意。交易資訊包括：漲跌幅度、成交量、週轉率、集中度、本益比、股價淨值比、券資比、溢折價百分比等。

前述所定異常情形有嚴重影響市場交易之虞時，證交所即在市場公告並得採行下列之措施：

1. 對該有價證券以人工管制之撮合終端機執行撮合作業。
2. 限制各證券商申報買進或賣出該有價證券之金額。
3. 通知各證券經紀商於受託買賣交易異常之有價證券時，對全部或委託買賣數量較大之委託人，應收取一定比率之買進價金或賣出之證券。
4. 通知各證券商於買賣交易異常之有價證券時，增繳交割結算基金。
5. 暫停該有價證券融資融券交易。
6. 報經主管機關核准後停止該有價證券一定期間之買賣。

(二)買賣異常證券商通知作業

有價證券之交易有異常情形時，通知受託買賣證券商，請其注意交割安全，以共同維護市場秩序。

(三)異常交易有價證券處置作業

當有價證券異常情形有嚴重影響市場交易之虞時，為防止異常情形持續擴大，影響投資人權益及交割安全，而採行相關處置作業，以維護市場秩序。

(四)查核作業

對涉及人為炒作或內線交易者，報請主管機關核辦，以維護市場秩序。

(五)重大資訊查證處理作業

對市場謠言或媒體不實之報導，經本公司調查證實，即透過本公司市況報導系統、電話語音查詢系統及新聞媒體公告之。

14-3 店頭市場一證券櫃檯買賣中心

一、設立背景

臺灣證券市場的發展起源於店頭市場，早期有民國38年政府發行的愛國公債、42年以後台泥、台紙、工礦、農林等公司的股票及土地債券等有價證券的流通。民國51年2月臺灣證券交易所成立，政府爲發展集中交易市場乃下令關閉店頭市場，民國71年重開債券店頭交易，於股票店頭市場則於78年12月重行開設，稱爲證券櫃檯買賣。我國店頭市場即邁入一新的領域，不但擴大了證券投資市場，也爲國內企業開闢了另一籌集資金的管道，同年底店頭市場之股票交易系統與操作規範亦完成準備，同年12月20日「建弘投信」股票正式上櫃掛牌買賣。83年11月1日櫃檯買賣中心正式脫離公會組織獨立爲財團法人，12月30日電腦等價自動成交系統上線使用，店頭市場更向前邁了一大步。

惟股票店頭市場復開之後，交投清淡，無法發揮店頭市場應有的功能，使國內證券市場形成跛足現象。主管機關爲擴大店頭市場規模，提高店頭市場效率，經多次召集會議檢討店頭市場之建制，決議將原隸屬於臺北市證券商業同業公會之櫃檯買賣服務中心改以財團法人方式另行組設，以承作櫃檯買賣業務。該中心即爲膺此重任，肩負推動店頭市場改革之使命，於民國83年7月開始籌備設立，於同年11月1日自臺北市證券商業同業公會接辦證券櫃檯買賣業務。

二、業務範圍

1. 有價證券上櫃之審查。
2. 有價證券櫃檯買賣交易、給付及結算。
3. 經營櫃檯買賣證券經紀商、證券自營商財務業務之查核。
4. 其他經目的事業主管機關核准之事項。

三、店頭市場功能

前述集中交易市場係供規模較大產業股票之流通，而店頭市場係供規模較小產業股票以及政府債券、公司債、金融債券之流通，兩者性質相同，地位相當，僅標的不同。目前政府對兩個市場的劃分，將店頭市場定位於集中交易市場之預備市場與後備市場。現行店頭市場的功能有：

1. 擴大資本發行市場，以爲國內企業另闢一籌集資本管道。
2. 爲集中交易市場提供「預備市場」。
3. 提供債券等商品完善交易市場。
4. 爲高風險及特殊產業提供交易場所。
5. 爲集中交易市場不符合上市標準之股票，預留緩衝交易市場。

6. 擴大延攬其他未上市發行公司股票之流通交易，以遏止「地下交易市場」之產生。

四、櫃檯買賣股票交易市場介紹

店頭市場係供規模較小產業股票以及政府債券、公司債、金融債券並爲高風險衍生性商品及特殊產業提供交易場所，故其交易制度有其因應市場及商品特性呈現不同之交易規則。

(一) 交易制度之特色

交易制度除保留原自營商營業處所議價制度外，自營商或經紀商接受客戶委託皆可使用該中心股票電腦自動成交系統買賣上櫃股票，其特色如下：

1. 使用臺灣證券交易所之電腦設備，開發電腦交易系統，利用電腦撮合進行交易，並予立即成交回報，以提高交易效率。
2. 上櫃股票報價揭示透明度高，同時揭示市場最佳買賣報價之委託數量，且無上下兩檔限制。

(二) 交易方式

1. **證券商營業處所議價**（業§71）：採傳統議價方式進行，交易範圍如下：
   (1) 自營商間買賣。
   (2) 自營商與客戶一次交易在十萬股以上買賣。
   (3) 經紀商利用錯帳或違約處理專戶向自營商買進股票。
2. **電腦自動成交系統**：包括自營及經紀買賣，採電腦撮合，成交單位爲千股，每筆委託量在五十萬股以下。使用電腦自動成交系統，如同集中市場下單方式，委託經紀商輸入欲買賣股票之數量及價格，由中心以電腦撮合成交，效率較高。
3. **零股交易系統**：電腦撮合，每筆委託量在999股以下。

(三) 交易時間

1. **證券商營業處所議價**：星期一至星期五9:00～15:00。
2. **電腦自動成交系統**：星期一至星期五9:00～13:30。
3. **零股交易系統**：星期一至星期五下午1:40至2:30申報，以申報當日爲成交日。

(四)成交價格

1. **證券商營業處所議價**：由買賣雙方自行約定，但成交價格不得逾越當日參考價格之漲跌停幅

2. **電腦自動成交系統**：在當日參考價格之漲跌幅內，依下列原則決定成交價格：

 (1) 營業時間開始前買賣申報（8:30～09:00）：高於成交價格之買進申報與低於成交價格之賣出申報需全部滿足。

 (2) 營業時間開始後買賣申報（9:00以後，併同第(1)項申報而未成交者）：採逐筆最合理價格成交。

 (3) 零股交易系統：以普通交易市場當日個股開盤參考價上下10%爲限，以滿足最大成交量撮合成交原則決定買賣價格。惟新上櫃股票如掛牌後首五日於普通交易採無漲跌幅限制者，其零股交易該段期間申報買賣價格亦爲無漲跌幅限制。

(五)升降單位

證券交易市場的股價升降單位級距，如下表所示：

表 14-7 升降單位

成交價格	升降單位
未滿 10 元	0.01 元
10 元～未滿 50 元	0.05 元
50 元～未滿 100 元	0.10 元
100 元～未滿 500 元	0.50 元
500 元～未滿 1,000 元	1.00 元
1,000 元以上	5.00 元

(六)證券交易稅及手續費

證券交易稅爲賣出價格千分之三；經紀手續費爲買進、賣出價格千分之一・四二五爲上限。但證券自營商於其營業處所議價部分，不得收取手續費。

(七) 給付結算

買賣款券給付結算全採帳簿劃撥方式辦理，並於成交日後第二營業日上午十時完成。

(八) 信用交易

櫃檯買賣股票之信用交易業於民國88年1月5日起正式開放，另上櫃股票資券相抵交割交易制度亦已於94年11月14日實施。

(九) 上櫃股票交易概況

櫃買市場自2011年至2021年的市場概況，如下列表格所示：

表 14-8　櫃買市場證券總成交值概況表

年	總成交值（十億元）	成長率(%)	不含債券之日均值	成交金額（十億元）				
				股票	認購（售）權證	指數股票型基金	指數投資證券	債券
2011	75,598.9	-8.2	16.3	3,993.0	43.1	1.2	-	71,561.6
2012	68,187.4	-9.8	11.9	2,951.9	35.1	0.4	-	65,200.0
2013	55,995.0	-17.9	16.7	4,030.9	68.8	0.3	-	51,895.0
2014	56,969.0	1.7	26.3	6,355.9	162.4	0.3	-	50,450.4
2015	58,085.0	2.0	24.0	5,689.2	156.6	0.2	-	52,239.0
2016	54,875.5	-5.5	21.2	5,050.3	128.5	0.1	-	49,696.5
2017	53,793.4	-2.0	32.4	7,683.5	226.5	68.1	-	45,815.3
2018	56,891.4	5.8	35.1	8,145.5	211.7	316.8	-	48,217.5
2019	53,284.7	-6.3	35.6	7,607.5	145.4	854.0	0.7	44,677.1
2020	53,263.1	0.0	51.7	12,087.1	154.6	415.4	1.9	40,604.2
2021	36,381.4	-11.1	81.1	14,268.0	133.8	191.6	7.1	21,780.8

註：1.外幣計價國際債券交易資料未含在本表中。
　　2.指數投資證券自108年4月30起在櫃檯買賣市場交易。

資料來源：證期局

表 14-9 櫃買市場證券總成交值概況表（依交易類別）

年	總成交金額（十億元）	成交金額（十億元）						
		信用交易			現股當沖		零股交易	
		融資＋融券	資券相抵	百分比 (%)	金額	百分比 (%)	金額	百分比 (%)
	(A)	(B)	(C)	(B+C)/2A	(D)	D/2A	(E)	E/A
2011	4,037.35	2,059.85	730.18	34.55	-	-	5.25	0.13
2012	2,987.42	1,350.88	486.90	30.76	-	-	4.44	0.15
2013	4,099.95	1,881.39	809.79	32.82	-	-	6.40	0.16
2014	6,518.60	2,826.97	1,433.95	32.68	642.85	4.93	7.99	0.12
2015	5,846.00	2,487.45	1,220.85	31.72	1,068.07	9.14	7.16	0.12
2016	5,178.96	1,925.95	741.06	25.75	1,515.64	14.63	6.82	0.13
2017	7,978.08	2,763.54	355.85	19.55	4,307.18	26.99	8.15	0.10
2018	8,673.99	2,322.67	92.55	13.92	6,096.14	35.14	7.35	0.08
2019	8,607.61	2,011.06	55.90	12.00	5,852.43	34.00	7.68	0.09
2020	12,658.97	2,780.82	98.48	11.37	8,852.28	34.96	17.53	0.14
2021	14,600.64	2,872.83	99.52	10.18	11,486.06	39.33	61.55	0.42

註：1.自2014年1月6日起實施現股當日沖銷措施。
2.現股當沖為現股當日沖銷交易總買進成交金額與總賣出成交金額合計。
3.盤中零股交易自2020年10月26日實施，零股成交金額包含盤中零股及盤後零股。

資料來源：證期局

表 14-10 興櫃股票每股市值、本益比、週轉率之比較

年	平均每股市值	平均每股盈餘	平均每股淨值	本益比	成交值週轉率 (%)	市值佔 GDP 比率 (%)
2011	16.47	0.82	12.04	19.98	26.10	3.66
2012	18.73	0.04	13.22	468.25	27.11	3.67
2013	24.43	-0.12	14.02	-	43.96	4.22
2014	31.15	0.21	13.86	146.85	56.72	5.49
2015	29.74	0.32	13.89	92.06	35.84	5.28

2016	30.81	0.30	13.76	103.64	33.44		4.30
2017	33.11	0.69	14.73	48.13	34.65		4.33
2018	32.19	1.07	16.00	30.05	34.16		2.82
2019	33.99	0.64	15.10	53.23	35.14		2.59
2020	37.79	0.60	15.53	62.85	92.91	(r)	3.79
2021	58.58	1.06	16.64	55.35	64.03	(f)	5.61

註： 1. 平均每股盈餘係以最近一年度稅後純益除興櫃股票在外流通股數而得。
91年（含）產生稅後純損之公司未列入計算
2. 成交值週轉率=總成交值/市值。
3. 91年1月2日起興櫃股票開始交易。
4. 市值占GDP比率欄：(f)表GDP為預測值，(p)表GDP為初步統計數，(r)表GDP為修正數，(a)表GDP為概估統計數。
5. 本表1至4欄依排除極端值標準（資本額占市場總發行資本額10% 以上者），回溯修正至92年。
6. 2021年為截至6月底數據。

掃描查詢最新資訊

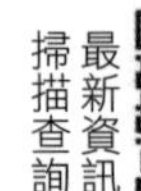
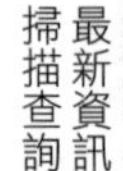

資料來源：證期局

14-4 股價指數

一、意義

股價指數是用一個簡單的數字，綜合表示多數股票的價格變動，換言之，係將各種股票價格的時間數列融合爲一個簡單的時間數列，作爲判斷股價變動趨勢的一種準繩。其功用在於一以簡單數字，表示多種股票價格的一般水準在不同時期之變動情形。

二、簡單算術指數（Simple Index）與加權指數（Weighted Index）

1. **簡單算術平均數**：將採樣股票每日收盤價加以算術平均即得。公式：

$$M = \frac{1}{N}\sum_{i=1}^{n} P_i$$

例如：有台泥、中纖、碧悠、中化四種股票，其前一日收 - 285 - ，收盤價分別是210元、70元、160元、80元，套入公式：M = (210 + 70 + 160 + 80) / 4 = 130元。

2. **加權指數**：係將某一數值乘以一特定數值，俾作適當之調整，以免發生較大誤，計算加權指數運用之公式有巴氏（Paasche）指數與拉氏（Laspeyres）指數二種。

三、臺灣證券交易所發行量加權股價指數

「發行量加權股價指數」計算方式係以民國55年之股票市場市值為基期（設定為100點），除特別股、全額交割股及上市未滿一個月之股票外，其餘皆包含在其採樣中。臺灣發行量加權股價指數是以各上市股票之發行量為權數計算指數值，即股本較大的股票對指數的影響會大於股本較小的股票，其計算公式如下：

$$\frac{\text{計算期之各股市價} \times \text{各股上市股數}}{\text{基數之各股市價} \times \text{各股上市股數}} \times 100$$

說明如下：

1. 採「發行量加權」計算指數（而非交易量加權）。道瓊股價平均數是由簡單算術平均數發展出來，簡單算術平均數是以每日採樣股票收盤價之合計數除以採樣個數得。因此其最大缺點在於因無償增資配股而使股價平均數不合理下跌；道瓊股價平均數利用調整分母除數的方法，來修正除權後之股價，可修正以上缺點。
2. 採用「巴氏公式」編製。（可消除極端數值對股價指數不當之影響）
3. 自民國59年開始編製。
4. 以民國55年為基期，基期指數是100。

發行量加權股價指數之產業分類及其比重如表14-11所列。

表 14-11　臺灣證券交易所發行量加權指數成份股暨市值比重表

半導體業	39.7133%	汽車工業	1.3646%
金融保險	10.5363%	電機機械	1.3582%
電子零組件業	5.8085%	紡織纖維	1.2544%
電腦及週邊設備業	4.3509%	建材營造	1.167%
其他電子業	4.2638%	水泥工業	1.0358%

航運業	4.0875%	電子通路業	0.7381%
塑膠工業	3.9441%	橡膠工業	0.7323%
通信網路業	3.7261%	化學工業	0.6469%
其他	3.3545%	生技醫療業	0.6004%
光電業	2.8876%	電器電纜	0.3724%
鋼鐵工業	2.2567%	造紙工業	0.3709%
油電燃氣業	1.9161%	觀光事業	0.2517%
食品工業	1.4511%	玻璃陶瓷	0.2385%
貿易百貨	1.4311%	資訊服務業	0.1411%

資料來源：臺灣證券交易所發行量加權指數成份股暨市值比重表（2021/7/30）

《延・伸・閱・讀》

1. 公司債，認購售權證每日升降幅度	4. 盤中零股交易
2. 當沖交易	5. 股市監視制度：臺灣證券交易所股份有限公司公布或通知注意交易資訊暨處置作業要點
3. 定期定額投資股票及ETF	

1. 某甲購買 ABC 公司股票 200 股，每股 $100。現每股已漲至 $120，若他要將利潤鎖定在 $5,400，則應下何種委託單？以及以何種價格進行？

【96Q1 證券分析人員】

2. 設甲公司認為乙公司所經營之業務前景看好，乃經董事會決議通過，進行惡意收購乙公司股票達 51%。而

   (1) 甲公司總經理 A 於公開收購消息曝光前，買進乙公司股票，並於消息曝光後賣出，計獲利 1,000 餘萬元。

   (2) A 另於公開收購消息曝光前，告知妻子 B 收購消息。B 自他人處買進乙公司之前所私募之普通股，並於該私募之普通股發行屆滿 3 年申請上市後賣出，獲利 500 餘萬元。

   (3) 甲公司法律顧問 C，因參與甲公司事務，知悉公開收購之事，於消息曝光前買進乙公司股票，並於消息曝光後賣出，計獲利 600 餘萬元，且將該消息告知好友 D，D 因無多餘資金，故未從中牟利；但將該消息轉知女友 E，以求其歡心，E 買進乙公司股票，於消息曝光後賣出，計獲利 400 餘萬元。案因股東檢舉，經檢調單位調查後，提起公訴與附帶民事損害賠償訴訟。D 抗辯其並未由此內線消息，獲得任何財產上之利益，女友 E 亦未將獲利與其平分。E 亦抗辯該消息於其買進乙公司股票之前二日，業經某晚報加以報導而公開。試析述 A、B、C、D、E 應否負民事與刑事責任。

【96Q1 證券分析人員】

3. 一般委託單的類型又可分為市價委託與限價委託，請比較之。

4. 假設甲股票昨天的收盤價為 45.2 元，今天的開盤價為 45.5 元，請問今天該股票的漲跌停價格各是為何？

5. 「先買後賣」之現股當日沖銷交易如何進行？

15 金融創新與衍生性商品

Chapter

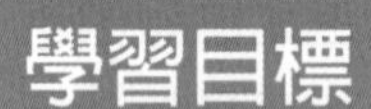

學習目標

1. 認識何謂金融創新，財務工程與衍生性商品？
2. 瞭解認購（售）權證意義與功能
3. 瞭解存託憑證意義與功能
4. 瞭解期貨意義與功能
5. 瞭解選擇權意義與功能
6. 瞭解交換意義與功能

名人金句

❒ 金融期貨是二十年來金融市場最重要的金融創新。

莫頓・米勒（Merton Miller）

❒ 風險存在於市場本身。

吉姆・羅傑斯（Jim Rogers）

❒ 行情總在絕望中誕生，在半信半疑中成長，在憧憬中成熟，在希望中毀滅。

彼得・林奇（Peter Lynch）

本章架構圖

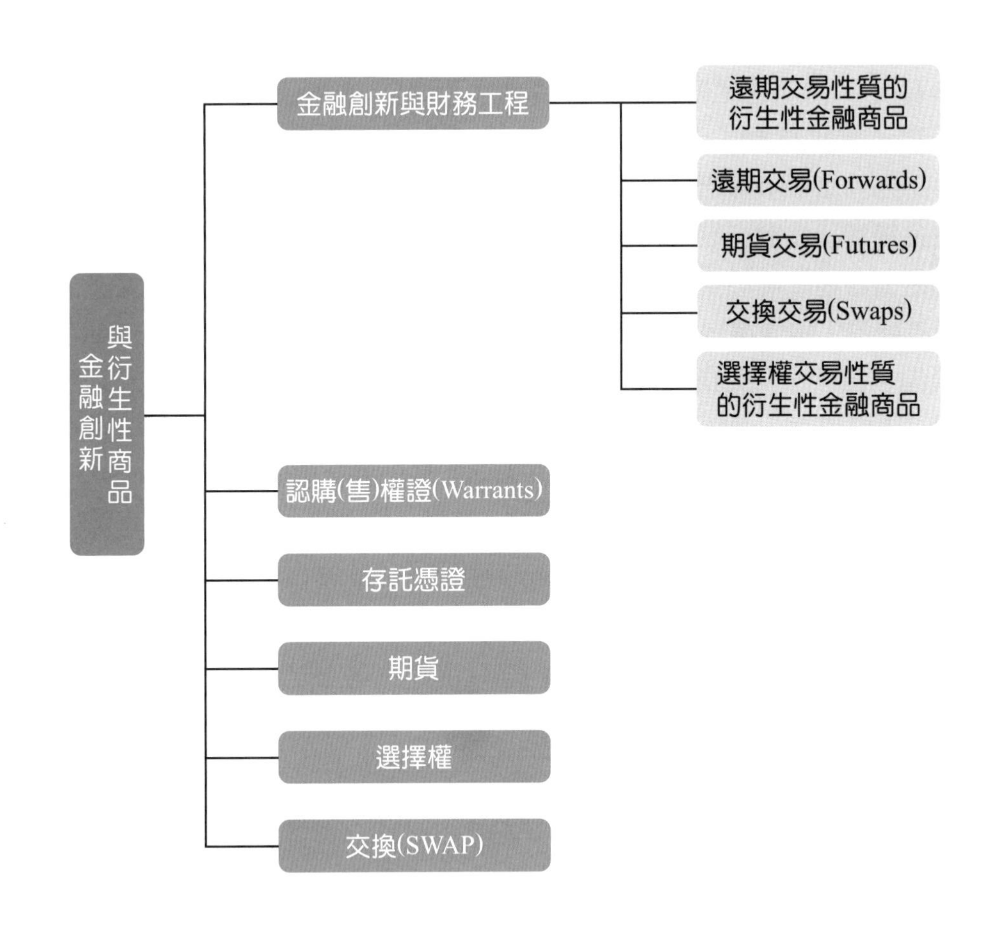

金融創新與衍生性商品
金融創新與財務工程
遠期交易性質的衍生性金融商品
遠期交易(Forwards)
期貨交易(Futures)
交換交易(Swaps)
選擇權交易性質的衍生性金融商品
認購(售)權證(Warrants)
存託憑證
期貨
選擇權
交換(SWAP)

投機交易失利，英國霸菱銀行倒閉

尼克・李森（Nick Leeson）曾任英國霸菱銀行投資交易員，1995年年初因進行衍生性金融商品投機交易失利，導致英國歷史最悠久的投資銀行——霸菱銀行倒閉。

李森從1992年開始隱瞞虧損、偽造買賣紀錄、造假交易，僅私下留存粗略的真實交易回報。事件始於1995年1月16日，李森在新加坡和東京交易市場進行衍生性金融商品投機交易，賣出跨式（Short Straddle，又稱賣出鞍式，選擇權交易策略的一種）賭股價指數不會大幅波動。然而，1月17日發生的阪神大地震重創日本經濟，也使得日本股市大跌，而李森的交易也隨之虧損。李森試圖補回他的損失，做了一系列風險越來越高的投資決策，賭日經會停止下跌且快速回升；但又再度碰壁，使虧損越積越多。最後，銀行發現他的交易累積了高達14億美金的損失，也就是銀行資本額的兩倍，因此導致銀行倒閉。

李森逃到馬來西亞、泰國，最終在德國被逮捕，並於1995年11月20日被引渡到新加坡。雖然交易行為有得到授權，但他仍因欺瞞上級交易風險及損失程度而被起訴。有些評論家認為銀行自我審核制度的缺陷和風險管理的陋習佔了主要因素，新加坡的官方報告也指出，銀行管理的疏失是主要關鍵，主管早已知悉李森用來作假的帳號。判決結果他必須在新加坡樟宜監獄服刑六年半，於1999年出獄。

資料來源：信傳媒 2022/03/23

【新聞評論】

衍生性商品金融創新與財務工程的產物，其延伸自標的資產（Underlying Assets）所創造出來之新商品，主要功能在規避標的資產市場價格波動之風險，俾在複雜多變的經濟活動中，能降低不利狀況對標的資產市場價格之影響，並使生產活動及金融活動能在趨近經濟學之均衡狀況下有效率地運作。

本章在闡述何謂衍生性商品（Derivatives），其目的是從事衍生性商品可能產生之風險？讀完本章後，讀者可嘗試從案例中思考下列議題：衍生性金融商品主要功能在避險，是否就沒有風險？在案例中李森犯了什麼錯誤？錯估了什麼風險？其中哪些風險是可預測的？哪些是不可預測的？如何因應？哪些是市場面因素？哪些是行爲情緒面因素？如何因應這些因素？

15-1 金融創新與財務工程

在金融市場市場國際化、自由化之趨勢下，各種金融工具與商品隨著投資者之需求而因應產生，不僅於現貨市場，更有衍生性商品之產生。現貨市場方面，介紹存託憑證與我國證券市場第一個衍生性商品—認購（售）權證（Warrants）；另衍生性商品方面，則說明期貨、選擇權及交換等。以上這些新金融商品之創造、發明，皆可稱爲「金融創新」（Financial Innovation）。

而在國際化的時代大潮流下，企業國際化自然是必然趨勢，越來越多的公司藉由使用新金融工具來規避這些風險，而一種運用新金融商品，尤其是衍生性金融商品的組合設計來進行企業財務風險管理的系統性知識—財務工程學（Financial Engineering）就產生了。

一、財務工程之意義

廣義地說，設法降低企業在理財上的各種報酬或損失的不確定性，就叫做避險（Hedging）或免損（Immunization），而所謂財務工程乃是一種運用數學原理，在不同條件下爲企業在金融市場上選擇金融商品，來達到避險目的的企業風險管理方法。易言之，財務工程乃是透過貨幣市場、外匯市場、債券市場及大宗物資商品市場等市場之工具組合，並應用遠期合約、期貨交易、交換交易及選擇權交易等方式來協助企業或個人達到避險目的之系統性知識與應用。

二、衍生性商品之意義

衍生性商品是一種財務工具或契約，其價值是由買賣雙方根據標的資產的價值（如外匯的匯率、短期票券或債券的利率、股票的價格，農牧，能源，金屬產品等）或其他指標（如股價指數）決定。

衍生性商品（Derivatives）乃金融創新與財務工程的產物，其延伸自標的資產（Underlying Assets）所創造出來之新商品，主要功能在規避標的資產市場價格波動之風險，俾在複雜多變的經濟活動中，能降低不利狀況對標的資產市場價格之影響，並使生產活動及金融活動能在趨近經濟學之均衡狀況下有效率地運作。

表 15-1　基本衍生性商品與其現貨標的資產之關係

衍生性商品 ╲ 現貨	遠期契約	期貨契約	交換	選擇權	
				店頭市場	交易所
利率	遠期利率契約	利率期貨	利率交換	利率上限 利率下限 利率上下限	利率選擇權
外匯	遠期外匯	外匯期貨	貨幣交換	外匯選擇權	
股權	–	股票期貨 股票指數期貨	股酬交換	股票選擇權 股票指數選擇權	
商品	遠期商品契約	商品期貨 商品指數期貨	商品交換	商品選擇權 商品指數選擇權	
信用	–	–	信用違約交換	–	

藉由衍生性商品市場與現貨市場之互動，及其間所衍生之套利（Arbitraging）、投機（Speculation）功能，能有效促進衍生性商品及標的資產之跨商品之訂價效率，使跨市場或跨月份間之商品的價格在無套利機會下能維持一定的均衡關係。

三、衍生性金融商品之種類

衍生性金融商品之種類包括遠期契約、期貨、選擇權、交換及固定收益或信用結構型等商品。自1970年代以來，由於財務工程之進步，金融創新日新月異，促使衍生性金融商品不斷推陳出新，故衍生性金融商品相關之研究及實務運作已成爲金融交易中的顯學，而由於其具多樣化與複雜性，而有別於傳統金融市場商品，故有人稱之爲金融市場之高科技產品。其與現貨之關係如下：

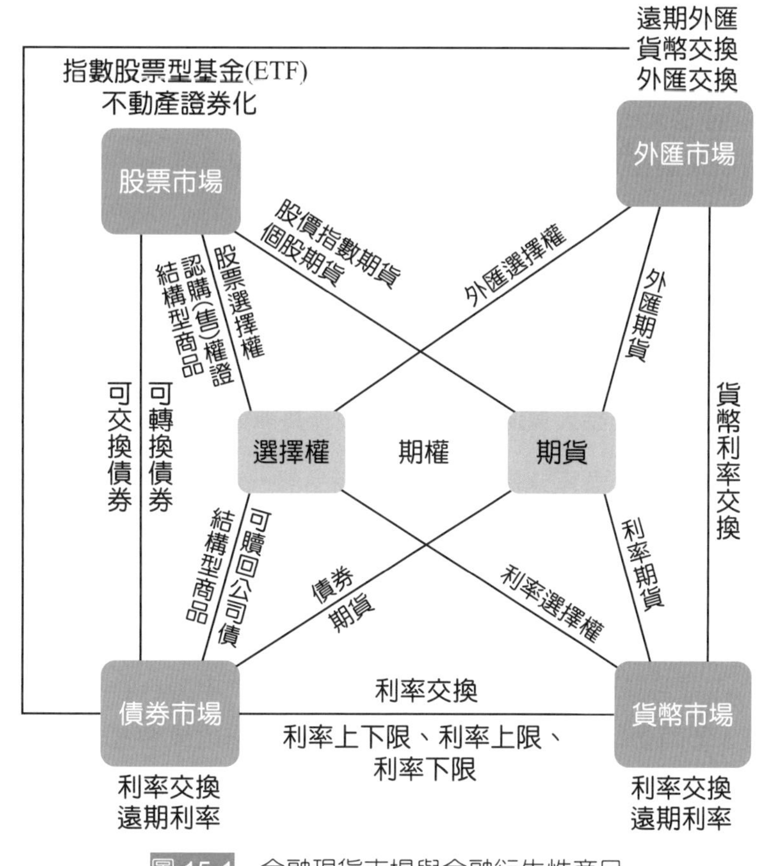

圖 15-1 金融現貨市場與金融衍生性商品

15-2 認購（售）權證

認購（售）權證是廣義選擇權商品之一，在我國其上市較期貨市場之選擇權商品爲早，而歸類爲現貨市場商品，在證券交易所上市交易，爲證券交易法之有價證券。

華南永昌證權證避險不及慘賠 47 億元
金管會開鍘 144 萬元、限八項業務

肺炎疫情延燒，市場劇烈波動，華南永昌證券因權證交易避險不及，損失高達 47 億元，金管會今（30）日對此案開罰華南永昌證 144 萬元，且命令華南永昌證前總經理陳錦峰與另兩位主管停職一年，華南永昌證券也有多達八項業務受到限制。

華南永昌證券 3 月因發行認售權證，但碰上台股大跌又因避險不及導致單月虧損 34 億元，加上避險成本過高虧損幅度擴大至 47 億元，拖累母公司金控 3 月稅後虧損達 35.99 億元，更使得第一季單季淨損 14 億元，是金控 2001 年掛牌後首度出現單季虧損。

金管會經過證交所查核後，發現華南永昌證券有三大缺失，首先，發行權證業務未建立健全有效的發行與風險管理制度，且對指數型認售權證的風險疏於管理，未正視連續多日風險值超限情事及可能導致的後果，時任總經理的陳錦鋒反而多次核准交易人員逾越交易權限及延長調節時限。

第二大缺失是，華南永昌證券的金融商品部，未能依公司風險管理政策即時採行適當風險管理措施進行改善，且於市場鉅幅波動時，未確實依避險策略操作，致市場風險超逾所訂限額；風險管理部雖連日通知金融商品部風險值及損失限額超限，惟未落實監控金融商品部從事避險操作時，需符合相關策略及法令規定。

最後，華南永昌證券未明確規範損失超限，及重大風險處理與呈報程序，以致未及時向董事會報告並採取必要的因應措施，金管會表示，公司內部控制制度顯有重大缺失，核已違反證券商管理規則第 2 條第 2 項規定，並依證券交易法第 178 條之 1 第 1 項第 4 款規定，處華南永昌證券新臺幣 144 萬元罰鍰，予以警告處分，而對相關人員金管會也祭出懲處。

資料來源：鉅亨網 2020/04/30

一、意義

我國所稱認購（售）權證，係指由非標的證券發行公司以外之第三者所發行，表彰認購（售）權證持有人於履約期間內（美式）或特定到期日（歐式），有權按約定履約價格向發行人購入（Call）或售出（Put）標的證券，或以現金結算方式收取差價之有價證券。故認購（售）權證係指：

1. 符合一定條件並由標的股票發行公司以外之第三人發行。
2. 其標的股票須爲上市上櫃股票。
3. 權利行使可爲美式或歐式。

4. 發行人可發行認購權證或認售權證。
5. 行使權利時可採現金結算或標的股票交割（Physical Delivery）。
6. 存續期間：須六個月以上，二年以下。
7. 法律依據：由主管機關財政部依證券交易法第六條第一項規定，核定爲有價證券（八十六年五月核定）。

二、我國認購（售）權證制度

爲使證券投資商品多樣化、增加投資者投資選擇，並因應證券市場自由化、國際化，以擴大證券、金融機構業務種類，財政部證券暨期貨市場管理委員會經長期研議，於86年5月訂定「發行人申請發行認購（售）權證處理要點」並督導臺灣證券交易所訂定「認購（售）權證上市審查準則」、「認購（售）權證買賣辦法」、「認購（售）權證公開說明書應行記載事項要點」、「風險預告應行記載事項」等辦法，於同年6月正式建立我國證券集中交易市場第一個衍生性金融商品。

三、認購權證之功能

1. **投機**：預期股價上漲，買認購權證。預期股價下跌，買認售權證。
2. **波動性之操作**：預期股價波動性放大，可買認購權證或認售權證。
3. **避險**：持有融券部位者，可買認購權證來避險。
4. **套利**：權利金與股價若未維持相對均衡，會產生套利空間，唯操作方式較爲複雜。

四、影響認購（售）權證價格之因素

影響認購（售）權證價格之因素包括認購（售）權證表彰的標的資產價格，標的資產價格與認購權證價格呈同向變動（認售權證則反向），利率、權利期間、標的資產價格波動性等因素亦與認購權證價格呈同向變動（認售權證則反向），履約價格與現金股息則與認購權證價格呈反向變動（認售權證則同向）。

五、認購（售）權證與認股權證比較

表 15-2 認購（售）權證與認股權證比較

	認購（售）權證	認股權證
標的資產	股票、指數等	股票
發行人	股票發行公司外之第三人	股票發行公司
發行目的	避險等	股票發行公司籌資或配合公司債、特別股之發行
權利執行效果	無稀釋效果	有稀釋效果
權利型態	買權及賣權	買權

六、權證、股票與融資券比較

表 15-3 權證、股票與融資券比較

	權證	股票	融資券
槓桿效果	平均約 8-10 倍 勝	1 倍	2.5 倍以下
流通性	中高	高	高
投資期間	6 個月 ~2 年	無期限	1 年
保證金追繳	不會	不會	會
最大風險	只限權利金 勝	投資成本	投資成本
所需資金	低 勝	高	中
交易稅	0.1% 勝	0.3%	0.3%

資料來源：證交所

15-3 存託憑證

所謂「存託憑證」（Depositary Receipts, DR），係指外國發行公司或其股票持有人為使其股票能在他國境內流通，委託他國的存託銀行（Depositary Bank）在他國國內發行表彰該外國股票之可轉讓憑證，存託憑證持有人之權利義務與持有該發行公司普通股之投資者相同。換言之，存託憑證是由存託銀行所簽發的一種可轉讓的股票憑證，證明一定數額的某外國公司股票已寄存於該銀行在國外的保管機構，而憑證之持有人實際上為寄存股票之所有人。

存託憑證的當事人在國外有發行公司、保管機構；在國內有存託銀行、承銷證券業者及投資人，其運作是由購買外國股票之本國投資人，與本國的存託銀行訂立存託契約，將原證券交付存託銀行之海外分行或其往來銀行，亦即保管銀行（Custodian Bank）代為保管，而存託銀行據此發行在本國市場流通之憑證。對投資人而言，其權利與原股票並無差異。

歐洲各國的存託憑證制度發展得很早，美國摩根銀行於1927年首先發行存託憑證，以代替股票在國外流通，俾解決在國外發行股票所發生之諸如股權行使及股票交割等等複雜的問題。

其發行方法為，由股票發行公司依保管機構與受託機構簽訂之保管契約，將其發行之股票，存放於保管機構，受託機構再根據這些股票及保管契約，發行DR交予投資者。DR之持有人享有該股票之權利，亦可要求將DR換為股票。

依發行區域、市場的不同，而冠以不同的名稱。一般常聽到的有：全球存託憑證（Global Depositary Receipt, GDR）、國際存託憑證（International Depositary Receipt, IDR）、美國存託憑證（American Depositary Receipt, ADR）、臺灣存託憑證（Taiwan Depositary Receipt, TDR）等。對投資人而言，存託憑證與股票並沒有實質上的差異，美國存託憑證（ADR）係指以美國資金市場為特定的資金籌募地點，如果存託憑證在發行公司所在國以及美國以外地區發行者，習慣上稱為國際存託憑證（IDR），又若美國市場亦包含在內，習慣上稱為全球存託憑證（GDR）。

政府為推動證券市場自由化、國際化，促進我國資本市場與國際資本市場間之流通整合，以提昇我國際金融地位，乃引進英、美等先進國家行之多年的存託憑證制度，俾利外國公司所發行之有價證券亦可來臺上市買賣，從而擴大國內證券市場規模，並增加國人投資管道。為便利投資人取得TDR資訊，臺灣證券交易所股份有限公司之公開資訊觀測站設有「臺灣存託憑證專區」，內容包含公司基本資料、重大訊息、財務數據、會計師查核（核閱）意見、原股與TDR交易價格及數量，暨財務重點專區警示等資訊。

15-4 期貨

一、期貨契約之意義

期貨契約係由交易所推出的標準化契約，供市場交易雙方同意於未來特定日期，以約定之價格買賣特定品質、數量之標的物，並由結算機構擔保契約之履行，故期貨契約是一種特殊的遠期契約（Forward Contracts）。期貨契約由期貨交易所就某一特定商品制定標準一致的交割方式、貨品品質、數量、交貨日期與地點，成交後由期貨結算機構負責擔保到期時契約的履行，亦即指當事人約定，於未來特定期間，依特定價格及數量等交易條件買賣約定標的物，或於到期前或到期時結算差價之契約。而有關期貨交易價格則由市場供需決定。

二、期貨、現貨與遠期契約之比較

現貨、遠期交易及期貨三者之交易方式比較如下：

表 15-4 現貨、遠期交易及期貨交易方式之比較

市場 項目	現貨交易	遠期交易	期貨交易
給付時間	現在給付	約定未來某一時期給付	透過交易所約定將來特定時期給付
當事人	買賣雙方	買賣雙方	結算機構與賣方或結算機構與買方
契約內容	買賣雙方自行約定，無定型之內容及式樣	買賣雙方自行約定，無定型之內容及式樣	交易所規定契約之基本內容，係一標準化契約
價格	雙方協議	雙方協議	在交易所公開競價
履約時間	任何時間均可履行契約	契約載明將來履約時間	依期貨契約所訂日期，到期方可履約

保證金	雙方協議定之	雙方協議定之	按照交易所之規定
市場	無固定之場所	無固定之場所	在交易所進行
中介人	無	無	經紀商
結算	原則上交易完成即結算	依契約內容定之	可在到期前結清或屆期進行交割
違約	買賣雙方均可能違約	買賣雙方均可能違約	客戶或經紀商必須履約，違約事件甚少
流通性	難轉售	難轉售	可隨時在交易所轉售
訂約之難易度	較難	較難	有集中之市場及定型之契約，契約容易成立

三、期貨市場之功能

期貨契約與股票之異同比較如下：

表 15-5　期貨契約與股票之異同比較

	期貨	股票
創設目的	規避風險	籌措資金
發行量	無限	固定
股利	無	有
當日沖銷	可	有條件下允許
投資資金	不宜全部使用於期貨保證金之上。	可全部使用於購買股票。
時間因素	有特定到期期限，交易人須注意期貨契約之到期日，否則就會碰到極為麻煩的交割現貨問題。	無特定到期期限，投資人購買股票後可永久持有。
放空交易	跟多頭交易一樣，無任何限制。	交易人須另開立信用交易帳戶，且經常受融券配額限制。

保證金（財務槓桿）	保證金屬於履約保證金性質，金額佔期貨契約市場價值的 3% 至 10%。交易人不必支付任何差額融資利息給期貨經紀商。財務槓桿作用甚高。	在融資交易情況下，保證金（屬於自備款性質）達股票市場 40%，交易人要支付差額融資利息給證券經紀商。財務槓桿作用較低。若為現金交易，則無任何財務槓桿作用。
價格變動方式	各種期貨商品市場各有獨立分開，有漲有跌。	有一齊變動之傾向。
交易標的物所有權之移轉（交割）	在買賣期貨契約時，商品所有權並未移轉。只有在交割現貨時，商品所有權才移轉。	買賣股票時，須在第二天辦理交割。股票所有權隨即移轉。
市場損益總和	零和遊戲（Zero-Sum Game）	非零和遊戲
損益實現方式	每日結算（Mark to Market）損益立即實現	反向沖銷方實現損益

四、期貨市場之功能

哈佛大學John K. Linter博士在一項指標性的研究報告中提出了重大發現，指出傳統的投資組合如果能夠適度的配置管理期貨投資組合比率，對於整體投資組合而言，可以達到降低風險並且進一步提高投資收益的結果。美國高盛證券按該原理曾研究過去25年資料，研究傳統投資組合搭配管理期貨組合比率的報酬與風險變化情況印證Linter博士的推論結果。

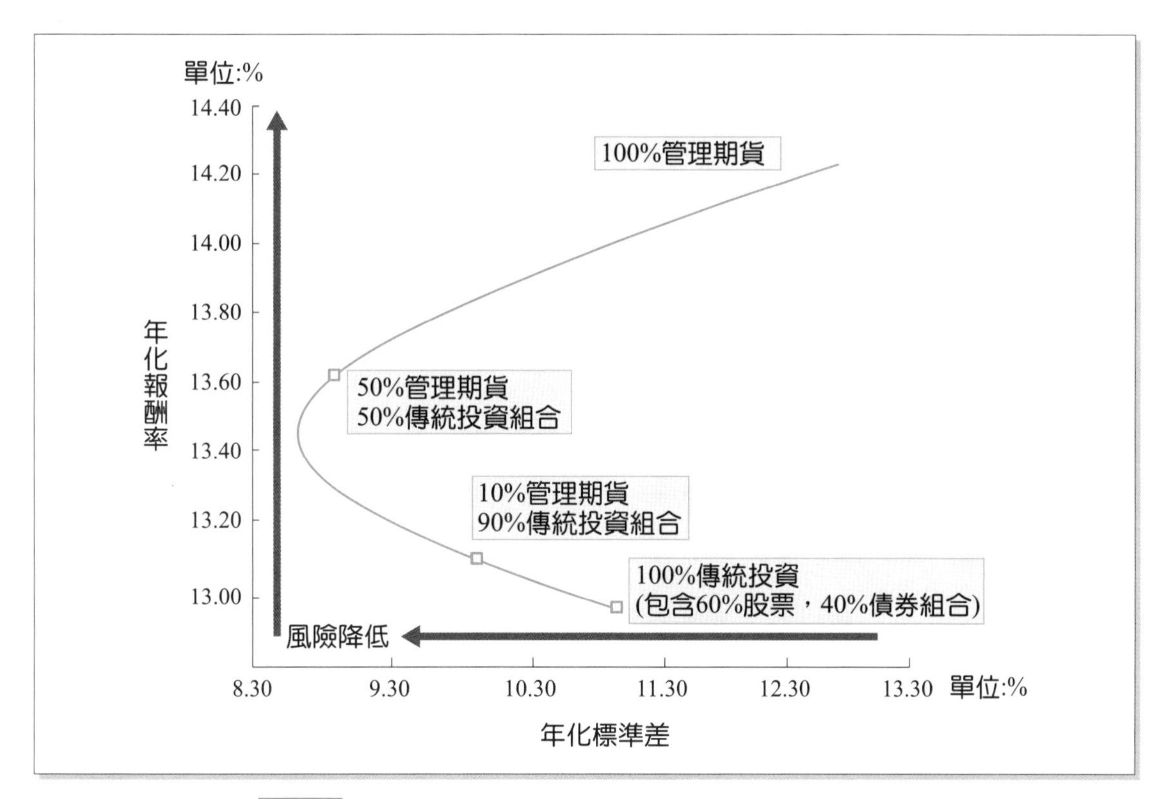

圖 15-2　傳統投資組合與期貨組合報酬及風險變化關係圖

期貨的功能隨著交易人及金融市場的發展而有不同，大致而言，有下列功能，其目的與達成方式如下：

(一) 避險功能

期貨交易最原始的目的，即在於提供交易標的資產的持有者或使用者移轉其可能遭受到的價格變動風險，避險者預先以相對於現貨市場中的立場，在期貨市場中買進或賣出，達到規避風險（Hedge）的目的，生產者、中間商、使用者在移轉價格變動風險，使其成本與利潤得到保障，避險者在無後顧之憂的情況下，可專心於本身的經濟活動，以創造出更大的經濟效益。

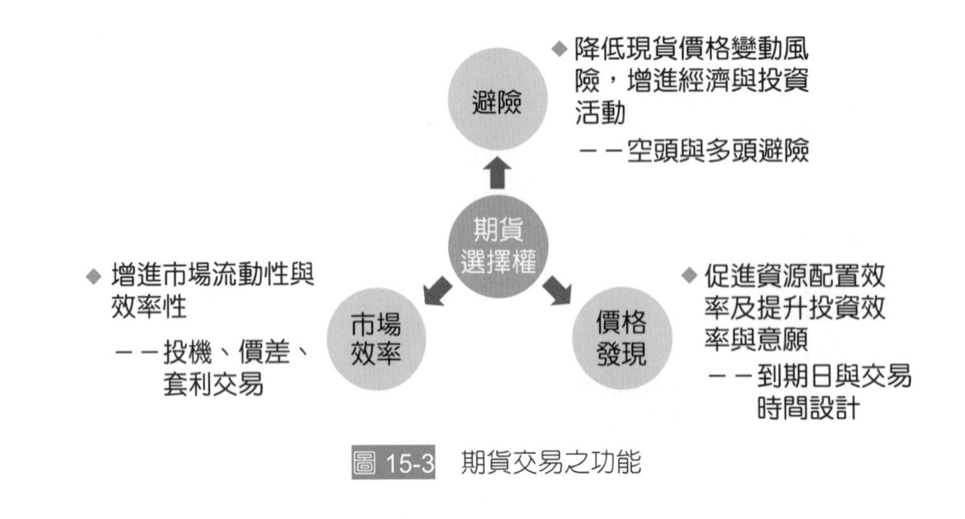

圖 15-3 期貨交易之功能

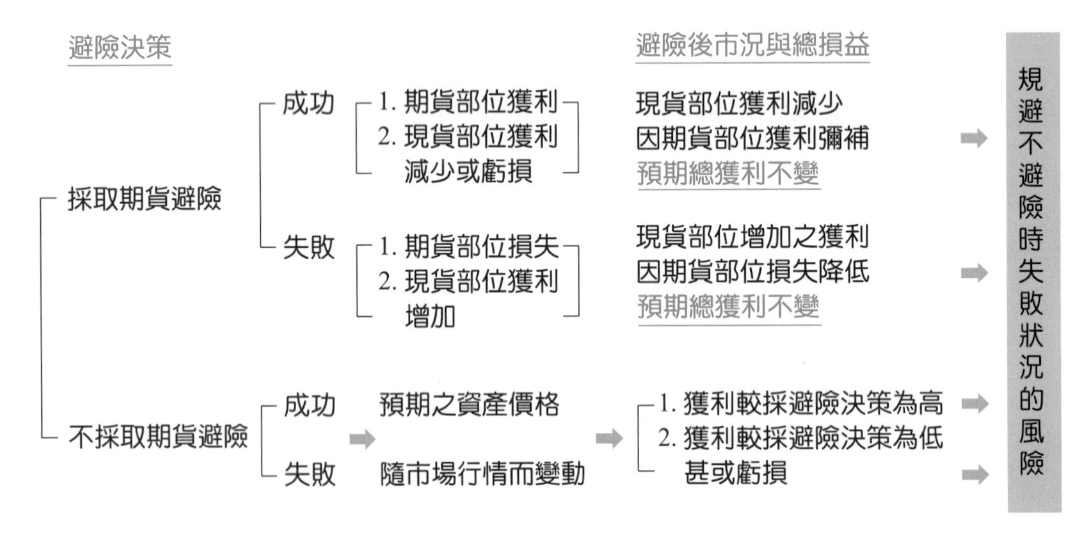

圖 15-4 避險決策與避險結果表

(二) 多頭避險的意義

多頭避險（Long Hedge）又稱買進避險，係指避險者基於資金未到位或未來才有持有標的資產需求，而爲了規避未來現貨資產價格上漲，造成未來購買現貨時成本增加之風險，而在期貨市場預先買進期貨契約，亦即持有期貨多頭部位的避險方式，故稱多頭避險。若屆時現貨資產價格上漲，則期貨部位亦會連帶上漲，期貨部位的獲利可以彌補買進現貨所增加的成本。

(三)空頭避險的意義

空頭避險(Short Hedge)又稱賣出避險，係指避險者爲了規避所持有現貨標的資產價格下跌的損失風險，而在期貨市場預先賣出期貨契約，亦即持有期貨空頭部位的避險方式，故稱空頭避險。若屆時現貨資產價格下跌，則期貨部位亦會連帶下跌，期貨部位的獲利可以彌補所持有現貨標的資產價格下跌的損失。

應用上有二種方法計算最適期貨避險數量：

1. **完全避險法(或全部避險法)**：又稱簡單避險法(Naive Hedge Method, Simple Hedge Method)，在現貨與期貨價格變動一致的情況下，沒有基差風險，此時所需期貨避險總價值等於現貨總價值。公式如下：

$$\text{最適期貨避險數量} = \text{避險比例} \times \frac{\text{現貨部位總價值}}{\text{每口期貨合約價值}}$$

在此，避險比例＝1。

2. **最小風險避險法(Risk Minimizing Hedge Ratio Method)**：由於期貨和其標的物之相關係數不一定爲1，且兩者的波動度也不一定相等，所以無法藉由期貨將標的資產之價格變動的風險完全消除，期貨避險需計入最小變異數避險比例。避險成效則決定於現貨與期貨價格間的相關性，相關性越高，避險的效果自然越佳。理論上可推導出每一單位的現貨需要多少單位期貨才可將風險降到最低。

$$h^* = \frac{Cov(\Delta\tilde{S}, \Delta\tilde{F})}{Var(\Delta\tilde{F})} = \rho \cdot \frac{\sigma_S}{\sigma_F}$$

h^* = 最小風險避險比例；

$\Delta\tilde{S}$ = 現貨價格變動；

$\Delta\tilde{F}$ =期貨價格變動。

例如投資人在股票市場已持有某一股票或某些股票投資組合，但擔心未來股市下跌將會造成所投資股票價值減損，投資人可以在期貨市場賣空相對應的股票期貨或股價指數期貨契約，若股價下跌，則股票或投資組合價值的損失得由期貨市場避險交易的獲利獲得補償，此乃空頭避險的功能。

範例 01

假設某甲持有市值1,000萬元的多種股票，該股票組合之整體表現與股市大盤的漲跌變動十分相近，整體投資組合Beta為1。衡量近日整體政經環境，某甲認為股市於近期內會下跌（預期從16,000至15,400下跌600點），但長期持有仍看好，由於惟恐賣出股票日後逐筆買回太過麻煩，且手續費較高，因此不願在市場上賣出全部持有的股票，但為保障其手中持有股票的價值，且加權指數為16,150，則需要放空多少口的台指期貨來進行避險呢？

解

1. 先計算最適期貨避險數量＝ 1×10,000,000 / [16,150×200] = 3.1 口
2. 若放空3口，台指期貨從16,000下跌至15,400，放空期貨獲利= 3×200×600 = 360,000元

空頭時股票型基金避不避險績效有差別

1. 從事期貨避險之效益案例

根據投信業者 2009 年之研究，使用空頭避險及增益策略之基金，可有效提升其績效，空頭避險在遇股市空頭時，利用期貨規避現貨下跌風險，可減少其損失。

2008 年 4 月 ~2009 年 3 月空頭期間，整體國內股票型基金與平衡型基金整體下跌逾 3 成，但績效排名前十名之基金，全數在期貨市場避險（平均避險比例高達 65.21%），平均僅下跌 10.28%。

2. 增益策略（多頭避險）

看多臺股或特定類股時，運用期貨建立增益部位，可增進投資效率。

2009 年第 1 季，運用期貨建立增益部位之基金，平均上漲 12.98%，優於所有基金之平均值 9.64%

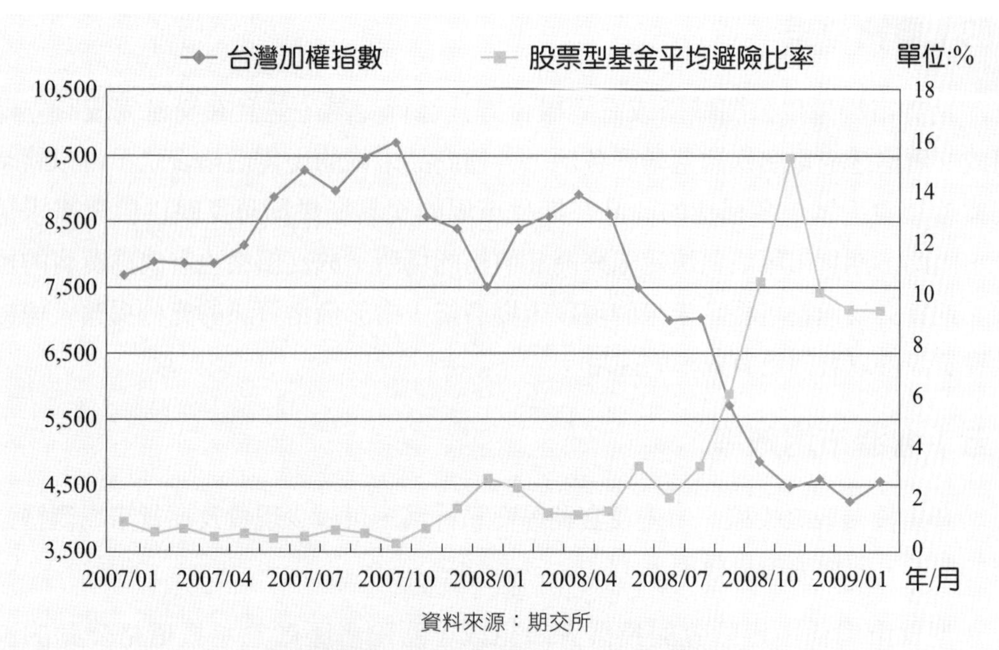

資料來源：期交所

圖 15-5 整體股票基金避險比例變化

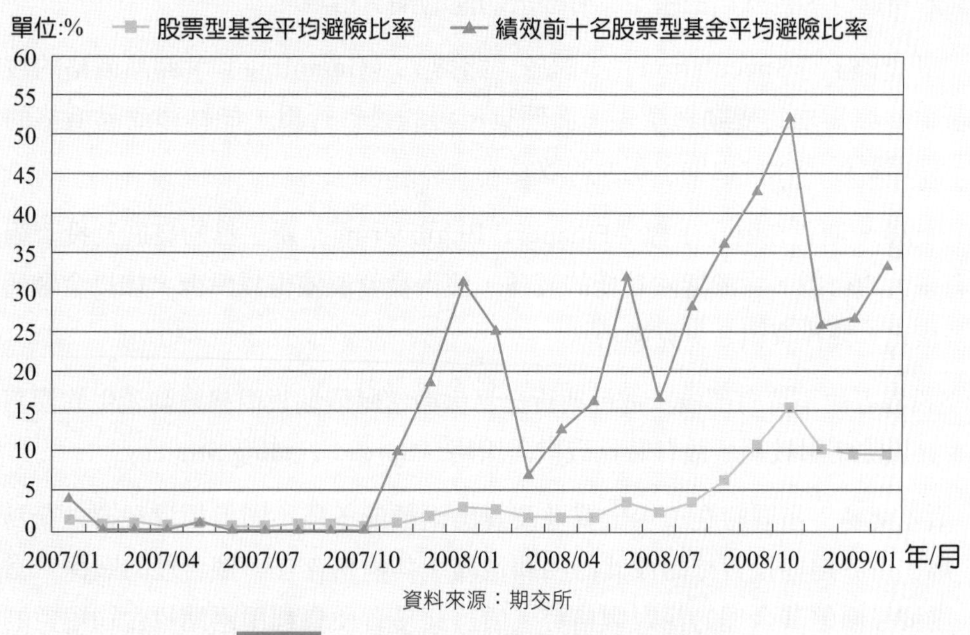

資料來源：期交所

圖 15-6 績效前十名股票基金避險比例變化

(四)價格發現

期貨市場係以公開喊價或電腦撮合方式進行交易，並且在交易完成時立即將成交價格透過電訊媒體傳輸到各地，各種商品未來的現貨價格資訊，得以隨時揭露給社會大眾。各種標的商品在期貨市場的交易結果即可反映供給與需求情況，因此，期貨市場成爲決定未來商品價格的場所，成交價格也就成爲買賣的標準。期貨交易價格可穩定未來的現貨市場價格，由於價格資訊的充分揭露，使得社會資源得以發揮更有效率的運用。

(五)增進市場效率

藉由投機者之投機、價差及套利等交易行爲，可減少現貨及期貨市場價格偏離的情形，而增進市場效率。

期貨市場係由避險者與投機者所組成，避險者不願意承擔價格變動的風險，投機者卻是有能力而且願意承擔風險者，若無投機者參與，避險交易行爲即不能順利進行，也就無法產生具有經濟功能的期貨市場。

「投機」（Speculation）不同於「賭博」（Gambling），商品價格的波動隨著供給與需求的變動而產生，而期貨市場的投機行爲，能轉移商品價格的風險，亦即對經濟社會提供了正面的效益。

此外，期貨在財務工程（Financial Engineering）新工具的發展及投資組合亦有很大的貢獻，由於避險功能的發揮，使得投資風險得以降低，加以金融商品的多樣化，使投資組合更見靈巧。

投機者並不持有部位，進行期貨交易係期望賺取期貨價格變動產生的價差利得，其風險相對較高，故有時採取價差策略（Spread Trading Strategy）。

1. **價差交易**：指同時在市場上買進及賣出兩種或多種不同但相近契約之交易行爲，由於這些投資標的彼此的相關性高，其價格存在一個合理的關係。當市場價格偏離其合理的相對價格時，價差交易者便會利用兩期貨合約短暫的價格偏離套取利潤，其基本觀念類似指數套利。

   指數套利觀察指數期貨與現貨的合理相對價位，一旦實際期貨價格超出此合理價位，即產生套利空間。價差交易則觀察兩個期貨合約的相對合理價位，兩個期貨價差通常應維持在適當穩定的範圍內。如果市場發生某些特殊供需失衡，使兩期貨價格偏離太遠，超出此合理價位（價差擴大），即發生價差交易機會。此時，價差交易者會買進相對便宜的契約，賣出相對較貴的契約以賺取價差利潤，由於他們同時買進及賣出相近的契約，所以損益常常可互相抵銷，使得風險降低。

由此可知，價差交易的風險是在於兩相關期貨間相對價格波動的幅度，故風險比買或賣單一期貨來的小。因此，雖然價差交易包含兩個合約：一買一賣，但其需繳交的保證金比同時買進或賣出兩個契約來得少。價差交易者最關心的是，將來會縮小或擴大，而非整體市場的價格走勢。

2. **套利**：指一種藉由對應商品（有一定價格關係存在者）間價格無效率而產生獲利機會的交易方法。基本策略是買進價格低估的商品，同時賣出價格高估的商品，套利者並不在乎市場漲跌，因爲一個部位的虧損可由另一個部位抵銷。

表 15-6 期貨之交易策略匯總

避險交易	賣出避險	持有現貨賣出期貨
	買進避險	買現貨前先買期貨
套利交易（Arbitrage）利用期貨與現貨理論價格的價差進行套利	買進套利	買便宜現貨、賣偏高期貨
	賣出套利	賣偏高現貨、買偏低期貨（摩根臺指期貨、臺灣一籃子股票）
投機交易	買進、賣出	低買高賣、高賣低買
價差交易（Spread）	同商品不同月份	九月與十二月期貨
	同商品不同市場	摩根臺指期貨（TAIFEX、SGX）
	相關商品間	臺指期、電子期

綜上所述，期貨目的功能與交易方式如下圖所示。

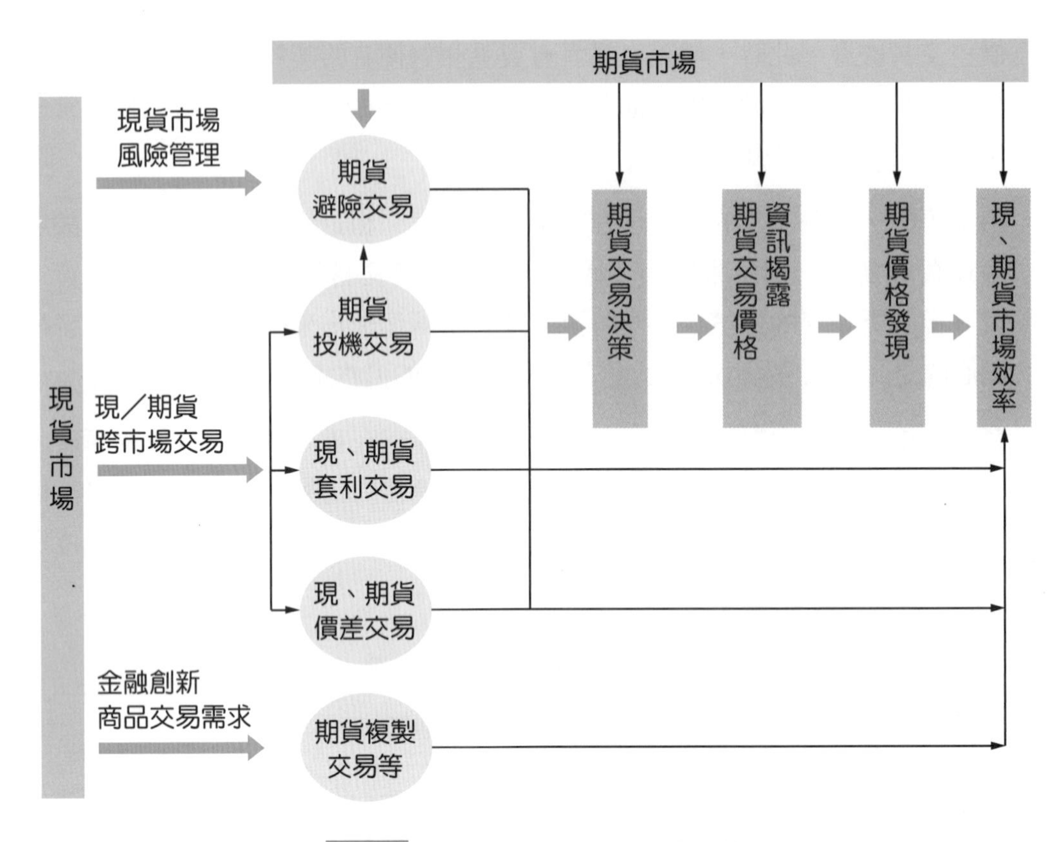

圖 15-7 期貨交易方式、目的與功能

五、期貨契約的種類

期貨市場之發展如圖15-8與圖15-9。

圖 15-8 期貨市場之發展

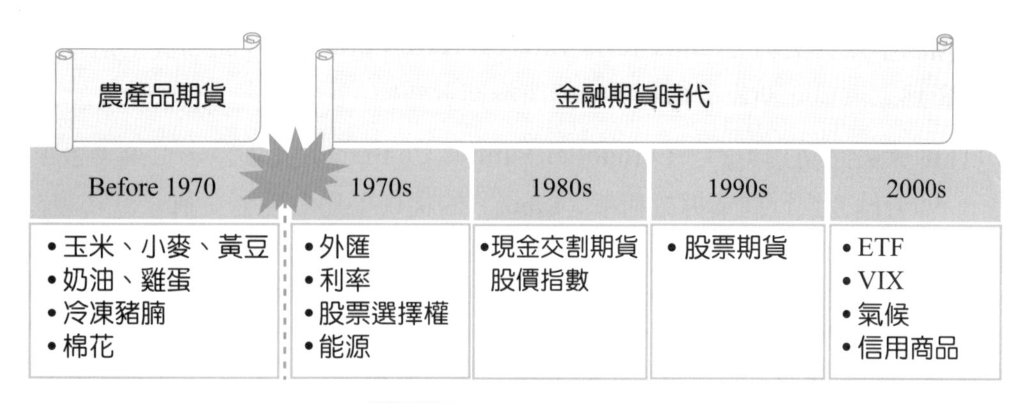

圖 15-9　期貨市場之發展

期貨契約種類繁多，目前已上市交易的超過五種，可分爲商品期貨（Commodity Futures）及金融期貨（Financial Futures）兩大類，市場上常見的期貨契約大致如下：

(一) 商品期貨

商品期貨契約的發展較早且種類繁多，此類契約以傳統之大宗物質爲主，是期貨市場最早發展的成熟項目。

1. **農業期貨**：包括農產品、畜牧產品，期貨契約種類極多，有玉米、小麥等穀物、黃豆、棉花、生豬、活牛、牛腩、雞蛋等。
2. **金屬期貨**：此種期貨又可分爲貴金屬期貨（Precious Metal）（如黃金、白銀）及工業金屬（Industrial Metals）期貨（如銅、錫、鋁等期貨契約）。
3. **能源期貨（Energy Futures）**：此類契約以石油爲主，又擴展至石油產品，如燃油、汽油、天然氣契約等。
4. **軟性期貨（Soft Commodity）**：咖啡、可可、糖等期貨契約，又稱爲軟性期貨，爲特種栽種之特殊經濟作物。

(二) 金融期貨

金融期貨自1970年代的外匯期貨契約成立後迅速發展，至今已成爲期貨交易最大類別的契約，主要金融期貨契約如下：

1. **外匯期貨契約**：類似銀行之遠匯市場，外匯期貨有標準的契約並以集中交易方式進行，較活絡的有美元、歐元、英鎊、日圓、瑞士法朗等。外匯期貨契約以「間接報價」爲準，也就是以每單位外幣的相對美金價格。

2. **短期利率期貨契約（Short-term Interest Rate Futures）**：最常見的短期利率期貨爲歐洲美元期貨契約及美國國庫券期貨契約。

(1) 歐洲美元期貨契約（Eurodollar Futures Contract）：面值一百萬美金，以90天倫敦銀行同業拆放利率（Libor）的抽樣平均做現金交割。

(2) 美國國庫券期貨契約（T-bill Futures Contract）：以91天（13週）到期面值一百萬的美國國庫券爲交割標的物。

3. **長期利率期貨（Long-Term Interest Rate Futures）**：以美國中期公債（T-Note Futures）長期公債（T-Bond Futures）爲標準。

4. **股價指數期貨（Stock Index Futures）**：自1982年美國期貨市場推出股價指數期貨後，歐洲、亞洲亦紛紛推出相似的股價指數期貨，其中較重要的有美國CME的S&P 500指數期貨、CME、SGX、Osaka Securities Exchange的日本日經Nikkei 225期貨、德國的DAX指數、臺灣的臺股指數、香港期貨交易所（HKFE）的Heng Sheng股價指數期貨。一般而言，股價指數期貨不需要實際交割指數包含的股票，到期日以現金爲交割標的物，金額根據現貨市場股價指數之值而定。

15-5 選擇權

股市老手杜總輝
爆發臺灣期貨史上最大違約案慘賠六億元

股市重挫，就連縱橫股市三十年的大戶也認栽。8 月 5 日、8 日連續兩天長黑，讓統一證券前總裁、也是股市名嘴杜總輝及其關係人發生臺灣期貨史上最大違約案，這堂「六億元的一堂課」，投資者可從中學到什麼？統一證券前總裁慘賠六億元的教訓。但這樣資歷豐富的老手，竟然也在這次股災中滅頂。據悉 8 月 5 日，大盤一天狂瀉 464 點，當天已經重創杜總輝的老本，三億本金賠光還不夠，還要倒貼數千萬元。

「全壓」心態斷送砍倉停損的最後機會。事實上，以這次杜總輝的操作方式為例，其實就是賣一個買權（Call）同時賣一個賣權（Put）的「賣出勒式交易」，這個方式，就是等於賭「只要在一段時間內，大盤指數在賣出買權和賣出賣權的指數區間內震盪，投資人就可以安穩賺取權利金」。但換言之，一旦指數突然大漲或大跌，跳出這個區間之外，如果沒有立即平倉，或建立期貨部位避險，投資人就會有數十倍甚至數百倍的虧損。

不但如此，杜總輝為了賺取更多的權利金，還去交易遠月分的選擇權，雖然時間價值較高，但卻面臨流動性不足的風險，以致事件發生後，連期貨商都難以砍倉停損。因此，事後市場人士指稱，當 8 月 5 日大盤大跌四百多點之後，儘管已經重傷，但如果當天杜總輝忍痛平倉出場，還不至於發生重大違約。

但人性也在此刻面臨最殘酷的考驗，賭桌上的輸家，永遠想要在最後一把「全壓」的心態，讓杜總輝誤判情勢；他不僅未平倉，還加碼新部位，才會於隔天再一次殺盤中，被狠狠地「請出」市場。

嚴格說來，台指選擇權並不能算是所有期貨相關商品中，風險指數非常高的投資工具；但一般講解期貨的教科書上，仍會要求投資人應該在買進一口時，準備多口資金的方式投資，例如三口到九口現金，以隨時提防不測。但這次杜總輝顯然沒有嚴守這項準則，才會如此重傷。

資料來源：今周刊 2011/09/21

一、選擇權之意義、功能與交易策略

(一) 意義

所謂選擇權（Option）是一種衍生性契約（Derivative Contract），持有人有權利在未來一定期間內（或未來某一特定日期），以一定的價格向對方購買（或出售）一定數量的契約標的物，但無相對之義務，而出售選擇權的賣方則有義務應付持有人執行購買或出售權利之要求。故選擇權是一種權利契約，買方支付權利金（Premium，此選擇權之價值）予賣方，買方便有權利在未來約定之某特定日期（到期日），依約定之履約價格（Strike Price）買入或賣出一定數量之約定標的物，賣方則承擔履約之義務。

(二) 選擇權之特性

1. 買賣雙方權利義務不對稱。
2. 買賣雙方風險不對稱。

3. 具有強大組合創新型態商品及交易策略之能力。
4. 提供多樣避險功能。
5. 極大之財務槓桿倍數與風險。

(三)選擇權商品的主要功能

1. 規避風險及促進市場發展。
2. 價格發現及促進資源有效配置。
3. 組合與策略多樣化，滿足不同風險偏好者需求。
4. 提供投機及套利之機會與提高避險效率。
5. 具有遞延投資決策或交易之效果。
6. 促進資本市場完整性。

交易選擇權時，選擇權買方需支付權利金，取得履約的權利，但選擇權買方在未來特定日有選擇履約與否的權利，卻沒有一定要履約的義務，而選擇權賣方收取權利金後，需應買方要求背負履約的義務，爲保證到期能履行義務，賣方必須支付一定金額，稱爲保證金，做爲未來可以履約之保證。

且因履約期間的不同，選擇權可分爲美式選擇權及歐式選擇權兩種。美式選擇權爲選擇權買方可以在到期日之前任何一天提出履約要求；歐式選擇權則是選擇權買方只有在到期日當天才可提出履約要求。目前臺灣期貨交易所推出的選擇權商品均爲歐式選擇權。

(四)種類

選擇權的種類依其權利性質可分爲買權（Call Option）與賣權（Put Option）。

1. **買權**：持有人在權利期間內，依契約所訂條件執行購買標的物的權利。
2. **賣權**：持有人在權利期間內，依契約所訂條件執行出售契約標的物的權利。

凡是購買選擇權契約者，都須支付賣方一定額度的權利金（Premium），而不論契約持有者其權利是否執行，權利金都是不予退還的。選擇權契約所規範之權利有一定期間，某些選擇權僅能在有效期間最後一天執行，稱爲歐式選擇權（European Options）；另一種選擇權允許在有效期間內任何一天執行權利，稱爲美式（American Options）。

選擇權與期貨雖皆屬衍生性商品，但其仍有許多本質特性上的差異，二者之間的比較如下表：

表 15-7　選擇權與期貨之特性比較

		期貨	選擇權
1	標的資產	現貨	現貨、期貨
2	契約數量	有數個不同到期月份的契約	由不同履約價格及到期月份組成的多個序列契約
3	權利金	無	買方必須支付
4	保證金	買方、賣方均必須繳納保證金	僅賣方須繳納保證金
5	買賣雙方的權利與義務	對稱（買賣雙方有權利及義務）	不對稱（買方有要求履約之權利，賣方僅有履約之義務）
6	買賣雙方之風險	對稱（雙方的損失都可能為無限）	不對稱（買方最大損失為權利金，但賣方可能損失卻是無限）
7	交易場所	交易所之集中市場	店頭及交易所集中市場
8	履約價格	由市場買賣雙方競價決定	由交易所（店頭市場則由買賣雙方）預先決定，市場交易在決定權力之價格
9	買賣價格之意義	買賣價格是標的資產未來之價格	買賣價格係對未來買賣標的資產權力之價值的評價
10	每日結算	對買賣雙方部位進行每日結算	只對賣方部位進行每日結算

(五) 選擇權的交易策略

常用的選擇權交易策略包括單一部位（Naked Position）、避險部位（Hedge Position）、價差部位（Spread Position）及混合部位（Combination Position）以及合成部位（Synthetic Position）。針對不同策略，我們將採用報酬圖形（Payoff Diagram）來說明，是指所投資的選擇權若持有至到期日（Expiration Date），其損益與標的物價格之間關係的圖形。

1. **單一部位**：是投資單一選擇權，包括買進買權、買進賣權、賣出買權及賣出賣權四種。

(1) 買進買權（Long a Call）：設所付出的價格爲C，買權之執行價格爲K，買權之標的物在權利期間之市價爲S，則此策略之報酬圖形如圖15-10。

從圖中可看出，當股價低於K時，買權將無價值，所投資金額C將全數損失，事實上C也爲最大的可能損失。由於S並無上限，當S的價格愈高，買權價值也愈高，因此買進買權的最大收益亦無上限。

至於投資之損益平衡股價爲 (K + C)，亦即當S超過 (K + C)，投資即有利潤，如S低於 (K + C) 時，則有損失。

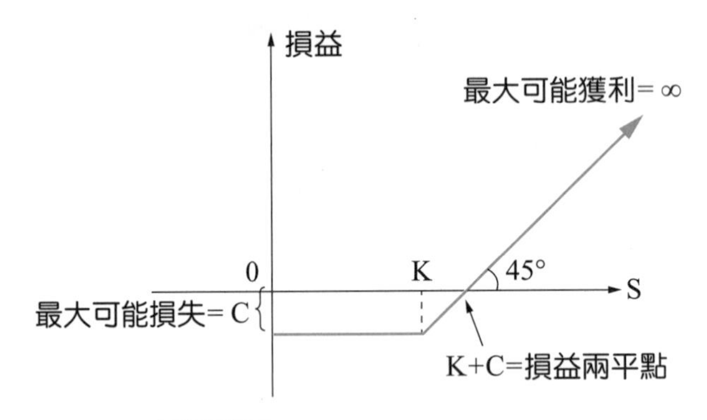

圖 15-10　買進買權之報酬圖形

(2) 買進賣權（Long a Put）：設所付出的權利金價格爲P，賣權之執行價格爲K，權利期間標的物市價爲S，則此策略的報酬圖形如圖15-11。

從圖中可看出，當S超過K時所投資的P部分將全數損失，如果S < (K – P)，會有利潤出現，損益兩平股價爲 (K – P)，而最大可能損失爲P，最大可能收益出現在S跌至零時，此時收益爲 (K – P)。

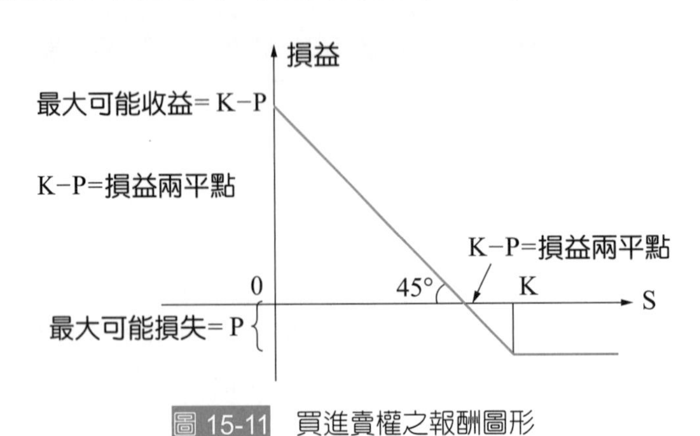

圖 15-11　買進賣權之報酬圖形

(3) 賣出買權（Write a Call）：此策略恰為買進買權的相反，其利潤圖形如圖15-12，與買進買權係以橫軸為對稱之圖形。此乃源於選擇權買賣雙方係零和遊戲使然。

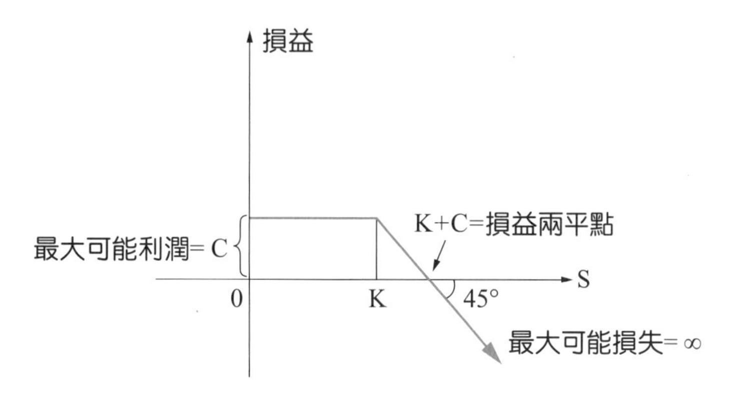

圖 15-12　賣出買權之報酬圖形

其最大可能收益為C，最大可能損失為無限大，恰與買進買權策略相反，至於損益平衡市價則同為（K + C）。當市價跌至K以下時，出售買權所得價款，為其獲利，然當市價超過（K + C）時，便會有損失，且市價愈高，損失愈大。

(4) 賣出賣權（Write a Put）：此策略與買進賣權恰為相反，其報酬圖形為圖15-13。

最大可能收益與最大可能損失分別為P與(K − P)，損益兩平市價為(K − P)，當市價超過K時，出售賣權所得之P為其獲利，如果市價低於(K − P)時，便會開始有所損失，且市價愈低，損失愈大。

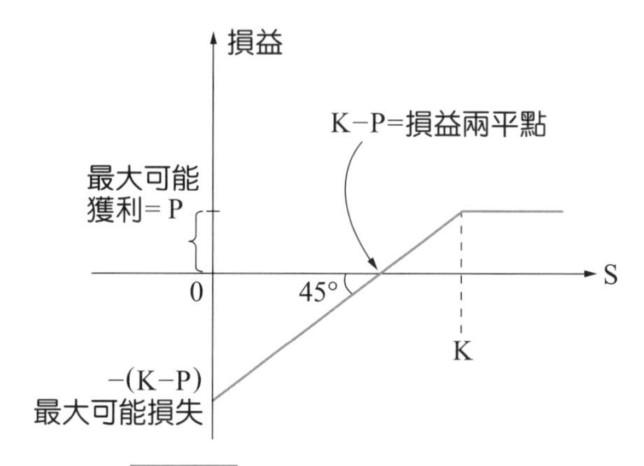

圖 15-13　賣出賣權之報酬圖形

從這些圖形中，我們可以明顯看出投資選擇權之特色，即上方利潤和下方風險並不對稱，如第一個策略之上方利潤潛力無限，下方風險卻僅限於投資額，再如第三種策略之上方利潤上限爲出售買權所得價款，下方損失之潛力卻無限。

基本上以上四種策略之採用時機，決定於對標的股票未來價格走勢之判斷，當對市價看漲時，採第一及第四種策略；對市價看跌時，則採第二及第三種策略。

表 15-8　單一部位選擇權特性彙總表

	種類	買賣	市場預期	權利金	保證金	權利或義務	最大獲利	最大損失（風險）
選擇權	買權 (Call)	買方	上漲	支出	無	有要求賣方履約之權利	無限	權利金
		賣方	盤整（不漲或跌）	收入	繳付	有應買方要求依約履行的義務	權利金	無限
	賣權 (Put)	買方	下跌	支出	無	有權要求賣方履約之權利	履約價格減權利金	權利金
		賣方	盤整（不跌或漲）	收入	繳付	有應買方要求依約履行的義務	權利金	履約價格減權利金

2. **價差部位**：每一標的物可有Call及Put二類（Class）選擇權，同一類選擇權當中，若權利期間相同但執行價格不同，或執行價格相同權利期間不同者均合稱爲一選擇權序列（Option Series），若將同一類但不同序列的選擇權組合起來，即稱爲價差（Spread），有垂直、水平、對角、蝶狀及兀鷹等價差的交易策略。

3. **混合部位**：爲同時買進（或賣出）標的物及到期日相同的買權及賣權，包括跨式部位（Straddle）、盒狀價差（Box Spread）等。

二、選擇權之評價模式

(一) 選擇權價格之決定

權利金即選擇權的價格，選擇權價格乃選擇權本身具有的實質價值（Intrinsic Value）加上時間價值（Time Value），即視標的物價格到期日的可能變化，而評定該選擇權的價格。

權利金 = 實質價值 + 時間價值

1. **實質價值或稱內含價值**：指選擇權買方執行權利可獲得的利益，也就是選擇權的履約價格和該標的物市價的價差。

   (1) 對買權來說：

   內含價值 = 市價 – 履約價格

   (2) 對賣權來說：

   內含價值 = 履約價格 – 市價

2. **時間價值**：除了實質價值外，在到期日前市場行情不斷在改變，持有選擇權則有機會增加利潤或減少損失，故選擇權之價值通常高於實值價值，此一超出部份即選擇權的時間價值；隨著時間的消逝，時間價值會加速遞減。

   時間價值 = 權利金 – 內含價值

(二) 評價模式

1. **選擇權的實質價值**

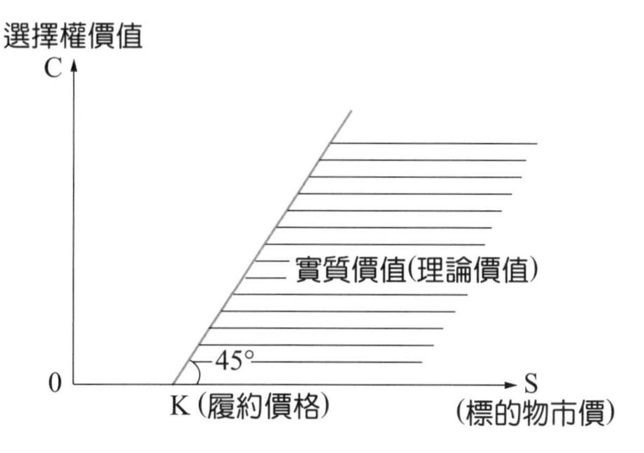

S：標的物市價，K：履約價格

(1) 當 S > K, Call 擁有 (S – K) 之實質價值。

(2) 當 S = K 時，實質價值為 0。

(3) 當 S < K 時，實質價值為 0。

圖 15-14　選擇權的實質價值

2. 選擇權的時間價值

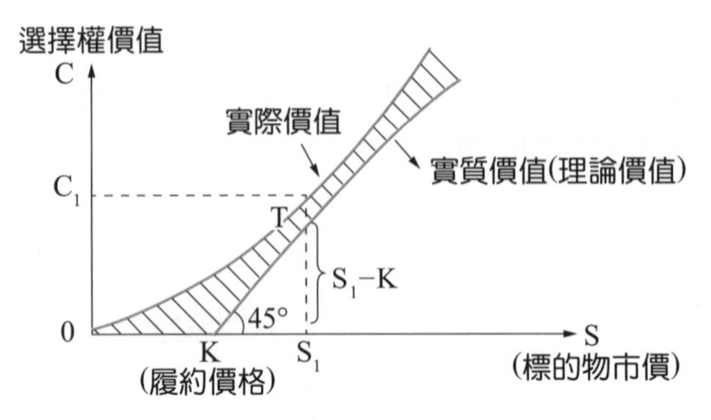

(1) 當 $S > K$ 時，隨 S 之增大，接近到期日時，時間價值亦接近 0。
(2) 當 $S < K$ 時，隨 S 之減少，接近到期日時，時間價值亦接近 0。
(3) S 接近 K 時，表選擇權距到期日尚有很長的距離，剛發售故時間價值最大。（見圖 15-15 斜線部分）

圖 15-15　選擇權的時間價值

3. 選擇權的實質價值與時間價值關係：根據選擇權價值(C) = 實質價值 + 時間價值 = (S – K) + T，如圖15-16。

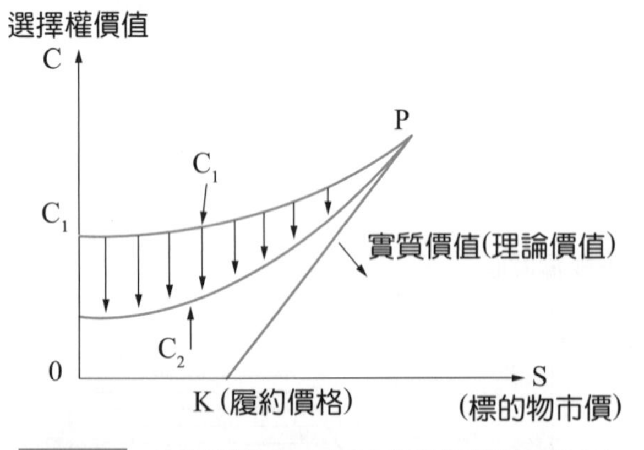

圖 15-16　選擇權的實質價值與時間價值關係圖

當至到期日止的時間縮短，則Call的價值從C_1，變成C_2（見圖15-16），若是在到期日才買進Call，則時間價值變成0，表示C會與實質價值的直線重合。

根據上述觀念，1973年Black - Scholes發展一買權評價之數學模式。

$$C = S \times N(d_1) - K \times e^{-rt} \times N(d_2)$$

而

$$d_1 = \frac{\ln(\frac{S}{K}) + (r + \frac{1}{2}\sigma^2) \times t}{\sigma\sqrt{t}}$$

$$d_2 = d_1 - \sigma\sqrt{t}$$

上式中

S = 標的物當時之市價；

$N(d_1)$、$N(d_2)$ = 標準常態分配的累積機率在d_1、d_2兩點的值；

K = 買權之履約價格（Exercise Price）；

ln = 自然對數；

σ = 標的物年報酬率的標準差；

r = 無風險利率；

t = 至到期日止的剩餘期間（以年爲單位）。

上述公式中，第一項$S \times N(d_1)$意涵未來買方執行買權契約，取得股票出售後獲得收益的折現值；第二項意涵未來買方執行買權契約，所需支付履約價的折現值。

收益折現值減支出折現值即爲現在買權的理論價值，買權價值應等於未來買權淨收益折現值。

三、影響選擇權價值之因素

(一) 直接影響選擇權價值之因素

1. 標的物目前之價格（S）：因買權可以用固定價格購買標的物，故標的物價格愈高，買權的價值便愈高；反之則買權價值愈低。

2. 履約價格（K）：同樣的標的物，若履約價格愈高，買權的價值會愈低，但賣權的價值會愈高。

3. 到期日（t）

(1) 就買權而言：到期日愈久，標的物價格波動的可能幅度愈大，往正方向波動，買權價值會上漲，且理論上並無上限；往負方向波動時，買權價值雖會下跌，但至多跌至零，正負相抵，仍以正方向以利潤潛力較大，故到期時間愈長，買權就愈有價值。

(2) 就賣權而言：若標的物價格朝正方向波動，賣權價值頂多跌至零，損失有限；若標的物價格朝負方向波動，則賣權價值會上升，且有潛力漲至和其執行價格同值，即當標的物價值跌至零時，正負雙方相抵，標的物價格波動對賣權亦好處較多，故到期日愈長，賣權愈有價值。

4. 標的物的風險性（σ^2）：當標的物之報酬率之變異數愈大，其價格波動的可能幅度亦愈大，此時對買權及賣權價值均有提升作用。

5. 無風險利率（r）

(1) 買權是指在一定期間內享有購買的權利，執行權利時須有現金支出，當r愈高，此現金支出的現值便愈低，對購買成本有降低的作用，對買權持有人有利，故會使買權的價值提高。

(2) 賣權即為出售權利，執行權利時便會有現金收入，當r愈高，此現金收入的現值便愈低，對出售所得有降低作用，此對賣權持有人不利。

6. 標的物如為股票在選擇權未到期前所可能發放之現金股利（D）：股票若發放現金股利，在除息日時股價會下跌，故除息次數愈多、金額愈大，對股價愈有慣壓作用，因而使買權價值下跌、賣權價值上漲，如果股票分割或發放股票股利，因選擇權合約對此有保障，購股數量及執行價格會同比例調整，所以選擇權之價值不會受到影響。

表 15-9 選擇權和因素間之關係

因素 / 選擇權	S ↑	K ↑	t ↑	σ^2 ↑	r ↑	D ↑
買權	↑	↓	↑	↑	↑	↓
賣權	↓	↑	↑	↑	↓	↑

7. 選擇權履約價與標的物市價關係：兩者關係可區分為：

(1) 就買權而言，交易的是看漲的權利。

價內選擇權（In-the-Money, ITM）：標的物市價 > 選擇權履約價

價平選擇權（At-the-Money, ATM）：標的物市價 = 選擇權履約價

價外選擇權（Out-of-the-Money, OTM）：標的物市價 < 選擇權履約價

(2) 就賣權而言，交易的是看跌的權利。

價內選擇權（In-the-Money, ITM）：標的物市價 < 選擇權履約價

價平選擇權（At-the-Money, ATM）：標的物市價 = 選擇權履約價

價外選擇權（Out-of-the-Money, OTM）：標的物市價 > 選擇權履約價

(二) 間接影響選擇權價值之因素

此類因素直覺上對選擇權價值應有影響力，但其影響並不是直接的，而是透過上述六個直接因素而來，分述如下：

1. 標的物之預期報酬率或預期未來價格。
2. 標的物價格波動之其他特性如機率分配之偏曲度（Skewness）與峰度，會透過S而影響。
3. 投資者對風險之態度。
4. 與其他證券或具風險性資產之交互影響力。
5. 交易制度：如稅法規定、交易手續費、融資規定及市場結構等。

(三) 選擇權定價之敏感度分析

選擇權之相關議題中，除了定價問題外，投資者如何監控與管理選擇權部位風險，也是不可忽視的。敏感度分析通常用來衡量選擇權價格對於其相關參數之變化狀況。而某些特定的希臘字母（Greeks），常用來表示各參數對於選擇權價格之敏感度。

1. Delta：標的物價格敏感度。Delta衡量選擇權對標的物價格的敏感程度，是最直接也是最容易讓交易人感受到。一般定義爲標的物價格每變動一單位，引起選擇權價格之變動量，通常可以表示爲：

$$\text{Delta} = \frac{\partial O}{\partial S}$$

其中O爲選擇權（買權或賣權）之價值，而S爲選擇權之標的物價格。例如，某一股票選擇權之Delta爲0.07，表示當標的物股票價格上漲（下跌）$1時，則股票選擇權價值上漲（下跌）$0.07。

2. **Gamma**：Delta之敏感度。Gamma是用來衡量Delta的敏感程度，亦即當標的物價格變動一單位時Delta數值的變動量，其中因為Delta又是衡量選擇權價格對其標的物價格變動的敏感程度，因此，Gamma可以當成標的物價格對其選擇權價格變動的二次微分。

   Gamma表示為：

$$\text{Gamma} = \frac{\partial \text{Delta}}{\partial \text{S}} = \frac{\partial^2 \text{O}}{\partial \text{S}^2}$$

   不管是買權還是賣權，股價與Deta皆呈現正向的變動關係，即這兩者的斜率始終都保持為大於0的狀態，因此Gamma也就恆為正值。當選擇權處於價平附近時，Gamma值才會較大，變化也較劇烈。

3. **Vega**：標的物價格波動敏感度。Vega，反應選擇權價值對於標的物價格波動度之敏感度，其中分母為標的物報酬之標準差。

$$\text{Vega} = \frac{\partial \text{O}}{\partial \sigma}$$

   由於選擇權能提供獲利無窮而損失有限之權利，標的物波動加大會增加獲利機會卻不會加劇損失幅度，所以選擇權之Vega值通常為正的。

4. **Theta**：距到期日時間長度敏感度。選擇權價值為時間的消耗性產品，意即選擇權的時間價值隨到期時間之逼近而遞減，選擇權價值對於時間之敏感度表示為：

$$\text{Theta} = \left(-\frac{\partial \text{O}}{\partial \text{T}}\right)$$

   T為到期日。基本上，在到期日前不配發股利或發生現金流量之狀況下，選擇權Theta值為負。

5. **Rho**：市場利率敏感度。衡量選擇權價值對市場無風險利率變化的敏感度。

$$\text{Rho} = \frac{\partial \text{O}}{\partial \text{r}}$$

其r爲市場無風險利率。於諸多選擇權價格敏感度衡量指標中，Rho被使用之頻率較低。其原因可能是市場利率變化幅度及頻率並不高，尤其是當選擇權到期日少於一年之情況。因此，管理選擇權價值利率發風險的需求並不高。而買權之Rho值通當爲正的，賣權之Rho值爲負的。

6. **歐式選擇權平價關係（Put-Call Parity）**：當市場存在足夠交易效率，套利機會不存在，使得歐式買權、賣權價格與標的物間存在一定的關係，而描述買權與賣權價格的關係式，稱之爲買賣權平價關係。更明確的說，買賣權平價關係是指相同執行價格（K）及至到期日止剩餘期間（t）的歐式買權和賣權間，具有的某種對等關係。其關係式由歐式賣權價格（P）、買權價格（C）、股票價格（S）、執行價格（K）、至到期日止剩餘時間（t）及無風險利率（r）所組成。

   買賣權平價關係，亦可以提供合成買權與合成賣權之方法。由買賣權平價關係式，可以發現合成買權爲：

$$C = P + S - Ke^{-rt}$$

   表示我們可以藉由買進賣權、買進標的物，並同時借入執行價格現值之現金，合成歐式買權。

   同樣的，合成歐式賣權爲：

$$P = C + Ke^{-rt} - S$$

   表示可藉由買進買權、放空標的物，並同時將執行價格的現值，投資於無風險利率資產合成歐式賣權。

15-6　交換（Swap）

一、交換定義

依國際結算銀行（BIS）的解釋，金融交換是買賣雙方在一定期間內一連串不相同的現金流量互換的協議。故金融交換是兩個（或以上）經濟個體，在金融市場上進行的不同金融工具的交換契約（The Exchange of One Financial

Instrument for Another）。用來交換的金融工具可以是不同的貨幣，這種交換行爲稱爲貨幣交換；也可以是計息方式不同的同種貨幣，如將固定利率計算方式交換成浮動利率計息方式，此稱爲利率交換。

二、金融交換種類

1. **貨幣交換（Currency Swap, CS）**：不同貨幣交換使用權。
2. **利率交換（Interest Rate Swap, IRS）**：不同計息方式現金流量的互換，例如固定利率計息方式與浮動利率計息方式互換。
3. **貨幣利率交換（Cross Currency Swap or Currency Coupon Swap, CCS）**：貨幣種類與計息方式皆不同之現金流量的互換，例如以美元固定利率債券交換馬克浮動利率本票。

以上三種交換型態（CS、IRS及CCS）爲交換市場上最普遍者，通常金融交換（Financial Swap, FS）即指此。

4. **換匯（Foreign Exchange Swap, FX Swap）**：在外匯市場同時買又賣（Buy and Sell）或者賣又買（Sell and Buy）一筆金額相等但交割日不同之外匯的交易。
5. **其他**：例如股價交換、商品交換、交換選擇權。
   (1) 股價交換（Equity Swap）：爲某種計息方式（如LIBOR）與某種股價指數間的互換，用來使資金的成本或收益與股票市場收益率連結。
   (2) 商品交換（Commodity Swap）：爲某種商品（例如原油、金屬或穀類等）的市場價格與固定（契約）價格間的互換，用來移轉該種商品的價格風險。
   (3) 交換選擇權（Swaption）：爲選擇權的一種，即買方支付權利金後可獲得一個執行交換契約的權利（Option on Swap）。

三、金融交換的原因與利益

金融交換能達成，基本原因是各交換參與者皆能因交換而獲利，換言之，交換的結果能使交換參與者均獲得部分利益。在金融方面，利益是指借貸的成本較低，資產的收益較高或是財務的風險較小等等。其原因與利益有下列幾項：

1. 以交換方式取得資金可使資金的成本降低。

2. 避險工具。

3. 增加資金取得的途徑及分散資金的來源。

4. 調整財務機構及使資產負債做更佳的配合。

5. 增加資產運用的收益或增加資金調度的彈性。

6. 增加手續費收入。

7. 增加操作技巧、建立信用與知名度等。

四、金融交換之實例

若有A、B二企業向金融機構洽詢借款後，得到下列結果：

	固定利率	浮動利率
A	7%	LIBOR + 2%
B	6%	LIBOR + 1.4%

B企業在固定利率及浮動利率皆較A爲低，但因爲A在浮動利率上有比較利益，B在固定利率上有比較利益，故可由A舉借LIBOR + 2%之貸款，而B以6%貸款，然後雙方約定，例如由A支付6%固定利率利息予B，而B支付LIBOR + 1.2%之浮動利率之利息予A，進行利率交換，如下：

LIBOR+1.2%

6% ←— B ⇄ A —→ LIBOR+2%

6%

此即利率交換之情況，交換後，A實際負擔之利息爲6%加上（LIBOR + 2%）–（LIBOR + 1.2%）之差，即6% + 0.8%，合計6.8%；而B負擔LIBOR + 1.2%利息，雙方均較未交換前減少資金成本。而其總減少之利息爲二者在固定利率之差距1%及浮動利率之差距0.6%，此其間之差額0.4%即二公司信用差距而產生之利益。

1. 美國股市於美國時間 2018 年 2 月 6 日開盤後，道瓊工業指數盤中一度崩跌近 1,600 點，創下史上最大盤中跌幅，道瓊收跌 1,175 點，跌破了 25,000 點。此外，標準普爾 500 指數創下 2011 年以來最大單日跌幅，收跌 4.1%。同時，那斯達克指數下跌 3.8%，也創下自 2017 年 8 月以來單日最大跌幅。假設投資人王大同於 2 月 6 日手中握有金融保險類股股票，市價約新台幣 1,000,000 元，若當時之金融保險類股期貨市場爲 500 點。王大同預期未來金融保險類股走勢可能短期走弱，但手中握有一些長期投資的金融保險類績優股不願賣出。假設 3 月 6 日之金融期貨爲 450 點，此時金融保險類股股票之市值爲新台幣 850,000 元。

   試問：

   (1) 王大同應如何利用金融期貨之投資策略，以獲取短期利潤或彌補股市回檔所損失之投資利潤？

   (2) 根據 (1) 的避險策略，將產生多少損益？ 【107Q1 證券分析人員】

2. 假若你（妳）對臺灣股票市場長期看多，但短期看空，尤其下個月股市會大跌。若你（妳）管理一個投資組合，其資訊如下：

   請計算並回答以下問題：（假設不考慮台股期貨與現貨間之基差）

   (1) 若預期市場價值實現，你（妳）管理的投資組合會有多少預期損失（%）？

   (2) 你（妳）的預期損失的價值（$）爲何？

   (3) 台股期貨下跌 1,142 點，相當於多少錢？

   (4) 你（妳）應該買或賣多少口台股期貨合約來規避你（妳）的部位風險？假設容許小數或部份合約。 【99Q3 證券分析人員】

3. 請說明在標的股票不支付現金股利的情形下，美式選擇權買權不提前履約的理由。

   【98Q4 證券分析人員】

4. 台積電的認購權證價格會受到台積電股價、台積電股票波動性和無風險利率的影響。請問：

   (1) 台積電股價上升時，認購權證價格會如何變化？爲什麼？

   (2) 台積電股票波動性上升時，認購權證價格會如何變化？爲什麼？

   (3) 無風險利率上升時，認購權證價格會如何變化？爲什麼？ 【96Q2 證券分析人員】

5. 股票選擇權的買賣是投資人以一種槓桿方式投資股市或達到其股市避險的目的。請說明在何種狀況下增加股票選擇權的持有是增加既有投資組合的風險？在何種狀況下增加股票選擇權的持有是減少既有投資組合的風險？【95Q3 證券分析人員】

參考文獻

參考文獻

- 謝劍平（2020）。投資學：基本原理與實務（8 版）。元照。
- Zvi Bodie（2018）。投資學：理論與實務（第十一版）（林哲鵬譯）。美商麥克羅台灣分公司。
- 林蒼祥、蔡蒔銓、孫效孔、邱文昌（2010）。期貨與選擇權。前程文化。
- 李顯儀（2019）。投資學。全華圖書。
- 李美珍（2011）。行為財務學。華泰文化。
- 韓千山（2021）。投資學：證券分析與投資策略（二版）。新陸書局。
- 徐俊明（2019）。投資學：理論與實務（9 版）。新陸書局。
- 謝劍平（2018）。 現代投資學：分析與管理（8 版）。智勝。
- 林正寶（2017）。投資學：分析與管理（三版）。高立圖書。
- 謝劍平（2017）。證券市場與交易實務（三版）。智勝。
- 沈中華（2019）。金融市場：全球的觀點（七版）。新陸書局。
- 沈中華（2017）。金融機構管理。新陸書局。
- 邱文昌（1997）。建立我國信用評等制度之研究。財政部研究報告。
- 邱文昌（1997）。我國期貨市場發展概況與期貨交易法簡介。聯合報。
- 邱文昌等（1995）。簡介我國承銷制度之變革。證券管理。

相關網站

- 金融監督管理委員會 https://www.fsc.gov.tw/ch/index.jsp
- 中央銀行 https://www.cbc.gov.tw/tw/mp-1.html
- 行政院主計總處 https://www.dgbas.gov.tw/mp.asp?mp=1
- 中華民國統計資訊網 https://www.stat.gov.tw/mp.asp?mp=4
- 國家發展委員會 https://www.ndc.gov.tw/
- 中央研究院 http://www.econ.sinica.edu.tw/content/downloads/list/2013090215150494922/
- 中華經濟研究院 https://www.cier.edu.tw/pmi
- 臺灣證券交易所 https://www.twse.com.tw/zh/
- 證券櫃檯買賣中心 https://www.tpex.org.tw/web/
- 證交所 ETF 專區 https://www.twse.com.tw/zh/ETF/news
- 公開資訊觀測站 https://mops.twse.com.tw/mops/web/index
- 基本市況報導網站（MIS）https://mis.twse.com.tw/
- 證交所資訊服務 https://www.twse.com.tw/zh/page/products/info-vendor/history.html
- 證券商資訊 https://www.twse.com.tw/zh/brokerService/brokerServiceAudit
- 證券投資人及期貨交易人保護中心 https://www.sfipc.org.tw
- 台灣期貨交易所 https://www.taifex.com.tw/cht/inde
- 股狗網 https://www.stockdog.com.tw/stockdog/index.php?m=home

國家圖書館出版品預行編目資料

投資學 / 邱文昌 賴冠吉 陳育欣 編著 -- 初版. --新北市：全華圖書, 2021.10

面 ； 公分

ISBN 978-986-503-956-1(平裝)

1.投資學

563.5 110017432

投資學

作者 / 邱文昌、賴冠吉、李美杏、余曉靜、陳育欣

發行人 / 陳本源

執行編輯 / 楊軒竺

封面設計 / 盧怡瑄

出版者 / 全華圖書股份有限公司

郵政帳號 / 0100836-1 號

印刷者 / 宏懋打字印刷股份有限公司

圖書編號 / 08216

初版一刷 / 2022 年 6 月

定價 / 新台幣 700 元

ISBN / 978-986-503-956-1

全華圖書 / www.chwa.com.tw

全華網路書店 Open Tech / www.opentech.com.tw

若您對本書有任何問題，歡迎來信指導 book@chwa.com.tw

臺北總公司(北區營業處)
地址：23671 新北市土城區忠義路 21 號
電話：(02) 2262-5666
傳真：(02) 6637-3695、6637-3696

南區營業處
地址：80769 高雄市三民區應安街 12 號
電話：(07) 381-1377
傳真：(07) 862-5562

中區營業處
地址：40256 臺中市南區樹義一巷 26 號
電話：(04) 2261-8485
傳真：(04) 3600-9806(高中職)
(04) 3601-8600(大專)

得　分　**全華圖書**（版權所有，翻印必究）

投資學

CH01　投資之基本概念

班級：＿＿＿＿＿＿＿＿
學號：＿＿＿＿＿＿＿＿
姓名：＿＿＿＿＿＿＿＿

(　　) 1. 設無風險利率為4%，而某一檔股票的期望報酬率卻僅為3%，下列何者為可能原因？　(A)該檔股票之公司營運表現不好　(B)該檔股票被市場錯誤定價　(C)該檔股票報酬率和大盤報酬呈反向關係　(D)該檔股票的標準差風險太低。【110Q2證券分析人員】

(　　) 2. 某投資人財富遞增時，他的每單位財富效用（Utility）就遞增，這樣的投資人是：　(A)風險偏好者　(B)風險中立者　(C)厭惡風險者　(D)選項(A)(B)(C)皆非。【110Q1證券分析人員】

(　　) 3. 當國外大型塑膠廠發生火災時，對國內生產同產品之塑膠類股股價的影響為何？　(A)上漲　(B)下跌　(C)不受影響　(D)不一定。【110Q3證券商高級業務員】

(　　) 4. 一般而言，發布未預期的物價大幅上漲，股價將：　(A)上漲　(B)下跌　(C)不一定上漲或下跌　(D)先漲後跌。【110Q2證券商高級業務員】

(　　) 5. 當投資者判斷市場處於空頭行情時，以下哪項策略「不」適合？　(A)增加固定收益證券之比重　(B)增加現金比重　(C)提高投資組合之貝它係數　(D)出售持有之股票。【110Q2證券商高級業務員】

(　　) 6. ______資產產生經濟的淨收益，而______資產確定收益在投資者間之分配。(A)金融，實質　(B)實質，金融　(C)實質，實質　(D)金融，金融。【102Q4證券分析人員】

(　　) 7. 何者屬於實質投資的標的？　(A)不動產證券化商品　(B)債券　(C)股票　(D)黃金。

(　　) 8. 何者屬於金融投資的標的？　(A)珠寶　(B)古董　(C)晶圓廠　(D)黃金基金。

(　　) 9. 以定期定額的方式買樂透彩券屬於何種行為？　(A)投機　(B)賭博　(C)投資　(D)以上皆非。

(　　) 10.「四兩撥千金」可用來詮釋下列何種觀念？　(A)分散風險　(B)投機　(C)規避風險　(D)財務槓桿。

(　　) 11.「不要將所有雞蛋放在同一個籃子裡」是在表達何種觀念？　(A)分散風險　(B)財務槓桿　(C)投機　(D)規避風險。

(　　) 12.國內生產毛額（Gross Domestic Product，簡稱GDP，用以衡量一個經濟社會在一定期間內的經濟活動成果或總產出之指標）時，其組成何者為非？　(A) C：民間消費支出　(B) I：國內投資毛額，即國內資本形成毛額　(C) G：政府消費支出　(D) T：稅收。

（請沿虛線撕下）

<背面尚有試題>

(　　) 13.投資學上所稱投資，係指以目前所持有之資金、財物或信用透過交易，期望在未來獲取更高之收益或報酬，請問何者非金融資產？ (A)原始有價證券 (B)基金等受益憑證 (C)衍生性商品 (D)不動產。

(　　) 14.投資學上所稱投資，係指以目前所持有之資金、財物或信用透過交易，期望在未來獲取更高之收益或報酬，請問何者非實體資產？ (A)特別股股票 (B)貴金屬 (C)珠寶 (D)收藏品。

(　　) 15.資金需求者在金融市場籌措資金方式之可分為直接金融與間接金融，直接金融係企業直接向銀行等金融機構舉借資金，間接金融係企業發行證券向投資人募集資金，請問近年來何種籌資方式占比為最高？ (A)放款 (B)上市櫃股票 (C)公司債 (D)短期票券。

(　　) 16.投資之目的，為未來預期報酬所產生之效用須大於投資者犧牲目前可消費財富價值的效用，投資者方願意投資。一般而言，報酬包括投資收益（Investment Income）及資本利得（Capital Gain），以下敘述何者為非？ (A)前者係指債券之利息、股票之股利等 (B)後者係投資買進與賣出之價差，如賣價高於買價則有資本利得 (C)反之，則為資本虧損（Capital Loss） (D)目前可消費財富價值的效用即所謂的風險。

(　　) 17.風險為投資報酬未來的不確定性，即預期報酬和實際報酬發生差異之可能性，以下敘述何者為非？ (A)一般而言，在其他情況不變下，報酬與風險呈反向關係 (B)即投資報酬愈大，其風險也愈大 (C)故投資者必須在報酬和風險間取得一均衡點，即考量投資者在某一可容忍之風險程度下，選擇報酬最高之投資機會 (D)此報酬和風險的均衡點，即投資者之最佳投資決策。

(　　) 18.銀行存款稱之為存款利率（報酬率），在債券稱之為債券票面利率、殖利率（Yield），在股票稱之為股利收益率（Dividend Yield），其基本上報酬由三個因素組成，以下何者為非？ (A)實質報酬率 (B)預期通貨膨脹率 (C)風險貼水 (D)無風險利率。

(　　) 19.何者非貨幣具有的功能？ (A)即期支付 (B)交易媒介 (C)計價單位 (D)價值儲藏。

(　　) 20.下列投資標的種類中，何者風險最大？ (A)債券 (B)共同基金 (C)存款 (D)股票。

得 分 全華圖書（版權所有，翻印必究）

投資學

CH02 投資要素與報酬、風險之衡量

班級：________

學號：________

姓名：________

( ) 1. 股東就其持有之股份於一定條件下，得分別行使表決權，有人亦稱之「股東分割投票制度」。依現行法相關適用「股東分割投票制度」之股東，下列敘述何者正確？ (A)需為公開發行公司之股東 (B)以自然人股東為限 (C)需係為自己持有股份之股東 (D)需為持有公司已發行股份總數百分之十以上股。【110Q3證券分析人員】

( ) 2. 甲為大明股份有限公司（下稱大明公司）之監察人，關於甲之敘述何者正確？ (A)甲不得同時為大明公司超過已發行股份總數百分之十之股東 (B)甲不得同時為大明公司之經理人 (C)甲不得列席董事會 (D)甲雖有監察權，但不得代表公司委任會計師協助及執行職務。【110Q3證券分析人員】

( ) 3. 期初以每股價格200元買進一張A公司股票，第一年年底股價下跌至120元，第二年年底股價漲回至150元，以幾何平均法計算之平均年報酬率為多少？ (A) -25% (B) -12.52% (C) -7.51% (D) -13.40%。【110Q2證券分析人員】

( ) 4. 某檔股票近五個月的報酬率為5%、10%、-3%、-5%、8%，請根據此五個月報酬率資料來計算變異係數最接近下列何者？ (A) 2.22 (B) 0.45 (C) 3 (D) 6.67。【110Q2證券分析人員】

( ) 5. 甲資產的標準差為5%，乙資產的標準差為10%，請問由甲與乙資產的相關係數應該低於多少，才能使甲與乙資產所形成的投資組合之標準差有可能小於5%？ (A)低於1以下 (B)低於0.8以下 (C)低於0.5以下 (D)低於0以下。【110Q2證券分析人員】

( ) 6. 若甲公司股票每期報酬率的波動較乙公司小，則哪家公司股票之算術平均報酬率與幾何平均報酬率之差較大： (A)甲公司 (B)乙公司 (C)兩家公司相同 (D)無法判斷。【110Q1證券分析人員】

( ) 7. 某一投資組合在1天內（t =1），99%的信賴水準（α =1%）下，所估計出來的VaR為1,000萬元，代表： (A)該投資組合在10天內損失超過1,000萬元的機率為1% (B)該投資組合在1天內損失超過1,000萬元的機率為99% (C)該投資組合在1天內損失超過1,000萬元的機率為1% (D)該投資組合在1天內最大損失為1,000萬元。【110Q1證券分析人員】

( ) 8. 在美國通常以下列何者的利率代表無風險利率？ (A)國庫券 (B)公債 (C)商業本票 (D)定期存款。【110Q3證券商高級業務員】

( ) 9. 有一投資組合由甲、乙兩股票組成，請問在什麼情況之下，投資組合報酬率之標準差為甲、乙兩股票個別標準差之加權平均？ (A)兩股票報酬率相關係數＝0 (B)兩股票報酬率相關係數＝1 (C)兩股票報酬率相關係數＝－1 (D)任何情況下，投資組合標準差均為個別標準差之加權平均。【110Q3證券商高級業務員】

（請沿虛線撕下）

<背面尚有試題>

(　　) 10.若甲股票的報酬率標準差為0.3，乙股票的報酬率標準差為0.2，甲和乙股票的報酬率相關係數為0.5，則甲和乙股票的報酬率共變數為： (A) 0.04 (B) 0.03 (C) 0.02 (D) 0.01。 【110Q3證券商高級業務員】

(　　) 11.變異數及貝他係數都可用來衡量風險，兩者不同之處在於： (A)貝他係數衡量系統及非系統風險 (B)貝他係數只衡量系統風險，但變異數衡量總風險 (C)貝他係數只衡量非系統風險，但變異數衡量總風險 (D)貝他係數衡量系統及非系統風險，但變異數只衡量系統風險。 【110Q3證券商高級業務員】

(　　) 12.長期而言，影響投資組合報酬率的主要因素是哪項投資決策： (A)證券選擇決策 (B)選時決策 (C)資產配置決策 (D)波段操作決策。 【110Q3證券商高級業務員】

(　　) 13.下列何種資產的投資風險最高？ (A)股價指數 (B)小型股 (C)公債指數 (D)期貨。 【110Q3證券商高級業務員】

(　　) 14.何者「不是」用來衡量投資風險的方法？ (A)全距（Range） (B) β係數 (C)變異數 (D)算術平均數。 【110Q2證券商高級業務員】

(　　) 15.小玲買入某股票成本為60元，預期一年內可以64元賣出，且可收到現金股利2元，則其預期單期報酬率為： (A) 10% (B) 13.64% (C) 15% (D) 20.65%。 【110Q2證券商高級業務員】

(　　) 16.有一投資組合由甲、乙兩股票組成，請問在什麼情況之下，投資組合報酬率之標準差為甲、乙兩股票個別標準差之加權平均？ (A)兩股票報酬率相關係數＝0 (B)兩股票報酬率相關係數＝1 (C)兩股票報酬率相關係數＝-1 (D)任何情況下，投資組合標準差均為個別標準差之加權平均。 【110Q2證券商高級業務員】

(　　) 17.針對個人投資人而言，風險容忍程度愈高的人，在資產配置上，股票比重應較債券為： (A)沒有影響 (B)低 (C)高 (D)兩者比重相同。 【110Q2證券商高級業務員】

(　　) 18.小陳兩年來投資T公司股票，第一年期間股價從120元上漲至170元，第二年期間卻又從170元回跌至120元，請問下列何者較能合理評估平均年報酬率？（假設沒有任何股利） (A)算術平均法，0% (B)算術平均法，6.3% (C)幾何平均法，0% (D)幾何平均法，6.3%。 【110Q1證券商高級業務員】

(　　) 19.一個兩年期零息公司債目前的殖利率為2.1%，而相同期限零息公債的殖利率為1.8%。在違約損失率為65%的情況下，請估計該公司債兩年內預期違約損失（Expected Loss from Default）金額約為多少（假設債券面額為$1,000）？ (A) $2.89 (B) $3.68 (C) $5.66 (D) $7.02。 【110Q1證券商高級業務員】

(　　) 20.若以45元的價格買入甲公司的股票若干股，且甲公司在第一年發放現金股利每股0.3元，第二年發放股票股利每張配發200股，則在第三年初至少要以每股多少元賣出，報酬率才大於20%？ (A) 42元 (B) 43元 (C) 44元 (D) 45元。 【110Q1證券商高級業務員】

得 分　**全華圖書**（版權所有，翻印必究）

投資學

CH03 金融制度概論

班級：＿＿＿＿＿＿＿＿

學號：＿＿＿＿＿＿＿＿

姓名：＿＿＿＿＿＿＿＿

(　　) 1. 假設美國與英國的無風險利率分別為5%及4%，美元與英鎊間之即期匯率為$1.80 / BP。若不考慮交易成本，為防止套利機會，則一年期契約之英鎊期貨價格應該為多少？ (A) $1.65/BP (B) $1.78/BP (C) $1.82/BP (D) $1.97/BP。【110Q3證券分析人員】

(　　) 2. 在稅前報酬相同的情形下，目前個人投資下列何者商品之所得稅賦最高？ (A)債券型基金之交易所得 (B)不動產證券化商品之利息所得 (C)投資海外債券之利息所得 (D)短期票券之利息所得。【110Q2證券分析人員】

(　　) 3. 投資ETF最主要是能避開何種投資決策的風險？ (A)選股風險 (B)擇時風險 (C)市場風險 (D)流動性風險。【110Q2證券分析人員】

(　　) 4. 央行調降利率是屬於利多消息，證券市場價格會偏向上漲，但有時央行宣布調降利率時，證券市場價格不漲反跌，其可能主要原因為何？ (A)訊息已在發布前已經先行反映 (B)市場已經形成預期，若央行的利率降幅不符市場預期時反而下跌 (C)宣布調降利率的可能因素是反映景氣走向衰退的疑慮 (D)以上皆是。【110Q2證券分析人員】

(　　) 5. 央行打算對利率曲線進行扭轉操作，想降低短期利率，並且提高長期利率，下列何種做法比較正確？ (A)買進長期債券、賣出短期債券 (B)買進短期債券、賣出長期債券 (C)同時買進短期與長期債券 (D)僅買進長期債券即可。【110Q2證券分析人員】

(　　) 6. 假設NTD/USD之即期匯率為30，如果臺灣與美國的年利率分別為3%及5%，則一年期之NTD/USD遠期匯率應為： (A) 30.9 (B) 29.43 (C) 31.5 (D) 30.58。【110Q1證券分析人員】

(　　) 7. 新冠疫情發生後，下列何者不是各國政府可能採行的貨幣寬鬆政策？ (A)從市場買回可轉讓定期存單 (B)調降存款準備率 (C)調降重貼現率 (D)提高營利事業所得稅率。【110Q1證券分析人員】

(　　) 8. 何者屬於資本市場之工具？甲.可轉換公司債；乙.銀行承兌匯票；丙.政府債券；丁.國庫券 (A)僅甲、乙 (B)僅丙、丁 (C)僅甲、丙 (D)僅甲、丁。【110Q3證券商高級業務員】

(　　) 9. 金融體系的支票存款大幅增加，會促使何種貨幣供給額增加？ (A)僅M_{1A} (B)僅M_{1B} (C)僅M_{1A}與M_{1B} (D) M_{1A}、M_{1B}與M_2皆增加。【110Q3證券商高級業務員】

（請沿虛線撕下）

<背面尚有試題>

(　　) 10.貨幣供給額M_{1B}係指：　(A)通貨發行淨額　(B)通貨發行淨額＋支票存款　(C)通貨發行淨額＋支票存款＋活期存款　(D)通貨發行淨額＋支票存款＋活期存款＋活期儲蓄存款。　【110Q2證券商高級業務員】

(　　) 11.若銀行之超額準備部位為正數，則表示當時之資金為：　(A)寬鬆　(B)緊縮　(C)不一定　(D)選項(A)(B)(C)皆非。　【110Q2證券商高級業務員】

(　　) 12.中央銀行在公開市場上買入國庫券是屬於：　(A)擴張性的貨幣政策　(B)擴張性的財政政策　(C)緊縮性的貨幣政策　(D)緊縮性的財政政策。　【110Q1證券商高級業務員】

(　　) 13.以下何者非貨幣的功能？　(A)交易的媒介　(B)價值的標準　(C)價值的花費　(D)延期支付的標準。

(　　) 14.虛擬通貨之風險不包含？　(A)價格易受人為操控，波動大　(B)去中心化機制，缺乏保障　(C)匿名交易不易查證，易遭不法使用　(D)各國央行均認為虛擬通貨不是貨幣，而是較類似商品或資產之概念。

(　　) 15.一般而言，具備無條件立即按等價兌換成通貨的存款，才能稱為存款貨幣。我國現行貨幣供給之定義有M_{1A}、M_{1B}、及M_2等，請問何者敘述有誤？　(A) M_{1A}：貨幣機構以外各部門所持有之通貨＋支票存款＋活期存款　(B) M_{1B}：M_{1A}＋活期儲蓄存款　(C) M_2：M_{1B}＋準貨幣　(D)以上皆是。

(　　) 16.以下何者非貨幣政策工具？　(A)公開市場操作　(B)發行甲種國庫券　(C)重貼現與短期融通額及利率　(D)法定存款準備率。

(　　) 17.以下何者非貨幣政策的操作目標？　(A)銀行同業拆款利率　(B)國庫券利率　(C)商業本票利率　(D)銀行承兌本票利率。

(　　) 18.以下何者非貨幣政策的中間目標？　(A)銀行業存、放款利率　(B)匯率　(C)中長期債券利率　(D)以上皆是。

(　　) 19.以下何者非貨幣政策的最終總體經濟目標？　(A)名目國民生產毛額　(B)充分就業　(C)國際收支　(D)以上皆是。

(　　) 20.總體審慎措施係指使用審慎工具來遏止金融機構發生系統性風險，以增強金融體系韌性，維護金融運作穩定，請問何者有誤？　(A)選擇性信用管制　(B)資本移動管理　(C)以上皆是　(D)以上皆非。

得 分　**全華圖書**（版權所有，翻印必究）

投資學

CH04 金融市場概況與發展趨勢

班級：＿＿＿＿＿＿

學號：＿＿＿＿＿＿

姓名：＿＿＿＿＿＿

(　　) 1. 何者屬資本市場工具？ (A)國庫券 (B)可轉讓定期存單 (C)商業本票 (D)附認股權公司債。 【110Q2證券商高級業務員】

(　　) 2. 何者屬於貨幣市場之工具？甲.可轉讓銀行定期存單；乙.可轉換公司債；丙.國庫券；丁.商業本票 (A)僅甲、乙 (B)僅丙、丁 (C)僅乙、丙、丁 (D)僅甲、丙、丁。 【110Q1證券商高級業務員】

(　　) 3. 2017年起臺灣證券交易所開放投資人可洽證券商辦理股票、ETF定期定額業務，目前開放的定期定額標的，何者為「非」？ (A)原型ETF (B)反向型ETF (C)上市股票 (D)上櫃股票。 【109Q2證券商高級業務員】

(　　) 4. 一般而言，下列有關發行公司債與特別股之比較何者正確？甲.債息可節稅，股利則無法節稅；乙.二者均可改善財務結構；丙.公司債求償權利優於特別股 (A)僅甲、乙 (B)僅甲、丙 (C)僅乙、丙 (D)甲、乙、丙。 【109Q2證券商高級業務員】

(　　) 5. 當ETF之市價大於淨值，存在套利機會時，套利者應如何操作？甲.買進一籃子股票；乙.賣出一籃子股票；丙.於市場上賣出ETF；丁.於市場上買進ETF (A)僅甲、丙 (B)僅乙、丁 (C)僅乙、丙 (D)僅甲、丁。 【109Q2證券商高級業務員】

(　　) 6. 哪一項投資組合的非系統風險較小？ (A)電子產業之股票型基金 (B)依臺灣公司治理100指數發行之ETF (C)某績優公司個別股票 (D)綠能產業趨勢基金。 【109Q3證券商高級業務員】

(　　) 7. 若台積電在英國發行以美元計價之債券，則其屬於何種債券？ (A)外國債券 (B)歐洲債券 (D)洋基債券 (D)帝國債券。 【109Q1證券分析人員】

(　　) 8. 證券承銷商包銷有價證券，於承銷契約所訂定之承銷期間屆滿後，對於約定包銷之有價證券，未能全數銷售者，其賸餘數額之有價證券之處理，下列何者為正確？ (A)應退還發行人 (B)應自行認購之 (C)得退還發行人 (D)得退還發行人一部分，自行認購一部分。 【107Q1證券分析人員】

(　　) 9. 以下有關資產證券化商品的敘述何者為是？I.主要可分為金融資產證券化及不動產資產證券化；II.免徵證交稅；III.利息所得直接併入綜合所得計算 (A) I、II (B) II、III (C) I、III (D) II。 【107Q1證券分析人員】

(　　) 10. 銀行承兌匯票係屬於下列何市場之金融工具？ (A)金融業拆款市場 (B)短期票券市場 (C)外匯市場 (D)資本市場。 【106Q3證券分析人員】

（請沿虛線撕下）

<背面尚有試題>

( ) 11.哪種利率是反映當下的資金鬆緊而非未來景氣或經營狀況的預期？ (A)隔夜拆款利率 (B)十年期公債殖利率 (C)十年期公司債利率 (D)十年期利率交換之固定利率端。 【106Q4證券分析人員】

( ) 12.下列對於附賣回交易（RS）的敘述，何者為正確？ (A) RS是指證券自營商出售債券給投資人，並約定在未來特定日期，由投資人將該債券賣回給自營商 (B)附賣回的利率通常會高於附買回的利率 (C)對證券自營商而言，RS的性質類似向客戶抵押貸款 (D)只有法人可以參與附賣回交易。 【105Q1證券分析人員】

( ) 13.打算投資一家公司，想要賺固定的收益外，也希望當股票市場行情大好時，賺取豐厚的資本利得，可以選擇這家公司所發行的？ (A)普通股股票 (B)特別股 (C)公司債 (D)可轉換公司債。 【105Q3證券分析人員】

( ) 14. 2000年起我國所實施承銷商辦理初次上市普通股之承銷，在下列何種配售方式下，得採行「過額配售機制」？I.採詢價圈購；II.採競價拍賣；III.採公開申購 (A)僅I、II對 (B)僅I、III對 (D)僅II、III對 (D) I、II、III均對。 【102Q4證券分析人員】

( ) 15.下列有關私募資金（Private Equity）與風險資金（Venture Capital）敘述，何者為真？ (A)通常私募資金及風險資金均以公司型態成立經營模式，因此可以長久經營 (B)風險資金利用大量舉債對企業進行股權買斷（Buyout）投資；其投資對象通常為經營較為困難之高科技初創產業 (C)私募資金及風險資金的管理人雖然追求投資報酬率，但其投資對象相對風險較低 (D)私募資金除了股權投資外，亦可從事垃圾債券及財務困難企業等特許投資。 【102Q2證券分析人員】

( ) 16.下列何者不屬於金融仲介機構？ (A)商業銀行 (B)信託投資公司 (C)保險公司 (D)證券商。 【96Q2證券分析人員】

( ) 17.下列何者是證券市場的功能？ (A)滿足資金的需求 (B)增加資金的投資管道 (C)提升企業的經營績效 (D)以上皆是。

( ) 18.下列何者在證券發行市場扮演協助者的角色？ (A)投顧公司 (B)證券承銷商 (C)投信公司 (D)證券經紀商。

( ) 19.下列何者不是證券市場的參與者？ (A)銀行 (B)期貨商 (C)證券金融公司 (D)證券商。

( ) 20.下列何者不在臺灣證券交易所掛牌交易？ (A)認購（售）權證 (B)臺灣存託憑證 (C)開放型基金 (D)可轉換公司債。

得　分　**全華圖書（版權所有，翻印必究）**

投資學

CH05 金融市場之商品

班級：＿＿＿＿＿＿

學號：＿＿＿＿＿＿

姓名：＿＿＿＿＿＿

(　　) 1. 以下有關我國分割債券課稅的規定，下列敘述何者為是？I.利息扣繳時點為兌領利息時；II.法人機構課稅的基礎採權責基礎；III.個人利息所得課稅的基礎按兌領之利息計算　(A) I、II　(B) II、III　(C) I、III　(D)II。【110Q3證券分析人員】

(　　) 2. 以下有關我國所實施的分割債券之敘述何者為真？I.債券分割後，可以申請重組；II.債券分割後，發行人之償付義務減少；III.臺灣首宗分割債券的標的為公債　(A) I.、II.　(B) I.、III.　(C) II.、III.　(D)僅I.。【110Q3證券分析人員】

(　　) 3. 所謂參與型臺灣存託憑證是指：　(A)存託憑證持有人可參與原股外國公司之股利分配　(B)由股票發行公司與存託機構簽訂存託契約所發行　(C)有證券承銷商參與發行　(D)持有人可參與發行公司之董監選舉。【110Q2證券分析人員】

(　　) 4. 依據我國資產證券化商品的規定，創始機構持有金融資產證券化次順位受益證券之額度或比率超過信用增強目的時，其買回次順位債券利息應如何課稅？　(A)以20%的稅率課稅　(B)採6%分離課稅　(C)免稅　(D)依高所得稅率40%計算。【110Q2證券分析人員】

(　　) 5. 以下有關我國債券市場的相關規定之描述，何者為是？I.就個人而言，利息所得的課稅基礎為現金收付制；II.就法人而言，利息所得的課稅基礎為權責發生制；III.目前我國公債免證交稅，公司債則課千分之一的證交稅　(A) I、II　(B) II、III　(C) I、III　(D) I、II、III。【110Q2證券分析人員】

(　　) 6. 以下有關股權連結商品的敘述，何者正確？I.又稱高收益債券（High Yield Notes）；II.投資人於期初需支付選擇權權利金；III.收益金額取決於選擇權標的到期之價值；IV.證券商於選擇權到期日以現金結算方式收取差價　(A)僅I、III對　(B)僅I、III、IV對　(C)僅II、III、IV對　(D)I、II、III、IV均對。【110Q2證券分析人員】

(　　) 7. 以下有關我國「不動產投資信託」的投資收益的課稅方式為何？　(A)併入綜合所得稅　(B)分離課稅6%　(C)就源扣繳10%到20%，分配收益時免稅　(D)免稅。【110Q1證券分析人員】

(　　) 8. 下列何者為附認股權證公司債與可轉換公司債之相同點？甲.發行時，二者均使公司之負債增加；乙.執行權利時，二者均使公司之流通在外股數增加；丙.執行權利時，二者均使公司之現金增加　(A)僅甲、乙　(B)僅甲、丙　(C)僅乙、丙　(D)甲、乙、丙。【110Q1證券分析人員】

（請沿虛線撕下）

<背面尚有試題>

(　　) 9. 政府為改善過去課不到稅的窘境，遂於2007年將個人債券利息所得的課稅方式改為「分離課稅」，請問現行的個人債券利息分離課稅的稅率為何？ (A) 6% (B) 10% (C) 15% (D)20%。 【110Q1證券分析人員】

(　　) 10. 假設到期年數與殖利率不變，下列何種債券之存續期間「最短」？ (A)溢價債券 (B)折價債券 (C)平價債券 (D)零息債券。 【110Q3證券商高級業務員】

(　　) 11. 何種共同基金的風險較高？ (A)收益型基金 (B)成長型基金 (C)債券型基金 (D)保本型基金。 【110Q3證券商高級業務員】

(　　) 12. 在其他條件不變下，轉換期間愈長之可轉換公司債，其價值會： (A)愈低 (B)愈高 (C)不變 (D)無從得知。 【110Q3證券商高級業務員】

(　　) 13. 在其他條件相同下，以下何者的票面利率會「最高」？ (A)可轉換公司債 (B)可贖回公司債 (C)可賣回公司債 (D)附認股權證公司債。 【110Q2證券商高級業務員】

(　　) 14. 小魚向證券商承作（買進）債券保證金交易，標的債券之存續期間為3.2年，保證金點數為50點（bp），若其承作之面額為5,000萬元，則其保證金為： (A) 550,000元 (B) 650,000元 (C) 750,000元 (D) 800,000元。 【110Q2證券商高級業務員】

(　　) 15. 一債券票面利率為4%，面額2,000元，目前債券為1,600元，15年後到期，每年付息一次，則其當期收益率（Current Yield）約為： (A) 5% (B) 9% (C) 10% (D) 12%。 【110Q2證券商高級業務員】

(　　) 16. B公司於其可轉換公司債的條款中訂定轉換比率為20，當時之股價為70元，請問轉換價值為何？ (A) 500元 (B) 1,000元 (C) 1,400元 (D) 2,000元。 【110Q2證券商高級業務員】

(　　) 17. 所謂No-Load共同基金，是指該基金不收： (A)管理費 (B)保管費 (C)銷售手續費 (D)轉換手續費。 【110Q2證券商高級業務員】

(　　) 18. 何種共同基金的風險較高？ (A)收益型基金 (B)成長型基金 (C)債券型基金 (D)保本型基金。 【110Q2證券商高級業務員】

(　　) 19. 在債券投資時，利用存續期間（Duration）之觀念，可規避： (A)匯率風險 (B)通貨膨脹風險 (C)贖回風險 (D)利率風險。 【110Q1證券商高級業務員】

(　　) 20. 某企業可用以支付債息之盈餘為800萬元，其目前流通在外之負債計有抵押公司債1,500萬元，票面利率6%，無抵押公司債500萬元，票面利率8%，其全體債息保障係數為： (A) 3.346 (B) 3.846 (C) 4.426 (D) 6.154。 【110Q1證券商高級業務員】

得　分　**全華圖書（版權所有，翻印必究）**

投資學

CH06 證券之評價

班級：＿＿＿＿＿＿
學號：＿＿＿＿＿＿
姓名：＿＿＿＿＿＿

(　　) 1. 假設一張六年後到期之債券，票面利率為5%，而其目前收益率為4%，若市場利率沒有改變的情況下，則一年後債券價格將有何變化？ (A)上升 (B)下跌 (C)不變 (D)無法判斷。【110Q3證券分析人員】

(　　) 2. 某一每張面額12萬元之可轉換公司債，若轉換價格為30元，標的股市價40元，則不考慮其他因素下，每張可轉換公司債之轉換價值應有多少元？ (A) 10萬元 (B) 12萬元 (C) 16萬元 (D) 9萬元。【110Q3證券分析人員】

(　　) 3. 以下有關修正存續期間的敘述，何者正確？ (A)當利率變動幅度擴大時，其衡量債券價格變動的準確性將會增加 (B)當債券含有選擇權時，其衡量債券價格變動的準確性會增加 (C)其計算基礎是假設利率曲線的變動為平行移動 (D)其為債券投資的實質回收期限，並非債券利率風險的指標。【110Q3證券分析人員】

(　　) 4. 以下有關可轉債套利操作之敘述，何者正確？ (A)當可轉債的市價低於其轉換價值時，投資人便可進行買進標的股票，賣出可轉債之套利操作 (B)在可轉債套利操作期間若遇到股東會的召開，將有助於降低操作風險 (C)在進行可轉債套利操作時，股票與可轉債的買賣時點最好不要有落差 (D)只要可轉債的市價低於其轉換價值，可轉債套利操作便可獲利。【110Q3證券分析人員】

(　　) 5. 有一公司流通在外的普通股有50,000股，每股市價40元，每股股利2元，公司股利發放率為40%，則此公司本益比為？ (A) 20 (B) 10 (C) 8 (D) 13.33。【110Q2證券分析人員】

(　　) 6. 假設目前只存在一種20年期政府公債，其票面利率為6%，目前市場報價為120，轉換因子為1.0250，每百元應計利息為0.415元，附賣回利率為1%。請問以該公債為標的，180天後到期之期貨契約，其理論價格為何？ (A) \$110.25 (B) \$114.77 (C) \$117.63 (D) \$120.55。【110Q2證券分析人員】

(　　) 7. 某一可轉換公司債每張面額12萬元，市價目前為16萬元，若轉換價格為40元，其標的股票市價為50元，則每張可轉換公司債可換得多少標的股票？ (A) 2,400股 (B) 3,000股 (C) 3,200股 (D) 4,000股。【110Q2證券分析人員】

(　　) 8. 面額1,000元、票面利率10%之債券，其成交殖利率8%，債券市場價格1,108元。其他條件不變下，明年價格應該為多少元？ (A) 1,108元 (B) 1,097元 (C) 1,119元 (D) 1,000元。【110Q2證券分析人員】

(　　) 9. 五年期債券，每年付息一次，存續期間4.6年。半年後該債券存續期間應為多少年？ (A)維持4.6年 (B) 4.1年 (C) 4年 (D)低於4年。【110Q2證券分析人員】

（請沿虛線撕下）

<背面尚有試題>

(　　) 10. 下列何種市場利率狀態應該是從事債券保證金交易的最佳時機？ (A)利率期限結構為呈負斜率，且預期利率水準下跌 (B)利率期限結構呈正斜率，且預期利率水準下跌 (C)利率期限結構呈負斜率，且預期利率水準上漲 (D)利率期限結構呈正斜率，且預期利率水準上漲。【110Q1證券分析人員】

(　　) 11. 甲公司今年發放2元現金股利，若預期其現金股利每年將固定成長3%，且投資人對該公司股票的要求報酬率為10%，該公司股票的合理價格最近似？ (A) 20元 (B) 20.6元 (C) 28.57元 (D)無法計算。【110Q1證券分析人員】

(　　) 12. 當利率波動時，下列哪一種債券的價格變動幅度會最小？ (A) 10年到期，票面利率為6%、YTM為5%的債券 (B) 10年到期，票面利率為8%、YTM為5%的債券 (C) 20年到期，票面利率為6%、YTM為5%的債券 (D) 10年到期，票面利率為8%、YTM為6%的債券。【110Q1證券分析人員】

(　　) 13. 甲債券3年後到期，其面額為100,000元，每年付息一次8,000元，若該債券以95,000元賣出，則其到期殖利率為： (A)大於8% (B)等於8% (C)小於8% (D)等於5%。【110Q1證券商高級業務員】

(　　) 14. 假設期望殖利率固定不變，債券愈趨近到期日時，下列敘述何者正確？甲.折價債券價格會趨近債券面額；乙.溢價債券價格會趨近債券面額；丙.溢價債券價格會遠離債券面額 (A)僅甲、乙 (B)僅甲、丙 (C)僅乙、丙 (D)甲、乙、丙。【110Q1證券商高級業務員】

(　　) 15. 美克奧公司決定於明年起發放股利，首發股利為每股$0.60，預期每年股利金額成長4%。假設折現率為12%，請問三年後的今天，美克奧公司股票價格是： (A) $7.50 (B) $7.72 (C) $8.23 (D) $8.44。【110Q1證券商高級業務員】

(　　) 16. 新經濟公司通常比舊經濟公司有較高的： (A)每股帳面價值 (B) P/E倍數 (C)利潤 (D)資產價值。【106Q2證券分析人員】

(　　) 17. 下列有關「本益比」作為投資決策參考之敘述中，何者最正確： (A)本益比若為負數，則絕對值愈小愈好 (B)本益比愈低的產業代表發展性愈佳 (C)除權前後的本益比必須加以調整，才有相同比較基礎 (D)在股市呈現多頭時，平均本益比通常比空頭時低。【105Q4證券分析人員】

(　　) 18. R公司推出新的改良商品，故公司預測ROE為25%，且維持再投資比率為0.20。今年公司每股盈餘為$3，投資者預期12%的股票投資報酬率。你預測R公司之股票售價為何？ (A) $25.37 (B) $34.29 (C) $42.86 (D) $45.67。【105Q4證券分析人員】

(　　) 19. 計算本益比需要： (A)銷貨成本、營業收益 (B)股價與營業收益 (C)股價、稅後淨利與流通在外股數 (D)固定成本、營業收益與股價。【105Q3證券分析人員】

(　　) 20. 在股利折價模型（Dividend Discount model）中，下列何者未包含於折價率中？ (A)實質無風險利率 (B)股票風險溢酬 (C)資產報酬率 (D)期望通貨膨脹率。【105Q1證券分析人員】

得 分 全華圖書（版權所有，翻印必究）

投資學

CH07 投資市場、投資理論、投資策略與實務

班級：________________
學號：________________
姓名：________________

( ) 1. 下列關於ETF、股票型基金及對沖基金的描述，何者為真？ (A) ETF追求相對報酬，對沖基金追求絕對報酬 (B)股票型基金追求相對報酬，對沖基金追求穩定報酬 (C) ETF目的是追蹤大盤指數報酬，股票型基金目的是擊敗大盤 (D)對沖基金是被動投資，股票型基金是主動投資。 【110Q2證券分析人員】

( ) 2. 下列何種交易策略不是價格上漲時加碼追逐獲利、價格下跌時減碼降低損失的策略？ (A)固定比例投資組合保險策略（Constant Proportion Portfolio Insurance） (B)固定組合比率策略（Constant-Mix） (C)複製性賣權策略（Synthetic Put） (D)時間不變性投資組合保險策略（Time-Invariant Portfolio Protection）。 【110Q2證券分析人員】

( ) 3. 下列哪一種股票較可能是價值型股票？ (A)現金股息占盈餘之比率偏低之股票 (B)市價淨值比低之股票 (C)本益比高於產業平均之股票 (D)資產週轉率高的股票。 【110Q1證券分析人員】

( ) 4. 投資管理中，所謂的被動式管理是指投資組合通常將資金投資於： (A)銀行定存 (B)國庫券 (C)市場投資組合 (D) β值大於1之證券。 【110Q1證券分析人員】

( ) 5. 有關經理人選股能力的敘述，何者「正確」？ (A)根據所研究的總體經濟，判斷股市進場時機 (B)根據所研究的個別股票資訊，找出股價被低估的股票並加碼投資 (C)經理人根據對未來景氣狀況的判斷，調整股債市投資部位 (D)經理人採取被動式的管理方式，而可以擊敗大盤表現的能力。 【110Q3證券商高級業務員】

( ) 6. 被動式（Passive）投資組合管理目的在： (A)運用隨機選股策略，選取一種股票，獲取隨機報酬 (B)運用分散風險原理，找出效率投資組合，獲取正常報酬 (C)運用選股能力，找出價格偏低之股票，獲取最高報酬 (D)運用擇時能力，預測股價走勢，獲取超額報酬。 【110Q3證券商高級業務員】

( ) 7. 投資指數型基金之優點是： (A)可規避市場風險 (B)可獲取額外高報酬 (C)可分散非系統風險 (D)選項(A)(B)(C)皆是。 【110Q3證券商高級業務員】

( ) 8. 建構消極性投資組合時，應考慮：甲.交易成本；乙.追蹤誤差；丙.股價是否低估 (A)僅甲、乙 (B)僅甲、丙 (C)僅乙、丙 (D)甲、乙及丙皆是。 【110Q2證券商高級業務員】

( ) 9. 何者為「本益比效應」？ (A)低本益比股票的報酬率通常較高本益比之股票為高 (B)高本益比股票的報酬率通常較低本益比之股票為高 (C)股票之報酬率與其本益比無關 (D)股票之本益比與市場效率呈正相關。 【110Q1證券商高級業務員】

（請沿虛線撕下）

<背面尚有試題>

(　　) 10.所謂Smart Beta策略之描述，下列何者為「非」？ (A)透過人工智慧方式來建構的投資方式 (B)捕獲風險溢價或因子來獲取更高報酬 (C)有時採取非市值加權方式建構投資組合 (D)立基於規則、透明，趨向低費率和成本的投資方式。【110Q1證券商高級業務員】

(　　) 11.具有選時能力的股票型共同基金經理人，在股市下跌期間，其持有投資組合的貝他係數應： (A)大於1 (B)等於1 (C)等於0 (D)小於1。【109Q4證券商高級業務員】

(　　) 12.哪項「不」屬於選時決策？ (A)集中買入持有特定類股 (B)持有市場投資組合，並配以臺股指數期貨部位 (C)持股比率調整 (D)調整持股的β係數。【109Q3證券商高級業務員】

(　　) 13.追求高風險、高報酬的投資人，較適合哪類共同基金？ (A)債券基金 (B)平衡基金 (C)股票收益型基金 (D)小型股基金。【109Q3證券商高級業務員】

(　　) 14.投資人的資產配置決策，「不」考慮下列何項因素？ (A)是否要投資股市 (B)是否要投資債券市場 (C)是否有掌握時機的能力 (D)是否具備挑選證券的能力。【109Q3證券商高級業務員】

(　　) 15.保守的投資人應該投資下列哪一種股票？ (A)高本益比股票 (B)低本益比股票 (C)低淨值市價比股票 (D)高市價現金流量比股票。【109Q1證券商高級業務員】

(　　) 16.主動的資產配置策略包括？ (A)新投資在自由競爭的公司股票 (B)維持投資組合中各資產種類的配置比率幾乎不變 (C)因應市場情況變化，投資組合在各資產種類的配置比率隨著改變 (D)在不同的部門選擇被認為價值低估的個別證券。【102Q4證券分析人員】

(　　) 17.有關以理財目標進行資產配置的原則，下列敘述何者錯誤？ (A)離現在愈近的理財目標，安全性資產的比重應愈重 (B)需求較有彈性的長期理財目標，可投資於高風險高報酬的投資工具 (C)可依報酬率變動區間設定理財目標的高低標準 (D)年限愈短，安全性資產與風險性資產累積的財富差異有限，容易彌補風險性資產的不確定風險。【102Q4證券分析人員】

(　　) 18.在效率市場且對相信被動投資方法的投資者而言，一個投資組合經理人的主要責任為何？ (A)對結果負責 (B)風險分散 (C)辨認價值低估的股票 (D)不需要投資組合經理人。【102Q4證券分析人員】

(　　) 19.一個技術分析師最可能跟以下何者的投資哲學接近？ (A)主動管理 (B)買且保有 (C)被動投資 (D)指數基金。【102Q4證券分析人員】

(　　) 20.投資組合之資產配置決策不包括： (A)公司長期與流動資產之配置 (B)策略性的資產配置（strategic asset allocation） (C)戰術性的資產配置（tactical asset allocation） (D)掌握進出各類資產市場之時機。【102Q2證券分析人員】

得　分　**全華圖書（版權所有，翻印必究）**

投資學

CH08　投資組合、資本資產訂價與投資績效分析

班級：＿＿＿＿＿＿＿＿
學號：＿＿＿＿＿＿＿＿
姓名：＿＿＿＿＿＿＿＿

(　　) 1. 投資組合型基金的優點為：甲.減少挑選基金的複雜性；乙.分散單一基金操作績效不佳的風險；丙.需負擔的手續費及管理費用較低；丁.在資產配置上較不受限制　(A)僅甲、乙對　(B)僅甲、乙、丙對　(C)僅甲、乙、丁對　(D)僅乙、丙、丁對。【110Q3證券分析人員】

(　　) 2. 在CAPM模式中，若已知目前無風險利率為5%，市場投資組合之預期報酬率為12%，已知甲股票的預期報酬為14.8%，則甲股票的β值為：　(A) 1.1　(B) 1.2　(C) 1.4　(D) 1.5。【110Q3證券分析人員】

(　　) 3. 下列對市場投資組合之描述，何者「正確」？甲.其貝它係數等於1；乙.其期望報酬率較任何個別證券低；丙.其報酬率標準差較任何個別證券低；丁.其包含了市場上所有的證券　(A)僅甲、乙、丁　(B)僅甲、丙、丁　(C)僅甲、丁　(D)僅丙、丁。【110Q1證券商高級業務員】

(　　) 4. 在二因素APT模式中，第一和第二因素之風險溢酬分別為6%及3%。若某股票相對應於此二因素之貝它係數分別為1.5及0.6，且其期望報酬率為16%。假設無套利機會，則無風險利率應為：　(A) 6.2%　(B) 5.2%　(C) 4.8%　(D) 8%。【110Q1證券商高級業務員】

(　　) 5. 哪種類股在股市多頭行情時，漲幅較大？　(A)績優大型股　(B)低貝它大型股　(C)低貝它小型股　(D)高貝它小型股。【110Q1證券商高級業務員】

(　　) 6. 已知最適風險投資組合的預期報酬率為6.5%、標準差為23%，無風險利率為3.5%。請問：最佳可行的資本配置線的斜率為多少？　(A) 0.64　(B) 0.39　(C) 0.08　(D) 0.13。【110Q3證券分析人員】

(　　) 7. CAPM理論成立下，下列敘述何者為非？　(A)有可能存在風險性證券的期望報酬低於無風險利率　(B)有可能股價波動性較大之證券的期望報酬低於股價波動性小的證券　(C)有可能存在風險性證券的期望報酬為負　(D)有可能低Beta值證券之期望報酬大於高Beta值證券。【107Q1證券分析人員】

(　　) 8. 甲、乙兩股票的預期報酬率為12%、24%，報酬率標準差分別為6%、18%，且兩股票的相關係數為-1，若投資人欲將投資組合的報酬率標準差降為零，則兩股票的投資比重應為：　(A) 75%，25%　(B) 25%，75%　(C) 33.33%，66.67%　(D)無法辦到。【107Q1證券分析人員】

(　　) 9. 根據CAPM，以下敘述何者正確？I.所有合理報酬的證券，都應位在證券市場線上；II.所有合理報酬的證券，都應位在資本市場線上；III.價格被高估的證券，應位於證券市場線的上方；IV.價格被高估的證券，應位於資本市場線的上方　(A) I、III　(B) II、IV　(C) I、IV　(D) I。【106Q3證券分析人員】

（請沿虛線撕下）

<背面尚有試題>

(　　) 10. 根據資本資產定價模式（CAPM），已知市場投資組合報酬率為18%，市場風險為1.2，某特定股票的預期報酬率為20%，則無風險利率為多少？　(A) 2%　(B) 6%　(C) 8%　(D) 12%。【107Q1證券分析人員】

(　　) 11. 考慮兩因子套利訂價理論，某股票之期望報酬率為17.6%，因子1的β為1.45，因子2的β為0.86。若因子1的風險溢酬為3.2%，無風險報酬為5%，在無套利機會存在的狀況下，請問因子2的風險溢酬為何？　(A) 9.26%　(B) 9.75%　(C) 7.75%　(D) 3%。【106Q3證券分析人員】

(　　) 12. 甲為效率投資組合，其預期報酬率為14%，若無風險利率為8%，市場投資組合之預期報酬率為13%，市場投資組合之報酬率變異數為25%，則甲之報酬率變異數為？　(A) 9%　(B) 30%　(C) 36%　(D) 40%。【106Q3證券分析人員】

(　　) 13. 下列有關風險的陳述中，請問有幾項是正確的？I.無風險資產之可分散風險為零；II.無風險資產之不可分散風險為零；III.一般資產之可分散風險與其預期報酬率呈正相關；IV.一般資產之系統風險必定高於其非系統風險　(A) 1　(B) 2　(C) 3　(D) 4。【106Q3證券分析人員】

(　　) 14. 假設某投資組合只包含兩種股票，若分別以該投資組合之預期報酬率和標準差為縱軸和橫軸，則當兩種股票之相關係數為零時，該投資組合會呈現下列何種之圖形？　(A)一直線　(B)一拋物線　(C)交叉於縱軸之二直線　(D)位於縱軸或橫軸上之一點。【106Q3證券分析人員】

(　　) 15. 一般而言，當投資人預期短期內有發生戰爭之可能並引發通貨膨脹時，下列何者為真？　(A)證券市場線往上平移同時斜率變大　(B)證券市場線往下平移同時斜率變大　(C)證券市場線往上平移同時斜率變小　(D)證券市場線往下平移同時斜率變小。【106Q3證券分析人員】

(　　) 16. 下列何種資產定價模式可使用於無風險資產不存在之市場？　(A)零β模式　(B)三因子CAPM　(C)跨期CAPM　(D) APT。【106Q3證券分析人員】

(　　) 17. 張三與李四均屬於規避風險者，張三厭惡風險的程度低於李四。下列敘述何者為真？　(A)在相同風險下，李四要求較高的實際報酬率　(B)張三所選擇的股票風險會高於李四　(C)李四所選擇的期望報酬會高於張三　(D)在預期報酬相同下，張三願意承擔較高的風險。【106Q2證券分析人員】

(　　) 18. 考慮兩個因素的APT。投資組合甲有因素1的β為0.5，因素2的β為1.25，因素1和2各自的風險貼水為1%和7%，無風險報酬率為7%。若無套利機會的存在，投資組合甲的預期報酬為何？　(A) 13.50%　(B) 15%　(C) 16.25%　(D) 23%。【106Q2證券分析人員】

(　　) 19. 於資本市場線上，在市場投資組合之右上方的投資組合，其投資於市場投資組合之權重為：　(A)等於100%　(B)大於100%　(C)在0與100%之間　(D)小於0。【105Q4證券分析人員】

(　　) 20. 假設投資者只以期望報酬與標準差作為投資準則。有兩個報酬彼此獨立的風險資產A與B，它們期望報酬相同，標準差也相同。一個風險厭惡的投資者該如何資產分配？　(A)不一定，要看風險厭惡的程度　(B) A與B分配各半的比重　(C) 30%投資A資產、70%投資B資產　(D)任何權重都可以。【105Q3證券分析人員】

得　分　**全華圖書（版權所有，翻印必究）**

投資學

CH09 股價理論與效率市場

班級：＿＿＿＿＿＿＿＿

學號：＿＿＿＿＿＿＿＿

姓名：＿＿＿＿＿＿＿＿

(　　) 1. 無法藉由研究公開資訊而獲得超額報酬時，此時證券市場是屬於 (A)半弱式效率市場（Semiweak-Form Efficient Market） (B)弱式效率市場（Weak-Form Efficient Market） (C)半強式效率市場（Semistrong-Form Efficient Market） (D)強式效率市場（Strong-Form Efficient Market）。 【110Q2證券分析人員】

(　　) 2. 採購經理人指數（Purchasing Managers' Index, PMI）為一綜合性指標，因具有即時發布及領先景氣循環轉折點等特性，被視為一種國際通用的重要總體經濟領先指標。以下為PMI的資訊描述，請判斷以下何者錯誤？ (A)每月對受訪企業的採購經理人進行調查，並依調查結果編製成指數 (B)採購經理人指數介於0%～100%之間，若高於50%表示景氣正處於擴張期（Expansion），若低於50%表示處於緊縮期（Contraction） (C)我國該指標主要發布單位為國家發展委員會（簡稱國發會） (D)臺灣採購經理人指數，調查範圍只包括製造業。 【110Q3證券商高級業務員】

(　　) 3. 「股價指數」是「臺灣景氣指標」的哪一類指標？ (A)領先指標 (B)同時指標 (C)落後指標 (D)非臺灣景氣指標。 【110Q3證券商高級業務員】

(　　) 4. 下列總體指標中，甲.長期利率低於短期利率；乙.BB級債券和AAA級債券風險利差擴大；丙. M1B成長率大於M2成長率。何者情況反映了景氣可能衰退的現象？ (A)僅乙和丙 (B)僅甲和乙 (C)僅甲和丙 (D)甲、乙和丙都是。 【110Q2證券商高級業務員】

(　　) 5. 「景氣對策信號」由「黃藍燈」轉為「黃紅燈」表示： (A)景氣轉好 (B)景氣轉壞 (C)景氣時好時壞 (D)選項(A)(B)(C)皆非。 【110Q2證券商高級業務員】

(　　) 6. 新臺幣對美元貶值，以美元表示之本國GDP同時會如何變動？ (A)增加 (B)不變 (C)減少 (D)無關。 【110Q2證券商高級業務員】

(　　) 7. 兩種證券的貝他（Beta）係數相同，若以這兩種證券組成一投資組合，請問該投資組合的貝他係數為何？ (A)降低 (B)增加 (C)不變 (D)視兩證券報酬率相關係數而定。 【110Q2證券商高級業務員】

(　　) 8. 若投資者預期證券市場未來將上漲，則其應買進貝它係數為何之股票？ (A)小於1 (B)大於1 (C) 0 (D) -1。 【110Q2證券商高級業務員】

(　　) 9. 若市場投資組合期望報酬與報酬標準差分別為12%與20%，無風險利率為2%。投資組合P為一效率投資組合，其報酬標準差為30%，則投資組合P之期望報酬為： (A) 17.0% (B) 18.0% (C) 20.0% (D) 24.5%。 【110Q2證券商高級業務員】

（請沿虛線撕下）

<背面尚有試題>

(　　) 10.何者「不是」基本CAPM模型之假設或結果？　(A)投資人皆同意所有股票之標準差相同　(B)證券市場線有正的斜率　(C)存在無風險利率　(D)所有投資人對相同之投資組合有相同之期望報酬。【110Q2證券商高級業務員】

(　　) 11. A、B二股票之預期報酬率分別為7%及11%，報酬率標準差分別為20%及30%，若無風險利率為5%，市場預期報酬率為10%，且A、B二股票報酬率之相關係數為0.5，請問A股票之β係數應為多少？　(A) 0.4　(B) 0.6　(C) 0.9　(D) 1.5。【110Q2證券商高級業務員】

(　　) 12.其他因素不變，利率上升：　(A)貨幣供給增加　(B)可抑制通膨　(C)債券價格上升　(D)股價上升。【110Q1證券商高級業務員】

(　　) 13.以下何者適合用來檢定半強式效率市場假說？I.濾嘴法則；II.規模效果；III.新上市股票　(A) I、II　(B) I、III　(C) II、III　(D) I、II、III。【106Q4證券分析人員】

(　　) 14.在弱式效率市場中，以下何者是有用的資訊？I.K線圖；II.P/E比率；III.KD值；IV.經濟成長率　(A) I、III　(B) II、IV　(C) I、IV　(D) I、II、III。【106Q4證券分析人員】

(　　) 15.下列敘述何者反駁半強式效率市場假說？　(A)某投顧公司使用自創之股市分析技術，分析價量預測股價走勢，但該公司會員平均獲利率低於大盤報酬　(B)李小姐任職於某控股公司，因而得知許多未公開之買賣資訊，她的親戚以其提供的訊息買賣股票，獲利遠超過一般投資人　(C)林先生買賣股票的哲學是股價跌（漲）至一年來最低點附近買入（賣出），七、八年來林先生獲利率是大盤報酬率的數倍　(D)某基金經理人專門買賣小型公司股票為主，數年來該基金的報酬率遠超過以資本資產定價模式估計之必要報酬率。【106Q4證券分析人員】

(　　) 16.根據行為財務學，下列何種心理偏誤可解釋動能效應之股市異常現象？(A)代表性偏誤　(B)心理帳戶　(C)過度保守　(D)框架偏誤。【106Q4證券分析人員】

(　　) 17.下列何種方法並非用於弱式效率市場之檢定？　(A)序列相關檢定　(B)濾嘴法則　(C)移動平均線　(D)事件研究法。【106Q4證券分析人員】

(　　) 18.支持半強式市場效率的實證，建議投資者應該：　(A)選擇刊登在報紙金融版面的證券　(B)利用被動的交易策略，例如購買指數型基金或ETF　(C)依賴技術分析去找尋證券　(D)依賴基本分析去找尋證券。【106Q4證券分析人員】

(　　) 19.價格的行為型態持續的唯一途徑係假設：　(A)有套利活動的限制　(B)沒有顯著的交易成本　(C)市場不是弱式效率市場　(D)市場心理學是長期不一致。【106Q4證券分析人員】

(　　) 20.關於強式效率市場的特點，下列何者正確？　(A)資產價格已反映昨天以前的資訊　(B)資產價格變化為隨機（Random），但仍能藉由精密的統計方法加以預測　(C)資產價格只受到公開資訊影響　(D)資產價格能反映尚未發生的事件。【106Q4證券分析人員】

得 分 全華圖書（版權所有，翻印必究）

投資學

CH10 公司之財務分析與公司治理

班級：＿＿＿＿＿＿

學號：＿＿＿＿＿＿

姓名：＿＿＿＿＿＿

(　　) 1. 下列何者會改變公司之淨值總額：甲.盈餘轉增資；乙.發放現金股利；丙.資本公積轉增資；丁.現金增資　(A)甲、乙　(B)甲、丙　(C)乙、丙　(D)乙、丁。【110Q3證券分析人員】

(　　) 2. 下列何者會改變公司之淨值總額：I.盈餘轉增資；II.發放現金股利；III.資本公積轉增資；IV.現金增資　(A) I、II　(B) I、III　(C) II、III　(D) II、IV。【110Q2證券分析人員】

(　　) 3. 附認股權證公司債之債權人於執行認股權利時，則公司之負債比率會：(A)減少　(B)增加　(C)不變　(D)增減不一定。【110Q2證券分析人員】

(　　) 4. 下列何項公司財務操作不影響股東權益總額？　(A)現金增資　(B)買回庫藏股　(C)發放股票股利　(D)現金減資。【110Q1證券分析人員】

(　　) 5. 在哪種情況下，公司總盈餘之成長率愈高，企業價值反而愈小？　(A)毛利率小於淨利率　(B)速動比率小於流動比率　(C)銷售額大於損益兩平點　(D)資產報酬率小於加權平均資金成本。【110Q3證券商高級業務員】

(　　) 6. 何種籌資行為「不」會稀釋原股東股權比例？　(A)現金增資　(B)發行可轉換公司債　(C)發行普通公司債　(D)選項(A)(B)(C)皆不會。【110Q3證券商高級業務員】

(　　) 7. 一般而言，P/E Ratio（本益比）是指：　(A)股價對每股稅後盈餘比　(B)股價對每股營收比　(C)股價對每股權益比　(D)股價對每股支出比。【110Q2證券商高級業務員】

(　　) 8. 下列哪一項是影響股價變動之市場內部因素？　(A)課徵證券交易所得稅　(B)匯率管制　(C)戰爭　(D)公司領導人的特質。【107Q1證券分析人員】

(　　) 9. 下列何者不是我國國家發展委員會所編製的景氣對策信號？　(A)黃紅燈　(B)黃綠燈　(C)黃藍燈　(D)以上皆是景氣對策信號。【106Q3證券分析人員】

(　　) 10. 分析師公司今年度的利息保證倍數為8，股東權益為$40,000萬，利息費用為$450萬，平均稅率為25%。則分析師公司今年度的「股東權益報酬率」為何？　(A) 5.40%　(B) 5.90%　(C) 6.50%　(D) 7.40%。【106Q2證券分析人員】

(　　) 11. 就產業生命週期而言，投資人投資下列何類型產業的股票比較容易獲得現金股利？　(A)草創期產業　(B)成長期產業　(C)成熟期產業　(D)衰退期產業。【106Q2證券分析人員】

(　　) 12. 假如經濟正進入蕭條，比較好的投資產業為：　(A)汽車產業　(B)銀行產業　(C)建築產業　(D)醫療服務產業。【106Q2證券分析人員】

（請沿虛線撕下）

<背面尚有試題>

(　　) 13.下列有關國發會所編制的景氣燈號之敘述中，何者最正確？　(A)景氣燈號可視為領先股市行情之指標　(B)黃紅燈變為紅燈時，建議應採取刺激經濟的政策　(C)黃紅燈變為黃藍燈時，股市應進入多頭市場　(D)綠燈變為黃藍燈時，建議應採取擴張措施。【105Q4證券分析人員】

(　　) 14.請判斷下列敘述，何者正確：I.對於有循環性產業的股票，比較可以利用過去的股票報酬率來預測將來之報酬率；II.在任何一個特定期間，不同的產業間，風險差異很大，所以在各個產業內，我們必需分別探討與估計影響其風險與預期報酬率之因素　(A)只有I正確　(B)只有II正確　(C) I、II都正確　(D) I、II都不正確。【105Q4證券分析人員】

(　　) 15.股價指數及非國防資本財契約和訂單為______。(A)落後經濟指標　(B)同時一致的經濟指標　(C)領先經濟指標　(D)各自領先和落後經濟指標。【105Q4證券分析人員】

(　　) 16.產業分析與下列哪一項目較沒關係？　(A)選股　(B)資產市場的配置　(C)掌握投資某類產業股票之時機　(D)相信市場是無效率的。【105Q3證券分析人員】

(　　) 17.下列何者非屬防禦型產業？　(A)食品業　(B)公用事業（Public Utilities）　(C)製藥業　(D)耐久財生產業（Durable Goods Producers）。【105Q1證券分析人員】

(　　) 18.增加貨幣供給短期間將使得投資與消費財貨需求______，長期間會使物價______。(A)增加；上升　(B)增加；下降　(C)減少；上升　(D)減少；維持不變。【105Q1證券分析人員】

(　　) 19.就產業生命週期而言，投資人投資下列何類型產業的股票比較容易獲得現金股利？　(A)草創期產業　(B)成長期產業　(C)成熟期產業　(D)衰退期產業。【105Q1證券分析人員】

(　　) 20.投資分析中，下列何種分析技術是假設股票存在真實價值，其高低是取決於公司的獲利能力，而且股價會向此一真實價值作調整：　(A)基本分析　(B)技術分析　(C)心理分析　(D)政治分析。【105Q1證券分析人員】

得 分 全華圖書

投資學

CH11 股價之技術分析

班級：______________

學號：______________

姓名：______________

( ) 1. 技術分析中的型態分析，通常「頭肩底」形成之後，代表正式開始： (A)反轉下跌 (B)反轉上漲 (C)盤跌 (D)反彈的行情。 【110Q3證券分析人員】

( ) 2. 昨日DIF=25、昨日MACD=35，今日DIF=30，下列何者敘述為真？ (A) MACD上升 (B)今日柱線為正 (C)買點浮現 (D) 12日EMA大於26日EMA。 【110Q1證券商高級業務員】

( ) 3. 下列何種技術指標是以0值做為多空分界點？ (A) MACD (B) KD值 (C) RSI (D)威廉指標。 【110Q2證券分析人員】

( ) 4. 相同實體長度的紅K線，下列何者紅K意味著有較強烈的上漲訊號？ (A)僅帶上影線紅K (B)僅帶下影線紅K (C)帶上下影線紅K (D)只要實體長度相同，上漲訊息強烈程度也相同。 【110Q2證券分析人員】

( ) 5. 就股票之技術分析而言，下列何者較適合短線放空股票？ (A)在空頭時，股價九日K值在30以下 (B)在空頭時，股價九日K值在80以上 (C)在多頭時，股價九日K值都在80以上 (D)在多頭時，股價威廉指標在80以上。 【110Q1證券分析人員】

( ) 6. 下列有關「技術分析」的敘述中，何者錯誤？ (A)技術分析是利用過去有關價格與交易量等訊息來判斷股價走勢 (B)技術分析常使用圖形及指標來判斷價格走勢 (C)一般技術分析認為股價具有主要與次要趨勢 (D)如果股價報酬率為「隨機漫步」，使用技術分析才有意義。 【110Q1證券分析人員】

( ) 7. 今天股價下跌98點，昨天的累積型OBV為26,052萬張，今天成交張數138萬張，求今天的累積型OBV為多少張？ (A) 25,914萬 (B) 25,147萬 (C) 26,188萬 (D) 26,090萬。 【110Q1證券商高級業務員】

( ) 8. 有關OBOS（Over Buy/Over Sell）指標之敘述，何者「不正確」？ (A)為時間之技術指標 (B) OBOS是超買、超賣指標，運用在一段時間內股市漲跌家數的累積差，來測量大盤買賣氣勢的強弱及未來走向 (C)當大盤指數持續上漲，而OBOS卻出現反轉向下時，表示大盤可能作頭下跌，為賣出訊號 (D)大盤持續下探，但OBOS卻反轉向上，即為買進訊號。 【110Q3證券商高級業務員】

( ) 9. KD指標中，D線代表： (A)慢速隨機指標 (B) K值會大於100 (C)快速隨機指標 (D) K值會小於0。 【110Q3證券商高級業務員】

（請沿虛線撕下）

<背面尚有試題>

(　　) 10.有關MACD中，其DIF線及MACD線之敘述，何者「不正確」？ (A)為0至100 (B) DIF線為快速線 (C) MACD線為慢速線 (D) DIF線由下往上突破MACD線為買進訊號。【110Q3證券商高級業務員】

(　　) 11.14日內股票上漲累計家數120家，14日內股票下跌累計家數108家，其ADL為多少？ (A) -120 (B) 108 (C) 12 (D) 2。【110Q2證券商高級業務員】

(　　) 12.DMI中，大盤強勁上揚，對ADX值下列描述何者較為「正確」？ (A) ADX小於0 (B) ADX大於100 (C) ADX為10以下 (D) ADX為40以上。【110Q2證券商高級業務員】

(　　) 13.實務界所稱的「盤整」是屬於道瓊理論中哪一種波動？ (A)基本波動 (B)次級波動 (C)日常波動 (D)隨機波動。【107Q1證券分析人員】

(　　) 14.根據市場派之技術分析，下列何種頭肩形成時，為適合出售股票的時間點？ (A)價格指數穿透左肩 (B)價格指數刺穿右肩 (C)價格指數穿透頭部 (D) A、B、C選項皆不會發生。【107Q1證券分析人員】

(　　) 15.下列何種指標通常並非是用來衡量投資人情緒？ (A)市場寬幅指標 (B)交易者指數（Trin Statistic） (C)信心指數 (D) Put/Call Ratio。【106Q3證券分析人員】

(　　) 16.下列敘述中，何者對價量關係的描述最正確？ (A)在價格下跌的情況下，交易量忽然大增，表示股價將呈現盤整格局 (B)在價格上升的情況下，交易量忽然減少，表示籌碼被鎖住，股價將上漲 (C)在價平量平的情況下，為買進股票的最佳時機，不宜觀望 (D)在價跌量減的情況下，股價下跌已深，表示底部已近。【106Q2證券分析人員】

(　　) 17.技術交易策略的主要問題為＿＿＿＿＿。 (A)在事實出現前很難確認真正趨勢 (B)在事實出現後很難確認正確趨勢 (C)它是如此容易確認趨勢，以致所有投資者很快就這樣做 (D) Kondratieff實證認為沒有48到60年資料，你無法確認趨勢。【105Q4證券分析人員】

(　　) 18.當價格在交易密集區完成整理，價格便在需求力道推進下，向上跳空突破頸線，形成缺口，稱為： (A)突破缺口 (B)逃逸缺口 (C)竭盡缺口 (D)多頭缺口。【105Q3證券分析人員】

(　　) 19.下列何者非為技術分析的假設？ (A)市場價值是由供需關係所決定 (B)供需是受理性及非理性因素所影響 (C)證券價格在長期間有一定趨勢可循 (D)證券價格是隨機移動（Random Walk）。【105Q1證券分析人員】

(　　) 20.一般而言，RSI值大於多少時，為一個超買信號？ (A) 20 (B) 40 (C) 60 (D) 80。【105Q1證券分析人員】

得 分 全華圖書（版權所有，翻印必究）

投資學

CH12 股價之籌碼分析

班級：________

學號：________

姓名：________

( )1. 透過每日買賣日報表與區間買賣日報表，可以分析各券商分公司那些操作行為？ (A)當沖 (B)隔日沖 (C)低檔大量買進、高檔大量賣出 (D)以上皆是。

( )2. 籌碼分析中，長期投資人可以區分那些身分？ (A)董事 (B)經理人 (C)前十大股東 (D)以上皆是。

( )3. 籌碼分析中，短期投資人可以區分那些身分？ (A)主力 (B)散戶 (C)當沖客 (D)以上皆是。

( )4. 籌碼分析中，若長期投資人董監事、經理人、前十大股東持股增加，表示是對公司如何？ (A)看壞 (B)看好 (C)持平 (D)沒有意見。

( )5. 籌碼分析中，若是大戶主力買超成交量大，對公司股價影響如何？ (A)下跌 (B)平盤 (C)上漲 (D)沒有意見。

( )6. 籌碼分析中，若是大戶主力短時間買超賣超成交量大，對公司股價影響如何？ (A)下跌 (B)平盤 (C)上漲 (D)劇烈震盪。

( )7. 籌碼分析中，若是買家家數比賣家家數少，且股價呈現上漲，後續影響如何？ (A)持續下跌 (B)持續盤整 (C)持續上漲 (D)劇烈震盪。

( )8. 籌碼分析中，若是主力券商分公司，在股價上漲期間，呈現輪動一買一賣的情形，故價後續影響如何？ (A)持續下跌 (B)持續盤整 (C)持續上漲 (D)劇烈震盪。

( )9. 公司股價受消息面影響，主要有哪些事件呢？ (A)月營收公布 (B)季、年的財報 (C)重大訊息 (D)以上皆是。

( )10.公司的月營收，依規定是何時需要公布？ (A)每月月初 (B)每月10日 (C)每月月底 (D)以上皆是。

( )11.公司的季度財報，依規定是何時需要公布？ (A) Q1是5月15日前 (B) Q2是8月14日前 (C) Q3是11月14日前 (D)以上皆是。

( )12.公司重大訊息，依規定是指哪些事件呢？ (A)公司購併 (B)重大合作事項 (C)公司減資、公司董監事更換 (D)以上皆是。

( )13.籌碼分析中，若有董監事、經理人申報大量的持股轉讓，股價會呈現如何？ (A)上漲 (B)平盤 (C)下跌 (D)以上皆是。

( )14.籌碼分析中，若有外資、投信、自營商大量的買超，股價會呈現如何？ (A)上漲 (B)平盤 (C)下跌 (D)以上皆是。

（請沿虛線撕下）

<背面尚有試題>

(　　) 15.籌碼分析中，若有三大法人與主力券商分公司呈現買賣超不一致情形時，股價會呈現如何？　(A)上漲　(B)震盪　(C)下跌　(D)以上皆是。

(　　) 16.若公司內部人持續看好公司，長期投資人的持股變化為何？　(A)增加　(B)持平　(C)減少　(D)以上皆是。

(　　) 17.若公司內部人對公司不樂觀，長期投資人的持股變化為何？　(A)增加　(B)持平　(C)減少　(D)以上皆是。

(　　) 18.若公司內部人持續看好公司，長期投資人的總持股佔股本比重之變化為何？　(A)增加　(B)持平　(C)減少　(D)以上皆是。

(　　) 19.若公司內部人對公司不樂觀，長期投資人的總持股佔股本比重之變化為何？　(A)增加　(B)持平　(C)減少　(D)以上皆是。

(　　) 20.有關證券交易所與櫃買中心提供上市櫃公司發布重大訊息的公告專區，以下敘述何者正確？　(A)應依法令規定公布　(B)提供投資人正確且快速的訊息　(C)避免資訊不對稱的問題　(D)以上皆是。

得 分 全華圖書（版權所有，翻印必究）

投資學

CH13 我國證券發行制度與實務

班級：＿＿＿＿＿＿＿＿

學號：＿＿＿＿＿＿＿＿

姓名：＿＿＿＿＿＿＿＿

( ) 1. ETN和ETF的比較，下列何者有誤？ (A)兩者都追蹤標的指數為主 (B) ETN理論上沒有追蹤誤差，而ETF會有追蹤誤差 (C) ETN是由券商發行，ETF是由投信發行 (D) ETN可以用實物或現金申購贖回，而ETF只能用現金申購贖回。 【110Q3證券商高級業務員】

( ) 2. 債權人為防止債務公司之財務結構惡化，可以訂立何種保護條款？ (A)可轉換成普通股 (B)限制公司再舉債 (C)限制公司現金增資 (D)選項(A)(B)(C)皆非。 【110Q3證券商高級業務員】

( ) 3. 某上市公司最近將其先前所發行之公司債贖回後再發行新債，請問其主要原因可能為何？ (A)利率上升 (B)利率下跌 (C)投資案暫緩 (D)提高公司債價格。 【110Q3證券商高級業務員】

( ) 4. 有關TDR與ADR的比較何者「不正確」？甲.TDR所表彰的是臺灣企業的股票、ADR係表彰外國企業的股票；乙.TDR在臺灣掛牌交易、ADR在美國掛牌交易；丙.TDR與ADR皆屬於權益證券；丁.TDR與ADR的交易幣別不同；戊.目前在臺灣掛牌之泰金寶屬於ADR (A)僅甲、乙 (B)僅乙、戊 (C)僅甲、戊 (D)僅甲、乙、丙。 【109Q3證券商高級業務員】

( ) 5. 初次上市股票自上市日起多少個交易日，其股價升降幅度為無漲跌幅限制？ (A) 3日 (B) 5日 (C) 7日 (D) 10日。 【109Q3證券商高級業務員】

( ) 6. 證券承銷商包銷有價證券，於承銷契約所訂定之承銷期間屆滿後，對於約定包銷之有價證券，未能全數銷售者，其賸餘數額之有價證券之處理，下列何者為正確？ (A)應退還發行人 (B)應自行認購之 (C)得退還發行人 (D)得退還發行人一部分，自行認購一部分。 【107Q1證券分析人員】

( ) 7. 下列有關私募資金（Private Equity）與風險資金（Venture Capital）敘述，何者為真？ (A)通常私募資金及風險資金均以公司型態成立經營模式，因此可以長久經營 (B)風險資金利用大量舉債對企業進行股權買斷（Buyout）投資；其投資對象通常為經營較為困難之高科技初創產業 (C)私募資金及風險資金的管理人雖然追求投資報酬率，但其投資對象相對風險較低 (D)私募資金除了股權投資外，亦可從事垃圾債券及財務困難企業等特許投資。 【102Q2證券分析人員】

（請沿虛線撕下）

<背面尚有試題>

(　) 8. 2000年起我國所實施承銷商辦理初次上市普通股之承銷，在下列何種配售方式下，得採行「過額配售機制」？I.採詢價圈購；II.採競價拍賣；III.採公開申購　(A)僅I、II對　(B)僅I、III對　(C)僅II、III對　(D) I、II、III均對。【102Q4證券分析人員】

(　) 9. 若台積電在英國發行以美元計價之債券，則其屬於何種債券？　(A)外國債券　(B)歐洲債券　(C)洋基債券　(D)帝國債券。【99Q1證券分析人員】

(　) 10.發行機構將新發行證券透過證券承銷商銷售予投資人之市場為：　(A)間接金融市場　(B)直接金融市場　(C)以上皆是　(D)以上皆非。【89Q4證券分析人員】

(　) 11.中華精測於2016年3月24日掛牌上櫃，競拍底價為每股300元，公開申購承銷價以最低承銷價格1.2倍（即360元）為上限。最低得標價格為440.20元，最高得標價格為482元，得標加權平均價格為450.82元，其公開申購價格應為：(A) 482元　(B) 440.20元　(C) 450.82元　(D) 360元。

(　) 12.下列有關公開申購之敘述，何者有誤？　(A)投資人就每一種有價證券之公開申購僅能選擇一家證券經紀商辦理申購，不得重複申購　(B)公開申購時投資人須預繳認購價款、申購處理費及中籤通知郵寄工本費　(C)申購人經中籤後不能放棄認購　(D)證券經紀商將於公開抽籤日次一營業日退還未中籤人認購價款，中籤通知郵寄工本費及申購處理費不予退還。

(　) 13.下列何種承銷方式會讓發行企業承擔證券發行的風險？　(A)餘額包銷　(B)確定包銷　(C)代銷　(D)以上皆可。

(　) 14.發行企業先委託證券承銷商辦理有價證券配售，證券承銷商採確定包銷或餘額包銷的方式，洽投資人認購。請問這是何種配售方式？　(A)競價拍賣　(B)詢價圈購　(C)洽商銷售　(D)公開申購配售。

(　) 15.下列何者不是目前證券承銷價格的決定方式？　(A)詢價圈購　(B)競價拍賣　(C)議定價格　(D)公開申購配售。

(　) 16.下列何種承銷方式可讓企業在有價證券公開銷售前，先從證券承銷商處獲取資金？　(A)餘額包銷　(B)確定包銷　(C)代銷　(D)以上皆是。

(　) 17.下列敘述何者有誤？　(A)上市（櫃）公司一定是公開發行公司　(B)公開發行公司一定是上市（櫃）公司　(C)在興櫃股票市場交易滿6個月才能提出上市（櫃）的申請　(D)公開發行可讓公司達到分散股權的目的。

(　) 18.下列何者在證券發行市場扮演協助者的角色？　(A)證券經紀商　(B)證券承銷商　(C)投顧公司　(D)投信公司。

(　) 19.下列何者不影響企業的現金流量？　(A)企業在發行市場發行股票　(B)企業從流通市場買回股票　(C)企業向銀行貸款　(D)投資人在流通市場買賣股票。

(　) 20.下列何者是證券市場的功能？　(A)增加資金的投資管道　(B)滿足資金的需求　(C)提升企業的經營績效　(D)以上皆是。

得分 全華圖書（版權所有，翻印必究）

投資學

CH14 我國證券交易制度與實務

班級：______
學號：______
姓名：______

( ) 1. 某股價指數包含甲、乙二種股票，發行股數分別為200股及400股，昨日二股票之收盤價分別為30元及10元，股價指數為500.00，若今日二股票之收盤價分別為28元及10.5元，則依發行量加權方式計算之今日股價指數應為多少？ (A) 500.00 (B) 490.00 (C) 481.25 (D) 487.50。 【110Q3證券分析人員】

( ) 2. 上市公司營業年度終了之規定期間內，未完成召開股東會之程序，證交所將採取何種措施？ (A)要求公司召開重大訊息說明會 (B)暫停交易 (C)列為警示股 (D)列為全額交割股。 【110Q2證券分析人員】

( ) 3. 某檔股票11/9為除息日，發放現金股息每股6元，11/8收盤價為100元，則11/9除息參考價應為多少元？ (A) 94元 (B) 96元 (C) 100元 (D) 106元。 【110Q2證券分析人員】

( ) 4. 我國於民國94年實施新制股價升降單位後，有關股票部分的敘述何者為非？甲.最小升降單位維持為0.01；乙.ETF與股票升降單位相同；丙.最高股價級距範圍修改為500元以上；丁.股價升降單位變寬 (A)僅甲、丙 (B)僅乙、丁 (C)僅乙、丙、丁 (D)僅甲、丙、丁。 【110Q1證券分析人員】

( ) 5. 上市櫃公司宣布實施買回庫藏股時，何者非造成其股價上漲的原因？ (A)可視為管理者認為股價過低的信號 (B)公司具有足夠的現金流量 (C)減少在外流通股數，增加每股盈餘 (D)公司帳面的負債比率下降。 【110Q1證券分析人員】

( ) 6. 關於臺灣公司治理100指數之敘述，何者不正確？ (A)原則從最近1年公司治理評鑑結果前20%的股票中篩選 (B)定期審核以外之期間，成分股因故剔除，將即按順位遞補後續排名公司 (C)每一營業日收盤後發布一次「報酬指數」 (D)於股市交易時間內，每5秒計算1次「市值指數」。 【110Q3證券商高級業務員】

( ) 7. 下列何種股價指數最能模擬市場投資組合？ (A)股價簡單平均 (B)交易量加權股價指數 (C)市場價值加權股價指數 (D)股價幾何平均。 【110Q3證券商高級業務員】

( ) 8. 在臺灣，下列哪些標的「不能」以融券方式賣出？甲.可轉換公司債；乙.普通股；丙.認購權證 (A)僅乙 (B)僅甲、乙 (C)僅甲、丙 (D)僅乙、丙。 【110Q3證券商高級業務員】

( ) 9. 所謂現股當沖之規定，下列敘述何者為「非」？ (A)買賣是用同一帳戶 (B)買賣是在同一天 (C)買賣同一數量的同檔股票 (D)買賣同一金額的同檔股票。 【109Q3證券商高級業務員】

（請沿虛線撕下）

<背面尚有試題>

(　　) 10.發行海外存託憑證（Global Depositary Receipts, GDR）會使該公司之淨值總額如何變化？ (A)增加 (B)減少 (C)不變 (D)不一定。
【109Q2證券商高級業務員】

(　　) 11.假設滬深300指數單日大跌8.7%，則有關其反向型ETF的表現，下列何者「正確」？ (A)漲幅限制為10% (B)漲幅可能高於8.7%，但不會超過10% (C)漲幅可能低於8.7% (D)無漲跌幅限制。【109Q2證券商高級業務員】

(　　) 12.以下關於公開發行公司揭露之第二季財務報告之說明，何者正確？ (A)無須提報董事會 (B)無須經監察人承認 (C)第二季季報即半年報，須經會計師查核簽證 (D)應於第二季結束後二個月內公告。【107Q1證券分析人員】

(　　) 13.張先生今日以每股140元，融券賣出台積電股票五千股，融券保證金成數為九成。若張先生在一個月後，以每股148元，融券買進台積電五千股，試計算張先生實現報酬率約為多少（假設不考慮證券商手續費率、證券交易稅率、融券手續費率與融券利率）？ (A) -5.71% (B) -6.35% (C) -11.43% (D) -15.71%。【106Q3證券分析人員】

(　　) 14.假設乙客戶以每股13.85元價格融券賣出台泥股票三千股，假定融券保證金成數為九成，則客戶應繳交之融券保證金為： (A) $37,395 (B) $37,000 (C) $37,300 (D) $37,400。【105Q3證券分析人員】

(　　) 15.申請為興櫃股票之發行公司，須符合哪些條件？I.申請之發行公司成立需滿3年；II.持股1,000-50,000股之記名股東人數≧300人，且所持股份總合計佔發行股份總額的10%以上或逾500萬股；III.已經申報上市（櫃）輔導；IV.經二家以上證券商書面推薦 (A) I、III (B) III、IV (C) I、IV (D) I、II、III。
【105Q1證券分析人員】

(　　) 16.某人於1月7日，以每股50元，融資買進聯電股票5,000股，假設融資比率為六成，證券商手續費0.1425%，證券交易稅0.3%，又2月1日，聯電股票收盤價下降為每股45元，試問擔保維持率為？ (A) 100% (B) 150% (C) 67.67% (D) 112.50%。【102Q3證券分析人員】

(　　) 17.下列有關鉅額交易的敘述，何者有誤？ (A)鉅額交易的成交值將會併入於股市行情表，成交價格亦會納入股價指數的計算 (B)除了逐筆競價外，亦有自行配對方式 (C)鉅額買賣價格之申報，升降單位為一分 (D)鉅額買賣數量之申報，不以一交易單位或其整倍數為限。

(　　) 18.今甲股票的開盤價為50元、最高價為52元、最低價為50元、收盤價為51元。請問下列何者委託單一定不會成交？ (A) 52元的賣出限價委託 (B) 49元的賣出限價委託 (C) 52元的買進限價委託 (D) 49元的買進限價委託。

(　　) 19.下列何者採議價交易的型態？ (A)上市股票 (B)上櫃股票 (C)興櫃股票 (D)存託憑證。

(　　) 20.下列何者投資創櫃板的金額不受限？ (A)專業投資自然人 (B)天使投資人 (C)原有股東 (D)以上皆不受限。

得 分 全華圖書（版權所有，翻印必究）

投資學

CH15 金融創新與衍生性商品

班級：__________

學號：__________

姓名：__________

( ) 1. 以下何種策略需繳交最多的額外保證金？ (A)空頭跨式部位 (B)買入買權 (C)賣出賣權 (D)多頭勒式部位。 【110Q3證券分析人員】

( ) 2. 某一標的物市價30元，執行價格22元之歐式買權，請問理論上此買權之價格最高應不超過： (A) 30元 (B) 22元 (C) 52元 (D) 8元。 【110Q3證券分析人員】

( ) 3. 當標的資產（Underlying Asset）市價高於選擇權的履約價格（Striking Price）時，請問：賣權（Put Option）處於下列何種情況？ (A)價平（At the Money） (B)價內（In the Money） (C)價外（Out of the Money） (D)權利金（Premium）。 【110Q3證券分析人員】

( ) 4. 已知同一股票的一年期買權（Call Option）及一年期的賣權（Put Option）之履約價格（Striking Price）為100元，若無風險利率為5%，股票價格為103元，賣出賣權（Put Sells）的價格為7.50元，請問：買權（Call）的價格應該是多少？ (A) 17.50元 (B) 15.26元 (C) 10.36元 (D) 12.26元。 【110Q3證券分析人員】

( ) 5. 老趙買進一個由買權（Call Option）與賣權（Put Option）所形成的組合，在組合中，各選擇權契約中之標的資產（Underlying Asset）、履約價格（Striking Price）與到期日均相同。請問：老趙持有下列何種策略？ (A)跨式部位（Straddle） (B)價差部位（Spread） (C)區間部位（Collar） (D)等價部位（Parity）。 【110Q3證券分析人員】

( ) 6. 小林買進某履約價格（Striking Price）較高的買權（Call Option），同時又賣出履約價格較低的買權。請問：小林持有下列何種部位？ (A)價格價差（Money Spread） (B)時間價差（Time Spread） (C)多頭價差（Bullish Spread） (D)空頭價差（Bearish Spread）。 【110Q3證券分析人員】

( ) 7. 已知目前環球科技公司每股股票之市場價格為15元，若該公司股票的賣權（Put Option）之執行價格（Strike Price）為20元，則該賣權屬於以下何種情況？ (A)該賣權為價外（Out of the Money） (B)該賣權為價內（In the Money） (C)該賣權為價外，且履約得以獲利 (D)該賣權為價內，且履約得以獲利。 【107Q1證券分析人員】

( ) 8. 當現在股價$50，一個尚有幾個月到期的買權，其履約價為$55。此選擇權有______內在價值及______時間價值。 (A)負的；正的 (B)正的；負的 (C)零；零 (D)零；正的。 【106Q2證券分析人員】

（請沿虛線撕下）

<背面尚有試題>

(　　) 9. 在下列何種情況下，將使得選擇權的市場價值與其內含價值（Intrinsic Value）之差距最大？ (A)選擇權為深度價內（Deep In-the-Money） (B)選擇權為接近價平（Approximately at the Money） (C)選擇權為深度價外（Deep Out-of-the-Money） (D)選擇權接近到期日。 【106Q1證券分析人員】

(　　) 10. 下列有關期貨價差交易之敘述何者是不正確的？ (A)若預期泰德價差會變大時，投資人應買進美國國庫券期貨，同時放空歐洲美元期貨 (B)若預期加工毛利會增加時，投資人應買進產品期貨，同時放空原料期貨 (C)縱列價差交易係由兩組價差交易所形成之投機策略 (D)以上皆是正確之敘述。 【106Q3證券分析人員】

(　　) 11. 期貨交易的違約機率為什麼會低於遠期契約，其主要原因為： (A)期貨是標準化契約 (B)期貨交易是每日結算損益 (C)期貨契約可以到期前平倉 (D)主要是結算機構的參與。 【106Q2證券分析人員】

(　　) 12. 期貨合約較遠期合約有許多優點，除了： (A)期貨部位容易交易 (B)期貨合約可依投資者特別需要量身訂作 (C)期貨交易保留參與者的匿名 (D)期貨交易對手（Counterparty）的信用風險無重要性。 【106Q2證券分析人員】

(　　) 13. 假如你（妳）預期股票市場會下跌，一個可能的防禦性策略為： (A)買股票指數期貨 (B)賣股票指數期貨 (C)買股票指數選擇權 (D)賣外匯期貨。 【106Q2證券分析人員】

(　　) 14. 投資者以公債期貨契約來規避公司債券投資組合的風險，此稱為______。 (A)套利（Arbitrage） (B)交叉避險（Cross-hedge） (C)過度避險（Over hedge） (D)價差避險（Spread Hedge）。 【105Q4證券分析人員】

(　　) 15. 期貨交易的違約機率為什麼會低於遠期契約，其主要原因為： (A)期貨是標準化契約 (B)期貨交易是每日結算損益 (C)期貨契約可以到期前平倉 (D)主要是結算機構的參與。 【105Q3證券分析人員】

(　　) 16. 在期貨市場中，基差（Basis）的增加將______長部位避險者（Long Hedger）______短部位避險者（Short Hedger）。 (A)不利；有利 (B)不利；不利 (C)有利；不利 (D)不利；無影響。 【105Q1證券分析人員】

(　　) 17. 明仁賣出一單位中鋼買權，同時買進對等部位的中鋼股票，試問明仁的操作策略等同於以下哪一種投資？ (A)買進買權 (B)賣出買權 (C)買進賣權 (D)賣出賣權。 【105Q4證券分析人員】

(　　) 18. 什麼策略可被視為股票投資組合投資的保險？ (A)掩護性買權（Covered Call） (B)保護性賣權（Protective Put） (C)賣出賣權（Short Put） (D)跨坐（Straddle）。 【105Q4證券分析人員】

(　　) 19. 若預期選擇權之標的股票報酬波動性相當大，但不確定漲跌的方向，下列何種選擇權策略比較適合？ (A)買進標的股票並賣出賣權 (B)買進買權並賣出賣權 (C)同時買進買權與賣權 (D)賣出股票並搭配買進賣權。 【105Q3證券分析人員】

(　　) 20. 對賣權（認售權證）而言，避險比率為： (A)等於1 (B)大於1 (C)介於0與1間 (D)介於-1與0間。 【105Q1證券分析人員】

廣告回信
板橋郵局登記證
板橋廣字第540號

行銷企劃部 收

23671 新北市土城區忠義路21號
全華圖書股份有限公司

讀者回函卡

掃 QRcode 線上填寫 ▶▶▶

姓名：______ 生日：西元____年____月____日 性別：□男 □女

電話：(　)______ 手機：______

e-mail：(必填)______

註：數字零，請用 Φ 表示，數字 1 與英文 L 請另註明並書寫端正，謝謝。

通訊處：□□□□□______

學歷：□高中・職 □專科 □大學 □碩士 □博士

職業：□工程師 □教師 □學生 □軍・公 □其他

學校／公司：______ 科系／部門：______

・需求書類：

□ A. 電子 □ B. 電機 □ C. 資訊 □ D. 機械 □ E. 汽車 □ F. 工管 □ G. 土木 □ H. 化工 □ I. 設計

□ J. 商管 □ K. 日文 □ L. 美容 □ M. 休閒 □ N. 餐飲 □ O. 其他

・本次購買圖書為：______ 書號：______

・您對本書的評價：

封面設計：□非常滿意 □滿意 □尚可 □需改善，請說明______

內容表達：□非常滿意 □滿意 □尚可 □需改善，請說明______

版面編排：□非常滿意 □滿意 □尚可 □需改善，請說明______

印刷品質：□非常滿意 □滿意 □尚可 □需改善，請說明______

書籍定價：□非常滿意 □滿意 □尚可 □需改善，請說明______

整體評價：請說明______

・您在何處購買本書？

□書局 □網路書店 □書展 □團購 □其他______

・您購買本書的原因？（可複選）

□個人需要 □公司採購 □親友推薦 □老師指定用書 □其他______

・您希望全華以何種方式提供出版訊息及特惠活動？

□電子報 □ DM □廣告（媒體名稱______）

・您是否上過全華網路書店？（www.opentech.com.tw）

□是 □否 您的建議______

・您希望全華出版哪方面書籍？______

・您希望全華加強哪些服務？______

感謝您提供寶貴意見，全華將秉持服務的熱忱，出版更多好書，以饗讀者。

填寫日期：　/　/

2020.09 修訂

親愛的讀者：

感謝您對全華圖書的支持與愛護，雖然我們很慎重的處理每一本書，但恐仍有疏漏之處，若您發現本書有任何錯誤，請填寫於勘誤表內寄回，我們將於再版時修正，您的批評與指教是我們進步的原動力，謝謝！

全華圖書　敬上

勘誤表

書號		書名		作者	
頁數	行數	錯誤或不當之詞句		建議修改之詞句	

我有話要說：（其它之批評與建議，如封面、編排、內容、印刷品質等・・・）

國家圖書館出版品預行編目資料

Python3.x 網頁資料擷取與分析特訓教材 / 曹祥雲
編著. -- 初版. -- 新北市：全華圖書, 2018.11
面； 公分
ISBN 978-986-463-987-8(平裝)

1.Python(電腦程式語言)
312.32P97 107019893

Python3.x 網頁資料擷取與分析特訓教材

作者 / 曹祥雲
總策劃 / 財團法人中華民國電腦技能基金會
執行編輯 / 王詩蕙
封面設計 / 楊昭琅
發行人 / 陳本源
出版者 / 全華圖書股份有限公司
郵政帳號 / 0100836-1 號
印刷者 / 宏懋打字印刷股份有限公司
圖書編號 / 19345
初版一刷 / 2018 年 11 月
定價 / 新台幣 490 元
ISBN / 978-986-463-987-8(平裝)
全華圖書 / www.chwa.com.tw
全華網路書店 Open Tech / www.opentech.com.tw
若您對書籍內容、排版印刷有任何問題，歡迎來信指導 book@chwa.com.tw

臺北總公司(北區營業處)
地址：23671 新北市土城區忠義路 21 號
電話：(02) 2262-5666
傳真：(02) 6637-3695、6637-3696

南區營業處
地址：80769 高雄市三民區應安街 12 號
電話：(07) 381-1377
傳真：(07) 862-5562

中區營業處
地址：40256 臺中市南區樹義一巷 26 號
電話：(04) 2261-8485
傳真：(04) 3600-9806